독자의 1초를
아껴주는 정성을
만나보세요!

세상이 아무리 바쁘게 돌아가더라도 책까지 아무렇게나 빨리 만들 수는 없습니다.

인스턴트 식품 같은 책보다 오래 익힌 술이나 장맛이 밴 책을 만들고 싶습니다.

땀 흘리며 일하는 당신을 위해 한 권 한 권 마음을 다해 만들겠습니다.

마지막 페이지에서 만날 새로운 당신을 위해 더 나은 길을 준비하겠습니다.

 **길벗 IT 도서 열람 서비스**

도서 일부 또는 전체 콘텐츠를 확인하고 읽어볼 수 있습니다.
길벗만의 차별화된 독자 서비스를 만나보세요.

더북(TheBook) ▶ https://thebook.io

더북은 (주)도서출판 길벗에서 제공하는 IT 도서 열람 서비스입니다.

쿠버네티스 교과서
Learn Kubernetes in a Month of Lunches

초판 발행 · 2023년 8월 30일
초판 2쇄 발행 · 2024년 5월 8일

지은이 · 엘튼 스톤맨
옮긴이 · 심효섭
발행인 · 이종원
발행처 · (주)도서출판 길벗
출판사 등록일 · 1990년 12월 24일
주소 · 서울시 마포구 월드컵로 10길 56(서교동)
대표 전화 · 02)332-0931 | **팩스** · 02)323-0586
홈페이지 · www.gilbut.co.kr | **이메일** · gilbut@gilbut.co.kr

기획 및 책임편집 · 안윤경(yk78@gilbut.co.kr) | **디자인** · 송민우 | **제작** · 이준호, 손일순, 이진혁, 김우식
영업마케팅 · 임태호, 전선하, 차명환, 박민영, 지운집, 박성용 | **영업관리** · 김명자 | **독자지원** · 윤정아, 최희창

교정교열 · 김윤지 | **전산편집** · 박진희 | **출력·인쇄** · 금강인쇄 | **제본** · 금강제본

▶ 잘못 만든 책은 구입한 서점에서 바꿔 드립니다.
▶ 이 책은 저작권법에 따라 보호받는 저작물이므로 무단전재와 무단복제를 금합니다. 이 책의 전부 또는 일부를 이용하려면
  반드시 사전에 저작권자와 (주)도서출판 길벗의 서면 동의를 받아야 합니다.

ISBN 979-11-407-0618-1 93000
(길벗 도서번호 080286)

정가 44,000원

독자의 1초를 아껴주는 정성 길벗출판사

(주)도서출판 길벗 | IT교육서, IT단행본, 경제경영서, 어학&실용서, 인문교양서, 자녀교육서 www.gilbut.co.kr
길벗스쿨 | 국어학습, 수학학습, 어린이교양, 주니어 어학학습, 학습단행본 www.gilbutschool.co.kr

페이스북 · www.facebook.com/gbitbook
예제소스 · https://github.com/gilbutITbook/kiamol

LEARN KUBERNETES
IN A MONTH OF LUNCHES

쿠버네티스
교과서

엘튼 스톤맨 지음

심효섭 옮김

길벗

이 책은 영국 글로스터셔에 있는 필자의 헛간에서 집필한 두 번째 책이다.
첫 책은 아내 니키와 아이들에게 바쳤다.
가족은 지금도 물심양면으로 많은 지원을 하고 있지만,
이번에는 몇몇 친구에게 감사를 전하고 싶다.
IT 전문가도 연예인의 재능을 가질 수 있다는 것을 보여 준 앤드루 프라이스,
내 생각에 적절히 제동을 걸어 준 마크 스미스에게 감사한다.

〈도커 교과서〉(길벗, 2022)의 집필을 마무리할 즈음 다음 책을 쓴다면 쿠버네티스를 다루어야겠다고 마음먹었다. 컨테이너를 학습하면서 대부분이 도커를 배운 후 거치는 코스가 바로 쿠버네티스이기 때문이다. 하지만 쿠버네티스는 그리 만만하게 볼 상대가 아니다. 쿠버네티스는 지금도 변화 중이고 거대한 기능을 많이 갖춘 강력한 플랫폼이기도 하다. 하지만 그보다는 적절한 수준의 학습, 다시 말해 기술적 지식을 너무 얕지 않게 전달하면서도 여러분 애플리케이션에 쿠버네티스가 어떻게 사용되는지에 초점을 맞춘 길잡이를 찾기 어렵기 때문이기도 하다. 필자는 이 책이 여러분에게 이런 길잡이가 될 수 있기를 바란다.

쿠버네티스는 컨테이너로 애플리케이션을 실행하며 관리하는 시스템이다. 주요 클라우드 플랫폼이 모두 쿠버네티스를 지원하고, 온프레미스 환경에서도 잘 동작하므로 자연스럽게 쿠버네티스는 현업에서 가장 널리 사용하는 도구가 되었다. 넷플릭스나 애플 같은 글로벌 기업도 쿠버네티스를 사용한다. 물론 독자 여러분도 자신의 노트북에서 쿠버네티스를 실행할 수 있다. 쿠버네티스를 익히려면 투자가 필요하겠지만, 그렇게 익힌 스킬은 어떤 기업의 어떤 프로젝트에 가더라도 곧바로 유용하게 쓸 수 있을 것이다.

쿠버네티스를 익히는 데 필요한 것은 시간이다. 쿠버네티스가 가진 기능을 모두 파악하고 그에 맞추어 자신의 애플리케이션을 쿠버네티스 언어로 기술하는 데 익숙해지려면 상당한 시간이 필요하다. 여러분은 시간만 내면 된다. 나머지는 이 책이 도울 것이다. 실습 예제와 연습 문제로 쿠버네티스의 다양한 기능과 실무 프랙티스, 쿠버네티스 생태계를 구성하는 여러 도구의 사용 방법을 익힐 것이다. 이 책을 읽고 나면 쿠버네티스를 실전에서 활용할 수 있다.

감사의 말

이 책은 매닝 출판사와 함께한 두 번째 책이다. 첫 번째 책과 마찬가지로 즐거운 경험이었다. 많은 사람이 이 책이 더 나아질 수 있도록 도움을 주었다. 매닝출판사 관계자 여러분께 감사드린다.

그리고 리뷰를 도와준 알렉스 데이비스-무어(Alex Davies-Moore), 앤서니 스탠턴(Anthony Staunton), 브렌트 호나델(Brent Honadel), 클라크 도먼(Clark Dorman), 클리퍼드 서버(Clifford Thurber), 다니엘 칼(Daniel Carl), 데이비드 로이드(David Lloyd), 푸칸 셰이크(Furqan Shaikh), 조지

오노프레이(George Onofrei), 이안 캠벨(Iain Campbell), 마크-앤서니 테일러(Marc-Anthony Taylor), 마커스 브라운(Marcus Brown), 마틴 티드먼(Martin Tidman), 마이크 루이스(Mike Lewis), 니콜란토니오 비뇰라(Nicolantonio Vignola), 온드레이 크라이체크(Ondrej Krajicek), 류 리우(Rui Liu), 사다나 가나파티라주(Sadhana Ganapathiraju), 사이 프라사드 바데팔리(Sai Prasad Vaddepally), 샌더 스타드(Sander Stad), 토비아스 게로스트(Tobias Getrost), 토니 스위츠(Tony Sweets), 트렌트 휘틀리(Trent Whiteley), 바딤 투르코프(Vadim Turkov), 요게시 셰티(Yogesh Shetty)에게 감사드린다. 이들의 리뷰 덕분에 이 책이 더 나아질 수 있었다.

또 프리뷰에 참여해서 연습 문제의 많은 오류를 지적해 준 독자 여러분께도 감사를 전한다.

이 책은 〈도커 교과서〉에 이어 출간된 쿠버네티스를 다루는 책이다. 저자의 전작도 그랬지만 이번 책 역시 다른 어떤 책보다도 실무와 가까운 실용적인 내용으로 구성되어 있다.

이 책의 구성은 한 달간 하루 한 시간 학습 전략을 기초로 한다.

크게 4주 단위로 구성되는데, 첫 주는 쿠버네티스에서 애플리케이션을 구동하는 방법을 다룬다. YAML 문법으로 된 매니페스트 파일에 애플리케이션을 정의하는 방법과 컨테이너 간 통신을 위한 네트워크 설정 방법, 쿠버네티스 볼륨, 애플리케이션 스케일링 등을 다룬다.

애플리케이션을 배치했으니 운영의 기초를 배울 차례다. 둘째 주는 컨테이너를 활용하여 일상 운영 작업을 수행하는 방법을 다룬다. 컨테이너를 이용한 배치 작업 및 예약 작업, 롤링 업데이트를 통한 무중단 업데이트는 물론이고 개발 워크플로와 지속적 통합/지속적 전달 파이프라인을 쿠버네티스에 통합하는 방법도 소개한다.

셋째 주는 프로덕션 수준의 즉응성을 갖추는 방법을 배운다. 자기수복형 애플리케이션을 만드는 방법, 로그 수집 및 중앙화, 클러스터 및 애플리케이션 모니터링 대시보드 구성 방법을 소개한다.

넷째 주는 좀 더 전문적인 주제를 다룬다. 대규모 클러스터를 다룰 수 있는 요령과 애플리케이션 자동 스케일링 방법을 소개한다. 쿠버네티스를 이용하여 서버리스 펑션 플랫폼을 만드는 방법, 다중 아키텍처로 구성된 클러스터를 만드는 방법도 다룬다.

〈도커 교과서〉에 이어 컨테이너 오케스트레이션을 익히려는 분들에게 도움이 되기를 바란다.

2023년 8월

심효섭

대상 독자

필자는 이 책에서 여러분이 쿠버네티스를 진정으로 경험하기를 바란다. 이 책의 본문을 모두 읽고 연습 문제를 모두 풀어 보았다면 일반적인 쿠버네티스의 사용법을 모두 익힌 것이다. 이 책은 많은 내용을 다루기 때문에 점심시간에 모두 읽기 어려운 장이 여럿 있다. 각각의 주제에 맞는 충분한 분량을 할애했기 때문에 이 책을 제대로 완전히 이해했다면 숙련된 쿠버네티스 전문가가 된 느낌을 받을 수 있을 것이다.

이 책을 읽는 데 특별한 배경지식은 필요하지 않다. 하지만 컨테이너나 이미지 같은 핵심 개념은 이해하고 있어야 한다. 아직 컨테이너 기술 자체에 익숙하지 않다면 필자가 쓴 〈도커 교과서〉의 몇몇 장을 부록으로 엮어 무료 전자책으로 제공하니 이 내용을 읽으면 책 내용을 이해하는 데 도움이 될 것이다.

쿠버네티스는 개발과 운영 직군을 막론하고 여러분 커리어에 큰 도움이 될 것이다. 그런 만큼 이 책 역시 특정한 직군을 독자로 상정하지 않았다. 쿠버네티스는 다른 여러 개념 위에 성립하는 고급 주제다. 쿠버네티스를 뒷받침하는 이들 개념에 대해서도 필요에 따라 간단한 설명을 부연했다. 그리고 이 책은 실용서이므로 효과를 가장 크게 보려면 실습 예제와 연습 문제를 직접 풀어 보는 것이 좋다. 실습 예제와 연습 문제에 특별한 하드웨어는 필요하지 않다. 일반적인 노트북(macOS 또는 윈도우 혹은 리눅스)만 있으면 풀 수 있다.

예제와 정답은 모두 깃허브에서 확인할 수 있다. 1장에서 실습 환경을 구축할 때 예제 코드를 내려받기 바란다.

이 책에 대하여

이 책은 하루 한 시간 학습 전략을 따라 구성되었다. 한 달 동안 하루에 한 시간씩 책을 읽고 연습 문제를 풀도록 구성했으며, 장 마지막에 있는 연습 문제는 직접 해결해야 한다. 중요한 개념은 생략하거나 빼놓지 않고 모두 다루었기 때문에 한 시간 내에 모두 읽을 수 없는 장도 종종 있다. 쿠버네티스를 잘 사용하려면 이런 내용에 익숙해져야 하므로 매일 꾸준히 학습하면 각 장에서 읽은 내용을 더욱 잘 이해할 수 있을 것이다.

각 장의 구성

쿠버네티스는 거대한 주제다. 하지만 필자는 다년간 온라인 및 대면 교육과 워크숍을 운영한 경험을 바탕으로 유효했던 학습 과정을 수립해 두었다. 핵심 개념에서 출발하여 점차 세부 사항으로 나아가며, 어렵고 복잡한 주제는 쿠버네티스 사용에 어느 정도 익숙해진 후 접하도록 배치했다.

먼저 2장부터 6장은 쿠버네티스에서 애플리케이션을 실행하는 방법을 다룬다. YAML 언어로 된 매니페스트 파일에 쿠버네티스에서 실행할 애플리케이션을 정의하는 방법을 배운다. 그리고 컨테이너 간 통신과 외부에서 애플리케이션 접근에 쓰일 네트워크 설정 방법을 알아본 후 쿠버네티스에서 애플리케이션 설정을 읽어 오는 방법, 쿠버네티스가 관리하는 스토리지에서 데이터를 읽고 쓰는 방법, 애플리케이션의 스케일링 방법을 배운다.

7장부터 11장은 쿠버네티스의 실제 운용과 관련된 주제의 기초를 다룬다. 먼저 환경을 공유하는 컨테이너를 실행하는 방법, 컨테이너를 이용한 배치 작업과 예약 작업을 배운다. 롤링 업데이트 기능으로 자동화된 무중단 업데이트를 수행하는 방법도 배운다. 또한 헬름(Helm)을 사용해서 설정으로 애플리케이션 배포를 정의하는 방법을 배운다. 마지막으로 다양한 개발 워크플로와 지속적 통합/지속적 전달 파이프라인으로 쿠버네티스를 이용한 애플리케이션 빌드의 유용함을 경험해 볼 것이다.

12장부터 16장은 단순히 쿠버네티스를 이용한 애플리케이션 실행을 넘어 실제 서비스 운영 환경 수준의 적용성과 관련된 주제를 다룬다. 특히 자기수복형(self-healing)이 가능한 애플리케이션을 구성하는 방법, 로그 수집 및 중앙화, 시스템 상태를 감시할 수 있는 모니터링 대시보드 구성 방법 등을 배운다. 보안도 빼놓을 수 없는 주제다. 애플리케이션 보안은 물론 애플리케이션을 안전하게 외부에 노출시키는 방법도 배운다.

17장부터 21장은 좀 더 전문적인 주제를 다룬다. 먼저 대규모 쿠버네티스 클러스터를 다루는 방법과 애플리케이션 자동 스케일링을 배운다. 그리고 역할 기반 접근 제어를 이용하여 쿠버네티스 리소스의 보안을 향상시키는 방법도 배운다. 마지막으로 서버리스 함수의 플랫폼으로 쿠버네티스를 활용하는 방법과 함께 리눅스, 윈도우, 인텔, Arm 등 다양한 아키텍처의 애플리케이션을 실행할 수 있는 다중 이기텍처 클러스터를 구성하는 방법을 다룬다.

이 책을 마치고 나면 일상 업무에서 무리 없이 쿠버네티스를 활용할 수 있을 것이다. 마지막 장은 향후 쿠버네티스에 활용할 수 있는 도움말과 각 장 주제의 심화 학습용 도서 추천, 쿠버네티스 플랫폼을 선택할 때 고려할 점 등을 다룬다.

실습 예제

각 장에는 많은 실습 예제가 있다. 이 책의 모든 예제 코드는 깃허브 저장소 https://github.com/gilbutITbook/kiamol에서 내려받을 수 있다. 실습 환경을 구성할 때 이 저장소를 복제한 후 실습 예제를 진행하며 점차적으로 복잡한 애플리케이션을 실행해 나간다.

이전 장의 실습 내용이 필요한 장이 많다. 하지만 모든 장을 순서대로 읽을 필요는 없다. 필요에 따라 적절한 장을 골라 읽으면 된다. 각 장의 연습 문제는 서로 연계된 문제가 많다. 따라서 연습 문제를 건너뛰면 다음 장에서 오류를 겪기 쉬운데, 이런 오류는 트러블슈팅 능력을 향상하는 데도 도움이 되지 않는다. 모든 연습 문제는 도커 허브에 공개된 컨테이너 이미지를 사용한다. 실습 환경에 구축한 쿠버네티스 클러스터가 필요한 이미지를 자동으로 내려받을 것이다.

이 책은 매우 광범위한 주제를 다룬다. 이 책의 효과를 가장 크게 보려면 각 장 본문을 읽으며 예제를 직접 수행해 보는 것이 좋다. 그러다 보면 쿠버네티스가 점차 손에 익을 것이다. 모든 예제를 직접 할 시간이 부족하다면 몇 가지는 뛰어넘어도 좋다. 각 실습 예제에는 정상적인 실행 결과를 담은 스크린샷이 딸려 있으며, 장 마지막에 복습을 위한 요약 부분이 따로 마련되어 있다.

연습 문제

각 장 마지막에는 실습 예제보다 더 심화된 내용을 담은 연습 문제가 있다. 이 연습 문제에는 도움말이 없다. 몇 가지 힌트는 주어지지만 문제는 직접 해결해야 한다.

추가 학습 자료

마르코 룩샤가 쓴 〈쿠버네티스 인 액션〉(에이콘, 2020)은 이 책에서 미처 다루지 못한 운영의 세부 사항을 잘 다룬 책이다. 이외에 주요 학습 자료는 쿠버네티스 공식 문서를 들 수 있다. 공식 문서는 크게 두 가지가 있는데, 한 가지는 클러스터 구조부터 쿠버네티스 개발 참여까지 모든 내용을 다루는 것(https://kubernetes.io/docs/home)이다. 또 다른 한 가지는 쿠버네티스 API 참조 문서(https://kubernetes.io/docs/reference/using-api/)다. 이 참조 문서는 쿠버네티스를 사용하여 만들게 될 모든 쿠버네티스 객체의 상세한 규격을 정리한 문서다.

쿠버네티스 트위터 공식 계정(@kubernetesio)과 브렌던 번스(@brendandburns), 팀 호킨(@thockin), 조 베다(@jbeda), 켈시 하이타워(@kelseyhightower) 등 프로젝트 및 커뮤니티 핵심 멤버의 계정도 팔로우하면 도움이 될 것이다.

필자의 트위터 계정(@EltonStoneman)과 블로그(https://blog.sixeyed.com), 유튜브 채널(https://youtube.com/eltonstoneman)도 참고하기 바란다.

예제 파일 내려받기

책에서 사용하는 예제 코드는 길벗출판사 웹 사이트에서 도서 이름으로 검색하여 내려받거나 다음 깃허브에서도 내려받을 수 있다. 본문 실습은 길벗출판사 깃허브를, 연습 문제 정답은 원서 깃허브를 참고한다.

- **길벗출판사 웹 사이트:** http://www.gilbut.co.kr
- **길벗출판사 깃허브:** https://github.com/gilbutITbook/kiamol
- **원서 깃허브:** https://github.com/sixeyed/kiamol

예제 파일 구조

이 책의 예제 파일은 장별로 나뉘어 있으며, 각 장에는 실습 예제에 사용된 도커 이미지의 정의 및 소스 코드, 애플리케이션의 매니페스트 파일 등이 들어 있다. 또 실습 편의를 위해 명령어 텍스트 모음 파일도 제공한다.

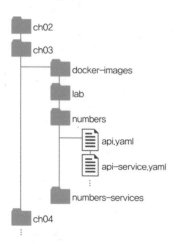

다음 환경에서 테스트를 완료했으며 자세한 환경 설정 방법은 1장을 참고한다.

- **옮긴이:** 리눅스 민트 21, Rancher Desktop, 쿠버네티스 1.18.20
- **편집자:** 윈도우 10, Rancher Desktop, 쿠버네티스 1.18.20

이 책은 700쪽이 넘는 방대한 분량에 쿠버네티스의 기본적인 내용부터 실무 활용과 운영 관리 그리고 고급 사용법까지 쿠버네티스의 거의 모든 것을 다루고 있습니다. 이렇게 많은 분량에도 책의 모든 챕터가 철저히 실습 위주로 구성되어 있습니다. 쿠버네티스 입문자이거나 쿠버네티스 초보자라면 1부를 간단한 실습과 함께 읽어 보면 쿠버네티스의 기본을 배울 수 있습니다. 중급 이상의 사용자라면 2부에서 4부까지 내용이 매우 유용하므로 직접 모두 실습해 보면서 단계별로 읽어 나가기를 권장합니다. 개인적으로는 2부의 헬름 활용법과 3부의 플루언트디와 일래스틱서치를 활용한 로그 관리, 프로메테우스를 이용한 모니터링, 인그레스를 이용한 인입 트래픽 관리에 대한 내용이 매우 유용했습니다. 이 책의 모든 챕터를 다 마스터하고 나서는 가장 마지막 챕터인 '22장 끝없는 정진'은 꼭 읽어 보기를 추천합니다. 분량 때문에 저자가 미처 책에 싣지 못했지만 독자들에게 꼭 알려 주고 싶은 쿠버네티스 학습 이정표가 매우 잘 정리되어 있습니다. 또한, 쿠버네티스 전문가가 되기 위해 앞으로 어떤 노력을 더 해야 할지 이 책을 끝까지 보고도 막막한 사람들에게 저자가 주는 선물이면서 이 책의 대미를 장식하는 화룡점정이라고 생각됩니다.

다만 책의 분량이 방대하다 보니 저자가 책을 쓰는 동안에도 버전의 변화가 많았던 것 같습니다. 모든 챕터가 쿠버네티스 한 버전으로 완벽하게 동작하지 않고 버전을 바꾸어 가며 실습해야 되는 부분이 약간 불편했습니다. 챕터 14까지는 약간만 수정하면 현재 최신 버전인 v1.27.3 버전으로도 진행이 가능했고, 그 이후부터는 v1.18.20과 v1.19.16 버전으로 변경해 가면서 실습을 진행했습니다.

이 책에서는 Rancher Desktop(또는 Docker Desktop)으로 실습하는 것을 권장하고 있는데, 애플 실리콘 칩(M1/M2)을 사용하는 macOS에서는 원활하게 동작하지 않는 부분들도 있었으므로 참고하면 좋을 것 같습니다. 하지만 이런 부분도 빠르게 업데이트가 일어나는 쿠버네티스 버전에 대해 대비해 나가야 하는 부분이므로 스스로 문제를 해결하면서 최신 버전에서 동작할 수 있도록 예제 코드를 수정해 가면서 진행한다면 쿠버네티스를 훨씬 더 깊게 이해하고 문제 해결 능력까지 얻을 수 있게 될 것이라고 생각합니다.

실습 환경 macOS 13.4.1(Ventura) M1 PRO, Rancher Desktop 1.9.1, Kubernetes v1.18.20, v1.19.16, v1.27.3

권민승_백엔드 개발자

저는 쿠버네티스 기반의 플랫폼 엔지니어입니다. 예전에 쿠버네티스에 관심이 많아서 도커부터 공부하기 시작했습니다. 기존에 SI에서 개발하던 환경과 다른 점이 많아서 어떻게 접근해야 할지 막막했고, 책을 보더라도 개념을 이해하기 어려웠습니다. 그때 이 책을 보았으면 많은 도움이 되었을 것이라고 생각합니다. 다양한 예제로 구성되어 실제로 테스트해 보면서 개념을 잡기에 매우 좋습니다.

실습 환경 Macbook Pro, Rancher Desktop

이기하_플랫폼 엔지니어

이 책은 잘 정리된 콘텐츠, 상세한 단계별 가이드, 실용적인 예제로 제 예상 기대치를 뛰어넘었습니다. 이 책으로 학습한다면 초보 학습자와 숙련된 사용자 모두가 쿠버네티스를 쉽게 이해할 수 있을 것이라고 생각됩니다. 직관적인 설명과 도해로 개념을 이해하기에 좋았으며, 직접 따라 하는 예제와 실습 덕분으로 쿠버네티스의 전체 아키텍처를 이해하는 데 유용했습니다. 쿠버네티스 및 컨테이너 오케스트레이션을 마스터하려는 모든 사람에게 적극 추천합니다.

실습 환경 Windows 11, Docker Engine v24.0.2, Kubernetes v1.27.2, Docker Desktop v4.21.1

이석곤_(주)아이알컴퍼니 부설연구소 수석 프로그래머

쿠버네티스는 조타수 또는 조종사를 의미하는 그리스어에서 유래했습니다. 배의 조종키가 배의 나아갈 방향을 정하는 아주 중요한 역할을 하는 것처럼 쿠버네티스는 컨테이너에 대한 오케스트레이션의 핵심적인 역할을 합니다. 이 책은 쿠버네티스의 교과서 또는 바이블이라고 불러도 손색이 없을 만큼 쿠버네티스 전반에 걸쳐 쿠버네티스를 정말 제대로 활용할 수 있는 방법을 알려 줍니다. 늘 옆에 두고 필요할 때 바로 활용할 수 있는 그야말로 쿠버네티스의 교과서입니다.

실습 환경 Virtual Box, Ubuntu, Docker, K8s

허헌_Devops 엔지니어

쿠버네티스의 주요 구성 요소와 동작 원리에 대해 자세히 설명하는 책입니다. 자세하고 촘촘하게 설계된 실습 파일 덕분에 개념을 이해하는 데 도움이 많이 되었습니다. 이것 자체만으로도 훌륭한 모범 예제로 활용할 수도 있을 것 같습니다. 입맛에 맞게 YAML 파일을 커스텀하여 배포 실습을 진행해 보면서 많은 부분에서 핸즈온 지식을 얻을 수 있었습니다. 쿠버네티스 개념을 확실히 익히고 싶은 사람에게 추천합니다!

실습 환경 kubectl client 1.16.15, kubectl server v1.15.11

최지원_개발자

11장　애플리케이션 개발: 개발 워크플로와 CI/CD ⋯⋯ **343**

3부　운영 환경으로 가자

12장　자기수복형 애플리케이션 활용하기 ⋯⋯ **377**

22장　끝없는 정진 …… 713

부록은 무료 전자책으로 제공한다. 온라인 서점 eBook 코너에서 '쿠버네티스 교과서'로 검색하면 찾을 수 있다.

부록 A. 애플리케이션 소스 코드에서 도커 이미지까지

부록 B. 컨테이너 모니터링으로 투명성 있는 애플리케이션 만들기

부록 C. 컨테이너의 애플리케이션 설정 관리

부록 D. 도커를 이용한 로그 생성 및 관리

제 1 부

쿠버네티스
빠르게 훑어보기

이 책을 펼친 것을 환영한다. 1부는 쿠버네티스의 핵심 개념인 디플로이먼트(deployment)와 파드(pod), 서비스(service), 볼륨(volume)을 소개한다. 그리고 애플리케이션 구성을 쿠버네티스 YAML 스크립트로 작성하는 방법과 함께 쿠버네티스가 어떻게 컴퓨팅과 네트워크, 스토리지를 추상화하는지 배운다. 1부를 마치고 나면 쿠버네티스의 기본 이해와 함께 자신 있게 애플리케이션을 구성하고 배포할 수 있을 것이다.

1^장

시작하기 전에

쿠버네티스는 매우 방대한 주제다. 쿠버네티스는 2014년 깃허브에 오픈 소스로 처음 발표되었고, 현재는 전 세계 2,500명 이상의 기여자가 매주 200곳 이상의 소스 코드를 수정한다. 2016년부터 매년 열리는 큐브콘(KubeCon) 콘퍼런스는 1,000명의 참가자로 시작해서 현재는 미국, 유럽, 아시아에서 1만 2,000명 이상이 참가하는 국제적 대형 이벤트가 되었다. 또 주요 클라우드 서비스는 모두 매니지드 쿠버네티스 환경을 서비스한다. 이뿐만이 아니다. 쿠버네티스는 데이터 센터에서도, 여러분 노트북에서도 실행할 수 있다. 이들 **모두 같은 쿠버네티스**다.

쿠버네티스 인기가 이렇게 높은 이유는 독립적이면서도 표준적인 지위를 점하고 있기 때문이다. 애플리케이션을 쿠버네티스에서 동작하도록 개발했다면, 이 애플리케이션은 어디든 배포가 가능하다. 기업들이 자신들의 서비스를 클라우드 환경으로 앞다투어 이전하는 이유가 바로 여기에 있다. 코드를 수정하지 않아도 서로 다른 클라우드 환경이나 데이터 센터를 오가며 서비스를 이전할 수 있다. 실무자 입장에서 이것은 큰 장점이다. 쿠버네티스만 익히면 어떤 기업이나 프로젝트로 자리를 옮기더라도 기존 생산성을 그대로 유지할 수 있기 때문이다.

하지만 쿠버네티스가 어렵기 때문에 그 과정은 그리 녹록지 않다. 아무리 간단한 애플리케이션이라도 여러 개의 컴포넌트로 구성되며, 이들 컴포넌트를 때로는 수백 줄에 이르는 낯선 포맷의 스크립트로 작성해야 한다. 쿠버네티스는 인프라스트럭처 수준의 관심사였던 로드밸런싱, 네트워크, 스토리지와 컴퓨팅을 애플리케이션 설정의 영역으로 데려왔다. 여러분의 기존 업무나 배경지식에 따라 이런 개념이 낯설게 느껴질 수도 있을 것이다. 거기에다 쿠버네티스는 지금도 빠르게 확장 중이다. 매 분기 발표되는 새 버전에는 많은 기능이 추가된다.

그럼에도 쿠버네티스는 배울 만한 가치가 있다. 여러 해 동안 필자는 다양한 쿠버네티스 교육을 진행했는데, 수강생들이 보이는 반응에서 비슷한 패턴을 발견했다. 이 패턴은 '왜 이렇게 복잡한가요?'로 시작해서 '이런 것도 되나요? 대단한데요!'로 바뀐다. 쿠버네티스는 정말이지 놀라운 기술이다. 알면 알수록, 쿠버네티스가 좋아질 것이다.

1.1 쿠버네티스 이해하기

이 책은 다양한 쿠버네티스 예제를 제공한다. 이 장을 제외한 각 장에는 실습 예제와 연습 문제가 있다. 실습 예제는 다음 장부터 시작하고, 이 장에서는 간단한 이론을 소개하겠다. 쿠버네티스가 정확히 무엇이며 어떤 문제를 해결하는 도구인지 알아보자.

쿠버네티스는 컨테이너를 실행하는 플랫폼이다. 컨테이너화된 애플리케이션의 시작, 롤링 업데이트, 서비스 수준 유지, 수요에 따른 스케일링, 보안 접근 등 다양한 기능을 제공한다. 쿠버네티스의 두 가지 핵심 개념은 애플리케이션 정의에 사용되는 **API**와 애플리케이션이 실제로 동작하는 **클러스터**(cluster)다. 클러스터는 도커 같은 컨테이너 런타임이 동작하는 여러 대의 서버가 모여 쿠버네티스 같은 하나의 논리적 단위를 구성한 것을 의미한다. 그림 1-1은 클러스터를 추상적으로 나타낸 다이어그램이다.

❤ 그림 1-1 쿠버네티스 클러스터는 컨테이너를 실행할 수 있는 여러 대의 서버가 모여 구성된다

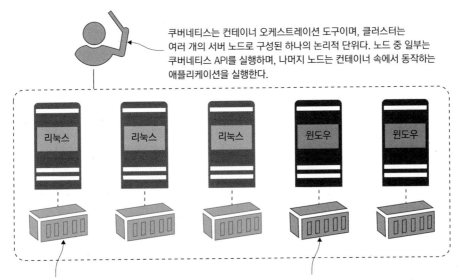

쿠버네티스는 컨테이너 오케스트레이션 도구이며, 클러스터는 여러 개의 서버 노드로 구성된 하나의 논리적 단위다. 노드 중 일부는 쿠버네티스 API를 실행하며, 나머지 노드는 컨테이너 속에서 동작하는 애플리케이션을 실행한다.

각 노드에서는 컨테이너 런타임이 실행된다. 쿠버네티스는 여러 가지 컨테이너 런타임을 지원하는데 도커, containerd, rkt 등이 있다.

쿠버네티스 API는 리눅스 노드상의 컨테이너에서 동작한다. 하지만 클러스터 자체는 다른 플랫폼의 노드를 포함할 수 있다. 클러스터에 윈도우 노드를 추가하면 쿠버네티스를 이용하여 컨테이너에서 리눅스와 윈도우 애플리케이션을 모두 실행할 수 있다.

클러스터 관리자는 **노드**(node)라고 하는 각각의 서버를 관리한다. 클러스터의 처리 용량을 확장하기 위해 노드를 추가하거나, 노드를 서비스에서 제외하거나, 클러스터 내 노드를 차례로 업데이트하는 롤링 업데이트를 적용할 수 있다. 마이크로소프트 애저 쿠버네티스 서비스(Azure Kubernetes Service, AKS)나 아마존 일래스틱 쿠버네티스 서비스(Elastic Kubernetes Service, EKS) 같은 매니지드 서비스에서는 웹 인터페이스나 명령행으로 이런 기능을 편리하게 사용할 수 있도록 제공한다. 또한 일반적인 사용에서는 각각의 노드를 신경 쓸 필요 없이 전체 클러스터를 하나의 대상처럼 다룰 수 있다.

쿠버네티스 클러스터의 목적은 애플리케이션을 실행하는 것이나. YAML 파일에 애플리케이션을 기술하고 이 파일을 쿠버네티스 API에 전달하면, 쿠버네티스가 파일에 기술된 애플리케이션 구성

을 이해하고 클러스터 현재 상태와 비교한다. 파일에 기술된 바람직한 상태와 현재 상태에 차이가 있다면 컨테이너를 추가 또는 제거한다. 컨테이너는 고가용성을 위해 여러 노드에 흩어져 있으며 쿠버네티스가 관리하는 가상 네트워크로 서로 통신할 수 있다. 그림 1-2는 배포 절차를 나타낸 다이어그램이다. 이 수준에서는 각각의 노드를 신경 쓸 필요가 없기 때문에 다이어그램에도 노드가 표현되어 있지 않다.

▼ 그림 1-2 쿠버네티스 클러스터를 사용하면 각각의 노드를 신경 쓸 필요가 없다

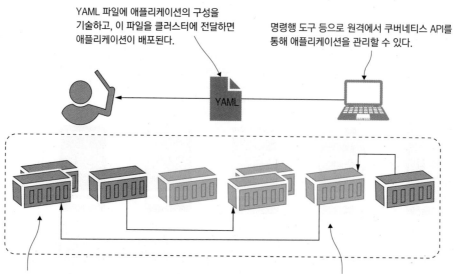

YAML 파일에 애플리케이션의 구성을 기술하고, 이 파일을 클러스터에 전달하면 애플리케이션이 배포된다.

명령행 도구 등으로 원격에서 쿠버네티스 API를 통해 애플리케이션을 관리할 수 있다.

쿠버네티스 애플리케이션은 컨테이너에서 실행된다. 한 컴포넌트를 여러 컨테이너에서 여러 번 실행하여 스케일링을 구현하고 가용성을 확보할 수 있다.

컨테이너는 클러스터를 구성하는 노드에 흩어져 실행된다. 서로 다른 노드에 있는 컨테이너라도 표준적인 네트워크 방식으로 서로 통신이 가능하다.

애플리케이션 구성을 파일에 기술하기만 하면, 그 구성을 따라 쿠버네티스가 애플리케이션을 실행하고 관리해 준다. 어떤 노드가 고장을 일으키더라도 해당 노드에서 실행되던 컨테이너는 다른 노드에서 실행된 컨테이너로 대체된다. 특정한 컨테이너가 이상을 일으켰다면 쿠버네티스가 해당 컨테이너를 재시작한다. 애플리케이션의 컴포넌트 중 하나의 부하가 높아지면 해당 컴포넌트의 컨테이너를 추가로 실행한다. 도커 이미지와 쿠버네티스 YAML 파일만 있으면 모든 쿠버네티스 클러스터에서 동일하게 동작하는 자기수복형(self-healing) 애플리케이션을 만들 수 있다.

쿠버네티스가 관리하는 것은 컨테이너뿐만이 아니다. 바로 이 점 덕분에 쿠버네티스가 완전한 애플리케이션 플랫폼이 될 수 있었다. 클러스터에는 분산 데이터베이스가 들어 있다. 이 분산 데이터베이스에는 애플리케이션 구성 정보는 물론이고 API 키나 데이터베이스 접속 패스워드 같은 비밀값도 함께 저장할 수 있다. 쿠버네티스는 이들 정보를 자연스럽게 컨테이너에 전달해 준다. 클

러스터에 정확한 설정이 들어 있다면 어떤 환경이라도 동일한 컨테이너 이미지를 사용할 수 있다. 쿠버네티스는 스토리지도 제공한다. 이를 이용하여 컨테이너 외부에 데이터를 저장할 수 있으며 유상태 애플리케이션이라도 고가용성을 확보할 수 있다. 또한 클러스터로 들어오는 트래픽을 관리하며, 각 요청을 해당하는 컨테이너로 전달해 주는 기능도 있다. 그림 1-3은 쿠버네티스의 주 기능을 제공하는 여러 리소스를 나타낸 다이어그램이다.

❤ 그림 1-3 쿠버네티스는 컨테이너 외에도 여러 가지 리소스를 관리한다

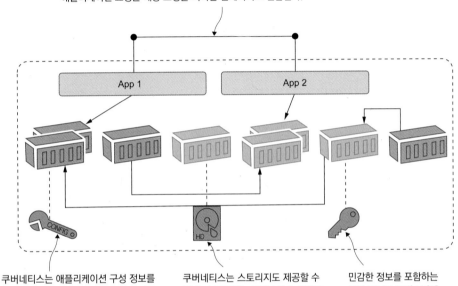

클러스터는 쿠버네티스 API로 들어오는 요청과 애플리케이션 요청을 모두 감시한다.
애플리케이션 요청은 해당 요청을 처리할 컨테이너로 전달된다.

쿠버네티스는 애플리케이션 구성 정보를 저장할 수 있다. 이들 정보는 컨테이너 환경의 일부처럼 컨테이너에 제공된다.

쿠버네티스는 스토리지도 제공할 수 있다. 스토리지는 클러스터 노드상의 디스크에 저장되거나 공유 스토리지에 저장된다.

민감한 정보를 포함하는 설정 정보도 클러스터에 안전하게 보관할 수 있다.

컨테이너에서 동작하는 애플리케이션이 어떤 것인지는 아직 언급도 하지 않았다. 왜냐하면 쿠버네티스는 자신이 실행하는 애플리케이션이 어떤 것인지 따지지 않기 때문이다. 클라우드에 적합하게 마이크로서비스 아키텍처로 설계된 애플리케이션을 여러 컨테이너에 걸쳐 실행할 수도 있고, 모놀리식 아키텍처로 설계된 레거시 애플리케이션을 단일 컨테이너로 실행할 수도 있다. 또한 리눅스 애플리케이션 또는 윈도우 애플리케이션일 수도 있는데, 어떤 애플리케이션이든 그 구성을 동일한 API를 사용하는 YAML 파일로 기술하면 이들 모두를 하나의 클러스터에서 실행할 수 있다. 쿠버네티스의 가장 큰 장점은 모든 애플리케이션을 (모놀리식 아키텍처의 오래된 닷넷 또는 자바 애플리케이션이든, 새로 작성된 Node.js 또는 Go 애플리케이션이든 상관없이) 모두 똑같은 방식으로 기술하고 배포하고 관리할 수 있다는 것이다.

쿠버네티스를 사용하기 위해 알아야 할 이론은 여기까지다. 하지만 실습 예제를 시작하기 전에 먼저 지금까지 설명한 개념의 정확한 이름을 알아보자. 애플리케이션을 기술한 YAML 파일은 **애플리케이션 매니페스트**(application manifest)라고 한다. 이런 이름이 붙은 것은 파일 내용이 애플리케이션을 구성하는 모든 컴포넌트의 목록이기 때문이다. 그리고 쿠버네티스에서 애플리케이션을 구성하는 컴포넌트를 리소스(resource)라고 하며, 리소스 역시 여러 종류가 있다. 그림 1-4는 그림 1-3의 다이어그램에 각 리소스의 종류를 표기한 것이다.

▼ 그림 1-4 애플리케이션의 실제 구조: 여기에 사용된 리소스는 쿠버네티스 리소스 중에서도 가장 기본적인 것이다

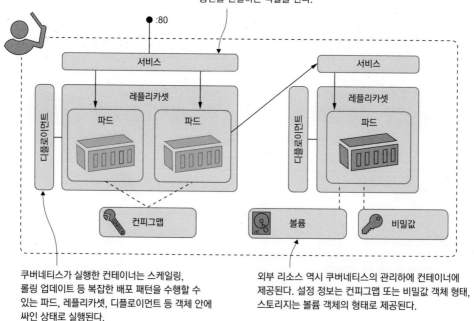

서비스는 네트워크 접근을 관리하는 쿠버네티스 객체로, 외부에서 들어온 트래픽을 컨테이너에 전달하거나 컨테이너 간 통신을 전달하는 역할을 한다.

쿠버네티스가 실행한 컨테이너는 스케일링, 롤링 업데이트 등 복잡한 배포 패턴을 수행할 수 있는 파드, 레플리카셋, 디플로이먼트 등 객체 안에 싸인 상태로 실행된다.

외부 리소스 역시 쿠버네티스의 관리하에 컨테이너에 제공된다. 설정 정보는 컨피그맵 또는 비밀값 객체 형태, 스토리지는 볼륨 객체의 형태로 제공된다.

리소스 종류만 보아도 쿠버네티스가 그리 만만한 상대가 아님을 알 수 있다. 앞으로 이들 리소스를 한 가지씩 익혀 나갈 예정이다. 6장을 마칠 즈음에는 이 다이어그램을 완전히 이해하고, 능숙하게 리소스를 YAML 스크립트로 정의하고 실행할 수 있게 될 것이다.

1.2 이 책의 대상 독자

이 책의 목표는 독자 여러분이 애플리케이션을 기술하고, 쿠버네티스 클러스터에서 실행할 수 있는 능력을 빠르게 익히고, 실제 서비스를 어떻게 운영하는지 이해하는 것이다. 쿠버네티스를 익히는 가장 좋은 방법은 실습이다. 각 장의 실습 예제와 연습 문제를 모두 직접 해결한다면 이 책을 다 읽을 즈음에는 쿠버네티스의 주요 기능을 자신 있게 사용할 수 있을 것이다.

하지만 앞서도 말했듯이, 쿠버네티스는 매우 방대한 주제다. 이 책 한 권만으로 모든 것을 다룰 수는 없다. 특히 실무와 가장 큰 갭이 생기는 영역은 운영이다. 이 책은 환경에 따라 천차만별인 클러스터 설치 및 관리를 다루지 않는다. 설사 운영 환경을 클라우드 환경에 꾸릴 계획이더라도 매니지드 서비스 역시 신경 써야 할 일이 많다. 쿠버네티스 자격증을 따려 한다면 이 책은 공부의 출발점으로 적합하다. 하지만 이 책만으로 공부를 마칠 수는 없다. 쿠버네티스 관련 자격증은 크게 두 가지다. 하나는 쿠버네티스 애플리케이션 개발 자격증(Certified Kubernetes Application Developer, CKAD)이고, 다른 하나는 쿠버네티스 운영 자격증(Certified Kubernetes Administrator, CKA)이다. 이 책에서 다루는 내용은 CKAD 시험 범위의 80% 정도, CKA 시험 범위의 50% 정도에 해당한다.

또한 이 책을 효율적으로 학습하려면 필요한 배경지식이 있다. 앞으로 쿠버네티스의 각 기능마다 그에 관한 핵심 원칙을 언급하겠지만, 컨테이너는 보충 설명을 하지 않는다. 아직 컨테이너, 레지스트리 등 컨테이너 기술의 기본 개념을 확실히 이해하지 못했다면 필자의 또 다른 책 〈도커 교과서〉(길벗, 2022)를 먼저 읽기를 추천한다.

쿠버네티스를 사용할 때 도커가 꼭 필요한 것은 아니지만 쿠버네티스에서 실행할 애플리케이션을 패키징하기 가장 유연하고 쉬운 수단은 도커다.

스스로 생각하기에 자신이 어느 정도 컨테이너 기술 지식이 있는 쿠버네티스 초보라면 이 책이 적합할 것이다. 독자 여러분의 기존 업무가 개발, 운영, 아키텍처, 데브옵스, 신뢰성 확보 엔지니어 중 무엇이든 간에 업무에 쿠버네티스를 도입할 수 있다. 앞으로 이 책으로 많은 것을 배우게 될 것이다.

1.3 / 실습 환경 만들기

쿠버네티스 클러스터는 수백 대 이상의 노드로 구성된다. 하지만 이 책의 실습이 목적이라면 단일 노드 클러스터로도 충분하다. 다음 장 실습 예제로 넘어가기 전에 실습용 환경을 만들어 보자. 쿠버네티스 플랫폼은 여러 가지가 있지만, 이 책의 실습 예제는 이 중 주요 플랫폼 모두에서 수행할 수 있다. 리눅스와 윈도우, macOS, AWS, 애저까지 다섯 가지 환경에서 실습용 환경을 만드는 방법을 설명하겠다. 이 정도면 주요 플랫폼을 모두 지원한다고 할 수 있을 것이다. 책에서는 쿠버네티스 버전 1.18을 사용한다.

도커 데스크톱을 사용하면 로컬 컴퓨터에서 간단하게 쿠버네티스를 실행할 수 있다. 도커 데스크톱은 도커와 쿠버네티스, 그 외 명령행 도구까지 한 번에 설치할 수 있는 패키지다. 도커 데스크톱은 사용 중인 PC의 네트워크와도 연동이 쉽고, 필요하다면 리셋 버튼 클릭 한 번으로 쿠버네티스를 초기화할 수 있어 편리하다. 또한 도커 데스크톱은 윈도우용과 macOS용 두 버전이 제공되는데, 윈도우나 macOS 사용자가 아니어도 다른 대체 수단이 있다.

먼저 한 가지 알아 두어야 할 점이 있다. 쿠버네티스 자체의 구성 요소 역시 리눅스 컨테이너 형태로 실행된다. 따라서 (다중 노드 클러스터 속 컨테이너에서 윈도우용 애플리케이션을 실행할 수는 있지만) 쿠버네티스 자체를 윈도우에서 실행할 수는 없다. 이 때문에 윈도우 사용자는 리눅스 가상 머신이 필요하다. 도커 데스크톱을 사용하면 이런 가상 머신까지 알아서 마련해 준다.

윈도우 사용자를 위한 한 가지 팁이 더 있다. 실습 예제를 진행할 때는 꼭 파워셸을 사용하기 바란다. 파워셸에서는 대부분의 리눅스 명령어를 사용할 수 있다. 실습 예제는 리눅스(또는 macOS) 셸 또는 파워셸에서 동작하도록 구성되었으므로 파워셸을 사용하지 않으면 첫 실습 예제부터 문제를 겪게 될 것이다.

1.3.1 이 책의 예제 코드 내려받기

깃허브 저장소에서 이 책에 나오는 모든 예제의 코드와 연습 문제의 정답 예를 내려받을 수 있다. 깃을 사용할 수 있고 깃 클라이언트가 설치되어 있다면 다음 명령으로 깃허브 저장소를 로컬 컴퓨터에 복제할 수 있다.

```
git clone https://github.com/gilbutITbook/kiamol
```

깃을 사용한 적이 없더라도 깃허브 저장소(https://github.com/gilbutITbook/kiamol)에서 Clone 또는 Download를 눌러 예제 코드가 담긴 zip 파일을 내려받아 이 파일의 압축을 해제하면 된다.

깃허브에 접속하면 ch01, ch02, ch03처럼 각 장의 디렉터리가 있다. 각 장의 첫 번째 실습 예제는 터미널 창을 열어 chXX 디렉터리로 작업 디렉터리를 변경하는 내용이다. 실습 예제를 진행하려면 먼저 최상위 디렉터리인 kiamol로 이동해야 한다.

Note ≡ **[역주]** **실습 환경 준비하기**

안정적으로 실습하기 위해 Rancher Desktop을 설치하는 것을 추천하며, 역자는 리눅스 민트 21 버전 환경에서, 편집자는 윈도우 10 환경에서 테스트를 완료했다. Rancher Desktop은 localhost가 아닌 별도의 IP 주소가 설정되므로, 책과 동일하게 localhost를 사용하고 싶다면 도커 데스크톱을 사용하는 것이 좋다.[1]

실습 환경
- 쿠버네티스 버전 1.18.20에서 테스트 완료

1. 우분투 리눅스에서 설치(deb 패키지)

1) Rancher 저장소 서명 추가

Rancher의 패키지 저장소에서 사용하는 서명을 시스템에 추가한다.

```
$ curl -s https://download.opensuse.org/repositories/isv:/Rancher:/stable/deb/
Release.key | gpg --dearmor | sudo dd status=none of=/usr/share/keyrings/isv-
rancher-stable-archive-keyring.gpg
```

❤ 그림 1-5 우분투 리눅스에서 설치 1

2) Rancher 저장소 추가

추가된 저장소 서명을 사용하는 Rancher의 패키지 저장소를 추가한다.

○ 계속

---

1 **[역주]** 쿠버네티스 버전 1.18.20을 설치할 수 있는 도커 파일의 링크를 깃허브에 표기해 두었다.

```
$ echo 'deb [signed-by=/usr/share/keyrings/isv-rancher-stable-archive-keyring.gpg]
https://download.opensuse.org/repositories/isv:/Rancher:/stable/deb/ ./' | sudo dd
status=none of=/etc/apt/sources.list.d/isv-rancher-stable.list
```

▼ 그림 1-6 우분투 리눅스에서 설치 2

3) 패키지 관리자 업데이트

새로 추가된 저장소의 정보를 최신 상태로 업데이트한다.

```
$ sudo apt update
```

▼ 그림 1-7 우분투 리눅스에서 설치 3

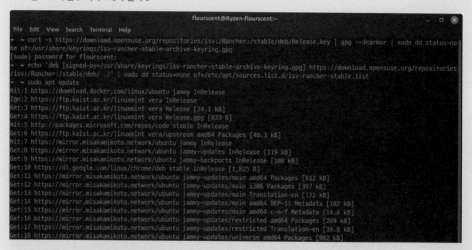

4) Rancher Desktop 패키지 설치

Rancher Desktop 패키지를 설치한다. 원격 저장소의 속도가 느리기 때문에 평소보다 좀 더 시간이 걸릴 수 있다.

```
$ sudo apt install rancher-desktop
```

◐ 계속

▼ 그림 1-8 우분투 리눅스에서 설치 4

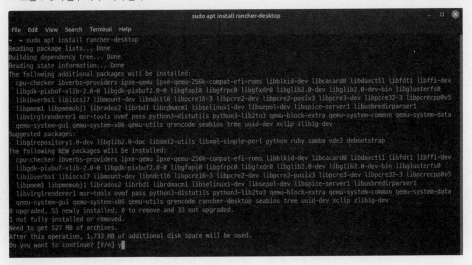

5) 설치 확인

2023년 5월 최신 버전인 1.8.1이 설치되었다. 쿠버네티스 버전 1.18.20을 선택해서 실행하면 된다.

▼ 그림 1-9 우분투 리눅스에서 설치 5

참고로 설치된 Rancher Desktop은 다음 명령으로 삭제할 수 있다.

```
$ sudo apt remove --autoremove rancher-desktop
$ sudo rm /etc/apt/sources.list.d/isv-rancher-stable.list
$ sudo rm /usr/share/keyrings/isv-rancher-stable-archive-keyring.gpg
$ sudo apt update
```

↻ 계속

2. 윈도우에서 설치

1) 설치 파일 내려받기

https://rancherdesktop.io/에서 윈도우용 설치 파일을 내려받는다.

▼ 그림 1-10 윈도우에서 설치 1

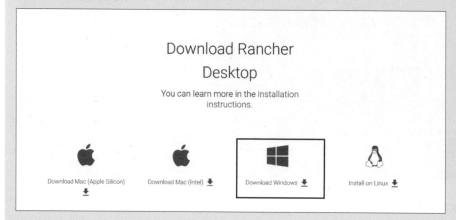

2) 설치 파일 실행 및 설치 진행

설치 파일을 실행하고 사용 약관에 동의를 체크한 후 **Next**를 눌러 설치를 완료한다. 모두 기본 옵션으로 두면 된다.

▼ 그림 1-11 윈도우에서 설치 2

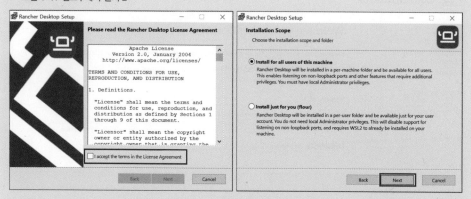

설치를 완료한 후 쿠버네티스 버전 1.18.20을 선택한다. 그러고 나서 파워셸에 접속하여 실습을 진행하면 된다.

- **Error**: wsl.exe exited with code 4294967295 경고가 뜬다면 WSL이 제대로 설치되지 않은 것이므로 내 PC가 가상화 환경을 사용할 수 있는 환경인지(BIOS에서도 가상화 사용 가능으로 설정되어 있는지 확인 필요), 윈도우의 Hyper-V 관련 기능 등이 활성화되어 있는지 확인하기 바란다.

◆ 계속

- 파워셸에서 다음과 같은 접속 거부 오류가 뜬다면 윈도우 화면 오른쪽 아래에 있는 Lancher Desktop 아이콘에서 마우스 오른쪽 버튼을 누른 후 **Kubernetes Contexts** 설정이 **rancher-desktop**으로 체크되어 있는지 확인한다.

```
[I0530 10:40:24.555237   19448 versioner.go:58] Get "https://kubernetes.docker.
internal:6443/version?timeout=5s": dial tcp 127.0.0.1:6443: connectex: No
connection could be made because the target machine actively refused it.
Unable to connect to the server: dial tcp 127.0.0.1:6443: connectex: No
connection could be made because the target machine actively refused it.
```

- 장별 실습 예제에 따라 컨테이너 엔진을 dockerd와 containerd로 바꾸어 가며 실습해야 한다. 기본은 containerd이며, dockerd로 설정해야 하는 장은 첫 실습 예제에 별도로 역주를 달아 두었다.

▼ 그림 1-12 컨테이너 엔진 설정

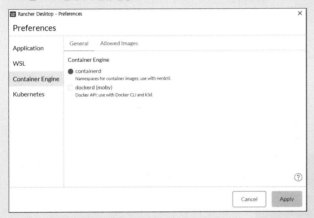

3. macOS에서 설치

1) 설치 파일 내려받기

https://rancherdesktop.io/에서 macOS용 설치 파일을 내려받는다.

▼ 그림 1-13 macOS에서 설치 1

◑ 계속

2) 설치

설치 파일을 마운트한 후 애플리케이션 폴더에 복사한다.

▼ 그림 1-14 macOS에서 설치 2

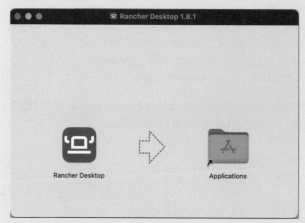

3) 초기 설정

초기 설정을 확인한다. 원하는 컨테이너 엔진이나 쿠버네티스 버전이 있다면 이때 선택할 수 있다.

▼ 그림 1-15 macOS에서 설치 3

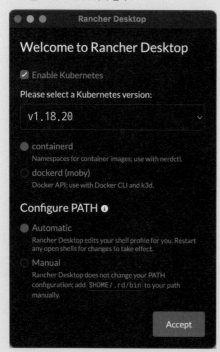

❍ 계속

설치가 끝나면 애플리케이션 메인 창이 열린다.

▼ 그림 1-16 macOS에서 설치 4

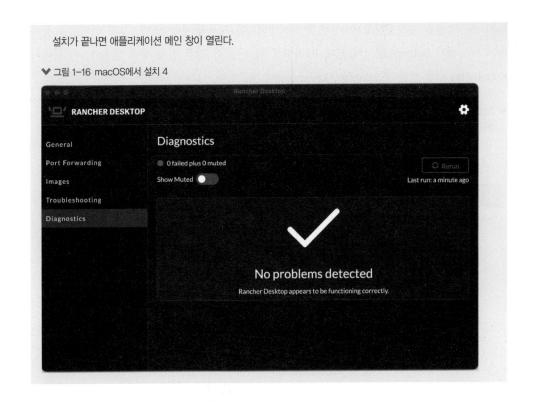

필자가 독자 여러분에게 수정 사항을 가장 빨리 전달할 수 있는 수단은 깃허브 리포지터리다. 연습 문제나 실습 예제를 수행하다가 문제가 생겼다면 해당 장 폴더에 있는 README 파일의 최신 내용을 확인해 보기 바란다.

1.3.2 도커 데스크톱 설치하기

도커 데스크톱은 윈도우 10 또는 macOS 시에라(10.12) 이상의 버전을 지원한다. https://www.docker.com/products/docker-desktop 페이지에서 안정 버전을 내려받아 설치한다. 설치 파일을 내려받아 실행한 후 모든 설정을 기본값으로 진행한다. 윈도우에서는 필요한 기능을 활성화하는 데 재부팅이 몇 번 필요할 수도 있다. 도커 데스크톱을 설치한 후 윈도우의 태스크바 또는 macOS의 메뉴바에 고래 아이콘이 보인다면 도커 데스크톱이 정상적으로 실행된 것이다. 이전에 설치한 도커 데스크톱을 사용한다면, 윈도우 사용자는 리눅스 컨테이너 모드가 활성 상태인지 확인하기 바란나(현재는 활성 상태가 기본 설정이다).

도커 데스크톱을 설치했다고 해서 바로 쿠버네티스를 사용할 수는 없다. 고래 아이콘을 클릭하여 메뉴에서 **Settings**를 선택한다. 그러면 그림 1-17과 같은 설정 창이 열린다. 이 창에서 **Kubernetes** 탭을 선택하고 **Enable Kubernetes**에 체크한다.

❤ 그림 1-17 도커 데스크톱은 리눅스 가상 머신을 만들고 이 가상 머신에서 컨테이너를 실행하며 이 가상 머신으로 쿠버네티스도 실행할 수 있다

고래 아이콘을 클릭하여 설정 창을 연다. 'Enable Kubernetes'에 체크하면
도커 데스크톱이 알아서 쿠버네티스를 내려받아 단일 노드 클러스터를 실행한다.

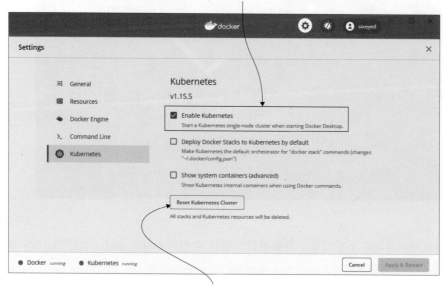

이 버튼을 누르면 쿠버네티스 클러스터에서 모든 애플리케이션과 리소스가 제거되고
초기 상태로 리셋된다. 매우 편리한 기능이다.

도커 데스크톱이 자동으로 쿠버네티스 런타임에 필요한 모든 컨테이너 이미지를 내려받아(이 과정에 약간의 시간이 걸릴 수 있음) 쿠버네티스 클러스터를 실행한다. 설정 창 아래쪽에 두 개의 녹색 원이 보인다면 쿠버네티스 클러스터가 정상적으로 동작 중인 것이다. 쿠버네티스 외에도 도커 데스크톱은 우리가 필요한 다른 것까지 알아서 설치해 준다. 이 시점에서 1.3.7절로 넘어가도 좋다.

도커 데스크톱에서 다른 쿠버네티스 배포판을 실행할 수도 있다. 하지만 이들 배포판은 도커 데스크톱에서 자동으로 내려받는 배포판인 만큼 네트워크 통합이 매끄럽지 않기 때문에 실습 중 오류가 발생할 수 있다. 이 쿠버네티스 배포판은 자동으로 설치되는 만큼 사용이 쉽고 이 책에서 필요한 모든 기능을 제공한다.

1.3.3 도커 커뮤니티 에디션과 K3s 설치하기

리눅스 컴퓨터 또는 리눅스 가상 머신을 사용 중이라면 단일 노드 클러스터를 실행할 수 있는 방법이 몇 가지 더 있다. 카인드(Kubernetes IN Docker, Kind)와 미니큐브(Minikube)가 유명하지만 필자는 K3s를 추천한다. K3s는 필요한 최소 기능만 설치하는 개념의 배포판이지만 이 책에서 실습하는 기능은 모두 탑재되어 있다. (쿠버네티스의 별명인 K8s를 비튼 이름이다. 쿠버네티스의 코드 베이스를 크게 덜어 내어 이름 그대로 K8s 대비 절반 정도의 용량을 차지한다.)

K3s는 도커와 연동되므로 먼저 도커 커뮤니티 에디션을 설치해야 한다. 전체 설치 과정이 실린 웹 페이지(https://rancher.com/docs/k3s/latest/en/quick-start)를 보면 다음 명령을 사용한다.

```
# 도커 설치하기
curl -fsSL https://get.docker.com | sh

# K3s 설치하기
curl -sfL https://get.k3s.io | sh -s - --docker - disable=traefik --write-kubeconfig-
mode=644
```

실습 환경을 가상 머신에 꾸리고 싶고 베이그런트로 가상 머신을 관리해 보았다면, 예제 코드 저장소에서 도커와 K3s를 설치하는 베이그런트 설정을 가져다 쓰면 도움이 될 것이다.

```
# kiamol 저장소의 최상위 디렉터리에서 출발
cd ch01/vagrant-k3s

# 가상 머신 관리 시작
vagrant up

# 가상 머신에 접속
vagrant ssh
```

K3s만 설치하면 필요한 모든 요소가 설치되므로 1.3.7절로 넘어가도 좋다.

1.3.4 쿠버네티스 명령행 도구 설치하기

쿠버네티스는 kubectl('큐브-커틀'이라고 발음함)이라는 명령행 도구로 사용한다. kubectl은 쿠버네티스 클러스터에 접속한 후 쿠버네티스 API를 이용하여 클러스터를 관리한다. 도커 데스크톱과 K3s를 설치해도 kubectl이 함께 설치된다. 하지만 다음 코드에 언급된 경우에 해당한다면 kubectl을 직접 설치해야 한다.

전체 설치 방법은 웹 페이지 https://kubernetes.io/docs/tasks/tools/install-kubectl에서 볼 수 있다. macOS에서는 홈브루, 윈도우에서는 초콜레티를 사용하며, 리눅스에서는 바이너리를 직접 내려받아야 한다.

```
# macOS
brew install Kubernetes-cli

# 윈도우
choco install Kubernetes-cli

# 리눅스
curl -Lo ./kubectl https://storage.googleapis.com/kubernetes-release/release/v1.18.8/
bin/linux/amd64/kubectl
chmod +x ./kubectl
sudo mv ./kubectl /usr/local/bin/kubectl
```

1.3.5 애저 환경에서 단일 노드 쿠버네티스 클러스터 실행하기

마이크로소프트 애저 환경에서 제공되는 매니지드 서비스인 AKS로 매니지드 쿠버네티스 클러스터를 사용할 수 있다. 여러 곳에서 클러스터에 접근할 필요가 있거나 MSDN 구독에 딸려 오는 애저 크레딧을 보유한 경우 유용한 선택이다. 단일 노드 클러스터를 구성하면 사용 요금도 그리 크지 않다. 하지만 클러스터를 중지시킬 방법이 없기 때문에 클러스터를 삭제하지 않는 한 24시간 요금이 지불되므로 주의가 필요하다.

AKS 클러스터는 애저 포털로도 어렵지 않게 만들 수 있지만, 그보다는 az 명령을 쓰는 편이 훨씬 편리하다. https://docs.microsoft.com/en-us/azure/aks/kubernetes-walkthrough에서 최신 문서를 읽어 보거나 az 명령행 도구를 내려받아 다음 몇 가지 명령을 실행해 보면서 익혀도 좋다.

```
# 애저 서비스에 로그인
az login

# 클러스터를 만들기 위한 리소스 그룹 생성
az group create --name kiamol --location eastus
```

```
# 두 개의 CPU 코어와 8GB 메모리를 가진 단일 노드 클러스터를 생성
az aks create --resource-group kiamol --name kiamol-aks --node-count 1 --node-vm-size
Standard_DS2_v2 --kubernetes-version 1.18.8 --generate-ssh-keys

# kubectl로 클러스터를 다루기 위한 인증서 내려받기
az aks get-credentials --resource-group kiamol --name kiamol-aks
```

마지막 명령에서 kubectl이 쿠버네티스 API에 접근하는 데 필요한 인증서를 내려받는다.

1.3.6 AWS에서 단일 노드 쿠버네티스 클러스터 실행하기

AWS에서 제공되는 매니지드 클러스터 서비스의 이름은 일래스틱 쿠버네티스 서비스(Elastic Kubernetes Service, EKS)다. EKS에서도 애저와 비슷하게 24시간 요금이 부과되는 단일 노드 클러스터를 만들 수 있다.

EKS 클러스터는 AWS 포털에서도 만들 수 있지만 그보다는 전용 도구인 eksctl을 사용하는 편이 낫다. 최신 eksctl 참조 문서는 https://eksctl.io에서 볼 수 있다. 사용 방법도 그리 어렵지 않다. 먼저 다음과 같이 자신의 운영체제에 맞는 최신 버전의 eksctl을 설치한다.

```
# eksctl 설치하기(macOS)
brew tap weaveworks/tap
brew install weaveworks/tap/eksctl

# eksctl 설치하기(윈도우)
choco install eksctl

# elsctl 설치하기(리눅스)
curl --silent --location "https://github.com/weaveworks/eksctl/releases/download/
latest/eksctl_$(uname-s)_amd64.tar.gz" | tar xz -C /tmp
sudo mv /tmp/eksctl /usr/local/bin
```

AWS 명령행 도구를 앞서 설치했다면, 여기에 사용된 인증서를 eksctl에서도 그대로 사용한다 (AWS 명령행 도구를 설치하지 않았다면 eksctl 로그인과 관련된 설치 가이드를 참고하라). 그리고 다음 명령을 입력하여 단일 노드 클러스터를 생성한다.

```
# 두 개의 CPU 코어와 8GB 메모리를 가진 단일 노드 클러스터를 생성
eksctl create cluster --name=kiamol - nodes=1 --node-type=t3.large
```

이 명령으로 로컬 컴퓨터에 설치된 kubectl 명령행 도구에 EKS 클러스터 접속 설정이 자동으로 된다.

1.3.7 생성한 클러스터 확인하기

어떤 방법을 선택했든 생성한 쿠버네티스 클러스터는 모두 동일하게 동작한다. 다음 명령을 입력하여 클러스터가 정상 동작 중인지 확인하자.

```
kubectl get nodes
```

그림 1-18과 비슷한 내용이 출력된다면 정상이다. 출력된 내용은 클러스터에 포함된 모든 노드의 목록이다. 각 노드의 상태나 쿠버네티스 버전 등 기본 정보가 담겨 있다. 환경에 따라 세부 정보에는 어느 정도 차이가 있을 수 있지만, 노드 목록이 잘 출력되고 노드 상태가 'Ready'로 나온다면 클러스터를 정상적으로 사용할 수 있다.

▼ 그림 1-18 kubectl 명령을 입력하여 노드 목록에 나온 노드 상태가 'Ready'이면 클러스터 상태가 정상이다

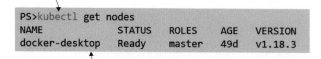

kubectl은 쿠버네티스 명령행 도구다.
로컬 또는 원격 클러스터를 다루려고 사용한다.

```
PS>kubectl get nodes
NAME              STATUS    ROLES    AGE    VERSION
docker-desktop    Ready     master   49d    v1.18.3
```

클러스터를 구성하는 각 노드의 기본적인 정보가 출력된다.
여기에서는 도커 데스크톱을 사용했으므로 단일 노드 클러스터가 된다.

1.4 바로 활용하기

KUBERNETES

'바로 활용하기'는 이 책의 모토다. 이 시리즈의 모든 책은 스킬을 익히고 배운 내용을 실제로 활용하는 데 중점을 둔다.

각 장은 해당 장의 주제를 소개하는 것으로 시작하여 실습용 클러스터에서 실습 예제를 따라 하도록 구성했다. 그다음 실습에서 생길 수 있는 궁금증과 관련된 몇 가지 내용을 더 자세히 설명한 후 마지막으로 직접 해결해 보는 연습 문제를 만난다. 이 방식으로 확실한 이해와 함께 직접 할 수 있다는 자신감을 얻을 수 있을 것이다.

또한 모든 주제는 실무에서 맞닥뜨릴 수 있는 과업과 관계되어 있다. 무엇을 배우든 간에 배운 것을 바로 활용할 수 있을 것이고, 더 나아가 새로운 것도 이해할 수 있다. 지금부터 컨테이너로 애플리케이션을 실행해 보겠다.

2^장

파드와
디플로이먼트로
컨테이너 실행하기

쿠버네티스는 컨테이너로 애플리케이션을 실행하지만, 우리는 컨테이너를 직접 다루지 않는다. 모든 컨테이너는 파드(pod)에 속하는데, 파드란 쿠버네티스가 하나 또는 그 이상의 컨테이너를 관리하는 데 사용하는 단위다. 또한 파드는 다른 리소스가 관리하고, 이런 고수준 리소스는 컨테이너의 세부 사항을 추상화시킨다. 이 방법으로 자기수복형 애플리케이션이나 '바람직한 상태(desired-state)' 워크플로가 가능해진다. 쿠버네티스에 우리가 원하는 애플리케이션의 상태를 지시하면 이 상태를 실제로 만들어 내는 것이다.

이 장에서 쿠버네티스의 기본 단위이자 컨테이너를 실제 실행하는 역할을 담당하는 리소스인 파드와 파드의 관리를 담당하는 디플로이먼트(deployment)를 알아보자. 간단한 웹 애플리케이션을 소재로 실습을 진행하며, 쿠버네티스 명령행 도구와 YAML 정의 파일을 사용하여 애플리케이션을 정의하고 관리해 볼 것이다.

2.1 쿠버네티스는 어떻게 컨테이너를 실행하고 관리하는가

KUBERNETES

컨테이너는 일반적으로 애플리케이션 구성 요소 하나를 실행하는 가상화된 환경을 가리킨다. 쿠버네티스는 이 컨테이너를 또 다른 가상 환경인 파드로 감싼다. 파드는 컴퓨팅의 단위로, 클러스터(cluster)를 이루는 노드 중 하나에서 실행된다. 파드는 **쿠버네티스**로 관리되는 자신만의 가상 IP 주소를 가지며 이 주소로 가상 네트워크에 접속된 다른 파드, 심지어 다른 노드에서 실행되는 파드라도 통신을 주고받을 수 있다.

파드 하나는 대개 컨테이너 하나를 포함하는데, 설정에 따라 파드 하나가 여러 개의 컨테이너를 포함할 수도 있다. 파드에 포함된 모든 컨테이너는 같은 가상 환경에 포함된다. 따라서 네트워크를 공유하며 localhost로 서로 통신할 수도 있다. 그림 2-1은 컨테이너와 파드의 관계를 나타낸 다이어그램이다.

❤ 그림 2-1 컨테이너는 파드에 포함되어 동작하는데 우리는 파드를 사용해서 컨테이너를 관리한다

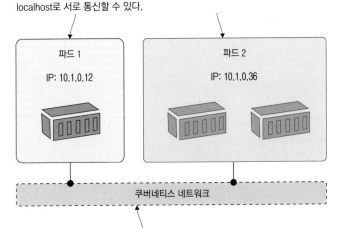

각각의 파드에는 IP 주소가 부여된다. 파드에 포함된 모든 컨테이너는
이 IP 주소를 공유한다. 파드에 포함된 IP 주소가 여러 개이면 이들은
localhost로 서로 통신할 수 있다.

파드는 쿠버네티스가 관리하는 가상 네트워크에 연결된다.
파드 역시 IP 주소를 기반으로 통신하며, 서로 다른 노드에서
실행되더라도 통신이 가능하다.

여러 개의 컨테이너를 포함하는 파드를 설명하기에는 조금 이를지도 모르지만, 파드가 여러 개의
컨테이너를 포함할 수 있다고 설명하고는 단일 클러스터 파드만 설명하면 당연히 왜 그냥 컨테이
너를 직접 다루지 않고 파드를 거치도록 했는지 궁금할 것이다. 파드를 직접 실행해 보고 추상화
된 컨테이너가 어떤 것인지 한번 살펴보자.

실습 간단한 파드라면 YAML 파일을 정의하지 않아도 쿠버네티스 명령행에서 직접 실행할 수
있다. 명령어 문법은 도커에서 컨테이너를 실행할 때와 비슷하게 컨테이너 이미지와 파드의
동작을 결정할 파라미터를 열거해 주면 된다.[1]

```
# 컨테이너 하나를 담은 파드를 실행한다
kubectl run hello-kiamol --image=kiamol/ch02-hello-kiamol

# 파드가 준비 상태가 될 때까지 기다린다
kubectl wait --for=condition=Ready pod hello-kiamol

# 클러스터에 있는 모든 파드의 목록을 출력한다
kubectl get pods
```

---

1 역주 2장 실습 예제는 컨테이너 런타임이 도커여야 한다. Rancher Desktop이라면 Container Engine을 **dockerd**로 설정한 상태에서
실습을 진행한다.

```
# 파드의 상세 정보를 확인한다
kubectl describe pod hello-kiamol
```

그림 2-2는 마지막 줄의 describe pod 명령으로 출력된 내용 중 일부를 발췌한 것이다. 독자 여러분의 환경에서는 Node-Selector나 Toleration 같은 훨씬 복잡한 내용이 먼저 눈에 들어올 것이다. 이런 정보 역시 파드의 상세 정보 중 일부로, 우리가 run 명령에서 따로 지정하지 않았기 때문에 쿠버네티스에 있는 기본값이 적용된 것이다.

❤ 그림 2-2 간단한 파드를 실행한 후 파드의 상세 정보를 출력한 결과다

도커 허브에서 제공하는 kiamol/ch02-hello-kiamol 이미지로 실행한
한 개의 컨테이너가 들어 있는 파드를 hello-kiamol이라는 이름으로 생성한다.

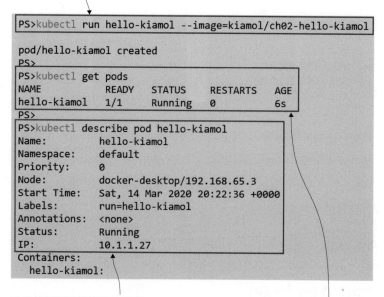

IP 주소와 파드를 실행하는 노드 등
특정 파드에 대한 상세 정보가 출력된다.

현재 클러스터에 있는 모든 파드의 목록을 출력한다.
READY 항목은 파드에서 실행 중인 컨테이너 개수와
그중 현재 준비(Ready) 상태인 컨테이너 개수를 나타낸다.
이 파드는 컨테이너 하나를 포함한다.

이제 클러스터에서 하나의 컨테이너를 실행했다. 그리고 이 컨테이너는 파드 안에 들어 있는 상태다. 도커를 사용해 보았다면 익숙한 과정이었을 것이다. 또한 파드도 그렇게 어렵게 느껴지지 않는다. 대부분의 파드는 (고급 옵션을 건드리지 않았다면) 하나의 컨테이너만 실행한다. 따라서 파드를 '쿠버네티스가 컨테이너를 실행하는 수단'으로 생각해도 크게 틀리지 않다.

쿠버네티스가 직접 컨테이너를 실행하지는 않는다. 컨테이너를 생성할 책임을 해당 노드에 설치된 컨테이너 런타임에 맡기는 형태다. 이 컨테이너 런타임은 도커가 될 수도 있고, 그 외에 더 특이한 것이 될 수도 있다. 파드가 컨테이너를 추상화시킨 것인 이유가 여기에 있다. 파드는 쿠버네티스가 관리하는 리소스고, 컨테이너는 쿠버네티스 외부에서 관리된다. kubectl을 사용하여 파드에서 다음 정보를 확인해 보면 이를 쉽게 이해할 수 있다.

실습 kubectl의 get pod 명령을 사용하여 파드에 대한 기본적인 정보를 확인할 수 있었다. 여기에 출력 파라미터를 추가로 지정하면 더 자세한 정보를 볼 수 있다. 확인하려는 필드를 따로 지정할 수도 있고, JSONPath나 Go 템플릿으로 복잡한 출력을 직접 구성할 수도 있다.

```
# 파드에 대한 기본적인 정보를 확인한다
kubectl get pod hello-kiamol

# 네트워크 상세 정보 중 특정한 항목을 따로 지정해서 출력한다
kubectl get pod hello-kiamol --output custom-columns=NAME:metadata.name,NODE_
IP:status.hostIP,POD_IP:status.podIP

# JSONPath로 복잡한 출력을 구성한다
# 파드의 첫 번째 컨테이너의 컨테이너 식별자만 출력한다
kubectl get pod hello-kiamol -o jsonpath='{.status.containerStatuses[0].containerID}'
```

❤ 그림 2-3 kubectl에는 파드와 같은 리소스 정보를 다양한 형태로 커스터마이징해서 출력하는 기능이 있다

출력의 기본 형태는 컨테이너 개수,
파드의 상태, 재시작 횟수, 파드 생성 후
경과 시간으로 구성된다.

이름과 그에 대응하는 데이터의
JSON 표현 형태로 항목을 정의해서
출력 형태를 지정할 수 있다.

```
PS>kubectl get pod hello-kiamol
NAME            READY    STATUS     RESTARTS    AGE
hello-kiamol    1/1      Running    0           29m
PS>
PS>kubectl get pod hello-kiamol --output custom-columns=NAME:
metadata.name,NODE_IP:status.hostIP,POD_IP:status.podIP
NAME            NODE_IP          POD_IP
hello-kiamol    192.168.65.3     10.1.1.27
PS>
PS>kubectl get pod hello-kiamol -o jsonpath='{.status.contain
erStatuses[0].containerID}'
docker://11572486e38b5cda4b56559f8c9f3bef076ee2f132ea1fea123b
d38871f4f8da
```

JSONPath 질의 형태로 복잡한 출력을 직접 구성할 수도 있다.
예제에 나온 질의는 파드에 포함된 첫 번째 컨테이너의 컨테이너 식별자를
출력하라는 의미다. 지금은 컨테이너가 하나뿐이지만, 파드에 컨테이너가
여러 개 있어도 첫 번째 컨테이너의 식별자만 출력된다.

필자의 환경에서 출력된 결과를 그림 2-3에 실었다. 필자는 윈도우용 도커 데스크톱에서 실행한 단일 노드 쿠버네티스 클러스터를 구동 중이다. 두 번째 명령에서 출력된 NODE_IP는 필자의 리눅스 가상 머신의 IP 주소고, POD_IP는 클러스터 속 파드의 가상 IP 주소다. 세 번째 명령에서 출력된 컨테이너 식별자 앞에는 해당 컨테이너를 실행 중인 컨테이너 런타임의 이름이 붙는다. 도커로 실행된 컨테이너이므로 docker가 붙었다.

실습이 조금 지루했을지도 모르겠다. 하지만 여기에서 기억해야 할 점이 두 가지 있다. 첫 번째는 kubectl이 매우 강력한 도구라는 점이다. 쿠버네티스와의 주요 접점 역할 외에도 다양한 용도로 kubectl을 사용하게 될 것이다. kubectl의 기능을 확실히 파악해 두면 도움이 된다. 명령어에 관심 있는 출력 내용에 대한 질의를 지정하는 것도 유용하다. 리소스 정보 중 원하는 정보에 마음대로 접근할 수 있고, 특히 자동화시킬 때 편리하다. 두 번째는 컨테이너를 직접 실행하는 것은 쿠버네티스가 아니라는 점이다. 파드에서 볼 수 있는 컨테이너 식별자는 컨테이너가 실제 실행되는 다른 시스템을 가리키는 참조일 뿐이다.

파드는 파드를 생성할 때 한 노드에 배정된다. 그리고 이 파드를 관리하고 파드에 포함된 컨테이너를 실행하는 책임도 이 노드가 맡는다. 이 과정은 컨테이너 런타임 인터페이스(Container Runtime Interface, CRI)라는 공통 API를 이용하여 컨테이너 런타임과 연동되는 형태로 진행된다. CRI를 사용하면 해당 노드가 어떤 컨테이너 런타임을 실행 중이더라도 같은 방식으로 노드를 관리할 수 있다. 컨테이너 생성과 삭제, 컨테이너 정보 확인 기능이 표준 API로 제공된다. 파드 실행 중에는 노드가 컨테이너 런타임과 연동하며, 파드에 필요한 모든 컨테이너가 갖추어져 있는지 확인한다.

> **실습** 모든 쿠버네티스 환경은 컨테이너 관리를 위해 동일한 CRI를 사용한다. 그러나 컨테이너 런타임 중에는 쿠버네티스 외부에서 컨테이너에 접근을 허용하지 않는 것도 있다. 이번 실습은 쿠버네티스의 파드로 실행된 컨테이너를 컨테이너 런타임이 어떻게 유지하는지 확인하려는 것이다. 하지만 이 실습 예제를 진행하려면 **컨테이너 런타임이 도커여야만 한다.**

```
# 파드에 포함된 컨테이너 찾기
docker container ls -q --filter label=io.kubernetes.container.name=hello-kiamol

# 해당 컨테이너 삭제하기
docker container rm -f $(docker container ls -q --filter label=io.kubernetes.
container.name=hello-kiamol)

# 파드 상태 확인
kubectl get pod hello-kiamol
```

```
# 이전 컨테이너 다시 찾아보기
docker container ls -q --filter label=io.kubernetes.container.name=hello-kiamol
```

그림 2-4를 보면 필자가 도커를 통해 파드에 들어 있던 컨테이너를 확인한 후 쿠버네티스가 어떻게 반응했는지 알 수 있다. 파드의 컨테이너 개수가 0이 되자마자 쿠버네티스가 즉각적으로 대체 컨테이너를 생성하여 파드를 복원했다.

쿠버네티스가 이런 문제를 해결할 수 있는 이유는 컨테이너를 파드로 추상화했기 때문이다. 이상을 일으킨 컨테이너는 일시적인 문제일 뿐이며 파드는 그대로 있으므로, 새로운 컨테이너를 추가하여 파드 상태를 복원하면 된다. 이것이 바로 쿠버네티스가 제공하는 자기수복성의 첫 번째 단계다. 파드 위로 더 쌓일 추상화를 통해 애플리케이션은 이 이상의 복원력을 가질 수 있다.

▼ 그림 2-4 쿠버네티스는 파드에 필요한 컨테이너 개수를 유지한다

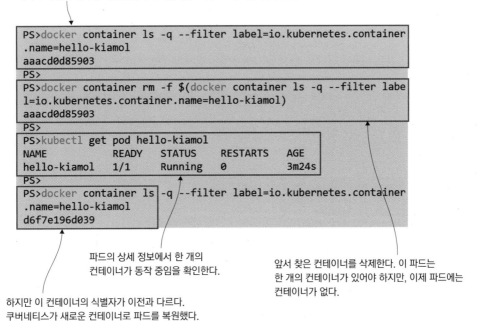

쿠버네티스는 컨테이너를 만들 때 파드 이름을 컨테이너 레이블에 추가한다.
이 점을 이용하여 도커에서 파드에 포함된 컨테이너를 찾아낼 수 있다.
따라서 이 명령에서 출력된 컨테이너 식별자는 그림 2-3에 나온 것과 같다.

```
PS>docker container ls -q --filter label=io.kubernetes.container
.name=hello-kiamol
aaacd0d85903
PS>
PS>docker container rm -f $(docker container ls -q --filter labe
l=io.kubernetes.container.name=hello-kiamol)
aaacd0d85903
PS>
PS>kubectl get pod hello-kiamol
NAME            READY    STATUS     RESTARTS    AGE
hello-kiamol    1/1      Running    0           3m24s
PS>
PS>docker container ls -q --filter label=io.kubernetes.container
.name=hello-kiamol
d6f7e196d039
```

파드의 상세 정보에서 한 개의
컨테이너가 동작 중임을 확인한다.

앞서 찾은 컨테이너를 삭제한다. 이 파드는
한 개의 컨테이너가 있어야 하지만, 이제 파드에는
컨테이너가 없다.

하지만 이 컨테이너의 식별자가 이전과 다르다.
쿠버네티스가 새로운 컨테이너로 파드를 복원했다.

파드 위로 얹히는 또 다른 추상화 중 하나가 바로 디플로이먼트다. 디플로이먼트는 다음 절에서 다룰 것이다. 다음 절로 넘어가기 전에 이 파드에서 실행한 애플리케이션이 무엇인지 알아보자. 이 애플리케이션은 웹 애플리케이션이다. 하지만 아직은 쿠버네티스에서 네트워크 트래픽을 파드

로 전달하도록 설정하지 않았기 때문에 실행 중인 애플리케이션에 접근할 수 없다. kubectl의 다른 기능을 사용하여 애플리케이션에 접근해 보겠다.

실습 kubectl에는 네트워크 트래픽을 노드에서 파드로 전달할 수 있는 기능이 있다. 이 기능을 사용하면 간편하게 클러스터 외부에서 파드와 통신할 수 있다. 로컬 컴퓨터(클러스터의 노드에 해당)의 특정 포트를 주시하도록 하고 이 포트로 들어오는 트래픽을 파드로 전달한다.

```
# 로컬 컴퓨터의 8080번 포트를 주시하다가 이 포트로 들어오는
# 트래픽을 파드의 80번 포트로 전달한다
kubectl port-forward pod/hello-kiamol 8080:80

# 이제 웹 브라우저에서 http://localhost:8080에 접근한다

# 확인이 끝나면 ctrl-c를 눌러 포트포워딩을 중단한다
```

필자의 환경에서 확인한 웹 페이지를 그림 2-5에 실었다. 보이는 바와 같이 간단한 웹 사이트다. 웹 서버 및 웹 페이지 콘텐츠는 도커 허브에 공개된 컨테이너 이미지에 포함되어 있다. CRI를 준수하는 컨테이너 런타임은 모두 도커 허브에서 이미지를 내려받을 수 있다. 그러므로 여러분이 어떤 쿠버네티스 환경을 사용하더라도 이 애플리케이션은 필자의 환경에서처럼 동작할 것이다.

❤ 그림 2-5 이 애플리케이션은 아직 네트워크 트래픽을 전달받도록 설정되지 않았지만, kubectl로 파드에 트래픽을 전달하도록 임시로 설정했다

kubectl에는 포트포워딩 설정 기능이 있다. 로컬 컴퓨터의 특정 포트를
클러스터 안 파드로 전달하는 기능이다.

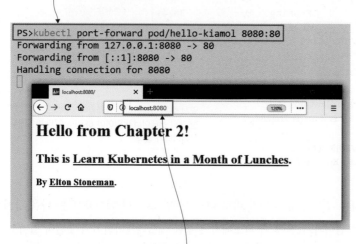

웹 브라우저에서 localhost를 열람하면 파드에 접근할 수 있다.
파드 속 컨테이너가 요청을 처리해서 응답을 보내왔다. 그 결과가 이 웹 페이지다.

파드가 무엇인지 좀 감이 잡히는가? 파드는 쿠버네티스에서 컴퓨팅의 최소 단위다. 파드의 역할은 무엇인지 어떻게 동작하는지 잘 이해해야 한다. 하지만 파드는 원시 타입 리소스이므로 일반적으로 파드를 직접 실행할 일은 없다. 대개는 파드를 관리할 컨트롤러 객체를 따로 만들게 된다.

2.2 / 컨트롤러 객체와 함께 파드 실행하기

2장 두 번째 절인데 벌써 두 번째 쿠버네티스 객체, 컨트롤러 객체를 배우게 되었다. 컨트롤러 객체는 다른 객체를 다시 추상화한 것이다. 쿠버네티스가 매우 복잡한 시스템이기는 하지만, 이 복잡성이 바로 강력하고 다양한 설정이 가능한 시스템을 만드는 원동력이다. 학습에 따르는 약간의 어려움은 전 세계적으로 널리 쓰이는 컨테이너 플랫폼에 참여할 수 있는 입장료라고 생각하자.

파드는 직접 사용하기에는 너무 단순한 객체다. 파드는 고립된 한 벌의 애플리케이션이며, 각 파드는 서로 다른 노드에 배정된다. 어떤 노드가 고장을 일으킨다면 파드는 유실되며, 쿠버네티스는 유실된 파드를 새 파드로 대체하지 않는다. 여러 파드를 실행하며, 고가용성을 확보하려고 해도 모든 파드가 다른 노드에 흩어져서 실행된다는 보장이 없다. 억지로 서로 다른 노드에 실행되도록 사람이 직접 관리해야 한다면 오케스트레이션 도구를 사용하는 의미가 없다.

컨트롤러 객체가 바로 이런 불편함을 해결해 준다. 컨트롤러(controller) 객체는 다른 리소스를 관리하는 쿠버네티스 리소스다. 컨트롤러는 쿠버네티스 API와 연동하며 시스템의 현재 상태를 감시하다가 '바람직한 상태'와 차이가 생기면 필요에 따라 그 차이를 바로잡는다. 쿠버네티스에는 여러 가지 컨트롤러 객체가 있다. 그중에서도 파드를 주로 관리하는 컨트롤러 객체는 디플로이먼트다. 앞서 설명했던 파드의 문제점을 디플로이먼트가 모두 해결해 준다. 어떤 노드가 고장을 일으켜 파드가 유실되면, 디플로이먼트가 대체 파드를 다른 노드에 실행한다. 디플로이먼트를 스케일링하고 싶다면 필요한 파드 수를 지정하면 된다. 그러면 디플로이먼트가 여러 노드에 걸쳐 필요한 수만큼 파드를 실행한다. 그림 2-6은 디플로이먼트와 파드, 컨테이너의 관계를 나타낸 다이어그램이다.

▼ 그림 2-6 디플로이먼트는 파드를 관리하고 파드는 컨테이너를 관리한다

이 디플로이먼트는 파드 두 개를 관리한다. 이 두 파드는 서로의 복제본으로,
똑같은 설정으로 컨테이너 하나씩을 포함하도록 만들어졌다. 두 파드는
서로 다른 노드에서 동작할 수도 있다.

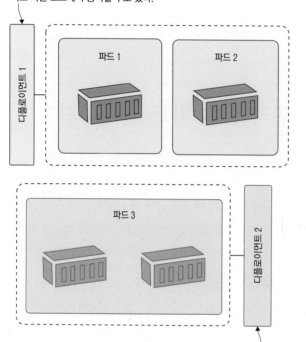

이 디플로이먼트는 파드 한 개를 관리한다. 이 파드는
두 개의 컨테이너를 포함하는데, 파드 하나가 여러 노드에 나뉘어
배치될 수 없기 때문에 두 컨테이너 모두 같은 노드에서 동작한다.

kubectl을 사용하여 컨테이너를 실행할 이미지와 파드 설정을 지정하면 디플로이먼트를 생성할
수 있다. 쿠버네티스가 디플로이먼트를 생성하면 디플로이먼트가 파드를 생성한다.

실습 조금 전 웹 애플리케이션을 한 번 더 실행해 보자. 이번에는 디플로이먼트를 사용하여
실행할 것이다. 필수 파라미터는 디플로이먼트 이름과 컨테이너를 실행할 이미지 이름이다.

```
# 조금 전과 같은 웹 애플리케이션을 실행하는 디플로이먼트
# 'hello-kiamol-2'를 생성
kubectl create deployment hello-kiamol-2 --image=kiamol/ch02-hello-kiamol

# 파드의 목록을 출력
kubectl get pods
```

필자의 환경에서 실행한 결과를 그림 2-7에 실었다. 이제 클러스터에는 파드 두 개가 생겼다. 첫 번째는 앞서 kubectl의 run 명령을 사용해서 만든 것이고, 두 번째는 디플로이먼트가 생성했다. 디플로이먼트가 생성한 파드 이름은 쿠버네티스가 지은 것으로, 디플로이먼트 이름 뒤에 무작위 문자열이 붙은 형태다.

❤ 그림 2-7 컨트롤러 객체를 생성하면 컨트롤러 객체가 자신에게 딸린 리소스를 생성하는데, 여기에서는 디플로이먼트가 파드를 생성했다

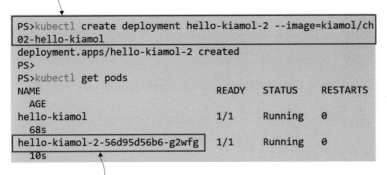

디플로이먼트 'hello-kiamol-2'를 생성한다. 파드의 복제본 수를
지정하지 않았으므로 기본값인 1이 적용되어 파드 한 개를 생성한다.

```
PS>kubectl create deployment hello-kiamol-2 --image=kiamol/ch
02-hello-kiamol
deployment.apps/hello-kiamol-2 created
PS>
PS>kubectl get pods
NAME                              READY   STATUS    RESTARTS
   AGE
hello-kiamol                      1/1     Running   0
   68s
hello-kiamol-2-56d95d56b6-g2wfg   1/1     Running   0
   10s
```

디플로이먼트가 생성한 파드 이름은 컨트롤러 객체 이름 뒤에
무작위 문자열을 덧붙이는 형태로 붙여진다.

이번 실습에서 알아야 할 중요한 점은 우리가 디플로이먼트는 만들었지만 파드를 직접 만든 적은 없다는 것이다. 디플로이먼트를 정의할 때 우리에게 필요한 파드가 어떤 것인지 기술했다. 그러면 디플로이먼트는 쿠버네티스 API를 통해 현재 동작 중인 리소스가 무엇이 있는지 살펴보고, 자신이 관리해야 할 파드가 없다는 사실을 발견하여 다시 쿠버네티스 API를 통해 자신에게 필요한 파드를 생성한다. 구체적으로 어떤 과정을 거쳤는가는 중요하지 않다. 디플로이먼트만 만들면 우리에게 필요한 파드를 대신 만들어 준다는 점이 중요하다.

하지만 디플로이먼트가 자신이 관리해야 할 리소스를 어떻게 추적하는지는 알아 둘 필요가 있다. 이런 패턴은 쿠버네티스 전반에서 매우 많이 쓰인다. 모든 쿠버네티스 리소스는 간단한 키-값 쌍 형태의 레이블을 가지며, 이 레이블을 우리가 원하는 데이터를 담는 데 사용할 수 있다. 예를 들어 디플로이먼트에 release라는 레이블을 추가하고 그 값을 20.04라고 지정한다면, 우리는 나중에 이 디플로이먼트가 배포 주기 20.04에 배포된 것임을 알 수 있다. 또한 레이블은 디플로이먼트와 파드의 관계처럼 객체 간 관계를 표현해서 리소스와 리소스의 느슨한 연결을 만드는 데도 쓰인다.

실습 디플로이먼트는 자신이 관리하는 파드에 레이블을 부여하라. kubectl로 디플로이먼트가 부여한 레이블을 출력하라. 그리고 같은 레이블을 가진 파드 목록도 출력하자.

```
# 디플로이먼트가 부여한 파드의 레이블 출력
kubectl get deploy hello-kiamol-2 -o jsonpath='{.spec.template.metadata.labels}'

# 앞서 출력한 레이블을 가진 파드의 목록 출력
kubectl get pods -l app=hello-kiamol-2
```

필자의 환경에서 실행한 결과를 그림 2-8에 실었다. 출력된 내용을 보면 컨트롤러 객체가 자신이 관리하는 리소스를 어떤 식으로 설정하는지 조금이나마 엿볼 수 있다. 디플로이먼트는 템플릿을 적용해서 파드를 생성하는데, 이 템플릿 일부는 메타데이터 필드로 레이블을 포함한다. 여기에서는 디플로이먼트가 app이라는 레이블에 hello-kiamol-2라는 값을 달아 파드에 부여했다. 이 레이블이 일치하는 파드를 검색했더니 디플로이먼트가 관리하는 파드를 찾았다.

▼ 그림 2-8 디플로이먼트는 자신이 생성한 파드에 레이블을 부여하며, 이 레이블을 기준으로 디플로이먼트가 생성한 파드를 찾을 수 있다

디플로이먼트의 상세 정보를 확인한다. 디플로이먼트가
파드에 부여한 레이블을 반환하는 질의를 사용했다.

```
PS>kubectl get deploy hello-kiamol-2 -o jsonpath='{.spec.temp
late.metadata.labels}'
map[app:hello-kiamol-2]
PS>
PS>kubectl get pods -l app=hello-kiamol-2
NAME                                    READY   STATUS    RESTARTS
  AGE
hello-kiamol-2-56d95d56b6-g2wfg         1/1     Running   0
  29s
```

레이블 셀렉터를 사용하여 앞서 확인한 레이블이 일치하는
(레이블 이름은 app, 값은 hello-kiamol-2인) 파드 목록을 출력한다.

레이블을 이용하여 리소스 간 관계를 파악하는 것은 쿠버네티스에서 매우 자주 쓰는 중요한 패턴이다. 별도의 다이어그램과 함께 설명하겠으니 확실히 이해해 두기 바란다. 리소스는 생애 주기를 거치며 생성이나 수정, 삭제와 함께 레이블을 부여받는다. 또한 컨트롤러 객체는 레이블 셀렉터를 통해 자신이 관리하는 리소스인지 판단한다. 이 과정은 그림 2-9에서 보듯이, 리소스가 가진 특정한 레이블이 일치하는지 확인하는 과정이다.

▼ 그림 2-9 컨트롤러 객체는 레이블 셀렉터를 통해 자신이 관리하는 리소스를 식별한다

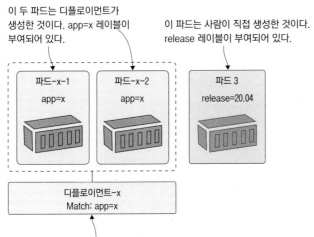

이 두 파드는 디플로이먼트가
생성한 것이다. app=x 레이블이
부여되어 있다.

이 파드는 사람이 직접 생성한 것이다.
release 레이블이 부여되어 있다.

이 디플로이먼트는 레이블 셀렉터를 통해 자신이 관리하는 파드를 식별한다.
셀렉터와 일치한 리소스는 해당 디플로이먼트의 관리하에 있다고 간주된다.

컨트롤러가 자신이 관리하는 리소스 목록을 직접 유지하지 않아도, 레이블 셀렉터가 컨트롤러 객체의 정의에 포함되어 있기 때문에 컨트롤러 객체가 언제라도 쿠버네티스 API를 통해 자신이 관장하는 리소스를 찾아볼 수 있다는 점에서 매우 유연한 설계다. 하지만 레이블 정보를 함부로 직접 수정하면 이런 리소스 간 관계를 흐트러트릴 수 있기 때문에 주의해야 한다.

실습 디플로이먼트는 파드와 직접적인 관계를 갖지 않는다. 디플로이먼트 입장에서는 레이블 셀렉터와 일치하는 파드가 하나 있기만 하면 된다. 파드의 레이블이 수정된다면 디플로이먼트는 해당 파드를 더 이상 인지하지 못한다.

```
# 모든 파드 이름과 레이블 확인
kubectl get pods -o custom-columns=NAME:metadata.name,LABELS:metadata.labels

# 디플로이먼트가 생성한 파드의 'app' 레이블 수정
kubectl label pods -l app=hello-kiamol-2 --overwrite app=hello-kiamol-x

# 파드가 또 하나 생성되었다
kubectl get pods -o custom-columns=NAME:metadata.name,LABELS:metadata.labels
```

처음에 어떤 결과를 예상했는가? 그림 2-10을 보면, 파드의 레이블이 수정되면 파드 자체가 없어지는 것과 같은 효과가 있었다. 디플로이먼트 입장에서는 레이블 셀렉터와 일치하는 파드가 사라졌기 때문에 새로운 파드를 만든 것이다. 디플로이먼트는 자신이 맡은 일을 잘 처리했지만, 파드를 직접 수정하면서 관리를 벗어난 파드가 생겼다.

❤️ 그림 2–10 파드의 레이블을 함부로 수정하면 파드가 디플로이먼트의 관리를 벗어난다

모든 파드의 이름과 레이블을 확인한다.
레이블 이름과 값은 콜론(:)으로 구분된다.

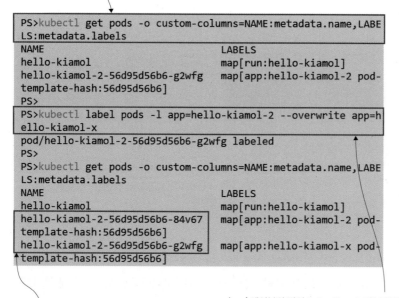

```
PS>kubectl get pods -o custom-columns=NAME:metadata.name,LABE
LS:metadata.labels
NAME                                    LABELS
hello-kiamol                            map[run:hello-kiamol]
hello-kiamol-2-56d95d56b6-g2wfg         map[app:hello-kiamol-2 pod-
template-hash:56d95d56b6]
PS>
PS>kubectl label pods -l app=hello-kiamol-2 --overwrite app=h
ello-kiamol-x
pod/hello-kiamol-2-56d95d56b6-g2wfg labeled
PS>
PS>kubectl get pods -o custom-columns=NAME:metadata.name,LABE
LS:metadata.labels
NAME                                    LABELS
hello-kiamol                            map[run:hello-kiamol]
hello-kiamol-2-56d95d56b6-84v67         map[app:hello-kiamol-2 pod-
template-hash:56d95d56b6]
hello-kiamol-2-56d95d56b6-g2wfg         map[app:hello-kiamol-x pod-
template-hash:56d95d56b6]
```

레이블이 수정되면서 디플로이먼트 입장에서는
파드가 유실되었으므로 이를 대체하는 새로운
파드가 만들어진 것을 볼 수 있다.

'app' 레이블의 값이 hello-kiamol-2인 파드를 모두 찾아
해당 레이블 값을 hello-kiamol-x로 수정한다.
레이블이 수정되면 실질적으로 파드와 디플로이먼트 간
관계가 끊어진다.

이 방법은 디버깅에 유용하다. 원하는 파드를 컨트롤러 객체의 관리에서 제외하고 직접 접속해서
문제가 무엇인지 확인할 수 있기 때문이다. 컨트롤러 객체는 사라진 파드를 대신하여 대체 파드를
생성할 테고, 애플리케이션은 성능의 손실 없이 계속 동작할 수 있다. 이와 반대 방법도 가능하다.
컨트롤러 객체가 만들지 않은 파드의 레이블을 수정히여 마치 원래 컨트롤러 객체의 관리하에 있
었던 것처럼 속이는 방법이다.

실습 본래 있었던 파드의 레이블을 원래대로 수정하여 디플로이먼트의 관리 아래로 되돌려
놓아라.

```
# 'app'이라는 레이블이 부여된 모든 파드의 이름과 레이블 출력
kubectl get pods -l app -o custom-columns=NAME:metadata.name,LABELS:metadata.labels

# 디플로이먼트의 관리를 벗어난 파드의 'app' 레이블을 원래대로 수정
kubectl label pods -l app=hello-kiamol-x --overwrite app=hello-kiamol-2
```

```
# 파드의 목록을 다시 한 번 확인
kubectl get pods -l app -o custom-columns=NAME:metadata.name,LABELS:metadata.labels
```

조금 전 실습 예제에서 수정했던 레이블을 원래대로 되돌려 놓았으니 다시 디플로이먼트의 관리 아래로 돌아갈 것이다. 디플로이먼트는 쿠버네티스 API를 통해 레이블 셀렉터와 일치하는 파드 수가 두 개가 된 것을 깨닫는다. 자신의 정의상 파드를 하나만 유지하면 되므로 그중 하나(삭제 규칙에 따라 결정된 쪽)를 삭제한다. 그림 2-11을 보면 대체를 위해 생성했던 파드가 삭제되고 처음에 생성된 파드가 남아 있는 것을 볼 수 있다.

▼ 그림 2-11 레이블을 강제로 수정해서 디플로이먼트가 관리하지 않던 파드를 관리 아래로 추가할 수 있다

아직 파드가 두 개인지 확인한다. 하나는 디플로이먼트가 관리 중이고,
다른 하나는 레이블을 수정하며 디플로이먼트의 관리에서 벗어난 것이다.

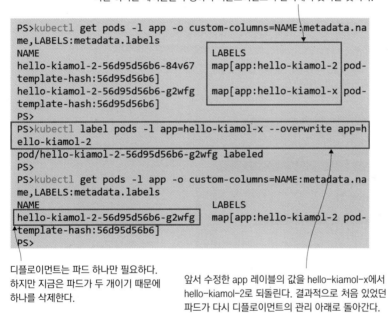

디플로이먼트는 파드 하나만 필요하다.
하지만 지금은 파드가 두 개이기 때문에
하나를 삭제한다.

앞서 수정한 app 레이블의 값을 hello-kiamol-x에서
hello-kiamol-2로 되돌린다. 결과적으로 처음 있었던
파드가 다시 디플로이먼트의 관리 아래로 돌아간다.

파드는 컨테이너를 실행한다. 하지만 파드 역시 컨테이너와 마찬가지로 생애 주기가 짧다. 대개는 디플로이먼트 같은 고수준 리소스를 이용하여 파드 관리를 맡긴다. 컨테이너와 노드에 문제가 생기더라도 이런 방법을 사용하여 애플리케이션 가용성을 확보할 수 있다. 이렇게 실행한 컨테이너 역시 우리가 직접 실행한 컨테이너와 다를 바가 없으며, 애플리케이션 사용자도 차이를 느낄 수 없다.

실습 kubectl의 port-forward 명령을 사용하면 네트워크 트래픽을 파드로 전달할 수 있다. 하지만 디플로이먼트가 가진 파드의 무작위 문자열 이름을 찾을 필요는 없다. 디플로이먼트 리소스 정의에서 직접 포트포워딩 설정을 할 수 있다. 이렇게 하면 디플로이먼트가 자신이 가진 파드 중 하나를 트래픽 전달 대상으로 삼는다.

```
# 로컬 컴퓨터에서 디플로이먼트로 포트포워딩 설정
kubectl port-forward deploy/hello-kiamol-2 8080:80

# 웹 브라우저에서 http://localhost:8080에 접근한다
# 확인이 끝나면 ctrl-c를 눌러 종료한다
```

필자의 환경에서 실행한 결과를 그림 2-12에 실었다. 똑같은 이미지로 실행한 똑같은 컨테이너에서 동작하는 같은 애플리케이션이지만, 이번에는 디플로이먼트에 포트포워딩을 맡겼다.

❤ 그림 2-12 파드와 디플로이먼트는 컨테이너를 추상화한 것인데, 그래도 애플리케이션은 컨테이너에서 동작한다

포트포워딩 설정은 다른 리소스에 적용된다. 디플로이먼트를 예로 들면,
디플로이먼트가 선택한 파드로 트래픽이 전달된다.

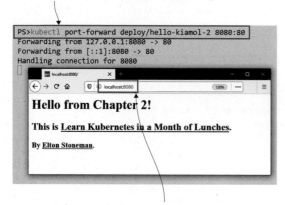

조금 전과 같은 애플리케이션이다.

이 장에서는 파드와 디플로이먼트만 다룬다. kubectl의 run과 create 명령만으로는 간단한 애플리케이션밖에 배포할 수 없다. 좀 더 복잡한 애플리케이션을 배포하려면 run이나 create 명령만으로는 불가능한 훨씬 많은 설정이 필요하다. 이제 쿠버네티스 YAML 정의 파일을 익힐 때가 되었다.

2.3 애플리케이션 매니페스트에 배포 정의하기

애플리케이션 매니페스트는 쿠버네티스의 가장 매력적인 기능이다. 하지만 그만큼 배우기 어려운 기능이기도 하다. 애플리케이션 배포 오류의 원인을 찾기 위해 수백 줄짜리 YAML 스크립트를 뒤적이다 보면, 쿠버네티스 API는 사용자를 헷갈리게 하려고 만든 것이 아닌가 싶다. 이런 생각이 든다면 이 스크립트는 우리 애플리케이션을 속속들이 기술하는 것이 목적임을 떠올리자. 이 스크립트는 형상 관리 도구를 사용하여 버전 관리를 할 수 있으며, 다른 쿠버네티스 클러스터로 옮기더라도 동일한 배포가 가능하다.

매니페스트는 JSON 또는 YAML 포맷으로 작성할 수 있다. 쿠버네티스 API의 정식 스크립트 포맷은 JSON이지만, 매니페스트를 작성할 때는 가독성이 더 뛰어나고 파일 하나에 더 많은 리소스를 정의할 수 있는 YAML을 많이 쓴다. 무엇보다 YAML에는 주석을 작성할 수 있다는 큰 장점이 있다. 예제 2-1은 간단한 애플리케이션의 매니페스트 스크립트다. 우리가 앞서 실행했던 애플리케이션을 실행하는 단일 파드가 정의되어 있다.

예제 2-1 pod.yaml, 컨테이너 하나를 실행하는 단일 파드

```
# 매니페스트 스크립트는 쿠버네티스 API의 버전과
# 정의하려는 리소스의 유형을 밝히며 시작한다
apiVersion: v1
kind: Pod

# 리소스의 메타데이터에는 이름(필수 요소)과
# 레이블(비필수 요소)이 있다
metadata:
  name: hello-kiamol-3

# 스펙은 리소스의 실제 정의 내용이다
# 파드의 경우 실행할 컨테이너를 정의해야 한다
# 컨테이너는 이름과 이미지로 정의된다
spec:
  containers:
    - name: web
      image: kiamol/ch02-hello-kiamol
```

kubectl의 run 명령을 사용할 때보다 필요한 정보가 훨씬 많아졌다. 하지만 애플리케이션 매니페스트의 장점은 선언적 스크립트라는 점이다. kubectl로 run 또는 create 명령을 사용하는 방식은 명령형이었다. 명령형은 쿠버네티스에 할 일을 일일이 지시하는 방식이고, 선언적 방식은 최종 결과가 어떻게 되어야 하는지 알려 주고 그 최종 결과를 만드는 과정은 따지지 않는 방식이다.

실습 매니페스트 파일을 작성했더라도 애플리케이션을 배포하려면 kubectl을 사용해야 한다. 이때는 apply 명령을 사용한다. 즉, 파일에 기술된 설정을 클러스터에 적용하라는 의미다. 예제 2-1에 실린 YAML 파일을 사용하여 예제 애플리케이션이 담긴 파드를 하나 더 실행하라.

```
# 예제 코드의 최상위 디렉터리에서 ch02 디렉터리로 이동
cd ch02

# 매니페스트 파일로 애플리케이션 배포
kubectl apply -f pod.yaml

# 실행 중인 파드 목록 확인
kubectl get pods
```

새로 생성된 파드도 앞서 kubectl의 run 명령을 사용해서 만든 파드와 동일하게 노드를 배정받고 컨테이너를 실행한다. 필자의 환경에서 실행한 결과(그림 2-13)를 보면, 매니페스트에 정의된 바람직한 상태를 클러스터에 만들기 위해 포드를 생성하는 것을 볼 수 있다. 매니페스트에는 hello-kiamol-3이라는 이름의 파드가 정의되어 있는데, 이런 이름의 파드가 없었기 때문이다.

❤ 그림 2-13 매니페스트 파일을 클러스터에 적용하면, 이 파일이 쿠버네티스 API로 전달되어 정의된 사항을 클러스터에 반영한다

apply 명령을 실행하면 YAML 파일에 기술된 상태를 클러스터에 반영한다.
이 상태를 만들기 위한 과정이 출력된다.
이 예제에서는 파드 한 개가 생성되었다.

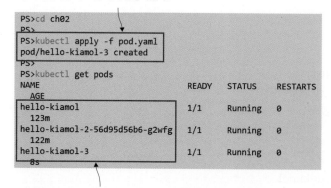

이 파드 세 개는 똑같은 설정을 가지고 같은 애플리케이션을 실행한다.
하지만 이들 파드는 각각 다른 방식으로 생성되었다.

지금 생성된 새로운 파드를 kubectl을 사용하여 다른 파드와 마찬가지 방식으로 다룰 수 있다. 파드의 세부 정보를 보거나 네트워크 트래픽을 이 파드로 전달하는 것도 가능하다. 하지만 매니페스트는 애플리케이션 정의를 공유하기 쉽고, 똑같은 배포를 반복할 수 있다는 점에 차이가 있다. 언제든지 kubectl로 apply 명령을 다시 실행하면 항상 hello-kiamol-3 파드가 생기는 동일한 결과를 얻게 된다.

실습 매니페스트 파일을 로컬 컴퓨터에 따로 복사하지 않아도 kubectl로 배포가 가능하다. 공개된 URL만 있으면 된다. 깃허브에서 배포되는 같은 내용의 매니페스트 파일로 조금 전과 똑같은 파드를 배포하라.

```
# 원격 URL에서 제공되는 매니페스트 파일로 애플리케이션을 배포하라
kubectl apply -f https://raw.githubusercontent.com/sixeyed/kiamol/master/ch02/pod.yaml
```

필자의 환경에서 실행한 결과를 그림 2-14에 실었다. 매니페스트 파일에 정의된 리소스 상태가 현재 클러스터에 실행 중인 파드와 일치하기 때문에 더 이상 수정할 것이 없다. 따라서 일치하는 리소스가 변경되지 않았다고 출력된다.

❤ 그림 2-14 kubectl이 웹 서버에서 매니페스트 파일을 내려받아 그 내용을 쿠버네티스 API에 전달한다

매니페스트 파일은 로컬 컴퓨터에 있는 파일이나 URL이 가리키는
웹 서버에 저장된 파일 모두 사용할 수 있다.

```
PS>kubectl apply -f https://raw.githubusercontent.com/sixeyed
/kiamol/master/ch02/pod.yaml
pod/hello-kiamol-3 unchanged
```

웹 서버에서 내려받은 매니페스트 파일의 내용이
조금 전 파일과 같으므로 파드에 변경이 일어나지 않는다.

고수준 리소스를 사용한다면 애플리케이션 매니페스트로 더 흥미로운 일을 할 수 있다. YAML 포맷으로 디플로이먼트를 적용할 때 필수적으로 작성해야 하는 것이 이 디플로이먼트가 실행할 파드의 정의다. 파드는 또 자신만의 정의 내용이 따로 있으므로 디플로이먼트 정의는 파드에 대한 정의를 포함하게 된다. 예제 2-2는 앞서와 같은 웹 애플리케이션을 실행하는 디플로이먼트에 대한 최소한의 정의다.

```
# 디플로이먼트는 API 버전 1에 속한다
apiVersion: apps/v1
kind: Deployment

# 디플로이먼트의 이름을 정해야 한다
metadata:
  name: hello-kiamol-4

# 디플로이먼트가 자신의 관리 대상을 결정하는
# 레이블 셀렉터가 정의된다
# 여기에서는 app 레이블을 사용하는데, 레이블은 임의의 키-값 쌍이다
spec:
  selector:
    matchLabels:
      app: hello-kiamol-4

  # 이 템플릿은 디플로이먼트가 파드를 만들 때 쓰인다
  template:
  # 디플로이먼트 정의 속 파드의 정의에는 이름이 없다
  # 그 대신 레이블 셀렉터와 일치하는 레이블을 지정해야 한다
    metadata:
      labels:
        app: hello-kiamol-4

  # 파드의 정의에는 컨테이너 이름과 이미지 이름을 지정한다
    spec:
      containers:
        - name: web
          image: kiamol/ch02-hello-kiamol
```

이 매니페스트에서 정의하는 리소스는 우리가 앞서 본 것과 (우연히 똑같은 웹 애플리케이션을 실행하기는 해도) 전혀 다르다. 하지만 모든 애플리케이션 매니페스트는 kubectl의 apply 명령을 사용하여 똑같은 방식으로 배치된다. 따라서 아무리 복잡한 애플리케이션이라도 하나 또는 여러 개의 YAML 파일에 이 애플리케이션을 기술하고 똑같은 kubectl 명령으로 배치할 수 있다.

실습 디플로이먼트의 매니페스트를 사용하여 새로운 디플로이먼트를 생성하라. 이 디플로이먼트가 또 다른 파드를 생성할 것이다.

```
# 디플로이먼트의 매니페스트로 애플리케이션 실행
kubectl apply -f deployment.yaml

# 새로운 디플로이먼트가 만든 파드 찾기
kubectl get pods -l app=hello-kiamol-4
```

그림 2-15의 실행 결과를 보면, kubectl의 create 명령을 사용했을 때와 같음을 알 수 있다. 하지만 이번에는 애플리케이션 정의가 YAML 파일에 기술되어 있다는 점이 다르다.

❤ 그림 2-15 매니페스트를 적용해서 정의와 일치하는 리소스가 없으면 디플로이먼트가 만들어진다

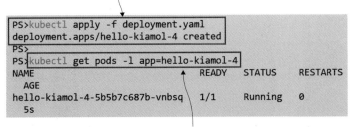

apply 명령은 YAML에 정의된 것이라면 어떤 리소스든
동일한 방식으로 동작한다. 이 명령은 디플로이먼트만 생성하며,
파드를 생성하는 것은 디플로이먼트가 맡는다.

```
PS>kubectl apply -f deployment.yaml
deployment.apps/hello-kiamol-4 created
PS>
PS>kubectl get pods -l app=hello-kiamol-4
NAME                             READY   STATUS    RESTARTS
  AGE
hello-kiamol-4-5b5b7c687b-vnbsq  1/1     Running   0
  5s
```

디플로이먼트가 즉시 파드를 생성하고 있다. 매니페스트에 정의된 대로
파드의 레이블을 부여했으니 이 레이블로 우리가 파드를 찾을 수 있다.

애플리케이션이 복잡해짐에 따라 복제본을 몇 개나 둘지, CPU와 메모리의 사용 상한은 어느 정도를 적용할지, 애플리케이션의 상태 체크는 어떤 방식으로 할지, 애플리케이션에서 사용할 설정값은 어디서 읽어 들이고 데이터는 어디다 저장할지 등 어떤 설정이든 YAML 파일에 추가하면 된다.

2.4 파드에서 실행 중인 애플리케이션에 접근하기

파드와 디플로이먼트가 애플리케이션의 가용성을 확보하는 역할을 하더라도, 결국 실제 애플리케이션은 컨테이너 속에서 동작한다. 컨테이너 런타임(매니지드 쿠버네티스 클러스터에서는 도커 또는 containerd에 직접 접근할 수 없음)에 따라 직접적인 컨테이너 접근을 허용하지 않을 수도 있다. 그렇더라도 kubectl을 사용하면 파드 안에 있는 컨테이너에 접근할 방법이 있다. 쿠버네티스 명령행 도구를 사용하면 컨테이너 안에서 명령을 실행하거나, 애플리케이션 로그를 열람하거나, 파일을 복사할 수 있다.

실습 kubectl을 사용하면 컨테이너 속에서 명령을 실행할 수 있다. 파드에 들어 있는 컨테이너 역시 원격 서버에 접속하듯 접속할 수 있다.

```
# 처음 실행한 파드의 내부 IP 주소 확인
kubectl get pod hello-kiamol -o custom-columns=NAME:metadata.name,POD_IP:status.podIP

# 파드 내부와 연결할 대화형 셸 실행
kubectl exec -it hello-kiamol sh

# 파드 안에서 IP 주소를 확인하고
hostname -i

# 웹 애플리케이션의 동작 확인
wget -O - http://localhost | head -n 4

# 셸 세션 종료
exit
```

필자의 환경에서 실행한 결과를 그림 2-16에 실었다. 실행 결과를 보면 컨테이너 속 환경의 IP 주소는 쿠버네티스가 설정한 것이고, 컨테이너에서 동작 중인 웹 서버를 localhost로 접근할 수 있었다.

✔ 그림 2-16 kubectl을 사용하여 파드 속 컨테이너 안에서 대화형 셸을 비롯한 명령을 실행할 수 있다

가장 처음 만든 파드가
아직 동작 중이다. 이 파드의
IP 주소는 10.1.0.12다.

파드 속 컨테이너 안에서 셸을 실행했다.
-it 옵션은 컨테이너에서 실행한 셸에
현재 터미널 세션을 연결하라는 의미다.

```
PS>kubectl get pod hello-kiamol -o custom-columns=NAME:metadata.name,POD_IP:s
tatus.podIP
NAME          POD_IP
hello-kiamol  10.1.0.12
PS>
PS>kubectl exec -it hello-kiamol sh
/ #
/ # hostname -i
10.1.0.12
/ #
/ # wget -O - http://localhost | head -n 4
Connecting to localhost (127.0.0.1:80)
                    100% |*************************| 353  0:00:00 ETA
<html>
  <body>
    <h1>
      Hello from Chapter 2!
/ #
/ # exit
```

컨테이너의 IP 주소는
파드의 IP 주소와 같다.

웹 서버는 컨테이너에서 동작 중이므로
컨테이너 속에서 localhost로 접근할 수 있다.

파드 속 컨테이너에 대화형 셸을 연결하면 파드 속 상황을 파악하기 좋다. 설정값이 정확히 설정
되었는지 파일 내용을 확인할 수도 있고, 도메인이 서비스로 제대로 연결되어 있는지 확인하거나
가상 네트워크로 API 엔드포인트에 접속되는지 핑(ping)을 날려 볼 수도 있다. 이 방법은 문제를
해결하는 주요 수단이지만, 동작 중인 시스템을 관리할 때는 애플리케이션 로그를 보는 편이 훨씬
간단하다. kubectl에는 애플리케이션 로그를 열람하는 전용 명령어가 따로 있다.

실습 쿠버네티스는 컨테이너 런타임을 경유해서 애플리케이션 로그를 불러온다. 애플리케이
션 로그를 확인하고, 컨테이너에 직접 접속하여(컨테이너 런타임이 허용한다면) 실제 컨테이
너 로그와 애플리케이션 로그가 일치하는지 확인하라.

```
# 쿠버네티스를 통해 컨테이너의 최근 로그를 출력
kubectl logs --tail=2 hello-kiamol

# 그리고 도커를 통해 컨테이너에 접속해서 실제 로그와 동일한지 확인
docker container logs --tail=2 $(docker container ls -q --filter label=io.kubernetes.
container.name=hello-kiamol)
```

필자의 환경에서 실행한 결과를 그림 2-17에 실었다. 실행 결과를 보면 컨테이너 런타임을 경유
해서 직접 열람한 컨테이너 로그와 쿠버네티스를 통해 열람한 로그가 일치하는 것을 볼 수 있다.

파드와 디플로이먼트로 컨테이너 실행하기

파드 속 컨테이너가 출력한 로그를 화면에 출력한다.
tail=2 파라미터는 로그의 최근 두 줄만 출력하라는 의미다.

```
PS>kubectl logs --tail=2 hello-kiamol
127.0.0.1 - - [24/Sep/2020:09:34:33 +0000] "GET / HTTP/1.1" 200
353 "-" "curl/7.55.1" "-"
127.0.0.1 - - [24/Sep/2020:09:34:34 +0000] "GET / HTTP/1.1" 200
353 "-" "curl/7.55.1" "-"
PS>
PS>docker container logs --tail=2 $(docker container ls -q --fil
ter label=io.kubernetes.container.name=hello-kiamol)
127.0.0.1 - - [24/Sep/2020:09:34:33 +0000] "GET / HTTP/1.1" 200
353 "-" "curl/7.55.1" "-"
127.0.0.1 - - [24/Sep/2020:09:34:34 +0000] "GET / HTTP/1.1" 200
353 "-" "curl/7.55.1" "-"
```

컨테이너 런타임으로 컨테이너에 접근할 수 있다면, 조금 전에
쿠버네티스를 통해 본 것과 동일한 내용의 로그를 확인할 수 있다.

어떤 방법으로 만든 파드라도 이 방법으로 로그를 열람할 수 있다. 컨트롤러 객체가 생성한 파드 이름에는 무작위 문자열이 포함되지만, 이 이름을 직접 참조할 필요는 없다. 이들을 만든 컨트롤러 객체나 그 레이블로 파드를 참조하면 된다.

실습 파드 이름을 직접 알지 못해도 디플로이먼트가 관리하는 파드에서 명령을 실행할 수 있다. 레이블 셀렉터와 일치하는 모든 파드의 로그를 열람해 보아라.

```
# YAML 파일의 정의에 따라 생성한 디플로이먼트가 만든
# 파드 안에 들어 있는 컨테이너에서 웹 애플리케이션 호출
kubectl exec deploy/hello-kiamol-4 -- sh -c 'wget -O - http://localhost > /dev/null'

# 해당 파드의 로그 열람
kubectl logs --tail=1 -l app=hello-kiamol-4
```

그림 2-18에서 파드 속 컨테이너에서 내린 명령으로 애플리케이션 로그가 한 건 기록되었다. 파드의 로그를 열람하면 이 로그를 볼 수 있다.

▼ 그림 2-18 파드 이름을 몰라도 kubectl을 사용해서 파드에 접근할 수 있다

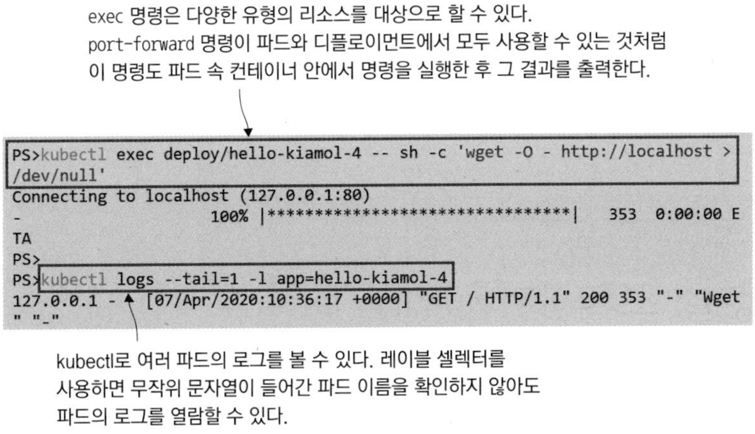

exec 명령은 다양한 유형의 리소스를 대상으로 할 수 있다.
port-forward 명령이 파드와 디플로이먼트에서 모두 사용할 수 있는 것처럼
이 명령도 파드 속 컨테이너 안에서 명령을 실행한 후 그 결과를 출력한다.

```
PS>kubectl exec deploy/hello-kiamol-4 -- sh -c 'wget -O - http://localhost >
/dev/null'
Connecting to localhost (127.0.0.1:80)
-                         100% |********************************|   353   0:00:00 E
TA
PS>
PS>kubectl logs --tail=1 -l app=hello-kiamol-4
127.0.0.1 - - [07/Apr/2020:10:36:17 +0000] "GET / HTTP/1.1" 200 353 "-" "Wget
" "-"
```

kubectl로 여러 파드의 로그를 볼 수 있다. 레이블 셀렉터를
사용하면 무작위 문자열이 들어간 파드 이름을 확인하지 않아도
파드의 로그를 열람할 수 있다.

운영 환경에서는 모든 파드의 로그를 모아 중앙 집중식 스토리지로 보낼 수도 있다. 하지만 지금
은 이 정도 방법이면 충분하다. 앞서 실습 예제에서 컨트롤러가 관리하는 파드에 접근하는 여러
방법을 살펴보았다. kubectl의 대부분 명령에서는 레이블 셀렉터를 사용할 수 있는데, exec 같은
명령은 이를 활용하여 한꺼번에 여러 리소스를 대상으로 할 수 있다.

마지막으로 배울 것은 파드 속 파일 시스템에 접근하는 방법이다. kubectl을 사용하여 로컬 컴퓨
터와 파드 사이에 파일을 주고받을 수 있다.

실습 로컬 컴퓨터에 임시 디렉터리를 만들고 파드 속 컨테이너에서 이 디렉터리로 파일을 복
사하라.

```
# 로컬 컴퓨터에 임시 디렉터리 생성
mkdir -p /tmp/kiamol/ch02

# 파드 속에서 웹 페이지를 로컬 컴퓨터로 복사
kubectl cp hello-kiamol:/usr/share/nginx/html/index.html /tmp/kiamol/ch02/index.html[2]

# 로컬 컴퓨터에서 파일 내용 확인
cat /tmp/kiamol/ch02/index.html
```

그림 2-19를 보면 kubectl이 파드 속 컨테이너에서 로컬 컴퓨터로 파일을 복사해 온 것을 알 수
있다. 쿠버네티스 클러스터의 위치가 원격이든 아니든 간에 양방향으로 파일을 복사할 수 있다.
애플리케이션에 일어난 문제를 해결히는 데도 매우 유용한 방법이다.

---

2 **역주** 알림 메시지 tar: removing leading '/' from member names가 뜨지만 오류가 아니다

❤ 그림 2-19 파드 속 컨테이너와 로컬 컴퓨터 사이에 파일 복사하기는 문제 해결에 매우 유용한 방법이다

cp 명령을 사용하여 파드 속 컨테이너와 로컬 컴퓨터 사이에 파일을
주고받을 수 있다. 여기에서 원본은 hello-kiamol 파드 속의 경로고,
대상은 로컬 컴퓨터의 경로다.

```
PS>mkdir -p /tmp/kiamol/ch02 | Out-Null
PS>
PS>kubectl cp hello-kiamol:/usr/share/nginx/html/index.html /tmp/kiamol/ch0
2/index.html
tar: removing leading '/' from member names
PS>
PS>cat /tmp/kiamol/ch02/index.html
<html>
  <body>
    <h1>
      Hello from Chapter 2!
```

파일 복사에 내부적으로 tar가 사용되어 파일을 압축하고 패키징한다.
이 메시지는 정보성 메시지로, 오류 메시지가 아니다. 하지만 컨테이너 이미지에
tar 명령이 포함되지 않았다면 파일 복사에서 오류를 일으킨다.

이 장의 내용은 이것으로 끝이다. 다음 장으로 넘어가기 전에 지금까지 실행했던 모든 파드를 삭제하자. 별것 아닌 것 같지만 이 과정은 의외로 중요하다.

2.5 쿠버네티스의 리소스 관리 이해하기

KUBERNETES

kubectl을 사용하면 쿠버네티스 리소스를 쉽게 삭제할 수 있지만 삭제한 리소스가 되살아나는 경우가 있다. 컨트롤러 객체가 만든 리소스의 삭제는 해당 컨트롤러 객체의 책임이다. 컨트롤러 객체는 자신이 관리하는 리소스의 생애 주기를 관장하며 이에 대한 외부 간섭을 용인하지 않는다. 컨트롤러 객체가 관리하는 리소스를 우리가 직접 삭제하면 이를 대체하는 새로운 리소스가 생성된다.

실습 kubectl의 delete 명령을 사용하여 모든 파드를 삭제한 후 정말로 모든 파드가 삭제되었는지 확인하라.

```
# 실행 중인 모든 파드의 목록 출력
kubectl get pods

# 모든 파드 삭제
```

```
kubectl delete pods --all

# 모든 파드가 삭제되었는지 확인
kubectl get pods
```

필자의 환경에서 실행한 결과를 그림 2-20에 실었다. 예상했던 결과가 맞는가?

❤ 그림 2-20 컨트롤러 객체는 각기 자신이 관리하는 리소스가 있고, 컨트롤러가 직접 삭제하지 않았는데 이들 리소스가 삭제되면 컨트롤러는 삭제된 리소스를 대체할 새로운 리소스를 만든다

현재 동작 중인 파드가 네 개 있다. 두 개는 우리가 직접 생성한 것으로
간단한 이름을 가졌고, 나머지 두 개는 디플로이먼트 컨트롤러가 생성한 것으로
무작위 문자열이 이름 뒤에 붙어 있다.

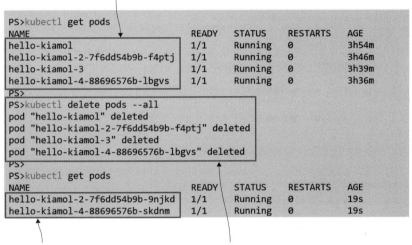

파드를 모두 삭제했는데 파드 두 개가
다시 생성되었다. 디플로이먼트가 자신이
관리하던 파드를 대체할 새로운 파드를
만든 것이다.

delete 명령은 여러 가지 유형의 리소스를 삭제할 수 있다.
--all 플래그를 사용하면 모든 유형의 리소스를 한 번에 삭제한다.
kubectl은 삭제할 때 확인을 하지 않으므로 주의하기 바란다.
모든 파드가 삭제될 수 있다.

사라진 파드 두 개는 YAML로 작성한 파드 정의를 적용했던 run 명령과 함께 생성된 것이다. 이들 파드는 자신을 관리해 줄 컨트롤러 객체가 없었다. 그래서 삭제된 상태로 남아 있는 것이다. 나머지 파드 두 개는 디플로이먼트가 생성했다. 이들 파드를 삭제하면 파드는 삭제되어도 남아 있던 디플로이먼트가 자신이 관리하던 파드가 사라진 것을 감지하고 대체 파드를 생성한다.

언뜻 생각하면 당연한 것 같지만, 쿠버네티스를 사용하며 간과하기 쉬운 실수다. 컨트롤러 객체가 관리하는 리소스를 삭제하려면 해당 컨트롤러 객체를 삭제해야 한다. 컨트롤러 객체는 삭제될 때 자신이 관리하던 리소스를 말끔히 세서하고 삭제된다. 따라서 디플로이먼트를 삭제하면 디렉터리를 지울 때 안에 있던 내용이 함께 삭제되듯 들어 있던 파드도 함께 삭제된다.

실습 실행 중인 디플로이먼트의 목록을 확인하고 디플로이먼트를 삭제하라. 디플로이먼트를 삭제한 후 남아 있던 파드도 함께 삭제되었는지 확인하라.

```
# 디플로이먼트 목록 확인
kubectl get deploy

# 디플로이먼트 모두 삭제
kubectl delete deploy --all

# 파드 목록 확인
kubectl get pods

# 모든 리소스 목록 확인
kubectl get all
```

필자의 환경에서 실행한 결과를 그림 2-21에 실었다. 명령을 실행한 간격이 짧았는지 파드가 미처 삭제되기 전에 Terminating 상태로 출력되었다. 얼마 지나지 않아 파드와 디플로이먼트가 모두 사라졌다. 남은 것은 쿠버네티스 API 서버뿐이다.

▼ 그림 2-21 컨트롤러 객체를 삭제하면 이들이 관리하던 리소스도 함께 삭제된다

현재 디플로이먼트가 두 개 있다. kubectl에서는 리소스의 유형 이름을 줄여 쓸 수 있다. 예를 들어 디플로이먼트는 'deploy', 파드는 'po'로 줄여 쓸 수 있다.

kubectl 명령의 문법은 대체로 일관적이다. 주로 명사 뒤에 동사 형태의 명령어가 온다. 또한 모든 유형의 리소스를 삭제하려면 delete 명령을 사용한다.

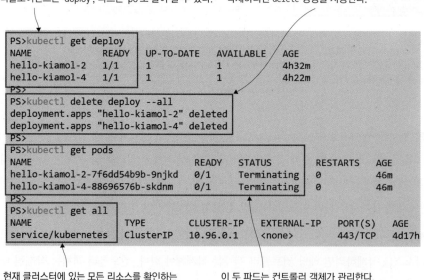

현재 클러스터에 있는 모든 리소스를 확인하는 간단한 방법이다. 지금은 모든 파드와 디플로이먼트가 삭제되었기 때문에 쿠버네티스 API만 남아 있다.

이 두 파드는 컨트롤러 객체가 관리한다. 디플로이먼트가 삭제되면 자신이 관리하던 파드를 삭제하기 때문에 현재 파드도 함께 종료 중이다.

이제 쿠버네티스 클러스터는 처음 상태로 돌아가 어떤 애플리케이션도 실행되지 않은 상태다.

이 장에서 여러 가지를 배웠다. 쿠버네티스가 파드와 디플로이먼트를 통해 어떤 식으로 컨테이너를 관리하는지 배웠고, YAML로 간단한 애플리케이션을 정의하는 방법, kubectl 명령을 사용하여 쿠버네티스 API를 다루는 방법도 배웠다. 핵심 개념만 익혔을 뿐이지만, 그래도 쿠버네티스가 얼마나 복잡한 시스템인지 어느 정도 느꼈을 것이다. 시간 여유가 있다면 다음 연습 문제를 꼭 풀어 보기 바란다. 이 장에서 배운 내용을 한층 더 깊이 이해하게 해 줄 것이다.

KUBERNETES

2.6 / 연습 문제

첫 번째 연습 문제다. 꼭 직접 풀어 보는 것이 좋다. 이번 연습 문제의 목표는 파드 하나를 포함하는 디플로이먼트에 대한 YAML 정의를 작성하는 것이다. 그리고 애플리케이션이 원하는 대로 동작하는지 테스트해 보기 바란다. 다음은 연습 문제를 푸는 데 도움이 될 몇 가지 힌트다.

- ch02/lab 디렉터리에 pod.yaml 파일이 있다. 이 YAML 스크립트도 같은 기능을 하지만, 디플로이먼트가 아니라 파드가 정의된 스크립트다.
- 애플리케이션 컨테이너는 80번 포트를 주시하는 웹 사이트를 실행한다.
- 80번 포트로 트래픽을 전달하면 웹 애플리케이션이 실행 중인 컴퓨터의 호스트명을 이용하여 웹 애플리케이션에 접근할 수 있다.
- 이 호스트명은 파드 이름이다. 이 이름을 kubectl로 확인할 수 있다.

문제가 조금 어렵게 느껴진다면 필자 깃허브 https://github.com/sixeyed/kiamol의 ch02/lab/README.md에서 작성한 예시 정답을 참고하기 바란다.

3^장

네트워크를 통해
서비스에
파드 연결하기

파드는 쿠버네티스에서 애플리케이션을 구성하는 기본 요소다. 대부분의 애플리케이션은 여러 개의 구성 요소로 나뉘는데, 쿠버네티스에서는 이들 구성 요소를 각각 파드의 형태로 모델링한다. 예를 들어 웹 사이트가 있다면, 이 웹 사이트 구조는 웹 사이트 파드와 API 파드 단 두 개로 구성되거나 마이크로서비스 아키텍처를 채택해서 파드 수십 개로 나뉘어 구성되는 식이다. 모든 파드는 서로 통신할 수 있어야 한다. 파드끼리 통신을 위해 쿠버네티스는 표준 네트워크 프로토콜인 TCP와 UDP를 지원한다. 이 두 프로토콜은 모두 IP 주소로 트래픽을 제어하는데, IP 주소는 파드를 대체할 때 주소가 변경된다는 문제가 있다. 쿠버네티스는 **서비스**(service)에 어드레스 디스커버리(address discovery) 기능을 제공하여 이 문제를 해결했다.

서비스는 파드에서 들고나는 통신 트래픽의 라우팅을 맡는 유연한 리소스다. 이 통신 트래픽은 클러스터 외부에서 파드로 전달되는 것과 파드에서 클러스터 외부로 전달되는 것 모두를 포함한다. 이 장에서는 서비스를 설정하여 시스템의 구성 요소를 결합하는 방법을 배운다. 이 장의 내용을 익히고 나면 서비스 동작을 투명하게 이해할 수 있을 것이다.

3.1 쿠버네티스 내부의 네트워크 트래픽 라우팅

지난 장에서 파드에 대해 두 가지 중요한 사실을 배웠다. 첫 번째는 파드가 쿠버네티스에서 부여한 IP 주소를 가진 가상 환경이라는 점이다. 두 번째는 파드가 다른 컨트롤러 객체에 의해 생애 주기가 관장되는 '쓰고 버리는' 리소스라는 점이다. 어떤 파드가 다른 파드와 통신하는 데는 IP 주소가 필요하다. 이때 두 가지 문제가 발생한다. 하나는 파드가 새로운 파드로 교체될 때 IP 주소가 바뀐다는 점이고, 다른 하나는 교체된 파드의 새로운 IP 주소를 찾기가 어렵다는 점이다. 새로운 IP 주소는 쿠버네티스 API를 통해서만 파악할 수 있다.

실습 파드가 두 개 있다면 서로 통신할 수 있다. 하지만 먼저 서로의 IP 주소를 알아내야 한다.[1]

---

1 역주 3장 실습 예제는 Rancher Desktop의 경우 Container Engine을 containerd로 설정해서 실습해야 한다.

```
# 실습 환경이 동작 중이 아니라면 실습 환경을 먼저 실행한다
# 그다음 이 장 예제 코드의 디렉터리로 이동한다
cd ch03

# 각각 파드 하나를 실행하는 두 개의 디플로이먼트를 생성한다
kubectl apply -f sleep/sleep1.yaml -f sleep/sleep2.yaml

# 파드가 완전히 시작될 때까지 기다린다
kubectl wait --for=condition=Ready pod -l app=sleep-2

# 두 번째 파드의 IP 주소를 확인한다
kubectl get pod -l app=sleep-2 --output jsonpath='{.items[0].status.podIP}'

# 같은 주소를 사용하여 두 번째 파드에서 첫 번째 파드로 ping을 보낸다
kubectl exec deploy/sleep-1 -- ping -c 2 $(kubectl get pod -l app=sleep-2 --output
jsonpath='{.items[0].status.podIP}')
```

필자의 환경에서 실행한 결과를 그림 3-1에 실었다. 컨테이너 내부에서 ping 명령이 제대로 실행되었고, 첫 번째 파드에서 두 번째 파드로 정상적인 통신을 보낼 수 있었다. 하지만 ping 명령을 사용하려면 먼저 kubectl에서 IP 주소를 찾아야 한다.

▼ 그림 3-1 파드는 IP 주소를 이용하여 통신하지만, IP 주소를 알려면 쿠버네티스 API를 통해야 한다

apply 명령으로 한 번에 여러 개의 파일을
전달할 수 있다. 이 명령으로 아무 기능이
없는 파드 두 개가 생성된다.

이 JSONPath 질의는 sleep-2 파드의
IP 주소를 반환한다.

```
PS>cd ch03
PS>
PS>kubectl apply -f sleep/sleep1.yaml -f sleep/sleep2.yaml
deployment.apps/sleep-1 created
deployment.apps/sleep-2 created
PS>
PS>kubectl get pod -l app=sleep-2 --output jsonpath='{.items[0].status.podIP}'
10.1.0.76
PS>
PS>kubectl exec deploy/sleep-1 -- ping -c 2 $(kubectl get pod -l app=sleep-2 --
output jsonpath='{.items[0].status.podIP}')
PING 10.1.0.76 (10.1.0.76): 56 data bytes
64 bytes from 10.1.0.76: seq=0 ttl=64 time=0.076 ms
64 bytes from 10.1.0.76: seq=1 ttl=64 time=0.122 ms

--- 10.1.0.76 ping statistics ---
2 packets transmitted, 2 packets received, 0% packet loss
round trip min/avg/max = 0.076/0.099/0.122 ms
```

ping 명령이 정상적으로 동작한 것으로 보면
파드는 IP 주소를 통해 서로 통신할 수 있다.

바로 앞의 명령을 exec 명령의 입력으로 삼았다.
결과적으로 ping 명령에 sleep-2 파드의
IP 주소가 전달되었다.

쿠버네티스가 만든 가상 네트워크는 클러스터 전체를 커버한다. 따라서 IP 주소만 있으면 서로 다른 노드에서 실행 중인 파드끼리도 통신이 가능하다. 이 실습 예제 역시 단일 노드 K3s 클러스터와 100 노드 AKS 클러스터에서 모두 동일하게 동작한다. 예제에서 볼 수 있듯이, 여기에 어떤 마법 같은 신기술이 끼어든 부분은 없다. 우리가 이미 쓰고 있는 표준 프로토콜을 썼을 뿐이다. 하지만 이 방법은 일반적으로 사용하지 않는다. 왜냐하면 IP 주소는 파드가 대체될 때마다 바뀌기 때문이다.

실습 파드는 컨트롤러 객체인 디플로이먼트로 관리된다. 두 번째 파드를 수동으로 삭제하면 이를 관장하는 디플로이먼트가 다른 IP 주소를 가진 새로운 파드를 생성한다.

```
# 파드의 현재 IP 주소를 확인한다
kubectl get pod -l app=sleep-2 --output jsonpath='{.items[0].status.podIP}'

# 디플로이먼트가 새 파드를 만들도록 현재 파드를 삭제한다
kubectl delete pods -l app=sleep-2

# 새로 대체된 파드의 IP 주소를 확인한다
kubectl get pod -l app=sleep-2 --output jsonpath='{.items[0].status.podIP} '
```

필자의 환경에서 실행한 결과인 그림 3-2를 보면, 새로 생성된 파드의 IP 주소가 바뀐 것을 볼 수 있다. 따라서 이전 IP 주소로 같은 명령을 다시 실행해 보면 통신이 되지 않는다.

▼ 그림 3-2 IP 주소는 파드 정의에 포함되지 않고, 새로 생성된 파드는 다른 IP 주소를 부여받는다

파드는 삭제될 때까지 고정된 IP 주소를 갖는다. 이 파드(sleep-2)는
IP 주소 10.1.0.76으로 계속 접근할 수 있다.

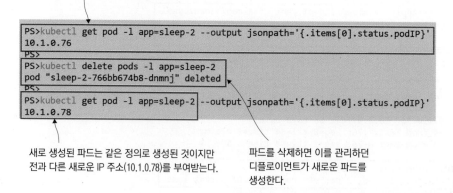

새로 생성된 파드는 같은 정의로 생성된 것이지만
전과 다른 새로운 IP 주소(10.1.0.78)를 부여받는다.

파드를 삭제하면 이를 관리하던
디플로이먼트가 새로운 파드를
생성한다.

'언제든지 다른 것으로 바뀔 수 있는

다. 인터넷에서는 IP 주소에 기억하기

결했었고, 쿠버네티스에서도 같은 해결책을 노... 정된 주소'는 새로운 문제가 아니

가 있다. 이 서버가 서비스 이름과 IP 주소를 대응시... 네임을 도입하여 이 문제를 해

도메인 네임 조회가 어떻게 쓰이는지 나타낸 다이어그램이...스터에는 전용 DNS 서버

...드와 파드 간 통신에서

▼ 그림 3-3 서비스를 경유해서 파드는 서로 고정된 도메인 네임으로 통신할 수 있다

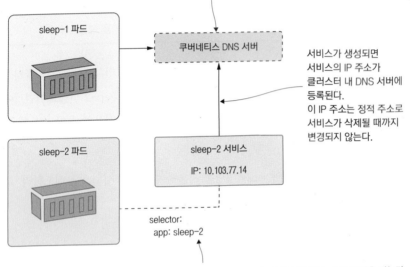

파드는 도메인 네임을 통해 통신한다. DNS 조회는 클러스터에 있는
쿠버네티스 DNS 서버에서 처리된다. 이 DNS 서버가 서비스의 IP 주소를 반환한다.

sleep-1 파드

쿠버네티스 DNS 서버

서비스가 생성되면
서비스의 IP 주소가
클러스터 내 DNS 서버에
등록된다.
이 IP 주소는 정적 주소로
서비스가 삭제될 때까지
변경되지 않는다.

sleep-2 파드

sleep-2 서비스

IP: 10.103.77.14

selector:
app: sleep-2

디플로이먼트가 그랬듯이, 서비스 역시 레이블 셀렉터를 이용한 방식으로 파드와 느슨한 연결을 갖는다.
서비스는 복수의 파드가 공유할 수 있는 가상 주소다. sleep-1 파드는 서비스를 갖지 않기 때문에
도메인 네임으로 접근할 수 없다.

이런 유형의 서비스는 파드와 파드가 가진 네트워크 주소를 추상화한 것이다. 디플로이먼트가 파
드와 파드가 포함하는 컨테이너를 추상화한 것과 같다. 서비스는 자신만의 IP 주소를 갖는다. 이
주소 역시 서비스가 삭제될 때까지 바뀌지 않는다. 컨슈머 컴포넌트(consumer component)가 이 주
소로 요청을 보내면 쿠버네티스가 서비스와 연결된 파드의 실제 IP 주소로 요청을 연결해 준다.
서비스와 파드의 연결 관계는 디플로이먼트와 파드의 연결 관계와 마찬가지로 레이블 셀렉터를
사용한다.

예제 3-1은 서비스에 필요한 최소한의 YAML 정의다. app 레이블을 통해 자신이 받은 네트워크
트래픽을 전달받을 파드를 식별한다.

```
                              ∨1 API를 사용한다
apiVersion: v1
kind: Service

                    서비스 이름이 도메인 네임으로 사용된다
metadata:
name: sle터와 포트의 목록이 포함되어야 한다

# 서비스
spec:
  se sleep-2          # app 레이블의 값이 sleep-2인 모든 파드가 대상이다
  s:
  - port: 80          # 80번 포트를 주시하다가 파드의 80번 포트로 트래픽을 전달한다
```

이 서비스 정의는 지난 실습 예제에서 생성한 디플로이먼트와 연동할 수 있다. 서비스를 클러스터에 배포하면 sleep-2라는 도메인 네임이 생성되고, 이 도메인 네임은 sleep-2 디플로이먼트에 포함된 파드로 트래픽을 연결해 준다. 다른 파드에서도 이 도메인 네임을 사용해서 이 파드에 통신을 보낼 수 있다.

> **실습** 조금 전 YAML 파일과 kubectl의 apply 명령을 사용하여 정의된 서비스를 배포하라. 그리고 파드로 네트워크 트래픽이 잘 연결되는지 확인하라.

```
# 예제 3-1의 정의를 사용하여 서비스를 배포한다
kubectl apply -f sleep/sleep2-service.yaml

# 서비스의 상세 정보를 출력한다
kubectl get svc sleep-2

# 파드와 통신이 잘되는지 확인한다 - 이 명령은 실패한다
kubectl exec deploy/sleep-1 -- ping -c 1 sleep-2
```

필자의 환경에서 실행한 결과인 그림 3-4를 보면, 도메인 네임은 잘 해소되지만 ping 명령은 기대했던 대로 동작하지 않았다. 그 이유는 ping 명령이 쿠버네티스 서비스에서 지원하지 않는 프로토콜을 사용하기 때문이다.

❤ 그림 3-4 서비스를 배포하면 쿠버네티스 내부 DNS 서버에 고정 IP 주소에 대한 도메인 네임이 등록된다

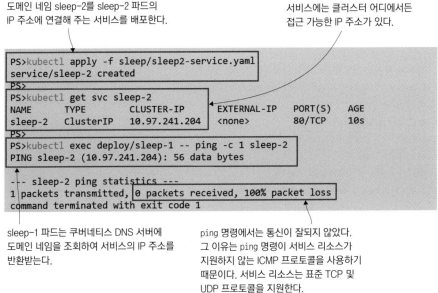

도메인 네임 sleep-2를 sleep-2 파드의
IP 주소에 연결해 주는 서비스를 배포한다.

서비스에는 클러스터 어디에서든
접근 가능한 IP 주소가 있다.

```
PS>kubectl apply -f sleep/sleep2-service.yaml
service/sleep-2 created
PS>
PS>kubectl get svc sleep-2
NAME      TYPE        CLUSTER-IP      EXTERNAL-IP   PORT(S)   AGE
sleep-2   ClusterIP   10.97.241.204   <none>        80/TCP    10s
PS>
PS>kubectl exec deploy/sleep-1 -- ping -c 1 sleep-2
PING sleep-2 (10.97.241.204): 56 data bytes

--- sleep-2 ping statistics ---
1 packets transmitted, 0 packets received, 100% packet loss
command terminated with exit code 1
```

sleep-1 파드는 쿠버네티스 DNS 서버에
도메인 네임을 조회하여 서비스의 IP 주소를
반환받는다.

ping 명령에서는 통신이 잘되지 않았다.
그 이유는 ping 명령이 서비스 리소스가
지원하지 않는 ICMP 프로토콜을 사용하기
때문이다. 서비스 리소스는 표준 TCP 및
UDP 프로토콜을 지원한다.

지금까지 쿠버네티스의 서비스 디스커버리 기능을 대략적으로 살펴보았다. 서비스 리소스를 배포하고 이 서비스 이름을 도메인 네임으로 사용하여 다른 컴포넌트와 통신할 수 있다.

다른 유형의 서비스로 또 다른 네트워크 패턴을 지원할 수 있다. 하지만 우리가 서비스를 사용하는 방법은 모두 동일하다. 다음 절에서는 간단한 분산 애플리케이션을 소재로 파드와 파드 간 통신을 조금 더 자세히 살펴보겠다.

3.2 / 파드와 파드 간 통신

서비스의 유형 중 가장 기본이 되는 것을 **클러스터IP**(ClusterIP)라고 한다. 클러스터IP는 클러스터 전체에서 통용되는 IP 주소를 생성하는데, 이 IP 주소는 파드가 어느 노드에 있더라도 접근이 가능하다. 하지만 이 IP 주소는 클러스터 내에서만 유효하다. 따라서 클러스터IP는 파드와 파드 간 통신에서만 쓰인다. 내부에서는 접근이 가능하되 외부의 접근은 차단해야 하는 분산 시스템의 컴포넌트에 딱 적합하다. 내부 API를 사용하는 간단한 웹 사이트를 소재로 실제 동작하는 예제를 살펴보겠다.

실습 두 개의 디플로이먼트를 실행하라. 하나는 웹 애플리케이션, 다른 하나는 API 역할을 담당한다. 이 애플리케이션에는 아직 서비스가 없다. 따라서 웹 애플리케이션이 API에 접근하지 못해 애플리케이션이 제대로 동작하지 않은 상태다.

```
# 웹 사이트와 API를 담당할 두 개의 디플로이먼트를 실행한다
kubectl apply -f numbers/api.yaml -f numbers/web.yaml

# 파드의 준비가 끝날 때까지 기다린다
kubectl wait --for=condition=Ready pod -l app=numbers-web

# 웹 애플리케이션에 포트포워딩을 적용한다
kubectl port-forward deploy/numbers-web 8080:80

# 웹 브라우저에서 http://localhost:8080에 접근하여
# 화면상의 Go 버튼을 클릭하면 오류가 발생한다

# 포트포워딩을 중단한다
ctrl-c
```

필자의 환경에서 실행한 결과를 그림 3-5에 실었다. 그림을 보면 API를 사용할 수 없다는 메시지와 함께 오류가 발생했다.

▼ 그림 3-5 웹 애플리케이션이 동작하기는 하지만 API 호출에 실패하여 오류가 발생했다

웹 애플리케이션 파드와 API 파드를 배포했지만,
서비스는 생성하지 않았다. 따라서 이들 두 컴포넌트가 서로 통신하지 못한다.

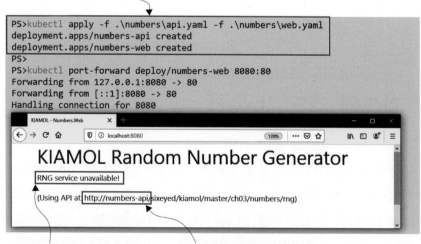

웹 애플리케이션의 오류 메시지를
보면, API에 접근하지 못하고 있음을
알 수 있다.

API의 도메인 네임은 numbers-api다.
하지만 이 도메인 네임이 쿠버네티스 내부
DNS 서버에 등록되어 있지 않다.

이 메시지에는 웹 사이트가 접근하려던 API의 주소(http://numbers-api)도 함께 나와 있다. 이 주소가 완전한 형태의(blog.sixeyed.com과 같은) 도메인 네임은 아니지만 로컬 네트워크 안에서는 도메인 네임 해소에 문제없다. 하지만 쿠버네티스 내부의 DNS 서버에는 numbers-api라는 이름을 가진 서비스가 등록되어 있지 않다. 예제 3-2에 API 파드와 일치하는 이름과 레이블이 포함된 서비스 정의를 실었다.

예제 3-2 api-service.yaml, 무작위 숫자 생성 API에 사용할 서비스 정의

```
apiVersion: v1
kind: Service

metadata:
  name: numbers-api

spec:
  ports:
    - port: 80
  selector:
    app: numbers-api
  type: ClusterIP
```

이 정의는 서비스 이름이 바뀌고 유형을 ClusterIP라고 명시한 것만 빼면 예제 3-1의 정의와 크게 다르지 않다. 서비스의 기본 유형은 클러스터IP이므로 유형을 생략할 수 있다. 하지만 의미가 더 분명해지기 때문에 유형을 명시하는 것이 낫다. 서비스가 클러스터에 배포되면 웹 애플리케이션 파드와 API 파드의 통신이 가능해지며 애플리케이션이 정상 동작한다. 이 과정에서 디플로이먼트와 파드 모두 어떤 변경도 하지 않았다.

> **실습** API에 접근하기 위해 도메인 조회가 가능하도록 서비스를 배포하라. 트래픽이 실제로 API 파드에 전달되는지 확인하라.

```
# 예제 3-2에 정의된 서비스를 배포한다
kubectl apply -f numbers/api-service.yaml

# 서비스의 상세 정보를 출력한다
kubectl get svc numbers-api

# 웹 애플리케이션에 접근할 수 있도록 포트포워딩을 적용한다
kubectl port-forward deploy/numbers-web 8080:80
```

```
# 웹 브라우저에서 http://localhost:8080에 접근하여
# Go 버튼을 클릭하면 잘 실행된다

# 포트포워딩을 중단한다
ctrl-c
```

필자의 환경에서 실행한 결과를 그림 3-6에 실었다. 결과를 보면, 애플리케이션이 정상적으로 동작하여 API에서 생성한 무작위 숫자를 출력했다.

▼ 그림 3-6 서비스를 배포하면 웹 애플리케이션과 API의 통신이 가능해진다

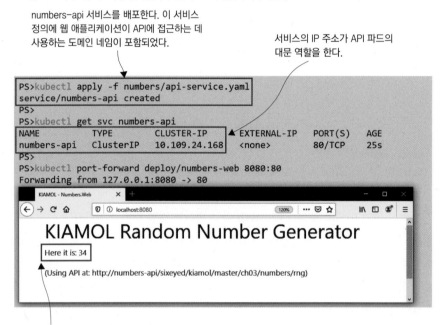

numbers-api 서비스를 배포한다. 이 서비스
정의에 웹 애플리케이션이 API에 접근하는 데
사용하는 도메인 네임이 포함되었다.

서비스의 IP 주소가 API 파드의
대문 역할을 한다.

```
PS>kubectl apply -f numbers/api-service.yaml
service/numbers-api created
PS>
PS>kubectl get svc numbers-api
NAME          TYPE        CLUSTER-IP      EXTERNAL-IP   PORT(S)   AGE
numbers-api   ClusterIP   10.109.24.168   <none>        80/TCP    25s
PS>
PS>kubectl port-forward deploy/numbers-web 8080:80
Forwarding from 127.0.0.1:8080 -> 80
```

KIAMOL - Numbers.Web

localhost:8080

KIAMOL Random Number Generator

Here it is: 34

(Using API at: http://numbers-api/sixeyed/kiamol/master/ch03/numbers/rng)

API에서 생성한 무작위 숫자 34를 읽어 와
화면에 출력했다.

여기에서 중요한 것은 서비스나 디플로이먼트, 파드가 아니다. YAML 스크립트에 애플리케이션 전체를 정의할 수 있다는 것이다. 애플리케이션의 모든 컴포넌트, 심지어 이들 간 통신까지 말이다. 쿠버네티스에서는 애플리케이션 아키텍처의 세세한 부분까지 직접 YAML에 정의해 주어야 한다. 이런 간단한 애플리케이션도 현재 상태처럼 동작하기 위해 두 개의 디플로이먼트, 한 개의 서비스까지 합해서 세 개나 되는 쿠버네티스 리소스를 정의해야 했다. 하지만 이렇게 각 구성 요소를 분할한 덕분에 애플리케이션에 상당한 자기회복성을 부여할 수 있었다.

실습 API 파드는 디플로이먼트가 관리한다. 따라서 수동으로 파드를 지우더라도 대체 파드가 생성된다. 새로 생성된 파드 역시 API 서비스에 정의된 레이블 셀렉터와 일치하므로 새로운 파드에도 트래픽이 연결되며 애플리케이션도 기존처럼 잘 동작한다.

```
# API 파드의 이름과 IP 주소를 확인한다
kubectl get pod -l app=numbers-api -o custom-columns=NAME:metadata.name,POD_IP:status.podIP

# API 파드를 수동으로 삭제한다
kubectl delete pod -l app=numbers-api

# 새로 생성된 대체 파드의 이름과 IP 주소를 확인한다
kubectl get pod -l app=numbers-api -o custom-columns=NAME:metadata.name,POD_IP:status.podIP

# 웹 애플리케이션에 포트포워딩을 적용한다
kubectl port-forward deploy/numbers-web 8080:80

# 웹 브라우저에서 http://localhost:8080에 접근하여
# Go 버튼을 클릭한다

# 포트포워딩을 중단한다
ctrl-c
```

그림 3-7을 보면, 디플로이먼트가 대체 파드를 생성한 것을 알 수 있다. 새 IP 주소를 부여받은 새로운 파드이지만 레이블이 일치하며, 서비스의 IP 주소는 변경되지 않았기 때문에 웹 애플리케이션 파드는 전과 같은 주소로 계속 API 파드와 통신할 수 있다.

▼ 그림 3-7 서비스는 웹 애플리케이션 파드와 API 파드의 결합을 분리하므로 API 파드가 대체되어도 웹 애플리케이션 파드는 영향을 받지 않는다

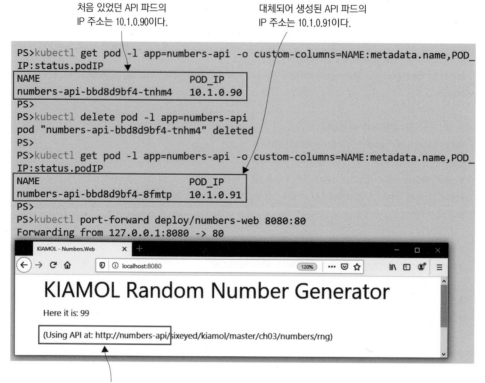

처음 있었던 API 파드의
IP 주소는 10.1.0.90이다.

대체되어 생성된 API 파드의
IP 주소는 10.1.0.91이다.

```
PS>kubectl get pod -l app=numbers-api -o custom-columns=NAME:metadata.name,POD_
IP:status.podIP
NAME                            POD_IP
numbers-api-bbd8d9bf4-tnhm4     10.1.0.90
PS>
PS>kubectl delete pod -l app=numbers-api
pod "numbers-api-bbd8d9bf4-tnhm4" deleted
PS>
PS>kubectl get pod -l app=numbers-api -o custom-columns=NAME:metadata.name,POD_
IP:status.podIP
NAME                            POD_IP
numbers-api-bbd8d9bf4-8fmtp     10.1.0.91
PS>
PS>kubectl port-forward deploy/numbers-web 8080:80
Forwarding from 127.0.0.1:8080 -> 80
```

KIAMOL - Numbers.Web

localhost:8080

KIAMOL Random Number Generator

Here it is: 99

(Using API at: http://numbers-api/sixeyed/kiamol/master/ch03/numbers/rng)

웹 애플리케이션 파드는 서비스의 도메인 네임과 IP 주소를 통해
API 파드에 접근하므로 이에 영향을 받지 않는다.

실습 예제에서는 파드를 수동으로 삭제해서 컨트롤러 객체가 파드를 대체하게끔 했다. 하지만 실제 운영 환경에서 파드 교체는 늘상 일어나는 일이다. 기능을 추가하든 버그를 수정하든 의존 모듈을 업데이트하든 어떤 이유로든 컴포넌트를 업데이트할 때마다 파드가 교체된다. 노드가 고장을 일으켜도 해당 노드에서 동작하던 파드는 다른 노드에서 대체된다. 서비스가 제공하는 추상화가 있으면 이렇게 지속적인 파드 교체에도 애플리케이션이 계속 서로 통신할 수 있다.

이번 실습 예제에 사용한 애플리케이션은 웹 애플리케이션 파드가 아직 클러스터 외부에서 들어오는 트래픽을 받도록 설정되지 않았기 때문에 완전한 상태라고 할 수 없다. 지금까지는 포트포워딩으로 이 설정을 대신했지만 이 방법은 디버깅을 위한 임시변통에 지나지 않는다. 원래대로라면 웹 애플리케이션 파드에 사용될 서비스도 배포해야 한다.

3.3 외부 트래픽을 파드로 전달하기

쿠버네티스에는 클러스터 외부에서 들어오는 트래픽을 파드에 전달하는 여러 가지 방법이 있다. 먼저 간단하고 유연한 방법부터 시작하겠다. 이 방법은 로컬 개발 환경과 운영 환경 어디라도 적용할 수 있는 방법으로, **로드밸런서**(LoadBalancer)라는 유형의 서비스를 사용한다. 로드밸런서는 트래픽을 받은 노드가 아닌 노드에서 실행되는 파드에도 트래픽을 전달할 수 있다. 그림 3-8에 로드밸런서의 역할을 다이어그램으로 나타냈다.

❤ 그림 3-8 로드밸런서 서비스는 외부 또는 다른 노드에서 들어오는 트래픽을 대상 파드로 전달할 수 있다

로드밸런서 서비스는 클러스터로 트래픽을 전달해 주는 외부 로드밸런서와 함께 동작하며,
레이블 셀렉터와 일치하는 파드로 트래픽을 전달한다.

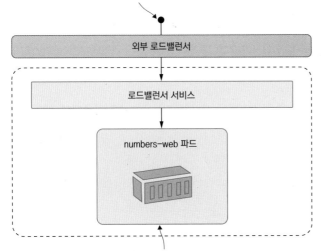

로드밸런서 서비스의 커버 범위는 클러스터 전체다. 따라서 어느 노드에 있는
파드라도 트래픽을 전달받을 수 있다. 대상 파드가 요청받은 노드에 있지 않더라도
쿠버네티스가 올바른 노드까지 이 트래픽을 전달한다.

서비스의 입장이 되어 생각해 보면, 서비스의 레이블 셀렉터와 일치하는 파드가 많으면 파드보다 먼저 노드를 선택해야 하니 까다로운 문제처럼 보인다. 그러나 이런 문제는 쿠버네티스가 다 맡아 해결해 준다. 괜히 전 세계에서 쓰이는 오케스트레이션 도구가 된 것이 아니다. 우리는 그냥 로드밸런서 서비스를 클러스터에 배치하면 그만이다. 예제 3-3은 웹 애플리케이션에 트래픽을 전달하는 서비스의 정의다.

```
apiVersion: v1
kind: Service

metadata:
  name: numbers-web

spec:
  ports:
    - port: 8080          # 서비스가 주시하는 포트
      targetPort: 80      # 트래픽이 전달될 파드의 포트
  selector:
    app: numbers-web
  type: LoadBalancer      # 외부 트래픽도 전달할 수 있는 서비스
```

이 서비스는 8080번 포트를 주시하다가 해당 포트로 들어오는 트래픽을 웹 애플리케이션 파드의 80번 포트로 전달한다. 이 서비스가 클러스터에 배포되면 kubectl로 따로 포트포워딩을 설정하지 않아도 웹 애플리케이션에 접근할 수 있다. 다만 그 구체적인 과정은 쿠버네티스 클러스터의 상황에 따라 달라질 수 있다.

실습 앞서 정의한 로드밸런서 서비스를 클러스터에 배치하고, kubectl을 사용해서 해당 서비스의 IP 주소를 찾아라.

```
# 로드밸런서 서비스를 배치한다
# 방화벽에서 접근 허용 여부를 묻는다면 허용하라
kubectl apply -f numbers/web-service.yaml

# 서비스의 상세 정보를 확인한다
kubectl get svc numbers-web

# 애플리케이션의 URL을 EXTERNAL-IP 필드로 출력한다
kubectl get svc numbers-web -o jsonpath='http://{.status.loadBalancer.
ingress[0].*}:8080'
```

그림 3-9에 필자의 도커 데스크톱 클러스터에서 실행한 결과를 실었다. 웹 브라우저에서 http:// localhost:8080으로 접근하니 웹 애플리케이션의 페이지를 볼 수 있었다.

K3s나 매니지드 쿠버네티스 클러스터를 사용한다면 로드밸런서가 부여받는 전용 외부 IP가 출력되기 때문에 출력 내용이 약간 다를 수 있다. 그림 3-10은 같은 실습 예제를 필자가 사용

하는 리눅스 가상 머신에서 동작하는 K3s 환경에서 실행한 결과다. 여기에서 출력된 URL은 http://172.28.132.127:8080으로 나온다.

▼ 그림 3-9 쿠버네티스는 자신이 동작하는 플랫폼에서 로드밸런서 서비스에 부여할 IP 주소를 요청한다

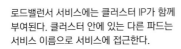

로드밸런서 서비스에는 클러스터 IP가 함께 부여된다. 클러스터 안에 있는 다른 파드는 서비스 이름으로 서비스에 접근한다.

로드밸런서 서비스는 외부 IP 주소를 주시하다가 해당 주소로 들어오는 트래픽을 클러스터로 전달한다. 이 주소는 클러스터에서 제공되는 주소다. 여기에서는 도커 데스크톱을 사용하므로 localhost가 제공된다.

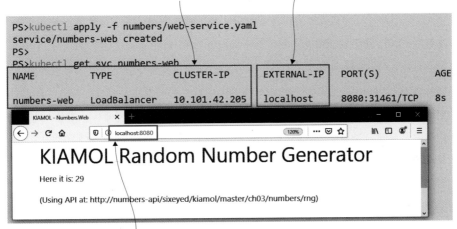

이제 kubectl을 사용하여 별도로 포트포워딩 설정을 하지 않아도 웹 애플리케이션에 접근할 수 있다.

▼ 그림 3-10 쿠버네티스 플랫폼의 종류에 따라 로드밸런서 서비스의 외부 IP 주소가 달라진다

1장에서 설명한 K3s 클러스터에서 동일한 실습을 진행했다.

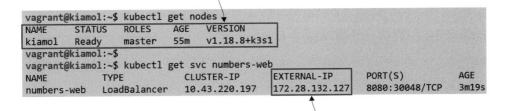

로드밸런서 서비스는 실제 IP 주소를 부여받는다. 이 클러스터는 로컬 환경이므로 이 IP 주소는 공인 IP 주소가 아니지만, 같은 실습을 AKS 또는 EKS 클러스터에서 한다면 클라우드에서 제공되는 공인 IP 주소를 부여받는다.

똑같은 애플리케이션 매니페스트에서 어떻게 다른 결과가 나올까? 1장에서 쿠버네티스를 여러 가지 방법으로 설치할 수 있지만 이들은 '모두 동일한 쿠버네티스 환경'이라고 설명했었다. 하지만 엄밀하게 따지면 모두 동일한 것은 아니다. 쿠버네티스에는 확장이 가능한 지점이 여럿 있다. 그리고 분산 환경에 따라 이들 기능이 구현되는 방식에 차이가 생긴다. 로드밸런서 서비스도 이렇게 분산 환경에 따라 구현 방식의 차이가 발생하는 지점 중 하나다.

- 도커 데스크톱의 쿠버네티스는 로컬 개발 환경이다. 이 클러스터는 단일 컴퓨터에서 동작하며, 로컬 컴퓨터의 네트워크 스택과 통합되어 로드밸런서 서비스가 로컬 호스트 주소를 사용할 수 있다. 모든 로드밸런서 서비스가 localhost로 외부에 공개된다. 따라서 여러 개의 로드밸런서 서비스를 사용하려면 이들의 포트를 각각 다르게 설정해야 한다.

- K3s 환경의 쿠버네티스에서는 별도의 라우팅 테이블을 설정하는 방식으로 로드밸런서 서비스를 구현했다. 각각의 로드밸런서 서비스는 호스트 컴퓨터(여기에서는 가상 머신)의 IP 주소로 외부에 공개된다. 따라서 localhost 또는 IP 주소(로컬 네트워크에서 접근도 가능)로 로드밸런서 서비스에 접근할 수 있다. 역시 도커 데스크톱과 마찬가지로 여러 개의 로드밸런서 서비스를 사용하려면 이들의 포트를 각각 다르게 설정해야 한다.

- AKS나 EKS 같은 클라우드 환경의 쿠버네티스는 고가용성을 확보한 다중 노드 클러스터다. 이들 클러스터에서 로드밸런서 서비스를 배포하면 클라우드에 실제 로드밸런서가 만들어진다. 이 로드밸런서가 외부에서 들어오는 트래픽을 노드로 전달하고, 그다음 쿠버네티스가 이를 다시 파드로 전달한다. 따라서 로드밸런서 서비스의 IP 주소도 각기 다르다. 또한 이들 IP 주소는 공인 IP 주소이며 인터넷에서 접근할 수 있다.

다른 기능에서도 분산 환경 여부와 가용한 자원의 상황에 따라 이런 패턴을 종종 볼 수 있을 것이다. 결론을 말하자면, YAML로 작성된 매니페스트가 동일하면 결과도 동일하지만 쿠버네티스가 분산을 구현하는 방식에는 차이가 있을 수 있다.

다시 본론으로 돌아가자. 외부에서 클러스터로 들어오는 트래픽을 파드로 전달하는 역할을 하는 서비스 리소스의 유형이 한 가지 더 있다. 바로 **노드포트**(NodePort)다. 노드포트 서비스는 외부 로드밸런서가 필요 없다. 클러스터를 구성하는 모든 노드가 이 서비스에 지정된 포트를 주시하며 들어온 트래픽을 대상 파드의 대상 포트로 전달한다. 그림 3-11은 노드포트의 역할을 정리한 다이어그램이다.

❤ 그림 3–11 노드포트 서비스 역시 외부 트래픽을 파드로 전달하는 역할을 하지만, 별도의 로드밸런서가 필요 없다는 점이 로드밸런
서 서비스와 다르다

노드포트 서비스는 모든 노드가 서비스에 설정된 포트를 주시하도록 한다.
외부 로드밸런서가 없으므로 트래픽이 곧바로 클러스터 노드로 인입된다.

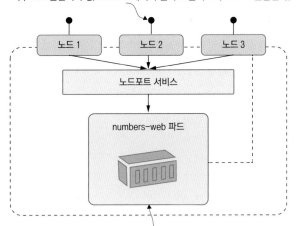

트래픽이 클러스터에 인입된 후에는 로드밸런서 서비스와 비슷하게 동작한다.
다이어그램을 보면, 어느 노드가 요청을 받더라도 대상 파드가 있는 노드 3으로
트래픽이 전달된다.

노드포트 서비스는 서비스에서 설정된 포트가 모든 노드에서 개방되어 있어야 하기 때문에 로드
밸런서 서비스만큼 유연하지는 않다. 또한 다중 노드 클러스터에서 로드밸런싱 효과를 얻을 수 없
다는 것도 단점이다. 노드포트 서비스는 지원하는 분산 수준도 로드밸런서 서비스와 차이가 있다.
이 때문에 K3s나 도커 데스크톱에서는 잘 동작하지만, Kind에서는 그렇지 못하다. 예제 3-4는
노드포트에 대한 정의다.

예제 3-4 web-service-nodePort.yaml, 노드포트 서비스의 정의 예

```
apiVersion: v1
kind: Service

metadata:
  name: numbers-web-node

spec:
  ports:
    - port: 8080          # 다른 파드가 서비스에 접근하기 위해 사용하는 포트
      targetPort: 80      # 대상 파드에 트래픽을 전달하는 포트
      nodePort: 30080     # 서비스가 외부에 공개되는 포드
  selector:
    app: numbers-web
  type: NodePort          # 노드의 IP 주소를 통해 접근 가능한 서비스
```

노드포트를 클러스터에 배포하는 실습은 하지 않는다(예제 코드에 YAML 파일이 제공되니 원한다면 해 보기 바란다). 클러스터 환경에 따라 동일하게 동작하지 않아서 정확히 이해하려면 각각의 경우로 나누어 설명해야 하기 때문이기도 하지만, 그보다는 실제로 사용할 일이 별로 없다는 이유가 더 크다. 클러스터 환경이 달라지더라도 매니페스트는 일관성을 유지해야 하기 때문이다. 로드밸런서 서비스를 사용하면 개발 환경부터 운영 환경까지 애플리케이션 정의를 동일하게 유지할 수 있다. 그만큼 관리해야 할 YAML 파일의 개수도 줄어든다.

파드와 클러스터 외부의 컴포넌트가 통신하기 위한 서비스의 유형을 한 가지 더 소개한 후, 서비스가 내부적으로 어떻게 동작하는지 살펴보며 이 장을 마무리짓겠다.

3.4 쿠버네티스 클러스터 외부로 트래픽 전달하기

쿠버네티스는 거의 모든 서버용 소프트웨어를 실행할 수 있다. 그렇다고 모든 서버용 소프트웨어를 꼭 쿠버네티스에서 실행하는 것은 아니다. 데이터베이스 같은 스토리지 컴포넌트 등이 대표적으로 쿠버네티스 외부에서 동작하는 소프트웨어의 예다. 특히 클라우드 환경을 사용한다면 매니지드 데이터베이스 서비스를 활용하고 있을 것이다. 아니면 데이터 센터에 배포한 시스템을 쿠버네티스와 통합되지 않은 시스템과 연동할 필요가 있을 수도 있다. 애플리케이션 아키텍처와 무관하게 클러스터 외부를 가리키는 도메인 네임 해소에도 쿠버네티스 서비스 리소스를 활용할 수 있다.

첫 번째 선택지는 **익스터널네임**(ExternalName) 서비스를 사용하는 방법이다. 익스터널네임 서비스는 어떤 도메인 네임에 대한 별명이라고 생각하면 쉽다. 익스터널네임 서비스는 애플리케이션 파드에서 로컬 네임을 사용하고, 쿠버네티스 DNS 서버에 이 로컬 네임을 조회하면 외부 도메인으로 해소해 주는 방식이다. 그림 3-12가 익스터널네임의 동작 방식을 나타낸 다이어그램이다.

▼ 그림 3-12 익스터널네임 서비스를 사용하면 클러스터 외부의 컴포넌트를 로컬 주소 또는 로컬 도메인 네임으로 참조할 수 있다

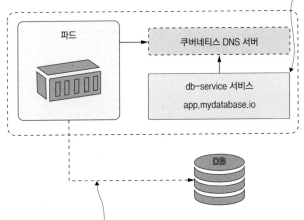

익스터널네임 서비스는 도메인 네임의 별명을 만든다.
파드가 로컬 클러스터 네임 db-service를 사용하면,
쿠버네티스 DNS 서버에서 이 도메인 네임을 외부 도메인
app.mydatabase.io로 해소한다.

파드는 클러스터 외부의 컴포넌트와 통신하지만, 이를 알지 못한다.
파드에서 사용하는 도메인 네임이 로컬 도메인 네임이기 때문이다.

우리가 실습 예제에서 소재로 사용한 예제 애플리케이션은 무작위 숫자를 생성하는 로컬 API를 상정해서 만들어졌지만, 익스터널네임 서비스를 적용하면 로컬 API 대신 깃허브 저장소에 있는 텍스트 파일에서 정적 텍스트를 읽어 들일 수 있다.

실습 쿠버네티스 버전에 따라 이미 배포된 서비스 리소스의 유형을 변경할 수 없는 경우가 있기 때문에 원래 있던 클러스터IP 서비스를 삭제하고 익스터널네임 서비스로 대체한다.

```
# 현재 배포된 클러스터IP 서비스를 삭제한다
kubectl delete svc numbers-api

# 익스터널네임 서비스를 새로 배포한다
kubectl apply -f numbers-services/api-service-externalName.yaml

# 서비스의 상세 정보를 확인한다
kubectl get svc numbers-api

# 웹 페이지를 새로고침한 후 Go 버튼을 클릭한다
```

필자의 환경에서 실행한 결과를 그림 3-13에 실었다. 애플리케이션은 전과 같이 동작하고, API의 URL도 그대로다. 하지만 웹 페이지를 새로고침해 보면 항상 같은 숫자가 화면에 나타난다. 이제 무작위 숫자 생성 API를 사용하지 않기 때문이다.

❤ 그림 3-13 익스터널네임 서비스는 클러스터 외부로 요청을 전달하는 리다이렉션과 같은 기능을 한다

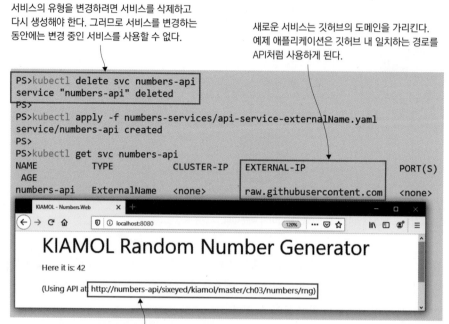

서비스의 유형을 변경하려면 서비스를 삭제하고
다시 생성해야 한다. 그러므로 서비스를 변경하는
동안에는 변경 중인 서비스를 사용할 수 없다.

새로운 서비스는 깃허브의 도메인을 가리킨다.
예제 애플리케이션은 깃허브 내 일치하는 경로를
API처럼 사용하게 된다.

웹 애플리케이션은 기존의 API 주소를 그대로 사용하지만,
이 주소가 가리키는 대상이 정적인 텍스트 파일이 되었으므로
'무작위' 숫자가 항상 같은 값이 나온다.

익스터널네임 서비스는 애플리케이션 설정에 포함하기 어려운 환경 간 차이를 반영할 때 유용하다. 데이터베이스 서버 대신 하드코딩된 문자열을 사용한다거나, 개발 환경에서는 로컬 도메인 네임을 파드에서 동작하는 테스트용 데이터베이스 서버에 연결하고 운영 환경에서는 실제 도메인에 연결된 운영 데이터베이스 서버에 연결하도록 할 수도 있다. 예제 3-5는 원격에 위치한 텍스트 파일로 API를 대체하는 익스터널네임 서비스에 대한 정의다.

예제 3-5 api-service-externalName.yaml, 익스터널네임 서비스의 정의 예

```
apiVersion: v1
kind: Service

metadata:
  name: numbers-api                      # 클러스터 안에서 쓰이는 로컬 도메인 네임
```

```
spec:
  type: ExternalName
  externalName: raw.githubusercontent.com    # 로컬 도메인 네임을 해소할 외부 도메인
```

쿠버네티스는 DNS의 표준 기능 중 하나인 캐노니컬 네임(Canonical NAME, CNAME)을 사용하여 익스터널네임 서비스를 구현했다. 웹 애플리케이션 파드가 도메인 네임 numbers-api를 조회하면 쿠버네티스 DNS 서버가 이 CNAME(raw.githubusercontent.com)을 반환한다. 이에 따라 클러스터 내 DNS 서버가 이 로컬 도메인 네임의 해소를 담당하며, 깃허브 서버로 API 요청이 전달된다.

실습 서비스 역시 클러스터 전체를 커버하는 쿠버네티스 가상 네트워크의 일부다. 그런 만큼 모든 파드가 서비스를 사용할 수 있다. 이 장의 첫 번째 실습 예제에 쓴 sleep 파드의 이미지에는 도메인 네임을 조회하는 nslookup 명령이 들어 있다. 이 명령으로 API 서비스의 도메인 네임을 조회하라.

```
# nslookup 명령으로 서비스의 도메인 네임을 조회한다
kubectl exec deploy/sleep-1 -- sh -c 'nslookup numbers-api | tail -n 5'
```

이 실습 예제를 실행하면 마치 오류와도 같은 메시지가 출력될 것이다. nslookup 명령은 많은 양의 정보를 반환하는데, 그 출력 순서가 일정하지 않기 때문이다. 하지만 우리에게 필요한 내용이 이 안에 들어 있다. 필자는 이 명령을 여러 번 실행하여 그림 3-14와 같이 책에 싣기 적당한 출력을 얻었다.

❤️ 그림 3-14 쿠버네티스 클러스터에서 파드는 기본적으로 고립된 상태가 아니며, 모든 파드가 서비스의 도메인 네임을 제한 없이 조회할 수 있다

sleep-1 컨테이너의 이미지에 nslookup 명령이 포함되어 있다.
이 명령은 DNS 서버에 도메인 네임을 조회하고 그 결과를 출력한다.
출력되는 내용이 복잡하므로 여기에서는 마지막 다섯 줄만 실었다.

```
PS>kubectl exec deploy/sleep-1 -- sh -c 'nslookup numbers-api | tail -n 5'
Address: 151.101.0.133

numbers-api.default.svc.cluster.local    canonical name = raw.githubusercontent.com
raw.githubusercontent.com    canonical name = github.map.fastly.net
```

로컬 네임 number-api를 조회하면 깃허브 주소가 반환된다. sleep 파드는 더 이상 무작위 숫자 생성 API를 사용하지 않지만, 서비스 자체는 클러스터 전체에서 사용 가능하므로 모든 파드가 어떤 서비스든 사용할 수 있다.

이번 실습 예제에서 알 수 있는 익스터널네임 서비스의 중요한 특징이 있다. 익스터널네임 서비스는 애플리케이션이 사용하는 주소가 가리키는 대상을 치환해 줄 뿐 요청의 내용 자체를 바꾸어 주지는 못한다는 점이다. 데이터베이스처럼 TCP 프로토콜을 쓰는 컴포넌트라면 문제없지만, HTTP 서비스라면 이야기가 달라진다. HTTP 요청의 헤더에는 대상 호스트명이 들어간다. 그리고 이 헤더의 호스트명이 익스터널네임 서비스의 응답과 다르다면 HTTP 요청이 실패한다. 이 장의 소재가 되었던 무작위 숫자 생성 애플리케이션 역시 이 문제를 피해 가기 위해 헤더의 호스트명을 직접 수정하는 까다로운 코드를 썼다. 하지만 HTTP가 아닌 프로토콜을 사용하는 서비스라면 이 방법이 최선이다.

클러스터 안에서만 유효한 로컬 도메인 네임을 외부 시스템으로 연결할 수 있는 방법이 한 가지 더 있다. HTTP 헤더 문제를 해결하지는 못하지만 익스터널네임 서비스와 비슷하게 도메인 네임 대신 IP 주소를 대체해 주는 방법이다. 이런 서비스를 **헤드리스 서비스**(headless service)라고 한다. 헤드리스 서비스는 클러스터IP의 형태로 정의되지만 레이블 셀렉터가 없기 때문에 대상 파드가 없다. 그 대신 헤드리스 서비스는 자신이 제공해야 할 IP 주소의 목록이 담긴 **엔드포인트**(endpoint) 리소스와 함께 배포된다.

예제 3-6은 IP 주소 하나가 담긴 엔드포인트를 포함하는 헤드리스 서비스의 정의 예다. YAML에서는 우리가 처음 보는 문법이 사용되었는데, 한 파일에 여러 개의 리소스를 정의할 때 각 리소스의 정의를 구분하기 위해 하이픈 세 개를 사용한다.

예제 3-6 api-service-headless.yaml, 명시적 주소를 담은 서비스

```
apiVersion: v1
kind: Service
metadata:
  name: numbers-api
spec:
  type: ClusterIP        # selector 필드가 없으므로 헤드리스 서비스가 됨
  ports:
    - port: 80
---
kind: Endpoints          # 한 파일에 두 번째 리소스의 정의
apiVersion: v1
metadata:
  name: numbers-api
subsets:
  - addresses:           # 정적 IP 주소 목록
```

```
      - ip: 192.168.123.234
    ports:
      - ports: 80              # 그리고 각 IP 주소에서 주시할 포트
```

엔드포인트의 정의에 포함된 IP 주소는 실제 주소가 아니지만, 쿠버네티스는 정의에 포함된 주소가 실재하는지 확인하지 않는다. 따라서 이 리소스 정의는 정상적으로 배치된다.

실습 익스터널네임 서비스를 이 헤드리스 서비스로 대체하라. 그러면 API 도메인이 접근할수 없는 IP 주소로 해소되기 때문에 애플리케이션이 오류를 일으킬 것이다.

```
# 기존 서비스를 제거한다
kubectl delete svc numbers-api

# 헤드리스 서비스를 배포한다
kubectl apply -f numbers-services/api-service-headless.yaml

# 서비스의 상세 정보를 확인한다
kubectl get svc numbers-api

# 엔드포인트의 상세 정보를 확인한다
kubectl get endpoints numbers-api

# DNS 조회 결과를 확인한다
kubectl exec deploy/sleep-1 -- sh -c 'nslookup numbers-api | grep "^[^*]"'

# 웹 브라우저에서 웹 페이지를 확인한다
# 새로운 무작위 숫자를 생성하면 오류가 발생한다
```

필자의 환경에서 실행한 결과를 그림 3-15에 실었다. 이 결과를 보면 애플리케이션이 오류를 일으키는 배포를 쿠버네티스가 아무 제지 없이 수행한다. 도메인 네임이 내부 클러스터IP로 해소되는데, 이 IP 주소가 엔드포인트에서 실재하지 않는 주소로 연결되기 때문에 요청이 실패했다.

✔ 그림 3-15 서비스의 설정을 잘못하면 애플리케이션이 이상을 일으킬 수 있고, 심지어 애플리케이션 업데이트가 없어도 가능하다

헤드리스 서비스는 레이블 셀렉터가 없는 대신
IP 주소가 지정된 엔드포인트를 가진 서비스다.

서비스 자체의 유형은 클러스터IP로,
클러스터 내부의 가상 IP 주소로 해소된다.

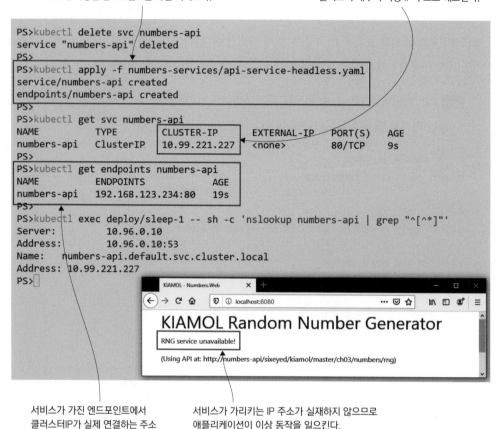

서비스가 가진 엔드포인트에서
클러스터IP가 실제 연결하는 주소
(하지만 실재하지 않는)를 볼 수 있다.

서비스가 가리키는 IP 주소가 실재하지 않으므로
애플리케이션이 이상 동작을 일으킨다.

실습 예제의 출력 결과를 보면 몇 가지 의문이 떠오를 것이다. DNS 조회 결과가 왜 엔드포인트의
IP 주소가 아니라 클러스터IP의 주소를 가리킬까? 또한 도메인 네임은 왜 .default.svc.cluster.
local과 같이 끝날까? 쿠버네티스의 서비스 리소스를 다루기 위해 네트워크 관련 지식이 꼭 필요
하지는 않지만, 그래도 알고 있으면 서비스가 어떻게 동작하는지 이해하는 데 도움이 된다. 이 장
의 목표도 바로 그것이다.

3.5 쿠버네티스 서비스의 해소 과정

쿠버네티스는 서비스 리소스를 사용할 때 필요할 법한 대부분의 네트워크 설정을 제공한다. 그리고 이들 설정은 안정적인 네트워크 기술에 기반을 둔 것이다. 파드에서 동작하며 다른 파드와 통신하는 애플리케이션 컴포넌트도 표준 전송 프로토콜과 DNS 네임을 사용하여 서로를 찾아낸다. 이 과정에 특별한 코드나 라이브러리는 필요 없다. 애플리케이션을 물리 서버나 가상 서버에 배포했을 때와 다를 것이 없다.

이 장에서 서비스 리소스의 모든 유형과 이들이 사용되는 대표적인 유스케이스를 살펴보았다. 이제는 서비스 리소스를 언제 어떻게 사용할지 잘 알았을 것이다. 내용이 너무 복잡하게 느껴지고 혼란스럽다면, 설정할 내용이 적은 클러스터IP 유형을 주로 사용한다고만 알아 두어도 좋다. 대부분 따로 신경 쓸 일 없이 잘 동작하겠지만 그래도 내부적인 동작을 이해하면 도움이 된다. 그림 3-16은 이 과정을 조금 더 자세히 나타낸 다이어그램이다.

▼ 그림 3-16 쿠버네티스 클러스터는 내부 DNS 서버와 프록시를 표준 네트워크 도구와 함께 사용한다

파드 속 컨테이너가 요청한 도메인 네임 조회는 쿠버네티스 DNS 서버가
응답한다. 조회 대상이 서비스 리소스라면, DNS 서버는 클러스터 내 IP 주소
또는 외부 도메인 네임을 반환한다.

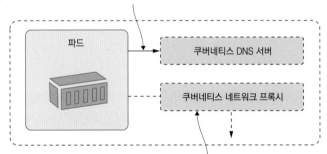

파드에서 나온 모든 통신은 쿠버네티스의 또 다른 구성 요소인 네트워크 프록시가 라우팅을 담당한다.
이 프록시는 각각의 노드에서 동작하며 모든 서비스의 엔드포인트에 대한 최신 정보를 유지하고,
운영체제가 제공하는 네트워크 패킷 필터(리눅스의 경우 IPVS 또는 iptables)를 사용하여
트래픽을 라우팅한다.

여기에서 기억해야 할 점은 클러스터IP는 네트워크상에 실재하지 않는 가상 IP 주소라는 것이다. 파드는 각 노드마다 동작하는 네트워크 프록시를 경유하여 네트워크에 접근한다. 그리고 이 프록시는 패킷 필터링을 적용하여 가상 IP 주소를 실제 엔드포인트로 연결한다. 서비스 리소스는 삭제될 때까지 IP 주소가 바뀌지 않으며 애플리케이션의 다른 부분과 무관하게 오래 지속될 수 있다. 서비스에도 컨트롤러가 있어 파드가 변경될 때마다 엔드포인트의 목록을 최신으로 업데이트한다. 따라서 클라이언트는 가상 정적 IP와 네트워크 프록시만 있으면 항상 최신 상태의 엔드포인트 목록을 적용받는다.

실습 파드의 변경이 일어난 시점을 전후로 서비스의 엔드포인트 목록을 출력해 보면 즉각 엔드포인트가 업데이트되는 것을 확인할 수 있다. 엔드포인트의 이름은 서비스와 같으므로 kubectl을 사용하여 엔드포인트의 상세 정보를 볼 수 있다.

```
# sleep-2 서비스의 엔드포인트 목록 출력
kubectl get endpoints sleep-2

# 파드 삭제
kubectl delete pods -l app=sleep-2

# 엔드포인트가 새로운 파드의 주소로 업데이트되었는지 확인
kubectl get endpoints sleep-2

# 디플로이먼트 채로 삭제
kubectl delete deploy sleep-2

# 엔드포인트는 여전히 있지만, 가리키는 IP 주소가 없음
kubectl get endpoints sleep-2
```

필자의 환경에서 실행한 결과를 그림 3-17에 실었다. 여기에서 첫 번째 의문의 답을 알 수 있다. 쿠버네티스 DNS 서버는 엔드포인트 IP 주소가 아닌 클러스터의 IP 주소를 반환한다. 엔드포인트가 가리키는 IP 주소는 계속 변화하기 때문이다.

sleep-2 서비스는 현재 있는
sleep-2 파드를 가리키는 엔드포인트
하나만 갖고 있다.

sleep-2 파드가 삭제되면 디플로이먼트가 대체 파드를 만든다.
그리고 엔드포인트는 새로 만든 파드의 IP 주소로 업데이트된다.

```
PS>kubectl get endpoints sleep-2
NAME        ENDPOINTS          AGE
sleep-2     10.1.0.110:80      29h
PS>
PS>kubectl delete pods -l app=sleep-2
pod "sleep-2-766bb674b8-9bwtx" deleted
PS>
PS>kubectl get endpoints sleep-2
NAME        ENDPOINTS          AGE
sleep-2     10.1.0.111:80      29h
PS>
PS>kubectl delete deploy sleep-2
deployment.apps "sleep-2" deleted
PS>
PS>kubectl get endpoints sleep-2
NAME        ENDPOINTS          AGE
sleep-2     <none>             29h
```

서비스는 동일한 클러스터IP를 유지하고
있지만, 이 서비스가 가리키는 엔드포인트가
없다.

디플로이먼트가 삭제되면 파드 역시 삭제된다.
sleep-2 서비스의 레이블 셀렉터와 일치하는
파드가 이제 없다.

정적 가상 IP 주소는 파드가 아무리 여러 번 교체되더라도 그대로 유지되기 때문에 (최적화를 잘
못한 애플리케이션에서 흔히 볼 수 있듯이) 클라이언트가 DNS 조회 결과를 영구적으로 캐시할
수 있다. 이번에는 두 번째 의문의 답을 찾을 차례다. 이 의문에 답하려면 쿠버네티스의 **네임스페
이스**(namespace)를 먼저 살펴보아야 한다.

모든 쿠버네티스 리소스는 네임스페이스 안에 존재한다. 네임스페이스는 쉽게 말해 다른 리소스
를 하나로 묶기 위한 리소스다. 따라서 쿠버네티스 클러스터를 논리적 파티션으로 나누는 역할을
한다. 제품별로 네임스페이스를 두거나 팀별 네임스페이스, 아니면 하나의 네임스페이스를 모두
공유할 수도 있다. 아직은 사용할 필요가 없지만 여기에서 네임스페이스를 소개하는 이유는 DNS
해소 과정에 네임스페이스가 관련되어 있기 때문이다. 그림 3-18은 서비스 이름과 관련된 네임스
페이스의 역할을 나타낸 다이어그램이다.

❤ 그림 3-18 네임스페이스는 쿠버네티스 클러스터를 논리적 파티션으로 분할하는 역할을 하지만, 서비스는 자신이 속한 네임스페이스 외의 네임스페이스로도 접근이 가능하다

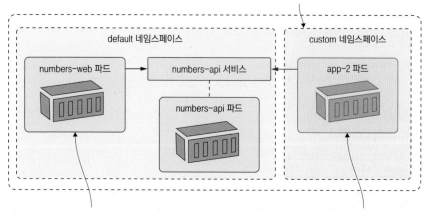

클러스터는 여러 개의 네임스페이스로 나뉠 수 있다.
default 네임스페이스가 항상 존재하고, 여기에 다른
네임스페이스를 추가하여 여러 리소스를 하나로 묶을 수 있다.

네임스페이스 안에서는 도메인 네임을
이용하여 서비스에 접근한다.
웹 애플리케이션 파드가 numbers-api라는
이름으로 API 서비스에 접근할 수 있었던
것도 이 때문이다.

네임스페이스를 포함하는 완전한 도메인 네임으로도 서비스에
접근할 수 있다. 예를 들어 다른 네임스페이스에 속하는 파드는
numbers-api.default.svc.cluster.local이라는 도메인 네임으로
API 서비스에 접근할 수 있다.

우리가 사용하는 클러스터에는 이미 여러 개의 네임스페이스가 있다. 지금까지 우리가 생성한 모든 리소스는 default 네임스페이스(이 네임스페이스는 말 그대로 '기본' 네임스페이스이기 때문에 지금까지 우리는 YAML 파일에서 네임스페이스를 지정할 필요가 없었음)에 속한다. DNS 서버나 쿠버네티스 API 같은 쿠버네티스 내장 컴포넌트는 kube-system 네임스페이스에 속한 파드에서 동작한다.

실습 kubectl에서 --namespace 플래그를 사용하면 default가 아닌 다른 네임스페이스를 대상으로 지정할 수 있다.

```
# default 네임스페이스의 서비스 리소스 목록 확인
kubectl get svc --namespace default

# 쿠버네티스 시스템 네임스페이스의 서비스 리소스 목록 확인
kubectl get svc -n kube-system

# 완전한 도메인 네임으로 DNS 조회하기
kubectl exec deploy/sleep-1 -- sh -c 'nslookup numbers-api.default.svc.cluster.local |
grep "^[^*]"'
```

```
# 쿠버네티스 시스템 네임스페이스의 완전한 도메인 네임으로 DNS 조회하기
kubectl exec deploy/sleep-1 -- sh -c 'nslookup kube-dns.kube-system.svc.cluster.local
| grep "^[^*]"'
```

필자의 환경에서 실행한 결과를 그림 3-19에 실었다. 이 실행 결과에서 두 번째 의문의 답을 찾을
수 있다. 서비스 이름은 로컬 도메인 네임으로 사용되는데, 로컬 도메인 네임은 네임스페이스를
포함하는 완전한 도메인 네임의 별명이다.

▼ 그림 3-19 다른 네임스페이스에 속하는 리소스도 kubectl 명령을 똑같이 사용할 수 있다

kubectl의 namespace 파라미터로 대상 네임스페이스를
지정할 수 있다. 이 출력 결과는 default 네임스페이스에
속한 서비스 목록이다.

그리고 이 목록은 kube-system 네임스페이스의
서비스 목록이다.

```
PS>kubectl get svc --namespace default
NAME            TYPE           CLUSTER-IP       EXTERNAL-IP    PORT(S)           AGE
kubernetes      ClusterIP      10.96.0.1        <none>         443/TCP           32h
numbers-api     ClusterIP      10.99.221.227    <none>         80/TCP            6h57m
numbers-web     LoadBalancer   10.101.42.205    localhost      8080:31461/TCP    12h
sleep-2         ClusterIP      10.97.241.204    <none>         80/TCP            31h
PS>
PS>kubectl get svc -n kube-system
NAME       TYPE        CLUSTER-IP    EXTERNAL-IP    PORT(S)                AGE
kube-dns   ClusterIP   10.96.0.10    <none>         53/UDP,53/TCP,9153/TCP 32h
PS>
PS>kubectl exec deploy/sleep-1 -- sh -c 'nslookup numbers-api.default.svc.cluster.loca
l | grep "^[^*]"'
Server:        10.96.0.10
Address:       10.96.0.10:53
Name:    numbers-api.default.svc.cluster.local
Address: 10.99.221.227
PS>
PS>kubectl exec deploy/sleep-1 -- sh -c 'nslookup kube-dns.kube-system.svc.cluster.loc
al | grep "^[^*]"'
Server:        10.96.0.10
Address:       10.96.0.10:53
Name:    kube-dns.kube-system.svc.cluster.local
Address: 10.96.0.10
```

kube-system 네임스페이스에 있는 kube-dns 서비스에 대한
DNS 조회 결과다. 앞서 본 DNS 서버 주소와 일치한다.
kube-dns 서비스가 바로 클러스터의 내부 DNS 서버였다.

sleep-1 파드에서 요청한 DNS 조회에
서비스의 완전한 이름이 반환되었다.
이때 DNS 서버의 주소(10.96.0.10)도
함께 출력되었다.

쿠버네티스를 배울 때 네임스페이스를 일찍 아는 것이 중요한 이유는 네임스페이스를 알아야 쿠
버네티스의 핵심 기능 또한 쿠버네티스 애플리케이션 형태로 동작 중이라는 것을 직접 확인할 수
있기 때문이다. 네임스페이스는 클러스터를 분할하여 보안을 해치지 않고도 클러스터 활용도를
높일 수 있는 강력한 수단이다. 네임스페이스는 11장에서 좀 더 자세히 다루겠다.

이 장의 네임스페이스에 대한 설명은 이것으로 끝이다. 이 장에서 파드는 IP 주소를 가지며, 이 IP 주소를 통해 TCP/UDP 프로토콜로 통신한다는 것을 배웠다. 우리는 항상 서비스를 통해 파드를 다룬다. 그리고 서비스가 DNS로 제공하는 디스커버리 기능 덕분에 파드의 IP 주소를 우리가 직접 참조할 일은 거의 없다. 서비스는 유형이 다양하여 각 유형마다 파드 간 통신, 외부에서 파드로 들어오는 통신, 파드에서 외부로 나가는 통신 등 대표적인 통신 패턴을 지원한다. 또한 서비스는 파드나 디플로이먼트와는 별개의 생애 주기를 가진다는 것도 배웠다. 이제 오늘의 실습을 뒷정리할 때다.

실습 디플로이먼트를 삭제하면 디플로이먼트가 관리하는 파드도 모두 삭제된다. 하지만 서비스를 삭제할 때는 서비스의 대상 파드나 디플로이먼트가 삭제되지 않는다. 서비스와 디플로이먼트는 따로따로 삭제해야 한다.

```
# 모든 디플로이먼트 삭제
kubectl delete deploy --all
```

```
# 모든 서비스 삭제
kubectl delete svc --all
```

```
# 남아 있는 리소스 확인
kubectl get all
```

이제 클러스터가 초기화되었다. 하지만 그림 3-20과 같은 일이 일어나지 않도록 kubectl 명령을 사용할 때는 주의해야 한다.

❤ 그림 3-20 모든 서비스를 명시적으로 지정하여 삭제할 수 있지만, all 파라미터는 주의해서 사용해야 한다

디플로이먼트를 삭제하면 파드도 함께 삭제된다.
네임스페이스를 지정하지 않았으므로 삭제 대상은
default 네임스페이스에 속한 리소스뿐이다.

서비스는 명시적으로 지정하여 삭제해야 한다.
all 파라미터를 사용하면 default 네임스페이스에
있는 쿠버네티스 API까지 삭제하게 된다.

```
PS>kubectl delete deploy --all
deployment.apps "numbers-api" deleted
deployment.apps "numbers-web" deleted
deployment.apps "sleep-1" deleted
PS>
PS>kubectl delete svc --all
service "kubernetes" deleted
service "numbers-api" deleted
service "numbers-web" deleted
service "sleep-2" deleted
PS>
PS>kubectl get all
NAME                 TYPE        CLUSTER-IP    EXTERNAL-IP   PORT(S)   AGE
service/kubernetes   ClusterIP   10.96.0.1     <none>        443/TCP   46s
```

다행히 쿠버네티스 API의 서비스 리소스를 관리하는 컨트롤러 객체가
kube-system 네임스페이스에 있어 쿠버네티스 API를 복구해 준다.

KUBERNETES

3.6 / 연습 문제

이번 연습 문제는 서비스를 생성하는 것이다. 다만 레이블과 셀렉터를 정의할 때 조금 고민이 필요하다. 연습 문제의 목표는 사용자 인터페이스가 개선된 무작위 숫자 생성 애플리케이션의 새 버전을 서비스로 배포하는 것이다. 다음은 연습 문제를 푸는 데 도움이 될 몇 가지 힌트다.

- ch03/lab 디렉터리에 있는 deployments.yaml 파일을 사용하라.
- 파드를 확인하라. 현재 웹 애플리케이션의 두 가지 버전이 동작 중이다.
- 도메인 네임이 numbers-api인 파드에서 API에 접근이 가능하도록 하는 서비스 정의를 작성하라.

- 웹 애플리케이션 버전 2를 8088번 포트를 이용하여 외부에서 접근할 수 있도록 하는 서비스 정의를 작성하라.
- 파드의 레이블에 주의해야 한다.

이번 연습 문제는 실습의 연장이다. 정답 예시는 필자 깃허브 https://github.com/sixeyed/ kiamol의 ch03/lab/README.md에서 볼 수 있다.

4^장

컨피그맵과
비밀값으로
애플리케이션
설정하기

컨테이너에서 애플리케이션을 실행할 때 대표적인 장점 중 하나는 다양한 환경 간 차이를 원천적으로 없앨 수 있다는 점이다. 테스트 환경부터 운영 환경까지 전체 배포 절차가 컨테이너 하나로 이미지로 진행될 수 있기 때문에 모든 환경에서 완전히 동일한 바이너리가 사용된다. 따라서 테스트 서버에서 수동으로 설치하고 문서에 기재하는 것을 잊은 의존 모듈 때문에 운영 환경에서만 배포가 실패하는 것 같은 일이 원천적으로 방지된다. 물론 환경 간 차이가 아주 없을 수는 없다. 이를 위해 컨테이너에 환경별로 설정값을 주입해야 한다.

쿠버네티스에서 컨테이너에 설정값을 주입하는 데 쓰는 리소스는 **컨피그맵**(ConfigMap)과 **비밀값**(Secret) 두 가지다. 이 두 가지 리소스 모두 포맷 제한 없이 데이터를 보유할 수 있다. 이 데이터는 클러스터 속에서 다른 리소스와 독립적인 장소에 보관된다. 파드 정의에서 컨피그맵과 비밀값의 데이터를 읽어 오도록 할 수 있다. 이때 파드에 데이터가 전달되는 과정에도 다양한 설정이 가능하다. 이 장은 쿠버네티스의 설정 관리를 다룬다. 쿠버네티스의 설정 관리는 어떤 요구 사항도 만족시킬 수 있을 만큼 유연하다.

4.1 쿠버네티스에서 애플리케이션에 설정이 전달되는 과정

컨피그맵과 비밀값 역시 다른 쿠버네티스 리소스와 마찬가지로 kubectl의 create 명령을 사용하거나 YAML 포맷으로 기재된 정의를 읽어 들여 생성할 수 있다. 다른 리소스와 달리 컨피그맵과 비밀값은 스스로 어떤 기능을 하지는 않는다. 단지 적은 양의 데이터를 저장하는 것이 목적이다. 이들 리소스는 파드로 전달되어 컨테이너 환경의 일부가 되는데, 이 상태에서 컨테이너가 컨피그맵이나 비밀값에 저장된 데이터를 읽을 수 있다. 컨피그맵과 비밀값을 사용해 보기 전에 먼저 설정값을 전달하는 가장 기본적인 수단인 환경 변수를 알아보자.

실습 환경 변수는 리눅스와 윈도우 등 운영체제가 제공하는 핵심 기능이다. 환경 변수는 컴퓨터 단위로 설정되며 모든 애플리케이션이 이 값을 읽을 수 있다. 아주 일반적으로 쓰기도 하고, 모든 컨테이너에서 쿠버네티스나 컨테이너 속 운영체제가 한두 가지 값을 설정한다. 우선 실습 환경이 잘 동작하는지 확인하라.

```
# 이 장의 예제 코드로 디렉터리를 이동
cd ch04

# 설정값 없이 sleep 이미지로 파드 실행
kubectl apply -f sleep/sleep.yaml

# 파드가 준비될 때까지 대기
kubectl wait --for=condition=Ready pod -l app=sleep

# 파드 속 컨테이너에 설정된 몇 가지 환경 변수의 값을 확인
kubectl exec deploy/sleep -- printenv HOSTNAME KIAMOL_CHAPTER
```

필자의 환경에서 실행한 결과를 그림 4-1에 실었다. 실행 결과를 보면, 쿠버네티스가 부여한 호스트명의 HOSTNAME 환경 변수는 있었으나 KIAMOL_CHAPTER라는 환경 변수는 정의되어 있지 않았다.

❤ 그림 4-1 모든 컨테이너에는 쿠버네티스 또는 컨테이너 운영체제가 설정한 환경 변수가 있다

별도의 설정 없이 컨테이너의 이미지만 지정한 간단한 파드를 생성한다.

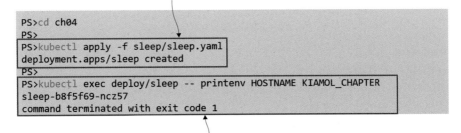

printenv는 환경 변수의 값을 출력하는 리눅스 명령어다. HOSTNAME 환경 변수는
쿠버네티스가 파드 이름을 값으로 모든 컨테이너에 설정한다.
하지만 KIAMOL_CHAPTER 환경 변수는 정의되지 않은 상태다.
그래서 명령어가 오류 코드와 함께 종료되었다.

이번 실습 예제에서 사용된 애플리케이션은 리눅스 명령어인 printenv다. 하지만 리눅스 명령어라고 해서 다른 애플리케이션과 다를 것은 없다. 여러 기술 스택에서 환경 변수는 기초적인 설정 수단으로 쓰인다. 쿠버네티스에서도 설정값을 주입하는 가장 간단한 방법은 파드 정의에 환경 변수를 추가하는 것이다. 예제 4-1은 sleep 디플로이먼트에서 파드 정의를 수정한 것이다. KIAMOL_CHAPTER 환경 변수의 정의가 새로 추가되었다.

예제 4-1 sleep-with-env.yaml, 환경 변수가 추가된 파드 정의 예

```
spec:
  containers:
    - name: sleep
      image: kiamol/ch03-sleep
      env:                         # 이 아래로 환경 변수가 정의
      - name: KIAMOL_CHAPTER       # 새로운 환경 변수의 이름 정의
        value: "04"                # 새로운 환경 변수의 값 정의
```

환경 변수는 파드의 생애 주기 내내 변하지 않는다. 파드가 실행되는 중에는 환경 변수의 값을 수정할 수 없다. 설정값을 변경하려면 파드의 정의를 수정하고 파드를 수정된 버전으로 대체해야 한다. 배치가 꼭 새로운 기능이 추가될 때만 하는 것이라는 고정 관념을 버려야 한다. 설정값을 바꾸거나 패치를 적용할 때도 배치가 필요하다. 애플리케이션 역시 잦은 파드 교체를 감안해서 설계되어야 한다.

실습 sleep 디플로이먼트의 파드 정의를 예제 4-1과 같이 수정하여 새로운 환경 변수를 추가하라.

```
# 디플로이먼트를 업데이트
kubectl apply -f sleep/sleep-with-env.yaml

# 조금 전과 같은 환경 변수의 값 확인
kubectl exec deploy/sleep -- printenv HOSTNAME KIAMOL_CHAPTER
```

필자의 환경에서 실행한 결과를 그림 4-2에 실었다. 새로운 파드의 컨테이너에는 KIAMOL_CHAPTER 환경 변수의 값이 설정되어 있다.

▼ 그림 4-2 파드 정의에 환경 변수를 추가하는 방법으로 컨테이너에 값을 전달할 수 있다

기존 디플로이먼트를 업데이트한다. 환경 변수를 추가하면서
파드 정의가 변경되었으므로 기존 파드가 새로운 파드로 교체된다.

```
PS>kubectl apply -f sleep/sleep-with-env.yaml
deployment.apps/sleep configured
PS>
PS>kubectl exec deploy/sleep -- printenv HOSTNAME KIAMOL_CHAPTER
sleep-65f8fb555d-c62nf
04
```

HOSTNAME 환경 변수의 값은 새로운 파드 이름이고, KIAMOL_CHAPTER 환경 변수의 값이 새롭게 설정되었다.

이 실습에서 중요한 것은 새로운 애플리케이션 역시 동일한 이미지를 사용한다는 점이다. 바이너리 파일도 완전히 동일한 애플리케이션이다. 두 번에 걸친 배치에서 달라진 것은 설정값뿐이다. 간단한 설정이라면 이렇게 파드 정의에 포함시켜도 나쁘지 않다. 그러나 실제 애플리케이션의 설정값은 이보다 훨씬 복잡하기 마련이고, 이런 경우 컨피그맵을 사용한다.

컨피그맵은 파드에서 읽어 들이는 데이터를 저장하는 리소스다. 데이터 형태는 한 개 이상의 키-값 쌍, 텍스트, 바이너리 파일까지 다양하다. 키-값 쌍을 저장했다면 파드에서 이를 환경 변수 형태로 주입할 수 있고, 텍스트를 저장했다면 JSON, XML, YAML, TOML, INI 등 설정 파일을 파드에 전달할 수 있다. 바이너리 파일 형태로 된 라이선스 키를 전달하는 것도 가능하다. 또한 파드 하나에 여러 개의 컨피그맵을 전달할 수 있고, 반대로 하나의 컨피그맵을 여러 파드에 전달할 수도 있다. 그림 4-3은 컨피그맵이 파드에서 어떻게 쓰이는지 나타낸 다이어그램이다.

♥ 그림 4-3 컨피그맵은 하나 또는 그 이상의 파드에 연결될 수 있는 독립된 리소스다

파드는 컨피그맵을 읽어 들여 환경 변수 또는
파일의 형태로 컨테이너 환경에 전달한다.

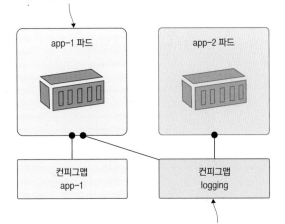

컨피그맵은 특정 애플리케이션 전용으로 사용하거나, 여러 파드에서
공유하는 형태로도 사용할 수 있다. 컨피그맵은 읽기 전용이다.
파드에서 컨피그맵 내용은 수정할 수 없다.

sleep 디플로이먼트를 소재로 컨피그맵을 생성하고 사용해 보겠다. 예제 4-2는 다시 수정된 파드 정의의 환경 변수 정의 부분이다. 이 환경 변수 중 하나는 YAML 파일에서 직접 정의된 것이고 다른 하나는 컨피그맵에서 읽어 들인다.

```
env:                              # 컨테이너 정의의 환경 변수 부분
- name: KIAMOL_CHAPTER
  value: "04"                     # 환경 변수의 값
- name: KIAMOL_SECTION
  valueFrom:
    configMapKeyRef:              # 이 값은 컨피그맵에서 읽어 들이라는 의미
      name: sleep-config-literal  # 컨피그맵 이름
      key: kiamol.section         # 컨피그맵에서 읽어 들일 항목 이름
```

정의에서 컨피그맵을 참조한 파드는 해당 컨피그맵이 있어야 클러스터에 배치할 수 있다. 이 예제의 정의는 키-값 쌍을 데이터로 가진 sleep-config-literal이라는 이름의 컨피그맵이 필요하다. 컨피그맵을 만드는 가장 간단한 방법은 kubectl을 사용하여 데이터를 입력하는 것이다.

실습 명령행 도구로 데이터를 입력하여 컨피그맵을 생성하라. 그리고 데이터를 확인한 후 이 컨피그맵을 사용하도록 수정된 sleep 애플리케이션을 배치하라.

```
# 명령행 도구를 사용하여 컨피그맵 생성
kubectl create configmap sleep-config-literal --from-literal=kiamol.section='4.1'

# 컨피그맵에 들어 있는 데이터 확인
kubectl get cm sleep-config-literal

# 컨피그맵의 상세 정보를 보기 좋게 출력
kubectl describe cm sleep-config-literal

# 예제 4-2와 같이 정의가 수정된 파드 배치
kubectl apply -f sleep/sleep-with-configMap-env.yaml

# 파드 속 환경 변수가 적용되었는지 확인
kubectl exec deploy/sleep -- sh -c 'printenv | grep "^KIAMOL"'
```

kubectl의 describe 명령은 이 책에서 그리 자주 쓰지 않는다. 출력 내용이 너무 길어 지면을 많이 차지하기 때문이다. 하지만 독자 여러분은 한 번씩 사용해 보기 바란다. 서비스나 파드를 대상으로 describe 명령을 실행해 보면 유용한 정보를 알기 쉽게 보여 준다. 필자의 환경에서 실행한 결과를 그림 4-4에 실었다. 실행 결과에서 컨피그맵에 들어 있는 데이터가 보기 좋게 정리되어 출력된 것을 볼 수 있다.

설정이 몇 가지 안 된다면 리터럴로 컨피그맵을 생성해도 충분하다. 하지만 설정값이 늘어나면 곧 관리가 어려워진다는 의미다. 이를 위해 파일에서도 컨피그맵을 생성할 수 있는 기능이 제공된다.

❤ 그림 4-4 컨피그맵으로 파드에 환경 변수의 값을 전달하는데, 이때 환경 변수의 이름은 원하는 대로 바꿀 수 있다

이 컨피그맵의 상세 정보를 보면
데이터 항목이 하나뿐이다.

리터럴 값으로 컨피그맵을 만든다.
kiamol.section 키의 값으로 4.1이 설정되었다.

```
PS>kubectl create configmap sleep-config-literal --from-literal=kiamol.section='4.1'
configmap/sleep-config-literal created
PS>
PS>kubectl get cm sleep-config-literal
NAME                    DATA   AGE
sleep-config-literal    1      7s
PS>
PS>kubectl describe cm sleep-config-literal
Name:           sleep-config-literal
Namespace:      default
Labels:         <none>
Annotations:    <none>

Data
====
kiamol.section:
----
4.1
Events:   <none>
PS>
PS>kubectl apply -f sleep/sleep-with-configMap-env.yaml
deployment.apps/sleep configured
PS>
PS>kubectl exec deploy/sleep -- sh -c 'printenv | grep "^KIAMOL"'
KIAMOL_SECTION=4.1
KIAMOL_CHAPTER=04
```

컨피그맵에 담긴 데이터를 읽어 들여 환경 변수로 설정했다.
이때 키는 사용하지 않고 환경 변수의 이름을 바꾸었다.
나머지 환경 변수는 YAML 파일에서 정의된 것이다.

컨피그맵의 상세 정보를 보면 이 객체의
메타데이터 및 저장된 데이터 값을 볼 수
있다.

4.2 컨피그맵에 저장한 설정 파일 사용하기

KUBERNETES

쿠버네티스의 버전이 거듭되면서 컨피그맵을 생성하고 만드는 방법에도 여러 변화가 있었다. 지금은 우리가 생각할 수 있는 대부분의 형태를 이미 지원한다. sleep 파드는 다양한 컨피그맵 생성 방법을 적용하기 좋은 소재이지만, 역시 약간 지루하니 한 가지만 더 알아보고 넘어가자. 예제 4-3은 여러 데이터 항목을 담은 컨피그맵을 만들 수 있는 환경 파일이다. 환경 파일은 키-값 쌍이 기재된 텍스트 파일이다.

```
# 한 줄에 하나씩 환경 변수 정의
KIAMOL_CHAPTER=ch04
KIAMOL_SECTION=ch04-4.1
KIAMOL_EXERCISE=try it now
```

환경 파일은 설정값을 조직하는 데 유용하지만, 쿠버네티스는 이 파일의 내용으로 컨피그맵을 만들어 파드 속 컨테이너에 전달할 수 있다.

실습 예제 4-3의 환경 파일로 컨피그맵을 생성하고, 이 설정을 사용하도록 sleep 애플리케이션을 업데이트하라.

```
# 환경 파일의 내용으로 컨피그맵 생성
kubectl create configmap sleep-config-env-file --from-env-file=sleep/ch04.env

# 컨피그맵의 상세 정보 확인
kubectl get cm sleep-config-env-file

# 새로운 컨피그맵의 설정을 적용하여 파드 업데이트
kubectl apply -f sleep/sleep-with-configMap-env-file.yaml

# 컨테이너에 적용된 환경 변수의 값 확인
kubectl exec deploy/sleep -- sh -c 'printenv | grep "^KIAMOL"'
```

필자의 환경에서 실행한 결과인 그림 4-5를 보면 printenv 명령으로 환경 파일에 정의된 값이 출력되는 것을 볼 수 있다. 하지만 값이 기대했던 것과 좀 다르다.

▼ 그림 4-5 컨피그맵은 여러 개의 데이터 항목을 가질 수 있으며, 파드에 이들 항목을 모두 전달할 수 있다

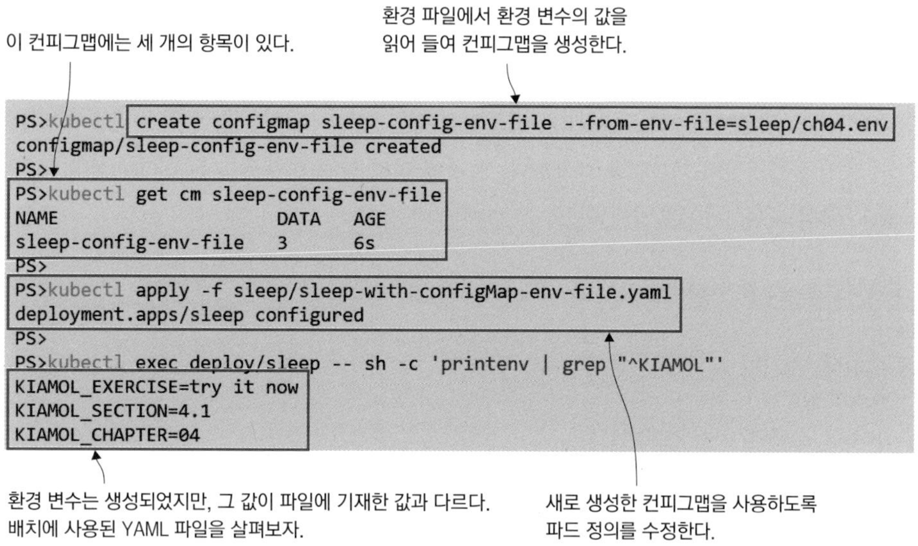

이 컨피그맵에는 세 개의 항목이 있다.

환경 파일에서 환경 변수의 값을
읽어 들여 컨피그맵을 생성한다.

```
PS>kubectl create configmap sleep-config-env-file --from-env-file=sleep/ch04.env
configmap/sleep-config-env-file created
PS>
PS>kubectl get cm sleep-config-env-file
NAME                        DATA    AGE
sleep-config-env-file       3       6s
PS>
PS>kubectl apply -f sleep/sleep-with-configMap-env-file.yaml
deployment.apps/sleep configured
PS>
PS>kubectl exec deploy/sleep -- sh -c 'printenv | grep "^KIAMOL"'
KIAMOL_EXERCISE=try it now
KIAMOL_SECTION=4.1
KIAMOL_CHAPTER=04
```

환경 변수는 생성되었지만, 그 값이 파일에 기재한 값과 다르다.
배치에 사용된 YAML 파일을 살펴보자.

새로 생성한 컨피그맵을 사용하도록
파드 정의를 수정한다.

이번 실습 예제에서는 파일에서 컨피그맵을 생성하는 방법을 배웠다. 그리고 환경 변수에 값이 적
용되는 우선순위 일부도 함께 엿볼 수 있었다. 예제 4-4는 방금 배치한 파드의 정의다. 이 정의를
보면 컨피그맵에서 모든 환경 변수를 읽어 들인다. 하지만 같은 이름의 환경 변수의 값이 직접 설
정된 것도 있다.

예제 4-4 sleep-with-configMap-env-file.yaml, 여러 개의 컨피그맵에서 설정을 읽어 들이는 파드 정의

```
env:                                    # 기존 env 항목
- name: KIAMOL_CHAPTER
  value: "04"
- name: KIAMOL_SECTION
  valueFrom:
    configMapKeyRef:
      name: sleep-config-literal
      key: kiamol.section
envFrom:                                # envFrom 항목에서 컨피그맵에서 읽어 올
- configMapRef:                         # 환경 변수를 정의한다
    name: sleep-config-env-file
```

환경 변수 이름이 중복되는 경우 env 항목에서 정의된 값이 envFrom 항목에서 정의된 값에 우선한
다. 이런 우선순위는 컨테이너 이미지나 컨피그맵에서 정의된 환경 변수의 값을 파드 정의에서 간
단히 수정할 수 있어 편리하다. 이 방법으로 환경 변수의 값을 바꾸어 가며 문제가 발생한 위치를
특정할 수 있다.

환경 변수는 널리 지원된다는 것이 장점이지만 대부분의 애플리케이션 플랫폼에서는 더 다양한 우선순위를 가진 설정값이 필요하다. 이 장의 나머지 실습 예제는 우선순위가 다르게 부여된 출처별로 설정값을 읽어 들일 수 있는 웹 애플리케이션을 소재로 삼는다. 기본 설정값은 도커 이미지에 포함된 JSON 파일에서 읽어 들이지만, 애플리케이션이 그 외 위치를 찾아 설정 파일이 발견될 경우 이 파일의 설정값이 기본값을 대체한다. 여기에 더해 환경 변수는 모든 JSON 설정 파일에 우선한다. 예제 4-5는 이 애플리케이션의 첫 번째 배치 정의다.

예제 4-5 todo-web.yaml, 구조화된 설정값을 읽어 들이는 애플리케이션

```
spec:
  containers:
  - name: web
    image: kiamol/ch04-todo-list
    env:
    - name: Logging__LogLevel__Default
      value: Warning
```

이 YAML 파일로 애플리케이션을 실행하면 정의에서 환경 변수로 새로 설정한 로그 수준을 제외한 모든 설정에 이미지에 포함된 JSON 설정 파일의 값이 적용된다.

실습 추가 설정 없이 애플리케이션을 실행하고 애플리케이션이 어떻게 동작하는지 살펴보아라.

```
# 서비스와 함께 애플리케이션 배치
kubectl apply -f todo-list/todo-web.yaml

# 파드가 준비 상태가 될 때까지 대기
kubectl wait --for=condition=Ready pod -l app=todo-web

# 애플리케이션에 접근하기 위한 주소를 파일로 출력
kubectl get svc todo-web -o jsonpath='http://{.status.loadBalancer.ingress[0].*}:8080'

# 웹 브라우저에서 애플리케이션에 접근한 후 기능 점검
# 그다음 경로 /config에 접근

# 애플리케이션 로그 확인
kubectl logs -l app=todo-web
```

이 예제 애플리케이션은 간단한 할 일 목록을 관리하는(to-do) 애플리케이션이다(필자의 이전 책인 〈도커 교과서〉를 읽었던 독자라면 익숙할 것이다). 이 애플리케이션은 할 일 항목을 추가하고 기존 할 일 항목을 보여 주는 기능이 있다. 여기에 더불어 운영 환경 외의 환경에서는 /config 페이지에서 애플리케이션의 모든 현재 설정값을 보여 주는 기능을 제공한다. 그러나 그림 4-6에서는 /config 페이지에 접근을 시도했다는 경고 메시지만 출력되었다.

❖ 그림 4-6 애플리케이션의 기능이 대부분 동작하지만, 아직 추가해야 할 설정값이 있다

컨테이너 이미지에 포함된 설정 파일의 값을 그대로 적용하되, 환경 변수를 하나 추가하도록 정의된 파드를 배치한다.

서비스가 포함되어 있기 때문에 도커 데스크톱에서도 localhost를 통해 애플리케이션에 접근할 수 있다.

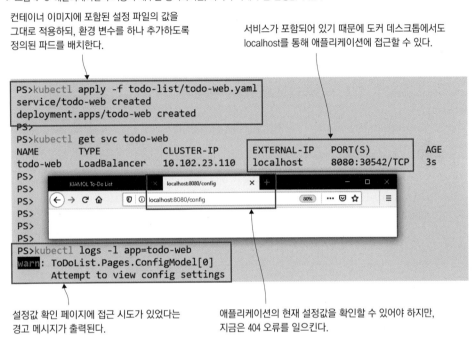

설정값 확인 페이지에 접근 시도가 있었다는 경고 메시지가 출력된다.

애플리케이션의 현재 설정값을 확인할 수 있어야 하지만, 지금은 404 오류를 일으킨다.

이렇게 설정의 출처별로 다른 우선순위를 적용하는 전략은 매우 흔히 쓰인다. 이 방법이 어렵게 느껴진다면 무료 전자책으로 제공되는 부록 C에 수록한 필자의 이전 책 〈도커 교과서〉 내용을 참고하기 바란다. 이 예제 애플리케이션은 .NET 코어 애플리케이션이지만 자바 스프링, Node.js, Go, 파이썬 등 다른 유형의 애플리케이션에서도 비슷한 설정 전략을 찾아볼 수 있다. 쿠버네티스에서는 이들 애플리케이션 모두에 다음 전략을 사용한다.

- 기본 설정값은 컨테이너 이미지에 포함시킨다. 이미지에 포함되는 설정은 모든 환경에 공통으로 적용되는 일부 설정일 수도 있고, 모든 설정의 기본값을 포함시켜 별도의 추가 설정이 없다면 애플리케이션이 개발 모드로 동작하게 해도 좋다(docker run 명령 한 번이면 바로 애플리케이션을 실행할 수 있어 개발자 입장에서 편리하다).

- 각 환경의 실제 설정값은 컨피그맵에 담겨 컨테이너의 파일 시스템에 전달된다. 주로 애플리케이션에 설정 파일을 찾도록 지정한 경로에 설정 데이터를 파일 형태로 주입하거나 컨테이너 이미지에 담긴 파일을 덮어쓰는 형태다.

- 변경이 필요한 설정값은 디플로이먼트 내 파드 정의에서 환경 변수 형태로 적용한다.

예제 4-6은 to-do 애플리케이션의 개발 환경 설정을 담은 YAML 정의다. JSON 파일의 내용이 한 항목으로 담겨 있는데, 컨테이너 이미지에 포함된 JSON 설정 파일에 이 JSON 텍스트가 병합되며 추가된 설정값이 적용되어 /config 페이지를 볼 수 있게 된다.

예제 4-6 todo-web-config-dev.yaml, 컨피그맵 정의

```
apiVersion: v1
kind: ConfigMap                    # 리소스 유형은 컨피그맵이다
metadata:
  name: todo-web-config-dev        # 컨피그맵 이름을 지정한다
data:
  config.json: |-                  # 키-값 쌍의 키 이름이 파일 이름이 된다
    {                              # 파일 내용은 어떤 포맷이라도 가능하다
      "ConfigController": {
        "Enabled" : true
      }
    }
```

YAML 포맷에는 공백 문자만 주의한다면 어떤 텍스트 설정 파일이라도 삽입 가능하다. 필자는 이렇게 설정 파일의 내용을 직접 삽입하는 방식을 선호하는데, kubectl apply 명령만으로 애플리케이션 전체가 한 번에 배치되는 상태를 유지할 수 있기 때문이다. 별도의 JSON 파일에 둔 설정을 읽어 들이려면 kubectl create 명령을 따로 사용하여 설정값이 담긴 리소스를 먼저 배치한 후, kubectl apply 명령으로 애플리케이션의 나머지 부분을 배치해야 한다.

예제 4-6의 컨피그맵 정의에는 설정값이 하나뿐이다. 하지만 애플리케이션이 직접 지원하는 포맷으로 기재되어 있다. 수정된 정의로 파드를 업데이트하면 설정값이 적용되어 설정값 페이지를 볼 수 있다.

실습 수정된 파드의 정의는 컨피그맵을 참조한다. 따라서 to-do 애플리케이션을 업데이트하기 전에 먼저 컨피그맵을 생성해야 한다.

```
# JSON이 담긴 컨피그맵 생성
kubectl apply -f todo-list/configMaps/todo-web-config-dev.yaml

# 컨피그맵을 참조하도록 애플리케이션 업데이트
kubectl apply -f todo-list/todo-web-dev.yaml

# 웹 브라우저에서 /config 페이지 새로고침
```

필자의 환경에서 실행한 결과를 그림 4-7에 실었다. 설정값 페이지를 차단하던 기본 설정이 컨피그맵으로 수정되었기 때문에 이제 설정값 페이지를 볼 수 있다.

이 방식을 사용하려면 먼저 두 가지가 선행되어야 한다. 첫 번째는 컨피그맵이 주입한 데이터를 애플리케이션이 알아서 설정값에 병합해야 한다. 두 번째는 파드 정의에서 컨피그맵을 참조하여 컨테이너 파일 시스템의 지정된 위치에 데이터를 들여 오도록 해야 한다. 다음 절에서는 이런 방식이 어떤 과정으로 동작하는지 알아보겠다.

❤ 그림 4-7 컨피그맵의 데이터를 읽어 들여 컨테이너 파일 시스템 속 애플리케이션이 읽어 들이는 설정 파일에 주입한다

설정값 데이터가 담긴 컨피그맵을 생성한 후 디플로이먼트를 컨피그맵을 참조하도록 업데이트한다.

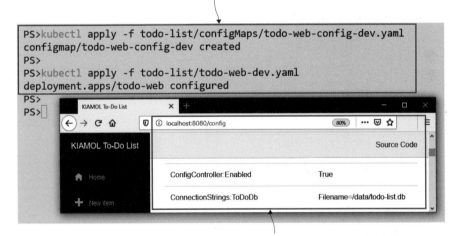

서비스는 변경되지 않았으나 기존 외부 IP 주소가 새로 생성된 파드를 가리킨다.
이 파드에는 컨피그맵으로 주입된 설정값이 적용되어 우리가 설정값 페이지를 볼 수 있다.

4.3 컨피그맵에 담긴 설정값 데이터 주입하기

환경 변수 외에 설정값을 전달하는 또 다른 방법은 컨테이너 파일 시스템 속 파일로 설정값을 주입하는 것이다. 컨테이너 파일 시스템은 컨테이너 이미지와 그 외 출처에서 온 파일로 구성되는 가상 구조다. 쿠버네티스는 컨테이너 파일 시스템 구성에 컨피그맵도 추가할 수 있다. 컨피그맵은 디렉터리, 각 항목은 파일 형태로 컨테이너 파일 시스템에 추가된다. 그림 4-8은 우리가 조금 전 적용한 컨피그맵이 어떻게 애플리케이션에 전달되는지 나타낸 다이어그램이다. 그림을 보면 컨피그맵의 각 항목이 파일로 잘 만들어진 것을 알 수 있다.

❤ 그림 4-8 컨피그맵을 컨테이너 파일 시스템의 디렉터리 형태로 읽어 들일 수 있다

컨테이너의 파일 시스템은 쿠버네티스가 구성한 것이다.
/app 디렉터리는 컨테이너 이미지에서 온 것이고,
/app/config 디렉터리는 컨피그맵에서 읽어 들인 것이다.

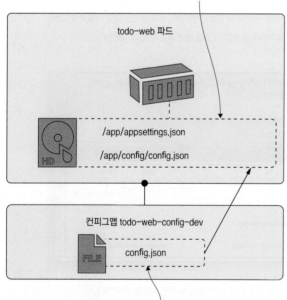

컨피그맵은 디렉터리 형태로 파드 속 컨테이너에 주입된다.
컨피그맵 속 항목은 파일이 된다.

이 과정에는 파드 정의의 두 가지 항목과 관련된 기능이 관여한다. 첫 번째는 컨피그맵에 담긴 데이터를 파드로 전달하는 **볼륨**(volume)이다. 두 번째는 컨피그맵을 읽어 들인 볼륨을 파드 컨테이너의 특정 경로에 위치시키는 **볼륨 마운트**(volume mount)다. 예제 4-7은 조금 전 실습 예제에서 배치했던 정의 중 볼륨과 볼륨 마운트에 대한 부분이다.

예제 4-7 todo-web-dev-yaml, 컨피그맵을 볼륨 마운트 형태로 읽어 들인다

```
spec:
  containers:
    - name: web
      image: kiamol/ch04-todo-list
      volumeMounts:                           # 컨테이너에 볼륨을 마운트한다
        - name: config                        # 마운트할 볼륨 이름
          mountPath: "/app/config"            # 볼륨이 마운트될 경로
          readOnly: true                      # 볼륨을 읽기 전용으로
  volumes:                                    # 볼륨은 파드 수준에서 정의된다
    - name: config                            # 이 이름이 볼륨 마운트의 이름과 일치해야 한다
      configMap:                              # 볼륨의 원본은 컨피그맵이다
        name: todo-web-config-dev             # 내용을 읽어 올 컨피그맵 이름
```

여기에서 기억해야 할 점은 컨피그맵이 디렉터리로 취급된다는 것이다. 그리고 컨피그맵 속 각각의 항목이 컨테이너 파일 시스템 속 파일이 된다. 이 예제의 애플리케이션은 /app/appsettings.json 파일에서 기본 설정을 읽어 오며, 그다음으로 /app/config/config.json 파일을 찾아 이 파일에 담긴 설정값을 우선 적용한다. 컨테이너 이미지에는 /app/config 디렉터리가 없고 쿠버네티스가 이 디렉터리를 만들어 넣는다.

실습 애플리케이션 관점에서는 컨테이너 파일 시스템이 하나의 스토리지로 보인다. 그러나 실제로는 이미지와 컨피그맵을 합쳐 구성되었다. 그리고 파일 출처에 따라 동작하는 양상도 다르다.

```
# 기본 설정값이 담긴 설정 파일 확인
kubectl exec deploy/todo-web -- sh -c 'ls -l /app/app*.json'

# 볼륨 마운트로 주입된 설정 파일 확인
kubectl exec deploy/todo-web -- sh -c 'ls -l /app/config/*.json'

# 볼륨 마운트가 실제로 읽기 전용인지 확인
kubectl exec deploy/todo-web -- sh -c 'echo ch04 >> /app/config/config.json'
```

필자의 환경에서 실행한 결과를 그림 4-9에 실었다. 실행 결과를 보면 애플리케이션이 설정 파일을 찾는 경로에 실제로 JSON 포맷의 설정 파일이 있었다. 그리고 쿠버네티스가 주입한 컨피그맵의 파일은 읽기 전용으로 취급되는 것도 확인했다.

❤ 그림 4-9 컨테이너 파일 시스템은 쿠버네티스가 이미지와 컨피그맵을 합쳐 구성한다

컨테이너 이미지에서 온 기본 설정 파일이다.
이 파일의 권한은 이미지에서 설정되었다.

```
PS>kubectl exec deploy/todo-web -- sh -c 'ls -l /app/app*.json'
-rw-r--r-- 1 root root 333 Apr 16 14:55 /app/appsettings.json
PS>
PS>kubectl exec deploy/todo-web -- sh -c 'ls -l /app/config/*.json'
lrwxrwxrwx 1 root root 18 Apr 16 20:13 /app/config/config.json -> ..data/config.json
PS>
PS>kubectl exec deploy/todo-web -- sh -c 'echo ch04 >> /app/config/config.json'
sh: 1: cannot create /app/config/config.json: Read-only file system
command terminated with exit code 2
PS>
PS>kubectl exec deploy/todo-web -- sh -c 'readlink -f /app/config/config.json'
/app/config/..2020_04_16_20_13_07.024335099/config.json
```

이 파일의 권한은 읽기 쓰기가 가능하다고 나오지만,
읽기 전용 파일을 가리키는 링크이므로 실행 결과에서
보듯 파일을 수정할 수 없다.

이 파일은 컨피그맵의 데이터를 읽어 들인
환경 설정 파일이다.

컨피그맵을 디렉터리 형태로 읽어 들이면 다양한 애플리케이션 설정 방법을 적용할 수 있다. 설정이 여러 파일에 나뉘어 있더라도 모든 설정을 하나의 컨피그맵으로 관리할 수 있다. 예제 4-8은 애플리케이션 동작 설정과 로그 설정을 두 개의 JSON 파일로 분리하도록 수정된 to-do 애플리케이션에 쓴 컨피그맵 정의의 일부다.

예제 4-8 todo-web-config-dev-with-logging.yaml, 두 개의 설정 파일을 담은 컨피그맵

```
data:
  config.json: |-              # 기존 설정 파일
    {
      "ConfigController": {
        "Enabled" : true
      }
    }
  logging.json: |-             # 볼륨 마운트로 전달될 두 번째 설정 파일
    {
      "Logging": {
        "LogLevel": {
```

```
                "ToDoList.Pages" : "Debug"
            }
        }
    }
```

파드가 동작 중인 상황에서 컨피그맵을 업데이트하면 어떻게 될까? 이 경우 쿠버네티스가 수정된 파일을 컨테이너에 전달한다. 하지만 그 후의 과정은 애플리케이션 나름이다. 일부 애플리케이션은 애플리케이션을 시작할 때 설정 파일을 메모리로 읽어 들인 다음 이후의 설정 디렉터리에서 일어나는 변화는 무시한다. 따라서 컨피그맵만 업데이트해서는 파드가 대체될 때까지 아무것도 변하지 않는다. 우리의 to-do 애플리케이션은 이보다는 좀 더 배려가 깊다. /config 디렉터리를 주시하다가 파일에 변경이 생기면 설정 파일을 다시 읽어 들인다. 이 경우 컨피그맵만 업데이트하더라도 애플리케이션 설정에 바로 반영된다.

실습 예제 4-9와 같이 컨피그맵을 업데이트하여 애플리케이션 설정을 수정하라. 이 설정은 로그 수준과 관련된 설정이다. 설정이 반영되면 기존 파드도 더 많은 로그를 출력한다.

```
# 애플리케이션 로그 확인
kubectl logs -l app=todo-web

# 컨피그맵 업데이트
kubectl apply -f todo-list/configMaps/todo-web-config-dev-with-logging.yaml

# 업데이트된 컨피그맵이 파드에 반영될 때까지 대기
sleep 120

# 설정 파일에 반영되었는지 확인
kubectl exec deploy/todo-web -- sh -c 'ls -l /app/config/*.json'

# 애플리케이션에 접근하여 로그 출력이 변화했는지 확인
kubectl logs -l app=todo-web
```

필자의 환경에서 실행한 결과를 그림 4-10에 실었다. 중간의 sleep 명령은 업데이트된 컨피그맵이 파드에 반영될 여유를 주려는 것이다. 2~3분이면 새로운 로그 설정이 반영된다.

❤ 그림 4-10 컨피그맵의 데이터가 파드에 전달되려면 1~2분 정도 걸린다

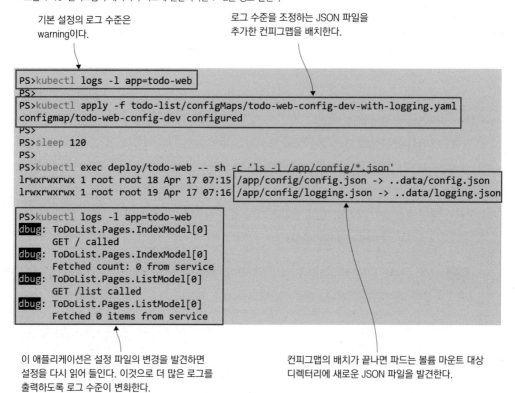

기본 설정의 로그 수준은
warning이다.

로그 수준을 조정하는 JSON 파일을
추가한 컨피그맵을 배치한다.

```
PS>kubectl logs -l app=todo-web
PS>
PS>kubectl apply -f todo-list/configMaps/todo-web-config-dev-with-logging.yaml
configmap/todo-web-config-dev configured
PS>
PS>sleep 120
PS>
PS>kubectl exec deploy/todo-web -- sh -c 'ls -l /app/config/*.json'
lrwxrwxrwx 1 root root 18 Apr 17 07:15 /app/config/config.json -> ..data/config.json
lrwxrwxrwx 1 root root 19 Apr 17 07:16 /app/config/logging.json -> ..data/logging.json
PS>
PS>kubectl logs -l app=todo-web
dbug: ToDoList.Pages.IndexModel[0]
      GET / called
dbug: ToDoList.Pages.IndexModel[0]
      Fetched count: 0 from service
dbug: ToDoList.Pages.ListModel[0]
      GET /list called
dbug: ToDoList.Pages.ListModel[0]
      Fetched 0 items from service
```

이 애플리케이션은 설정 파일의 변경을 발견하면
설정을 다시 읽어 들인다. 이것으로 더 많은 로그를
출력하도록 로그 수준이 변화한다.

컨피그맵의 배치가 끝나면 파드는 볼륨 마운트 대상
디렉터리에 새로운 JSON 파일을 발견한다.

볼륨은 설정 파일을 다루는 강력한 수단이 된다. 특히 to-do 애플리케이션처럼 설정 파일의 변경
에 곧바로 반응하는 앱이라면 더욱 효과가 크다. 애플리케이션을 재시작하지 않아도 로그 수준을
변경할 수 있다면 문제가 발생한 지점을 특정하는 데 큰 도움이 된다. 하지만 볼륨 마운트가 의도
한 대로 동작하지 않을 수도 있기 때문에 설정에 주의가 필요하다. 볼륨의 마운트 경로가 이미 컨
테이너 이미지에 있는 경로라면, 컨피그맵 디렉터리가 원래 디렉터리를 덮어쓰고 디렉터리의 모
든 내용이 교체된다. 애플리케이션 역시 이상을 일으킬 수 있다. 예제 4-9에 이런 사례를 실었다.

예제 4-9 todo-web-dev-broken.yaml, 볼륨 마운트에서 오류를 일으키는 파드 정의

```
spec:
  containers:
    - name: web
      image: kiamol/ch04-todo-list
      volumeMounts:
        - name: config              # 마운트할 컨피그맵 볼륨의 이름
          mountPath: "/app"          # 이 경로를 덮어쓸 것
```

이 정의를 반영하면 컨피그맵 볼륨이 /app/config가 아닌 /app에 마운트된다. 정의를 작성한 사람은 두 디렉터리가 병합되기를 기대하고 이미 있는 디렉터리에 JSON 설정 파일을 두었겠지만, 실제 동작 결과는 애플리케이션 바이너리가 통째로 증발한다.

실습 예제 4-9의 파드 정의를 반영하면 애플리케이션 바이너리 전체가 제거된다. 당연히 대체 파드도 제대로 실행되지 않는다. 이 경우 어떤 일이 일어날까?

```
# 설정에 오류가 있는 파드 배치
kubectl apply -f todo-list/todo-web-dev-broken.yaml

# 웹 브라우저로 돌아가 애플리케이션이 동작하는지 확인

# 애플리케이션 로그 확인
kubectl logs -l app=todo-web

# 파드 상태도 확인
kubectl get pods -l app=todo-web
```

그 결과는 흥미롭다. 애플리케이션이 오류를 일으키지만 그대로 동작한다. 파드 정의가 업데이트되면 쿠버네티스가 새로운 파드를 실행한다. 그러나 이 파드는 실행하자마자 오류와 함께 종료된다. /app 디렉터리에 애플리케이션 바이너리가 없기 때문이다. 쿠버네티스는 다시 몇 번 더 파드를 실행해 보지만 역시 오류를 일으키고, 세 번의 시도 후 잠시 재시도를 멈춘다. 그림 4-11은 이 시점의 실행 결과다.

업데이트된 파드 정의를 반영하면
고장 난 애플리케이션 컨테이너가 배치된다.

두 개의 파드에서 출력되는 로그를 볼 수 있다.
하나는 기존 파드, 다른 하나는 새로운 파드에서
출력하는 SDK 오류 메시지다.

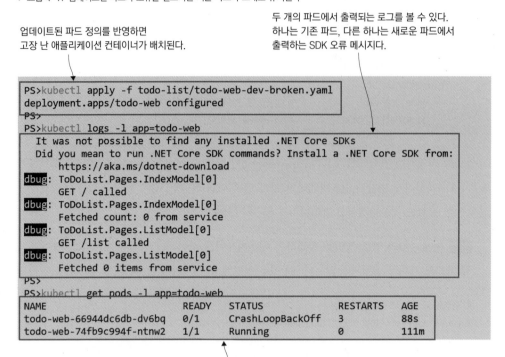

```
PS>kubectl apply -f todo-list/todo-web-dev-broken.yaml
deployment.apps/todo-web configured
PS>
PS>kubectl logs -l app=todo-web
  It was not possible to find any installed .NET Core SDKs
  Did you mean to run .NET Core SDK commands? Install a .NET Core SDK from:
    https://aka.ms/dotnet-download
dbug: ToDoList.Pages.IndexModel[0]
    GET / called
dbug: ToDoList.Pages.IndexModel[0]
    Fetched count: 0 from service
dbug: ToDoList.Pages.ListModel[0]
    GET /list called
dbug: ToDoList.Pages.ListModel[0]
    Fetched 0 items from service
PS>
PS>kubectl get pods -l app=todo-web
NAME                         READY    STATUS             RESTARTS    AGE
todo-web-66944dc6db-dv6bq    0/1      CrashLoopBackOff   3           88s
todo-web-74fb9c994f-ntnw2    1/1      Running            0           111m
```

두 파드 모두 레이블이 디플로이먼트의 레이블 셀렉터와 일치한다. Running 상태인
파드가 기존 파드고, 새로운 파드는 재시작 횟수가 3회에 도달했다. 쿠버네티스는
CrashLoopBackOff 상태로 들어가 잠시 재시작을 멈춘다.

이제 파드 수가 두 개가 되었다. 새로운 파드가 정상적으로 시작하지 않으면 기존 파드는 제거되지 않는다. 거기에다 지금 설정으로는 새로운 파드가 정상적으로 시작될 수 없다. 기존 파드가 그대로 남아 요청을 처리하고 새로운 파드는 실패 상태로 남는다. 하지만 쿠버네티스는 파드가 정상적으로 시작될 수 있으리라 믿고 주기적으로 재시작을 반복한다. 흥미로운 결과가 바로 이것이다. apply 명령은 잘 실행된 것처럼 보인다. 애플리케이션도 잘 동작한다. 그런데 우리가 수정한 매니페스트대로 동작하는 상태는 아닌 것이다.

이 오류를 수정하고 컨피그맵 데이터를 컨테이너 파일 시스템에 전달하는 마지막 방법을 알아보자. 컨피그맵의 모든 데이터 항목을 각각의 파일로 파일 시스템에 전달하는 대신, 필요한 항목을 골라 대상 디렉터리에 전달하는 방식이다. 예제 4-10은 다시 한 번 수정된 파드의 정의다. 마운트 경로가 수정되었고, 볼륨 설정 역시 데이터 항목 하나만 전달하도록 수정되었다.

```
spec:
  containers:
    - name: web
      image: kiamol/ch04-todo-list
      volumeMounts:
        - name: config                   # 컨피그맵 볼륨 마운트
          mountPath: "/app/config"       # 마운트할 경로 수정
          readOnly: true
  volumes:
    - name: config
      configMap:
        name: todo-web-config-dev         # 컨피그맵 지정
        items:                            # 컨피그맵에서 전달할 데이터 항목 지정
          - key: config.json              # config.json 항목 지정
            path: config.json             # config.json 파일로 전달하도록 지정
```

수정된 정의 역시 같은 컨피그맵을 사용하므로 디플로이먼트만 업데이트된다. 이번에는 새로운 파드가 생성되어 정상적으로 시작되고, 기존 두 파드가 모두 제거되어 순차적으로 업데이트가 잘 끝날 것이다.

실습 예제 4-10의 정의를 배치하라. 이 정의는 애플리케이션의 볼륨 마운트 오류를 수정했고, 컨피그맵의 항목 중 로그 설정 항목을 무시한다.

```
# 변경된 정의 배치
kubectl apply -f todo-list/todo-web-dev-no-logging.yaml

# /app/config 디렉터리의 내용 확인
kubectl exec deploy/todo-web -- sh -c 'ls /app/config'

# 애플리케이션에서 페이지를 두어 번 새로고침한다

# 출력되는 로그 확인
kubectl logs -l app=todo-web

# 파드의 목록과 상태 확인
kubectl get pods -l app=todo-web
```

필자의 환경에서 실행한 결과를 그림 4-12에 실었다. 애플리케이션은 여전히 잘 동작하지만 설정 파일 디렉터리의 파일이 하나로 줄었고, 로그 설정도 이전으로 돌아왔다.

❤ 그림 4-12 볼륨에서 컨피그맵의 특정 데이터 항목만 마운트 디렉터리에 주입할 수 있다

수정된 파드 정의를 배치한다. 이 정의는 컨피그맵에서
애플리케이션 설정 파일만 전달하고 로그 설정 파일은
전달하지 않는다. 컨피그맵 자체는 변경되지 않았다.

컨테이너 입장에서는 볼륨 설정에서 지정한
애플리케이션 설정 파일만 보인다.

```
PS>kubectl apply -f todo-list/todo-web-dev-no-logging.yaml
deployment.apps/todo-web configured
PS>
PS>kubectl exec deploy/todo-web -- sh -c 'ls /app/config'
config.json
PS>
PS>kubectl logs -l app=todo-web
PS>
PS>kubectl get pods -l app=todo-web
NAME                          READY    STATUS     RESTARTS    AGE
todo-web-7f64c56bd9-9hx55     1/1      Running    0           45s
```

새로운 파드의 로그 설정이 원래대로
돌아갔으므로, 애플리케이션을 사용해도
로그가 출력되지 않는다.

파드 하나만 동작 중이다. 새로운 파드 정의가 잘 배치되었으므로
처음 있던 파드와 배치에 실패했던 파드가 모두 삭제되었다.

컨피그맵을 응용하면 다양한 설정 시스템에 대응할 수 있다. 설정값을 컨피그맵에 저장해 두고 환경 변수부터 볼륨 마운트까지 애플리케이션 요구에 맞추면 된다. 설정값과 애플리케이션 정의를 분리하면 각 팀이 각자의 담당 부분을 따로 처리할 수 있어 출시 워크플로에도 유연성이 생긴다. 컨피그맵을 사용하지 말아야 할 경우는 민감한 데이터를 다룰 때뿐이다. 컨피그맵은 텍스트 파일을 잘 추상화한 객체일 뿐 그 내용을 보호할 수 있는 보안적 수단이 전혀 없다. 쿠버네티스에는 외부에 유출하기 곤란한 민감한 설정값을 위해 비밀값이 있다.

4.4 비밀값을 이용하여 민감한 정보가 담긴 설정값 다루기

비밀값은 컨피그맵과 비슷한 API를 가진 별개의 리소스다. 사용 방법은 컨피그맵과 크게 다르지 않다. 컨피그맵과 다른 점이 있다면 비밀값은 민감한 정보를 다루므로 클러스터 내부에서 별도로 관리된다는 것이다. 주된 차이점을 요약하면 노출이 최소화된다. 비밀값은 해당 값을 사용해야 하

는 노드에만 전달되며, 노드에서도 디스크에 저장하지 않고 메모리에만 담긴다. 그리고 전달 과정과 저장할 때 모두 암호화가 적용된다.

그렇다고 항상 암호화 상태가 유지되는 것은 아니다. 비밀값 객체에 접근할 권한이 있다면 비밀값의 평문을 읽을 수 있다. 하지만 난독화 계층이 하나 추가된다. 비밀값의 평문은 Base64로 인코딩된 상태로 취급된다. 보안 기능은 아니지만 우연한 사고로 평문이 노출되는 일을 막아 준다.

실습 kubectl에 키와 리터럴로 된 값을 전달하여 비밀값을 만들 수 있다. 비밀값의 평문은 Base64로 인코딩된 상태로 출력된다.

```
# 윈도우 사용자는 base64 명령 대신 이 스크립트를 사용할 것¹
. .\base64.ps1

# 평문 리터럴로 비밀값 생성
kubectl create secret generic sleep-secret-literal --from-literal=secret=shh...

# 비밀값의 상세 정보 확인
kubectl describe secret sleep-secret-literal

# 비밀값의 평문 확인(Base64로 인코딩됨)
kubectl get secret sleep-secret-literal -o jsonpath='{.data.secret}'

# 비밀값의 평문 확인
kubectl get secret sleep-secret-literal -o jsonpath='{.data.secret}' | base64 -d
```

그림 4-13의 실행 결과에서 컨피그맵과 비밀값의 차이를 볼 수 있다. kubectl describe 명령을 사용해도 데이터 값이 출력되지 않고, 데이터 값을 확인하려고 해도 Base64로 인코딩된 값만 출력된다. 따라서 완전한 평문을 보려면 Base64 디코더로 값을 파이핑(piping)해야² 한다.

---

1 **역주** 스크립트 실행 불가라고 보안 오류가 발생할 때는 ❶ 파워셸을 관리자 권한으로 실행하고 ❷ Set-ExecutionPolicy RemoteSigned 명령을 실행하여 권한을 풀어 주면 된다. 알림이 뜨면 y를 선택한다.
2 **역주** 명령행 도구에서 명령의 출력을 다음 명령의 입력으로 전달하는 기능을 파이핑이라고 한다. | 기호를 사용하여 나타낸다.

❤ 그림 4-13 비밀값의 API는 컨피그맵과 비슷하지만, 데이터 평문의 노출을 최대한 차단한다는 점이 다르다

원도우 사용자는 base64 명령을 먼저 추가해야 한다.
macOS나 리눅스 사용자는 기본으로 설치되어 있기
때문에 추가할 필요가 없다.

secret이라는 이름의 키와 리터럴 문자열로
비밀값을 생성한다.

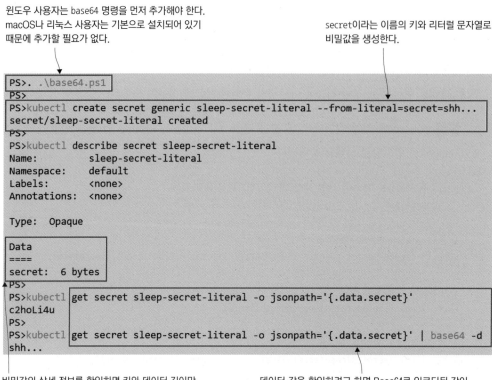

```
PS>. .\base64.ps1
PS>
PS>kubectl create secret generic sleep-secret-literal --from-literal=secret=shh...
secret/sleep-secret-literal created
PS>
PS>kubectl describe secret sleep-secret-literal
Name:         sleep-secret-literal
Namespace:    default
Labels:       <none>
Annotations:  <none>

Type:  Opaque

Data
====
secret:  6 bytes
PS>
PS>kubectl get secret sleep-secret-literal -o jsonpath='{.data.secret}'
c2hoLi4u
PS>
PS>kubectl get secret sleep-secret-literal -o jsonpath='{.data.secret}' | base64 -d
shh...
```

비밀값의 상세 정보를 확인하면 키와 데이터 길이만
나올 뿐 데이터 값이 노출되지 않는다.

데이터 값을 확인하려고 하면 Base64로 인코딩된 값이
출력된다. Base64는 암호화가 아닌 난독화 처리로 디코딩을
거치면 평문을 볼 수 있다.

하지만 비밀값이 파드 컨테이너에 전달되고 나면 이런 조치가 사라진다. 컨테이너 내에서는 평문
이 담긴 텍스트 파일이 된다. 예제 4-11은 비밀값으로 환경 변수를 주입받는 sleep 애플리케이션
의 정의다.

예제 4-11 sleep-with-secret.yaml, 비밀값을 주입받는 파드 정의

```
spec:
  containers:
    - name: sleep
      image: kiamol/ch03-sleep
      env:                              # 환경 변수 정의
        - name: KIAMOL_SECRET           # 컨테이너에 전달될 환경 변수 이름
          valueFrom:                    # 환경 변수의 값은 외부에서 도입
            secretKeyRef:               # 비밀값에서 도입
              name: sleep-secret-literal   # 비밀값 이름
              key: secret               # 비밀값의 항목 이름
```

애플리케이션 정의에서 비밀값을 사용하는 방법은 컨피그맵과 거의 동일하다. 비밀값의 특정 항목을 원하는 이름의 환경 변수로 들여올 수 있다. 이 정의를 따르면 지정된 비밀값에 저장된 데이터의 평문이 컨테이너로 전달된다.

실습 비밀값에서 환경 변수의 값을 전달받는 sleep 파드를 실행하라.

```
# sleep 디플로이먼트 업데이트
kubectl apply -f sleep/sleep-with-secret.yaml

# 파드 속 환경 변수 확인
kubectl exec deploy/sleep -- printenv KIAMOL_SECRET
```

필자의 환경에서 실행한 결과를 그림 4-14에 실었다. 여기에서는 파드 정의에 비밀값만 사용했으나 한 파드의 정의에서 컨피그맵과 비밀값을 혼용할 수도 있으며, 환경 변수나 설정 파일 어느 쪽으로도 설정값을 전달할 수 있다.

❤ 그림 4-14 파드에 전달된 비밀값의 데이터는 Base64로 인코딩된 상태가 아닌 평문이다

환경 변수의 값을 비밀값에서 전달받도록 수정된 파드를 업데이트한다.

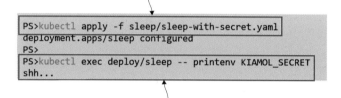

파드 속 컨테이너는 비밀값 데이터의 평문을 전달받는다.

비밀값의 데이터를 환경 변수로 들여올 때는 주의해야 한다. 민감한 데이터를 보호하는 가장 좋은 방법은 노출을 최소화하는 것이기 때문이다. 환경 변수는 컨테이너에서 동작하는 모든 프로세스에서 접근이 가능하며, 애플리케이션 플랫폼 중에는 치명적 오류가 발생했을 때 모든 환경 변수를 로그로 남기는 경우도 있다. 대안은 비밀값을 파일 형태로 전달하는 것이다. 애플리케이션이 설정 파일을 지원한다면 파일 권한 설정으로 민감한 정보를 지킬 수 있다.

to-do 애플리케이션을 별도의 파드에서 동작하는 데이터베이스 서버를 사용하게끔 업데이트하며 이 장을 마무리하겠다. 데이터베이스는 PostgreSQL의 도커 허브 이미지를 사용한다. 이 이미지는 로그인 정보를 비밀값이나 컨피그맵으로 주입할 수 있다. 예제 4-12는 데이터베이스 서버의 로그인 정보로 사용할 비밀값 정의다.

예제 4-12 todo-db-secret-test.yaml, 데이터베이스 서버의 로그인 정보를 담은 비밀값

```
apiVersion: v1
kind: Secret                          # 리소스 유형은 비밀값
metadata:
  name: todo-db-secret-test           # 비밀값 이름
type: Opaque                          # 임의의 텍스트 데이터를 담고자 Opaque 유형 선택
stringData:                           # 텍스트 데이터
  POSTGRES_PASSWORD: "kiamol-2*2*"    # 저장할 데이터(키-값 쌍)
```

이 정의로 비밀값을 생성하면 stringData 항목에 정의된 데이터가 Base64로 인코딩되어 저장된다. 비밀값을 YAML로 관리하는 것은 양날의 검이기도 하다. 일관적인 애플리케이션 배치가 가능하지만, 반대로 모든 민감한 데이터가 형상 관리 도구에 노출된다.

실제 서비스 운영에서는 운영 환경의 민감한 데이터를 YAML에 포함시켜서는 안 된다. 그 대신 민감한 데이터가 들어갈 자리를 표시해 두고, 애플리케이션을 배치할 때 추가적인 처리를 거치는 (이를테면 깃허브 시크릿 기능에 저장된 값을 채워 넣는) 방법을 쓴다. 어떤 방식을 쓰든 한 번 쿠버네티스 클러스터에 들어간 비밀값은 권한이 있는 사람이라면 누구나 값을 볼 수 있는 상태라는 것을 기억해야 한다.

> **실습** 예제 4-12의 정의에 따라 비밀값을 생성하고, 그에 담긴 데이터를 확인하라.

```
# 비밀값 생성
kubectl apply -f todo-list/secrets/todo-db-secret-test.yaml

# 데이터 값이 인코딩되었는지 확인
kubectl get secret todo-db-secret-test -o jsonpath='{.data.POSTGRES_PASSWORD}'

# 비밀값 객체의 애너테이션에 저장된 내용 확인
kubectl get secret todo-db-secret-test -o jsonpath='{.metadata.annotations}'
```

그림 4-15를 보면 데이터 값이 Base64로 인코딩되어 있다. 결과적으로 일반적인 컨피그맵 정의에 Base64로 인코딩된 문자열을 기재한 것과 다를 바 없다.

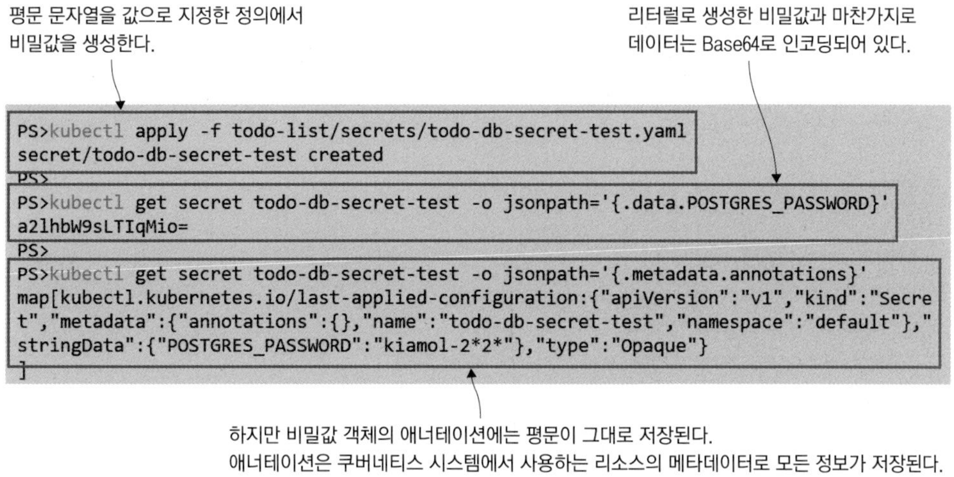

▼ 그림 4-15 비밀값에 담긴 데이터는 Base64로 인코딩되지만, 리소스 객체의 정보에는 평문이 그대로 저장되어 있다

평문 문자열을 값으로 지정한 정의에서
비밀값을 생성한다.

리터럴로 생성한 비밀값과 마찬가지로
데이터는 Base64로 인코딩되어 있다.

```
PS>kubectl apply -f todo-list/secrets/todo-db-secret-test.yaml
secret/todo-db-secret-test created
PS>
PS>kubectl get secret todo-db-secret-test -o jsonpath='{.data.POSTGRES_PASSWORD}'
a2lhbW9sLTIqMio=
PS>
PS>kubectl get secret todo-db-secret-test -o jsonpath='{.metadata.annotations}'
map[kubectl.kubernetes.io/last-applied-configuration:{"apiVersion":"v1","kind":"Secre
t","metadata":{"annotations":{},"name":"todo-db-secret-test","namespace":"default"},"
stringData":{"POSTGRES_PASSWORD":"kiamol-2*2*"},"type":"Opaque"}
]
```

하지만 비밀값 객체의 애너테이션에는 평문이 그대로 저장된다.
애너테이션은 쿠버네티스 시스템에서 사용하는 리소스의 메타데이터로 모든 정보가 저장된다.

이 비밀값을 PostgreSQL 데이터베이스의 패스워드로 사용하는 방법은 두 가지다. 첫 번째로 이
상적인 방법은 아니지만 컨테이너 환경에 POSTGRES_PASSWORD라는 환경 변수로 직접 전달하는
방법이다. 두 번째로 컨테이너 환경에 파일 형태로 전달한 후 이 설정 파일의 경로를 환경 변수
POSTGRES_PASSWORD_FILE에 지정하는 방법이다. 파일 형태를 선택하면 파일 권한을 볼륨에서 설정
할 수 있다. 예제 4-13은 두 번째 방법으로 데이터베이스 서버를 설정한 정의다.

예제 4-13 todo-db-test.yaml, 비밀값을 볼륨으로 마운트하는 파드의 정의 예

```
spec:
  containers:
    - name: db
      image: postgres:11.6-alpine
      env:
        - name: POSTGRES_PASSWORD_FILE        # 설정 파일이 마운트될 경로
          value: /secrets/postgres_password
      volumeMounts:                           # 볼륨 마운트 설정
        - name: secret                        # 마운트할 볼륨 이름
          mountPath: "/secrets"
  volumes:
    - name: secret
      secret:                                 # 비밀값에서 볼륨 생성
        secretName: todo-db-secret-test       # 볼륨을 만들 비밀값 이름
        defaultMode: 0400                     # 파일의 권한 설정
        items:                                # 비밀값의 특정 데이터 항복을 지정 가능
          - key: POSTGRES_PASSWORD
            path: postgres_password
```

이 파드를 배치하면 컨테이너의 /secrets/postgres_password 파일에 비밀값의 데이터가 전
달된다. 이 파일은 0400 권한이 설정되므로 컨테이너 사용자만 읽을 수 있다. 환경 변수는
PostgreSQL이 설정 파일을 읽을 경로를 지정한다. postgres 사용자는 환경 변수를 읽을 수 있으
므로 데이터베이스 서버가 파일로 전달받은 값을 패스워드로 삼아 실행된다.

실습 데이터베이스 파드를 배치하고 데이터베이스 서버가 정상적으로 시작되는지 확인하라.

```
# 예제 4-13의 정의 배치
kubectl apply -f todo-list/todo-db-test.yaml

# 데이터베이스 파드의 로그 확인(조금 기다려야 한다)
kubectl logs -l app=todo-db --tail 1

# 패스워드 설정 파일의 권한 확인
kubectl exec deploy/todo-db -- sh -c 'ls -l $(readlink -f /secrets/postgres_password)'
```

그림 4-16에서 데이터베이스 파드가 정상적으로 시작되어 접속을 기다린다는 로그를 볼 수 있다.
설정이 제대로 된 것이다. 그리고 마지막 명령의 출력에서도 설정 파일 권한이 의도한 대로 설정
된 것을 볼 수 있다.

▼ 그림 4-16 애플리케이션이 설정 파일을 지원한다면 비밀값에서 전달받은 설정 파일에서 설정값을 읽을 수 있다

데이터베이스 서버를 가리킬 클러스터IP   PostgreSQL 데이터베이스 서버가 접속받을 준비가
서비스와 비밀값에서 패스워드를 읽어 들이는   끝난 것을 보면 비밀값과 환경 변수를 이용하여 제대로
디플로이먼트를 생성한다.   설정되었다.

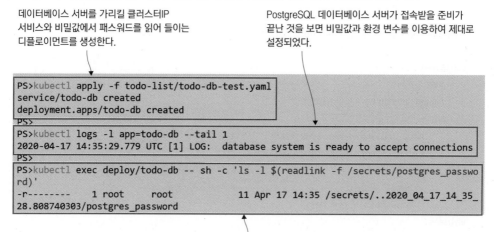

패스워드 파일 역시 우리가 의도한 대로 권한이 설정되어 컨테이너 사용자만 접근할 수
있다. readlink 명령은 파일의 실제 경로를 알려 준다. 쿠버네티스에서 마운트된 파일은
심링크(symlink)를 통해 설정된 경로로 연결된다.

138

남은 것은 로컬 파일 데이터베이스 대신 PostgreSQL을 사용하도록 애플리케이션을 실행해 보는 것이다. 이를 위해 컨피그맵, 비밀값, 디플로이먼트, 서비스 등 많은 YAML 정의를 수정해야 하지만 모두 이미 배운 내용이니 건너뛰고 애플리케이션을 배치한다.

실습 PostgreSQL 데이터베이스를 사용하도록 설정된 to-do 애플리케이션을 실행하라.

```
# PostgreSQL 데이터베이스를 사용하도록 설정된 컨피그맵을 배치한다
kubectl apply -f todo-list/configMaps/todo-web-config-test.yaml

# PostgreSQL 데이터베이스에 접속할 인증 정보가 들어 있는 비밀값을 배치한다
kubectl apply -f todo-list/secrets/todo-web-secret-test.yaml

# 디플로이먼트 속 파드는 위의 컨피그맵과 비밀값을 사용하도록 설정되었다
kubectl apply -f todo-list/todo-web-test.yaml

# 애플리케이션 컨테이너 속 데이터베이스 인증 정보 파일을 확인한다
kubectl exec deploy/todo-web-test -- cat /app/secrets/secrets.json

# 애플리케이션에 접근하여 할 일을 몇 가지 추가한다
```

필자의 환경에서 실행한 결과를 그림 4-17에 실었다. 실행 결과를 보면 웹 애플리케이션 파드의 컨테이너 속에서 비밀값의 데이터가 담긴 JSON 파일을 확인할 수 있다.

❤ 그림 4-17 컨피그맵과 비밀값의 설정 정보를 파드에 전달한다

애플리케이션의 전체 설정값은 컨피그맵과 비밀값에서 제공된다. 컨피그맵에는
애플리케이션 설정 정보, 비밀값에는 민감한 정보인 데이터베이스 인증 정보가 들어 있다.

```
PS>kubectl apply -f todo-list/configMaps/todo-web-config-test.yaml
configmap/todo-web-config-test created
PS>
PS>kubectl apply -f todo-list/secrets/todo-web-secret-test.yaml
secret/todo-web-secret-test created
PS>
PS>kubectl apply -f todo-list/todo-web-test.yaml
service/todo-web-test created
deployment.apps/todo-web-test created
PS>
PS>kubectl exec deploy/todo-web-test -- cat /app/secrets/secrets.json
{
  "ConnectionStrings": {
    "ToDoDb": "Server=todo-db;Database=todo;User Id=postgres;Password=kiamol-2*2*;"
  }
}
```

컨테이너 파일 시스템 내에 비밀값은 일반 텍스트 JSON 파일로 주입된다.
이 파일에 데이터베이스 접속 관련 정보가 들어 있다.

이제 애플리케이션에서 할 일 항목을 추가하면 그 데이터는 PostgreSQL 데이터베이스에 저장된다. 애플리케이션 런타임과 스토리지가 분리된 것이다. 웹 애플리케이션 파드를 삭제하면 파드를 관리하는 컨트롤러 객체가 동일한 설정을 가진 대체 파드를 생성한다. 설정이 동일하니 같은 데이터베이스 파드에 연결할 테고, 기존 파드가 갖고 있던 데이터를 그대로 사용할 수 있다.

지금까지 배운 내용으로 쿠버네티스에서 제공하는 애플리케이션 설정 방법을 거의 다 익혔다. 원칙은 간단하다. 컨피그맵이나 비밀값 리소스의 데이터를 컨테이너 속 환경 변수나 설정 파일의 형태로 주입하면 된다. 하지만 구체적인 방법에는 다양한 변화를 줄 수 있다. 애플리케이션의 설정 모델이 제각각이더라도 그 설정을 일관적으로 관리하려면 각각의 방법에 어떤 특징이 있는지 잘 파악해야 한다.

4.5 쿠버네티스의 애플리케이션 설정 관리

쿠버네티스를 사용하면 여러분의 팀 조직에서 어떤 워크플로를 채택하더라도 그에 적합한 애플리케이션 설정 관리 도구가 제공된다. 애플리케이션에서 핵심적인 요구 사항은 결국 외부 환경에서 설정값을 주입받는 것이다. 그중에서도 나름의 우선순위가 부여되어 파일과 환경 변수의 형태로 주입되는 것이 이상적이다. 이런 조건을 달성해야 컨피그맵과 비밀값을 배치 절차에 활용할 만한 유연성을 갖추었다고 할 수 있다. 이를 위해 설계 단계에서 염두에 두어야 할 질문이 두 가지 있다. 첫 번째는 '애플리케이션의 중단 없이 설정 변경에 대응이 필요한가?'이고, 두 번째는 '민감 정보를 어떻게 관리할 것인가?'이다.

파드 교체조차 필요 없는 무중단 업데이트가 중요하다면 선택할 수 있는 범위가 제한적이다. 우선 설정 업데이트에 파드 교체가 반드시 필요해지는 환경 변수는 활용할 수 없다. 볼륨 마운트를 이용하여 설정 파일을 수정하는 방법을 써야 한다. 이 경우 기존 컨피그맵이나 비밀값을 업데이트하는 방식이어야 한다. 볼륨을 수정하게 되면 역시 파드 교체가 불가피하기 때문이다.

컨피그맵이나 비밀값 등 설정 객체를 업데이트하지 않는 대안은 설정 객체의 이름에 버전 명명법을 도입하고 애플리케이션을 업데이트할 때 새로운 설정 객체를 배치한 후 이 새로운 설정 객체를 가리키게 애플리케이션 정의를 수정하는 방식이다. 이 경우 파드 교체 없는 업데이트는 포기해야 하지만 그 대신 설정값 변경의 이력이 남으며, 만일의 경우 이전 설정으로 돌아가는 선택지가 생긴다. 그림 4-18에 지금 설명한 방식을 다이어그램으로 나타냈다.

❤ 그림 4-18 쿠버네티스가 제공하는 방식 중 자신에게 적합한 방식을 택한다

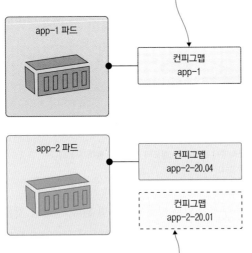

app-1은 컨피그맵을 볼륨 마운트 형태로 읽어 들인다.
컨피그맵이 업데이트되면 애플리케이션의 설정 파일이
변경되므로 파드 교체 없는 무중단 업데이트가 가능하다.

app-2는 업데이트마다 버전 명명법이 적용된 이름의 컨피그맵이 새로이 배치된다.
파드가 새로운 컨피그맵을 참조하게 하려면 파드 정의를 수정해야 하므로 파드 교체
없는 업데이트는 불가능하지만, 설정값 변경 이력은 남는다는 장점이 있다.

두 번째 질문은 '민감 정보를 어떻게 관리할 것인가?'였다. 대규모 조직에는 설정 파일 배포를 관리하는 설정 관리 전담 팀이 있다. 이런 전담 팀이 있다면 컨피그맵과 비밀값의 버전 관리 정책이 적합하다.

또 다른 대안은 형상 관리 도구에 저장된 YAML 템플릿 파일로 컨피그맵과 비밀값 정의가 생성되는 완전 자동화된 배치다. YAML 템플릿 파일에는 실제 민감 정보 대신 해당 정보가 채워질 빈칸을 둔다. 그리고 배치 절차 중에 이 빈칸을 애저 키볼트(Azure KeyVault)[3] 같은 안전한 곳에 보관되어 있던 실제 민감 정보로 채워 YAML 파일을 완성하는 방식이다. 그림 4-19에서 이 두 가지 방식을 다이어그램으로 나타내 비교했다.

---

3 역주 보안 비밀 저장소로, 하드웨어 보안 모듈에서 지원하는 비밀, 키 및 인증서 등을 안전하게 관리할 수 있게 해 주는 서비스다.

❤ 그림 4-19 민감 정보 관리를 자동화할 수도 있고, 별도의 전담 조직을 두어 엄하게 관리할 수도 있다

app-1은 완전 자동된 파이프라인 방식으로 민감 정보를 관리한다. 배포 절차 중 YAML 템플릿 파일의
빈칸이 보안 저장소에 저장되어 있던 민감 정보로 채워진 후 kubectl apply 명령이 실행된다.

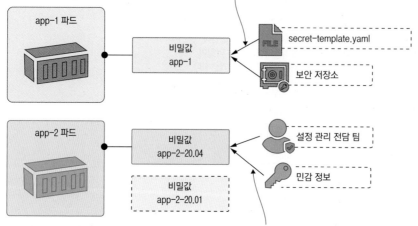

app-2는 수동 방식을 취한다. 민감 정보는 전담 관리 조직에서 관리하며, 별도의 시스템을 통해 저장되다
kubectl create 명령으로 사람이 직접 설정 객체를 생성한다.

이 중에서 각자의 애플리케이션 스택과 조직 구성에 맞는 방식을 택하면 된다. 중요한 것은 애플
리케이션 플랫폼을 통해 설정값이 주입되어야 한다는 점이다. 그래야 환경에 무관하게 동일한 이
미지를 사용할 수 있다.

이제 이 장의 실습을 마무리하고 클러스터를 정리할 때다. 지금까지 실습 예제를 잘 따라왔다면 지
워야 할 리소스가 꽤 많을 것이다. 모든 리소스를 한 번에 정리하는 유용한 팁을 몇 가지 소개한다.

실습 kubectl delete 명령에는 YAML 파일을 읽고 해당 파일에 정의된 리소스를 삭제하는
기능도 있다. 디렉터리 안에 여러 개의 YAML 파일이 있다면 디렉터리를 인자로 지정하여 해
당 디렉터리 안에 있는 모든 YAML 파일에 정의된 리소스를 삭제(반대로 배치도 가능)할 수
도 있다.

```
# 다음 모든 디렉터리 안에 있는 모든 YAML 파일에 정의된 모든 리소스를 삭제한다
kubectl delete -f sleep/
kubectl delete -f todo-list/
kubectl delete -f todo-list/configMaps/
kubectl delete -f todo-list/secrets/
```

4.6 / 연습 문제

쿠버네티스에서 제공되는 모든 설정 관리 방법을 검토하고 싶다면 이번 연습 문제가 도움이 될 것이다. 실무에서 다루게 될 애플리케이션은 각기 자신만의 설정 관리 방법이 있고, 쿠버네티스를 이용한 배치 절차가 이 설정 관리 방법을 따라 주어야 한다. 이것이 바로 이번 연습 문제다. 연습 문제의 소재는 어드미너(Adminer)라는 이름의 애플리케이션이다.

- 어드미너는 SQL 데이터베이스를 관리하는 웹 UI다. 데이터베이스 관련 문제를 해결하기 위해 쿠버네티스 클러스터에서 이 애플리케이션을 실행해야 한다.
- ch04/lab/postgres 디렉터리에 있는 YAML 정의를 배치하는 것부터 시작한다. 그다음 ch04/lab/adminer.yaml 파일의 정의를 배치하면 어드미너가 기본 상태가 된다.
- 어드미너 서비스의 외부 IP를 찾아 8082번 포트를 통해 웹 브라우저에서 접근하라. 이때 데이터베이스 서버의 종류를 골라 주어야 한다. 1990년대 분위기의 인터페이스 디자인은 덤이다. 데이터베이스 이름, 사용자명, 패스워드를 모두 postgres로 입력하면 PostgreSQL 데이터베이스에 접속된다.
- 연습 문제의 목표는 어드미너 디플로이먼트에 몇 가지 설정 객체를 추가하여 데이터베이스 서버 종류의 기본값이 조금 전 배치한 PostgreSQL 서비스 이름이 되도록 설정하고, 인터페이스 디자인도 기존보다 보기 편한 price라는 이름의 디자인을 적용하는 것이다.
- 데이터베이스 서버 이름은 ADMINER_DEFAULT_SERVER 환경 변수에 설정한다. 단 이 정보는 민감 정보이므로 비밀값으로 다루어야 한다.
- 인터페이스 디자인은 ADMINER_DESIGN 환경 변수에 설정한다. 이 정보는 민감 정보가 아니니 컨피그맵을 사용해도 좋다.

이번 연습 문제는 설정값을 컨테이너에 전달하는 방법을 고민해야 풀 수 있다. 실제 애플리케이션의 설정 관리가 어떤 것인지 맛보기에 좋은 문제다. 필자 깃허브 https://github.com/sixeyed/kiamol의 ch04/lab/README.md에서 작성한 예시 정답을 참고하기 바란다.

5장

볼륨, 마운트, 클레임을 이용한 데이터 퍼시스턴시

클러스터 환경에서 데이터에 접근하기는 녹록한 일이 아니다. 단순히 유동적으로 자리를 옮겨 다니는 컴퓨팅이라면 쿠버네티스 API에서 지속적으로 노드를 확인하다 노드가 응답하지 않을 경우 노드가 고장났다 판단하고 이 노드에서 동작하던 파드를 다른 노드에 새로 생성해 주기만 하면 된다. 하지만 고장을 일으킨 노드에서 실행되던 파드에 데이터가 저장되어 있었다면, 다른 노드에서 실행된 새로운 파드는 이 데이터에 접근할 수 없다. 더군다나 이렇게 손실된 데이터에 아직 결제가 완료되지 않은 큰 액수의 주문이 포함되어 있었다면 매출 손실은 이만저만이 아닐 것이다. 이렇듯 클러스터 전체에서 접근할 수 있는 저장소, 어떤 노드에 있는 파드라도 동일하게 데이터에 접근할 수 있는 저장소는 반드시 필요하다.

쿠버네티스에는 클러스터 전체에서 사용 가능한 스토리지를 제공하는 내장 기능이 없다. 모든 상황에서 적합한 스토리지를 제공할 수 있는 단일 수단이란 존재하지 않기 때문이다. 애플리케이션마다 스토리지에 대한 요구 사항은 제각각이고, 쿠버네티스에서 구동하는 플랫폼의 스토리지 제공 능력도 천차만별이다. 또한 데이터에는 접근 속도와 안정성의 균형이 필요한데, 쿠버네티스는 클러스터에서 제공되는 스토리지 또는 애플리케이션에 필요한 스토리지의 요구 사항을 기술할 수 있는 스토리지 유형을 직접 정의할 수 있게 하는 방법으로 이 문제를 해결했다. 이 장은 이 스토리지 유형을 다루는 방법과 함께 쿠버네티스에서 스토리지를 어떤 방식으로 추상화했는지 설명하겠다.

5.1 쿠버네티스에서 컨테이너 파일 시스템이 구축되는 과정

파드 속 컨테이너의 파일 시스템은 여러 가지의 출처를 합쳐 구성된다. 먼저 컨테이너 이미지가 파일 시스템의 초기 내용을 제공하고, 이 위에 컨테이너가 기록 가능한 레이어(writable layer)가 얹혀진다. 이미지에 들어 있던 파일을 수정한다거나 새로운 파일을 기록하는 작업이 바로 이 레이어에서 일어난다. (도커 이미지는 읽기 전용이다. 이미지에 들어 있던 파일을 수정하는 것은 이 기록 가능 레이어에서 해당 파일의 사본을 수정하는 것이다.) 그림 5-1은 컨테이너의 파일 시스템을 나타낸 다이어그램이다.

❤ 그림 5-1 컨테이너의 파일 시스템은 쿠버네티스가 구성한 가상의 파일 시스템이지만 컨테이너는 이를 알 수 없다

파드 속 컨테이너는 각자 자신만의 파일 시스템을 갖는다.
이 파일 시스템은 쿠버네티스가 구성한 것이다.

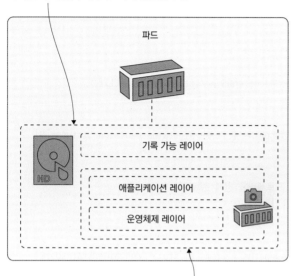

컨테이너의 파일 시스템은 여러 가지의 출처를 합쳐 구성된다.
최소 구성 요소는 컨테이너 이미지를 구성하는 레이어와
기록 가능 레이어다.

컨테이너에서 동작하는 애플리케이션에는 이런 레이어 구조가 드러나지 않으며, 읽기 쓰기가 가능한 하나의 파일 시스템으로만 보인다. 컨테이너에서 애플리케이션을 실행시키기 위해 수정할 필요가 없기 때문에 쿠버네티스로 이주시키기에 매우 편리하다. 하지만 애플리케이션이 데이터를 기록할 필요가 있다면, 데이터 기록이 어떻게 이루어지는지 이해하고 그 필요에 맞추어 파드를 정의해야 한다. 이를 제대로 하지 못하면 당장은 애플리케이션이 정상 동작하는 것처럼 보이겠지만 파드가 재시작하거나 새로운 파드로 대체될 때 데이터 손실이 발생한다.

실습 컨테이너 속에서 동작하던 애플리케이션이 충돌을 일으켜 컨테이너가 종료되면 이를 대체할 새로운 파드가 생성된다. 새로운 컨테이너는 컨테이너 이미지의 내용과 초기 상태의 기록 가능 레이어로 구성된 파일 시스템을 가지며, 기존 컨테이너가 기록 가능 레이어에 기록한 데이터는 유실된다.

```
# 이 장의 예제 코드 디렉터리로 이동
cd ch05

# sleep 파드를 배치한다
kubectl apply -f sleep/sleep.yaml

# 컨테이너 속에 파일 하나를 생성한다
kubectl exec deploy/sleep -- sh -c 'echo ch05 > /file.txt; ls /*.txt'

# 컨테이너 ID를 확인한다
kubectl get pod -l app=sleep -o jsonpath='{.items[0].status.containerStatuses[0].
containerID}'

# 파드가 재시작하도록 컨테이너의 모든 프로세스를 강제 종료한다
kubectl exec -it deploy/sleep -- killall5

# 대체된 컨테이너의 ID를 확인한다
kubectl get pod -l app=sleep -o jsonpath='{.items[0].status.containerStatuses[0].
containerID}'

# 조금 전 생성했던 파일이 사라졌다
kubectl exec deploy/sleep -- ls /*.txt
```

이번 실습 예제에서 기억해야 할 것은 파드 속 컨테이너의 생애 주기는 해당 컨테이너의 생애 주기를 따른다는 점과 파드의 재시작은 그 안에 들어 있는 컨테이너의 재시작이라는 점이다. 파드에서 동작하던 애플리케이션이 열심히 데이터를 기록했고, 이 데이터가 파드 수준에서 저장되지 않은 상태에서 파드가 컨테이너를 재시작하면 이 데이터는 유실되는 것이다. 필자의 환경에서 실행한 결과를 그림 5-2에 실었다.

파드 컨테이너의 루트 디렉터리에서
새 파일을 생성한다.

컨테이너 ID를 확인한 후 컨테이너가 종료되도록
모든 프로세스를 강제 종료한다.

```
PS>cd ch05
PS>
PS>kubectl apply -f sleep/sleep.yaml
deployment.apps/sleep created
PS>
PS>kubectl exec deploy/sleep -- sh -c 'echo ch05 > /file.txt; ls /*.txt'
/file.txt
PS>
PS>kubectl get pod -l app=sleep -o jsonpath='{.items[0].status.containerStatuses[0].c
ontainerID}'
docker://3cfb20aba67d25d3e84e09d9ad80513ed9c3f4325865f23c2e67eacb1f0781a4
PS>
PS>kubectl exec -it deploy/sleep -- killall5
command terminated with exit code 137
PS>
PS>kubectl get pod -l app=sleep -o jsonpath='{.items[0].status.containerStatuses[0].c
ontainerID}'
docker://e7d7b8762d2f3ed302c1e9bc0cd62ce8e18a3d817aa445723ffa44866b2f3c86
PS>
PS>kubectl exec deploy/sleep -- ls /*.txt
ls: /*.txt: No such file or directory
command terminated with exit code 1
```

새로운 컨테이너에는 조금 전
만든 파일이 없다.

컨테이너 ID를 보고 새로운 대체 컨테이너가
실행된 것을 확인한다.

4장에서 우리는 컨테이너 파일 시스템을 다른 출처(컨피그맵과 비밀값)에서도 구성할 수 있다는
것을 배웠다. 파드 수준에서 볼륨을 정의하고 이 볼륨을 컨테이너 파일 시스템의 지정한 경로에
마운트했다. 컨피그맵과 비밀값은 읽기 전용 스토리지 단위였지만, 쿠버네티스에는 이외에도 기
록 가능한 유형의 볼륨이 여러 가지 있다. 그림 5-3은 볼륨에 데이터를 저장하여 파드가 재시작
하더라도 데이터를 유지하고 클러스터 전체에서 이 데이터에 접근할 수 있도록 설계한 파드의 구
조다.

❤ 그림 5-3 컨테이너의 가상 파일 시스템 구성에 외부 스토리지를 참조하는 볼륨을 포함시킬 수 있다

컨테이너 파일 시스템은 컨피그맵이나 비밀값 등을
특정 경로에 마운트하는 방식으로 확장할 수 있다.

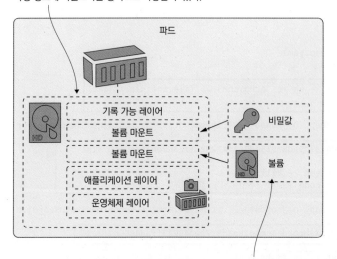

볼륨도 컨테이너 파일 시스템을 구성하는 수단 중 하나다. 볼륨은 파드 수준에서
정의되며 읽기 전용 또는 쓰기 가능으로 설정될 수 있다. 또한 다른 유형의
스토리지로 백업될 수도 있다. 예를 들어 파드가 실행 중인 노드의 디스크에서
네트워크 파일 시스템으로 데이터를 백업할 수 있다.

이 장 뒷부분에서 클러스터 전체에서 사용 가능한 볼륨을 다루겠지만, 지금은 좀 더 단순한 유형
의 볼륨을 먼저 배울 것이다. 단순하다고는 하나 그래도 다양한 경우에 유용하다. 예제 5-1은 컨
테이너 안에서 빈 디렉터리로 초기화되는 **유형**의 볼륨인 **공디렉터리**(EmptyDir)를 사용하는 파드
정의다. 하지만 공디렉터리는 파드 수준의 스토리지다. 컨테이너에 마운트되므로 외견상 디렉터
리처럼 보이지만, 이미지나 컨테이너 레이어에 속하지 않는다.

예제 5-1 sleep-with-emptyDir.yaml, 간단한 볼륨 정의하기

```
spec:
  containers:
    - name: sleep
      image: kiamol/ch03-sleep
      volumeMounts:
        - name: data              # 이름이 data인 볼륨을 마운트
          mountPath: /data        # 이 볼륨을 경로 /data에 마운트
  volumes:
    - name: data                  # 볼륨 data의 정의
      emptyDir: {}                # 이 볼륨의 유형은 공디렉터리
```

공디렉터리라는 이름이 그리 쓸모 있게 들리는 어감은 아니지만, 파드와 같은 생애 주기를 갖기 때문에 유용할 때가 많다. 공디렉터리 볼륨에 저장된 데이터는 파드가 재시작되더라도 유지된다. 따라서 새로운 컨테이너 역시 자신이 대체한 컨테이너가 기록한 데이터에 바로 접근할 수 있다.

실습 sleep 디플로이먼트를 공디렉터리 볼륨이 추가된 예제 5-1의 정의로 업데이트한다. 이제 컨테이너가 종료되더라도 새로 생성된 컨테이너에서 그 전에 기록한 데이터를 읽을 수 있다.

```
# 공디렉터리 볼륨을 사용하도록 sleep 파드 업데이트
kubectl apply -f sleep/sleep-with-emptyDir.yaml

# 볼륨 마운트 속 파일 목록 확인
kubectl exec deploy/sleep -- ls /data

# 빈 디렉터리에 파일 하나 생성
kubectl exec deploy/sleep -- sh -c 'echo ch05 > /data/file.txt; ls /data'

# 컨테이너 ID 확인
kubectl get pod -l app=sleep -o jsonpath='{.items[0].status.containerStatuses[0].
containerID}'

# 컨테이너 프로세스 강제 종료
kubectl exec deploy/sleep -- killall5

# 대체 컨테이너의 ID가 바뀌었는지 확인
kubectl get pod -l app=sleep -o jsonpath='{.items[0].status.containerStatuses[0].
containerID}'

# 볼륨이 마운트된 경로의 파일 내용 확인
kubectl exec deploy/sleep -- cat /data/file.txt
```

필자의 환경에서 실행한 결과를 그림 5-4에 실었다. 컨테이너 입장에서는 디렉터리 하나일 뿐이지만 이 디렉터리는 파드에서 정의된 스토리지를 가리킨다.

공디렉터리 볼륨은 임시 저장 목적이라면 모든 애플리케이션에서 사용할 수 있다. 애플리케이션에서 사용하는 API가 있고 이 API의 응답이 상당한 시간 동안 유효하다면, API를 반복 호출하는 대신 전에 호출했던 응답을 파일로 저장해 두는 것이 빠를 것이다. 공디렉터리 볼륨은 이런 목적의 로컬 캐시에 적합하다. 애플리케이션이 죽더라도 대체 컨테이너가 그대로 이 네이터를 이어 받아 캐시의 효과를 볼 수 있기 때문이다.

공디렉터리 볼륨은 파드와 생애 주기를 함께하므로, 파드가 대체되어 새 파드를 만들면 처음 상태인 빈 디렉터리가 된다. 파드가 재시작한 후에도 데이터를 유지하고 싶다면 파드와는 별도의 생애 주기를 가진 유형의 볼륨을 마운트해야 한다.

❤ 그림 5-4 하나의 빈 디렉터리일 뿐인 간단한 형태의 볼륨이지만 컨테이너가 대체되더라도 데이터를 공유할 수 있어 유용하다

공디렉터리 볼륨을 마운트하는
파드를 배치한다.

공디렉터리 볼륨이 마운트된 디렉터리에
파일을 하나 생성한다.

```
PS>kubectl apply -f sleep/sleep-with-emptyDir.yaml
deployment.apps/sleep configured
PS>
PS>kubectl exec deploy/sleep -- ls /data
PS>
PS>kubectl exec deploy/sleep -- sh -c 'echo ch05 > /data/file.txt; ls /data'
file.txt
PS>
PS>kubectl get pod -l app=sleep -o jsonpath='{.items[0].status.containerStatuses[0].c
ontainerID}'
docker://6e7fb44bff1b98004e74e15f68d1af51eb55a37009abc05bb343421c006997c0
PS>
PS>kubectl exec deploy/sleep -- killall5
PS>
PS>kubectl get pod -l app=sleep -o jsonpath='{.items[0].status.containerStatuses[0].c
ontainerID}'
docker://5861b15031c8c487849db99fb5230da4c3dbcdfea9c2f29f2f99e3d00ba4444e
PS>
PS>kubectl exec deploy/sleep -- cat /data/file.txt
ch05
```

새로 생성된 컨테이너에서도
조금 전 만든 파일을 볼 수 있다.

모든 프로세스를 강제 종료해서
컨테이너를 종료시킨다.

KUBERNETES

5.2 볼륨과 마운트로 노드에 데이터 저장하기

여기부터는 데이터를 다루기가 좀 더 까다로워진다. 이제 데이터를 특정 노드에 고정시킬지 말지를 결정해야 한다. 데이터가 특정 노드에 고정된다는 것은 대체 파드가 이전 파드와 동일한 노드에만 배치되도록 해야 한다는 의미다. 반대로 데이터를 특정 노드에 고정시키지 않는다면 어떤 노

드에도 대체 파드를 배치할 수 있다. 쿠버네티스에는 이와 관련된 많은 선택지가 있지만, 우선 우리가 원하는 것은 무엇이고 그중에서 클러스터에서 사용 가능한 것이 무엇인지 파악해야 한다. 그리고 파드의 정의에 이를 명확히 밝혀야 한다.

선택지 중 가장 간단한 것은 노드의 특정 디렉터리를 가리키는 볼륨이다. 컨테이너가 볼륨 마운트 경로에 데이터를 기록하면, 이 데이터가 실제로 기록되는 위치는 이 노드의 특정 디렉터리가 된다. 캐시 목적으로 공디렉터리 볼륨을 사용하는 애플리케이션을 이용하여 이 방법에 어떤 한계가 있는지 알아본 후 이 볼륨을 노드 수준의 스토리지로 업그레이드해 보겠다.

> **실습** 성능 향상을 위해 프록시를 갖춘 웹 애플리케이션을 실행한다. 이 애플리케이션은 파드 하나로 실행되어 외부로 노출되지 않은 서비스와 연결되며, 프록시는 별도의 파드에서 실행되어 로드밸런서 서비스를 사용하여 외부로 노출된다.

```
# 파이 애플리케이션을 배치한다
kubectl apply -f pi/v1/

# 파드가 준비 상태가 될 때까지 대기한다
kubectl wait --for=condition=Ready pod -l app=pi-web

# 로드밸런서 서비스의 URL을 출력한다
kubectl get svc pi-proxy -o jsonpath='http://{.status.loadBalancer.
ingress[0].*}:8080/?dp=30000'

# 위 URL에 접근한 후 페이지를 새로고침하라

# 프록시에 저장된 캐시를 확인한다
kubectl exec deploy/pi-proxy -- ls -l /data/nginx/cache
```

프록시가 로컬 캐시에 저장된 응답을 직접 제공하여 성능을 끌어올리고 웹 애플리케이션의 부하도 경감하는 방식으로, 웹 애플리케이션에서 흔히 볼 수 있는 설정이다. 필자의 환경에서 실행한 결과를 그림 5-5에 실었다. 첫 번째 파이 계산은 1초 이상이 걸렸지만, 페이지를 새로고침할 때는 원주율을 다시 계산하는 대신 프록시에 저장된 캐시를 읽어 왔기 때문에 즉각적으로 응답한다.

▼ 그림 5-5 공디렉터리 볼륨에 캐시된 파일은 파드가 재시작하더라도 유지된다

원주율을 계산하는 파이 애플리케이션을
배치한다. 이 애플리케이션은 웹 애플리케이션의
응답을 캐시하는 프록시를 갖추고 있다.

애플리케이션에 접근한다. 소수점 30,000자리까지
원주율을 계산하는 데 1초 이상 걸렸다.
페이지를 새로고침해 보면 응답 속도가 훨씬 빨라진다.

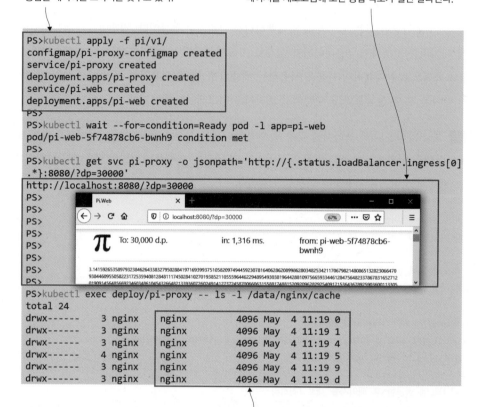

응답 속도가 빨라진 이유는 첫 번째 호출에서 얻은 결과를 프록시에 캐시해 두었기 때문이다.
두 번째 호출에서는 웹 애플리케이션을 건너뛰고 바로 캐시된 결과를 보여 준다. 이 디렉터리는
공디렉터리 볼륨이 마운트된 디렉터리로, 캐시된 데이터가 담겨 있다.

이와 같은 애플리케이션에는 공디렉터리 볼륨이 적합하다. 볼륨에 저장된 데이터의 중요성이 그
리 높지 않기 때문이다. 파드가 재시작하더라도 캐시된 데이터가 유지되며 대체된 프록시 컨테이
너가 이 캐시를 그대로 제공할 수 있다. 반면 파드가 대체될 때는 캐시가 유실된다. 대체된 파드의
캐시는 빈 디렉터리 상태로 돌아가지만 이 데이터가 없더라도 애플리케이션에 이상이 발생하지
않는다. 다시 원주율을 계산하는 데 시간이 좀 더 걸릴 뿐이다.

실습 프록시 파드를 제거하라. 프록시 파드를 제거하면 이 파드를 관리하던 디플로이먼트 컨
트롤러가 새로운 파드를 생성한다. 새로운 파드의 공디렉터리 볼륨은 빈 디렉터리인 초기 상
태다. 따라서 웹 애플리케이션 파드에 다시 요청이 전달된다.

```
# 프록시 파드를 삭제힌다
kubectl delete pod -l app=pi-proxy

# 새로 생성된 대체 파드의 캐시 디렉터리 내용을 확인한다
kubectl exec deploy/pi-proxy -- ls -l /data/nginx/cache

# 파이 애플리케이션의 페이지를 새로고침하라
```

필자의 환경에서 실행한 결과를 그림 5-6에 실었다. 결과는 전과 동일하다. 하지만 프록시 파드의 캐시가 유실되어 웹 애플리케이션에서 원주율을 다시 한 번 계산해야 하기 때문에 1초를 또 기다려야 했다.

▼ 그림 5-6 새로운 파드에는 캐시 데이터가 유지되지 않았다

파드를 삭제하면 디플로이먼트가 새로운 파드를 생성한다.
파드가 새로 만들어지면 공디렉터리 볼륨도 새로 만들어진다.

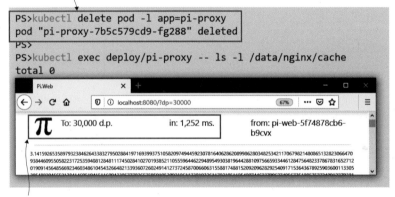

파드가 대체되면 원래 있던 캐시 데이터가 유실된다. 그래서 애플리케이션 페이지를 새로고침하면
원주율을 다시 계산하느라 1초 더 걸린다.

공디렉터리 볼륨보다 더 오래 유지되는 볼륨은 노드의 디스크를 가리키는 볼륨이다. 이런 볼륨을 **호스트경로**(HostPath) 볼륨이라고 한다. 호스트경로 볼륨 역시 파드에 정의되며 컨테이너 파일 시스템에 마운트되는 형태로 쓰인다. 컨테이너가 마운트 경로 디렉터리에 데이터를 기록하면, 실제 데이터는 노드의 디스크에 기록된다. 그림 5-7은 노드와 파드, 호스트경로 볼륨의 관계를 나타낸 다이어그램이다.

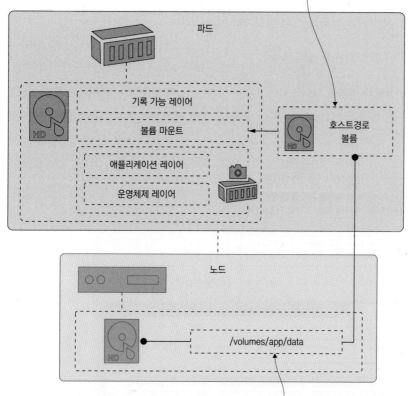

▼ 그림 5-7 호스트경로 볼륨은 파드가 교체되어도 데이터를 유지하지만, 파드가 같은 노드에 배치되었을 때만 데이터를 유지한다

호스트경로 볼륨 역시 파드에 정의되며
컨테이너 파일 시스템에 마운트되는 형태로 사용된다.

파드

기록 가능 레이어

볼륨 마운트

애플리케이션 레이어

운영체제 레이어

호스트경로
볼륨

노드

/volumes/app/data

호스트경로 볼륨에 기록된 데이터의 실제 기록 위치는 호스트 노드의 파일 시스템 중 한 디렉터리다.
파드가 교체되더라도 대체 파드가 동일한 노드에 배치된다면 데이터를 그대로 사용할 수 있다.

호스트경로 볼륨 역시 잘 사용하면 유용하지만, 그 한계점을 잘 알고 써야 한다. 호스트경로의 데이터가 물리적으로 기록되는 곳은 노드다. 쿠버네티스가 클러스터의 모든 노드에 동일한 데이터의 복제본을 만들어 주지는 못한다. 예제 5-2는 공디렉터리 볼륨 대신 호스트경로 볼륨을 사용하도록 수정된 파드의 정의다. 프록시 컨테이너가 /data/nginx/cache 디렉터리에 캐시 파일을 기록할 때 데이터가 실제 기록되는 곳은 노드의 파일 시스템 중 /volumes/nginx/cache 디렉터리다.

예제 5-2 nginx-with-hostPath.yaml, 호스트경로 볼륨의 사용 예

```
spec:                              # 파드 정의 중 일부 발췌
  containers:                      # 전체 정의에는 컨피그맵 볼륨의 마운트가 포함됨
    - image: nginx:1.17-alpine
      name: nginx
      ports:
```

```
        - containerPort: 80
      volumeMounts:
        - name: cache-volume
          mountPath: /data/nginx/cache    # 프록시의 캐시 저장 경로
  volumes:
    - name: cache-volume
      hostPath:                           # 노드의 디렉터리를 사용함
        path: /volumes/nginx/cache        # 사용할 노드의 디렉터리
        type: DirectoryOrCreate           # 디렉터리가 없으면 생성할 것
```

이 방법을 사용하면 파드가 항상 같은 노드에서 동작하는 한 볼륨의 생애 주기가 노드의 디스크와 같아진다. 노드가 하나뿐인 실습 환경에서는 이 점이 보장된다. 새로 생성된 대체 파드는 시작할 때 호스트경로 볼륨을 읽어 들인다. 그리고 볼륨에서 캐시된 데이터를 발견하면 곧바로 이 데이터를 프록시에서 제공한다.

실습 프록시 디플로이먼트를 예제 5-2의 정의로 업데이트하라. 업데이트된 파드는 기존 캐시를 사용하여 응답할 수 있다.

```
# 호스트경로 볼륨을 사용하도록 프록시 파드 업데이트
kubectl apply -f pi/nginx-with-hostPath.yaml

# 프록시 파드 속 캐시 디렉터리 내용 확인
kubectl exec deploy/pi-proxy -- ls -l /data/nginx/cache

# 웹 브라우저에서 애플리케이션 URL에 접근

# 프록시 파드를 강제로 삭제
kubectl delete pod -l app=pi-proxy

# 새로 만들어진 프록시 파드의 캐시 디렉터리 내용을 확인
kubectl exec deploy/pi-proxy -- ls -l /data/nginx/cache

# 애플리케이션을 새로고침
```

필자의 환경에서 실행한 결과를 그림 5-8에 실었다. 애플리케이션의 첫 번째 요청은 응답 시간이 1초 정도 되었지만, 새로고침할 때는 응답 시간이 거의 즉각적이었다. 새로운 파드가 노드 디스크에 저장된 기존 파드의 캐시 데이터를 물려받았기 때문에 가능한 일이다.

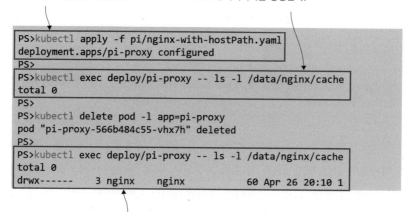

❤ 그림 5-8 단일 노드 클러스터에서는 모든 파드가 같은 노드에서 실행되니 어디에서든 호스트경로 볼륨을 사용할 수 있다

프록시의 캐시로
호스트경로 볼륨을 사용한다.

호스트경로의 디렉터리가 없으면
노드에 디렉터리를 생성한다.

```
PS>kubectl apply -f pi/nginx-with-hostPath.yaml
deployment.apps/pi-proxy configured
PS>
PS>kubectl exec deploy/pi-proxy -- ls -l /data/nginx/cache
total 0
PS>
PS>kubectl delete pod -l app=pi-proxy
pod "pi-proxy-566b484c55-vhx7h" deleted
PS>
PS>kubectl exec deploy/pi-proxy -- ls -l /data/nginx/cache
total 0
drwx------        3 nginx        nginx              60 Apr 26 20:10 1
```

애플리케이션이 캐시를 생성하게 한다. 대체 파드가 같은 노드에서 동작하면 같은 볼륨을 사용할 수
있으므로 기존 파드가 남긴 캐시를 사용할 수 있다.

호스트경로 볼륨의 가장 큰 문제는 노드가 두 개 이상인 클러스터에서 생긴다. 바꾸어 말하면 우리가 쓰는 실습 환경만 나가도 문제가 발생할 수 있다는 점이다. 파드 정의에 항상 같은 노드에서 실행하라는 요구 사항을 넣을 수는 있지만, 이렇게 하면 애플리케이션의 자기수복성이 크게 제한된다. 해당 노드가 고장을 일으킨다면 파드가 실행되지 않고 애플리케이션 역시 제대로 동작할 수 없기 때문이다.

그다음 문제는 먹음직스러운 보안 취약점을 드러낸다는 점이다. 호스트경로 볼륨에 사용할 수 있는 노드상의 디렉터리에는 큰 제한이 없다. 예제 5-3의 파드 정의는 완전히 유효하지만, 노드의 파일 시스템 전체에 파드 컨테이너가 접근할 수 있게 된다.

예제 5-3 sleep-with-hostPath.yaml, 노드의 파일 시스템 전체에 접근할 수 있는 파드

```
spec:
  containers:
    - name: sleep
      image: kiamol/ch03-sleep
      volumeMounts:
        - name: node-root
          mountPath: /node-root
  volumes:
    - name: node-root
      hostPath:
        path: /                 # 노드 파일 시스템의 루트 디렉터리
        type: Directory         # 경로에 디렉터리가 존재해야 한다
```

이렇게 정의된 파드를 생성할 수 있는 권한이라면 누구든지 이 파드가 동작 중인 노드의 파일 시스템 전체에 접근할 수 있다. 노드의 파일 시스템 여러 곳을 한 번에 볼륨 마운트하려는 생각에 이런 유혹에 빠질 수 있다. 하지만 애플리케이션이 침투당해 공격자가 컨테이너에서 명령을 실행할 수 있게 되면 노드의 디스크 전체를 장악당하는 결과로 이어질 수 있다.

> **실습** 예제 5-3에 정의된 파드를 실행하라. 그리고 파드 컨테이너에서 명령을 실행하여 노드의 파일 시스템을 둘러보아라.

```
# 호스트경로 볼륨이 마운트된 파드 실행
kubectl apply -f sleep/sleep-with-hostPath.yaml

# 컨테이너 속 로그 파일 확인
kubectl exec deploy/sleep -- ls -l /var/log

# 노드 파일 시스템의 로그 파일 내용 확인
kubectl exec deploy/sleep -- ls -l /node-root/var/log

# 컨테이너의 사용자명 확인
kubectl exec deploy/sleep -- whoami
```

그림 5-9에서 보듯이 파드 컨테이너에서 노드에 있는 쿠버네티스 로그를 읽을 수 있었다. 여기까지는 아직 피해가 없지만, 컨테이너가 노드의 루트 사용자에 의해 실행 중이므로 결국 컨테이너는 노드의 파일 시스템 어디라도 접근이 가능하다.

▼ 그림 5-9 주의! 호스트경로 볼륨을 잘못 사용하면 노드의 파일 시스템 전체가 노출된다

이 디플로이먼트의 파드는 노드 파일 시스템의 루트 디렉터리에 접근할 수 있다.

이 디렉터리는 컨테이너의 로그 파일 디렉터리다. 현재 로그 파일이 없다.

```
PS>kubectl apply -f sleep/sleep-with-hostPath.yaml
deployment.apps/sleep created
PS>
PS>kubectl exec deploy/sleep -- ls -l /var/log
total 0
PS>
PS>kubectl exec deploy/sleep -- ls -l /node-root/var/log
total 0
drwxr-xr-x    2 root     root           340 Apr 30 10:46 containers
drwxr-xr-x   16 root     root           320 Apr 30 10:46 pods
PS>
PS>kubectl exec deploy/sleep -- whoami
root
```

컨테이너가 노드의 관리자 권한을 가진 루트 사용자로 실행되었기 때문에 노드의 파일 시스템 전체에 접근할 수 있다.

노드의 로그 파일 디렉터리다. 쿠버네티스 로그 파일을 볼 수 있다.

호스트경로 볼륨이 절대 사용해서는 안 될 기능처럼 보일 수 있다. 하지만 쿠버네티스는 다양한 형태의 애플리케이션에 적용 가능한 광범위한 기능을 갖춘 플랫폼이다. 예전에 개발된 애플리케이션 중에는 실행 중 노드의 특정 경로에 접근해야 하는 경우가 있었다. 호스트경로 볼륨은 바로 이럴 때 사용하는 기능이다. 다만 볼륨 마운트를 할 때 볼륨의 하위 디렉터리를 마운트하여 노드의 파일 시스템을 필요 이상으로 노출하지 않는 식으로 안전하게 사용하면 된다. 예제 5-4는 안전하게 정의된 호스트경로 볼륨의 예다.

예제 5-4 sleep-with-hostPath-subPath.yaml, 노드의 파일 시스템을 최소한으로 노출하는 호스트경로 볼륨 정의

```
spec:
  containers:
    - name: sleep
      image: kiamol/ch03-sleep
      volumeMounts:
        - name: node-root            # 마운트할 볼륨 이름
          mountPath: /pod-logs       # 마운트 대상 컨테이너 경로
          subPath: var/log/pods      # 마운트 대상 볼륨 내 경로
        - name: node-root
          mountPath: /container-logs
          subPath: var/log/containers
  volumes:
    - name: node-root
      hostPath:
        path: /
        type: Directory
```

볼륨 정의는 여전히 노드의 루트 디렉터리이지만, 컨테이너에서 볼륨에 접근하는 유일한 통로인 볼륨 마운트는 하위 디렉터리를 대상으로 한다. 이처럼 볼륨과 마운트 정의 양쪽에서 적절하게 필요한 디렉터리를 매핑할 수 있는 유연성을 갖추고 있다.

실습 예제 5-4와 같이 컨테이너가 제한된 범위의 노드 파일 시스템을 볼 수 있도록 sleep 파드를 업데이트하고, 파일 내용을 확인하라.

```
# 파드 업데이트
kubectl apply -f sleep/sleep-with-hostPath-subPath.yaml

# 노드 파일 시스템에서 파드의 로그 확인
kubectl exec deploy/sleep -- sh -c 'ls /pod-logs | grep _pi-'
```

```
# 컨테이너 로그 확인
kubectl exec deploy/sleep -- sh -c 'ls /container-logs | grep nginx'
```

이번에는 로그 파일 디렉터리 외에는 노드의 파일 시스템을 뒤져 볼 수 없었다. 그림 5-10에서 보듯이, 컨테이너가 마운트된 하위 디렉터리밖에 접근하지 못하기 때문이다.

호스트경로 볼륨은 유상태(stateful) 애플리케이션을 쿠버네티스로 처음 도입할 때 유리하다. 사용하기 쉽고, 모든 클러스터에서 동일하게 동작하는 것이 장점이다. 실제 서비스에서도 이 점은 마찬가지이지만 상태가 임시 저장되는 것이어야 한다는 제한이 있다. 상태를 영구적으로 저장해야 한다면 클러스터 내 임의의 노드에서 접근할 수 있는 유형의 볼륨을 사용해야 한다.

❤ 그림 5-10 볼륨의 하위 디렉터리를 마운트하면 노드 파일 시스템의 불필요한 노출을 최소화할 수 있다

같은 호스트경로 볼륨을 사용하지만, 볼륨의 하위 디렉터리를
마운트하도록 파드를 업데이트한다.

```
PS>kubectl apply -f sleep/sleep-with-hostPath-subPath.yaml
deployment.apps/sleep configured
PS>
PS>kubectl exec deploy/sleep -- sh -c 'ls /pod-logs | grep _pi-'
default_pi-proxy-566b484c55-d4kzq_8757483a-2d00-4729-806a-2abc2f6fe47
9
default_pi-proxy-7b5c579cd9-wpzmg_d0dae7ca-e9eb-445e-8d1f-6ce81189a7f
a
default_pi-web-5f74878cb6-b9cvx_27db66ea-523c-4524-8e8a-c7c96aa87eca
PS>
PS>kubectl exec deploy/sleep -- sh -c 'ls /container-logs | grep ngin
x'
pi-proxy-7b5c579cd9-wpzmg_default_nginx-e8d3a14d349f72c826625bea3fa4a
3ba16081bb71f545cafef97015232ce34ad.log
```

파드 컨테이너는 노드의 파일 시스템에서 파일을 읽을 수 있지만
지정된 하위 디렉터리에만 접근할 수 있다.

5.3

전체에서 접근 가능하도록 데이터 저장하기: 영구볼륨과 클레임

쿠버네티스 클러스터는 리소스가 가득 담긴 수영장과 같다. 여러 개의 노드가 있고, 각각의 노드에는 클러스터에 CPU 및 메모리 용량을 제공한다. 그리고 이 CPU 및 메모리 용량을 사용하여 쿠버네티스에서 애플리케이션을 실행한다. 스토리지는 애플리케이션에 제공할 수 있는 또 다른 유형의 리소스다. 노드가 분산 스토리지 시스템에 접속 가능하다면 클러스터 전체에서 사용 가능한 스토리지만 제공된다. 그림 5-11은 분산 스토리지 시스템을 사용하는 볼륨에 파드가 접근하는 과정을 나타낸 다이어그램이다.

❤ 그림 5-11 분산 스토리지는 파드가 어떤 노드에서 실행 중이더라도 접근할 수 있지만, 다만 플랫폼에서 해당 분산 스토리지를 지원해야 한다

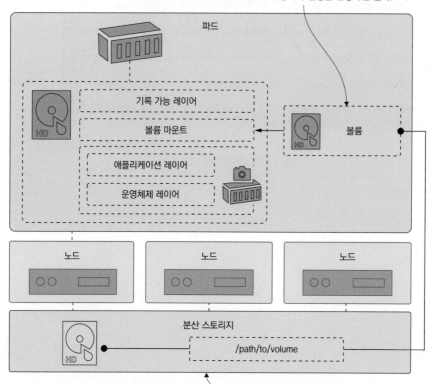

파드는 일반적인 볼륨과 볼륨 마운트 정의의 형태로 분산 스토리지를 사용한다.
분산 스토리지의 종류에 따라 볼륨의 유형이나 설정을 변경하면 된다.

모든 노드가 같은 분산 스토리지에 연결된다. 분산 스토리지로는 NFS, 애저 파일스, 글러스터FS(GlusterFS) 등을 사용할 수 있다. 따라서 파드는 어떤 노드에서 실행되더라도 볼륨에 접근할 수 있다.

쿠버네티스의 볼륨 유형 중에는 분산 스토리지 시스템의 지원을 받는 것이 여럿 있다. AKS 클러스터에서는 애저 파일스나 애저 디스크를 쓸 수 있고, EKS 클러스터에서는 일래스틱 블록 스토어(Elastic Block Store), 온프레미스 환경에서는 NFS(Network File System)나 글러스터FS(GlusterFS) 같은 네트워크 파일 시스템을 사용하기도 한다. 이들 시스템은 필수 설정이 각기 다른데, 이런 설정을 파드 정의에 기술할 수도 있다. 하지만 이 경우 특정 스토리지 솔루션에 대한 의존도가 높아지기 때문에 쿠버네티스에서는 이를 대체하기 위해 스토리지 솔루션과의 결합을 느슨하게 유지하는 유연성 있는 수단을 제공한다.

앞서 파드는 컴퓨팅 계층의 추상이며, 서비스는 네트워크 계층의 추상이라고 설명했었다. 스토리지 계층의 추상으로는 **영구볼륨**(PersistentVolume, PV)과 **영구볼륨클레임**(PersistentVolumeClaim, PVC)이 있다. 영구볼륨은 사용 가능한 스토리지의 조각을 정의한 쿠버네티스 리소스다. 영구볼륨은 클러스터 관리자가 만드는데, 각각의 영구볼륨에는 이를 구현하는 스토리지 시스템에 대한 볼륨 정의가 들어 있다. 예제 5-5는 NFS 스토리지를 사용하는 영구볼륨 정의의 예다.

예제 5-5 persistentVolume-nfs.yaml, NFS 스토리지를 사용하는 볼륨의 정의

```
apiVersion: v1
kind: PersistentVolume
metadata:
  name: pv01                        # 볼륨 이름
spec:
  capacity:
    storage: 50Mi                   # 볼륨 용량
  accessModes:                      # 파드의 접근 유형
    - ReadWriteOnce                 # 파드 하나에서만 사용 가능
  nfs:                              # NFS 스토리지를 사용하는 볼륨
    server: nfs.my.network          # NFS 서버의 도메인 네임
    path: "/kubernetes-volumes"     # 스토리지 경로
```

로컬 네트워크에 NFS 서버를 구축하고 그 도메인 네임을 'nfs.my.network'라고 지은 후 'kubernetes-volumes'라는 이름의 스토리지를 만들지 않았다면 실습 환경에서는 이 정의를 배치할 수 없다. 쿠버네티스는 어떤 플랫폼이든 동작할 수 있으므로 실습 예제에서도 어디에서든 쓸 수 있는 로컬 볼륨을 사용할 것이다. (실습 예제에서 애저 파일스로 만든 볼륨을 사용할 때는 AKS 클러스터가 아니면 실습을 진행할 수 없다. EKS나 도커 데스크톱 같은 그 외 쿠버네티스 배포판은 애저 볼륨 유형을 사용할 수 없기 때문이다.)

실습 로컬 스토리지를 사용하는 영구볼륨을 생성하라. 영구볼륨은 전체 클러스터에서 접근할 수 있지만, 볼륨은 한 노드에만 있다. 따라서 영구볼륨은 자신이 실제 위치한 노드와 잘 연결되어 있어야 한다. 여기에서는 레이블을 활용하여 노드와 볼륨을 연결하겠다.

```
# 클러스터의 첫 번째 노드에 레이블을 부여
kubectl label node $(kubectl get nodes -o jsonpath='{.items[0].metadata.name}')
kiamol=ch05

# 레이블 셀렉터로 노드의 존재 확인
kubectl get nodes -l kiamol=ch05

# 레이블이 부여된 노드의 로컬 볼륨을 사용하는 영구볼륨을 배치
kubectl apply -f todo-list/persistentVolume.yaml

# 영구볼륨의 상세 정보 확인
kubectl get pv
```

필자의 환경에서 실행한 결과를 그림 5-12에 실었다. 여기에서 노드에 레이블을 부여하는 이유는 분산 스토리지 시스템이 없기 때문이다. 모든 노드에서 접근 가능한 NFS나 애저 디스크를 사용한다면 그냥 분산 스토리지 유형을 지정하면 된다. 하지만 로컬 볼륨은 한 노드상에만 위치하기 때문에 레이블로 해당 노드를 따로 식별해야 한다.

❤ 그림 5-12 실습 환경에는 분산 스토리지가 없으므로 로컬 볼륨에 영구볼륨을 만들어 대신한다

클러스터의 노드 중 하나에 레이블을 부여한다. 이 레이블은 볼륨이 실제로 저장될 노드를 식별하기 위한 것으로, 분산 스토리지를 대체하는 것이 목적이다.

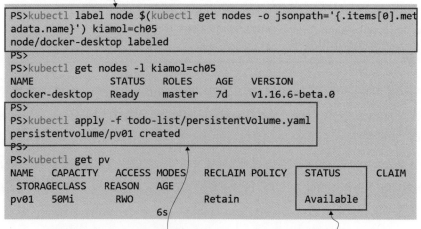

```
PS>kubectl label node $(kubectl get nodes -o jsonpath='{.items[0].met
adata.name}') kiamol=ch05
node/docker-desktop labeled
PS>
PS>kubectl get nodes -l kiamol=ch05
NAME             STATUS    ROLES     AGE    VERSION
docker-desktop   Ready     master    7d     v1.16.6-beta.0
PS>
PS>kubectl apply -f todo-list/persistentVolume.yaml
persistentvolume/pv01 created
PS>
PS>kubectl get pv
NAME    CAPACITY    ACCESS MODES    RECLAIM POLICY    STATUS      CLAIM
 STORAGECLASS    REASON    AGE
pv01    50Mi        RWO             Retain            Available
                               6s
```

레이블이 부여된 노드의 로컬 볼륨을 사용하는 영구볼륨을 배치한다. 운영용 클러스터라면 영구볼륨의 정의에 공유 스토리지가 쓰였을 것이다.

용량과 접근 유형에 맞는 영구볼륨이 있다. 상태가 Available인 것을 보아 아직 요청되지 않은 볼륨이다.

이제 클러스터에 우리가 사용할 수 있는 영구볼륨(PV)이 생겼다. 이 영구볼륨에는 접근 유형과 용량도 지정되어 있다. 하지만 파드가 영구볼륨을 직접 사용하지는 못한다. 영구볼륨클레임이란 것을 사용하여 볼륨 사용을 요청해야 한다. 영구볼륨클레임(PVC)은 파드가 사용하는 스토리지의 추상이다. 애플리케이션에서 사용할 스토리지를 요청하는 역할을 한다. 쿠버네티스에서 영구볼륨클레임은 요구 조건이 일치하는 영구볼륨과 함께 쓰인다. 다만 상세한 볼륨 정보는 PV에 맡긴다. 예제 5-6은 우리가 조금 전 생성한 영구볼륨과 요구 조건이 일치하는 영구볼륨클레임의 정의다.

예제 5-6 postgres-persistentVolumeClaim.yaml, 영구볼륨과 조건이 일치하는 영구볼륨클레임 정의

```
apiVersion: v1
kind: PersistentVolumeClaim
metadata:
  name: postgres-pvc          # 애플리케이션은 영구볼륨클레임을 통해 영구볼륨을 사용한다
spec:
  accessModes:                # 접근 유형은 필수 설정이다
    - ReadWriteOnce
  resources:
    requests:
      storage: 40Mi           # 요청하는 스토리지 용량
  storageClassName: ""        # 스토리지 유형을 지정하지 않음
```

영구볼륨클레임의 정의에는 접근 유형과 스토리지 용량, 스토리지 유형을 지정한다. 스토리지 유형을 지정하지 않으면 쿠버네티스가 현존하는 영구볼륨 중 요구 사항과 일치하는 것을 찾아 준다. 일치하는 영구볼륨이 있다면 영구볼륨클레임은 이 영구볼륨과 연결된다. 영구볼륨과 영구볼륨클레임의 관계는 일대일이며, 영구볼륨클레임과 연결된 영구볼륨은 다른 영구볼륨클레임과 추가로 연결될 수 없다.

실습 예제 5-6과 같이 정의된 영구볼륨클레임을 배치하라. 조금 전 우리가 만든 영구볼륨이 이 영구볼륨클레임의 요구 조건을 만족한다. 따라서 영구볼륨클레임은 이 영구볼륨과 연결된다.

```
# 영구볼륨과 연결될 영구볼륨클레임을 생성
kubectl apply -f todo-list/postgres-persistentVolumeClaim.yaml

# 영구볼륨클레임의 목록 확인
kubectl get pvc

# 영구볼륨의 목록 확인
kubectl get pv
```

필자의 환경에서 실행한 결과를 그림 5-13에 실었다. 볼륨클레임과 볼륨이 일대일로 연결된 관계를 볼 수 있다.

❤ 그림 5-13 영구볼륨은 클러스터 스토리지의 사용 가능 단위로, 실제 볼륨을 사용하려면 영구볼륨클레임을 통해 스토리지를 요청해야 한다

영구볼륨클레임을 배치한다. 이 영구볼륨클레임이 클러스터에 있는 영구볼륨을 요청한다.

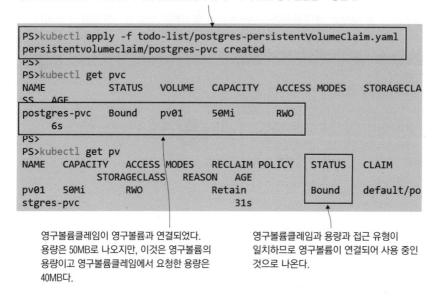

영구볼륨클레임이 영구볼륨과 연결되었다. 용량은 50MB로 나오지만, 이것은 영구볼륨의 용량이고 영구볼륨클레임에서 요청한 용량은 40MB다.

영구볼륨클레임과 용량과 접근 유형이 일치하므로 영구볼륨이 연결되어 사용 중인 것으로 나온다.

지금 사용한 방식은 영구볼륨을 명시적으로 생성해야 하는 정적 프로비저닝 방식이다. 요구 사항이 일치하는 영구볼륨이 없을 때 영구볼륨클레임을 배치하면 영구볼륨클레임이 생성되기는 하지만 스토리지는 사용할 수 없다. 요구 사항을 만족하는 영구볼륨이 생성될 때까지 대기 상태로 남는다.

실습 앞서 생성한 영구볼륨은 영구볼륨클레임에 연결되어 다시 사용할 수 없다. 영구볼륨클레임을 하나 더 배치하여 연결되지 않은 대기 상태로 두어라.

```
# 현재 사용 가능한 영구볼륨 중 일치하는 것이 없는 영구볼륨클레임을 배치
kubectl apply -f todo-list/postgres-persistentVolumeClaim-too-big.yaml

# 영구볼륨클레임의 목록 확인
kubectl get pvc
```

그림 5-14를 보면 새로 배치한 영구볼륨클레임이 보류(Pending) 상태에 있는 것을 볼 수 있다. 이 영구볼륨클레임은 요구 조건에 따라 용량이 최소 100MB 이상인 영구볼륨이 새로 생성될 때까지 이 상태로 남아 있다.

▼ 그림 5-14 정적 프로비저닝에서는 조건에 적합한 영구볼륨이 없으면 영구볼륨클레임을 사용할 수 없다

100MB의 용량이 필요한 영구볼륨클레임을 배치하면,
현재는 이 조건을 만족하는 영구볼륨이 없는 상태다.

```
PS>kubectl apply -f todo-list/postgres-persistentVolumeClaim-too-big.
yaml
persistentvolumeclaim/postgres-pvc-toobig created
PS>
PS>kubectl get pvc
NAME                        STATUS    VOLUME   CAPACITY   ACCESS MODES   ST
ORAGECLASS    AGE
postgres-pvc                Bound     pv01     50Mi       RWO
              13m
postgres-pvc-toobig  Pending
              7s
```

처음 배치한 영구볼륨클레임이 유일한 영구볼륨과 연결되었기 때문에
새로운 영구볼륨클레임에 연결될 볼륨이 없다.
이 영구볼륨클레임은 조건에 맞는 영구볼륨이 나타날 때까지 보류 상태로 남는다.

파드가 영구볼륨클레임을 사용할 수 있으려면 이 클레임이 먼저 영구볼륨과 연결되어야 한다. 볼륨과 연결되지 않은 클레임을 참조하는 파드를 배치하려고 하면, 영구볼륨클레임이 연결될 때까지 파드 역시 보류 상태로 남아 애플리케이션이 정상적으로 시작하지 못한다. 앞서 우리가 처음 만든 영구볼륨클레임은 영구볼륨에 연결되었기 때문에 사용할 수 있었으나, 접근 유형이 ReadWriteOnce였기 때문에 기록 가능하지만 파드 하나에만 마운트될 수 있었다. 예제 5-7은 영구볼륨클레임을 스토리지로 사용해서 실행되는 PostgreSQL 데이터베이스 서버 파드의 정의 중 일부를 발췌한 것이다.

예제 5-7 todo-db.yaml, 영구볼륨클레임을 사용하는 파드의 정의

```
spec:
  containers:
    - name: db
      image: postgres:11.6-alpine
      volumeMounts:
        - name: data
          mountPath: /var/lib/postgresql/data
  volumes:
    - name: data
      persistentVolumeClaim:          # 영구볼륨클레임을 볼륨으로 사용
        claimName: postgres-pvc       # 사용할 영구볼륨클레임의 이름
```

이제 (분산 스토리지든 아니든) 볼륨을 포함하는 PostgreSQL 데이터베이스 파드를 배치할 준비가 끝났다. 애플리케이션 설계자는 파드와 영구볼륨클레임의 정의만 담당하면 되며, 영구볼륨은

신경 쓰지 않아도 된다. 영구볼륨은 클러스터의 인프라와 관계된 것으로 다른 이의 몫이다. 하지만 실습 환경에서는 일을 할 사람이 우리뿐이므로 한 단계가 추가된다. 노드에서 볼륨이 사용할 디렉터리 경로를 만들어야 한다.

> **실습** 실제 클러스터에서는 노드에 로그인할 권한이 없는 경우가 많다. 그러므로 이를 우회하기 위해 호스트경로 마운트로 노드의 루트 디렉터리를 마운트한 sleep 파드를 이용하여 노드의 파일 시스템에 디렉터리를 생성한다.

```
# 노드의 디스크에 접근할 수 있는 sleep 파드를 실행
kubectl apply -f sleep/sleep-with-hostPath.yaml

# 파드가 준비될 때까지 대기
kubectl wait --for=condition=Ready pod -l app=sleep

# 영구볼륨에서 사용할 디렉터리를 생성
kubectl exec deploy/sleep -- mkdir -p /node-root/volumes/pv01
```

그림 5-15를 보면 루트 사용자 권한으로 실행된 sleep 파드를 통해 노드에 디렉터리를 만들었다. 심지어 노드에 직접적인 접근 권한이 없어도 가능하다.

▼ 그림 5-15 노드에서 영구볼륨이 사용할 디렉터리를 호스트경로 마운트를 통해 우회해서 만들었다

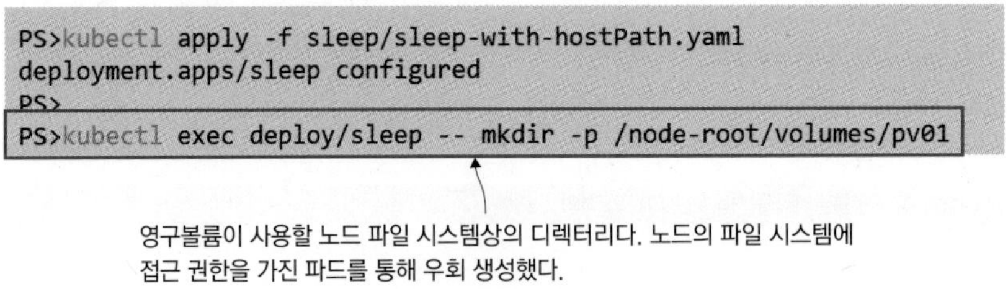

```
PS>kubectl apply -f sleep/sleep-with-hostPath.yaml
deployment.apps/sleep configured
PS>
PS>kubectl exec deploy/sleep -- mkdir -p /node-root/volumes/pv01
```

영구볼륨이 사용할 노드 파일 시스템상의 디렉터리다. 노드의 파일 시스템에
접근 권한을 가진 파드를 통해 우회 생성했다.

영구 스토리지를 가진 to-do 애플리케이션을 실행할 준비가 모두 끝났다. 보통은 클러스터가 대신해 주는 부분이 있어 이렇게 많은 단계를 거칠 필요가 없지만, 클러스터마다 대신 맡아 줄 수 있는 부분에 차이가 있고 직접 해 보는 것이 공부에는 더 도움이 되기 때문에 볼륨 관련 준비를 일일이 직접하는 방법을 택했다. 그림 5-16은 데이터베이스 서버와 우리가 지금까지 배치한 볼륨 관련 리소스가 어떻게 관계되는지 나타낸 다이어그램이다.

데이터베이스 서버를 실행하자. PostgreSQL 컨테이너가 생성되면 파드에 영구볼륨클레임이 연결된 볼륨이 마운트된다. 이 볼륨은 빈 상태이기 때문에 데이터베이스 컨테이너가 시작할 때 데이터베이스가 초기화되고, 선행기입 로그(Write-Ahead Log, WAL)가 만들어진다. 데이터베이스 파드에서는 알 수 없지만 이 볼륨은 sleep 파드가 실행 중인 노드의 로컬 볼륨이므로 로컬 볼륨에 내용이 기록되는 것을 직접 볼 수 있다.

❤ 그림 5-16 영구볼륨과 호스트경로 볼륨이 같은 디렉터리를 가리킨다

데이터베이스 파드의 정의에는
영구볼륨클레임이 포함된다. 영구볼륨클레임은
필요한 스토리지에 대한 요구 사항만 기재되어
있을 뿐 실제 구현 내용은 없다.

sleep 파드에는 호스트경로 볼륨이 쓰였다.
이 호스트경로 볼륨을 통해 영구볼륨 스토리지에
어떤 일이 일어나는지 볼 수 있다.

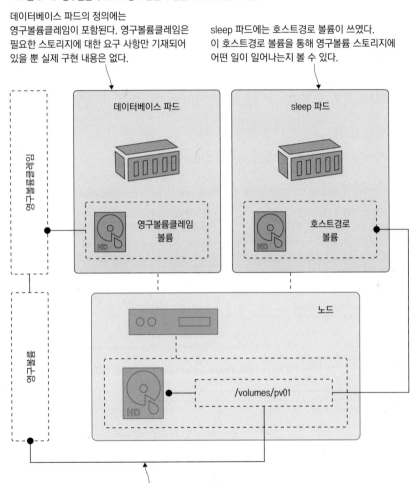

영구볼륨은 로컬 볼륨이다. 우연히도 호스트경로 볼륨과 같은 디렉터리를 가리킨다.
영구볼륨은 대개 분산 스토리지로 구현된다.

실습 데이터베이스 파드를 배치하고, 데이터베이스 파일이 초기화되기 기다렸다가 볼륨에 어떤 파일이 생성되었는지 sleep 파드를 통해 살펴보아라.

```
# 데이터베이스 파드를 배치
kubectl apply -f todo-list/postgres/

# 데이터베이스 파일이 초기화될 때까지 대기
sleep 30

# 데이터베이스 파드의 로그를 확인
kubectl logs -l app=todo-db --tail 1

# 볼륨에 어떤 파일이 생성되었는지 확인
kubectl exec deploy/sleep -- sh -c 'ls -l /node-root/volumes/pv01 | grep wal'
```

필자의 환경에서 실행한 결과인 그림 5-17을 보면 데이터베이스 서버가 정상적으로 시작되어 접속을 기다리고 있으며, 볼륨에도 데이터 파일이 생성되었다.

▼ 그림 5-17 데이터베이스 컨테이너는 로컬 데이터 경로에 파일을 기록하는데, 사실 이 경로는 영구볼륨클레임이 마운트된 경로다

영구볼륨클레임으로 마운트된 볼륨에 데이터를 저장하도록 정의된 데이터베이스 파드를 배치한다.

데이터베이스 서버가 정상적으로 시작되어 동작 중이다.

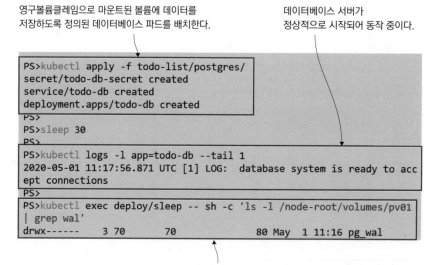

sleep 파드에 마운트된 호스트경로 볼륨을 통해 영구볼륨에서 생성한 데이터베이스 파일을 볼 수 있다.

마지막으로 애플리케이션을 실행하고 할 일을 추가해서 데이터베이스 파드를 교체한 후에도 데이터가 그대로 남아 있는지 확인해 보겠다.

실습 PostgreSQL 데이터베이스를 실제로 사용하는 to-do 애플리케이션의 웹 파드를 실행하라.

```
# 애플리케이션의 웹 파드를 배치
kubectl apply -f todo-list/web/

# 파드가 준비될 때까지 대기
kubectl wait --for=condition=Ready pod -l app=todo-web

# 애플리케이션 URL 확인
kubectl get svc todo-web -o jsonpath='http://{.status.loadBalancer.ingress[0].*}:8081/
new'

# 웹 브라우저에서 애플리케이션에 접근하여 새 할 일 추가

# 데이터베이스 파드를 강제 삭제
kubectl delete pod -l app=todo-db

# 볼륨에 기록된 데이터 확인
kubectl exec deploy/sleep -- ls -l /node-root/volumes/pv01/pg_wal

# 웹 애플리케이션에서 조금 전 추가한 할 일이 그대로 남아 있는지 확인
```

그림 5-18을 보면 to-do 애플리케이션의 화면에서 할 일 아이템을 볼 수 있다. 이 아이템은 첫 번째 데이터베이스 파드에서 볼륨에 기록되었다가 두 번째 데이터베이스 파드에서 읽어 들인 것이다.

이것으로 웹 애플리케이션 파드와 데이터베이스 파드의 결합도를 낮추었다. 웹 애플리케이션 파드는 데이터베이스 파드와 무관하게 업데이트하거나 스케일링이 가능해졌으며, 데이터베이스 파드도 파드의 생애 주기와 무관한 영구 스토리지를 얻었다. 실습 예제에서는 분산 스토리지 대신 로컬 볼륨을 사용했는데, 영구볼륨 정의에서 로컬 볼륨과 관련된 정보만 분산 스토리지의 정보로 수정하면 동일하게 운영 환경에서도 동작한다.

❤ 그림 5-18 영구볼륨클레임만으로 데이터베이스는 영구 스토리지를 사용할 수 있으며, 이것이 바로 스토리지의 추상화다

데이터베이스 파드를 사용하는 to-do 애플리케이션을 배치한다.

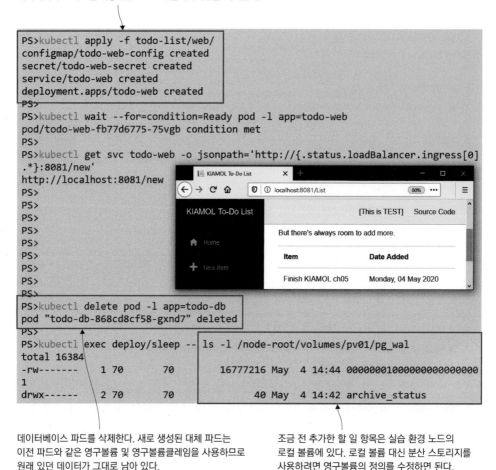

```
PS>kubectl apply -f todo-list/web/
configmap/todo-web-config created
secret/todo-web-secret created
service/todo-web created
deployment.apps/todo-web created
PS>
PS>kubectl wait --for=condition=Ready pod -l app=todo-web
pod/todo-web-fb77d6775-75vgb condition met
PS>
PS>kubectl get svc todo-web -o jsonpath='http://{.status.loadBalancer.ingress[0]
.*}:8081/new'
http://localhost:8081/new
PS>
PS>
PS>
PS>
PS>
PS>
PS>
PS>
PS>kubectl delete pod -l app=todo-db
pod "todo-db-868cd8cf58-gxnd7" deleted
PS>
PS>kubectl exec deploy/sleep -- ls -l /node-root/volumes/pv01/pg_wal
total 16384
-rw-------    1 70       70          16777216 May  4 14:44 000000010000000000000000
1
drwx------   2 70       70                40 May  4 14:42 archive_status
```

데이터베이스 파드를 삭제한다. 새로 생성된 대체 파드는
이전 파드와 같은 영구볼륨 및 영구볼륨클레임을 사용하므로
원래 있던 데이터가 그대로 남아 있다.

조금 전 추가한 할 일 항목은 실습 환경 노드의
로컬 볼륨에 있다. 로컬 볼륨 대신 분산 스토리지를
사용하려면 영구볼륨의 정의를 수정하면 된다.

이 장 끝에서 관계형 데이터베이스를 꼭 쿠버네티스 클러스터 안에서 가동해야 하는지 설명하겠
다. 하지만 그보다 먼저 스토리지 유형에 따라 클러스터가 동적으로 볼륨을 관리하게 하는 방법을
알아보자.

5.4 스토리지의 유형과 동적 볼륨 프로비저닝

지금까지 우리가 배운 방식은 명시적으로 영구볼륨과 영구볼륨클레임을 생성해서 연결하는 정적 볼륨 프로비저닝 방식이었다. 정적 볼륨 프로비저닝 방식은 모든 쿠버네티스 클러스터에서 사용할 수 있다는 점이 장점이며, 스토리지 접근 제약이 큰 조직에서 선호하는 방식이다. 하지만 대부분의 쿠버네티스 플랫폼에서는 동적 볼륨 프로비저닝이라는 더 간단한 방식을 제공한다.

동적 볼륨 프로비저닝은 영구볼륨클레임만 생성하면 그에 맞는 영구볼륨을 클러스터에서 동적으로 생성해 주는 방식이다. 클러스터에는 다양한 요구 사항에 대응할 수 있는 여러 가지 스토리지 유형을 설정할 수 있는데, 이 유형 중에서 기본 유형을 다시 지정할 수 있다. 영구볼륨클레임의 정의에서는 이 스토리지 유형만 지정하면 된다. 예제 5-8에서 보듯이, 스토리지 유형을 따로 지정하지 않는다면 기본 유형이 제공된다.

예제 5-8 postgres-persistentVolumeClaim-dynamic.yaml, 동적 영구볼륨클레임

```yaml
apiVersion: v1
kind: PersistentVolumeClaim
metadata:
  name: postgres-pvc-dynamic
spec:
  accessModes:
    - ReadWriteOnce
  resources:
    requests:
      storage: 100Mi
      # storageClassName 필드가 없으면 기본 유형이 쓰인다
```

예제 5-8의 영구볼륨클레임은 영구볼륨을 따로 만들지 않아도 배치할 수 있다. 하지만 이 영구볼륨클레임을 배치했을 때 어떤 일이 일어날지는 클러스터에 따라 다르기 때문에 확답할 수 없다. 하지만 독자 여러분이 사용하는 쿠버네티스 플랫폼이 동적 볼륨 프로비저닝을 지원하고 기본 스토리지 유형이 지정되어 있다면, 이 스토리지 유형이 쓰인 영구볼륨이 생성되어 앞서 배치한 영구볼륨클레임에 연결될 것이다.

동적 볼륨 프로비저닝이 적용된 영구볼륨클레임을 배치하라.

```
# 예제 5-8에 정의된 영구볼륨클레임을 배치
kubectl apply -f todo-list/postgres-persistentVolumeClaim-dynamic.yaml

# 클레임과 볼륨의 목록을 확인
kubectl get pvc
kubectl get pv

# 영구볼륨클레임을 삭제
kubectl delete pvc postgres-pvc-dynamic

# 볼륨의 목록을 다시 확인
kubectl get pv
```

실습 예제의 실행 결과가 어떠했는가? 도커 데스크톱에서 동적 볼륨 프로비저닝에 쓰는 기본 스토리지 유형은 호스트경로 볼륨이다. 반면 AKS는 애저 파일스(Azure Files)를 쓰고, K3s는 역시 호스트경로 볼륨을 쓰지만 영구볼륨클레임이 사용되는 파드가 생성되는 시점에 영구볼륨이 생성되는 식으로 조금 다르게 동작한다. 따라서 이 실습 예제에서는 영구볼륨이 생성되는 것을 볼 수 없었을 것이다. 그림 5-19는 도커 데스크톱 환경에서의 실습 실행 결과다. 영구볼륨이 생성되어 영구볼륨클레임에 연결된 것을 볼 수 있다. 영구볼륨클레임이 삭제되면 영구볼륨도 함께 삭제된다.

스토리지 유형 역시 상당히 유연하다. 스토리지 유형은 표준 쿠버네티스 리소스로 생성되는데, 스토리지 유형의 정의에 다음 세 가지 필드로 이 스토리지가 어떻게 동작할지 지정한다.

- **provisioner**: 영구볼륨이 필요해질 때 영구볼륨을 만드는 주체. 플랫폼에 따라 관리 주체가 달라진다. 예를 들어 기본 상태의 AKS는 함께 통합된 애저 파일스가 스토리지를 만든다.

그림 5-19 도커 데스크톱에는 동적 볼륨 프로비저닝의 기본 스토리지 유형이 있으며 그에 따라 동작하는데, 다른 플랫폼에서는 동작이 다를 수 있다

스토리지 유형을 지정하지 않은 영구볼륨클레임을
생성한다. 그러면 클러스터에 지정된 기본 스토리지
유형의 영구볼륨이 동적으로 생성된다.

도커 데스크톱 환경의 기본
스토리지 유형은 호스트경로 볼륨이다.

```
PS>kubectl apply -f todo-list/postgres-persistentVolumeClaim-dynamic.yaml
persistentvolumeclaim/postgres-pvc-dynamic created
PS>
PS>kubectl get pvc
NAME                     STATUS    VOLUME                                   CAPA
CITY    ACCESS MODES     STORAGECLASS     AGE
postgres-pvc             Bound     pv01                                     50Mi
        RWO                               4h12m
postgres-pvc-dynamic     Bound     pvc-1709b65c-47ea-4187-b655-a9c54f213872 100M
i       RWO              hostpath         6s
postgres-pvc-toobig      Pending
                                          3h59m
PS>
PS>kubectl get pv
NAME                                      CAPACITY    ACCESS MODES    RECLAIM POL
ICY     STATUS    CLAIM                               STORAGECLASS    REASON   AGE
pv01                                      50Mi        RWO             Retain
        Bound    default/postgres-pvc                                 4h13m
pvc-1709b65c-47ea-4187-b655-a9c54f213872  100Mi       RWO             Delete
        Bound    default/postgres-pvc-dynamic  hostpath               35s
PS>
PS>kubectl delete pvc postgres-pvc-dynamic
persistentvolumeclaim "postgres-pvc-dynamic" deleted
PS>
PS>kubectl get pv
NAME    CAPACITY    ACCESS MODES     RECLAIM POLICY    STATUS    CLAIM
  STORAGECLASS     REASON    AGE
pv01    50Mi        RWO              Retain            Bound     default/postgres-pvc
```

영구볼륨클레임이 삭제되면 이를 위해 생성된
영구볼륨도 함께 동적으로 삭제된다.

필요에 따라 쿠버네티스가 영구볼륨을 관리한다.
이때 접근 유형과 스토리지 용량은 영구볼륨클레임의
요구 사항을 따른다.

- **reclaimPolicy**: 연결되었던 클레임이 삭제되었을 때 남아 있는 볼륨을 어떻게 처리할지 지정한다. 볼륨을 함께 삭제할 수도 있고, 그대로 남겨 둘 수도 있다.
- **volumeBindingMode**: 영구볼륨클레임이 생성되자마자 바로 영구볼륨을 생성해서 연결할지, 아니면 해당 클레임을 사용하는 파드가 생성될 때 영구볼륨을 생성할지 선택할 수 있다.

이 세 가지 속성을 조합하여 클러스터에 우리가 원하는 스토리지 유형을 정의할 수 있다. 그리고 애플리케이션은 자신이 필요한 속성을 가진 (빨리 준비할 수 있는 로컬 스토리지부터 고가용성을 확보한 분산 스토리지까지) 스토리지 유형을 골라 요청해서 사용한다. 이 과정에서 스토리지 특징에 대한 세부 사항은 일일이 입력하지 않아도 된다. 지면에 스토리지 유형의 YAML 정의를 보여줄 수는 없다. 클러스터마다 볼륨 관리 주체가 제각각이므로 실습 환경에서 동작을 보장할 수 없기 때문이다. 그 대신 사용하는 실습 환경에 정의된 기본 스토리지 유형을 복제해 보겠다.

실습 기본 스토리지 유형을 복제하는 방법이 약간 까다로워 이 과정을 스크립트로 작성했다. 과정이 궁금하다면 스크립트 내용을 살펴보기 바란다. 그래도 조금 어려울 것이다.

```
# 클러스터에 정의된 스토리지 유형의 목록을 확인
kubectl get storageclass

# 기본 스토리지 유형을 복제(윈도우)
Set-ExecutionPolicy Bypass -Scope Process -Force; ./cloneDefaultStorageClass.ps1

# 기본 스토리지 유형을 복제(macOS/리눅스)
chmod +x cloneDefaultStorageClass.sh && ./cloneDefaultStorageClass.sh

# 클러스터에 정의된 스토리지 유형의 목록을 다시 확인
kubectl get sc
```

스토리지 유형 목록에서 현재 사용 중인 클러스터의 기본 스토리지 유형이 어떻게 설정되었는지 확인할 수 있다. 스크립트를 실행하고 나면 kiamol이라는 이름의 스토리지 유형이 추가되었을 것이다. 이 스토리지 유형은 클러스터의 기본 스토리지 유형과 동일하게 설정되었다. 필자의 환경에서 실행한 결과를 그림 5-20에 실었다.

이제 영구볼륨클레임의 정의에서 선택할 수 있는 사용자 정의 스토리지 유형이 생겼다. 정적 볼륨 프로비저닝보다는 훨씬 유연하고 직관적으로 스토리지를 관리할 수 있다. 특히 클라우드 플랫폼에서는 동적 볼륨 프로비저닝이 훨씬 빠르고 간단하다. 예제 5-9는 앞서 추가한 사용자 정의 스토리지 유형을 사용한 영구볼륨클레임의 정의다.

❤ 그림 5-20 클러스터에 지정된 기본 스토리지 유형을 복제한 사용자 정의 스토리지 유형을 만든다

스토리지 유형에는 관리 주체가 있다.
관리 주체란 클러스터에 스토리지 시스템을
통합하는 컴포넌트를 의미한다.

기본 스토리지 유형의 설정을 그대로 복제하여
kiamol이라는 이름의 사용자 정의 스토리지
유형을 만드는 스크립트다.

```
PS>kubectl get storageclass
NAME                    PROVISIONER         AGE
hostpath (default)      docker.io/hostpath  7d6h
PS>
PS>Set-ExecutionPolicy Bypass -Scope Process -Force; ./cloneDefaultStorageClass.
ps1
configmap/clone-script created
pod/clone-sc created
pod/clone-sc condition met
storageclass.storage.k8s.io/kiamol created
configmap "clone-script" deleted
pod "clone-sc" deleted
PS>
PS>kubectl get sc
NAME                    PROVISIONER         AGE
hostpath (default)      docker.io/hostpath  7d6h
kiamol                  docker.io/hostpath  19s
```

새로운 사용자 정의 스토리지 유형이 추가되었다. 운영 클러스터에는 이미 서로 다른
요구 사항을 만족할 수 있도록 여러 개의 스토리지 유형이 정의되어 있을 것이다.

예제 5-9 postgres-persistentVolumeClaim-storageClass.yaml, 사용자 정의 스토리지 유형을 사용한 영구볼륨클레임 정의

```
spec:
  accessModes:
    - ReadWriteOnce
  storageClassName: kiamol     # 스토리지 유형은 스토리지의 추상이다
  resources:
    requests:
      storage: 100Mi
```

운영 클러스터에 정의된 스토리지 유형의 이름에는 대개 이보다는 좀 더 많은 의미가 담겨 있다.
하지만 이것만으로도 PostgreSQL 데이터베이스에 사용할 볼륨의 정의에서 스토리지 유형을 지
정하는 데는 충분하다.

> **실습** 새로운 영구볼륨클레임을 만들고, 이 클레임을 사용하도록 데이터베이스 파드를 업데이
> 트하라.

```
# 사용자 정의 스토리지 유형이 사용된 영구볼륨클레임을 생성
kubectl apply -f storageClass/postgres-persistentVolumeClaim-storageClass.yaml
```

볼륨, 마운트, 클레임을 이용한 데이터 퍼시스턴시

```
# 위의 클레임을 사용하도록 데이터베이스 파드를 업데이트
kubectl apply -f storageClass/todo-db.yaml

# 스토리지 관련 리소스를 확인
kubectl get pvc
kubectl get pv

# 파드의 상세 정보를 확인
kubectl get pods -l app=todo-db

# to-do 애플리케이션의 목록 페이지를 새로고침한다
```

이 실습 예제를 실행하면 데이터베이스 파드가 사용하는 볼륨이 동적으로 관리되는 볼륨으로 바뀐다. 새로 생성한 영구볼륨클레임은 마찬가지로 새로 생성된 볼륨에 연결되었기 때문에 이전의 데이터를 모두 잃는다. 기존 볼륨은 계속 존재하므로 기존 볼륨을 다시 사용하도록 데이터베이스 파드를 업데이트하면 이전에 추가했던 할 일 항목을 다시 볼 수 있다.

▼ 그림 5-21 스토리지 유형을 활용하면 영구볼륨클레임에서 스토리지 유형만 지정하면 되므로 애플리케이션 정의가 매우 간결해진다

kiamol 스토리지 유형을 지정한 영구볼륨클레임을
사용하도록 데이터베이스 파드를 업데이트한다.

kiamol 스토리지 유형은 기본 스토리지 유형과
관리 주체가 같다. 영구볼륨이 생성되어 클레임에 연결된다.

```
PS>kubectl apply -f storageClass/postgres-persistentVolumeClaim-storageClass.yam
l
persistentvolumeclaim/postgres-pvc-kiamol created
PS>
PS>kubectl apply -f storageClass/todo-db.yaml
deployment.apps/todo-db configured
PS>
PS>kubectl get pvc
NAME                    STATUS    VOLUME                                          CAPAC
ITY   ACCESS MODES    STORAGECLASS    AGE
postgres-pvc            Bound     pv01                                            50Mi
      RWO                             4h56m
postgres-pvc-kiamol     Bound     pvc-33a99300-4267-49f8-8258-2f5df2c83e09        100Mi
      RWO             kiamol          12s
postgres-pvc-toobig     Pending
                                      4h42m
PS>
PS>kubectl get pv
NAME                                             CAPACITY    ACCESS MODES    RECLAIM POL
ICY    STATUS    CLAIM                             STORAGECLASS    REASON    AGE
pv01                                             50Mi        RWO             Retain
      Bound     default/postgres-pvc                                        4h56m
pvc-33a99300-4267-49f8-8258-2f5df2c83e09         100Mi       RWO             Delete
      Bound     default/postgres-pvc-kiamol       kiamol                    19s
PS>
PS>kubectl get pods -l app=todo-db
NAME                        READY    STATUS    RESTARTS    AGE
todo-db-5dbb9bc854-wz6hz    1/1      Running   0           21s
```

이 파드는 새로운 영구볼륨클레임을 사용한다. 이 클레임에 연결된 볼륨이
빈 상태이므로 데이터베이스가 새로 초기화된다.

5.5 스토리지를 선택할 때 고려할 점

앞서 쿠버네티스에서 스토리지를 다루는 방법을 설명했다. 대개 파드 정의에 포함된 영구볼륨클레임에서 필요한 스토리지 용량과 사용자 정의 스토리지 유형(FastLocal, Replicated 등이 있음)을 지정하면 된다. 하지만 클레임을 통해 스토리지를 요청했을 때 실제로 어떤 과정이 일어나는지, 다른 리소스를 어떻게 설정해야 하고 이들이 이 과정에 어떻게 관여하는지 이해하는 것이 중요해서 이 장의 내용이 이렇게 길어졌다.

그리고 볼륨 유형도 배웠다. 각 쿠버네티스 플랫폼에서 어떤 볼륨 유형을 사용할 수 있고 각각의 특징이 어떠한지는 좀 더 공부해야 한다. 클라우드 환경을 주로 사용한다면 클러스터 전체에서 사용 가능한 스토리지 솔루션을 여러 가지 고를 수 있다. 하지만 이런 스토리지 솔루션은 비용이 많이 든다. 속도가 빠르다면 비용이 더 비싸진다. 속도가 빠른 스토리지 유형을 지정한 영구볼륨클레임을 기존 볼륨을 유지하도록 설정했다면, 이 클레임이 사용된 파드가 삭제되더라도 볼륨은 유지되며 비용도 계속 청구될 것이다.

앞서 했던 고민으로 다시 돌아가 보자. 데이터베이스 같은 유상태 애플리케이션도 쿠버네티스에서 실행해야 할까? 데이터 복제본(플랫폼에서 기능을 제공한다면) 기능과 함께 고가용성을 확보할 수 있겠지만, 그렇다고 해서 당장 서비스형 오라클 데이터베이스의 구독을 해지하고 쿠버네티스에서 구동하는 MySQL로 이전할 필요는 없다. 데이터 관리는 쿠버네티스에서도 쉬운 일이 아니며, 유상태 애플리케이션은 이런 문제의 일부에 지나지 않기 때문이다. 쿠버네티스로 데이터베이스 서버를 이전하더라도 여전히 어떻게 데이터를 백업하고 스냅샷을 남기며 또 이를 복원할지 고려해야 한다. 반면 클라우드 환경의 매니지드 데이터베이스 서버는 이런 고민의 대부분을 덜어 준다. 그럼에도 전체 기술 스택을 쿠버네티스 매니페스트로 옮기고 싶은 유혹이 든다면 컨테이너 플랫폼을 위해 만들어진 몇 가지 현대식 데이터베이스 서버를 고려해 볼 수 있다. TiDB나 CockroachDB가 이런 예다.

그럼 연습 문제를 위해 클러스터를 정리하자.

실습 이 장의 매니페스트로 만든 모든 리소스를 삭제한다. 모든 매니페스트를 배치한 것이 아니기 때문에 해당 리소스가 없어 발생하는 오류는 무시해도 된다.

```
# 디플로이먼트, 영구볼륨,
# 영구볼륨클레임, 서비스를 모두 삭제
```

```
kubectl delete -f pi/v1 -f sleep/ -f storageClass/ -f todo-list/web -f todo-list/
postgres -f todo-list/

# 사용자 정의 스토리지 유형을 삭제
kubectl delete sc kiamol
```

5.6 / 연습 문제

이번 연습 문제는 쿠버네티스 실무에서 마주칠 수 있는 문제를 경험해 보기 위한 것이다. 그런 만큼 실습 예제에서 그랬듯이, 기본 스토리지 유형을 복제하는 수준에 머무르지 않는다. 이번에도 to-do 애플리케이션을 소재로 한다. 하지만 현재의 애플리케이션 정의에는 몇 가지 문제가 있다. 성능 개선을 위해 웹 애플리케이션 파드 앞에는 프록시를 두었고, 개발 환경이므로 로컬 데이터베이스 파일을 웹 애플리케이션 파드에 둔 상태다. 우리가 할 일은 프록시 계층과 웹 애플리케이션 계층에 영구 스토리지를 설정하는 것이다. 파드나 디플로이먼트를 삭제하더라도 데이터가 그대로 유지되어야 한다.

- ch05/lab/todo-list 디렉터리에 있는 애플리케이션 매니페스트를 배치하는 것부터 시작하라. 이 매니페스트에는 프록시 역할을 할 서비스와 웹 애플리케이션 컴포넌트가 되는 디플로이먼트가 정의되어 있다.
- 로드밸런서 리소스를 가리키는 URL을 찾아 애플리케이션을 사용해 보아라. 애플리케이션은 현재 응답하지 않을 것이다. 로그를 확인하여 문제점을 찾고 해결하라.
- 프록시의 캐시와 웹 애플리케이션 파드의 데이터베이스 파일을 둘 영구 스토리지를 설정하라. 파드의 정의와 로그를 보고 마운트 대상이 어디인지 알아내야 한다.
- 애플리케이션이 정상 동작한다면 할 일 항목을 몇 개 추가하라. 그리고 모든 파드를 삭제하고 페이지를 새로고침한 후에도 데이터가 그대로 유지되어야 한다.
- 볼륨 유형과 스토리지 유형은 제한 없이 사용할 수 있다. 실습 환경 플랫폼에서 어떤 것을 사용할 수 있는지 확인해 보아라.

필자 깃허브 https://github.com/sixeyed/kiamol의 ch05/lab/README.md에서 작성한 예시 정답을 참고하기 바란다.

6장

컨트롤러
리소스를 이용한
애플리케이션의
스케일링

애플리케이션 스케일링의 기본 아이디어는 간단하다. 파드를 늘리는 것이다. 쿠버네티스를 이용하여 컴퓨팅 계층에서 네트워크와 스토리지 계층을 추상화시켰다. 이제 동일한 애플리케이션이 돌아가는 여러 개의 파드를 똑같은 방식으로 추상화할 수 있다. 쿠버네티스에서는 이렇게 동일한 애플리케이션이 돌아가는 파드를 레플리카(replica)라고 한다. 그리고 노드가 여러 개인 클러스터에서 레플리카는 여러 노드에 분산 배치된다. 이런 방법으로 더 많은 요청을 처리하고 일부가 고장을 일으키더라도 나머지가 그대로 동작하여 높은 가용성을 확보하는 스케일링의 이점을 누릴수 있다. 그것도 몇 초면 이 모든 대응이 가능하다.

스케일링에도 다양한 애플리케이션의 서로 다른 요구 사항을 만족시키는 여러 가지 방식이 있다. 이 장에서는 이런 스케일링 방식을 하나씩 살펴볼 것이다. 가장 간단한 디플로이먼트를 제일 많이 사용하겠지만, 다른 리소스도 사용한다. 이것으로 다양한 애플리케이션에 스케일링을 적용하는 방법을 익힐 수 있을 것이다.

6.1 쿠버네티스는 어떻게 애플리케이션을 스케일링하는가

파드는 쿠버네티스에서 컴퓨팅의 단위다. 그리고 앞서 2장에서 사람이 직접 파드를 실행하는 경우는 드물고, 주로 파드를 관리하는 다른 리소스를 정의하여 사용한다고 설명했었다. 이런 리소스를 컨트롤러라고 한다. 그 후로 컨트롤러 중에서도 디플로이먼트를 주로 사용했다. 컨트롤러 리소스 정의는 파드의 템플릿을 포함한다. 컨트롤러 리소스는 파드를 생성하고 대체하는 데 이 템플릿을 사용한다. 이 템플릿으로 똑같은 파드의 레플리카를 여러 개 만들 수도 있다.

아마 여러분이 쿠버네티스에서 가장 많이 사용하게 될 리소스는 디플로이먼트일 것이다. 또한 이미 여러 개의 디플로이먼트를 사용해 왔다. 디플로이먼트는 사실 직접 파드를 관리하지 않는다. 파드를 직접 관리하는 역할은 레플리카셋(ReplicaSet)의 몫이다. 그림 6-1에 디플로이먼트와 레플리카셋, 파드의 관계를 다이어그램으로 나타냈다.

❤ 그림 6-1 소프트웨어의 모든 문제는 추상화 계층을 추가하는 방법으로 해결할 수 있다

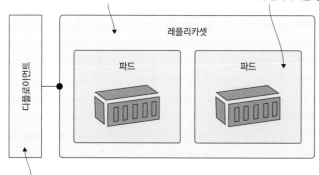

레플리카셋은 파드를 관리한다. 레플리카셋에서
레플리카 수를 변경하면 파드가 추가되거나
감소한다. 관리하던 파드가 사라지면 레플리카셋이
대체 파드를 생성한다.

파드는 컨테이너를 관리한다.
관리하던 컨테이너가 종료되면
대체 컨테이너를 생성한다.

디플로이먼트는 레플리카셋을 관리한다. 디플로이먼트 역시 애플리케이션
업데이트를 위한 추상화다.

대부분의 경우 애플리케이션 정의는 디플로이먼트 형태로 기술한다. 디플로이먼트가 레플리카셋
을 관리하는 컨트롤러 리소스고, 레플리카셋은 파드를 관리하는 컨트롤러 리소스다. 디플로이먼
트 없이 레플리카셋을 바로 만들 수도 있다. 바로 이어서 스케일링이 어떻게 동작하는지 확인하는
실습이 있다. 레플리카셋의 YAML 정의는 관리 대상 리소스를 찾는 셀렉터와 파드의 템플릿으로
구성되어 디플로이먼트 정의와 거의 같다. 예제 6-1은 레플리카셋 정의 중 일부를 발췌한 것이다.

예제 6-1 whoami.yaml, 레플리카셋 직접 생성하기

```
apiVersion: apps/v1
kind: ReplicaSet          # 디플로이먼트와 정의 내용이 거의 같다
metadata:
  name: whoami-web
spec:
  replicas: 1
  selector:               # 관리 대상 파드를 찾기 위한 셀렉터
    matchLabels:
      app: whoami-web
  template:               # 일반적인 파드의 정의가 이 뒤로 이어진다
```

디플로이먼트 정의와 차이점은 리소스 유형과 파드 수를 기재한 replicas 필드가 있다는 것뿐이
다. replicas 필드값이 1이므로 이 레플리카셋은 파드를 한 개만 실행한다.

실습 레플리카셋을 배치하라. 로드밸런서 서비스를 함께 배치하되, 파드에 트래픽이 전달되도록 두 리소스의 레이블 셀렉터를 동일하게 한다.

```
# 이 장의 예제 코드 디렉터리로 이동
cd ch06

# 레플리카셋과 서비스를 배치
kubectl apply -f whoami/

# 배치된 리소스를 확인
kubectl get replicaset whoami-web

# 서비스로 HTTP GET 요청을 전달¹
curl $(kubectl get svc whoami-web -o jsonpath='http://{.status.loadBalancer.
ingress[0].*}:8088') -UseBasicParsing

# 파드를 모두 삭제
kubectl delete pods -l app=whoami-web

# HTTP GET 요청을 다시 한 번 전달
curl $(kubectl get svc whoami-web -o jsonpath='http://{.status.loadBalancer.
ingress[0].*}:8088') -UseBasicParsing

# 레플리카셋의 정보를 확인
kubectl describe rs whoami-web
```

필자의 환경에서 실행한 결과를 그림 6-2에 실었다. 크게 새로운 내용은 없다. 레플리카셋이 파드 하나를 관리하는데, 이 파드를 강제로 삭제하니 레플리카셋이 대체 파드를 생성했다. 그림에서는 마지막의 kubectl describe 명령을 입력하지 않았는데, 이 명령을 실행하면 마지막에 출력되는 이벤트 목록에서 파드가 생성된 것을 확인할 수 있다.

---

1 **역주** 인터넷 익스플로러가 종료되어 무시하고 진행할 수 있도록 -UseBasicParsing 옵션을 추가했다.

레플리카셋은 자신이 관리하는 파드의
'바람직한 상태'와 현재 상태를 알려 준다.

레플리카셋 역시 컨트롤러 객체다.
레플리카셋이 관리하는 파드를 삭제하면
이를 대체하는 새로운 파드를 만든다.

```
PS>cd ch06
PS>
PS>kubectl apply -f whoami/
service/whoami-web created
replicaset.apps/whoami-web created
PS>
PS>kubectl get replicaset whoami-web
NAME          DESIRED     CURRENT     READY     AGE
whoami-web    1           1           1         6s
PS>
PS>curl $(kubectl get svc whoami-web -o jsonpath='http://{.status.loadBalancer.i
ngress[0].*}:8088')
"I'm whoami-web-tv7xr running on Linux 4.19.76-linuxkit #1 SMP Fri Apr 3 15:53:2
6 UTC 2020"
PS>
PS>kubectl delete pods -l app=whoami-web
pod "whoami-web-tv7xr" deleted
PS>
PS>curl $(kubectl get svc whoami-web -o jsonpath='http://{.status.loadBalancer.i
ngress[0].*}:8088')
"I'm whoami-web-tmb95 running on Linux 4.19.76-linuxkit #1 SMP Fri Apr 3 15:53:2
6 UTC 2020"
```

이 애플리케이션은 HTTP 요청에 포함된 호스트명을 출력한다.
출력된 호스트명은 쿠버네티스의 파드 이름과 같다.

새로운 파드가 자신의 호스트명을
출력하며 동작 중이다.

레플리카셋은 항상 제어 루프를 돌며 관리 중인 리소스 수와 필요한 리소스 수를 확인하기 때문에 즉각 삭제된 파드를 대체할 수 있다. 애플리케이션 스케일링도 같은 원리로 진행된다. 레플리카셋 정의에서 레플리카 수를 변경하면 제어 루프 중에 파드 수가 부족한 것을 확인하고 템플릿에서 새로운 파드를 생성한다.

실습 레플리카 수가 세 개로 지정된 레플리카셋의 정의를 반영하여 애플리케이션을 스케일링하라.

```
# 레플리카 수가 변경된 정의를 배치
kubectl apply -f whoami/update/whoami-replicas-3.yaml

# 파드의 목록을 확인
kubectl get pods -l app=whoami-web

# 모든 파드를 삭제
kubectl delete pods -l app=whoami-web

# 파드의 목록을 다시 확인
```

```
kubectl get pods -l app=whoami-web

# HTTP 요청을 몇 번 더 반복
curl $(kubectl get svc whoami-web -o jsonpath='http://{.status.loadBalancer.
ingress[0].*}:8088') -UseBasicParsing
```

그림 6-3의 실행 결과를 보면 몇 가지 의문이 생긴다. 어떻게 애플리케이션에 스케일링이 이렇게 빨리 적용되고, 어떤 원리로 HTTP 응답이 아까와 다른 파드에서 올까?

첫 번째 질문의 답은 간단하다. 실습 환경은 단일 노드 클러스터다. 따라서 모든 파드가 하나의 노드에서 실행되는데 이 노드에는 이미 애플리케이션의 도커 이미지가 있다. 운영 클러스터에서 스케일링을 지시하면, 이미지를 아직 내려받지 않은 노드에서 파드가 실행될 가능성이 크다. 이 노드에서 파드를 실행하려면 이미지를 먼저 내려받아야 한다. 그러므로 스케일링이 적용되는 데 걸리는 시간은 노드에서 이미지를 내려받는 시간보다 빠를 수 없다. 이미지 최적화가 필요한 이유가 바로 여기에 있다.

▼ 그림 6-3 레플리카셋은 파드 수를 빠르게 조절할 수 있고, 파드 수가 늘어나면 서비스가 늘어난 파드에도 요청을 고르게 배분해 준다

레플리카셋을 파드 수가 세 개인
정의로 업데이트한다.

레플리카셋이 파드 두 개를 추가 생성하여
정의에 있는 파드 수를 채운다.

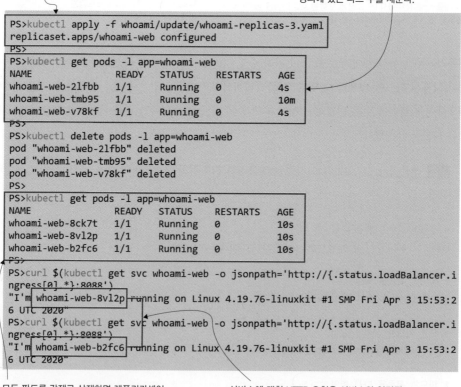

모든 파드를 강제로 삭제하면 레플리카셋이
다시 대체 파드를 세 개 생성한다.

서비스에 대한 HTTP 요청은 서비스와 연결된
파드에 고르게 분배되어 전달된다.

186

똑같은 서비스 리소스를 향해 보낸 HTTP 요청이 서로 다른 파드에서 처리될 수 있는 이유는 서비스와 파드 간 느슨한 결합에 있다. 레플리카셋에서 레플리카 수를 늘리면 서비스의 레이블 셀렉터와 일치하는 파드 수도 늘어난다. 그러면 쿠버네티스는 이들 파드에 요청을 고르게 분배한다. 그림 6-4는 같은 레이블을 찾는 레이블 셀렉터로 레플리카셋과 파드, 서비스와 파드 사이의 관계가 어떻게 유지되는지 나타낸 다이어그램이다.

▼ 그림 6-4 서비스도 레플리카셋과 동일한 레이블 셀렉터를 갖고 있어 레플리카셋과 연결된 모든 파드로 트래픽을 전달할 수 있다

서비스의 레이블 셀렉터도 레플리카셋의 레이블 셀렉터와 동일한 레이블을
가진 리소스를 찾는다. 따라서 모든 파드가 서비스의 엔드포인트로 추가된다.

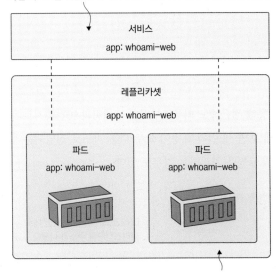

레플리카셋은 레이블 셀렉터로 자신이 관리하는 파드를 식별한다.
이 레이블은 레플리카셋이 파드를 만들 때 부여된다. 그러므로 레플리카셋이
파드 수를 변경하면 그 변경도 서비스의 엔드포인트에 반영된다.

쿠버네티스의 스케일링이 간단한 것은 이런 네트워킹과 컴퓨팅을 분리하는 추상화 덕분이다. 이제 모든 것이 한순간에 맞아 들어가는 느낌이 들 것이다. 리소스를 적절하게 분할하는 것만으로 매우 강력한 기능이 생기는 장면이다. 여기까지 설명한 내용이 쿠버네티스 스케일링의 핵심이다. 필요한 만큼 파드를 실행하되 이들을 모두 같은 서비스 아래 연결한다. 그리고 서비스에 요청이 들어오면 서비스 아래의 파드에 고르게 요청이 분배되는 것이다.

로드밸런싱은 쿠버네티스에 있는 모든 유형의 서비스가 가진 기능이다. 이전 장의 실습 예제에서 로드밸런서 서비스를 배치했고, 이 서비스는 클러스터로 들어오는 트래픽을 받아 자신과 연결된 파드로 트래픽을 전달하는 역할을 했다. 클러스터 내부의 통신은 클러스터IP 서비스가 담당했는데, 이 서비스 리소스 역시 로드밸런싱 기능을 제공했다.

실습 파드를 수동으로 배치하고 이 파드에서 whoami-web 서비스의 클러스터IP를 통해 해당 서비스를 호출하라.

```
# sleep 파드를 하나 실행
kubectl apply -f sleep.yaml

# whoami-web 서비스의 상세 정보 확인
kubectl get svc whoami-web

# sleep 파드에서 서비스 이름으로 DNS 조회
kubectl exec deploy/sleep -- sh -c 'nslookup whoami-web | grep "^[^*]"'

# whoami-web 서비스로 HTTP 요청
kubectl exec deploy/sleep -- sh -c 'for i in 1 2 3; do curl -w \\n -s http://whoami-web:8088; done;'
```

그림 6-5에서 보듯이, 클러스터IP 서비스를 통해 접근해도 외부로부터의 트래픽과 마찬가지로 로드밸런싱이 적용된다. 이 실습 예제를 실행해 보면 세 번의 요청이 모두 다른 파드로 전달되는데, 네트워크 상태에 따라 한 파드가 두 번 이상의 요청을 처리하는 경우도 있다.

▼ 그림 6-5 클러스터 내 트래픽도 서비스를 거치며 로드밸런싱이 적용된다

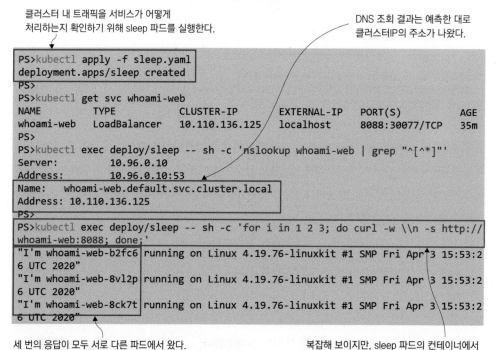

클러스터 내 트래픽을 서비스가 어떻게
처리하는지 확인하기 위해 sleep 파드를 실행한다.

DNS 조회 결과는 예측한 대로
클러스터IP의 주소가 나왔다.

세 번의 응답이 모두 서로 다른 파드에서 왔다.
클러스터 내 트래픽도 서비스를 거치며 로드밸런싱이 적용된다.

복잡해 보이지만, sleep 파드의 컨테이너에서
HTTP 요청을 세 번 보내라는 의미다.

3장에서 서비스를 설명하며 클러스터IP 주소가 파드의 IP 주소에 대한 추상이라고 설명했었다. 그래서 파드가 교체되더라도 애플리케이션은 동일한 서비스 주소를 이용하여 새 파드에 접근할 수 있다. 이번에는 서비스가 여러 파드의 추상 역할을 한다. 클러스터 내 어떤 노드에서 요청이 오더라도 동일한 네트워크 계층에서 여러 파드에 고르게 트래픽을 분배할 수 있다.

6.2 디플로이먼트와 레플리카셋을 이용한 부하 스케일링

레플리카셋을 이용하면 애플리케이션 스케일링이 매우 쉬워진다. 레플리카셋 정의의 레플리카 수만 조절하면 수 초 안에 파드 수를 원하는 대로 늘리고 줄일 수 있다. 경량 컨테이너에서 동작하는 작은 규모의 무상태 컴포넌트에는 최적의 환경이다. 쿠버네티스 환경을 염두에 둔 애플리케이션이 기능을 각각 여러 개의 컴포넌트로 분할하고 컴포넌트를 개별로 업데이트하거나 스케일링을 적용하는 분산 아키텍처를 채용하는 이유가 여기에 있다.

디플로이먼트는 이 레플리카셋 위에 유용한 관리 계층을 추가한다. 디플로이먼트와 레플리카셋이 어떻게 함께 동작하는지 이해했으니 이제 레플리카셋을 직접 실행할 필요는 없다. 애플리케이션을 정의하는 수단으로는 디플로이먼트를 우선적으로 선택해야 한다. 앞으로 9장에서 애플리케이션 업그레이드와 롤백을 다룰 때까지 디플로이먼트의 모든 기능은 사용해 보지 않을 것이다. 하지만 이렇게 추가된 추상을 통해 우리가 또 어떤 것을 얻을 수 있는지는 알아 둘 필요가 있다. 그림 6-6에 이를 정리했다.

❤ 그림 6-6 레플리카 수를 0개로 설정할 수도 있고, 그림의 윗부분은 디플로이먼트가 기존 레플리카셋의 레플리카 수를 0으로 줄인 상황이다

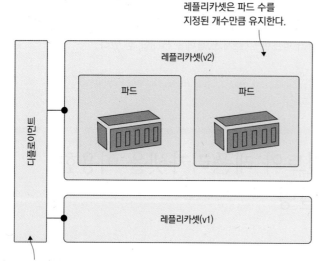

레플리카셋은 파드 수를
지정된 개수만큼 유지한다.

디플로이먼트는 여러 개의 레플리카셋을 관리할 수 있다.
v2 업데이트는 v1 레플리카셋의 파드 수를 0으로 줄이는 것과 같다.

디플로이먼트는 레플리카셋을 관리하는 컨트롤러 리소스다. 디플로이먼트에 스케일링을 적용하려면 레플리카셋과 마찬가지로 디플로이먼트 정의에 replicas 필드가 있어야 한다. 예제 6-2는 원주율 웹 애플리케이션의 YAML 정의 중 일부를 발췌한 것으로, replicas 필드값을 2로 지정했다.

예제 6-2 web.yaml, 여러 개의 레플리카를 배치하는 디플로이먼트 정의

```
apiVersion: apps/v1
kind: Deployment
metadata:
  name: pi-web
spec:
  replicas: 2        # 이 필드는 필수가 아니고 생략할 경우 1이 적용된다
selector:
  matchLabels:
    app: pi-web
  template:          # 이 뒤로 일반적인 파드의 정의가 이어진다
```

디플로이먼트의 레이블 셀렉터는 파드 템플릿에 기재된 레이블과 일치해야 한다. 이들 레이블로 파드로부터 레플리카셋을 거쳐 디플로이먼트까지 이어지는 관리 대상-주체의 관계가 표현되기 때문이다. 디플로이먼트를 스케일링하면 먼저 기존 레플리카셋의 레플리카 수만 수정된다. 하지만 디플로이먼트에서 파드 정의를 변경했다면 대체 레플리카셋을 생성한 후 기존 레플리카셋의 레플리카 수를 0으로 만든다. 이 방법으로 디플로이먼트는 애플리케이션 업데이트 과정이나 컨테이너에 발생하는 문제를 처리하는 과정에서 큰 통제권을 쥔다.

실습 원주율 웹 애플리케이션을 배치하는 디플로이먼트와 서비스를 생성하라. 그리고 애플리케이션을 업데이트하고 레플리카셋이 어떻게 반응하는지 살펴보아라.

```
# 원주율 웹 애플리케이션을 배치
kubectl apply -f pi/web/

# 레플리카셋의 상태를 확인
kubectl get rs -l app=pi-web

# 레플리카를 늘려 스케일링을 적용
kubectl apply -f pi/web/update/web-replicas-3.yaml

# 레플리카셋의 상태를 다시 확인
kubectl get rs -l app=pi-web

# 로그 설정이 추가된 새로운 파드의 정의를 적용
kubectl apply -f pi/web/update/web-logging-level.yaml

# 레플리카셋의 상태를 다시 확인
kubectl get rs -l app=pi-web
```

실행 결과를 보면 스케일링 기능의 핵심은 여전히 레플리카셋임을 알 수 있다. 디플로이먼트 정의에서 레플리카 수를 조정하면, 레플리카셋의 레플리카 수가 그에 맞추어서 변경된다. 디플로이먼트의 책임은 이름 그대로 애플리케이션 배치에 있다. 그리고 여러 개의 레플리카셋을 관리하며 애플리케이션 업데이트를 수행한다. 그림 6-7을 보면 새로운 레플리카셋이 완전히 준비된 후에 기존 레플리카의 레플리카 수가 감소하기 시작한다.

❤ 그림 6-7 디플로이먼트는 레플리카셋이 파드의 적정 수를 유지하며 업데이트를 진행하도록 한다

이 디플로이먼트는 레플리카 수가
2인 레플리카셋을 생성한다.

디플로이먼트의 레플리카 수만 조정하면
기존 레플리카셋의 레플리카 수가 늘어난다.

```
PS>kubectl apply -f pi/web/
service/pi-web created
deployment.apps/pi-web created
PS>
PS>kubectl get rs -l app=pi-web
NAME                    DESIRED    CURRENT    READY    AGE
pi-web-5f74878cb6       2          2          2        7s
PS>
PS>kubectl apply -f pi/web/update/web-replicas-3.yaml
deployment.apps/pi-web configured
PS>
PS>kubectl get rs -l app=pi-web
NAME                    DESIRED    CURRENT    READY    AGE
pi-web-5f74878cb6       3          3          2        22s
PS>
PS>kubectl apply -f pi/web/update/web-logging-level.yaml
deployment.apps/pi-web configured
PS>
PS>kubectl get rs -l app=pi-web
NAME                    DESIRED    CURRENT    READY    AGE
pi-web-5f74878cb6       1          1          1        52s
pi-web-75c758cc59       3          3          2        6s
```

이번 업데이트에서는 파드 정의가 변경되었다. 따라서 기존 레플리카셋에 포함된 파드는
더 이상 필요하지 않게 된다. 디플로이먼트는 새로운 레플리카셋을 생성하고 새 파드가
준비됨에 따라 기존 파드를 삭제한다.

컨트롤러 리소스에 스케일링을 곧바로 지시하려면 kubectl scale 명령을 쓸 수도 있다. 하지만 선언적으로 기술된 YAML 파일을 사용하여 형상 관리 도구와 배치된 애플리케이션 상태를 동일하게 유지하는 편이 훨씬 나으므로 이 같은 수단은 예비로 남겨 두는 것이 좋다. 예를 들어 애플리케이션이 성능 문제를 일으키고 있는데 자동 재배치에 90초가 걸리는 상황이라면, 즉시 kubectl scale 명령으로 대응하는 것이 낫다. 하지만 이때도 YAML 파일을 그에 맞추어서 함께 수정해야 한다.

실습 원주율 웹 애플리케이션을 kubectl scale 명령을 사용하여 스케일링하라. 그리고 레플리카셋 동작이 전체 애플리케이션 재배치와 비교해서 어떻게 달라지는지 살펴보아라.

```
# 원주율 애플리케이션을 신속하게 스케일링해야 한다
kubectl scale --replicas=4 deploy/pi-web

# 어떤 레플리카셋이 변경되는지 확인한다
kubectl get rs -l app=pi-web

# 로그 수준을 원래대로 되돌려도 된다
kubectl apply -f pi/web/update/web-replicas-3.yaml

# 하지만 이 과정에서 수동 스케일링도 원복된다
kubectl get rs -l app=pi-web

# 파드 상태를 확인한다
kubectl get pods -l app=pi-web
```

수정된 YAML 정의를 배치해 보면 두 가지 변화를 볼 수 있다. 첫 번째는 레플리카 수가 다시 세 개로 돌아가고, 두 번째는 이 과정에서 나중에 만든 레플리카셋의 레플리카 수가 0이 되어 처음에 만든 레플리카셋의 레플리카 수가 3이 된 것이다. 그림 6-8을 보면 결과적으로 파드 세 개가 생성되었다.

디플로이먼트를 수정하면 앞서 수동으로 적용한 스케일링의 효과가 풀린다는 것은 이치에 맞는다. YAML 정의는 애플리케이션의 '바람직한' 상태이므로 정의가 수정되었다면 쿠버네티스가 이전 정의의 상태를 유지할 이유가 없다. 하지만 새로운 레플리카셋을 만드는 대신 기존 레플리카셋을 재활용한 부분은 의외로 느껴질 것이다. 이런 방식도 효율을 위해 택한 것이다. 레이블을 사용하면 이런 방식도 충분히 가능하다.

❤️ 그림 6-8 디플로이먼트는 자신이 관리하는 레플리카셋의 정의 내용을 알고 있으며 이전에 만든 레플리카셋의 레플리카 수를 조절하는 방식으로 롤백을 수행한다

kubectl scale 명령은 디플로이먼트 정의에서 레플리카 수를 조정한 것과 효과가 같다. 하지만 이 명령을 사용하더라도 YAML 파일의 정의를 함께 수정하는 것이 좋다.

YAML 파일을 함께 수정하지 않으면, 이후 업데이트에서 레플리카 수가 이전 개수로 돌아가 버린다.

```
PS>kubectl scale --replicas=4 deploy/pi-web
deployment.apps/pi-web scaled
PS>
PS>kubectl get rs -l app=pi-web
NAME               DESIRED    CURRENT    READY    AGE
pi-web-5f74878cb6  0          0          0        12m
pi-web-75c758cc59  4          4          4        11m
PS>
PS>kubectl apply -f pi/web/update/web-replicas-3.yaml
deployment.apps/pi-web configured
PS>
PS>kubectl get rs -l app=pi-web
NAME               DESIRED    CURRENT    READY    AGE
pi-web-5f74878cb6  3          3          3        12m
pi-web-75c758cc59  0          0          0        12m
PS>
PS>kubectl get pods -l app=pi-web
NAME                     READY    STATUS     RESTARTS    AGE
pi-web-5f74878cb6-jf7m9  1/1      Running    0           18s
pi-web-5f74878cb6-lvcsq  1/1      Running    0           21s
pi-web-5f74878cb6-x2hpt  1/1      Running    0           16s
```

이 업데이트는 디플로이먼트의 파드 정의를 이전으로 되돌리는 것이므로 원래 있던 레플리카셋의 레플리카 수를 늘리는 결과가 된다.

이 레플리카셋은 그동안 레플리카 수가 0인 상태로 있었다. 이제 다시 세 개로 레플리카 수가 증가한다.

디플로이먼트가 생성한 파드에는 마치 무작위로 생성한 것 같은 이름이 붙는다. 하지만 이 이름이 진짜 무작위로 지어진 것은 아니다. 무작위 문자열처럼 보이는 부분은 디플로이먼트 정의에 포함된 템플릿 속 파드 정의의 해시값이다. 그리고 디플로이먼트의 이전 정의와 일치하는 변경이 적용될 경우 레플리카셋의 이름이 기존 (레플리카 수가 0이 된 채 남아 있는) 레플리카셋과 같으므로 이 레플리카셋의 레플리카 수를 다시 증가시켜 변경 내용을 적용한다. 파드 템플릿의 해시값은 레이블에 포함되어 있다.

실습 원주율 웹 애플리케이션을 구성하는 파드와 레플리카셋의 레이블에서 템플릿 해시값을 확인하라.

```
# 레플리카셋과 레이블 확인
kubectl get rs -l app=pi-web --show-labels
```

```
# 파드와 레이블 확인
kubectl get po -l app=pi-web --show-labels
```

그림 6-9에서 객체 이름에 포함된 템플릿 해시값을 확인할 수 있다. 하지만 이름은 편의상 붙여진 것으로 실제 관리는 레이블로 한다.

▼ 그림 6-9 객체 이름은 무작위로 지어진 것이 아니고, 파드 템플릿의 해시값이 들어 있다

레플리카셋에는 YAML 정의에 지정된 대로 app 레이블이 부여되었다. 이외에
pod-template-hash 레이블에 파드 정의의 해시값이 들어 있다. 이 값은 디플로이먼트가 사용한다.

```
PS>kubectl get rs -l app=pi-web --show-labels
NAME                DESIRED   CURRENT   READY   AGE   LABELS
pi-web-5f74878cb6   3         3         3       32m   app=pi-web,pod-template-ha
sh=5f74878cb6
pi-web-75c758cc59   0         0         0       31m   app=pi-web,pod-template-ha
sh=75c758cc59
PS>
PS>kubectl get po -l app=pi-web --show-labels
NAME                      READY   STATUS    RESTARTS   AGE   LABELS
pi-web-5f74878cb6-jf7m9   1/1     Running   0          19m   app=pi-web,pod-temp
late-hash=5f74878cb6
pi-web-5f74878cb6-lvcsq   1/1     Running   0          19m   app=pi-web,pod-temp
late-hash=5f74878cb6
pi-web-5f74878cb6-x2hpt   1/1     Running   0          19m   app=pi-web,pod-temp
late-hash=5f74878cb6
```

파드에도 동일한 파드 정의 해시값이 부여되었다. 이 해시값은 레플리카셋이나
파드 등 컨트롤러 객체가 생성한 리소스 이름에도 쓰인다.

디플로이먼트가 파드와 관계를 유지하는 내부 과정을 이해하면 레플리카 수가 0인 레플리카셋이 여러 개 남아 있는 이유를 알 수 있다. 파드에 들어 있는 컴퓨팅 계층과 서비스에 들어 있는 네트워크 계층이 함께 동작하는 방식도 이와 같다.

일반적인 분산 애플리케이션에서는 컴포넌트마다 스케일링 요구 사항이 각기 다르다. 그리고 서비스 리소스에서 제공하는 로드밸런싱을 이용하여 이런 서로 다른 요구 사항을 만족시키게 된다. 우리가 소재로 삼은 원주율 웹 애플리케이션은 현재 (클러스터 외부로 노출하는 것을 목적으로 하지 않는 리소스인) 클러스터IP 서비스 하나만 갖고 있다. 외부 노출을 담당하는 컴포넌트는 로드밸런서 서비스를 사용하는 프록시다(사실 이 프록시 역시 인입되는 트래픽을 주로 다루니 리버스 프록시로 보아야 한다). 웹 컴포넌트와 프록시 모두에 스케일링과 함께 클라이언트와 프록시 파드, 프록시와 애플리케이션 파드 사이에 로드밸런싱 효과를 얻는 방법이 있다.

실습 레플리카 수가 두 개인 프록시 디플로이먼트를 생성하라. 이와 함께 프록시를 원주율 애플리케이션과 통합해 줄 서비스와 컨피그맵도 함께 배치하라.

```
# 프록시 디플로이먼트를 생성
kubectl apply -f pi/proxy/

# 프록시가 적용된 애플리케이션의 URL을 확인
kubectl get svc whoami-web -o jsonpath='http://{.status.loadBalancer.
ingress[0].*}:8080/?dp=10000'

# 웹 브라우저에서 애플리케이션에 접근하여
# 소수점 이하 자릿수(dp)를 바꾸어 가며 원주율을 구하라
```

웹 브라우저에서 개발자 도구를 열어 네트워크 요청 정보를 보면 프록시가 보낸 응답 헤더를 확인할 수 있다. 이 정보에는 프록시 서버의 호스트명(실제로는 파드 이름)과 응답 본체인 웹 페이지에 실제 요청을 처리한 웹 애플리케이션의 파드 이름이 들어 있다. 필자의 환경에서 실행한 결과인 그림 6-10을 보면, 이 응답은 프록시 캐시에서 온 것이다.

❤ 그림 6-10 원주율 애플리케이션의 응답 내용에서 요청을 처리한 파드를 보고 로드밸런싱이 제대로 동작함을 알 수 있다

이 애플리케이션에는 로드밸런싱이 프록시 파드와
웹 파드 두 곳에 적용되었다.

응답 내용에서 실제 요청을 처리한
파드가 무엇인지 알 수 있다.

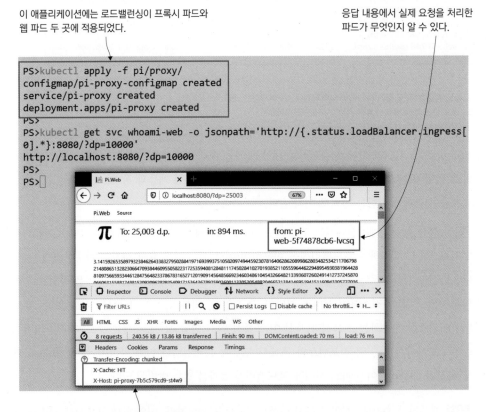

HTTP 헤더에는 응답을 보낸 프록시 파드의 이름이 들어 있다. 캐시가 일치했기 때문에 웹 파드를
호출하지 않고 캐시된 응답이 제공되었다.

간단한 구조이므로 어렵지 않게 스케일링을 적용할 수 있다. 프록시의 파드 정의를 보면 두 개의 볼륨이 쓰였다. 하나는 설정 파일을 읽어 들이는 컨피그맵이고, 다른 하나는 응답 캐시를 저장하는 공디렉터리 볼륨이다. 컨피그맵은 읽기 전용이므로 모든 프록시 파드가 공유할 수 있다. 공디렉터리 볼륨은 쓰기가 가능하지만 파드마다 다른 볼륨을 사용하므로 캐시된 응답도 파드마다 다르다. 그림 6-11에 이 애플리케이션의 구조를 다이어그램으로 나타냈다.

❤ 그림 6-11 파드의 스케일링 사례. 파드끼리 공유하는 볼륨도 있고 파드마다 전용으로 사용하는 볼륨도 있다

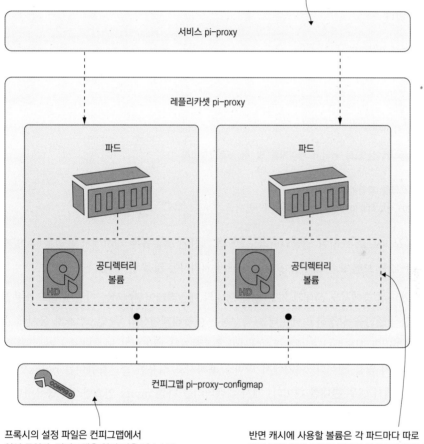

서비스가 들어오는 요청을 프록시 파드 중 하나로 전달한다.

서비스 pi-proxy

레플리카셋 pi-proxy

파드

파드

공디렉터리 볼륨

공디렉터리 볼륨

컨피그맵 pi-proxy-configmap

프록시의 설정 파일은 컨피그맵에서 읽어 들인다. 컨피그맵은 읽기 전용 리소스로, 여러 파드가 공유할 수 있다.

반면 캐시에 사용할 볼륨은 각 파드마다 따로 갖고 있어 해당 요청의 응답이 캐시되지 않은 파드가 요청을 받을 수도 있다.

이런 구조에는 문제가 있다. 원주율 애플리케이션에 소수점 이하 큰 자리로 원주율을 계산하게 한 후 페이지를 새로고침하면 어떻게 될까? 첫 번째 요청은 웹 애플리케이션에서 계산을 수행하느라 느리게 처리될 것이다. 그 후로 이어지는 요청은 캐시된 응답을 이용하여 빨리 처리할 수 있다. 하

지만 곧이어 다른 프록시 파드로 연결된 요청은 캐시된 응답이 없기 때문에 다시 한 번 느리게 처리된다.

모든 프록시 파드가 캐시 볼륨을 공유한다면 이 문제를 해결할 수 있을 것이다. 이 해결책을 사용하려면 5장에서 남겨 두었던 분산 스토리지의 까다로운 부분을 건드려야 한다. 우선 가장 간단한 경우부터 시작해 보자.

> **실습** 프록시 파드를 공디렉터리 볼륨 대신 호스트경로 볼륨을 사용하도록 수정된 정의로 업데이트하라. 같은 노드에서 실행된 모든 노드는 같은 볼륨을 사용하므로 볼륨을 공유하는 효과를 볼 수 있다.

```
# 프록시 파드를 업데이트
kubectl apply -f pi/proxy/update/nginx-hostPath.yaml

# 파드 수를 확인 - 새 정의의 레플리카 수는 세 개다
kubectl get po -l app=pi-proxy

# 원주율 애플리케이션으로 돌아가 페이지를 몇 번 새로고침하라

# 프록시의 로그를 확인하라
kubectl logs -l app=pi-proxy --tail 1
```

이제 어느 프록시 파드로 요청이 전달되더라도 한 번 계산된 원주율은 캐시에서 불러올 수 있게 되었다. 그림 6-12를 보면 모든 요청을 프록시 파드가 처리하는 것을 볼 수 있다.

유상태 애플리케이션 중에서도 상태가 가장 많은 형태의 애플리케이션에서는 이런 방법도 소용없다. 파일에 독점적 권한을 상정하고 데이터를 작성하는 애플리케이션의 두 인스턴스가 동시에 같은 파일에 기록하려고 시도했다면 애플리케이션이 충돌하거나 데이터가 파손되거나 하는 등 의도한 대로 동작하지 않을 것이다. 여기에서 리버스 프록시로 사용한 소프트웨어는 nginx인데, nginx는 이런 면에서 매우 관대한 편이다. 캐시 디렉터리를 다른 nginx 인스턴스와 공유하더라도 별다른 문제를 일으키지 않는다.

스토리지를 사용하는 애플리케이션을 스케일링해야 할 때 사용할 수 있는 컨트롤러 리소스가 몇 가지 있다. 이 장의 나머지 부분은 스테이트풀셋(StatefulSet)의 마지막 유형인 데몬셋(DaemonSet)에 대해 알아본다. 스테이트풀셋은 매우 복잡하므로 주제가 스테이트풀셋 그 자체인 8장에서 더 자세히 다룬다. 데몬셋과 스테이트풀셋은 모두 파드를 관리하는 컨트롤러다. 디플로이먼트에 비해서는 사용 빈도가 낮지만, 몇 가지 강력한 패턴에 꼭 필요한 컨트롤러이므로 배워 두어야 한다.

❤ 그림 6-12 스케일링 중에도 kubectl 명령의 레이블 셀렉터를 이용하여 모든 파드의 로그를 볼 수 있다

이번 업데이트는 프록시 파드에 호스트경로 볼륨을 캐시로
사용하는 업데이트다. 실습 환경은 단일 노드 클러스터이므로
모든 파드가 캐시 파일을 공유할 수 있다.

파드 정의가 변경되었으므로
새로운 레플리카셋이 생성되며
파드 역시 새로 생성된다.

```
PS>kubectl apply -f pi/proxy/update/nginx-hostPath.yaml
deployment.apps/pi-proxy configured
PS>
PS>kubectl get po -l app=pi-proxy
NAME                      READY   STATUS        RESTARTS   AGE
pi-proxy-6858657f9c-5kkkj  1/1     Running       0          4s
pi-proxy-6858657f9c-9mcvh  1/1     Running       0          6s
pi-proxy-6858657f9c-r9p8p  1/1     Running       0          5s
pi-proxy-7b5c579cd9-5jhhx  0/1     Terminating   0          26m
pi-proxy-7b5c579cd9-t6bgs  0/1     Terminating   0          6s
PS>
PS>kubectl logs -l app=pi-proxy --tail 1
192.168.65.3 - - [06/May/2020:14:25:00 +0000] "GET /img/pi-large.png HTTP/1.1" 3
04 0 "http://localhost:8080/?dp=5003" "Mozilla/5.0 (Windows NT 10.0; Win64; x64;
 rv:75.0) Gecko/20100101 Firefox/75.0"
192.168.65.3 - - [06/May/2020:14:25:05 +0000] "GET /?dp=2003 HTTP/1.1" 200 2198
"-" "Mozilla/5.0 (Windows NT 10.0; Win64; x64; rv:75.0) Gecko/20100101 Firefox/7
5.0"
192.168.65.3 - - [06/May/2020:14:25:00 +0000] "GET /lib/bootstrap/dist/js/bootst
rap.bundle.min.js HTTP/1.1" 304 0 "http://localhost:8080/?dp=5003" "Mozilla/5.0
(Windows NT 10.0; Win64; x64; rv:75.0) Gecko/20100101 Firefox/75.0"
```

kubectl로 레이블 셀렉터와 레이블이 일치하는 파드의 로그를 불러올 수 있다.
화면은 각 파드의 최신 로그다. 모두 트래픽을 처리했다는 내용이다.

6.3 데몬셋을 이용한 스케일링으로 고가용성 확보하기

KUBERNETES

데몬셋(DaemonSet)은 리눅스의 백그라운드에서 단일 인스턴스로 동작하며 시스템 관련 기능을 제공하는 프로세스를 가리키는 말인 데몬(daemon)(윈도우 서비스와 같은 의미)에서 따온 이름이다. 쿠버네티스의 데몬셋은 클러스터 내 모든 노드 또는 셀렉터와 일치하는 일부 노드에서 단일 레플리카 또는 파드로 동작하는 리소스를 의미한다.

데몬셋은 각 노드에서 정보를 수집하여 중앙의 수집 모듈에 전달하거나 하는 인프라 수준의 관심사와 관련된 목적으로 많이 쓰인다. 각 노드마다 파드가 하나씩 동작하면서 해당 노드의 데이터

를 수집하는 식이다. 이때 리소스 충돌은 걱정할 필요가 없다. 노드 하나에 실행되는 파드가 하나 뿐이기 때문이다. 나중에 파드의 로그와 노드의 활성 지표를 수집하는 데 데몬셋을 활용해 볼 것이다.

한 노드에 여러 레플리카를 둘 정도로 부하는 없지만 단순히 고가용성을 확보하려는 목적에서 데몬셋을 활용할 수도 있다. 리버스 프록시가 그 좋은 예다. nginx 파드 하나로도 수천 개의 동시 요청을 처리할 수 있다. 따라서 파드를 여러 개 둘 필요가 없으며 한 노드에 하나씩 배치되는 것이 보장되기만 하면 된다. 그러면 외부에서 들어온 트래픽이 어느 노드에 도달하더라도 해당 노드의 리버스 프록시가 트래픽을 전달할 수 있다. 예제 6-3은 데몬셋의 YAML 정의 중 일부를 발췌한 것이다. 다른 컨트롤러 리소스의 정의와 크게 다를 바 없지만 레플리카 수를 설정하지 않는 점이 다르다.

예제 6-3 nginx-ds.yaml, 프록시 용도로 사용할 데몬셋

```
apiVersion: apps/v1
kind: DaemonSet
metadata:
  name: pi-proxy
spec:
  selector:
    matchLabels:          # 데몬셋에도 레이블 셀렉터가 있음
      pp: pi-proxy         # 데몬셋의 관리 대상인 파드를 결정하는 기준
template:
  metadata:
    labels:
      app: pi-proxy        # 레이블 셀렉터와 레이블이 일치해야 함
  spec:
    # 이 뒤로 파드 정의가 이어짐
```

이 정의에도 호스트경로 볼륨이 쓰인다. 다시 말해 각 파드가 자신만의 캐시를 갖게 되므로 캐시 공유에서 오는 최대 성능은 얻을 수 없다. 이런 방식은 nginx에 비해 까다로운 유상태 애플리케이션에 효과가 좋다. 같은 데이터 파일에 동시에 접근할 인스턴스가 하나뿐이기 때문이다.

실습 기존 컨트롤러 리소스의 유형을 바꿀 수는 없지만, 애플리케이션을 망가뜨리지 않으면서 디플로이먼트를 데몬셋으로 교체할 수는 있다.

```
# 데몬셋을 배치
kubectl apply -f pi/proxy/daemonset/nginx-ds.yaml

# 프록시 서비스에 등록된 엔드포인트를 확인
```

```
kubectl get endpoints pi-proxy

# 디플로이먼트를 삭제
kubectl delete deploy pi-proxy

# 데몬셋의 상세 정보를 확인
kubectl get daemonset pi-proxy

# 파드의 상태를 확인
kubectl get po -l app=pi-proxy

# 웹 브라우저에서 페이지를 새로고침하라
```

필자의 환경에서 실행한 결과를 그림 6-13에 실었다. 디플로이먼트를 제거하기 전에 데몬셋을 먼저 생성하면 서비스로 들어온 요청을 처리할 파드가 사라지는 일이 발생하지 않는다. 디플로이먼트를 먼저 제거하면 데몬셋이 완전히 시작될 때까지 애플리케이션을 사용할 수 없다. HTTP 응답의 헤더를 보면 전과 동일하게 프록시 캐시에서 온 응답인 것을 알 수 있다. 새로 만든 데몬셋의 파드 역시 디플로이먼트에 있던 파드와 동일한 호스트경로 볼륨을 사용하기 때문이다.

❤ 그림 6-13 애플리케이션을 중단하지 않으려면 배치 순서에도 신경을 써야 한다

디플로이먼트를 삭제하기 전에 먼저 데몬셋을 생성한다. 데몬셋이 생성한 파드 역시
서비스의 엔드포인트에 추가되므로 모두 합해 파드 네 개가 트래픽을 전달받을 수 있다.

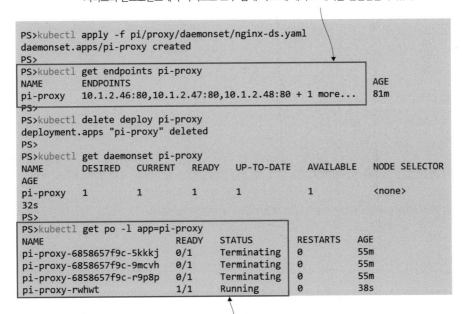

디플로이먼트를 삭제하면 이 리소스가 관리하던 파드가 삭제된다.
하지만 데몬셋이 생성한 파드가 이미 요청을 처리할 수 있는 상태다.

실습 환경은 단일 노드 클러스터이므로 데몬셋 역시 파드가 하나뿐이다. 노드가 늘어나면 노드 개수만큼 파드가 늘어날 것이다. 제어 루프에서 클러스터의 노드 개수를 주시하다가 새로운 노드가 추가되면 해당 노드에 레플리카를 실행한다. 제어 루프는 파드 수도 주시한다. 파드가 제거되면 역시 대체 파드를 실행한다.

> **실습** 수동으로 프록시 파드를 삭제하라. 곧바로 데몬셋이 대체 파드를 실행한다.

```
# 데몬셋의 상태를 확인
kubectl get ds pi-proxy

# 프록시 파드를 수동으로 삭제
kubectl delete po -l app=pi-proxy

# 파드의 목록을 확인
kubectl get po -l app=pi-proxy
```

파드가 삭제되는 도중에 웹 브라우저를 새로고침하면 데몬셋이 새로운 파드를 시작할 때까지 애플리케이션이 응답하지 않는다. 그 이유는 실습 환경 클러스터가 단일 노드이기 때문이다. 서비스는 실행 중(running)인 파드에만 트래픽을 전달한다. 따라서 다중 노드 클러스터에서는 정상 상태인 파드로 요청이 전달된다. 필자의 환경에서 실행한 결과를 그림 6-14에 실었다.

▼ 그림 6-14 데몬셋은 노드와 파드를 모두 주시하며 레플리카 수가 조건에 부합하도록 유지한다

```
PS>kubectl get daemonset pi-proxy
NAME          DESIRED      CURRENT      READY      UP-TO-DATE      AVAILABLE      NODE SELECTOR
AGE
pi-proxy      1            1            1          1               1              <none>
17m
PS>
PS>kubectl delete po -l app=pi-proxy
pod "pi-proxy-wq7bt" deleted
PS>
PS>kubectl get po -l app=pi-proxy
NAME              READY      STATUS      RESTARTS      AGE
pi-proxy-tcdrx    1/1        Running     0             4s
```

데몬셋이 레플리카를 관리하는 규칙은 디플로이먼트와는 다르다. 하지만 데몬셋 역시
파드를 관리하는 컨트롤러이므로 파드가 유실되면 대체 파드를 생성한다.

데몬셋은 단순히 각 노드마다 파드를 실행할 때만 사용하는 것이 아니다. 이번 프록시 예제처럼 클러스터의 노드 중 일부만 외부에서 들어오는 트래픽을 받을 수 있다면, 이들 노드에만 프록시 파드를 실행하면 될 것이다. 이들 노드에 원하는 레이블을 부여하고 파드 정의에서 이 레이블을

선택하는 셀렉터를 추가하면 외부 트래픽을 받는 노드에만 프록시 파드가 실행된다. 예제 6-4는 nodeSelector 필드를 이용해서 이를 구현한 예다.

```
# 데몬셋의 template 필드 속 파드 정의
spec:
  containers:
    # ...
  volumes:
    # ...
  nodeSelector:        # 특정 노드에서만 파드를 실행한다
    kiamol: ch06       # kiamol=ch06 레이블이 부여된 노드만 대상이다
```

데몬셋은 클러스터에 새로 추가되는 노드만 살피는 것이 아니라, 모든 노드를 확인하여 대상 노드를 선택한다. 이 정의를 배치하면 kiamol=ch06 레이블이 부여된 노드에서만 파드가 실행된다. 클러스터에 대상 노드가 없다면, 데몬셋의 지정된 레플리카 수는 0이 된다.

실습 예제 6-4의 nodeSelector가 추가된 정의대로 데몬셋을 업데이트하라. 이제 레이블이 일치하는 노드가 없으므로 기존 파드가 제거된다. 그다음 노드에 레이블을 부여하여 대상 노드로 만들면 새 파드가 생성된다.

```
# 데몬셋을 업데이트
kubectl apply -f pi/proxy/daemonset/nginx-ds-nodeSelector.yaml

# 데몬셋의 상태를 확인
kubectl get ds pi-proxy

# 파드의 상태를 확인
kubectl get po -l app=pi-proxy

# 셀렉터와 일치하는 레이블을 노드에 부여
kubectl label node $(kubectl get nodes -o jsonpath='{.items[0].metadata.name}')
kiamol=ch06 --overwrite

# 파드의 상태를 다시 확인
kubectl get ds pi-proxy
```

6

컨트롤러 리소스를 이용한 애플리케이션의 스케일링

그림 6-15를 보면 데몬셋의 제어 루프가 동작하는 모습을 볼 수 있다. 처음 노드를 선택하는 셀렉터가 적용되면 셀렉터와 일치하는 노드가 없어 데몬셋의 지정된 레플리카 수가 0이 된다. 기존 파드 때문에 레플리카 수가 초과되므로 파드가 제거된다. 그다음 노드에 레이블을 부여하면 셀렉터와 일치하는 노드가 생긴다. 데몬셋의 지정된 레플리카 수도 1이 되어 새로운 파드가 생성된다.

❤ 그림 6-15 데몬셋은 제어 루프에서 대상 파드와 대상 노드를 함께 관리한다

업데이트된 데몬셋 정의에는 노드를 선택하는 셀렉터가 포함되었다.
하지만 클러스터에 셀렉터와 일치하는 노드가 없어 지정된 레플리카 수가 0이 된다.

```
PS>kubectl apply -f pi/proxy/daemonset/nginx-ds-nodeSelector.yaml
daemonset.apps/pi-proxy configured
PS>
PS>kubectl get ds pi-proxy
NAME        DESIRED   CURRENT    READY   UP-TO-DATE   AVAILABLE   NODE SELECTOR
AGE
pi-proxy    0         0          0       0            0           kiamol=ch06
37m
PS>
PS>kubectl get po -l app=pi-proxy
No resources found in default namespace.
PS>
PS>kubectl label node $(kubectl get nodes -o jsonpath='{.items[0].metadata.name}
') kiamol=ch06 --overwrite
node/docker-desktop labeled
PS>
PS>kubectl get ds pi-proxy
NAME        DESIRED   CURRENT    READY   UP-TO-DATE   AVAILABLE   NODE SELECTOR
AGE
pi-proxy    1         1          1       1            1           kiamol=ch06
```

노드에 레이블을 부여하니 셀렉터와 일치하는 노드가 생겼다.
이에 따라 데몬셋의 지정된 레플리카 수도 1이 된다.

데몬셋의 제어 루프는 대상 파드뿐만 아니라 대상 노드까지 관리해야 하기 때문에 레플리카셋과는 다른 동작을 보인다. 하지만 기본적으로 데몬셋과 레플리카셋 모두 파드를 관리하는 컨트롤러 리소스다. 모든 컨트롤러 리소스는 자신이 관리하는 파드의 생애 주기를 관장하지만, 대상 파드와 연결이 끊길 수 있다. 다음 실습 예제에서는 데몬셋 관리에서 벗어난 파드 예를 살펴보겠다.

> **실습** kubectl delete 명령에는 cascade 옵션이 있다. 이 옵션을 사용하면 컨트롤러의 관리 대상 리소스는 그대로 두고 컨트롤러 리소스만 삭제할 수 있다. 이렇게 남겨진 관리 대상 리소스는 셀렉터가 일치하는 새로운 컨트롤러 리소스가 생성되면 다시 이 리소스의 관리 대상으로 들어간다.

```
# 관리 대상 파드는 남겨 두고 데몬셋을 삭제
kubectl delete ds pi-proxy --cascade=false

# 파드의 상태를 확인
kubectl get po -l app=pi-proxy

# 데몬셋을 다시 생성
kubectl apply -f pi/proxy/daemonset/nginx-ds-nodeSelector.yaml

# 데몬셋과 파드의 상태를 확인
kubectl get ds pi-proxy
kubectl get po -l app=pi-proxy

# cascade 옵션 없이 데몬셋을 삭제
kubectl delete ds pi-proxy

# 파드의 상태를 확인
kubectl get po -l app=pi-proxy
```

그림 6-16을 보면 데몬셋을 삭제했다가 다시 생성해도 원래 있던 파드가 그대로 남아 있는 것을 볼 수 있다. 새로 만든 데몬셋에는 파드 하나가 필요한데, 기존 파드가 데몬셋의 템플릿과 일치하므로 이 파드를 관리 대상에 넣는다. 두 번째로 데몬셋을 삭제할 때는 파드가 함께 삭제된다.

관리 대상 리소스를 남겨 둔 채 컨트롤러 리소스만 삭제하는 기능은 자주 사용할 일은 없어도 필요할 때는 매우 유용하다. 기존 파드에는 문제없는데 노드에 유지 보수 작업을 해야 할 때를 생각해 보자. 노드 작업을 마친 후 데몬셋을 다시 생성하면서 불필요하게 파드를 삭제하고 다시 생성하는 것보다 데몬셋만 간단하게 다시 생성하는 것이 더 낫다.

이렇듯 데몬셋은 고가용성을 위한 리소스이지만, 적합한 애플리케이션이 제한적이다. 이를테면 각각의 인스턴스가 독립적인 데이터 저장소를 가져도 괜찮은 애플리케이션을 들 수 있다. 고가용성이 필요하지만, 여러 인스턴스가 데이터 저장소를 공유할 필요도 함께 있다면 스테이트풀셋을 쓰는 것이 낫다. 하지만 8장으로 지금 당장 넘어가서는 안 된다. 7장에 나오는 유상태 애플리케이션을 다루는 근사한 패턴을 먼저 배우기 바란다.

❥ 그림 6-16 컨트롤러 리소스의 관리에서 벗어난 파드는 더 이상 고가용성에 기여하지 못한다

컨트롤러 리소스를 삭제하면 관리 대상 리소스도
함께 삭제되는 것이 기본 설정이다. 하지만 관리 대상
리소스를 남겨 놓을 수도 있다.

파드에 부여된 레이블이 데몬셋의 셀렉터와 일치하므로
이들 파드는 새로 생성된 데몬셋의 관리 대상이 된다.

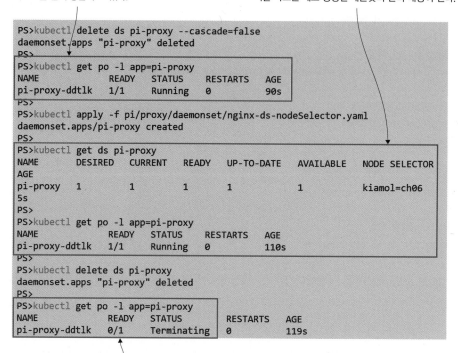

```
PS>kubectl delete ds pi-proxy --cascade=false
daemonset.apps "pi-proxy" deleted
PS>
PS>kubectl get po -l app=pi-proxy
NAME                READY     STATUS      RESTARTS     AGE
pi-proxy-ddtlk      1/1       Running     0            90s
PS>
PS>kubectl apply -f pi/proxy/daemonset/nginx-ds-nodeSelector.yaml
daemonset.apps/pi-proxy created
PS>
PS>kubectl get ds pi-proxy
NAME         DESIRED    CURRENT    READY    UP-TO-DATE    AVAILABLE    NODE SELECTOR
AGE
pi-proxy     1          1          1        1             1            kiamol=ch06
5s
PS>
PS>kubectl get po -l app=pi-proxy
NAME                READY     STATUS      RESTARTS     AGE
pi-proxy-ddtlk      1/1       Running     0            110s
PS>
PS>kubectl delete ds pi-proxy
daemonset.apps "pi-proxy" deleted
PS>
PS>kubectl get po -l app=pi-proxy
NAME              READY     STATUS          RESTARTS     AGE
pi-proxy-ddtlk    0/1       Terminating     0            119s
```

파드는 새로운 데몬셋의 관리 대상이 되었으므로 이 데몬셋을 옵션 없이 삭제하면
데몬셋과 함께 파드가 삭제된다.

스테이트풀셋, 데몬셋, 레플리카셋, 디플로이먼트 등은 우리가 애플리케이션을 모델링하는 데 사용하는 도구다. 쿠버네티스에서 원하는 애플리케이션을 실행하려면 애플리케이션을 유연하게 모델링할 수 있어야 한다. 마지막으로 다른 객체를 관리하는 객체가 어떻게 관리되는지 알아보면서 이 장과 1부를 마치겠다.

6.4 쿠버네티스의 객체 간 오너십

컨트롤러 리소스는 레이블 셀렉터를 이용하여 자신의 관리 대상 리소스를 결정한다. 그리고 관리 대상 리소스는 메타데이터 필드에 자신을 관리하는 리소스 정보를 기록한다. 컨트롤러 리소스를 삭제하면 관리 대상 리소스가 잠시 남아 있지만, 곧 함께 삭제된다. 쿠버네티스에는 관리 주체가 사라진 객체를 찾아 제거하는 가비지 컬렉터가 있다. 객체 간 이런 오너십은 일종의 위계를 형성한다. 파드는 레플리카셋의 관리를 받고, 레플리카셋은 다시 디플로이먼트의 관리를 받는 식이다.

실습 모든 파드와 레플리카셋의 메타데이터에서 관리 주체 리소스 정보를 확인하라.

```
# 각 파드의 관리 주체 리소스를 확인
kubectl get po -o custom-columns=NAME:'{.metadata.name}',OWNER:'{.metadata.
ownerReferences[0].name}',OWNER_KIND:'{.metadata.ownerReferences[0].kind}'

# 각 레플리카셋의 관리 주체 리소스를 확인
kubectl get rs -o custom-columns=NAME:'{.metadata.name}',OWNER:'{.metadata.
ownerReferences[0].name}',OWNER_KIND:'{.metadata.ownerReferences[0].kind}'
```

필자의 환경에서 실행한 결과를 그림 6-17에 실었다. 결과를 보면 모든 파드가 다른 리소스의 관리 대상이고, 레플리카셋 역시 하나를 제외하면 모두 다른 리소스의 관리 대상임을 알 수 있다.

▼ 그림 6-17 객체 역시 자신의 관리 주체를 알고 있고, 메타데이터에서 이 정보를 확인할 수 있다

이 장에서는 다른 리소스의 관리를 받지 않는 파드를 만들지 않았다.
그러므로 모든 파드가 데몬셋이나 레플리카셋의 관리하에 있다.

```
PS>kubectl get po -o custom-columns=NAME:'{.metadata.name}',OWNER:'{.metadata.ow
nerReferences[0].name}',OWNER_KIND:'{.metadata.ownerReferences[0].kind}'
NAME                        OWNER                OWNER_KIND
pi-proxy-5x2cp              pi-proxy             DaemonSet
pi-web-5f74878cb6-jf7m9     pi-web-5f74878cb6    ReplicaSet
pi-web-5f74878cb6-lvcsq     pi-web-5f74878cb6    ReplicaSet
pi-web-5f74878cb6-x2hpt     pi-web-5f74878cb6    ReplicaSet
sleep-b8f5f69-5dvjw         sleep-b8f5f69        ReplicaSet
whoami-web-8ck7t            whoami-web           ReplicaSet
whoami-web-8vl2p            whoami-web           ReplicaSet
whoami-web-b2fc6            whoami-web           ReplicaSet
PS>
PS>kubectl get rs -o custom-columns=NAME:'{.metadata.name}',OWNER:'{.metadata.ow
nerReferences[0].name}',OWNER_KIND:'{.metadata.ownerReferences[0].kind}'
NAME                   OWNER     OWNER_KIND
pi-web-5f74878cb6      pi-web    Deployment
pi-web-75c758cc59      pi-web    Deployment
sleep-b8f5f69          sleep     Deployment
whoami-web             <none>    <none>
```

레플리카셋 중에는 다른 리소스의 관리를 받지 않는 것이 하나 있다.
나머지는 디플로이먼트의 관리를 받는다.

쿠버네티스가 리소스 간 이런 의존 관계를 잘 관리하지만, 이들 관계가 형성되는 수단은 레이블 셀렉터 하나뿐이다. 따라서 레이블을 멋대로 수정하면 이런 의존 관계가 깨질 수 있다. 대부분 리소스를 삭제할 때 관리 대상 리소스까지 함께 삭제하는 것이 낫지만, 관리 대상 리소스를 남겨 두어야 할 경우도 있다. 이때는 관리 대상 리소스의 메타데이터에서 관리 주체 리소스에 대한 참조 정보가 삭제되기 때문에 이들 리소스가 가비지 컬렉터로 제거되지 않는다.

그림 6-18에 실린 원주율 애플리케이션의 최신 상태를 반영한 아키텍처를 마지막으로 살펴보자.

▼ 그림 6-18 원주율 애플리케이션. 별도의 설명 없이 다이어그램만으로도 이해할 수 있는 명확한 아키텍처다

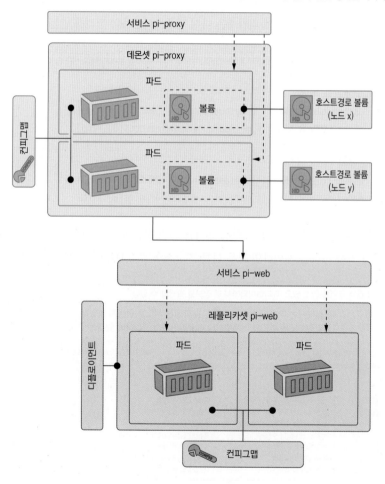

간단해 보여도 이 다이어그램은 많은 내용을 담고 있다. 애플리케이션 자체는 단순하지만 애플리케이션이 배치된 구조는 쿠버네티스의 다양한 기능을 사용하여 고가용성, 스케일링, 유연성을 갖추었다. 이제 여기 쓰인 쿠버네티스 리소스가 친숙하게 느껴질 것이다. 이들 리소스를 어떤 용도로 쓰고 어떻게 다른 리소스와 엮어 내야 하는지도 이해했을 것이다. 이 애플리케이션의 YAML 정의는 고작 150줄 남짓이지만, 이 파일만 있으면 업무용 노트북이든 50노드로 구성된 클러스터든 동일하게 애플리케이션을 실행할 수 있다. 프로젝트에 새로운 직원이 투입되더라도 쿠버네티스만 사용할 수 있다면 (또는 이 책을 6장까지만 읽었더라도) 곧바로 업무를 시작할 수 있다.

이 장의 내용은 여기까지다. 이번 주 분량이 점심시간을 여러 번 초과시켰다면 사과드린다. 하지만 이것으로 쿠버네티스 기초와 그에 따른 베스트 프랙티스를 모두 익혔다. 연습 문제로 배운 내용을 점검해 보기 바란다.

실습 이 장에서 다룬 객체 중 최상위 객체에는 kiamol 레이블이 부여되었다. 우리가 앞서 배웠듯이, 리소스를 삭제하면 해당 리소스의 관리 대상 리소스도 함께 삭제된다.

```
# 모든 컨트롤러 리소스 및 서비스를 삭제
kubectl delete all -l kiamol=ch06
```

6.5 / 연습 문제

쿠버네티스는 최근 몇 년 사이 큰 변화를 겪었다. 이 장에서 다룬 컨트롤러 리소스를 지금은 주로 사용하지만, 이전에는 다른 컨트롤러 리소스도 있었다. 이번 연습 문제는 이전에 사용되던 컨트롤러가 쓰인 애플리케이션 정의를 우리가 배운 컨트롤러 리소스를 사용하게끔 수정하는 것이다.

- ch06/lab/numbers 디렉터리에 있는 애플리케이션 정의를 먼저 배치해 보아라. 이 애플리케이션은 3장에서 보았던 무작위 숫자 생성 애플리케이션이다. 다만 설정에 이상이 있어 제대로 동작하지 않는 상태다.

- 먼저 고부하에 대응할 수 있는 컨트롤러를 사용하도록 웹 컴포넌트의 정의를 수정한다. 운영 환경에서 수십 개 이상의 인스턴스를 실행할 수 있어야 한다.

- API 컴포넌트 정의 역시 수정해야 한다. API 컴포넌트는 고가용성이 필요하다. 하지만 이 컴포넌트는 서버에 달린 하드웨어 난수 생성기를 사용하며 이 난수 생성기는 동시에 파드 하나만 사용할 수 있다. 하드웨어 난수 생성기가 달린 노드에는 rng=hw라는 레이블이 부여되어 있다.

- 무정지 업데이트가 될 수 있도록 애플리케이션 배치 계획을 실시하라.

말만 들으면 어려워 보이지만, 해 보면 그리 어렵지 않다. 필자 깃허브 https://github.com/sixeyed/kiamol의 ch06/lab/README.md에서 작성한 예시 정답을 참고하기 바란다.

쿠버네티스를 실무에 사용하면서 가장 처음 느끼게 되는 것은 간단한 패턴에 들어맞지 않는 애플리케이션이 많다는 점이다. 2부는 이들 애플리케이션을 쿠버네티스로 도입하는 데 필요한 쿠버네티스의 고급 기능을 소개한다. 여러 개의 컨테이너가 상호 협조하며 레거시 애플리케이션을 현대적인 애플리케이션처럼 동작하게 하는 방법, 유상태 애플리케이션에 안정적인 환경을 제공하는 방법을 설명한다. 이와 함께 업그레이드 절차 설정, 헬름을 이용한 애플리케이션 패키징 및 배포, 개발 워크플로에 대한 이해 등 애플리케이션 관리 전반에 필요한 내용도 다룬다.

7^장

멀티컨테이너 파드를 이용하여 애플리케이션 확장하기

2장에서 파드 하나에서 여러 개의 컨테이너를 실행할 수 있다고 설명했다. 하지만 실습 예제에서 실제로 여러 개의 컨테이너를 실행하는 파드를 배치해 보지는 않았다. 이 장은 여러 개의 컨테이너를 실행하는 멀티컨테이너 파드를 사용해 보고, 멀티컨테이너 파드를 이용한 패턴을 익혀 볼 것이다. 멀티컨테이너 파드는 이 책에서 처음으로 다루는 고급 주제다. 하지만 크게 어려운 것은 없다. 지난 장에서 배웠던 내용을 모두 응용하면 어렵지 않게 이해할 수 있다. 개념적으로는 간단하다. 파드 하나에 여러 개의 컨테이너를 실행하는 것이다. 대개는 애플리케이션 컨테이너와 함께 헬퍼 컨테이너가 추가되는 형태가 된다. 멀티컨테이너 파드로 할 수 있는 흥미로운 일은 주로 이 헬퍼 컨테이너를 이용한다.

한 파드 안에 있는 컨테이너는 같은 가상 환경을 공유한다. 따라서 한 컨테이너가 어떤 동작을 취하면, 다른 컨테이너가 이에 반응하여 다른 동작을 할 수 있다. 기존 컨테이너가 알 수 없도록 의도된 동작으로 다르게 바꿀 수도 있다. 이 방법을 잘 활용하면 매우 단순한 애플리케이션 컨테이너로도 애플리케이션을 모델링할 수 있다. 애플리케이션 컨테이너는 자신의 기능에만 충실하고 쿠버네티스 플랫폼 및 애플리케이션의 그 외 컴포넌트와 통합은 헬퍼 컨테이너가 맡는다. 이 방법으로 레거시 애플리케이션과 현대적 애플리케이션을 가리지 않고 어떤 애플리케이션이든 일관적인 관리 API를 추가할 수 있다.

7.1 / 파드와 컨테이너의 통신

파드는 하나 이상의 컨테이너가 공유하는 네트워크 및 파일 시스템을 제공하는 가상 환경이다. 각각의 컨테이너는 별도의 환경 변수와 자신만의 프로세스를 가지며, 서로 다른 기술 스택으로 구성된 별개의 이미지를 사용할 수 있는 독립된 단위다. 반면 파드는 한 노드상에서 동작하는 하나의 단위다. 따라서 파드에 속한 컨테이너는 모두 같은 노드에서 동작한다. 같은 노드에서 파이썬을 실행하는 컨테이너와 자바를 실행하는 컨테이너는 함께 동작할 수 있지만, 윈도우 컨테이너와 리눅스 컨테이너는 같은 노드에서 (아직은) 동작할 수 없다. 리눅스 컨테이너는 리눅스 노드에서, 윈도우 컨테이너는 윈도우 노드에서만 실행할 수 있기 때문이다.

같은 파드 안에 있는 컨테이너는 네트워크를 공유한다. 따라서 모든 컨테이너가 같은 IP 주소(파드의 IP 주소)를 갖는다. 파드 속 컨테이너는 외부 트래픽을 받을 수 있지만 각기 다른 포트를 주시해야 한다. 그리고 같은 파드 속 컨테이너 간 통신에는 localhost 주소를 쓴다. 컨테이너는 자신만의 파일 시스템을 갖지만 파드에서 제공하는 볼륨을 마운트할 수 있으며, 이 볼륨을 공유하는 방식으로 컨테이너끼리 정보를 교환할 수 있다. 그림 7-1은 두 개의 컨테이너를 가진 파드를 나타낸 다이어그램이다.

❤️ 그림 7-1 파드는 여러 개의 컨테이너가 공유하는 네트워크 및 스토리지 환경이다

파드 하나에서 서로 다른 이미지를 사용하는
여러 개의 컨테이너를 실행할 수 있다.
파드 속 컨테이너는 localhost 주소를 써서
서로 통신할 수 있다.

파드는 단일 네트워크 공간, 즉 하나의 IP 주소에
해당한다. 파드 속 컨테이너는 서로 다른 포트를
통해 외부 트래픽을 받는다.

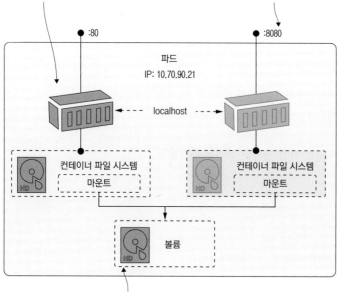

각 컨테이너는 별개의 파일 시스템을 갖지만 볼륨은 파드 수준에서 정의되며,
여러 컨테이너에 같은 볼륨을 마운트하여 컨테이너끼리 데이터를 공유한다.

지금 알아야 할 것은 이 정도면 충분하다. 이 장을 읽다 보면, 네트워크와 디스크 공유만으로 이렇게 많은 일을 할 수 있다는 데 깜짝 놀라게 될 것이다. 먼저 파드 환경을 살펴보는 몇 가지 실습을 해 보자. 예제 7-1은 디플로이먼트에 포함된 멀티컨테이너 파드의 정의다. 같은 이미지를 사용하는 두 컨테이너가 정의되었으며, 이들 모두 파드에서 정의된 공디렉터리 볼륨이 마운트된다.

```
spec:
  containers:                       # 컨테이너 필드의 형태는 배열
    - name: sleep
      image: kiamol/ch03-sleep
      volumeMounts:
        - name: data
          mountPath: /data-rw       # 볼륨을 쓰기 가능으로 마운트
    - name: file-reader             # 컨테이너는 각기 다른 이름을 갖는다
      image: kiamol/ch03-sleep      # 하지만 이미지는 같은 이미지를 쓸 수도 있다
      volumeMounts:
        - name: data
          mountPath: /data-ro
          readOnly: true            # 위와 같은 볼륨을 읽기 전용으로 마운트
  volumes:
    - name: data                    # 같은 볼륨을 여러 컨테이너에 마운트할 수 있다
      emptyDir: {}
```

이 YAML은 두 개의 컨테이너를 실행하는 파드의 정의다. 이 정의를 배치하면 멀티컨테이너 파드
가 어떻게 단일 컨테이너 파드와 다른지 알 수 있다.

실습 예제 7-1의 두 컨테이너를 가진 파드의 정의를 배치하라.

```
# 예제 코드 디렉터리로 이동
cd ch07

# 파드를 배치
kubectl apply -f sleep/sleep-with-file-reader.yaml

# 파드의 상세 정보를 확인
kubectl get pod -l app=sleep -o wide

# 컨테이너 이름을 출력
kubectl get pod -l app=sleep -o jsonpath='{.items[0].status.containerStatuses[*].
name}'

# 파드의 로그를 확인 - 오류 발생
kubectl logs -l app=sleep
```

필자의 환경에서 실행한 결과를 그림 7-2에 실었다. 그림을 보면, 파드는 하나의 IP 주소와 두 개
의 컨테이너를 가지고 있으며 두 컨테이너는 같은 노드에서 실행되었다. 하나의 단위인 파드의 상

세 정보는 볼 수 있었지만, 파드 수준의 로그는 출력할 수 없다. 로그를 보려면 두 컨테이너 중 하나를 선택해야 한다.

이 두 컨테이너는 모두 sleep 이미지를 사용하므로 어떤 기능을 하지는 않는다. 그러나 컨테이너의 상태는 계속 실행 중이므로 파드를 다룰 수 있다. 두 컨테이너에는 모두 파드에서 정의된 공디렉터리 볼륨이 마운트되었다. 따라서 파일 시스템의 일부를 공유하는 상태다.

▼ 그림 7-2 특정 컨테이너를 지정해야 하는 경우를 제외하면 여전히 파드를 하나의 단위로 다룰 수 있다

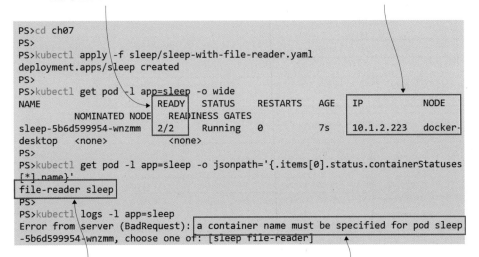

READY 항목을 보면 이 파드의 정의된 컨테이너 개수가 두 개고, 두 개 모두 실행 중임을 알 수 있다.

wide 옵션을 지정하면 추가 정보가 출력된다. 이 추가 정보에서 파드의 IP 주소와 실행 중인 노드를 알 수 있다.

```
PS>cd ch07
PS>
PS>kubectl apply -f sleep/sleep-with-file-reader.yaml
deployment.apps/sleep created
PS>
PS>kubectl get pod -l app=sleep -o wide
NAME                        READY   STATUS      RESTARTS   AGE    IP           NODE
            NOMINATED NODE   READINESS GATES
sleep-5b6d599954-wnzmm      2/2     Running     0          7s     10.1.2.223   docker-
desktop     <none>                  <none>
PS>
PS>kubectl get pod -l app=sleep -o jsonpath='{.items[0].status.containerStatuses
[*].name}'
file-reader sleep
PS>
PS>kubectl logs -l app=sleep
Error from server (BadRequest): a container name must be specified for pod sleep
-5b6d599954-wnzmm, choose one of: [sleep file-reader]
```

파드 정의에서 지정된 컨테이너 이름이 출력되었다.

멀티컨테이너 파드의 로그를 출력하려면 특정 컨테이너를 지정해야 한다.

실습 한 컨테이너에는 쓰기 가능, 다른 컨테이너에는 읽기 전용으로 볼륨이 마운트되었다. 따라서 한쪽에서는 파일을 기록하고 다른 쪽에서는 기록된 파일을 읽을 수 있다.

```
# 한쪽 컨테이너에서 공유 볼륨으로 파일을 기록
kubectl exec deploy/sleep -c sleep -- sh -c 'echo ${HOSTNAME} > /data-rw/hostname.txt'

# 같은 컨테이너에서 기록한 파일을 읽음
kubectl exec deploy/sleep -c sleep -- cat /data-rw/hostname.txt

# 다른 쪽 컨테이너에서 기록한 파일을 읽음
kubectl exec deploy/sleep -c file-reader -- cat /data-ro/hostname.txt

# 읽기 전용으로 볼륨을 마운트한 컨테이너에서
```

```
# 파일을 쓰려고 하면 오류가 발생함
kubectl exec deploy/sleep -c file-reader -- sh -c 'echo more >> /data-ro/hostname.txt'
```

이 실습 예제를 실행해 보면 첫 번째 컨테이너는 파일을 기록할 수 있지만, 두 번째 컨테이너는 파일을 읽을 수만 있을 뿐 기록은 불가능하다. 그 이유는 파드의 정의에서 두 번째 컨테이너에는 볼륨이 읽기 전용으로 마운트되었기 때문이다. 하지만 볼륨을 한 컨테이너에만 쓰기 가능으로 마운트할 수 있는 것은 아니다. 필자의 환경에서 실행한 결과를 그림 7-3에 실었다.

❤ 그림 7-3 여러 컨테이너가 접근 수준을 달리하며 같은 볼륨을 마운트하여 데이터를 공유할 수 있다

명령어에서 -c 옵션을 사용해서
특정 컨테이너를 지정할 수 있다.

sleep 컨테이너는 볼륨 마운트에
읽고 쓰기가 모두 가능하다.

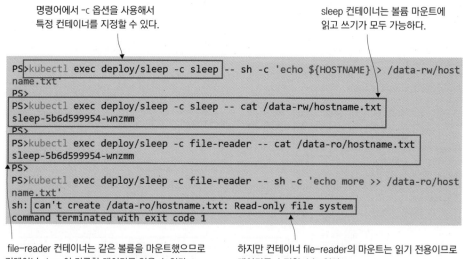

file-reader 컨테이너는 같은 볼륨을 마운트했으므로
컨테이너 sleep이 기록한 데이터를 읽을 수 있다.

하지만 컨테이너 file-reader의 마운트는 읽기 전용이므로
데이터를 수정할 수는 없다.

공디렉터리 볼륨은 여기에서도 유용하다. 파드 속 모든 컨테이너가 정보를 공유할 수 있는 칠판 역할을 해 주기 때문이다. 볼륨은 파드 수준에서 정의되고 컨테이너 수준에서 마운트된다. 다시 말해 어떤 형태의 볼륨이나 볼륨 클레임도 여러 개의 컨테이너에 마운트될 수 있다. 볼륨과 볼륨 마운트의 정의를 분리하면 데이터를 선택적으로 공유할 수 있으므로, 비밀값 등 특정한 컨테이너만 읽을 수 있도록 하는 것이 가능하다.

파드 환경의 두 번째 공유 요소는 네트워크다. 네트워크는 컨테이너마다 각기 다른 포트를 나누어 쓰는 형태로 공유된다. 이런 기능은 애플리케이션이 백그라운드로 돌아가며 진행 상황을 외부에 알리는 기능이 없는 상황에 유용하다. 파드 속 다른 컨테이너가 REST API를 통해 애플리케이션 컨테이너의 상태를 보고하는 형태가 된다.

예제 7-2는 이런 구도를 간략하게 모델링한 정의다. sleep 디플로이먼트에서 파일을 공유하는 컨테이너의 정의가 빠지고 간단한 HTTP 서버 컨테이너의 정의가 추가되었다.

```
spec:
  containers:
    - name: sleep
      image: kiamol/ch03-sleep          # 예제 7-1과 동일한 컨테이너 정의
    - name: server
      image: kiamol/ch03-sleep          # 두 번째 컨테이너의 정의는 변경됨
      command: ['sh', '-c', "while true; do echo -e 'HTTP/1.1 ...'"]
      ports:
        - containerPort: 8080           # 애플리케이션이 사용하는 포트를 기록
```

이제 파드는 원래 있던 (기능은 없는) 애플리케이션 컨테이너 sleep과 8080번 포트에 HTTP 엔드포인트를 제공하는 서버 컨테이너를 함께 실행한다. 두 컨테이너는 네트워크 주소를 공유하므로 sleep 컨테이너가 localhost 주소로 서버에 접근할 수 있다.

실습 sleep 디플로이먼트를 예제 7-2의 정의로 업데이트하라. 그리고 서버 컨테이너에 접근이 가능한지 확인하라.

```
# 파드를 업데이트
kubectl apply -f sleep/sleep-with-server.yaml

# 파드의 상태를 확인
kubectl get pods -l app=sleep

# 업데이트된 파드 속 컨테이너 이름을 확인
kubectl get pod -l app=sleep -o jsonpath='{.items[0].status.containerStatuses[*].name}'

# sleep 컨테이너에서 서버 컨테이너로 통신
kubectl exec deploy/sleep -c sleep -- wget -q -O - localhost:8080

# 서버 컨테이너의 로그를 확인
kubectl logs -l app=sleep -c server
```

필자의 환경에서 실행한 결과를 그림 7-4에 실었다. 두 개의 컨테이너로 나뉘어 있지만, 네트워크 관점에서는 마치 같은 컴퓨터에서 실행된 두 개의 프로세스처럼 localhost 주소로 접근이 가능한 것을 볼 수 있다.

❤ 그림 7-4 한 파드 안의 컨테이너끼리는 localhost 주소로 통신할 수 있다

컨테이너 정의가 변경되었으므로
새로운 파드로 대체된다.

기존 파드의 컨테이너는 모두 종료되고, 새 파드에서
새로운 컨테이너가 실행된다.

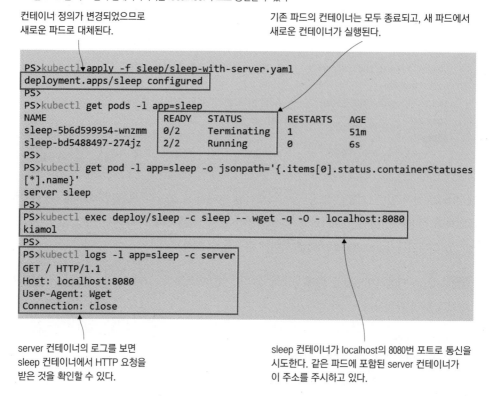

```
PS>kubectl apply -f sleep/sleep-with-server.yaml
deployment.apps/sleep configured
PS>
PS>kubectl get pods -l app=sleep
NAME                      READY   STATUS        RESTARTS   AGE
sleep-5b6d599954-wnzmm    0/2     Terminating   1          51m
sleep-bd5488497-274jz     2/2     Running       0          6s
PS>
PS>kubectl get pod -l app=sleep -o jsonpath='{.items[0].status.containerStatuses
[*].name}'
server sleep
PS>
PS>kubectl exec deploy/sleep -c sleep -- wget -q -O - localhost:8080
kiamol
PS>
PS>kubectl logs -l app=sleep -c server
GET / HTTP/1.1
Host: localhost:8080
User-Agent: Wget
Connection: close
```

server 컨테이너의 로그를 보면
sleep 컨테이너에서 HTTP 요청을
받은 것을 확인할 수 있다.

sleep 컨테이너가 localhost의 8080번 포트로 통신을
시도한다. 같은 파드에 포함된 server 컨테이너가
이 주소를 주시하고 있다.

이런 현상이 파드 안에만 국한되는 것은 아니다. 파드는 클러스터상의 IP 주소를 갖고 있다. 파드
속 컨테이너가 어떤 포트를 주시하고 있다면, 다른 파드가 이 포트로 컨테이너에 접근할 수 있다.
트래픽을 파드의 특정 포트로 전달하는 서비스를 만들면 이 포트를 주시하는 컨테이너가 요청을
전달받는다.

> **실습** kubectl을 사용하여 파드의 포트를 개방한 후(YAML 정의 없이도 빠르게 서비스를 만
> 드는 방법), 파드 외부에서 HTTP 서버 컨테이너에 접근이 가능한지 확인하라.

```
# 서버 컨테이너의 포트를 가리키는 서비스를 생성
kubectl expose -f sleep/sleep-with-server.yaml --type LoadBalancer --port 8020
--target-port 8080

# 서비스의 URL을 출력
kubectl get svc sleep -o jsonpath='http://{.status.loadBalancer.ingress[0].*}:8020'

# 웹 브라우저에서 출력된 URL에 접근
```

```
# 서버 컨테이너의 로그를 확인
kubectl logs -l app=sleep -c server
```

필자의 환경에서 실행한 결과를 그림 7-5에 실었다. 외부에서 보면, 서비스를 거쳐 파드로 전달되는 일반적인 네트워크 트래픽이다. 그리고 파드는 여러 개의 컨테이너를 실행 중이다. 네트워크 요청을 보낸 쪽에 드러나지 않는 부분이 바로 여기에 있다.

이제 여러 개의 컨테이너를 실행하는 파드가 얼마나 강력한 기능인지 깨닫게 되었을 것이다. 이 장의 나머지 부분은 실무에서 있을 법한 시나리오에 이 기능을 활용해 볼 것이다. 하지만 먼저 강조해 두고 싶은 부분이 있다. 그럼에도 파드는 가상 머신의 대체재가 될 수 없다. 그러니 애플리케이션의 모든 컴포넌트를 한 파드 안에 집어넣겠다는 생각은 접어 두기 바란다. 가끔은 웹 서버 컨테이너와 API 컨테이너를 한 파드에 몰아넣고 싶은 유혹을 느낄 수도 있다. 하지만 그래서는 안 된다. 파드는 애플리케이션을 구성하는 한 단위다. 파드는 애플리케이션의 단일 컴포넌트에 대응해야 한다. 애플리케이션 컨테이너를 지원하는 컨테이너를 파드에 추가할 수는 있지만, 한 파드 안에 서로 다른 애플리케이션을 함께 넣어서는 안 된다. 이런 구성을 취하면 각각의 컴포넌트를 독립적으로 업데이트 또는 스케일링하거나 관리할 수 없게 된다.

▼ 그림 7-5 서비스는 네트워크 요청을 포트를 개방한 파드 속 컨테이너에 전달한다

기존 파드에 트래픽을 전달한 서비스를 만들 수 있는
간편한 방법이다. server 컨테이너의 8080번 포트를
외부 8020번 포트에 연결했다.

서비스가 네트워크 요청을 파드 속
server 컨테이너에 제대로 전달했다.

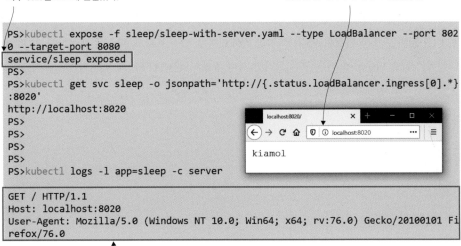

server 컨테이너의 로그에서 브라우저로부터 들어온 요청을 확인할 수 있다.

7.2 초기화 컨테이너를 이용한 애플리케이션 시작

지금까지는 모든 컨테이너가 병렬로 실행되는 멀티컨테이너 파드를 살펴보았다. 이런 파드의 컨테이너는 모두 동시에 실행되며 모든 컨테이너의 상태가 Ready가 되어야 파드 역시 준비된 것으로 취급된다. **사이드카 패턴**(sidecar pattern)이라는 용어가 있는데, 추가 컨테이너(사이드카)가 애플리케이션 컨테이너(오토바이)를 지원하는 구도를 일컫는다. 또한 애플리케이션 컨테이너보다 추가 컨테이너를 먼저 실행하여 애플리케이션 실행 준비를 할 때도 있다. 이런 추가 컨테이너를 **초기화 컨테이너**(init container)라고 한다.

초기화 컨테이너는 사이드카와는 조금 다르다. 초기화 컨테이너는 파드 안에 여러 개를 정의할 수 있으며, 파드 정의에 기재된 순서대로 실행된다. 또한 각각의 초기화 컨테이너는 정해진 목표를 달성해야 다음 초기화 컨테이너를 실행한다. 그리고 모든 초기화 컨테이너가 목표를 달성해야 애플리케이션 컨테이너나 사이드카 컨테이너를 실행한다. 그림 7-6은 초기화 컨테이너를 갖춘 파드가 시작되는 과정을 나타낸 것이다.

모든 컨테이너는 파드에 정의된 볼륨에 접근할 수 있으므로 초기화 컨테이너의 주요 역할은 애플리케이션 환경에 필요한 데이터를 기록하는 것이 많다. 예제 7-3은 앞서 보았던 sleep 파드의 HTTP 서버를 조금 확장한 예다. 초기화 컨테이너가 먼저 HTML 파일을 생성하여 이 파일을 공디렉터리 볼륨 마운트에 기록한다. 그러면 서버 컨테이너는 HTTP 요청을 처리하고 이 파일의 내용을 응답으로 전송한다.

❤ 그림 7-6 초기화 컨테이너는 파드가 시작하기 전 애플리케이션 컨테이너에 필요한 환경을 준비하는 데 유용하다

초기화 컨테이너는 순서대로 실행되는데, 먼저 실행된 컨테이너의 목표가 달성되어야
다음 컨테이너가 실행된다. 이들은 애플리케이션 컨테이너와 파드 내 가상 환경을 공유한다.

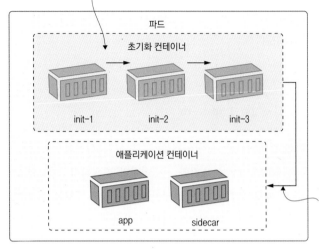

애플리케이션 컨테이너는 초기화
컨테이너가 모두 실행되고 난 후
동시에 실행된다. 모든 애플리케이션
컨테이너의 준비가 끝나야
파드의 상태가 Ready가 된다.

예제 7-3 sleep-with-html-server.yaml, 파드 정의에 포함된 초기화 컨테이너

```
spec:                                    # 디플로이먼트의 template 필드에 정의된 파드
  initContainers:                        # 초기화 컨테이너는 배열 형태로 기재되며
  - name: init-html                      # 나열된 순서대로 실행된다
    image: kiamol/ch03-sleep
    command: ['sh', '-c', "echo '<!DOCTYPE html...' > /data/index.html"]
    volumeMounts:
    - name: data
      mountPath: /data                   # 초기화 컨테이너는 파드의 볼륨을 마운트할 수 있다
```

여기에서는 초기화 컨테이너의 이미지로 sleep 이미지를 사용했으나, 어떤 이미지든지 사용할 수
있다. 실행 중인 애플리케이션에는 포함하지 않고 초기화 컨테이너에서만 사용할 도구로 환경을
준비할 수도 있다. 예를 들어 초기화 컨테이너에서 git 명령행 도구를 사용하여 공유된 볼륨에 git
저장소를 복제하는 것도 가능하다. 그러고 나면 애플리케이션 컨테이너에 git 명령행 도구가 설
치되어 있지 않아도 애플리케이션 컨테이너가 복제된 저장소에 접근할 수 있다.

실습 예제 7-3의 수정된 정의를 배치한 후 초기화 컨테이너가 동작하는 과정을 관찰하라.

```
# 초기화 컨테이너가 추가된 정의를 배치
kubectl apply -f sleep/sleep-with-html-server.yaml

# 파드 컨테이너를 확인
kubectl get pod -l app=sleep -o jsonpath='{.items[0].status.containerStatuses[*].name}'
```

```
# 초기화 컨테이너를 확인
kubectl get pod -l app=sleep -o jsonpath='{.items[0].status.initContainerStatuses[*].name}'

# 초기화 컨테이너의 로그를 확인 - 로그 없음
kubectl logs -l app=sleep -c init-html

# 사이드카 컨테이너에서
# 초기화 컨테이너가 생성한 파일에 접근 가능한지 확인
kubectl exec deploy/sleep -c server -- ls -l /data-ro
```

여기에서 알 수 있는 것은 애플리케이션 컨테이너는 초기화 컨테이너가 모두 성공적으로 종료된 후에야 실행된다는 것이다. 그러므로 애플리케이션은 초기화 컨테이너가 준비하기로 한 환경이 준비되었다고 신뢰할 수 있다. 이 실습을 예로 들면 초기화 컨테이너가 HTML 파일을 생성하고 나야 server 컨테이너가 실행되는 것이다. 초기화 컨테이너는 파드의 컨테이너와는 별도로 기술되지만, 몇몇 관리 기능이 애플리케이션과 마찬가지로 적용된다. 이를테면 컨테이너 종료 후에도 로그를 읽을 수 있다는 점이 있다. 필자의 환경에서 실행한 결과를 그림 7-7에 실었다.

▼ 그림 7-7 초기화 컨테이너는 애플리케이션 컨테이너(사이드카 컨테이너 포함)에 필요한 환경을 준비하는 데 유용하다

초기화 컨테이너는 파드의 정의에서
파드 컨테이너와는 별도로 기술된다.

초기화 컨테이너가 종료된 후에도 로그를 확인할 수 있다.
이 컨테이너는 로그를 남기지 않았다.

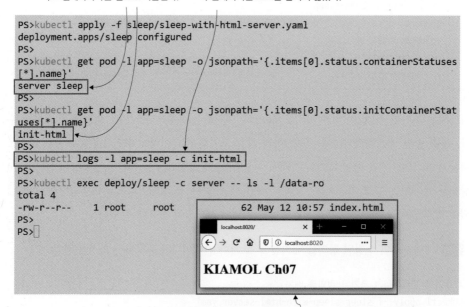

사이드카 컨테이너 server가 HTTP 요청에 초기화 컨테이너가 생성한
HTML 파일의 내용으로 응답했다.

하지만 이 정도로 실무에 가깝다고 하기는 어렵다. 더 나은 예제를 살펴보자. 앞서 4장에서 환경 변수, 컨피그맵과 비밀값을 이용하여 설정값의 우선순위를 부여하는 방법을 배웠다. 애플리케이션이 이런 수단을 지원한다면 더할 나위 없이 좋은 방법이다. 하지만 레거시 애플리케이션 중 많은 수가 이런 유연성을 갖추고 있지 못하다. 지정된 경로 한곳에서만 설정을 읽어 들일 뿐이다. 이런 애플리케이션을 예로 들어 보자.

실습 원주율 계산 애플리케이션은 조금 질렸으니 새로운 소재 애플리케이션을 도입하자. 딱히 더 흥미로운 애플리케이션은 아니지만, 그래도 새로운 것이니 조금 나을 것이다. 이 애플리케이션의 기능은 몇 초마다 한 번씩 현재 시각의 타임스탬프를 로그 파일에 기록하는 것이다. 또한 구식 설정 방식을 취하고 있어 우리가 배운 애플리케이션 설정 방법을 쓸 수 없다.

```
# 단일 설정 파일만 사용하는 애플리케이션 실행
kubectl apply -f timecheck/timecheck.yaml

# 컨테이너 로그 확인 - 현재 로그 없음
kubectl logs -l app=timecheck

# 컨테이너 안에서 로그 확인
kubectl exec deploy/timecheck -- cat /logs/timecheck.log

# 애플리케이션 설정 확인
kubectl exec deploy/timecheck -- cat /config/appsettings.json
```

필자의 환경에서 실행한 결과를 그림 7-8에 실었다. 설정 방식이 제한되었고, 컨테이너 로그를 볼 수 없다 해서 이 애플리케이션이 컨테이너 플랫폼에 적합하지 못하다고는 할 수 없다. 파드에 컨테이너를 추가하여 이런 문제를 모두 해결할 수 있기 때문이다.

▼ 그림 7–8 한 가지 출처에서만 설정값을 읽어 들이는 오래된 설계를 가진 애플리케이션은 설정 간 위계가 갖는 장점을 누리기 어렵다

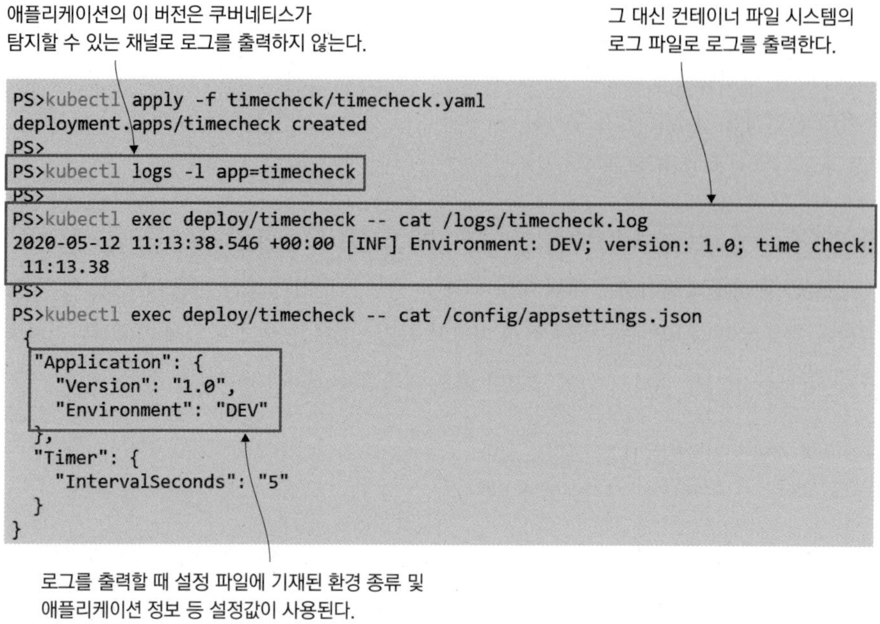

애플리케이션의 이 버전은 쿠버네티스가
탐지할 수 있는 채널로 로그를 출력하지 않는다.

그 대신 컨테이너 파일 시스템의
로그 파일로 로그를 출력한다.

```
PS>kubectl apply -f timecheck/timecheck.yaml
deployment.apps/timecheck created
PS>
PS>kubectl logs -l app=timecheck
PS>
PS>kubectl exec deploy/timecheck -- cat /logs/timecheck.log
2020-05-12 11:13:38.546 +00:00 [INF] Environment: DEV; version: 1.0; time check:
 11:13.38
PS>
PS>kubectl exec deploy/timecheck -- cat /config/appsettings.json
{
  "Application": {
    "Version": "1.0",
    "Environment": "DEV"
  },
  "Timer": {
    "IntervalSeconds": "5"
  }
}
```

로그를 출력할 때 설정 파일에 기재된 환경 종류 및
애플리케이션 정보 등 설정값이 사용된다.

이 애플리케이션에 우리가 사용하는 설정 방식을 도입하려면 초기화 컨테이너가 안성맞춤이다.
설정값을 컨피그맵과 비밀값, 환경 변수에 담은 후 초기화 컨테이너가 이들 설정값을 읽어 들여
설정을 구성하고, 구성된 설정 파일을 애플리케이션의 설정 파일 경로에 생성하는 방식이다. 예제
7-4는 이런 초기화 컨테이너를 추가한 파드 정의다.

예제 7-4 timecheck-with-config.yaml, 설정 파일을 구성하는 초기화 컨테이너

```
spec:
  initContainers:
    - name: init-config
      image: kiamol/ch03-sleep          # 이 이미지에는 jq 명령이 들어 있다
      command: ['sh', '-c', "cat /config-in/appsettings.json | jq --arg
              APP_ENV \"$APP_ENVIRONMENT\" '.Application.Environment=$APP_ENV' >
              /config-out/appsettings.json"]
      env:
        - name: APP_ENVIRONMENT          # 모든 컨테이너는 각자의 환경 변수를 갖는다
          value: TEST                    # 이 환경 변수는 파드 안에서 공유되지 않는다
      volumeMounts:
        - name: config-map               # 컨피그맵을 읽어 들이는 볼륨
          mountPath: /config-in
        - name: config-dir
          mountPath: /config-out         # 구성된 설정 파일을 기록할 공디렉터리 볼륨
```

변경된 정의를 적용하기 전에 몇 가지 알아 둘 것이 있다.

- 초기화 컨테이너는 jq 명령을 사용한다. 이 명령은 애플리케이션에서는 쓰이지 않는다. 각 컨테이너는 자신에게 필요한 도구가 포함된 별개의 이미지를 사용한다.
- 초기화 컨테이너에서 실행되는 명령은 컨피그맵 볼륨 마운트에서 설정을 읽은 후 환경 변수의 설정값을 병합하여 구성한 설정을 공디렉터리 볼륨 마운트에 파일로 기록한다.
- 애플리케이션 컨테이너는 설정 파일이 기록된 공디렉터리 볼륨을 설정 파일 경로에 마운트한다. 초기화 컨테이너가 기록한 설정 파일이 이미지에 포함된 설정 파일을 가린다.
- 컨테이너는 환경 변수를 공유하지 않는다. 애플리케이션 컨테이너는 초기화 컨테이너에 지정된 설정값을 볼 수 없다.
- 컨테이너는 역할에 따라 각기 필요한 볼륨을 마운트한다. 공디렉터리 볼륨은 두 컨테이너가 공유하며, 컨피그맵 볼륨은 초기화 컨테이너에만 마운트된다.

수정된 정의를 적용하면, 애플리케이션 컨테이너가 컨피그맵이나 환경 변수를 직접 사용하지 않는데도 컨피그맵과 환경 변수에 설정된 설정값에 따라 애플리케이션 동작이 변화한다.

실습 timecheck 애플리케이션이 여러 출처의 설정값을 사용할 수 있도록 예제 7-4의 정의를 적용한다.

```
# 컨피그맵을 배치하고, 디플로이먼트의 정의를 업데이트
kubectl apply -f timecheck/timecheck-configMap.yaml -f timecheck/timecheck-with-config.yaml

# 컨테이너가 준비될 때까지 대기
kubectl wait --for=condition=ContainersReady pod -l app=timecheck,version=v2

# 새로운 애플리케이션 컨테이너의 로그를 확인
kubectl exec deploy/timecheck -- cat /logs/timecheck.log

# 초기화 컨테이너가 생성한 설정 파일을 확인
kubectl exec deploy/timecheck -- cat /config/appsettings.json
```

이 실습 예제를 실행하면 새로운 설정에 따라 애플리케이션 동작이 달라진 것을 알 수 있다. 하지만 애플리케이션 컨테이너에 변경된 것은 설정 파일 경로에 공디렉터리 볼륨이 마운트된 것뿐이다. 필자의 환경에서 실행한 결과를 그림 7-9에 실었다.

❖ 그림 7-9 애플리케이션 코드나 이미지를 수정하지 않아도 초기화 컨테이너만으로 애플리케이션 동작을 변화시킬 수 있다

이번 업데이트로 초기화 컨테이너가 추가된다. 이 초기화 컨테이너는   애플리케이션은 설정 파일을 읽어 들인다.
컨피그맵과 환경 변수를 읽어 들여 설정 파일을 구성한다.   로그에 출력된 설정값을 확인할 수 있다.

```
PS>kubectl apply -f timecheck/timecheck-configMap.yaml -f timecheck/timecheck-wi
th-config.yaml
configmap/timecheck-config created
deployment.apps/timecheck configured
PS>
PS>kubectl exec deploy/timecheck -- cat /logs/timecheck.log
2020-05-12 12:54:24.155 +00:00 [INF] Environment: TEST; version: 1.1; time check
: 12:54.24
PS>
PS>kubectl exec deploy/timecheck -- cat /config/appsettings.json
{
  "Application": {
    "Version": "1.1",
    "Environment": "TEST"
  },
  "Timer": {
    "IntervalSeconds": "7"
  }
}
```

설정 파일 경로는 현재 볼륨 마운트다. 초기화 컨테이너가
생성한 설정 파일이 들어 있다.

설정 파일 경로에 설정 파일이 있으므로 애플리케이션에 원하는 설정값이 전달된다. 볼륨 마운트는 이미지에 포함된 기존 디렉터리를 덮어쓴다는 사실을 기억하라. 설정 파일 경로가 애플리케이션 실행 파일과 동일한 경로였다면, 공디렉터리 볼륨이 애플리케이션 디렉터리 전체를 덮어쓰기 때문에 지금과 같은 방법은 사용할 수 없다. 이 경우에는 애플리케이션 컨테이너를 시작할 때 설정 파일을 애플리케이션 디렉터리로 복사하는 단계를 추가해야 한다.

초기화 컨테이너는 쿠버네티스 표준 설정 방식을 지원하지 않는 애플리케이션에 이런 방식을 지원하게 하는 데 큰 역할을 한다. 그러나 이것만으로는 모든 레거시 애플리케이션이 현대화된 플랫폼을 지원하게 하는 데 한계가 있다. 사이드카 컨테이너는 이처럼 초기화 컨테이너만으로 레거시 애플리케이션을 현대화할 수 없는 경우에 유용하다.

7.3 어댑터 컨테이너를 이용한 일관성 있는 애플리케이션 관리

애플리케이션을 쿠버네티스로 이주하면 애플리케이션 전반에 어떤 일관성의 계층을 추가할 수 있다. 이런 일관성으로 어떤 기능을 하는 애플리케이션이든 어떤 기술 스택이 적용되었든 얼마나 오래된 애플리케이션이든 간에 상관없이 동일한 도구와 동일한 방법으로 애플리케이션을 배치하고 관리할 수 있다. 필자의 동료인 일명 도커 캡틴, 주네 켈러(Sune Keller)는 알름 브랜드에서 쓰이는 서비스 호텔이라는 개념(https://bit.ly/376rBcF)을 설파한 바 있다. 알름 브랜드의 컨테이너 플랫폼에는 '고객'을 위한 몇 가지 보장 사항(고가용성이나 보안 같은)을 제공하는데, 이 보장 사항은 고객이 자신들의 규칙(설정값을 컨테이너 플랫폼에서 주입하며, 로그도 컨테이너 플랫폼으로 출력)을 준수했을 때를 조건으로 한다.

그러나 모든 애플리케이션이 이런 조건을 숙지하고 이주해 오는 것도 아니고, 플랫폼이 외부에서 조건을 적용시킬 수 없을 때도 있다. 애플리케이션 컨테이너와 함께 동작하는 사이드카 컨테이너가 이런 상황에 도움이 될 수 있다. 애플리케이션과 컨테이너 플랫폼 사이를 중재하는 **어댑터**(adapter) 역할을 맡기는 것이다. 로그는 그중에서도 대표적인 예다.

모든 애플리케이션은 어떤 형태로든 로그를 남기며, 또 그래야만 한다. 로그가 없다면 애플리케이션을 제대로 관리할 수 없기 때문이다. Node.js나 닷넷 코어 같은 현대적인 애플리케이션 플랫폼에서는 표준 출력 스트림에 로그를 출력한다. 도커와 쿠버네티스는 이 표준 출력으로 컨테이너의 로그를 수집한다. 하지만 이전의 애플리케이션은 표준 출력 대신 파일에 직접 로그를 남기거나 컨테이너 로그가 수집될 수 없는 채널을 이용해서 로그를 남겼다. 이래서는 우리가 파드의 로그를 볼 수 없다(도커의 로깅을 더 자세히 알고 싶다면 무료 전자책으로 제공되는 부록 D를 참조하라). 조금 전에 본 timecheck 애플리케이션이 바로 이러했다. 그리고 간단한 사이드카 컨테이너로 이 문제를 해결할 수 있다. 예제 7-5는 사이드카 컨테이너를 추가한 파드의 정의다.

예제 7-5 timecheck-with-logging.yaml, 컨테이너 로그 수집을 도와주는 사이드카 컨테이너

```
containers:
  - name: timecheck
    image: kiamol/ch07-timecheck
    volumeMounts:
      - name: logs-dir          # 이 애플리케이션은 공디렉터리 볼륨의
```

```
      mountPath: /logs            # 파일에 로그를 기록한다

  # 중략 - 컨피그맵 마운트의 정의를 생략함
  - name: logger
    image: kiamol/ch03-sleep       # 사이드카 컨테이너는 로그 파일을 주시한다
    command: ['sh', '-c', 'tail -f /logs-ro/timecheck.log']
    volumeMounts:
      - name: logs-dir
        mountPath: /logs-ro        # 애플리케이션과 같은 볼륨을 마운트
        readOnly: true
```

사이드카 컨테이너가 하는 일은 로그가 출력되는 볼륨(공디렉터리 볼륨)을 마운트하고 로그 파일
의 내용을 tail 명령으로 표준 출력 스트림에 출력하는 것이 전부다. tail 명령의 -f 옵션은 파일
을 주시하다 파일에 추가되는 내용을 그대로 출력하라는 의미다. 이런 방식으로 애플리케이션의
로그 구현과 쿠버네티스의 로그 수집 방식을 연결하는 중재자 역할을 한다.

실습 예제 7-5의 정의를 적용한 후 애플리케이션 로그를 확인하라.

```
# 사이드카 컨테이너 추가
kubectl apply -f timecheck/timecheck-with-logging.yaml

# 컨테이너가 준비될 때까지 대기
kubectl wait --for=condition=ContainersReady pod -l app=timecheck,version=v3

# 파드의 상태 확인
kubectl get pods -l app=timecheck

# 파드 속 컨테이너의 상태 확인
kubectl get pod -l app=timecheck -o jsonpath='{.items[0].status.containerStatuses[*].
name}'

# 파드의 로그를 확인할 수 있다
kubectl logs -l app=timecheck -c logger
```

애플리케이션 컨테이너가 파일에 출력한 로그를 다시 읽어 사이드카 컨테이너의 표준 출력으로
연결하는 만큼 조금 비효율적이다. 굳이 따지자면 출력되는 로그에 약간의 시차와 일부 디스크 용
량이 낭비될 것이다. 하지만 다음 애플리케이션 업데이트와 함께 볼륨이 차지하던 디스크 영역을
회수할 수 있다. 이 방식의 이점은 그림 7-10에서 볼 수 있듯이, 애플리케이션 자체를 수정하지
않고도 쿠버네티스를 통해 애플리케이션 로그를 수집할 수 있다는 점이다.

플랫폼을 통해 설정을 주입하고, 플랫폼에 로그를 출력하는 것은 컨테이너 플랫폼으로서 기본적인 사항이다. 하지만 플랫폼이 성숙함에 따라 컨테이너의 헬스체크 기능이나 애플리케이션의 상태나 성능 등을 파악하는 지표 수집 기능 등 더 많은 기능을 기대하게 된다.

이때도 사이드카 컨테이너가 유용하다. 애플리케이션에 따라 커스터마이징된 정보를 수집하거나, 헬스체크나 성능 지표를 수집하는 기능을 갖춘 이미지를 사용할 수도 있다. timecheck 애플리케이션에 이런 기능을 추가하여 쿠버네티스 플랫폼에 걸맞은 애플리케이션으로 만들고 실습을 마무리하자. 여기에서는 약간 편법을 써서 HTTP 서버 컨테이너로 대체한다. 이 정의를 예제 7-6에 실었다.

❤ 그림 7-10 어댑터 컨테이너를 통해 이전에 만들어진 애플리케이션도 새로 작성된 애플리케이션처럼 일관적인 방법으로 배치 및 관리를 수행할 수 있다

원래 있던 파드는 컨테이너가 애플리케이션 컨테이너 하나뿐이었다. 초기화 컨테이너는 실행 중인 컨테이너로 취급되지 않는다. 새 파드는 컨테이너가 두 개다.

timecheck 애플리케이션 컨테이너와 로그를 담당하는 사이드카 컨테이너다.

```
PS>kubectl apply -f timecheck/timecheck-with-logging.yaml
deployment.apps/timecheck configured
PS>
PS>kubectl get pods -l app=timecheck
NAME                          READY   STATUS        RESTARTS   AGE
timecheck-674dddcb7f-h9257    2/2     Running       0          6s
timecheck-779f995658-q9cs4    1/1     Terminating   0          54m
PS>
PS>kubectl get pod -l app=timecheck -o jsonpath='{.items[0].status.containerStat
uses[*].name}'
logger timecheck
PS>
PS>kubectl logs -l app=timecheck -c logger
2020-05-12 13:48:37.065 +00:00 [INF] Environment: TEST; version: 1.1; time check
: 13:48.37
```

애플리케이션 컨테이너의 파일 시스템에 기록된 로그가 사이드카 컨테이너를 통해 파드에서 수집된다. 사이드카 컨테이너가 어댑터 역할을 한다.

예제 7-6 timecheck-good-citizen.yaml, 사이드카 컨테이너로 애플리케이션 확장하기

```
containers:                    # 애플리케이션 컨테이너, 로깅 컨테이너는 그대로다
  - name: timecheck
# ...중략...
  - name: logger
# ...중략...

  - name: healthz              # 추가되는 사이드카 컨테이너는 헬스체크 API를 제공한다
    image: kiamol/ch03-sleep   # 이 응답은 하드코딩된 응답이다
    command: ['sh', '-c', "while true; do echo -e 'HTTP/1.1 200 OK\nContent-
```

```
        Type: application/json\nContent-Length: 17\n\n{\"status\": \"OK\"}' | nc
        -l -p 8080; done"]
    ports:
      - containerPort: 8080        # 파드의 8080번 포트를 사용한다

  - name: metrics                  # 또 다른 사이드카 컨테이너, 성능 지표 API를 제공한다
    image: kiamol/ch03-sleep       # 이 응답 역시 하드코딩된 응답이다
    command: ['sh', '-c', "while true; do echo -e 'HTTP/1.1 200 OK\nContent-
            Type: text/plain\nContent-Length: 104\n\n# HELP timechecks_total The
            total number timechecks.\n# TYPE timechecks_total
            counter\ntimechecks_total 6' | nc -l -p 8081; done"]
    ports:
      - containerPort: 8081        # 파드의 8081번 포트를 사용한다
```

전체 YAML 정의에는 클러스터IP 서비스도 있다. 이 서비스는 헬스체크용 8080번 포트와 성능
지표용 8081번 포트를 연결해 준다. 운영 환경이라면 상태와 성능 지표를 주시하며 애플리케이션
을 모니터링하는 컴포넌트가 이들 포트를 이용하여 정보를 수집할 것이다. 이번 디플로이먼트는
지난 업데이트를 확장한 것이므로 설정을 주입하는 초기화 컨테이너와 로그 수집을 담당하는 사
이드카 컨테이너는 그대로 남아 있다.

실습 업데이트를 적용하고 헬스체크 API와 성능 지표 API를 확인하라.

```
# 파드 업데이트
kubectl apply -f timecheck/timecheck-good-citizen.yaml

# 컨테이너가 준비될 때까지 대기
kubectl wait --for=condition=ContainersReady pod -l app=timecheck,version=v4

# 컨테이너의 상태 확인
kubectl get pod -l app=timecheck -o jsonpath='{.items[0].status.containerStatuses[*].
name}'

# sleep 컨테이너에서 timecheck 애플리케이션의 헬스체크 API를 사용
kubectl exec deploy/sleep -c sleep -- wget -q -O - http://timecheck:8080

# sleep 컨테이너에서 성능 지표 API를 사용
kubectl exec deploy/sleep -c sleep -- wget -q -O - http://timecheck:8081
```

실습 예제를 실행하면 그림 7-11에서 보듯이, 모든 것이 제대로 동작한다. 업데이트 속도가 평소
보다 느리다는 느낌을 받을 수도 있는데, 파드의 생성과 기존 파드의 폐기에 걸리는 시간이 조금

더 길다. 그 이유는 새 파드에서 초기화 컨테이너와 사이드카 컨테이너가 늘어난 만큼 파드가 준비되는데 시간이 오래 걸리기 때문이다.

▼ 그림 7-11 여러 개의 사이드카 컨테이너를 통해 다른 애플리케이션과 동일한 관리 API를 사용할 수 있게 되었다

파드를 업데이트하면 새 파드와 기존 파드 모두 컨테이너가
여러 개이기 때문에, 이전의 단일 컨테이너 파드에 비해서는
준비와 폐기에 시간이 좀 더 걸린다.

새 파드는 네 개의 활성 컨테이너가 있다.
하나는 애플리케이션 컨테이너, 나머지
세 개는 사이드카 컨테이너다.

```
PS>kubectl apply -f timecheck/timecheck-good-citizen.yaml
service/timecheck created
deployment.apps/timecheck configured
PS>
PS>kubectl wait --for=condition=ContainersReady pod -l app=timecheck,version=v4
pod/timecheck-54b49f688-76f7l condition met
PS>
PS>kubectl get pod -l app=timecheck -o jsonpath='{.items[0].status.containerStat
uses[*].name}'
healthz logger metrics timecheck
PS>
PS>kubectl exec deploy/sleep -c sleep -- wget -q -O - http://timecheck:8080
{"status": "OK"}
PS>
PS>kubectl exec deploy/sleep -c sleep -- wget -q -O - http://timecheck:8081
# HELP timechecks_total The total number timechecks.
# TYPE timechecks_total counter
timechecks_total 6
```

8081번 포트는 성능 지표 API가 사용한다. 이 응답 역시
하드코딩된 가짜 응답이다. 이 API를 이용하여
애플리케이션이 어떻게 동작하고 있는지 확인한다.

8080번 포트는 헬스체크 API가 사용한다. 이 응답은
하드코딩된 가짜 JSON 응답이다. 이런 API를 이용하여
애플리케이션의 상태가 정상인지 확인한다.

어댑터 역할을 하는 사이드카 컨테이너는 오버헤드로 작용한다. 이미 실습 예제에서 파드 업데이트에 걸리는 시간이 길어진 것을 보았을 것이다. 이뿐만 아니라 애플리케이션의 계산 성능 요구치도 증가한다. 로그 파일을 그대로 출력하거나 단순 HTTP 응답만 제공하는 사이드카 컨테이너라도 어느 정도의 계산 자원과 메모리 자원을 소모한다. 하지만 로그 수집이나 헬스체크 같은 기능이 없는 애플리케이션을 쿠버네티스로 이주하면서 관리의 일관성을 유지하고 싶다면 이것도 괜찮은 방법이다. 이 애플리케이션의 현재 구조를 그림 7-12에 나타냈다.

지난 실습 예제에서 sleep 컨테이너를 이용하여 HTTP 엔드포인트를 호출했었다. 하지만 쿠버네티스의 네트워크 모델에는 위계가 없다. 서비스를 거치면 어떤 파드에라도 요청을 전달할 수 있다. 애플리케이션의 네트워크 통신을 좀 더 세세하게 제어하고 싶다면 이 역시 사이드카 컨테이너로 가능하다. 애플리케이션 컨테이너에서 외부를 향하는 트래픽을 관리하는 프록시 컨테이너를 두면 된다.

멀티컨테이너 파드를 이용하여 애플리케이션 확장하기

두 파드 모두 외부에서 보았을 때는 동일하게 동작한다. 컨피그맵을 통해 설정값을 주입받고,
파드로 로그를 출력하며, 성능 지표와 헬스체크 HTTP 엔드포인트를 제공한다.

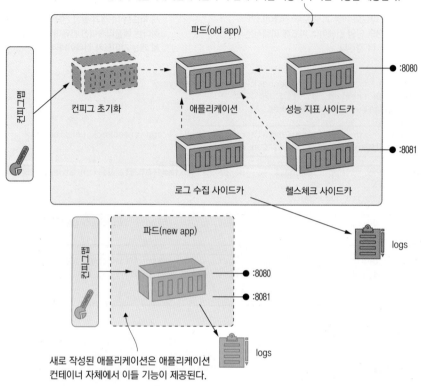

7.4 외부와의 통신을 추상화하기: 앰배서더 컨테이너

앰배서더 컨테이너는 애플리케이션과 외부와의 통신을 제어하고 단순화하는 역할을 한다. 애플리케이션이 localhost 주소로 네트워크 요청을 전달하면 이 요청을 앰배서더 컨테이너가 받아 처리하는 형태다. 애플리케이션 전체가 사용하는 일반 앰배서더 컨테이너를 둘 수도 있고, 특정 애플

리케이션 컴포넌트의 통신만 처리하는 앰배서더 컨테이너를 따로 둘 수도 있다. 그림 7-13은 앰배서더 컨테이너를 채택한 구조의 예다. 앰배서더 컨테이너 속 로직은 성능 향상이나 신뢰성 또는 보안을 강화하는 내용이 담긴다.

▼ 그림 7-13 앰배서더 패턴은 애플리케이션 로직의 단순화부터 성능 향상까지 다양한 효과를 기대할 수 있다

애플리케이션 컨테이너는 localhost 주소로 서비스 요청을 보내지만,
이 요청을 실제로 처리하는 것은 앰배서더 컨테이너다.

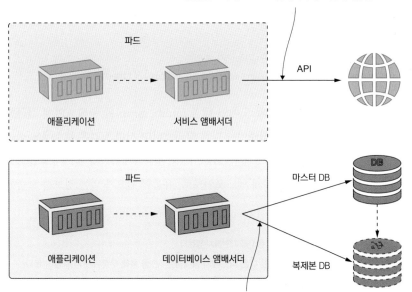

애플리케이션 실제 통신의 세부 사항을 추상화하는
간단한 프록시도 HTTP 앰배서더라고 할 수 있다.

앰배서더에 복잡한 로직을 포함시킬 수도 있다. 데이터베이스 앰배서더에서 update 쿼리는 마스터 서버에,
select 쿼리는 읽기 전용 복제본에만 보내도록 설정하는 것도 가능하다.

네트워크의 제어권을 애플리케이션에서 이전해 오면 새롭게 할 수 있는 일이 많아진다. 예를 들어 프록시 컨테이너를 활용하면 서비스 디스커버리, 로드밸런싱, 연결 재시도, 심지어는 비보안 채널에 대한 암호화까지 가능해진다. 혹시 서비스 메시 아키텍처라는 말을 들어 본 적이 있는가? 여기에는 Linkerd와 Istio라는 기술이 사용되는데, 이들 역시 앰배서더 컨테이너의 일종인 프록시 사이드카 컨테이너를 활용하는 방식이 쓰였다.

하루 한 시간의 학습 시간을 아득히 초과하게 되므로 이 책에서는 서비스 메시 아키텍처는 다루지 않는다. 다만 간단한 예제로 서비스 메시 아키텍처가 무엇인지 살짝 맛만 보도록 하자. 이번 실습 예제의 소재는 무작위 숫자 생성 애플리케이션이다. 다른 파드에서 동작하는 API를 웹 애플리케이션 파드에서 사용하는 구조를 취하고 있다. 웹 애플리케이션 파드는 API 파드만 사용하므로 다른 주소에 대한 통신은 제한하는 것이 좋다. 현재는 이것이 구현되어 있지 않다.

실습 무작위 숫자 생성 애플리케이션을 실행하고, 웹 애플리케이션 컨테이너에서 아무 주소나 통신을 보낼 수 있는지 확인하라.

```
# 애플리케이션 및 서비스 배치
kubectl apply -f numbers/

# 애플리케이션에 접근할 URL 확인
kubectl get svc numbers-web -o jsonpath='http://{.status.loadBalancer.
ingress[0].*}:8090'

# 애플리케이션에 접근하여 무작위 숫자를 생성

# 웹 애플리케이션에서 다른 엔드포인트에 접근 가능한지 확인
kubectl exec deploy/numbers-web -c web -- wget -q -O - http://timecheck:8080
```

웹 애플리케이션 파드는 클러스터IP 서비스와 도메인 네임 numbers-api를 통해 API에 접근한다. 하지만 웹 애플리케이션 파드는 외부 인터넷이나 다른 클러스터IP 서비스 같은 주소에도 접근할 수 있다. 그림 7-14는 웹 애플리케이션 파드에서 timecheck 애플리케이션의 헬스체크 엔드포인트에 접근한 결과다. 이 엔드포인트는 비공개 엔드포인트로, 유출할 필요가 없는 정보를 노출할수 있다.

▼ 그림 7-14 쿠버네티스는 기본적으로 파드의 외부에 대한 통신을 제한하지 않는다

웹 애플리케이션은 다른 파드에서 동작하는 API를 통해 무작위 숫자를 받아 온다.

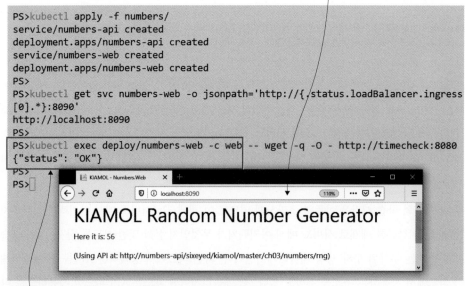

웹 애플리케이션 컨테이너는 어떤 주소에도 제한 없이 접근할 수 있다.
공격자가 이 점을 악용하면 클러스터에서 동작하는 다른 애플리케이션이 무엇인지 알아낼 수 있다.

프록시 사이드카 컨테이너 외에도 네트워크 접근을 제한하는 방법은 여러 가지가 있다. 하지만 앰배서더 컨테이너를 이용하면 몇 가지 추가적인 기능이 더 따라온다. 예제 7-7은 프록시 앰배서더 컨테이너를 도입하는 웹 애플리케이션 파드의 정의다.

7

예제 7-7 web-with-proxy.yaml, 프록시 앰배서더 컨테이너

```
containers:
  - name: web
    image: kiamol/ch03-numbers-web
    env:
      - name: http_proxy                     # 프록시를 사용하도록 설정하면
        value: http://localhost:1080         # 모든 트래픽이 앰배서더 컨테이너를 거친다
      - name: RngApi__Url
        value: http://localhost/api          # API에 접근하기 위한 localhost 주소
  - name: proxy
    image: kiamol/ch07-simple-proxy          # 간단한 HTTP 프록시
    env:
      - name: Proxy__Port                     # 애플리케이션의 네트워크 요청을 라우팅
        value: "1080"                         # 설정된 URL 매핑에 따라 라우팅
      - name: Proxy__Request__UriMap__Source
        value: http://localhost/api
      - name: Proxy__Request__UriMap__Target
        value: http://numbers-api/sixeyed/kiamol/master/ch03/numbers/rng
```

이 예제에서 앰배서더 컨테이너 패턴의 핵심을 볼 수 있다. 애플리케이션 컨테이너는 모든 서비스에 localhost 주소로 접근한다. 그리고 프록시 컨테이너를 거쳐 모든 네트워크 통신을 수행한다. 프록시는 모든 네트워크 호출을 기록하고, localhost 주소를 실제 주소로 매핑하며, 이 매핑에 등록되지 않은 다른 주소를 차단한다. 이 자체가 파드의 기능이 되지만 애플리케이션 컨테이너는 이를 알 수 없다.

실습 무작위 숫자 애플리케이션을 업데이트한 후 접근 가능한 주소에 제한이 생겼는지 확인하라.

```
# 예제 7-5의 수정된 정의 배치
kubectl apply -f numbers/update/web-with-proxy.yaml

# 웹 페이지를 새로고침한 후 숫자를 생성한다

# 프록시 컨테이너의 로그를 확인
kubectl logs -l app=numbers-web -c proxy
```

```
# timecheck 애플리케이션의 헬스체크 엔드포인트에 접근
kubectl exec deploy/numbers-web -c web -- wget -q -O - http://timecheck:8080

# 프록시 컨테이너의 로그를 확인
kubectl logs -l app=numbers-web -c proxy
```

이제 웹 애플리케이션과 API의 결합이 한층 더 느슨해졌다. 웹 애플리케이션이 API의 URL도 알
필요가 없어졌기 때문이다. 이 URL 정보는 애플리케이션과 별도로 설정 가능한 앰배서더 컨테이
너가 갖고 있다. 또한 웹 애플리케이션은 한 주소로만 요청을 보낼 수 있고, 그림 7-15에서 볼 수
있듯 이들 요청은 모두 프록시에 로그가 남는다.

❤ 그림 7-15 웹 애플리케이션 컨테이너의 모든 네트워크 요청은 별도의 접근 허용 규칙을 기술할 수 있는 앰배서더 컨테이너를 거
친다

웹 애플리케이션 컨테이너의 모든 트래픽은 프록시를 거쳐 나간다.
이 프록시는 요청된 주소를 실제 주소로 매핑하고, 요청에 대한 로그를 남긴다.

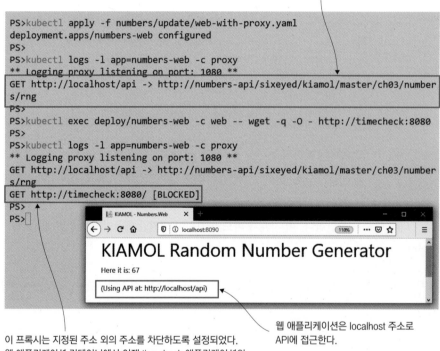

이 프록시는 지정된 주소 외의 주소를 차단하도록 설정되었다.
웹 애플리케이션 컨테이너에서 이제 timecheck 애플리케이션의
헬스체크 엔드포인트에 접근할 수 없다.

웹 애플리케이션은 localhost 주소로
API에 접근한다.

여기 사용된 앰배서더 컨테이너는 파드 외부로 나가는 HTTP 요청의 프록시 역할을 한다. 하지만
앰배서더 컨테이너의 역할이 프록시뿐인 것은 아니다. 앰배서더 컨테이너를 네트워크 전송 계층
에 끼워 넣으면 어떤 유형의 트래픽이라도 처리할 수 있다. 데이터베이스 앰배서더 컨테이너는 읽

기 쿼리는 읽기 전용인 데이터베이스 복제본(redundancy)으로 보내고, 쓰기 쿼리는 마스터 데이터베이스로 보낼 수도 있다. 이 방법으로 애플리케이션 로직에 손대지 않고도 성능과 스케일링 모두를 달성할 수 있다.

파드가 여러 컨테이너가 공유하는 환경이 된다는 것이 무슨 뜻인지 알아보고 이 장을 마무리하겠다.

7.5 파드 환경 이해하기

파드는 하나 이상의 컨테이너를 감싸는 경계다. 마찬가지로 컨테이너는 하나 이상의 프로세스를 감싸는 경계다. 파드는 오버헤드 없이 가상화 계층을 추가하므로 유연하고 효율이 뛰어나다. 다만 이런 유연성 대가는 언제나 그렇듯이 복잡도의 상승이다. 따라서 멀티컨테이너 파드를 사용할 때는 이런 미묘한 차이에 주의해야 한다.

가장 중요한 것은 파드는 (여러 개의 컨테이너가 들어 있을 수 있더라도) 컴퓨팅의 기본 단위라는 점이다. 파드는 안에 있는 모든 컨테이너 준비가 끝나야 자신도 준비 상태가 된다. 그리고 서비스는 파드가 준비 상태가 되어야 트래픽을 전달한다. 사이드카 컨테이너나 초기화 컨테이너는 애플리케이션에 일종의 안전 모드를 추가하는 것과 같다.

실습 초기화 컨테이너가 실패하면 애플리케이션은 고장을 일으킨다. 이번 업데이트는 초기화 컨테이너의 설정 오류 때문에 성공하지 못한다.

```
# 애플리케이션 업데이트
kubectl apply -f numbers/update/web-v2-broken-init-container.yaml

# 새로 생성되는 파드를 확인
kubectl get po -l app=numbers-web,version=v2

# 새로 생성된 초기화 컨테이너의 로그를 확인
kubectl logs -l app=numbers-web,version=v2 -c init-version

# 디플로이먼트의 상태를 확인
kubectl get deploy numbers-web
```

```
# 레플리카셋의 상태를 확인
kubectl get rs -l app=numbers-web
```

여기에서 알 수 있는 것은 초기화 컨테이너가 실패하면 애플리케이션이 업데이트되지 않는다는 점이다. 새로 생성된 파드는 Running 상태로 진입하지 못해 서비스에서 트래픽을 전달받지 못한다. 디플로이먼트 역시 새 레플리카셋의 레플리카가 정해진 개수에 도달하지 못하기 때문에 기존 레플리카셋의 레플리카 수를 줄일 수 없다. 하지만 디플로이먼트의 상세 정보로는 업데이트가 반영된 것처럼 보인다(그림 7-16).

❤ 그림 7-16 파드의 컨테이너가 많아질수록 파드에서 오류가 일어날 확률도 높아진다

이번 업데이트에는 잘못된 초기화 컨테이너 정의가 들어 있다.
초기화 컨테이너를 재시작해도 정상적인 상태가 되지 못하므로
애플리케이션 컨테이너도 제대로 시작되지 않으며, 파드가
준비 상태에 들어가지 못한다.

아직 오류를 일으킨 초기화
컨테이너의 로그를 볼 수 있다.

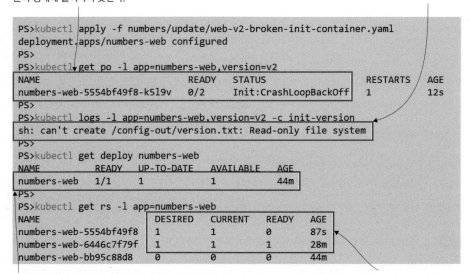

디플로이먼트의 상태가 오해를 일으키기 쉽다. 디플로이먼트가
레플리카셋에 정상적으로 상태 보고를 하고 있으므로 '사용 가능'
하다고 나온다.

하지만 실제 상태는 그렇지 않다. 새 레플리카셋이
(준비된 파드가 없어) 준비 상태가 되지 않았으므로
기존 레플리카셋이 아직 동작 중이다.

파드 시작 중 사이드카 컨테이너가 실패할 때도 같은 일이 일어난다. 파드는 모든 컨테이너의 상태가 Running이 되지 못해 준비 상태로 넘어가지 못하며, 디플로이먼트는 멀티컨테이너 파드의 초기화 컨테이너가 무사히 종료되고 파드 컨테이너가 모두 Running 상태가 되기를 기다린다. 다음과 같은 재시작 조건을 기억해 두자.

- 초기화 컨테이너를 가진 파드가 대체될 때 새 파드는 초기화 컨테이너를 모두 실행한다. 따라서 초기화 로직은 반복적으로 실행할 수 있는 것이어야 한다.

- 초기화 컨테이너의 이미지를 변경하면 파드 자체를 재시작한다. 초기화 컨테이너는 다시 한 번 실행되며, 애플리케이션 컨테이너도 모두 교체된다.
- 파드 정의에서 애플리케이션 컨테이너의 이미지를 변경하면 애플리케이션 컨테이너가 대체 된다. 초기화 컨테이너는 재시작하지 않는다.
- 애플리케이션 컨테이너가 종료되면 파드가 애플리케이션 컨테이너를 재생성한다. 대체 컨 테이너가 준비될 때까지 파드는 완전한 동작 상태가 아니게 되며, 서비스에서 트래픽을 전 달받지 못한다.

파드는 단일한 컴퓨팅 환경이다. 하지만 이 환경을 구성하는 부품이 여러 개일 때는 각각의 실패 시나리오를 검토하고 애플리케이션이 의도대로 동작하는지 확인해야 한다.

아직 다루지 않은 파드 내 환경의 마지막 부분이 있다. 컴퓨팅 계층이다. 파드 속 컨테이너는 네트 워크 주소와 파일 시스템의 일부를 공유할 수 있다. 하지만 컨테이너 경계를 넘어 서로의 프로세 스에는 접근할 수 없다.

이것이 기본이지만, 간혹 프로세스 간 통신이나 애플리케이션 프로세스의 지표를 수집할 때처럼 사이드카 컨테이너가 애플리케이션 프로세스에 접근해야 할 때가 있다.

파드 정의에 shareProcessNamespace: true 설정을 추가하면 이런 접근이 가능하다. 파드의 모든 컨테이너가 컴퓨팅 공간을 공유하며 서로의 프로세스를 볼 수 있게 된다.

> **실습** 컨테이너가 컴퓨팅 공간을 공유하도록 sleep 파드를 업데이트하고, 다른 컨테이너의 프 로세스에 접근이 가능한지 확인하라.

```
# 현재 컨테이너의 프로세스를 확인
kubectl exec deploy/sleep -c sleep -- ps

# 파드를 업데이트
kubectl apply -f sleep/sleep-with-server-shared.yaml

# 새 컨테이너가 준비될 때까지 대기
kubectl wait --for=condition=ContainersReady pod -l app=sleep,version=shared

# 프로세스를 다시 한 번 확인(조금 기다려야 한다)
kubectl exec deploy/sleep -c sleep -- ps
```

필자의 환경에서 실행한 결과를 그림 7-17에 실었다. sleep 컨테이너에서 server 컨테이너의 프 로세스를 모두 볼 수도 있었고, 모든 프로세스를 종료시켜 파드를 망가뜨릴 수도 있었다.

❤ 그림 7-17 파드의 설정에 따라 모든 컨테이너가 다른 컨테이너의 프로세스를 볼 수 있는데, 이 설정은 주의해서 사용하자

이 업데이트를 통해 파드의 설정이 다른
컨테이너의 프로세스를 볼 수 있도록 변경된다.

sleep 컨테이너에서는 자신의
프로세스밖에 볼 수 없다.

```
PS>kubectl exec deploy/sleep -c sleep -- ps
PID   USER     TIME  COMMAND
  1 root       0:00 /bin/sh -c trap : TERM INT; (while true; do sleep 1000; don
e) & wait
 44 root       0:00 sleep 1000
 45 root       0:00 ps
PS>
PS>kubectl apply -f sleep/sleep-with-server-shared.yaml
deployment.apps/sleep configured
PS>
PS>kubectl wait --for=condition=ContainersReady pod -l app=sleep,version=shared
pod/sleep-7594f96c7c-xqgn5 condition met
PS>
PS>kubectl exec deploy/sleep -c sleep -- ps
PID   USER     TIME  COMMAND
  1 root       0:00 /pause
  6 root       0:00 /bin/sh -c trap : TERM INT; (while true; do sleep 1000; don
e) & wait
 18 root       0:00 sleep 1000
 19 root       0:00 sh -c while true; do echo -e 'HTTP/1.1 200 OK Content-Type:
text/plain Content-Length: 7  kiamol' | nc -l -p 8080; done
 25 root       0:00 nc -l -p 8080
 31 root       0:00 ps
```

이제 sleep 컨테이너가 server 컨테이너에서
HTTP 서버 역할을 하는 nc 프로세스를 볼 수 있다.

멀티컨테이너 파드 설명은 이것으로 끝이다. 이 장에서 초기화 컨테이너를 이용하여 애플리케이션 컨테이너에 필요한 환경을 준비하는 방법과 사이드카 컨테이너를 이용하여 애플리케이션을 수정하지 않고도 기능을 추가하는 방법을 배웠다. 멀티컨테이너 파드의 성질도 배웠다. 멀티컨테이너 파드는 애플리케이션을 확장할 때 많이 쓰게 될 것이다. 재삼 강조하지만 파드는 단일한 논리적 컴포넌트로 기능해야 한다. 가능하다 하더라도 nginx, 워드프레스, MySQL을 한 파드에 실행하는 것은 금물이다. 그럼 실습 환경을 정리하고 연습 문제로 넘어가자.

실습 이 장의 레이블이 일치하는 모든 리소스를 제거하라.

```
kubectl delete all -l kiamol=ch07
```

7.6 연습 문제

이번 연습 문제의 소재는 앞서도 다루었던 원주율 계산 애플리케이션이다. 도커 이미지 kiamol/ch05-pi는 컨테이너 정의에서 시동 명령을 오버라이드하면 웹 애플리케이션이 실행된다. 앞서 5장에서 우리도 이런 방법을 사용했다. 이번에는 표준적인 방법을 사용하여 파드를 생성해야 한다. 다음은 연습 문제와 힌트다.

- 애플리케이션 컨테이너는 우리 플랫폼의 표준 시동 명령인 /init/startup.sh를 시동 명령으로 사용해야 한다.
- 파드의 80번 포트는 애플리케이션 컨테이너에 연결되어야 한다.
- 파드의 8080번 포트는 애플리케이션 버전을 출력하는 HTTP 서버에 연결되어야 한다.
- 애플리케이션 컨테이너의 이미지에는 시동 스크립트가 없다. 어떤 방식으로든 스크립트를 만들고 이를 실행 가능하도록 해야 한다.
- 애플리케이션에는 8080번 포트를 통해 애플리케이션 버전을 출력하는 기능이 없다. 이 기능 역시 직접 추가해야 한다(버전 대신 임의의 하드코딩된 텍스트를 출력해도 좋다).

ch07/lab/pi에 있는 YAML 스크립트부터 시작하자. 이 스크립트에는 현재 오류가 있다. 지난 장에서 애플리케이션이 어떤 과정으로 실행되었는지 잘 생각해 보고 이 장에서 배운 수단을 사용하여 문제를 해결하라. 문제를 해결하는 여러 가지 방법이 있지만 필자의 해답 예를 확인하고 싶다면 깃허브 https://github.com/sixeyed/kiamol의 ch07/lab/README.md를 참조하라.

8^장

데이터를 많이 다루는 애플리케이션 실행하기: 스테이트풀셋과 잡

'데이터를 많이 다룬다'니 모호한 정의다. 하지만 이 장에서 다루게 될 애플리케이션은 간단한 유상태 애플리케이션을 넘어 상태를 '많이' 다루는 애플리케이션이다. 데이터베이스가 그 좋은 예다. 데이터베이스는 고가용성을 위해 여러 인스턴스에 걸쳐 실행된다. 각 인스턴스는 빠른 접근을 위해 로컬 데이터스토어를 갖지만, 동시에 이들 데이터스토어를 동기화시켜야 한다. 데이터 역시 데이터의 고가용성을 위한 별도의 요구 사항이 있으며, 데이터 오염이나 실패를 막으려면 주기적인 백업이 필요하다. 데이터베이스 외에도 메시지 큐(message queue)나 분산 캐시 같은 데이터 위주의 애플리케이션이 비슷한 요구 사항을 갖는다.

이런 애플리케이션도 쿠버네티스에 도입이 가능하다. 그러나 이를 위해서는 동적 환경인 쿠버네티스와 안정된 환경이 필요한 이들 애플리케이션 간 내재적인 모순을 설계로 극복해야 한다. 고정된 주소에서 동료 인스턴스 찾기를 시도하는 클러스터 애플리케이션은 레플리카셋에서 제대로 동작하기 어렵다. 또한 디스크 드라이브를 직접 다루는 백업 작업에도 영구볼륨클레임은 적합하지 않다. 데이터에 대한 요구 사항이 엄격한 애플리케이션은 이전과는 다른 방식으로 모델링해야 한다. 이 장은 고급 컨트롤러인 스테이트풀셋, 잡, 크론잡 등을 이용하여 이런 애플리케이션을 모델링하는 방법을 배운다.

8.1 스테이트풀셋을 이용한 안정성 모델링

스테이트풀셋(StatefulSet)은 그 이름에서 기능을 쉽게 짐작할 수 있다. 안정된 프레임워크에서 동작하는 애플리케이션에 스케일링 기능을 제공하는 파드 컨트롤러다. 우리가 레플리카셋을 배치하면 무작위 이름이 부여된 파드가 만들어졌다. 이들 파드는 도메인 네임으로 일일이 구분되지 않으며 레플리카셋이 이들을 병렬로 함께 실행했다. 반면 스테이트풀셋은 도메인 네임으로 각각 식별되는 규칙적인 이름이 부여된 파드를 생성한다. 또한 이들 파드는 첫 번째 파드가 Running 상태가 되면 그다음 파드가 생성되는 식으로 순서대로 생성된다.

클러스터 애플리케이션이 스테이트풀셋으로 모델링하기 적합한 대상이다. 이들 애플리케이션은 대개 미리 정해진 주 인스턴스와 부 인스턴스가 함께 동작하며 고가용성을 확보한다. 부 인스턴스의 수를 늘리는 방식으로 스케일링이 되는데, 부 인스턴스는 데이터 동기화를 위해 주 인스턴스와 통신이 가능해야 한다. 디플로이먼트로는 이런 애플리케이션을 모델링할 수 없는데, 그 이유는 레플리카셋에서는 특정 파드를 주 인스턴스로 지정할 수 없기 때문이다. 억지로 모델링을 하면 모든 파드가 주 인스턴스가 되거나 주 인스턴스가 없어 엉망이 되는 결과를 보기 쉽다.

그림 8-1은 스테이트풀셋을 다이어그램으로 나타낸 것이다. 우리가 앞서 사용했던 PostgreSQL 데이터베이스를 실행하는 데 이 구성을 사용하면 데이터 복제본과 고가용성을 확보할 수 있다.

❤ 그림 8-1 스테이트풀셋의 파드는 각기 첫 번째 파드 데이터의 복제본을 갖는다

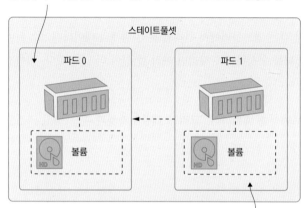

파드를 시작할 때 자신이 첫 번째 파드인지 확인하는 스크립트를 실행한다.
첫 번째 파드가 맞다면 자신을 애플리케이션의 주 인스턴스로 설정한다.

두 번째 파드는 첫 번째 파드가 Running 상태가 되면 시작된다. 앞서 설명한
스크립트를 실행하여 자신이 첫 번째 파드가 아님을 확인한 후, 애플리케이션의
부 인스턴스가 되어 첫 번째 파드와 데이터를 동기화한다.

이 단계까지 만들려면 알아야 할 것이 많다. 이어지는 각 절을 읽어 나가며 단계별로 스테이트풀셋을 동작하는 상태까지 만들어 나갈 것이다. 이 패턴은 데이터베이스 외에도 유용한 곳이 많다. 레거시 애플리케이션 중 많은 수가 정적인 실행 시점 환경과 쿠버네티스와 맞지 않는 안정성을 가정하고 만들어졌다. 스테이트풀셋은 이런 안정성을 쿠버네티스 안으로 포용하기 위한 컨트롤러다. 여러분 목표가 기존 애플리케이션을 쿠버네티스로 도입하는 것이라면 아주 일찍부터 사용하는 리소스가 될 것이다.

기본적인 스테이트풀셋부터 시작해 보자. 예제 8-1은 서비스 이름을 포함하는 점을 제외하면 우리가 앞서 배운 파드 컨트롤러와 그리 다를 것 없는 내용으로 정의된 스테이트풀셋이다.

예제 8-1 todo-db.yaml, 간단한 스테이트풀셋의 정의

```
apiVersion: apps/v1
kind: StatefulSet
metadata:
  name: todo-db
```

```
spec:
  selector:                    # 스테이트풀셋에도 셀렉터가 쓰인다
    matchLabels:
      app: todo-db
  serviceName: todo-db         # 스테이트풀셋은 연결된 서비스가 필요하다
  replicas: 2
  template:
    # 파드의 정의
```

이 YAML 정의를 배치하면 두 개의 PostgreSQL 파드를 가진 스테이트풀셋이 생성된다. 아직 흥분하기에는 이르다. 이 두 파드는 그저 같은 컨트롤러에서 관리될 뿐인 별개의 데이터베이스 서버다. 이 두 파드가 데이터베이스 클러스터를 구성하도록 하려면 아직 할 일이 더 남아 있다. 이어지는 절에서 차근차근 단계를 밟아 갈 것이다.

실습 예제 8-1에 정의된 스테이트풀셋을 배치하라. 그리고 레플리카셋과 파드 생성 과정이 어떻게 다른지 관찰하라.

```
# 이 장의 소스 코드 디렉터리로 이동
cd ch08

# 스테이트풀셋, 서비스, 비밀값(데이터베이스 패스워드)을 배치
kubectl apply -f todo-list/db/

# 스테이트풀셋을 확인
kubectl get statefulset todo-db

# 파드를 확인
kubectl get pods -l app=todo-db

# 파드 0의 호스트명을 확인
kubectl exec pod/todo-db-0 -- hostname

# 파드 1의 로그를 확인
kubectl logs todo-db-1 --tail 1
```

그림 8-2를 보면 스테이트풀셋의 동작이 레플리카셋이나 데몬셋과는 다르다는 것을 알 수 있다. 파드 이름이 스테이트풀셋의 이름 뒤에 번호가 붙는 식으로 규칙적으로 부여되기 때문에 레이블 셀렉터에 의지하지 않고도 직접 파드를 관리할 수 있다.

스테이트풀셋 역시 파드를 관리하지만 레플리카셋이 파드를 관리하는 방식에 비하면 훨씬 예측 가능하다. 파드는 0번부터 n번까지 순서대로 생성되고, 스테이트풀셋 정의에서 파드 수를 줄이면 뒷 번호부터 차례대로 제거된다. 파드를 수동으로 삭제하면 대체 파드가 생성되는데, 대체 파드는 삭제했던 파드 이름과 설정을 그대로 따른다.

❤ 그림 8-2 스테이트풀셋은 클러스터 애플리케이션에 적합한 환경을 제공하지만, 애플리케이션 설정은 직접 해야 한다

스테이트풀셋 역시 파드를 관리하는 컨트롤러다. 하지만 훨씬 예측 가능한 방식으로 파드를 관리한다.
파드가 순서대로 생성되고, 파드 이름도 스테이트풀셋의 이름 뒤에 번호가 붙는 식으로 부여된다.

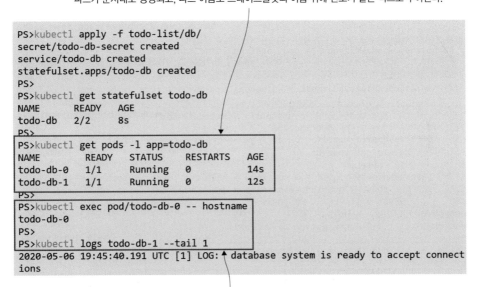

이것이 스테이트풀셋이 제공하는 안정된 환경이다. 파드가 자신이 스테이트풀셋의 첫 번째 파드임을 확인할 수 있고, 관리자 역시 규칙적으로 부여된 파드 이름으로 파드를 관리할 수 있다.

실습 스테이트풀셋의 0번 파드를 삭제하고 0번 파드가 다시 생성되는지 확인하라.

```
# 0번 파드의 내부 식별자를 확인
kubectl get pod todo-db-0 -o jsonpath='{.metadata.uid}'

# 파드를 수동으로 삭제
kubectl delete pod todo-db-0

# 파드를 확인
kubectl get pods -l app=todo-db

# 새로운 파드의 식별자가 달라졌는지 확인
kubectl get pod todo-db-0 -o jsonpath='{.metadata.uid}'
```

그림 8-3에서 스테이트풀셋이 제공하는 안정된 환경을 확인해 보기 바란다. 0번 파드가 동일한 0번 파드로 대체되었다. 하지만 스테이트풀셋 전체가 새로 생성된 것은 아니다. 1번 파드는 그대로 남아 있다. 파드의 번호 순서는 최초 생성될 때와 스케일링에만 관여하며 대체 파드를 생성할 때는 상관없다.

스테이트풀셋은 안정된 환경을 조성하기 위한 첫 단계다. 스테이트풀셋을 서비스에 연결하면 각 파드를 도메인 네임으로 접근할 수 있다. 따라서 레플리카들이 이미 알고 있는 서로의 주소로 통신할 수 있다.

❤ 그림 8-3 스테이트풀셋은 원래 있던 파드와 동일한 파드를 대체 파드로 생성한다

모든 쿠버네티스 객체는 내부 식별자인 UID가 부여된다. 사용자가 이 식별자를 사용할 일은 많지 않지만, 같은 이름을 가진 대체 객체가 이전 객체와 동일한 객체인지 확인할 때 유용하다.

```
PS>kubectl get pod todo-db-0 -o jsonpath='{.metadata.uid}'
071ec8fd-5056-49e8-9feb-d83dc91412b6
PS>
PS>kubectl delete pod todo-db-0
pod "todo-db-0" deleted
PS>
PS>kubectl get pods -l app=todo-db
NAME         READY    STATUS      RESTARTS    AGE
todo-db-0    1/1      Running     0           4s
todo-db-1    1/1      Running     0           11m
PS>
PS>kubectl get pod todo-db-0 -o jsonpath='{.metadata.uid}'
cb813fad-0082-4623-a7b1-0b2c844ae1d8
```

0번 파드를 삭제하면 새로운 0번 파드가 생성된다. 이 대체 파드는 원래 파드와 동일한 설정을 갖고 같은 볼륨이 마운트되지만, 기존 파드가 아닌 새로운 파드다.

8.2 스테이트풀셋에서 초기화 컨테이너 활용하기

쿠버네티스 API는 객체를 조합하여 다른 유형의 객체를 만들 수 있다. 스테이트풀셋의 정의에 포함된 파드 템플릿은 디플로이먼트에 포함된 파드 템플릿이나 독립된 파드의 정의와 같은 유형의

객체다. 바꾸어 말하면 스테이트풀셋이 파드를 다른 방식으로 관리한다 해도 이들 파드 역시 파드 기능을 모두 갖추고 있다는 의미다. 7장에서 배웠던 초기화 컨테이너는 클러스터 애플리케이션의 복잡한 초기화를 맡기기에 적합한 도구다.

예제 8-2는 PostgreSQL 데이터베이스의 정의 중 첫 번째 초기화 컨테이너를 기술한 부분이다. 이와 같이 정의된 초기화 컨테이너가 파드의 실행 순서에 따라 순서대로 실행된다. 그러므로 파드 1의 초기화 컨테이너는 파드 0의 초기화 컨테이너보다 먼저 실행될 수 없다.

예제 8-2 todo-db.yaml, 복제본 설정이 있는 PostgreSQL 데이터베이스의 초기화 컨테이너 정의

```
initContainers:
  - name: wait-service
    image: kiamol/ch03-sleep
    envFrom:                        # 컨테이너가 공유하는 설정 파일
      - configMapRef:
        name: todo-db-env
    command: ['/scripts/wait-service.sh']
    volumeMounts:
      - name: scripts              # 컨피그맵에 정의된 스크립트가 담긴 볼륨
        mountPath: "/scripts"
```

첫 번째 초기화 컨테이너에서 실행되는 스크립트의 기능은 두 가지다. 하나는 해당 파드가 첫 번째 파드일 경우 주 인스턴스임을 나타내는 로그를 찍고 종료한다. 첫 번째 파드가 아니라면 주 인스턴스의 도메인 네임을 조회하여 접근이 가능한지 확인한다. 그리고 두 번째 초기화 컨테이너는 실제 데이터베이스 복제본을 생성한다. 실질적인 초기화가 이루어지는 부분이기도 하다.

구체적인 각 단계는 PostgreSQL에만 해당하는 것이지만, 이런 패턴 자체는 MySQL, 일래스틱서치, 래빗MQ, NATS 등 클러스터 애플리케이션이나 복제본 기능이 있는 애플리케이션이라면 대부분 그대로 활용할 수 있다. 그림 8-4는 스테이트풀셋과 초기화 컨테이너를 이용한 패턴을 나타낸 다이어그램이다.

❤ 그림 8-4 스테이트풀셋의 안정된 환경이 보장하는 사항을 이용하여 애플리케이션을 초기화한다

모든 파드에서 동일한 단계를 밟지만,
실제 동작은 파드 순서에 따라 달라진다.
파드 0이 주 인스턴스, 나머지 파드는
부 인스턴스로 초기화된다.

파드 0의 첫 번째 초기화 컨테이너는 다른 파드를
기다릴 필요가 없으므로 바로 종료된다. 마지막
초기화 컨테이너는 자신이 주 인스턴스로 설정되도록
설정 파일을 만든다.

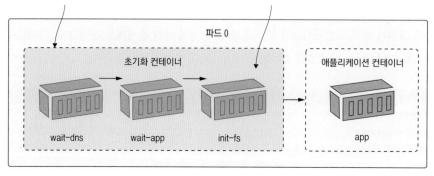

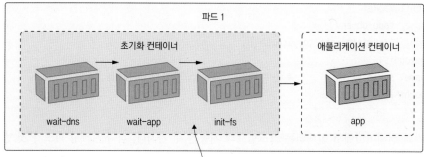

파드 1의 초기화 컨테이너는 먼저 도메인 네임을 통해 파드 0에 접근이 가능한지, 그리고
주 인스턴스가 준비된 상태인지 확인한다. 확인이 끝나면 자신을 부 인스턴스로 설정하는
설정 파일을 만들고 애플리케이션을 시작한다.

스테이트풀셋의 정의에서 서비스를 지정하여 각 파드의 도메인 네임을 정의했는데, 이를 위해서
는 서비스를 헤드리스 서비스로 만들어야 한다. 예제 8-3은 클러스터IP 주소 없이 파드에 대한 셀
렉터만 기술된 서비스 예다.

예제 8-3 todo-db-service.yaml, 스테이트풀셋에서 사용된 헤드리스 서비스의 정의

```
apiVersion: v1
kind: Service
metadata:
  name: todo-db
spec:
  selector:
    app: todo-db      # 파드 셀렉터가 스테이트풀셋과 일치
```

```
clusterIP: None    # 이 서비스에는 IP 주소가 부여되지 않는다
ports:
# 이 뒤로 포트 설정
```

클러스터IP가 없는 서비스도 클러스터 DNS 서버에 도메인 네임이 등록된다. 하지만 이 서비스는 고정된 IP 주소를 갖지 않으므로 네트워크 계층에서 실제 주소와 연결될 가상 IP 주소가 없는 대신 스테이트풀셋 안에 있는 각 파드의 IP 주소가 반환된다. 그리고 각각의 파드 역시 도메인 네임이 DNS 서버에 등록된다.

실습 헤드리스 서비스가 이미 배치되었으므로 sleep 파드에서 스테이트풀셋에 대한 DNS 조회를 해 보고, 그 결과가 일반적인 클러스터IP 서비스와 어떻게 다른지 관찰하라.

```
# 서비스 상세 정보 확인
kubectl get svc todo-db

# 도메인 조회를 위해 sleep 파드 실행
kubectl apply -f sleep/sleep.yaml

# 서비스 이름으로 도메인 조회
kubectl exec deploy/sleep -- sh -c 'nslookup todo-db | grep "^[^*]"'

# 0번 파드에 대한 도메인 조회
kubectl exec deploy/sleep -- sh -c 'nslookup todo-db-0.todo-db.default.svc.cluster.
local | grep "^[^*]"'
```

이 실습 예제를 실행해 보면 서비스 이름으로 도메인을 조회했을 때 두 개의 IP 주소가 나오는 것을 볼 수 있다. 모두 스테이트풀셋에 들어 있는 파드의 IP 주소다. 파드 역시 파드_이름.서비스_이름의 형태로 된 자신만의 도메인 네임을 갖는다. 필자의 환경에서 실행한 결과를 그림 8-5에 실었다.

▼ 그림 8-5 스테이트풀셋은 자신이 관리하는 파드마다 내부 DNS의 도메인을 부여하므로, 이들 각각의 파드를 주소로 구분할 수 있다

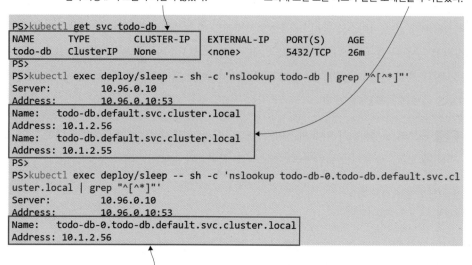

이 서비스는 일반적인 클러스터IP 서비스와
달리 가상 IP 주소를 부여받지 않았다.

자체 DNS의 도메인이 부여되어 있지만, 도메인을
조회해 보면 모든 파드가 같은 도메인을 부여받았다.

서비스에 연결된 스테이트풀셋의 모든 파드는
자신의 이름이 포함된 도메인을 부여받는다.

미리 지정된 파드 시작 순서 및 각기 구분 가능한 파드는 스테이트풀셋으로 클러스터 애플리케이션을 초기화하는 밑바탕이 된다. 애플리케이션마다 구체적인 사항은 크게 달라지지만, 파드의 시동 로직은 대체로 다음과 같다. 자신이 파드 0이면 주 인스턴스가 되기 위한 설정을 한다. 파드 0이 아니라면, 주 인스턴스가 준비될 때까지 기다린 후 부 인스턴스를 설정하고 파드 0의 주소와 동기화한다. PostgreSQL의 실제 설정 과정은 꽤 복잡하므로 여기에서는 생략한다. 이 설정 과정은 컨피그맵에 저장된 스크립트를 사용하여 초기화 컨테이너에서 주 인스턴스 또는 부 인스턴스로 설정되는 과정이다. 이 스테이트풀셋의 정의에는 지금껏 우리가 배운 다양한 기법이 사용되었다. 스테이트풀셋의 정의는 자세히 뜯어볼 만하지만 스크립트는 대부분 PostgreSQL에 국한된 내용이다.

실습 복제본을 만들도록 데이터베이스를 업데이트하라. 설정 파일과 시동 스크립트는 컨피그맵에 들어 있으며, 스테이트풀셋을 업데이트하면 초기화 컨테이너에서 이 스크립트를 사용한다.

```
# 복제본 설정이 된 스테이트풀셋을 배치
kubectl apply -f todo-list/db/replicated/
```

```
# 파드가 준비될 때까지 대기
kubectl wait --for=condition=Ready pod -l app=todo-db

# 파드 0(주 인스턴스)의 로그를 확인(조금 기다려야 한다)
kubectl logs todo-db-0 --tail 1

# 파드 1(부 인스턴스)의 로그를 확인
kubectl logs todo-db-1 --tail 2
```

PostgreSQL의 복제본 모델은 능동-수동 모델(active-passive model)이다. 그러므로 주 인스턴스는 데이터 읽기 쓰기가 모두 가능하고, 부 인스턴스는 주 인스턴스의 데이터를 동기화한 후 읽기 전용으로만 제공한다. 그림 8-6은 초기화 컨테이너가 자신이 맡을 역할을 알아내고 그에 맞추어 각 파드를 초기화하는 과정을 나타낸 것이다.

▼ 그림 8-6 파드는 레플리카이지만, 초기화 컨테이너가 지정해 준 역할에 따라 서로 다르게 동작할 수 있다

파드에 포함된 초기화 컨테이너가
자신이 주 인스턴스인지 부 인스턴스인지
확인하는 스크립트를 실행한다.

파드 0은 주 인스턴스로 설정된다.
사용자가 읽기 쓰기를 모두 수행할 수 있다.

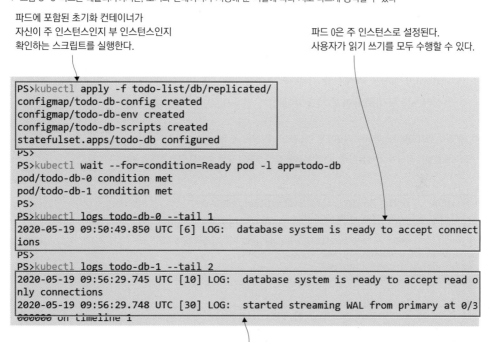

파드 1은 부 인스턴스로 설정되어 파드 0의 데이터를 동기화한 후
읽기 전용으로 데이터를 제공한다.

이렇게 복제본 설정이 가능한 애플리케이션의 초기화에서 까다로운 부분은 주로 워크플로를 모델링하는 부분이다. 워크플로가 애플리케이션마다 제각각이기 때문이다. 여기에서는 초기화 컨테이너가 주 인스턴스가 준비된 상태인지 확인하는 pg_isready 명령과 복제본 생성을 위한 pb_ basebackup 명령을 사용했다. 이런 구 현상의 세부 사항은 시스템 관리자가 추상화한다. 그러고 나면 다른 컨트롤러 리소스와 마찬가지로 스테이트풀셋을 스케일링하며 레플리카 수를 조정할 수 있다.

실습 데이터베이스에 레플리카를 하나 더 추가하라. 추가된 파드가 부 인스턴스로 설정되었는지 확인하라.

```
# 레플리카를 하나 더 추가
kubectl scale --replicas=3 statefulset/todo-db

# 파드 2가 준비될 때까지 대기
kubectl wait --for=condition=Ready pod -l app=todo-db

# 추가된 파드가 부 인스턴스로 설정되는지 확인
kubectl logs todo-db-2 --tail 2
```

엔터프라이즈급 운영 환경이라고는 못하겠지만, 이 정도면 PostgreSQL 전문가에게 인계할 만한 정도는 된다. 이제 두 벌의 복제본 설정이 끝난 잘 동작하는 PostgreSQL 클러스터를 갖게 되었다. PostgreSQL에서는 복제본을 가진 부 인스턴스를 스탠바이(standby)라고 한다. 모든 스탠바이는 주 인스턴스를 동기화하면서 시작되어 읽기 전용으로만 사용 가능하다.

▼ 그림 8-7 각기 구분 가능한 파드 덕분에 부 인스턴스가 언제라도 주 인스턴스를 찾을 수 있다

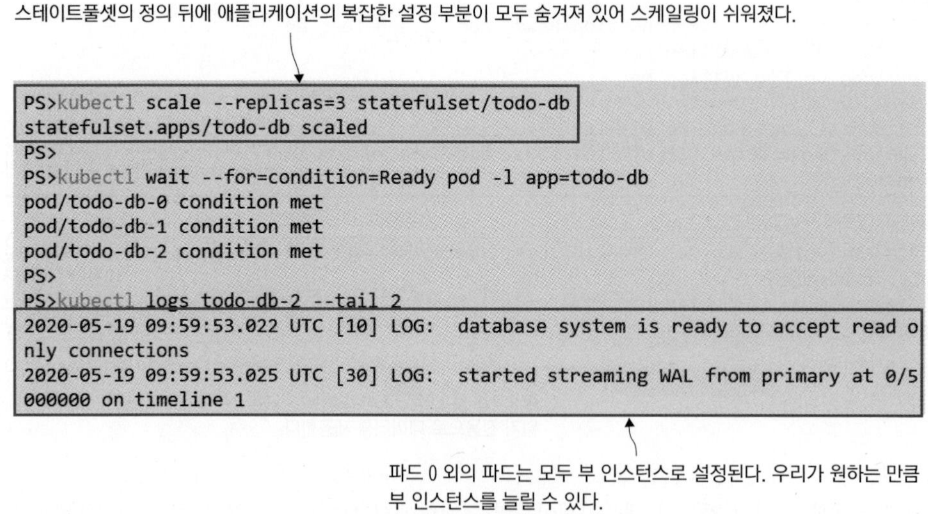

스테이트풀셋의 정의 뒤에 애플리케이션의 복잡한 설정 부분이 모두 숨겨져 있어 스케일링이 쉬워졌다.

```
PS>kubectl scale --replicas=3 statefulset/todo-db
statefulset.apps/todo-db scaled
PS>
PS>kubectl wait --for=condition=Ready pod -l app=todo-db
pod/todo-db-0 condition met
pod/todo-db-1 condition met
pod/todo-db-2 condition met
PS>
PS>kubectl logs todo-db-2 --tail 2
2020-05-19 09:59:53.022 UTC [10] LOG:  database system is ready to accept read o
nly connections
2020-05-19 09:59:53.025 UTC [30] LOG:  started streaming WAL from primary at 0/5
000000 on timeline 1
```

파드 0 외의 파드는 모두 부 인스턴스로 설정된다. 우리가 원하는 만큼 부 인스턴스를 늘릴 수 있다.

하지만 여기에서 중요한 부분은 실제 데이터가 저장되는 스토리지에 대한 내용이 빠져 있다는 점이다. 우리가 방금 만든 데이터베이스는 데이터를 저장할 볼륨이 없어 아직 사용할 수 없다. 지금

은 각 데이터베이스 컨테이너가 영구볼륨이 아닌 자신의 기록 가능 레이어에 데이터를 기록하는 상태다. 스테이트풀셋에는 볼륨 요구 조건을 정의할 수 있는 멋진 방법이 있다. 정의에 영구볼륨 클레임 템플릿을 기술하면 된다.

8.3 볼륨 클레임 템플릿으로 스토리지 요청하기

볼륨은 표준적인 파드 정의의 일부다. 파드에서 컨피그맵이나 비밀값을 읽어 들일 수 있고, 영구볼 륨클레임을 사용하여 컨테이너에 볼륨을 마운트할 수도 있다. 그러나 이런 볼륨은 모든 파드가 공유하는 스토리지다. 모든 파드가 같은 데이터를 갖게 되는 읽기 전용 설정이라면 이것도 괜찮다. 하지만 평범한 영구볼륨클레임을 마운트하면 모든 파드가 같은 볼륨에 데이터를 기록하게 된다.

각 파드의 영구볼륨클레임마다 별도의 스토리지가 마운트되게 하려면, 스테이트풀셋 정의에서 volumeClaimTemplates 필드를 기술해야 한다. 볼륨 클레임 템플릿에는 스토리지 용량이나 접근 유형 외에도 스토리지 유형에 대한 요구 사항을 기술할 수 있다. 볼륨 클레임 템플릿을 포함한 스테이트풀셋을 배치하면 각 파드마다 영구볼륨클레임이 생성되며 파드와 영구볼륨클레임이 연결된다. 예를 들어 파드 0이 대체되었다면, 새로운 파드 0에도 기존 영구볼륨클레임이 사용된다.

예제 8-4는 볼륨 클레임 템플릿이 쓰인 간단한 정의 예다. 5장에서 배웠듯이, 스토리지 유형은 쿠버네티스 플랫폼마다 다르다. 여러분의 실습 환경에서 지원하는 스토리지 유형을 알 수 없으므로 이 정의에는 스토리지 유형에 대한 내용이 생략되었다. 따라서 클러스터에 설정된 기본 스토리지 유형이 제공된다.

예제 8-4 sleep-with-pvc.yaml, 볼륨 클레임 템플릿이 포함된 스테이트풀셋의 정의

```
spec:
  selector:
    # 파드 셀렉터 정의...
  serviceName:
    # 헤드리스 서비스 이름...
  replicas: 2
  template:
```

```
  # 파드 템플릿...

volumeClaimTemplates:
  - metadata:
      name: data        # 파드 볼륨 마운트의 이름
    spec:               # 일반적인 영구볼륨클레임의 정의
      accessModes:
        - ReadWriteOnce
      resources:
        requests:
          storage: 5Mi
```

데이터베이스 클러스터에 볼륨 클레임 템플릿을 추가하기 전에 간단한 애플리케이션에서 동작 과
정을 확인하자.

실습 예제 8-4에 나온 스테이트풀셋의 정의를 배치하고, 영구볼륨클레임이 어떻게 생성되는
지 확인하라.

```
# 볼륨 클레임 템플릿이 포함된 스테이트풀셋을 배치
kubectl apply -f sleep/sleep-with-pvc.yaml

# 영구볼륨클레임이 생성되는지 확인
kubectl get pvc

# 파드 0의 영구볼륨클레임 마운트에 데이터를 기록
kubectl exec sleep-with-pvc-0 -- sh -c 'echo Pod 0 > /data/pod.txt'

# 파드 0에서 데이터를 읽을 수 있는지 확인
kubectl exec sleep-with-pvc-0 -- cat /data/pod.txt

# 파드 1에서는 해당 데이터를 읽을 수 없음
kubectl exec sleep-with-pvc-1 -- cat /data/pod.txt
```

실행 결과를 보면 각 파드마다 동적으로 영구볼륨클레임이 생성된다. 영구볼륨클레임은 이어서
기본 스토리지 유형(별도 요청한 유형이 있다면 요청한 유형)의 영구볼륨으로 이어진다. 영구볼륨
클레임은 모두 동일하게 설정되었으며, 스테이트풀셋의 파드와 마찬가지로 규칙적인 이름이 부여
되고, 그림 8-8에서 볼 수 있듯이 레플리카마다 독립된 스토리지를 갖는다.

▼ 그림 8-8 볼륨 클레임 템플릿은 스테이트풀셋에 포함된 파드의 스토리지를 동적으로 생성한다

볼륨 클레임 템플릿을 포함한 스테이트풀셋을 배치하면 각 파드마다 영구볼륨클레임이 동적으로 생성된다. 영구볼륨클레임은 영구볼륨을 생성한다.

```
PS>kubectl apply -f sleep/sleep-with-pvc.yaml
service/sleep-with-pvc created
statefulset.apps/sleep-with-pvc created
PS>
PS>kubectl get pvc
NAME                      STATUS   VOLUME                                   CAPA
CITY    ACCESS MODES    STORAGECLASS    AGE
data-sleep-with-pvc-0     Bound    pvc-15f602b0-88e8-4a36-9d15-16c199983b02 5Mi
        RWO             hostpath        5s
data-sleep-with-pvc-1     Bound    pvc-cc969eba-e7b6-4ed6-9d22-bee6fd5cd617 5Mi
        RWO             hostpath        1s
PS>
PS>kubectl exec sleep-with-pvc-0 -- sh -c 'echo Pod 0 > /data/pod.txt'
PS>
PS>kubectl exec sleep-with-pvc-0 -- cat /data/pod.txt
Pod 0
PS>
PS>kubectl exec sleep-with-pvc-1 -- cat /data/pod.txt
cat: can't open '/data/pod.txt': No such file or directory
command terminated with exit code 1
```

파드 정의에는 동일한 볼륨 마운트가 기술되어 있지만, 각 파드마다 다른 영구볼륨클레임이 연결된다. 따라서 볼륨이 파드 간에 공유되지 않는다.

파드와 영구볼륨클레임의 연결 관계는 파드가 교체되더라도 유지된다. 스테이트풀셋이 데이터 비중이 큰 애플리케이션을 실행하기 적합한 가장 큰 이유가 이것이다. 애플리케이션을 업데이트하면 새로 생성된 파드 0도 기존의 파드 0과 동일한 영구볼륨클레임을 사용할 것이므로 애플리케이션 컨테이너 역시 이전의 애플리케이션 컨테이너와 완전히 동일한 상태를 유지할 수 있다.

실습 대체 파드가 생성되도록 파드 0을 수동으로 삭제하라. 새로 생성된 파드 0 역시 이전과 동일한 영구볼륨클레임과 연결되는지 확인하라.

```
# 파드를 수동으로 삭제
kubectl delete pod sleep-with-pvc-0

# 대체 파드가 생성되는지 확인
kubectl get pods -l app=sleep-with-pvc

# 대체 파드가 이전의 데이터를 유지하는지 확인
kubectl exec sleep-with-pvc-0 -- cat /data/pod.txt
```

데이터를 많이 다루는 애플리케이션 실행하기: 스테이트풀셋과 잡

이 실습 예제의 결과에서 파드와 영구볼륨클레임의 연결이 유지된다는 것을 확인할 수 있다. 그림 8-9를 보면 대체된 파드 0에서도 원래 파드 0에 있던 데이터에 접근할 수 있다. 특히 운영 클러스터에서는 스토리지 유형을 모든 노드가 접근할 수 있는 유형으로 선택하면 대체 파드가 어떤 노드에서 실행되더라도 동일한 영구볼륨클레임이 마운트된다.

▼ 그림 8-9 파드가 교체되더라도 파드와 영구볼륨클레임의 연결이 유지되는 것 또한 스테이트풀셋이 제공하는 안정성의 일부다

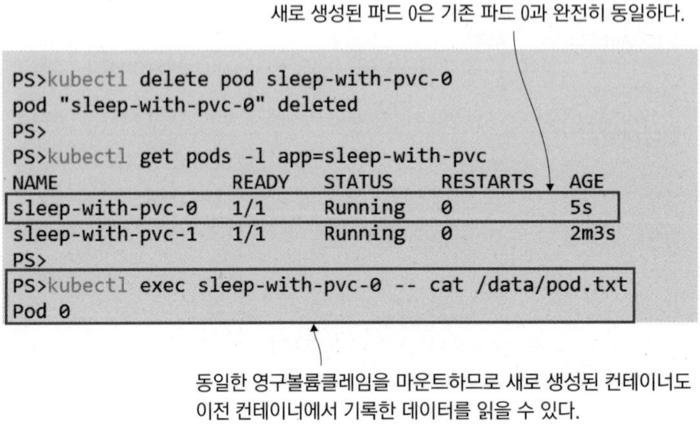

새로 생성된 파드 0은 기존 파드 0과 완전히 동일하다.

```
PS>kubectl delete pod sleep-with-pvc-0
pod "sleep-with-pvc-0" deleted
PS>
PS>kubectl get pods -l app=sleep-with-pvc
NAME                  READY   STATUS    RESTARTS   AGE
sleep-with-pvc-0      1/1     Running   0          5s
sleep-with-pvc-1      1/1     Running   0          2m3s
PS>
PS>kubectl exec sleep-with-pvc-0 -- cat /data/pod.txt
Pod 0
```

동일한 영구볼륨클레임을 마운트하므로 새로 생성된 컨테이너도
이전 컨테이너에서 기록한 데이터를 읽을 수 있다.

볼륨 클레임 템플릿을 더하면 PostgreSQL을 신뢰성 있는 데이터베이스로 완성할 수 있다. 스테이트풀셋은 애플리케이션에 안정된 환경을 제공하려고 만든 리소스다. 그런 만큼 업데이트에 있어서는 다른 컨트롤러 리소스에 비해 유연성이 떨어진다. 볼륨 클레임을 추가하는 등 근본적인 변경이 있다면 기존 스테이트풀셋을 업데이트할 수 없다. 스테이트풀셋을 설계할 때는 애플리케이션의 요구 사항을 잘 만족하는지 신중하게 검토해야 한다. 나중에 큰 변경 사항을 적용할 때 서비스 수준을 유지하기 어렵기 때문이다.

실습 PostgreSQL 데이터베이스를 업데이트하라. 그 전에 먼저 기존 스테이트풀셋을 제거한다.

```
# 볼륨 클레임 템플릿이 포함된 업데이트를 배치
kubectl apply -f todo-list/db/replicated/update/todo-db-pvc.yaml

# 기존 스테이트풀셋을 삭제
kubectl delete statefulset todo-db

# 볼륨 클레임 템플릿이 포함된 새로운 스테이트풀셋을 생성
kubectl apply -f todo-list/db/replicated/update/todo-db-pvc.yaml
```

```
# 볼륨 클레임을 확인
kubectl get pvc -l app=todo-db
```

이 실습 예제를 실행하면 스테이트풀셋이 파드를 순서대로 실행하는 과정을 볼 수 있다. 영구볼륨 클레임 역시 파드와 함께 순서대로 생성된다. 필자의 환경에서 실행한 결과를 그림 8-10에 실었다.

▼ 그림 8-10 영구볼륨클레임이 생성되어 파드에 배정된다

안정적인 환경을 제공하는 것이 목적인 스테이트풀셋에는
근본적인 변경을 가할 수 없다.

```
PS>kubectl apply -f todo-list/db/replicated/update/todo-db-pvc.yaml
The StatefulSet "todo-db" is invalid: spec: Forbidden: updates to statefulset sp
ec for fields other than 'replicas', 'template', and 'updateStrategy' are forbid
den
PS>
PS>kubectl delete statefulset todo-db
statefulset.apps "todo-db" deleted
PS>
PS>kubectl apply -f todo-list/db/replicated/update/todo-db-pvc.yaml
statefulset.apps/todo-db created
PS>
PS>kubectl get pvc -l app=todo-db
NAME              STATUS     VOLUME                                       CAPACITY
ACCESS MODES      STORAGECLASS     AGE
data-todo-db-0    Bound      pvc-8421f65a-a8cf-4007-8226-e725d69de206     50Mi
RWO               hostpath         59s
data-todo-db-1    Bound      pvc-3415556e-ea74-4421-acf2-44adbd1c5039     50Mi
RWO               hostpath         16s
```

볼륨 클레임 템플릿이 추가된 스테이트풀셋을 배치하면 파드마다 영구볼륨클레임이 배정된다. 영구볼륨클레임 역시
파드와 함께 순서대로 생성되므로 파드 0이 준비 상태가 되어야 파드 1의 영구볼륨클레임이 생성된다.

지금까지 스테이트풀셋에 상당한 분량을 할애했다. 하지만 그만큼 잘 알아 두어야 하는 주제다. 스테이트풀셋은 상당히 복잡하기 때문에 어지간하면 사용하지 않는다. 하지만 기존 애플리케이션을 쿠버네티스로 이주하려고 하면, 전체 애플리케이션을 쿠버네티스로 잘 들여오느냐 아니면 두어 개의 컴포넌트를 가상 머신에 남겨 두어야 하느냐가 바로 이 스테이트풀셋에서 갈리게 된다.

복제본 설정이 된 데이터베이스의 강력함을 눈으로 직접 확인하는 실습 예제와 함께 이 절을 마무리하자. PostgreSQL 데이터베이스의 부 인스턴스는 주 인스턴스의 전체 데이터를 복제한다. 그리고 읽기 전용으로 복제본 데이터베이스를 사용할 수 있다. to-do 애플리케이션이 운영 환경에서 심각한 데이터 유실 문제를 겪고 있다면 부 인스턴스를 사용하여 애플리케이션을 읽기 전용 상태로 돌려놓고 문제 해결에 주력할 수 있다. 애플리케이션이 아예 동작하지 않는 것보다는 최소한의 기능이라도 유지하는 것이 낫기 때문이다.

실습 to-do 애플리케이션의 웹 컴포넌트를 실행해서 할 일 항목 몇 가지를 추가한다. 기본 설정에서 이 애플리케이션은 스테이트풀셋의 파드 0에 접속하도록 설정되어 있다. 이제 애플리케이션을 읽기 전용 모드로 전환하라. 파드 0의 데이터가 모두 복제된 파드 1을 사용하도록 하면 된다.

```
# 웹 애플리케이션을 배치
kubectl apply -f todo-list/web/

# 애플리케이션의 URL 확인
kubectl get svc todo-web -o jsonpath='http://{.status.loadBalancer.ingress[0].*}:8081/
new'

# 웹 애플리케이션에서 할 일 항목을 몇 가지 추가

# 데이터베이스의 부 인스턴스를 사용하도록 해서
# 애플리케이션을 읽기 전용 모드로 전환
kubectl apply -f todo-list/web/update/todo-web-readonly.yaml

# /new 페이지를 새로고침하면 읽기 전용 모드가 되며
# 원래 있던 데이터가 그대로 있을 것이다

# 파드 0에 접속한 클라이언트가 있는지 확인
kubectl exec -it todo-db-0 -- sh -c "psql -U postgres -t -c 'SELECT datname, query
FROM pg_stat_activity WHERE datid > 0'"

# 웹 애플리케이션이 실제로 파드 1의 부 인스턴스를 사용하는지 확인
kubectl exec -it todo-db-1 -- sh -c "psql -U postgres -t -c 'SELECT datname, query
FROM pg_stat_activity WHERE datid > 0'"
```

필자의 환경에서 실행한 결과를 그림 8-11에 실었다. 그림에 있는 스크린샷을 보면 애플리케이션이 읽기 전용 모드로 동작하지만 원래 있던 모든 데이터를 볼 수 있다.

❤️ 그림 8-11 데이터 관련 문제가 있을 때는 애플리케이션을 읽기 전용 모드로 전환하는 것도 방법이다

웹 애플리케이션을 실행한다. 현재 설정은 읽기 쓰기가 가능한
스테이트풀셋의 파드 0을 사용한다.

새 항목 페이지에서
할 일 항목을 추가한다.

```
PS>kubectl apply -f todo-list/web/
configmap/todo-web-config created
secret/todo-web-secret created
service/todo-web created
deployment.apps/todo-web created
PS>
PS>kubectl get svc todo-web -o jsonpath='http://{.status.loadBalancer.ingress[0]
.*}:8081/new'
http://localhost:8081/new
PS>
PS>kubectl apply -f todo-list/web/update/todo-web-readonly.yaml
service/todo-web unchanged
deployment.apps/todo-web configured
PS>
PS>kubectl exec -it todo-db-0 -- sh -c "psql -U postgres -t -c 'SELECT datname,
query FROM pg_stat_activity WHERE datid > 0'"
 postgres | SELECT datname, query FROM pg_stat_activity WHERE datid > 0

PS>
PS>kubectl exec -it todo-db-1 -- sh -c "psql -U postgres -t -c 'SELECT datname,
query FROM pg_stat_activity WHERE datid > 0'"
 todo     | SELECT t."ToDoId", t."DateAdded", t."Item"              +
          | FROM "ToDos" AS t
 postgres | SELECT datname, query FROM pg_stat_activity WHERE datid > 0
```

읽기 전용 모드에서는 애플리케이션이 데이터베이스의
스탠바이인 파드 1을 사용한다.

두 데이터베이스 파드가 모두 동작 중이지만,
부 인스턴스에만 접속된 클라이언트가 있다.

PostgreSQL은 1996년부터 개발된 SQL 데이터베이스로, 쿠버네티스보다 거의 25년 이상 역사가 더 길다. 스테이트풀셋을 사용하면 안정된 네트워크, 스토리지, 컨테이너 초기화로 PostgreSQL을 포함하여 유사한 클러스터 애플리케이션과 적합한 애플리케이션 환경을 모델링할 수 있다.

8.4 잡과 크론잡을 이용한 유지 보수 작업

데이터 중심의 애플리케이션은 연산에 사용하기 위한 데이터 복제본 못지않게 독립된 스토리지 계층의 보살핌을 받아야 한다. 잡(job)은 이런 데이터 백업 및 복원 작업에 적합한 파드 컨트롤러다. 잡은 파드 정의를 포함하는데, 이 파드가 수행하는 배치 작업이 완료되는 것을 보장해 주는 역할을 한다.

잡은 비단 유상태 애플리케이션에만 필요한 리소스가 아니다. 스케줄링이나 재시도 로직을 직접 신경 쓰지 않아도 거의 모든 배치 작업을 수행할 수 있는 표준적인 수단이다. 잡이 포함하는 파드는 어떤 컨테이너 이미지라도 실행할 수 있다. 유일한 조건은 프로세스가 작업을 마치고 종료되어야 한다는 것이다. 잡에 포함된 컨테이너가 스스로 종료되지 않는 프로세스를 실행한다면 이 잡은 영원히 완료되지 않을 것이다. 예제 8-5는 원주율 계산 애플리케이션을 배치 모드로 실행하도록 기술된 잡의 정의다.

예제 8-5 pi-job.yaml, 원주율 계산을 수행하는 잡

```
apiVersion: batch/v1
kind: Job                        # 리소스 유형: 잡
metadata:
  name: pi-job
spec:
  template:
    spec:                        # 일반적인 파드의 정의
      containers:
        - name: pi               # 컨테이너는 작업을 마치고 종료되어야 한다
          image: kiamol/ch05-pi
          command: ["dotnet", "Pi.Web.dll", "-m", "console", "-dp", "50"]
      restartPolicy: Never       # 컨테이너가 실패하면 대체 파드가 생성된다
```

잡의 template 필드값은 일반적인 파드의 정의다. 그리고 추가로 restartPolicy 필드를 정의해야 한다. 이 필드에는 배치 작업에 실패했을 때의 대응 방침을 기술한다. 파드를 재시작하되 컨테이너만 대체하게 하거나, 파드를 새로 생성하여 재시도하는 것도 가능하다. 이 경우 원래 파드와는 다른 노드에서 새 파드가 생성될 수도 있다. 정상적으로 배치 작업을 마치고 파드가 종료되면 잡 및 파드는 모두 유지되며 컨테이너 로그도 유지된다.

실습 예제 8-5에 정의된 원주율 계산 배치 작업을 실행하고, 파드의 출력을 확인하라.

```
# 잡을 배치
kubectl apply -f pi/pi-job.yaml

# 파드의 로그를 확인
kubectl logs -l job-name=pi-job

# 잡의 상태를 확인
kubectl get job pi-job
```

잡은 자신이 생성한 파드에 레이블을 부여한다. 특히 job-name 레이블이 항상 부여되므로 이 레이블 값으로 해당 파드를 생성한 잡을 찾아낼 수 있다. 필자의 환경에서 실행한 결과를 그림 8-12에 실었다. 잡이 성공적으로 완료되었고, 로그에서 계산 결과를 확인할 수 있었다.

▼ 그림 8-12 잡은 파드를 생성하여 파드가 성공적으로 종료되도록 한 후 종료된 파드를 유지한다

잡은 파드를 관리하는 컨트롤러. 이 정의를 배치하면
파드 하나를 실행하여 원주율을 계산하는 잡을 생성한다.

잡이 성공적으로 완료되면 생성되었던 파드는
그대로 유지된다. 이 파드의 상태와 작업 중
출력된 로그를 볼 수 있다.

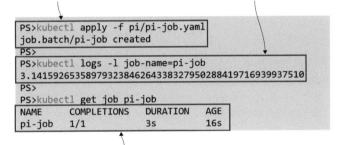

잡은 파드를 여러 개 실행할 수도 있다. 이 잡은 파드를
하나만 실행하며, 파드의 작업이 성공적으로 종료되었다.

잡은 파드 정의에서 배치 작업에 필요한 어떤 컨테이너 이미지라도 사용할 수 있다. 또한 동일한 작업에 여러 입력값을 설정할 수도 있다. 여러 입력값에 대해 잡을 생성하면 입력값 하나마다 파드가 생성되어 배치 작업이 클러스터에서 병렬로 진행된다. 이런 기능을 활용하려면 잡의 정의에서 다음 두 필드를 사용해야 한다.

- **completions**: 잡을 실행할 횟수를 지정한다. 기술하려는 잡이 작업 큐를 처리하는 형태라면, 애플리케이션 컨테이너에 다음 처리할 항목을 받아 올 방법을 알려 주어야 한다. 잡 자체는 지정된 수의 파드가 원하는 횟수만큼 작업을 완료하는지만 확인한다.

- **parallelism**: 완료 건수가 둘 이상인 잡에서 동시에 실행할 파드 수를 지정한다. 이 필드값으로 잡을 수행하는 속도와 작업에 사용할 클러스터의 연산 능력을 조절할 수 있다.

이 장에서 원주율 계산 애플리케이션을 활용하는 마지막 예제다. 각각 무작위로 지정된 자릿수까지 원주율을 계산하는 여러 개의 파드를 실행하는 잡의 정의를 살펴보자. 이 정의에는 원주율을 계산할 소수점 아래 자릿수를 선택하는 초기화 컨테이너와 공디렉터리 볼륨을 통해 초기화 컨테이너에서 이 자릿수 정보를 전달받는 애플리케이션 컨테이너가 있다. 병렬 실행에 맞게 애플리케이션 컨테이너를 수정할 필요가 없는 훌륭한 구성이다. 큐에서 다음 입력값을 받아 오는 역할을 할 초기화 컨테이너를 또 추가하면 애플리케이션은 이 큐의 존재조차 신경 쓸 필요가 없게 된다.

실습 병렬로 실행되는 원주율 계산 잡을 실행하고, 동일한 정의로 실행된 여러 개의 파드가 각기 다른 작업을 수행하는 것을 확인하라.

```
# 업데이트된 잡을 배치
kubectl apply -f pi/pi-job-random.yaml

# 파드의 상태를 확인
kubectl get pods -l job-name=pi-job-random

# 잡의 상태를 확인
kubectl get job pi-job-random

# 각 파드의 로그를 출력
kubectl logs -l job-name=pi-job-random
```

이 예제는 하드웨어 성능이나 소수점 자릿수에 따라 실행에 조금 시간이 걸릴 수 있다. 그리고 파드가 모두 병렬로 실행되며 제각기 맡은 계산을 수행하는 것을 볼 수 있다. 최종 출력은 소수점 아래 수천 자리까지 계산된 세 개의 원주율 계산 결과다. 그림 8-13은 필자의 환경에서 실행한 결과 중 일부를 발췌한 것이다.

❤ 그림 8-13 잡은 동일한 정의의 파드를 여러 개 생성하여 각기 다른 작업을 맡길 수 있다

이 잡은 여러 개의 파드를 실행한다.
파드 세 개를 동시에 실행하여 세 개의
작업을 수행한다.

파드 세 개가 동시에 실행된다.
클러스터의 노드가 두 개 이상이라면
각 파드는 여러 노드에 걸쳐 실행된다.

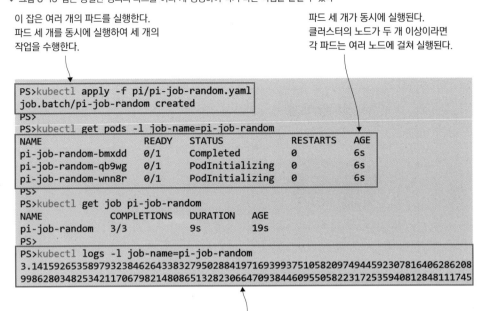

```
PS>kubectl apply -f pi/pi-job-random.yaml
job.batch/pi-job-random created
PS>
PS>kubectl get pods -l job-name=pi-job-random
NAME                    READY    STATUS          RESTARTS    AGE
pi-job-random-bmxdd     0/1      Completed       0           6s
pi-job-random-qb9wg     0/1      PodInitializing 0           6s
pi-job-random-wnn8r     0/1      PodInitializing 0           6s
PS>
PS>kubectl get job pi-job-random
NAME              COMPLETIONS    DURATION    AGE
pi-job-random     3/3            9s          19s
PS>
PS>kubectl logs -l job-name=pi-job-random
3.141592653589793238462643383279502884197169399375105820974944592307816406286208
998628034825342117067982148086513282306647093844609550582231725359408128481117455
```

잡이 모든 작업을 마친 후 세 파드의 로그를 모두 볼 수 있다.
소수점 아래 임의의 숫자만큼 계산된 세 개의 원주율 값이
출력되므로 출력 내용의 길이가 상당히 길다.

잘 익혀 두면 잡은 매우 유용한 리소스다. 특히 반드시 완료해야 하지만, 수행 시점이 언제인지는 크게 상관없는 계산 중심 또는 입출력 중심의 작업을 수행할 때 더욱 그렇다. 심지어 애플리케이션에서 잡을 요청할 수도 있다. 쿠버네티스 API에 접근 가능한 애플리케이션은 사용자가 요청한 작업을 수행하는 잡을 생성할 수 있다.

잡의 가장 강력한 특징은 클러스터 맥락에서 실행된다는 점이다. 따라서 허용된 것이라면 클러스터 자원을 무엇이든 사용할 수 있다. PostgreSQL을 다시 예로 들면, 데이터베이스 백업을 잡으로 구성할 수 있다. 그리고 이 잡에서 실행된 파드는 작업 내용에 따라 스테이트풀셋 속 파드나 영구볼륨클레임에 접근할 수 있다. 다만 데이터베이스 백업은 주기적으로 하는 경우가 많다. 이때는 크론잡(CronJob)이 더 유용하다. 크론잡은 잡을 관리하는 컨트롤러다. 주기적인 일정에 따라 잡을 생성한다. 그림 8-14에 크론잡을 활용한 워크플로를 정리했다.

❤ 그림 8-14 잡이 관리하는 파드는 최종적으로 크론잡의 관리를 받는데, 크론잡을 제거하면 잡과 잡이 관리하는 파드를 모두 함께 제거할 수 있다

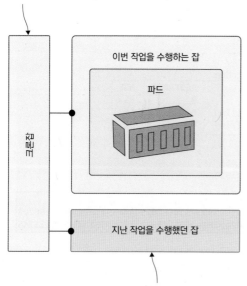

크론잡은 잡을 관리하고, 잡은 파드를 관리한다. 마치 디플로이먼트와 레플리카셋의 관계와 같다.

이번 작업을 수행하는 잡

파드

크론잡

지난 작업을 수행했던 잡

작업을 마쳐도 잡과 파드는 삭제되지 않으므로 수동으로 제거해야 한다.

크론잡은 잡의 정의를 포함한다. 그러므로 병렬로 진행하는 작업을 포함해서 잡으로 수행할 수 있는 작업은 모두 크론잡으로도 수행할 수 있다. 잡을 실행할 스케줄은 리눅스의 cron 포맷으로 작성한다. 이 포맷은 '1분에 한 번', '매일 한 번' 같은 간단한 패턴부터 '매주 일요일 오전 4시와 6시' 같은 복잡한 조건까지 쉽게 나타낼 수 있다. 예제 8-6은 데이터베이스 백업을 위한 크론잡 정의다.

예제 8-6 todo-db-backup-cronjob.yaml, 데이터베이스 백업을 위한 크론잡 정의

```
apiVersion: batch/v1beta1
kind: CronJob
  metadata:
name: todo-db-backup
spec:
  schedule: "*/2 * * * *"          # 작업을 2분에 한 번씩 실행
  concurrencyPolicy: Forbid        # 현재 작업이 끝나기 전에는 새 작업을 실행하지 않음
  jobTemplate:
    spec:
      # 잡 템플릿
```

전체 정의에는 백업 도구인 pg_dump 명령을 실행하려고 PostgreSQL 도커 이미지를 사용했다. 파드는 스테이트풀셋에 사용된 것과 동일한 컨피그맵으로부터 환경 변수 값과 패스워드를 읽어 들이므로 설정 파일을 중복으로 작성할 필요는 없다. 백업 파일은 파드가 가진 영구볼륨클레임에 연결된 스토리지에 저장된다.

실습 예제 8-6의 정의로 크론잡을 생성하고 2분에 한 번씩 데이터베이스를 백업하라.

```
# 크론잡과 백업 파일을 저장할 영구볼륨클레임을 배치
kubectl apply -f todo-list/db/backup/

# 작업이 실행될 때까지 대기 - 차를 한 잔 마시고 오면 적당하다
sleep 150

# 크론잡의 상태를 확인
kubectl get cronjob todo-db-backup

# 백업에 사용된 영구볼륨클레임이 마운트된
# sleep 파드를 실행
kubectl apply -f sleep/sleep-with-db-backup-mount.yaml

# 백업이 생성되었는지 확인
kubectl exec deploy/sleep -- ls -l /backup
```

이 크론잡은 2분에 한 번씩 작업을 수행하도록 설정되었다. 따라서 이번 실습 예제는 실행에 약간 시간이 필요하다. 지정된 시간이 되면 크론잡이 잡을 생성하고 다시 잡이 생성한 파드가 백업을 수행한다. 잡은 파드의 정상 종료를 보장한다. 다른 파드에 동일한 영구볼륨클레임을 마운트하여 백업 파일이 생성되었는지 확인한다. 그림 8-15를 보면 모든 과정이 의도한 대로 동작했음을 알 수 있다.

✔ 그림 8-15 크론잡이 실행한 파드는 다른 쿠버네티스 객체에 접근할 수 있고, 이 파드는 데이터베이스 파드에 마운트된 영구볼륨클레임을 공유한다

이 크론잡은 2분에 한 번씩 작업을 수행하도록 설정되었다. 가장 마지막으로 수행한 작업은 74초 전이다.

```
PS>kubectl apply -f todo-list/db/backup/
cronjob.batch/todo-db-backup created
persistentvolumeclaim/todo-db-backup-pvc created
PS>
PS>sleep 150
PS>
PS>kubectl get cronjob todo-db-backup
NAME              SCHEDULE      SUSPEND    ACTIVE    LAST SCHEDULE    AGE
todo-db-backup    */2 * * * *   False      0         74s              2m35s
PS>
PS>kubectl apply -f sleep/sleep-with-db-backup-mount.yaml
deployment.apps/sleep configured
PS>
PS>kubectl exec deploy/sleep -- ls -l /backup
total 8
-rw-r--r--    1 root      root      8192 May 19 20:06 200519-2006.tar
```

백업에 사용된 영구볼륨클레임을 마운트한 파드를 실행한다. 화면에 출력된 tar 파일은
백업 파드가 PostgreSQL 읽기 전용 레플리카 중 하나에 접속해서 생성한 백업 파일이다.

크론잡은 작업을 완료한 잡과 파드를 자동으로 삭제하지 않는다. 이 일은 TTL(Time-To-Live) 컨트롤러의 몫이지만, 이 기능은 아직 알파 단계에 머무르고 있기 때문에 지원하지 않는 플랫폼이 많다. TTL 컨트롤러가 없다면 작업을 마친 후 필요 없어진 잡과 파드는 직접 삭제해야 한다. 크론잡을 다시 활성화될 때까지 작업이 수행되지 않도록 보류 모드로 전환할 수도 있다.

실습 크론잡을 보류 모드로 전환한 후 크론잡과 잡의 상태를 확인하라.

```
# 크론잡을 업데이트하여 보류 모드로 설정
kubectl apply -f todo-list/db/backup/update/todo-db-backup-cronjob-suspend.yaml

# 크론잡의 상태를 확인
kubectl get cronjob todo-db-backup

# 크론잡이 관리하는 잡의 목록을 확인
kubectl get jobs -o jsonpath="{.items[?(@.metadata.ownerReferences[0].name=='todo-db-
backup')].metadata.name}"
```

객체 간 위계를 살펴보면, 크론잡이 레이블 셀렉터를 통해 관리 대상을 식별하는 일반적인 컨트롤러 방식을 따르지 않는 것을 알 수 있다. 크론잡 정의에서 잡 템플릿에 직접 레이블을 추가하면 되지만, 레이블을 추가하지 않았다면 그림 8-16에서 보듯이 관리 주체가 해당 크론잡인 잡을 골라내야 한다.

크론잡을 보류 모드로 전환하면 크론잡 자체와 이전에 작업을
수행한 잡은 그대로 남아 있지만 새로운 작업을 수행할 잡은
생성되지 않는다.

```
PS>kubectl apply -f todo-list/db/backup/update/todo-db-backup-cronjob-suspend.ya
ml
cronjob.batch/todo-db-backup configured
PS>
PS>kubectl get cronjob todo-db-backup
NAME             SCHEDULE        SUSPEND  ACTIVE   LAST SCHEDULE   AGE
todo-db-backup   */2 * * * *     True     0        40s             4m1s
PS>
PS>kubectl get jobs -o jsonpath="{.items[?(@.metadata.ownerReferences[0].name=='
todo-db-backup')].metadata.name}"
todo-db-backup-1589918760 todo-db-backup-1589918880
PS>
PS>kubectl get pod -l job-name=todo-db-backup-1589918760
NAME                               READY   STATUS       RESTARTS   AGE
todo-db-backup-1589918760-s8gg2    0/1     Completed    0          4m26s
```

작업을 완료한 잡과 파드는
삭제되지 않고 그대로 유지된다.

크론잡은 파드 컨트롤러가 파드를 관리하는 것처럼 잡에 레이블을 부여하지
않는다. 크론잡이 관리하는 잡을 찾으려면 잡의 관리 주체 객체에 대한 참조를
일일이 뒤져야 한다.

잡과 크론잡을 활용하다 보면, 이들의 단순한 정의가 배치 작업의 복잡도를 가려 주고 흥미로운
실패 모드를 만들어 낸 것을 알 수 있다. 쿠버네티스는 사용자의 배치 작업을 가능한 한 지정한 시
점에 실행하고 최대한 완료하려고 시도한다. 이를 위해서는 컨테이너가 자기회복력을 갖추고 있
어야 한다. 잡은 파드 속 컨테이너를 재시작하거나 다른 노드에서 새 파드를 만드는 방법으로 작
업을 완료할 수 있지만, 크론잡 입장에서는 배치 작업 시간이 길어지면 작업이 끝나기도 전에 다
음 주기가 돌아와 여러 개의 파드가 동작하는 일이 생길 수 있다. 이 경우 역시 컨테이너 속 로직
에 반영되어야 한다.

이것으로 쿠버네티스에서 데이터 중심의 애플리케이션을 실행하는 방법을 배웠다. 스테이트풀셋
은 안정적인 실행 환경을 마련하고 애플리케이션을 초기화하는 기능을 제공하며, 크론잡은 주기
적인 유지 보수 작업을 수행해 준다. 지금까지 배운 내용을 검토해 보고 이 장을 마무리하자.

8.5 유상태 애플리케이션을 위한 플랫폼 선택하기

쿠버네티스의 가장 큰 장점은 어떤 인프라스트럭처에서도 모든 애플리케이션을 실행할 수 있다는 점이다. YAML 스크립트로 애플리케이션을 모델링해 두면, 어떤 클러스터에서든 동일한 방법으로 kubectl 명령 몇 번이면 애플리케이션을 배치할 수 있다. 클러스터마다 다른 추가적인 기능을 고스란히 챙겨 갈 수 있다는 점은 덤이다. 하지만 데이터는 귀중하며 유실될 경우 복구할 수 없기 때문에 데이터 중심의 애플리케이션을 쿠버네티스로 이주할 때는 신중해야 한다.

그림 8-17은 이 장에서 우리가 쿠버네티스에 구축한 SQL 데이터베이스의 구조다. 이 정도면 운영 환경에 투입해도 손색이 없을 수준이다. 이만한 수의 구성 요소를 직접 일일이 관리할 수 있겠는가? 레플리카의 동기화는 정상적인지, 백업은 정말로 복원이 가능한지, 고장 나면 처리가 계획대로 동작하는지 등 이런 구조를 직접 검증하는 과정에는 또 시간이 얼마나 들겠는가?

▼ 그림 8-17 복잡한 구조이지만, 이것도 볼륨이나 초기화 컨테이너를 생략한 구조다

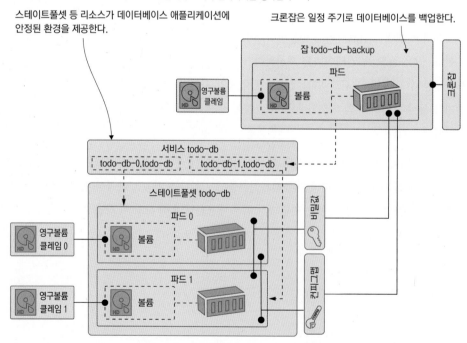

스테이트풀셋 등 리소스가 데이터베이스 애플리케이션에 안정된 환경을 제공한다.

크론잡은 일정 주기로 데이터베이스를 백업한다.

클라우드 환경의 매니지드 데이터베이스와 비교해 보자. 애저, AWS, GCP 모두 자체 커스터마이징된 데이터베이스 및 PostgreSQL과 MySQL, SQL 서버를 매니지드 서비스로 제공한다. 스케일링과 고가용성은 물론이고 백업이나 공격 탐지 같은 고급 추가 기능까지 클라우드 서비스 제공자가 도맡아 제공한다. 결국 컴퓨팅에만 쿠버네티스를 사용하고, 데이터 및 통신에는 클라우드에서 제공하는 매니지드 서비스를 활용한 형태가 된다.

어느 쪽이 더 나은 선택일까? 필자 역시 컨설턴트로서 근무한 적이 있지만, 대답은 결국 '상황에 따라 다르다'이다. 클라우드 환경에 애플리케이션을 배치했고 데이터가 중요하다면, 아주 특별한 이유가 아닌 이상 매니지드 서비스를 사용하는 것이 좋다. 반면 비운영 환경, 즉 테스트 환경이나 개발 환경이라면 메시지 큐와 데이터베이스를 컨테이너 상태로 사용하다가 운영 환경으로 이행하면서 매니지드 서비스로 이들을 교체하는 편이 비용으로나 개발 편의성으로 보나 이치에 맞는다. 쿠버네티스를 사용하면 파드나 서비스의 설정으로 간단하게 메시지 큐와 데이터베이스를 교체할 수 있다.

온프레미스 환경에서는 상황이 조금 다르다. 자체 인프라스트럭처를 꾸리고 그 위에 쿠버네티스를 가동 중이라면 모든 구성 요소를 클러스터로 이전하여 클러스터 활용도를 최대화시키는 것이 나을 수도 있다. 이런 전략을 택했다면 데이터 중심 애플리케이션을 일정 수준의 가용성과 스케일링을 확보한 상태로 클러스터로 이전하는 도구로써 쿠버네티스를 활용할 수 있다. 다만 이런 경지까지 도달하는 데 필요한 복잡도를 평가 절하해서는 안 된다.

스테이트풀셋과 잡 설명은 이것으로 끝이다. 실습 환경으로 정리하고 연습 문제로 넘어가자.

실습 레이블이 부여된 최상위 리소스를 모두 삭제하여 실습 환경을 정리하라.

```
# 최상위 리소스를 삭제
kubectl delete all -l kiamol=ch08

# 영구볼륨클레임을 삭제
kubectl delete pvc -l kiamol=ch08
```

8.6 연습 문제

오늘 학습 시간이 얼마 남지 않았을 것이다. 남은 시간 안에 백업 설정을 포함하여 MySQL 데이터베이스를 모델링하라면 가능하겠는가? 아마 그렇지 않을 것이다. 하지만 걱정할 필요는 없다. 이번 연습 문제는 그렇게 어렵지 않다. 이번 연습 문제는 스테이트풀셋과 영구볼륨클레임을 다룬다. 소재로 사용할 애플리케이션도 데이터베이스보다는 훨씬 간단한 것이다. 스테이트풀셋으로 nginx 웹 서버를 실행하라. 각 파드는 별도의 영구볼륨클레임에 로그를 기록한다. 그리고 각 파드에서 생성한 로그 파일의 크기를 출력하는 잡을 실행하라. 기본적인 얼개는 이미 마련해 두었다. 이 장에서 배운 내용을 추가로 적용하면 된다.

- ch08/lab/nginx 디렉터리에 있는 정의 파일로부터 시작하라. 이 정의는 공디렉터리 볼륨에 로그를 기록하도록 설정된 단일 파드의 정의다.
- 이 파드의 정의를 각기 독립된 스토리지를 가진 파드 세 개를 포함하는 스테이트풀셋의 정의로 옮겨라.
- 스테이트풀셋이 의도한 대로 동작하면, 서비스를 사용하여 웹 서버에 접근하고 파드에 로그가 기록되는지 확인하라.
- 그다음 disk-calc-job.yaml 파일에 정의된 잡의 정의를 nginx 파드에서 로그 파일을 읽을 수 있도록 볼륨 마운트 설정을 추가해서 완성하라.

차근차근 스토리지와 잡을 생각해 보면 그리 어렵지 않다. 필자 깃허브 https://github.com/sixeyed/kiamol의 ch08/lab/README.md에서 작성한 예시 정답을 참고하기 바란다.

9^장

롤아웃과 롤백을 이용한 애플리케이션 릴리스 관리

신규 애플리케이션을 배치하기보다는 기존 애플리케이션을 업데이트할 때가 훨씬 많다. 컨테이너에서 실행되는 애플리케이션의 릴리스 주기에는 여러 기반 이미지의 릴리스 주기가 합쳐진다. 예를 들어 도커 허브의 운영체제 공식 이미지, 플랫폼의 SDK 및 런타임의 이미지 등은 매달 새 버전이 릴리스된다. 이런 업데이트에는 중요한 보안 패치 등이 포함될 수 있기 때문에 업데이트된 기반 이미지를 반영하는 이미지 빌드 절차를 구축해 두어야 한다. 이때 중요한 것이 상황에 따라 업데이트 중지 또는 롤백이 가능한 롤링 업데이트를 적용하는 것이다. 쿠버네티스 리소스 중에는 디플로이먼트, 데몬셋, 스테이트풀셋이 이런 롤링 업데이트를 지원한다.

한 가지 업데이트 전략만으로는 모든 애플리케이션을 다룰 수 없다. 쿠버네티스에도 다양한 업데이트 전략과 이들 전략을 조정할 수 있는 옵션이 마련되어 있다. 이 장의 주제는 이런 업데이트 전략 옵션이다. 오롯이 애플리케이션 업데이트만 다루는 장에 관심이 없어 건너뛰고 싶더라도 조금 더 읽어 보기 바란다. 애플리케이션 중단 시간의 가장 큰 발생 원인은 바로 업데이트이기 때문이다. 하지만 쿠버네티스를 잘 활용하면 이런 중단 시간을 크게 감소시킬 수 있다. 읽다 보면 그리 지루하지만은 않을 것이다.

9.1 쿠버네티스의 롤링 업데이트

디플로이먼트의 업데이트부터 살펴보자. 사실 우리는 이미 여러 번 디플로이먼트의 업데이트를 수행해 보았다. 기존 디플로이먼트의 정의를 수정하여 반영(1장에서 족히 열 번은 했을 것이다)할 때마다 쿠버네티스는 **롤아웃**(rollout)을 수행했다. 이 롤아웃은 레플리카셋을 새로 만들어 레플리카 수를 지정된 숫자만큼 늘린 후 기존 레플리카의 레플리카 수를 0으로 낮추는 식으로 이루어진다. 그림 9-1은 이런 업데이트 과정을 나타낸 다이어그램이다.

❖ 그림 9-1 디플로이먼트는 여러 개의 레플리카셋을 관리하며 롤링 업데이트를 수행한다

이 디플로이먼트는 레플리카 수를 세 개로 유지해야 한다.
현재 상태는 업데이트 도중으로, 버전 2의 파드가 두 개, 버전 1의
파드가 한 개 있다. 이들은 서로 다른 레플리카셋의 관리를 받는다.

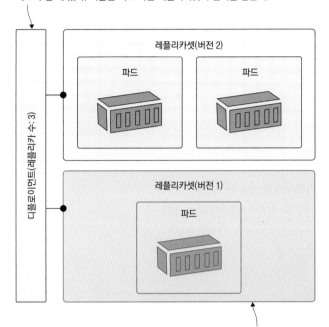

버전 2의 레플리카셋이 세 개의 레플리카를 갖고, 버전 1 레플리카셋의 레플리카 수가
0이 되면 업데이트가 완료된다. 업데이트 완료 후에도 빈 레플리카셋은 그대로 남는다.

디플로이먼트 정의가 변경될 때마다 항상 롤아웃이 일어나는 것은 아니다. 롤아웃은 파드의 정의
가 변경될 때만 일어난다. 기존 레플리카 수 등 레플리카셋을 유지하며 반영할 수 있는 변경에는
롤아웃이 일어나지 않는다.

실습 레플리카 수가 두 개인 간단한 애플리케이션을 배치하라. 그리고 이 애플리케이션을 스
케일링한 후 레플리카셋에 어떤 일이 일어나는지 관찰하라.

```
# 이 장 예제 코드 디렉터리로 이동
cd ch09

# 간단한 웹 애플리케이션을 배치
kubectl apply -f vweb/

# 레플리카셋 확인
kubectl get rs -l app=vweb
```

```
# 애플리케이션 스케일링
kubectl apply -f vweb/update/vweb-v1-scale.yaml

# 레플리카셋 다시 확인
kubectl get rs -l app=vweb

# 디플로이먼트의 롤아웃 히스토리를 확인
kubectl rollout history deploy/vweb
```

kubectl rollout은 롤아웃을 관리하고 정보를 확인하는 명령이다. 그림 9-2를 보면 현재는 롤아웃이 하나인 것으로 나온다. 이 롤아웃은 레플리카셋을 생성했던 초기 디플로이먼트를 가리킨다. 스케일링 업데이트가 레플리카셋 숫자만 변경했기 때문에 두 번째 롤아웃이 일어나지 않았다.

❤ 그림 9-2 디플로이먼트는 파드 정의에 변경이 있을 때만 롤아웃을 적용한다

이 디플로이먼트에 필요한 파드 수는 두 개다. 파드는 레플리카셋으로 관리된다.

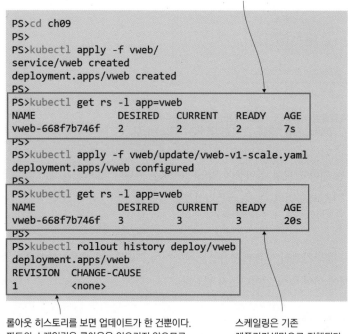

롤아웃 히스토리를 보면 업데이트가 한 건뿐이다.
파드의 스케일링은 롤아웃을 일으키지 않으므로
초기 배치에 해당하는 한 건만 출력된다.

스케일링은 기존
레플리카셋만으로 진행된다.

앞으로 진행될 업데이트는 새로운 버전의 이미지가 적용된 새 파드를 배치하는 업데이트가 중심이 된다. 이런 업데이트는 물론 YAML 정의로 관리되지만, 급할 때는 kubectl set 명령으로도 가능하다. 이 방법은 기존 디플로이먼트에 직접 명령을 내리는 방식이므로 kubectl scale 명령과 마찬가지로 YAML 파일에 추후에라도 변경 사항을 반영해야 한다.

실습 kubectl set 명령을 사용하여 디플로이먼트의 이미지 버전을 변경하라. 이번 업데이트는 파드 정의가 변경되므로 롤아웃이 발생한다.

```
# 웹 애플리케이션의 이미지 버전을 변경
kubectl set image deployment/vweb web=kiamol/ch09-vweb:v2

# 레플리카셋의 상태를 확인
kubectl get rs -l app=vweb

# 롤아웃 히스토리를 확인
kubectl rollout history deploy/vweb
```

kubectl set 명령으로 기존 객체 정의를 변경했다. 이 명령을 사용하면 파드의 이미지나 환경 변수 또는 서비스의 레이블 셀렉터 등을 변경할 수 있다. YAML 파일을 수정하는 것보다 간편하지만 실제 일어나는 일은 같다. 이번 업데이트에서는 롤아웃이 발생했다. 새로운 파드 정의를 가진 새 레플리카셋이 생성되고 기존 레플리카셋은 레플리카 수가 0으로 감소한다. 이 결과를 그림 9-3에 실었다.

❤ 그림 9-3 kubectl set 명령으로 직접 명령을 내려도 롤아웃이 동일하게 발생한다. 하지만 YAML 정의와 실제 배치된 애플리케이션에 차이가 생겼다

kubectl set 명령으로 이미지를 변경하면 파드 정의가 변경된다.

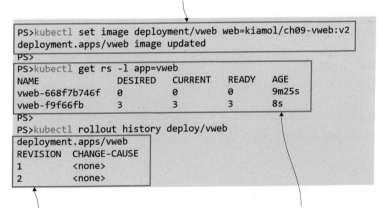

새 레플리카셋은 파드를 정해진 숫자까지 늘리고, 기존 레플리카셋은 파드 수를 0으로 줄인다. 이 과정이 두 번째 롤아웃이 된다.

파드 정의가 변경되면 디플로이먼트는 새로운 레플리카셋을 만든다.

이런 롤아웃의 개념은 데몬셋이나 스테이트풀셋 등 다른 파드 컨트롤러에도 동일하게 적용된다. 롤아웃은 명확하게 어떤 객체를 가리키지 않는다는 점(롤아웃이라는 유형의 리소스를 만들지는 않는다는 점)에서 여타 API와는 다른 점이 많다. 하지만 롤아웃은 애플리케이션 릴리스를 관리하

는 데 중요한 도구다. 롤아웃을 이용하여 릴리스 히스토리를 관리하고 이전 릴리스로 돌아갈 수도 있다.

9.2 롤아웃과 롤백을 이용한 디플로이먼트 업데이트

그림 9-3을 다시 한 번 자세히 보면, 단지 리비전 번호가 써 있을 뿐인 롤아웃 히스토리는 그리 큰 도움이 되지 않는다. 구체적으로 어떤 변경이 있었고 어느 레플리카셋이 어떤 리비전에 해당하는 지 알 수 없기 때문이다. 버전 번호(또는 git 커밋 ID)를 넣은 레이블을 정의하여 이를 레플리카셋에 부여한다면 업데이트 내용을 추적하기 수월할 것이다.

실습 조금 전과 동일한 컨테이너 이미지를 사용하되 version 레이블을 수정하여 디플로이먼트를 변경하라. 이 변경은 파드 정의에 대한 변경이므로 롤아웃이 발생한다.

```
# 디플로이먼트 변경에 record 옵션을 사용
kubectl apply -f vweb/update/vweb-v11.yaml --record

# 레플리카셋의 정보에서 레이블을 확인
kubectl get rs -l app=vweb --show-labels

# 현재 롤아웃 상태를 확인
kubectl rollout status deploy/vweb

# 롤아웃 히스토리를 확인
kubectl rollout history deploy/vweb

# 현재 레플리카셋의 롤아웃 리비전을 출력
kubectl get rs -l app=vweb -o=custom-columns=NAME:.metadata.name,REPLICAS:.status.
replicas,REVISION:.metadata.annotations.deployment\.kubernetes\.io/revision
```

필자의 환경에서 실행한 결과를 그림 9-4에 실었다. kubectl 명령의 --record 플래그는 해당 명령을 기록하게끔 하는 기능이다. YAML 파일의 이름으로 내용을 구별할 수 있다면 이 기능이 도움이 된다. 하지만 디렉터리 안 모든 YAML 파일을 배치할 때도 많은데, 이때는 파드 정의의 버전 표기를 참고하면 된다. 다만 롤아웃 리비전과 레플리카셋 간 관계를 알아내려면 복잡한 JSONPath를 입력해야 하는 것이 단점이다.

❤ 그림 9-4 핵심적인 정보는 레이블에, 상세 정보는 애너테이션에 담는다

record 플래그는 롤아웃을 실행시킨
kubectl 명령을 저장하는 기능을 한다.

파드 정의에 포함된 version 레이블이 디플로이먼트에 의해
레플리카셋의 레이블로도 추가되었다.

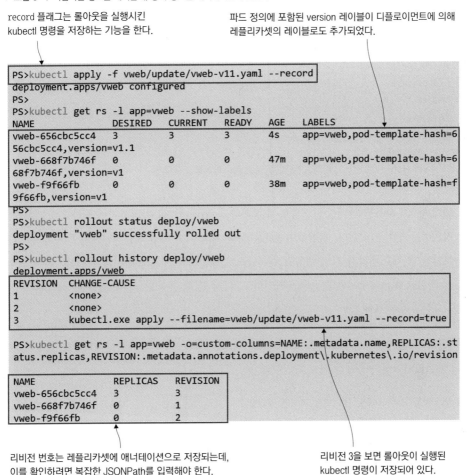

```
PS>kubectl apply -f vweb/update/vweb-v11.yaml --record
deployment.apps/vweb configured
PS>
PS>kubectl get rs -l app=vweb --show-labels
NAME                DESIRED    CURRENT    READY    AGE    LABELS
vweb-656cbc5cc4     3          3          3        4s     app=vweb,pod-template-hash=6
56cbc5cc4,version=v1.1
vweb-668f7b746f     0          0          0        47m    app=vweb,pod-template-hash=6
68f7b746f,version=v1
vweb-f9f66fb        0          0          0        38m    app=vweb,pod-template-hash=f
9f66fb,version=v1
PS>
PS>kubectl rollout status deploy/vweb
deployment "vweb" successfully rolled out
PS>
PS>kubectl rollout history deploy/vweb
deployment.apps/vweb
REVISION    CHANGE-CAUSE
1           <none>
2           <none>
3           kubectl.exe apply --filename=vweb/update/vweb-v11.yaml --record=true

PS>kubectl get rs -l app=vweb -o=custom-columns=NAME:.metadata.name,REPLICAS:.st
atus.replicas,REVISION:.metadata.annotations.deployment\.kubernetes\.io/revision

NAME                REPLICAS    REVISION
vweb-656cbc5cc4     3           3
vweb-668f7b746f     0           1
vweb-f9f66fb        0           2
```

리비전 번호는 레플리카셋에 애너테이션으로 저장되는데,
이를 확인하려면 복잡한 JSONPath를 입력해야 한다.

리비전 3을 보면 롤아웃이 실행된
kubectl 명령이 저장되어 있다.

여러분이 쿠버네티스 사용에 능숙해질수록 모든 리소스 정의에 넣을 공통 레이블이 필요해질 것이다. 레이블과 레이블 셀렉터는 객체를 찾고 관리하는 데 반드시 필요한 핵심 기능이다. 애플리케이션 이름, 컴포넌트 이름, 버전 같은 정보로 먼저 레이블을 만들어 보자. 이때 쿠버네티스가 관리 리소스를 식별하려고 만든 레이블과 잘 구별되도록 레이블을 만드는 것이 중요하다.

예제 9-1은 지난 실습 예제에서 배치한 디플로이먼트 정의에서 파드 레이블 및 레이블 셀렉터 부분을 발췌한 것이다. 디플로이먼트의 셀렉터는 이 중 app 레이블을 기준으로 관리 대상 파드를 구분한다. 이외에도 편의상 추가된 version 레이블이 있다. 이 레이블은 셀렉터에서는 사용되지

롤아웃과 롤백을 이용한 애플리케이션 리소스 관리

않는다. 이 레이블을 셀렉터에서 사용했다면 디플로이먼트가 특정 버전의 파드만 관리하게 된다. 더욱이 셀렉터는 디플로이먼트를 다시 생성하지 않는 한 변경할 수 없다.

vweb-v11.yaml, 파드에 레이블이 추가된 디플로이먼트 정의

```
spec:
  replicas: 3
  selector:
    matchLabels:
      app: vweb          # app 레이블은 셀렉터에서 사용됨
  template:
    metadata:
      labels:
        app: vweb
        version: v1.1    # 파드 정의에 version 레이블도 정의됨
```

먼저 셀렉터에서 사용할 레이블을 신중하게 정의하되, 업데이트를 관리하기 수월하도록 레이블을 추가 정의하는 것이 원칙이다. 디플로이먼트는 여러 개의 이전 버전 레플리카셋을 유지할 수 있지만(기본값은 열 개), 우리가 파드 템플릿 해시만으로 레플리카셋의 각 버전을 식별하기는 어렵다. 조금 전 배치한 애플리케이션의 동작을 확인하고, 다시 한 번 롤아웃을 일으켰을 때 레플리카셋이 어떻게 되는지 살펴보자.

실습 웹 애플리케이션에 요청을 보내고 응답을 확인하라. 그다음 애플리케이션을 업데이트하고 애플리케이션의 응답을 다시 확인하라.

```
# 이 URL을 자주 사용할 것이므로 파일에 저장한다
kubectl get svc vweb -o jsonpath='http://{.status.loadBalancer.ingress[0].*}:8090/
v.txt' > url.txt

# 파일에 담긴 URL로 요청을 보낸다[1]
curl $(cat url.txt) -UseBasicParsing

# v2 업데이트를 배치
kubectl apply -f vweb/update/vweb-v2.yaml --record

# 애플리케이션의 응답을 다시 확인
curl $(cat url.txt) -UseBasicParsing
```

---

1 역주 인터넷 익스플로러 지원을 무시하도록 -UseBasicParsing 옵션을 넣었다.

```
# 레플리카셋의 상세 정보를 확인
kubectl get rs -l app=vweb --show-labels
```

이번 실습 예제를 보면 레플리카셋을 깔끔하게 관리하기가 쉽지 않다는 것을 알 수 있다. 이런 이유로 표준화된 레이블이 필요한 것이다. 지금 배치된 레플리카셋의 레이블을 확인하면 그림 9-5에서 보듯이 쉽게 애플리케이션의 현재 버전이 무엇인지 파악할 수 있다. 그래도 레이블은 그저 텍스트 필드값에 지나지 않기 때문에 이를 신뢰하려면 몇 가지 안전장치가 필요하다.

❤ 그림 9-5 쿠버네티스의 롤아웃 관리 기능이 있지만, 식별에 필요한 레이블을 따로 추가하는 편이 좋다

애플리케이션의 URL을 파일에 저장해 두고 이 파일 내용을 이용하여 애플리케이션에 요청을 보낸다.
애플리케이션 버전 1의 응답은 'v1'이다.

```
PS>kubectl get svc vweb -o jsonpath='http://{.status.loadBalancer.ingress[0].*}:
8090/v.txt' > url.txt
PS>
PS>curl $(cat url.txt)
v1
PS>
PS>kubectl apply -f vweb/update/vweb-v2.yaml --record
deployment.apps/vweb configured
PS>
PS>curl $(cat url.txt)
v2
PS>
PS>kubectl get rs -l app=vweb --show-labels
NAME               DESIRED    CURRENT    READY    AGE      LABELS
vweb-656cbc5cc4    0          0          0        39m      app=vweb,pod-template-hash
=656cbc5cc4,version=v1.1
vweb-668f7b746f    0          0          0        86m      app=vweb,pod-template-hash
=668f7b746f,version=v1
vweb-7659d9d47f    3          3          3        2m28s    app=vweb,pod-template-hash
=7659d9d47f,version=v2
vweb-f9f66fb       0          0          0        77m      app=vweb,pod-template-hash
=f9f66fb,version=v1
```

애플리케이션이 버전 2로 업데이트된다.
애플리케이션의 응답이 'v2'로 바뀐다.

각 레플리카셋 버전은 어떻게 다를까? 이 목록은 파드 템플릿의 해시값 순서대로 정렬되어 있으며, 세 번째 레플리카셋이 현재 활성 상태다. version 레이블이 없다면 각 레플리카셋 속 파드의 버전이 무엇인지 파악하기 어렵다.

롤아웃은 레플리카셋의 불필요한 세부 사항을 추상화해 준다. 하지만 롤아웃의 주 기능은 역시 릴리스를 관리하는 것이다. kubectl 명령으로 롤아웃 히스토리를 확인할 수 있고, 진행 중인 롤아웃을 중단하거나 이전 리비전으로 롤백할 수도 있다. 바로 이전 리비전으로 돌아가는 명령은 간단하지만, 특정 리비전으로 롤백하려면 조금 복잡한 JSONPath를 활용해야 한다. 이번에는 명령을 실제 실행하지 않고도 예상되는 결과를 알려 주는 kubectl의 편리한 기능을 알아보겠다.

실습 롤아웃 히스토리를 확인하고 애플리케이션을 버전 v1로 롤백하라.

```
# 리비전 히스토리 확인
kubectl rollout history deploy/vweb

# 레플리카셋의 리비전을 확인
kubectl get rs -l app=vweb -o=custom-columns=NAME:.metadata.name,REPLICAS:.status.
replicas,VERSION:.metadata.labels.version,REVISION:.metadata.annotations.deployment\.
kubernetes\.io/revision

# 롤백했을 때의 예측 결과를 확인
kubectl rollout undo deploy/vweb --dry-run

# 리비전 2로 롤백을 시작
kubectl rollout undo deploy/vweb --to-revision=2

# 애플리케이션의 상태를 확인 - 깜짝 놀랄 결과
curl $(cat url.txt) -UseBasicParsing
```

그림 9-6에 나온 마지막 실행 결과가 좀 이상하게(이 부분이 이 장 내용에서 가장 재미있는 부분) 느껴지지 않는가? 여러분 예상과 어긋나는 결과일 것이다. 이것이 바로 일관적인 릴리스 절차를 만들어야 하는 이유다. 완전 자동화된 절차라면 더욱 좋다. 자동화된 부분과 수동인 부분이 혼재되어 있다면 이렇게 혼란스러운 결과를 볼 수 있기 때문이다. 조금 전 실습에서 리비전 2로 롤백을 했으니 애플리케이션이 버전 1로 되돌아가리라고 예상했을 것이다. 하지만 리비전 2는 9.1절에서 kubectl set image 명령이 일으킨 롤아웃에 해당한다. 따라서 컨테이너 이미지의 버전이 v2이면서 레플리카셋의 레이블이 v1이다.

릴리스 절차는 단순했다. 디플로이먼트는 레플리카셋을 생성하거나 재활용하고, 파드 수를 필요에 따라 조정한다. 그리고 레플리카셋에 변동이 생기면 이를 롤아웃으로 기록한다. 롤아웃 전략의 핵심 요소가 우리 손에 쥐어져 있지만, 이 권한을 휘두르기 전에 먼저 설정만 변경했던 릴리스를 살펴보아야 한다. 릴리스를 더욱 이해하기 까다롭게 하는 부분이 바로 여기에 있기 때문이다.

✔ 그림 9-6 레이블은 관리를 위한 핵심 기능으로, 다만 레이블도 사람이 설정하는 만큼 실수가 있을 수 있다

이 애플리케이션은 네 개의 리비전이 있다.
각각 최초 롤아웃과 세 번의 업데이트에 해당한다.

레플리카셋 정보에서 사용자 정의 칼럼을 이용하여
버전 레이블과 리비전을 확인할 수 있다.

```
PS>kubectl rollout history deploy/vweb
deployment.apps/vweb
REVISION   CHANGE-CAUSE
1          <none>
2          <none>
3          kubectl.exe apply --filename=vweb/update/vweb-v11.yaml --record=true
4          kubectl.exe apply --filename=vweb/update/vweb-v2.yaml --record=true

PS>kubectl get rs -l app=vweb -o=custom-columns=NAME:.metadata.name,REPLICAS:.st
atus.replicas,VERSION:.metadata.labels.version,REVISION:.metadata.annotations.de
ployment\.kubernetes\.io/revision
NAME               REPLICAS      VERSION      REVISION
vweb-656cbc5cc4    0             v1.1         3
vweb-668f7b746f    0             v1           1
vweb-7659d9d47f    3             v2           4
vweb-f9f66fb       0             v1           2
PS>
PS>kubectl rollout undo deploy/vweb --dry-run
deployment.apps/vweb Pod Template:
  Labels:         app=vweb
       pod-template-hash=656cbc5cc4
       version=v1.1

PS>kubectl rollout undo deploy/vweb --to-revision=2
deployment.apps/vweb rolled back
PS>
PS>curl $(cat url.txt)
v2
```

리비전 2로 돌아간다면 버전 1로
돌아가야 하는데, 아직도 버전 2가
구동 중이다.

롤아웃을 롤백하면 이전 리비전으로 돌아간다. --dry-run 옵션을
사용하면 롤백을 실제로 수행하지 않고 그 결과만 확인할 수 있다.
결과적으로 버전 1.1로 돌아간다.

4장에서 컨피그맵과 비밀값의 내용을 업데이트하는 두 가지 방법을 설명했었다. 또한 여기에서 어떤 방법을 선택하느냐에 따라 깔끔하게 롤백이 가능한지 여부가 갈린다고도 설명했다. 첫 번째 방법은 설정을 가변적인 요소로 보고 릴리스에 컨피그맵 수정을 포함시키는 방법이었다. 하지만 이 경우 설정값만 변경하는 릴리스는 롤아웃 기록이 남지 않아 롤백이 불가능하다.

9

롤아웃과 롤백을 이용한 애플리케이션 릴리스 관리

285

실습 기존 디플로이먼트를 제거해서 리비전 히스토리를 정리한 후 컨피그맵을 사용하는 새로운 버전의 디플로이먼트를 배치한다. 그리고 컨피그맵을 업데이트한 후 결과가 어떻게 되는지 살펴보아라.

```
# 기존 애플리케이션을 제거
kubectl delete deploy vweb

# 컨피그맵에 설정값을 담은 버전을 배치
kubectl apply -f vweb/update/vweb-v3-with-configMap.yaml --record

# 애플리케이션의 응답을 확인
curl $(cat url.txt) -UseBasicParsing

# 컨피그맵을 업데이트하고 반영될 때까지 대기
kubectl apply -f vweb/update/vweb-configMap-v31.yaml --record
sleep 120

# 애플리케이션 응답을 다시 확인
curl $(cat url.txt) -UseBasicParsing

# 롤아웃 히스토리를 확인
kubectl rollout history deploy/vweb
```

그림 9-7에서 볼 수 있듯이, 컨피그맵을 업데이트하면 애플리케이션 동작이 변화한다. 하지만 이 업데이트는 디플로이먼트의 변경이 아니므로, 이 설정값이 문제를 일으켜도 되돌아갈 리비전이 없다.

❖ 그림 9-7 설정값만 업데이트하면 애플리케이션 동작을 변화시킬 수 있지만, 롤아웃 기록이 남지 않는다

새로 생성된 디플로이먼트는 설정값을 사용하여 HTTP 요청의 응답을 생성한다.

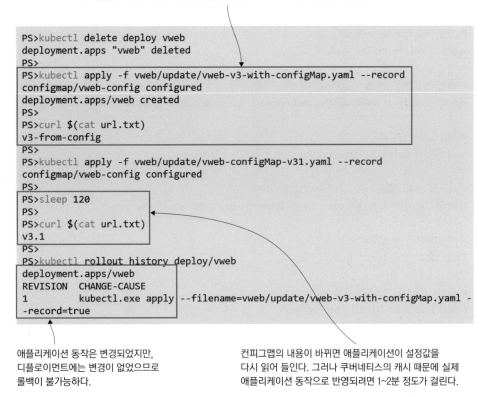

```
PS>kubectl delete deploy vweb
deployment.apps "vweb" deleted
PS>
PS>kubectl apply -f vweb/update/vweb-v3-with-configMap.yaml --record
configmap/vweb-config configured
deployment.apps/vweb created
PS>
PS>curl $(cat url.txt)
v3-from-config
PS>
PS>kubectl apply -f vweb/update/vweb-configMap-v31.yaml --record
configmap/vweb-config configured
PS>
PS>sleep 120
PS>
PS>curl $(cat url.txt)
v3.1
PS>
PS>kubectl rollout history deploy/vweb
deployment.apps/vweb
REVISION   CHANGE-CAUSE
1          kubectl.exe apply --filename=vweb/update/vweb-v3-with-configMap.yaml -
-record=true
```

애플리케이션 동작은 변경되었지만,
디플로이먼트에는 변경이 없었으므로
롤백이 불가능하다.

컨피그맵의 내용이 바뀌면 애플리케이션이 설정값을
다시 읽어 들인다. 그러나 쿠버네티스의 캐시 때문에 실제
애플리케이션 동작으로 반영되려면 1~2분 정도가 걸린다.

이런 방식을 핫 리로드(hot reload) 방식이라고 한다. 설정값만 업데이트할 때는 롤아웃이 발생하지 않으므로 애플리케이션에서 지원만 한다면 아주 매끄러운 업데이트가 가능하다. 기존 파드와 컨테이너가 그대로 남아 있으므로 서비스 중단의 위험이 아예 없기 때문이다. 다만 롤백이 불가능하다는 반대급부가 있으므로 장단점을 잘 저울질해서 선택해야 한다.

반대로 컨피그맵과 비밀값을 모두 불변적 요소로 간주하는 방법도 있다. 이들 객체 이름을 버전 명명 규칙을 따라 짓고, 그 내용은 수정하지 않는 것이다. 설정값이 변경될 때는 다른 이름으로 새로운 객체를 만든 후 이를 참조하도록 디플로이먼트를 업데이트한다.

실습 불변적 설정값 객체를 사용하는 새로운 버전의 애플리케이션을 배치하라. 그리고 릴리스 절차를 비교해 보아라.

```
# 기존 애플리케이션을 제거
kubectl delete deploy vweb

# 불변적 설정값 객체를 사용하는 디플로이먼트를 생성
kubectl apply -f vweb/update/vweb-v4-with-configMap.yaml --record

# 애플리케이션의 응답을 확인
curl $(cat url.txt) -UseBasicParsing

# 새로운 컨피그맵을 배치, 디플로이먼트를 업데이트
kubectl apply -f vweb/update/vweb-v41-with-configMap.yaml --record

# 애플리케이션의 응답을 다시 확인
curl $(cat url.txt) -UseBasicParsing

# 이번 업데이트는 롤아웃이 발생
kubectl rollout history deploy/vweb

# 따라서 롤백이 가능함
kubectl rollout undo deploy/vweb
curl $(cat url.txt) -UseBasicParsing
```

필자의 환경에서 실행한 결과를 그림 9-8에 실었다. 새로운 설정값 객체와 함께 디플로이먼트를 업데이트했으므로 롤아웃 히스토리가 남아 롤백이 가능하다.

여러분이 어느 방식을 선택해도 무방하다. 아마 설정값을 관리하는 주체가 누구냐에 따라 선택이 갈릴 것이다. 프로젝트 팀이 배치와 설정값을 함께 관리하고 있다면 가변적 설정값 객체를 사용하여 릴리스 절차를 간소화하기를 원할 것이고, 설정값을 관리하는 전담 부서가 따로 있다면 릴리스 전에 새로운 설정값 객체를 먼저 배치할 수 있는 불변적 설정값 객체 방식이 더 낫다. 애플리케이션의 규모 역시 이 결정에 영향을 미치는 요소다. 규모가 큰 애플리케이션이라면 가변적 설정값 객체를 사용하여 디플로이먼트의 업데이트를 최소화하는 쪽이 나을 수 있다.

✔ 그림 9-8 불변적 설정값 객체를 사용하면 설정값 변경만으로도 롤아웃 히스토리를 남길 수 있으나, 설정값을 변경할 때마다 롤아웃이 일어난다는 단점이 있다

이 디플로이먼트는 버전이 포함된 명명 규칙에 따라
이름을 붙인 컨피그맵의 내용으로 요청에 응답한다.

새로운 컨피그맵을 배치하고, 이를
사용하도록 파드 정의를 업데이트하는
방식으로 설정값을 변경했다.

```
PS>kubectl delete deploy vweb
deployment.apps "vweb" deleted
PS>
PS>kubectl apply -f vweb/update/vweb-v4-with-configMap.yaml --record
configmap/vweb-config-v4 configured
deployment.apps/vweb created
PS>
PS>curl $(cat url.txt)
v4-from-config
PS>
PS>kubectl apply -f .\vweb\update\vweb-v41-with-configMap.yaml --record
configmap/vweb-config-v41 unchanged
deployment.apps/vweb configured
PS>
PS>curl $(cat url.txt)
v4.1-from-config
PS>
PS>kubectl rollout history deploy/vweb
deployment.apps/vweb
REVISION   CHANGE-CAUSE
1          kubectl.exe apply --filename=vweb/update/vweb-v4-with-configMap.yaml -
-record=true
2          kubectl.exe apply --filename=.\vweb\update\vweb-v41-with-configMap.yam
1 --record=true

PS>kubectl rollout undo deploy/vweb
deployment.apps/vweb rolled back
PS>
PS>curl $(cat url.txt)
v4-from-config
```

따라서 이전 설정값으로
롤백이 가능하다.

이런 방식은 설정값을 변경할 때도
롤아웃 히스토리를 남길 수 있다.

또한 문화적 요소도 무시할 수 없다. 개발 문화가 애플리케이션 릴리스 관점을 결정하기 때문이다. 릴리스를 부담 없이 치르는 연중행사로 볼 수도 있고, 최대한 회피해야 하는 위험한 일로 받아들일 수도 있다. 그러나 컨테이너를 도입했다면 릴리스는 그때그때 필요할 때마다 부담 없이 처리할 수 있는 업무여야 한다. 자신감이 붙을 때까지 릴리스 전략을 끊임없이 테스트하고 조정해 보기 바란다.

9.3 / 디플로이먼트의 롤링 업데이트 설정

디플로이먼트는 두 가지 업데이트 전략을 지원한다. 한 가지는 우리가 지금까지 살펴보았던 롤링 업데이트고, 다른 하나는 리크리에이트(recreate)다. 롤링 업데이트는 우리가 앞서 보았듯이, 기존 레플리카셋의 파드 수를 차츰 줄이고 새로운 레플리카셋의 파드 수를 늘려 나가는 식으로 된다. 업데이트 시간이 약간 길어지는 대신 서비스 무중단을 유지할 수 있다. 리크리에이트 전략에서는 이런 이점을 얻을 수 없다. 레플리카셋을 이용하여 업데이트가 일어나는 것은 같지만, 기존 레플리카셋의 파드 수가 0까지 감소한 후 새 레플리카셋의 파드 수가 증가하기 시작한다는 점이 다르다.

예제 9-2는 리크리에이트 전략을 사용하도록 한 디플로이먼트의 정의다. 설정값은 하나이지만 미치는 영향이 작지 않다.

예제 9-2 vweb-recreate-v2.yaml, 리크리에이트 전략을 사용하는 디플로이먼트 정의

```
apiVersion: apps/v1
kind: Deployment
metadata:
  name: vweb
spec:
  replicas: 3
  strategy:                     # 업데이트 전략
    type: Recreate              # 기본값인 롤링 업데이트 대신
                                # 리크리에이트 전략을 사용한다
# 셀렉터 및 파드 정의가 이어짐
```

이 정의를 배치하면 리크리에이트 업데이트 전략을 사용할 뿐이지 전과 같은 애플리케이션이 배치된다. 디플로이먼트의 상세 정보를 보면 리크리에이트 업데이트 전략을 사용하는 것을 확인할 수 있지만, 디플로이먼트가 업데이트되어야 효과를 알 수 있다.

실습 예제 9-2의 정의를 배치하라. 그리고 배치된 객체를 살펴보면 전과 같은 애플리케이션이다.

```
# 기존 애플리케이션을 제거
kubectl delete deploy vweb

# 리크리에이트 전략을 사용하는 정의를 배치
kubectl apply -f vweb-strategies/vweb-recreate-v2.yaml

# 레플리카셋의 상태를 확인
kubectl get rs -l app=vweb

# 애플리케이션을 테스트
curl $(cat url.txt) -UseBasicParsing

# 디플로이먼트의 상태를 확인
kubectl describe deploy vweb
```

그림 9-9를 보면 알 수 있듯이, 새로운 디플로이먼트 역시 버전 2 컨테이너 이미지를 사용하는 동일한 애플리케이션이다. 파드 세 개가 모두 실행 중이고 애플리케이션도 정상적으로 동작 중이다. 여기까지는 문제없다.

❤ 그림 9-9 리크리에이트 전략을 채택하더라도 애플리케이션을 업데이트할 때까지는 차이를 알 수 없다

리크리에이트 전략을 채택한 디플로이먼트.
애플리케이션을 업데이트할 때까지는 일반적인 디플로이먼트와 차이를 알 수 없다.

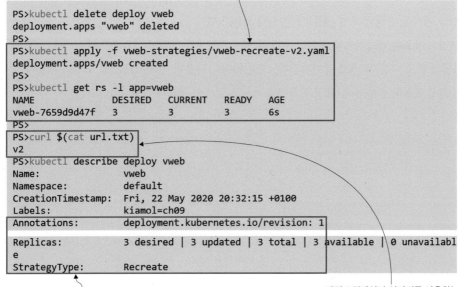

현재 리비전과 해당 디플로이먼트의
업데이트 전략이 출력된다(발췌).

버전 2 컨테이너 이미지를 사용하는
기존과 동일한 애플리케이션이다.

하지만 이 설정은 위험성이 있으므로, 한 버전만 데이터베이스에 접근할 수 있는 상태가 되는 데이터베이스 스키마 업데이트 등 두 버전이 동시에 존재할 수 없을 때만 사용해야 한다. 이 경우라고 하더라도 더 나은 방법이 있다. 정말 불가피하게 리크리에이트 전략을 사용해야 한다면 업데이트를 배치하기 전에 확실하게 테스트를 마쳐야 한다. 업데이트 배치 중에 새 파드가 오류를 일으킨다면 이미 기존 파드가 모두 제거된 상태이기 때문에 애플리케이션이 완전히 사용할 수 없는 상태에 빠지기 때문이다.

실습 웹 애플리케이션의 버전 3을 배치할 준비가 끝났다. 이 버전은 오류가 있는 버전이다. 동작하는 파드가 없게 되어 애플리케이션을 사용할 수 없게 된다.

```
# 업데이트를 배치
kubectl apply -f vweb-strategies/vweb-recreate-v3.yaml

# 롤아웃의 상태를 확인(타임아웃 2초)
kubectl rollout status deploy/vweb --timeout=2s

# 레플리카셋의 상태를 확인
kubectl get rs -l app=vweb

# 파드의 상태를 확인
kubectl get pods -l app=vweb

# 애플리케이션을 테스트 - 실패
curl $(cat url.txt) -UseBasicParsing
```

이 실습 예제를 실행해 보면 애플리케이션에 오류가 발생한다. 리크리에이트 전략은 파드 템플릿이 변경된 새로운 레플리카셋을 만든 후 기존 레플리카셋의 파드 수를 0까지 감소시키고, 새 레플리카셋의 파드 수를 세 개로 증가시킨다. 그러나 새로 사용된 이미지에 오류가 있기 때문에 파드 역시 정상 동작하지 못하며, 요청을 처리할 파드가 없어진 결과가 그림 9-10이다.

✔ 그림 9-10 파드 정의에 오류가 있을 경우 리크리에이트 전략을 사용하면 애플리케이션을 완전히 사용할 수 없게 된다

새로 사용된 이미지에 오류가 있어
이번 업데이트는 실패한다.

롤아웃이 끝나기를 기다려 상태를
확인하는데, 이번에는 롤아웃이 끝나지
않으므로 2초 후 상태가 출력된다.

```
PS>kubectl apply -f vweb-strategies/vweb-recreate-v3.yaml
deployment.apps/vweb configured
PS>
PS>kubectl rollout status deploy/vweb --timeout=2s
Waiting for deployment "vweb" rollout to finish: 0 of 3 updated replicas are ava
ilable...
error: timed out waiting for the condition
PS>
PS>kubectl get rs -l app=vweb
NAME                DESIRED    CURRENT    READY    AGE
vweb-7659d9d47f     0          0          0        117s
vweb-d9955b85       3          3          0        12s
PS>
PS>kubectl get pods -l app=vweb
NAME                   READY    STATUS    RESTARTS    AGE
vweb-d9955b85-p9vlt    0/1      Error     2           21s
vweb-d9955b85-t54vw    0/1      Error     2           21s
vweb-d9955b85-thz5k    0/1      Error     2           21s
PS>
PS>curl $(cat url.txt)
curl: (52) Empty reply from server
```

모든 파드가 오류를 일으켰으므로
서비스가 요청을 전달할 파드가 없어
요청이 실패한다.

기존 레플리카셋의 파드 수가 0까지 감소한 후
새 레플리카셋의 파드 수를 세 개로 늘리려고
하지만 파드가 준비되지 않은 상태다.

위험성을 충분히 보았으니 리크리에이트 전략은 쓰지 않는 것이 낫겠다는 생각이 들었을 것이다. 물론 리크리에이트 전략이 매력적으로 보이는 경우도 있다. 그러나 이런 상황에서도 대안이 있다면 그쪽을 먼저 고려해야 한다. 애플리케이션의 아키텍처에 맞지 않더라도 말이다. 애플리케이션 전체가 장애를 일으키면 곧장 서비스 중단으로 이어진다. 이는 바라는 바가 아닐 것이다.

롤링 업데이트가 기본값인 이유는 이 전략이 서비스 중단 시간을 최소화해 주기 때문이다. 그렇다 하더라도 꽤나 적극적인 전략인 것은 사실이다. 릴리스 대상이 운영 환경이라면 릴리스 속도나 모니터링 방식 등 몇 가지 설정을 손보고 싶을 때가 있다. 롤링 업데이트 정의에서 기존 및 신규 레플리카셋의 파드 스케일링 속도를 다음 두 값으로 조절할 수 있다.

- **maxUnavailable**: 이 값은 기존 레플리카셋의 스케일링 속도를 조절하는 값이다. 정확하게 설명하면 업데이트 동안 사용할 수 없는 파드의 최대 수다. 기존 레플리카셋에서 동시에 종료되는 파드 수라고 생각하면 된다. 파드 수가 열 개인 디플로이먼트에서 30%를 설정하면 바로 종료되는 파드 수는 세 개가 된다.

- **maxSurge**: 이 값은 새 레플리카셋의 스케일링 속도를 조절하는 값이다. 정확하게는 업데이트 동안 생기는 잉여 파드의 최대 개수다. 새 레플리카셋에서 동시에 함께 시작되는 파드 수라고 생각하면 된다. 파드 수가 열 개인 디플로이먼트에서 40%를 설정하면 한 번에 파드 네 개를 생성한다.

롤아웃에만 사용할 수 있다는 점만 빼면 간결하고 편리한 설정이다. 새 레플리카셋의 파드 수가 '정해진 숫자 + maxSurge'개까지 증가한 후 기존 파드의 제거를 기다린다. 반면 기존 레플리카셋은 파드 수를 '정해진 숫자 - maxUnavailable'개까지 감소시킨 후 새 파드가 준비 상태가 되기를 기다린다. 이 두 값은 0보다 큰 값을 설정해야 한다. 0으로 설정하면 업데이트가 되지 않기 때문이다. 그림 9-11은 이 두 값을 조합하여 생성-후-삭제, 삭제-후-생성, 동시-삭제-및-생성 전략을 구현한 예다.

❤ 그림 9-11 롤아웃 설정에 따른 디플로이먼트의 업데이트 과정

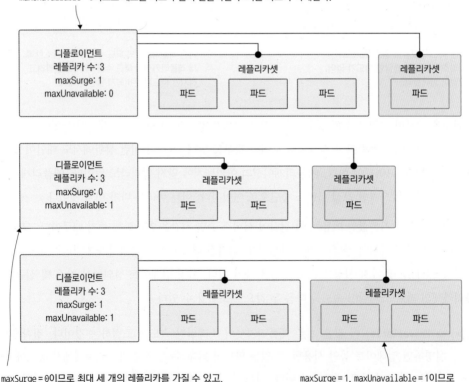

maxSurge = 1이므로 디플로이먼트가 정해진 수보다 한 개 많은 최대 네 개의 레플리카를 가질 수 있다.
maxUnavailable = 0이므로 새로운 파드가 먼저 만들어진 후 기존 파드가 삭제된다.

maxSurge = 0이므로 최대 세 개의 레플리카를 가질 수 있고,
maxUnavailable = 1이므로 기존 파드가 먼저 삭제된 후
새 파드가 생성된다.

maxSurge = 1, maxUnavailable = 1이므로
기존 파드가 하나 삭제되고, 새로운 파드가
두 개 생성된다.

클러스터의 컴퓨팅 파워에 여유가 있다면 빠른 속도로 롤아웃을 진행하도록 조절할 수 있다. 파드를 정해진 수보다 추가 생성하는 것도 가능하지만 새 버전에 문제가 있다면 위험성이 커진다는 부담이 있다. 느린 롤아웃은 이보다는 보수적인 전략이다. 컴퓨팅 파워를 고치지 않고 만약의 경우 문제가 생기더라도 문제를 발견할 시간을 벌어 준다. 하지만 릴리스 중에 애플리케이션 처리 용량이 감소하는 문제가 있다. 먼저 보수적인 롤아웃으로 애플리케이션을 복구한 후 각 방법을 차근차근 알아보자.

> **실습** 롤링 업데이트 전략으로 maxSurge를 1, maxUnavailable을 0으로 설정하고 버전 2 이미지를 사용하도록 롤백하라.

```
# 롤링 업데이트로 디플로이먼트가 v2 이미지를 사용하도록 업데이트
kubectl apply -f vweb-strategies/vweb-rollingUpdate-v2.yaml

# 애플리케이션 파드의 상태를 확인
kubectl get po -l app=vweb

# 롤아웃 상태를 확인
kubectl rollout status deploy/vweb

# 레플리카셋의 상태를 확인
kubectl get rs -l app=vweb

# 애플리케이션 테스트
curl $(cat url.txt) -UseBasicParsing
```

이번 실습 예제에서는 디플로이먼트의 파드 템플릿이 버전 2 이미지를 사용하고, 롤링 업데이트 전략을 사용하도록 변경했다. 그림 9-12를 보면 업데이트 전략이 먼저 반영되고, 이 전략에 따라 파드가 하나씩 생성되며, 파드 업데이트가 진행되는 것을 볼 수 있다.

❤ 그림 9-12 파드 템플릿이 일치하는 레플리카셋이 있다면 디플로이먼트는 이들을 재활용한다

이번 변경에는 업데이트 전략과 이미지 변경이 포함되어 있다. 업데이트 전략이
먼저 반영되고 새로운 전략에 따라 파드 업데이트가 진행된다.

maxSurge = 1이므로 디플로이먼트는 최대 네 개의 레플리카를 가질 수 있다.
기존 파드 중 하나가 종료 중이므로 두 레플리카셋에서 활성 상태인 파드가
각각 두 개씩 있다.

```
PS>kubectl apply -f vweb-strategies/vweb-rollingUpdate-v2.yaml
deployment.apps/vweb configured
PS>kubectl get po -l app=vweb
NAME                      READY   STATUS             RESTARTS   AGE
vweb-7659d9d47f-5hc72     1/1     Running            0          2s
vweb-7659d9d47f-fkzn4     0/1     ContainerCreating  0          1s
vweb-d9955b85-p9vlt       0/1     CrashLoopBackOff   30         47h
vweb-d9955b85-t54vw       0/1     CrashLoopBackOff   30         47h
vweb-d9955b85-thz5k       0/1     Terminating        30         47h
PS>
PS>kubectl rollout status deploy/vweb
deployment "vweb" successfully rolled out
PS>
PS>kubectl get rs -l app=vweb
NAME                DESIRED   CURRENT   READY   AGE
vweb-7659d9d47f     3         3         3       47h
vweb-d9955b85       0         0         0       47h
PS>
PS>curl $(cat url.txt)
v2
```

모든 파드가 정상 동작하며
애플리케이션이 복원되었다.

변경된 파드 정의는 이전 정의와 같으므로 디플로이먼트가
첫 번째 레플리카셋을 재활용하여 이 레플리카셋의 파드 수를
세 개로 늘린다.

애플리케이션이 간단해서 파드 실행 속도가 빠르므로 조금 전 실습에서 롤아웃 과정을 관찰할 수
있으려면 명령을 빠르게 입력해야 한다. 디플로이먼트 정의에서 다음 두 값을 사용하여 롤아웃 속
도를 조절할 수 있다.

- minReadySeconds: 신규 파드의 상태가 안정적인지 확인할 수 있는 시간 여유를 둔다. 지정
  된 값의 시간 동안(단위: 초) 오류로 종료되는 컨테이너가 없어야 파드 상태를 안정적으로
  판정한다. 이 값의 기본값이 0이었기 때문에 롤아웃 진행 속도가 빨랐다.

- progressDeadlineSeconds: 시간을 초과할 때는 신규 파드의 상태를 실패로 간주하는 타임
  아웃 시간을 가리킨다. 기본값은 600이므로 10분 안에 파드 상태가 안정되지 않는다면 해
  당 파드의 상태를 실패로 간주한다.

릴리스에 걸리는 시간을 모니터링하면 유용할 것 같지만, 쿠버네티스 현재 버전(1.19)에서 제한 시간 초과는 롤아웃에 별 영향을 미치지 않는다. 디플로이먼트에 플래그가 추가될 뿐, 쿠버네티스 자체에서 제공하는 롤아웃에 실패하면 자동으로 롤백하는 기능 같은 것은 없다. 하지만 나중에 이런 기능이 추가된다면 이 플래그로 기능이 자동 실행될 것이다. 파드 상태를 컨테이너의 오류 여부로 판단하는 것은 부족한 부분이 많지만, 그래도 아무런 확인도 하지 않는 것보다는 낫다. 그러므로 모든 디플로이먼트에 minReadySeconds 값을 지정하는 편이 좋다.

디플로이먼트에 이런 안전장치를 추가하는 것은 좋지만, 새 파드가 항상 실패하는 지금 같은 경우에는 그리 도움이 되지 않는다. 롤링 업데이트를 사용하여 디플로이먼트를 안전하게 유지하며 애플리케이션을 보호하는 방법이 있다. 버전 3 업데이트에서는 maxUnavailable과 maxSurge를 모두 1로 설정한다. 기본값(둘 다 25%)과 실질적으로 바뀌는 것은 없지만, 정의에 명확한 파드 수가 지정되었으므로 소규모 애플리케이션에서 비율인 기본값보다는 상황 파악이 쉽다.

> **실습** 버전 3으로 다시 업데이트한다. 이번에도 파드가 실패하지만, 롤링 업데이트 전략을 사용하므로 애플리케이션 전체가 고장을 일으키지는 않는다.

```
# 오류가 있는 이미지로 업데이트
kubectl apply -f vweb-strategies/vweb-rollingUpdate-v3.yaml

# 파드의 상태를 확인
kubectl get po -l app=vweb

# 롤아웃 상태를 확인
kubectl rollout status deploy/vweb

# 레플리카셋의 스케일링 상태를 확인
kubectl get rs -l app=vweb

# 애플리케이션 테스트
curl $(cat url.txt) -UseBasicParsing
```

이 실습 예제를 실행하면, 그림 9-13에서 보듯이 디플로이먼트의 두 레플리카셋이 파드가 두 개인 상태로 업데이트가 끝나지 않는다. 기존 레플리카셋은 파드 수를 하나로 줄인 후 새로운 파드를 기다리지만, 새로운 파드는 준비되지 않고 또 maxUnavailable이 1로 설정된 탓에 더 이상 파드 수를 줄이지 못한다. 반면 새 레플리카셋은 maxSurge가 1로 설정되어 디플로이먼트의 파드 수가 제한된 숫자에 도달하여 파드를 더 이상 늘리지 못한다.

▼ 그림 9-13 업데이트에 실패하더라도 자동으로 이전으로 롤백하거나 업데이트가 중단되지 않고 계속 재시도될 뿐이다

이번 롤링 업데이트는 maxSurge와 maxUnavailable이
모두 1로 설정되었다. 따라서 첫 배치(batch)에서 구 버전(2)
파드 하나가 종료되고 신 버전(3) 파드가 두 개 생성된다.

ProgressDeadlineSeconds는 120초로
설정되었다. 이 제한 시간을 넘기기 전에는
status 명령에 별다른 내용이 출력되지 않는다.

```
PS>kubectl apply -f vweb-strategies/vweb-rollingUpdate-v3.yaml
deployment.apps/vweb configured
PS>
PS>kubectl get po -l app=vweb
NAME                    READY   STATUS        RESTARTS   AGE
vweb-7659d9d47f-5t78g   1/1     Running       0          5m58s
vweb-7659d9d47f-k986n   0/1     Terminating   0          5m58s
vweb-7659d9d47f-tslh7   1/1     Running       0          5m58s
vweb-d9955b85-769g2     0/1     Error         0          2s
vweb-d9955b85-s86bj     0/1     Error         0          2s
PS>
PS>kubectl rollout status deploy/vweb
Waiting for deployment "vweb" rollout to finish: 2 out of 3 new replicas have be
en updated...
error: deployment "vweb" exceeded its progress deadline
PS>
PS>kubectl get rs -l app=vweb
NAME             DESIRED   CURRENT   READY   AGE
vweb-7659d9d47f  2         2         2       2d
vweb-d9955b85    2         2         0       2d
PS>
PS>curl $(cat url.txt)
v2
```

애플리케이션이 파드의 감소분만큼
처리 용량이 줄어든 채 버전 2의 파드로
가동 중이다.

신 버전 파드가 실패하기 때문에 업데이트가 진행되지 않는다.
쿠버네티스에는 자동 롤백 기능이 없기 때문에 이 상태가
최종적인 상태가 된다.

새로 생성된 파드를 조금 더 지켜보면, 이들 파드가 CrashLoopBackOff라는 낯선 상태에 빠진 것을 볼 수 있다. 쿠버네티스는 파드가 실패하면 새로운 파드를 만들어 계속 재시도하게 되는데, 이때 노드의 CPU 자원이 바닥나지 않도록 재시작 사이에 일정 시간 간격을 둔다. 이 간격을 백오프 시간이라고 한다. 그리고 파드의 실패가 거듭될 때마다 이 간격이 지수적으로 증가한다. 처음에는 10초, 그다음에는 20초, 세 번째는 40초와 같이 증가해서 최대 5분까지 증가할 수 있다. 이번에 사용된 버전 3 이미지의 파드는 정상적으로 시작될 수 없지만, 쿠버네티스가 끝없이 시도를 계속한다.

디플로이먼트는 아마 여러분이 가장 자주 사용하게 될 컨트롤러일 것이다. 그런 만큼 업데이트 전략과 시점 설정이 구체적으로 어떻게 애플리케이션에 영향을 미치는지 확실하게 이해해 둘 필요가 있다. 데몬셋과 스테이트풀셋에도 롤링 업데이트 기능이 있다. 이들은 파드를 관리하는 방식만큼이나 롤아웃을 수행하는 방식에도 차이가 있다.

9.4 데몬셋과 스테이트풀셋의 롤링 업데이트

데몬셋과 스테이트풀셋에도 두 가지 업데이트 전략이 있다. 기본값은 이 절에서 다룰 롤링 업데이트고, 두 번째는 온딜리트(OnDelete)다. 온딜리트 전략은 각 파드의 업데이트 시점을 직접 제어해야 할 때 사용하는 전략이다. 업데이트를 배치하면 컨트롤러가 기존 파드를 종료하지 않고 그대로 둔 채 파드를 주시한다. 그러다 다른 프로세스가 파드를 삭제하면 새로운 정의를 따른 대체 파드를 생성하는 방식이다.

언뜻 들으면 무슨 말인지 잘 모르겠지만, 이들 컨트롤러를 어떤 용도로 사용하는지 생각해 보면 어렵지 않게 이해할 수 있다. 제거되기 전에 가지고 있는 데이터를 모두 디스크에 기록해야 하는 파드를 관리하는 스테이트풀셋을 생각해 보자. 또한 다음 파드가 사용할 수 있도록 종료 전 전용 하드웨어에서 접속을 해제해야 하는 파드를 관리하는 데몬셋은 어떤가. 그리 흔한 경우는 아니지만, 이때도 온딜리트 전략을 사용하면 파드의 제거 시점은 사용자가 직접 통제하되 삭제된 파드를 쿠버네티스가 자동으로 대체하게끔 할 수 있다.

이 절은 to-do 애플리케이션을 소재로 롤링 업데이트를 다룬다. 이 애플리케이션은 스테이트풀셋으로 데이터베이스를 실행하며 디플로이먼트에서 웹 애플리케이션을, 데몬셋으로 리버스 프록시를 관리한다.

실습 이 to-do 애플리케이션은 파드 여섯 개로 구성된다. 먼저 기존 앱을 제거하여 클러스터 용량을 확보한 후 애플리케이션을 실행하라. 그리고 애플리케이션을 테스트하라.

```
# 실행 중인 애플리케이션을 모두 제거
kubectl delete all -l kiamol=ch09

# to-do 애플리케이션, 데이터베이스, 리버스 프록시를 배치
kubectl apply -f todo-list/db/ -f todo-list/web/ -f todo-list/proxy/

# 애플리케이션 URL을 생성
kubectl get svc todo-proxy -o jsonpath='http://{.status.loadBalancer.
ingress[0].*}:8091'

# 웹 브라우저에서 애플리케이션에 접근,
# 할 일 항목을 추가하고 새 항목이 목록에 추가되는지 확인
```

이 과정을 거치면 업데이트된 애플리케이션이 배치된다. 애플리케이션이 다시 정상을 회복하여 할 일 항목을 추가할 수도 있고 목록을 볼 수도 있다. 필자의 환경에서 실행한 결과를 그림 9-14에 실었다.

▼ 그림 9-14 필요 이상으로 다양한 컨트롤러를 활용하여 구성한 to-do 애플리케이션

to-do 애플리케이션의 현재 구성이다: 데이터베이스는 스테이트풀셋, 웹 사이트는 디플로이먼트, 리버스 프록시는 데몬셋으로 구성되며 그 외 컨피그맵과 비밀값이 쓰였다.

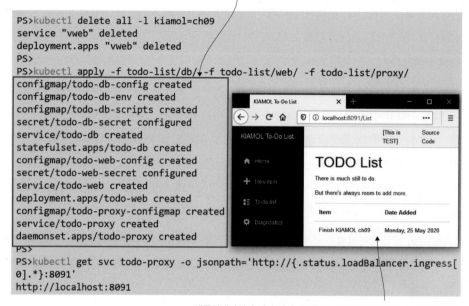

애플리케이션이 전과 같이 동작한다. 이제 업데이트할 수 있게 되었다.

첫 번째 업데이트는 데몬셋을 대상으로 한다. nginx 프록시 이미지의 새 버전을 롤아웃할 것이다. 데몬셋은 클러스터의 모든 (또는 일부) 노드에 파드를 하나씩만 실행하므로 롤링 업데이트를 할 때 잉여 파드를 만들 수 없으며, 삭제 후 제거 전략만 가능하다. maxUnavailable 값을 조정하여 동시에 업데이트할 노드 개수를 조절할 수는 있지만, 여러 개의 파드를 한 번에 제거하면 파드가 대체될 때까지 그만큼 처리 용량이 감소한다.

프록시 업데이트에는 maxUnavailable 값을 1로, minReadySeconds 값을 90으로 설정한다. 지금은 실습용 단일 노드 클러스터이므로 지연 시간이 아무 소용없다. 하지만 규모가 큰 클러스터에서는 한 번에 한 파드씩 업데이트하면서 그때마다 90초씩 대기하게 되므로 업데이트된 파드가 안정적인지 확인한 후 다음 파드의 업데이트를 진행하는 효과가 있다.

실습 데몬셋을 롤링 업데이트 전략으로 업데이트한다. 단일 노드 클러스터이므로 파드가 교체될 때까지 잠시 서비스를 사용할 수 없다.

```
# 데몬셋 업데이트
kubectl apply -f todo-list/proxy/update/nginx-rollingUpdate.yaml

# 파드의 업데이트 상태를 확인
kubectl get po -l app=todo-proxy --watch

# 업데이트가 완료되면 ctrl-c를 누른다
```

kubectl 명령의 --watch 플래그는 변경 사항을 모니터링할 때 유용하다. 객체를 계속 주시하다가 객체의 상태가 변화할 때마다 그 내용을 화면에 출력한다. 여기에서는 대체 파드가 생성되기 전 기존 파드가 제거되는 모습을 볼 수 있다. 이것으로 대체 파드가 준비될 때까지 애플리케이션을 사용할 수 없는 상태가 된다. 그림 9-15를 보면 이 업데이트로 1초의 중단 시간이 발생한 것을 알 수 있다.

❤ 그림 9-15 데몬셋의 업데이트는 기존 파드를 먼저 제거한 후 대체 파드가 생성되는 방식이다

데몬셋의 업데이트는 파드 정의를 변경하는 것과 같은 과정을 거친다.

```
PS>kubectl apply -f todo-list/proxy/update/nginx-rollingUpdate.yaml
daemonset.apps/todo-proxy configured
PS>
PS>kubectl get po -l app=todo-proxy --watch
NAME                READY   STATUS             RESTARTS    AGE
todo-proxy-wvqwp    0/1     Terminating        0           13m
todo-proxy-wvqwp    0/1     Terminating        0           13m
todo-proxy-wvqwp    0/1     Terminating        0           13m
todo-proxy-c6rsv    0/1     Pending            0           0s
todo-proxy-c6rsv    0/1     Pending            0           0s
todo-proxy-c6rsv    0/1     ContainerCreating  0           0s
todo-proxy-c6rsv    1/1     Running            0           1s
```

--watch 플래그를 붙여 객체의 상태를 확인하면 해당 객체의 변경 과정을 볼 수 있다.
기존 파드가 삭제되고 대체 파드가 생성되는 중이다.

노드가 두 개 이상인 클러스터에서는 이런 중단 시간이 발생하지 않는다. 서비스는 준비 상태인 파드에만 트래픽을 전달하는데, 파드가 한 번에 하나씩 업데이트되므로 항상 최소한 파드 하나는 준비 상태를 유지하기 때문이다. 또한 maxUnavailable 값을 더 크게 조정하면 처리 용량은 그만큼 감소하겠지만, 한 번에 여러 개의 파드를 업데이트할 수 있다. 데몬셋의 업데이트에서 조절할 수 있는 부분은 이것뿐이다. 간단히 말하면 파드를 일일이 수동으로 업데이트하거나 쿠버네티스를 이용해서 원하는 숫자만큼 한 번에 업데이트하느냐 정도의 차이가 있다.

스테이트풀셋은 롤아웃 과정에 설정할 수 있는 선택지가 하나뿐이라 더욱 흥미롭다. 스테이트풀셋은 자신이 지정한 순서대로 파드를 관리하는데, 이 순서는 업데이트에도 적용된다. 마지막 파드부터 롤아웃을 시작해서 첫 번째 파드까지 진행된다. 이런 업데이트 순서는 파드 0을 주 인스턴스로 삼은 구성에서 특히 유용하다. 부 인스턴스에서 업데이트가 안정적인지 먼저 확인해 볼 수 있기 때문이다.

스테이트풀셋의 업데이트에서는 maxSurge나 maxUnavailable 등 설정은 사용할 수 없다. 동시에 업데이트되는 파드 수는 항상 하나다. 다만 partition 값을 사용하여 전체 파드 중 업데이트해야 하는 파드의 비율은 설정할 수 있다. 지정된 비율의 파드가 업데이트되면 롤아웃이 중단된다. 유상태 애플리케이션에서 단계별 롤아웃을 수행할 때 유용하다. 스테이트풀셋에 다섯 개의 레플리카가 있고 업데이트된 정의에 partition=3이 포함되어 있다면 파드 4와 파드 3만 업데이트되고 파드 0, 파드 1, 파드 2는 기존 정의를 유지한다.

실습 스테이트풀셋에 partition 설정이 적용된 업데이트를 배치하라. 업데이트 결과는 파드 1만 업데이트되며 파드 0은 업데이트되지 않는다.

```
# 업데이트를 배치
kubectl apply -f todo-list/db/update/todo-db-rollingUpdate-partition.yaml

# 롤아웃의 상태를 확인
kubectl rollout status statefulset/todo-db

# 파드의 목록에서 실행 시각과 이미지 이름을 확인
kubectl get pods -l app=todo-db -o=custom-columns=NAME:.metadata.name,IMAGE:.spec.
containers[0].image,START_TIME:.status.startTime

# 웹 애플리케이션을 읽기 전용 모드로 전환하여
# 데이터베이스 부 인스턴스만 사용하도록 한다
kubectl apply -f todo-list/web/update/todo-web-readonly.yaml

# 애플리케이션을 테스트한다, 데이터를 볼 수 있지만 수정할 수는 없다
```

이번 실습 예제의 업데이트는 그림 9-16에서 보듯이 스테이트풀셋의 일부 파드, 정확히 말하면 부 인스턴스에 해당하는 파드에만 PostgreSQL의 새 버전 이미지를 적용하는 업데이트다. 애플리케이션을 읽기 전용 모드로 전환하면 새로 업데이트된 부 인스턴스를 사용하는데, 여전히 기존 파드가 갖고 있던 데이터베이스의 복제본을 유지하는 것을 알 수 있다.

디플로이먼트와 마찬가지로 스테이트풀셋과 데몬셋에도 롤아웃을 적용할 수 있다.

```
PS>kubectl apply -f todo-list/db/update/todo-db-rollingUpdate-partition.yaml
statefulset.apps/todo-db configured
PS>
PS>kubectl rollout status statefulset/todo-db
Waiting for partitioned roll out to finish: 0 out of 1 new pods have been update
d...
Waiting for 1 pods to be ready...
Waiting for 1 pods to be ready...
partitioned roll out complete: 1 new pods have been updated...
PS>
PS>kubectl get pods -l app=todo-db -o=custom-columns=NAME:.metadata.name,IMAGE:.
spec.containers[0].image,START TIME:.status.startTime
NAME          IMAGE                 START_TIME
todo-db-0     postgres:11.6-alpine  2020-05-25T06:56:25Z
todo-db-1     postgres:11.8-alpine  2020-05-25T07:33:20Z
PS>
PS>kubectl apply -f todo-list/web/update/todo-web-readonly.yaml
deployment.apps/todo-web configured
```

데이터베이스 부 인스턴스가 제대로 동작하는지
확인하기 위해 애플리케이션을 읽기 전용 모드로
전환한다.

파드 중 일부만 업데이트한다. 롤아웃이 끝나도
파드 0은 업데이트되지 않은 상태로 남는다.

9

롤아웃이 끝났는데도 서로 다른 정의의 파드가 함께 동작 중이다. 스테이트풀셋에서 동작하는 데
이터 위주의 애플리케이션에는 롤아웃 중 파드를 업데이트할 때마다 실행하는 일련의 검증 작업
이 갖추어질 때가 많은데, 여기에서도 이 검증 작업을 이용할 수 있다. partition 값을 차츰 줄여
가며 릴리스의 페이스를 조절하다 업데이트가 안정적임을 확인한 후 partition 값을 0으로 설정
해서 전체 스테이트풀셋을 업데이트하면 된다.

실습 데이터베이스의 주 인스턴스를 업데이트하라. 파드 정의는 앞의 실습 예제와 같고
partition 설정값만 제거했다.

```
# 업데이트를 배치
kubectl apply -f todo-list/db/update/todo-db-rollingUpdate.yaml

# 업데이트 진행 상황을 확인
kubectl rollout status statefulset/todo-db

# 파드의 정의는 그대로다
kubectl get pods -l app=todo-db -o=custom-columns=NAME:.metadata.name,IMAGE:.spec.
containers[0].image,START_TIME:.status.startTime
```

```
# 웹 애플리케이션을 읽기 전용에서 원래 모드로 되돌린다
kubectl apply -f todo-list/web/todo-web.yaml

# 애플리케이션을 테스트해서 업데이트된 데이터베이스
# 주 인스턴스가 제대로 동작하는지 확인한다
```

필자의 환경에서 실행한 결과를 그림 9-17에 실었다. 결과를 보면 스테이트풀셋의 모든 파드가 업데이트되어 주 인스턴스 역시 부 인스턴스와 같은 버전이 되었다. 복제본 설정이 된 데이터베이스를 업데이트해 본 적이 있다면 이것이 얼마나 간단해졌는지 알 수 있을 것이다. 매니지드 데이터베이스 서비스를 쓰지 않는 한 이보다 더 간단해질 수는 없다.

❤ 그림 9-17 partition 설정을 제거하여 전체 스테이트풀셋을 업데이트한다

스테이트풀셋 업데이트의 마지막 단계: partition 설정값을 제거하고 파드 0까지 업데이트한다.

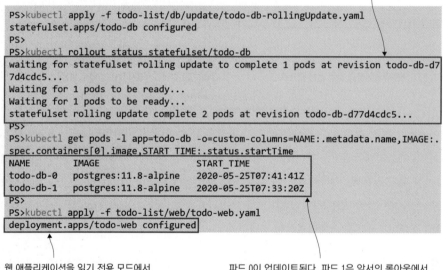

```
PS>kubectl apply -f todo-list/db/update/todo-db-rollingUpdate.yaml
statefulset.apps/todo-db configured
PS>
PS>kubectl rollout status statefulset/todo-db
waiting for statefulset rolling update to complete 1 pods at revision todo-db-d7
7d4cdc5...
Waiting for 1 pods to be ready...
Waiting for 1 pods to be ready...
statefulset rolling update complete 2 pods at revision todo-db-d77d4cdc5...
PS>
PS>kubectl get pods -l app=todo-db -o=custom-columns=NAME:.metadata.name,IMAGE:.
spec.containers[0].image,START TIME:.status.startTime
NAME         IMAGE                START_TIME
todo-db-0    postgres:11.8-alpine 2020-05-25T07:41:41Z
todo-db-1    postgres:11.8-alpine 2020-05-25T07:33:20Z
PS>
PS>kubectl apply -f todo-list/web/todo-web.yaml
deployment.apps/todo-web configured
```

웹 애플리케이션을 읽기 전용 모드에서 일반 모드로 변경한다. 이제 파드 0에서 동작하는 데이터베이스 주 인스턴스를 사용한다.

파드 0이 업데이트된다. 파드 1은 앞서의 롤아웃에서 이미 변경된 파드 정의가 반영되었다.

디플로이먼트와 데몬셋, 스테이트풀셋은 모두 기본적으로 롤링 업데이트 전략을 사용한다. 큰 틀에서 볼 때 이들 리소스에서 롤링 업데이트는 기존 파드를 점진적으로 변경된 정의의 파드로 대체해 나간다는 점에서 비슷하다. 각각의 컨트롤러가 서로 다른 목표를 위해 다른 방식으로 동작하기 때문에 세세한 동작 방식에서 조금씩 차이는 있지만, 애플리케이션이 공통으로 만족해야 하는 조건이 있다. 여러 가지 버전이 동시에 동작할 수 있어야 한다는 점이다. 그러나 이것이 가능하지 않을 때가 있는데, 그럴 때 적용할 수 있는 업데이트 전략도 있다.

9.5 릴리스 전략 이해하기

웹 애플리케이션을 예로 들어 보자. 롤링 업데이트의 큰 장점은 각 파드가 당시 처리하고 있던 요청의 처리를 끝낸 후 매끄럽게 종료된다는 점과 우리가 원하는 페이스에 맞추어 롤아웃을 진행할 수 있다는 점이다. 실무자 입장에서 롤아웃은 이처럼 단순하지만, 이외에 사용자 경험(User eXperience, UX) 측면 역시 함께 고려해야 한다.

애플리케이션을 업데이트하면 디자인이나 기능, 워크플로 등 사용자 경험에도 역시 변화가 생긴다. 이런 변화를 롤아웃 도중에 사용자가 마주하게 되면 매우 낯설게 느낄 것이다. 기존 버전의 파드로 요청이 전달되어 익숙한 화면이 나올 때까지 페이지를 새로고침할 수도 있다.

롤링 업데이트와 컨트롤러의 정의만으로는 이런 문제를 해결할 수 없다. 그 대신 웹 애플리케이션의 쿠키를 이용하여 특정한 UX를 유지하거나, 고급 트래픽 라우팅을 통해 사용자가 새 버전에 남도록 할 수 있다. 15장에서 이런 내용을 다루게 될 텐데, 이를 위해 필요한 몇 가지 요소가 더 있다. 이런 방법이 통하지 않거나 여러 버전을 동시에 실행할 수 없는 상황에서는 블루-그린 배치 전략을 고려해 볼 만하다.

블루-그린 배치(blue-green deployment)란 구 버전과 신 버전 애플리케이션을 동시에 배치하되 한쪽만 활성화시킨다는 간단한 개념이다. 스위치를 껐다 켜듯이 활성화된 버전을 선택할 수 있다. 쿠버네티스를 예로 들면 서비스에서 트래픽 전달 대상 파드를 결정하는 레이블 셀렉터를 수정하기만 하면 된다. 이를 그림 9-18에 나타냈다.

▼ 그림 9-18 블루-그린 배치는 구 버전과 신 버전 애플리케이션을 동시에 배치하고 한쪽만 활성화시키는 전략이다

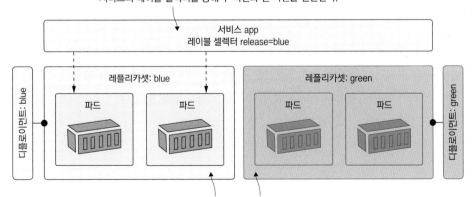

블루-그린 배치에서 서비스는 두 버전을 전환하는 스위치 역할을 한다.
서비스의 레이블 셀렉터를 통해 구 버전과 신 버전을 전환한다.

애플리케이션의 두 버전이 별도의 객체로 실행 중이다. 자동 롤아웃은 필요 없다. 업데이트는
미리 완료된 상태고 릴리스 시점은 트래픽이 전달되는 버전이 바뀔 때다.

블루-그린 배치를 이용하려면 클러스터 용량이 완전한 애플리케이션 두 벌을 동시에 실행할 수 있어야 한다. 애플리케이션이 웹 애플리케이션이나 API 컴포넌트라면 신 버전은 아직 요청을 처리하지 않으므로 메모리 사용량이 최소 상태일 것이다. 이 상태에서 서비스의 레이블 셀렉터를 수정하면 트래픽이 신 버전으로 전달된다. 모든 파드가 준비된 상태에서 트래픽을 전달받기 때문에 실질적으로는 한순간에 업데이트가 일어난다. 또한 서비스의 레이블 셀렉터를 되돌리면 롤백 역시 한순간에 가능하므로 레플리카셋이 스케일링될 때까지 기다릴 필요가 없다.

블루-그린 배치는 롤링 업데이트에 비하면 비교적 간단하다. 큰 규모의 애플리케이션을 단번에 배치하는 식으로 업무를 수행해 온 조직이 쿠버네티스로 이주할 때는 블루-그린 배치가 적합하다. 하지만 컴퓨팅 파워를 많이 소모하고, 업데이트에 여러 단계가 필요하며, 롤아웃 히스토리가 남지 않는다는 점은 단점이다. 우선 배포 전략으로 롤링 업데이트를 검토하는 것이 좋지만 어느 정도 자신감을 얻을 때까지 중간 단계로서 블루-그린 배치도 나쁘지 않다.

롤링 업데이트 설명은 이것으로 끝이다. 하지만 운영 환경 배치 준비와 네트워크 인그레스, 모니터링을 다룰 때 롤링 업데이트를 다시 설명할 것이다. 연습 문제를 위해 클러스터를 정리하자.

실습 이 장의 실습 예제에서 배치했던 것을 모두 제거한다.

```
kubectl delete all -l kiamol=ch09
kubectl delete cm -l kiamol=ch09
kubectl delete pvc -l kiamol=ch09
```

9.6 / 연습 문제

앞서 블루-그린 배치를 설명했다. 이번 연습 문제는 블루-그린 배치를 구현하는 것이다. 연습 문제를 스스로 풀고 나면 셀렉터가 파드 및 다른 객체들과 어떻게 연결되는지 더 확실히 이해할 수 있을 것이다. 또한 롤링 업데이트 외의 배치 전략 활용 경험도 쌓을 수 있다.

- lab/v1 디렉터리의 정의를 배치하여 웹 애플리케이션 버전 1을 시작점으로 삼는다.

- 애플리케이션 버전 2를 블루-그린 배치 전략으로 업데이트해야 한다. 애플리케이션 정의는 컨테이너 이미지 버전이 :v2로 바뀐 것을 제외하면 버전 1과 크게 다르지 않다.

- 업데이트를 배치하고 나면 파드 변경 없이 서비스만 변경하여 버전 1과 버전 2를 오갈 수 있어야 한다.

기존 YAML을 이용하여 용도에 맞게 수정해서 사용하는 것도 좋은 연습이 된다. 필자 깃허브 https://github.com/sixeyed/kiamol의 ch09/lab/README.md에서 작성한 예시 정답을 참고하기 바란다.

10^장

헬름을 이용한 애플리케이션 패키징 및 관리

쿠버네티스가 아무리 방대한 기능을 가졌다 해도, 쿠버네티스만으로 모든 문제를 해결할 수는 없다. 이를 뒷받침하는 커다란 생태계가 그 틈새를 메워 주어야 한다. 이런 틈새 중 대표적인 것이 애플리케이션 배포와 패키징인데 헬름(Helm)이 바로 이 틈새를 메워 주는 역할을 한다. 헬름을 사용하면 여러 개의 YAML 정의 스크립트를 하나의 아티팩트로 묶어 공개 또는 비공개 리포지터리에 공유할 수 있다. 이 리포지터리에 접근 권한이 있는 사람은 누구든지 헬름 명령 한 번이면 이 애플리케이션을 설치할 수 있다. 헬름 명령으로 컨피그맵과 디플로이먼트, 서비스 등 애플리케이션을 구성하는 쿠버네티스 리소스를 배치할 수 있으며, 설치와 함께 설정값도 조정할 수 있다.

헬름을 이용하는 방식은 여러 가지다. 공개 리포지터리로 서드파티 애플리케이션을 설치하고 관리하는 목적으로만 사용하는 팀이 있는가 하면, 비공개 리포지터리를 만들어 인하우스 애플리케이션의 패키징 및 배포까지 적용하는 팀도 있다. 이 장은 이 두 가지 유스케이스를 모두 다룬다. 이 장을 마치고 나면 여러분이 속한 팀에 어떻게 헬름을 도입해야 할지 깨달을 수 있을 것이다. 쿠버네티스를 위해 헬름을 꼭 능수능란하게 사용해야 하는 것은 아니지만, 쿠버네티스를 사용하는 조직에서 헬름이 널리 사용되는 만큼 익숙해질 필요는 있다. 헬름 프로젝트는 쿠버네티스를 관리하는 CNCF에서 관리한다. 그만큼 헬름의 성숙도와 신뢰성을 담보하는 지표라고 하겠다.

10.1 / 헬름이 제공하는 기능

쿠버네티스 애플리케이션은 서로 긴밀히 연결된 여러 개의 YAML 스크립트로 모델링된다. 그리고 실행 시점에서는 여러 개의 레이블로 관리된다. 쿠버네티스는 여러 개의 리소스를 묶어 '애플리케이션'이라는 개념으로 따로 정립하지 않는다. 헬름이 제공하는 기능이 바로 이런 것이다. 명령행 도구의 형태로 리포지터리 서버와 상호 작용하며, 애플리케이션 패키지를 찾아 내려받고 쿠버네티스 클러스터에 이를 설치하고 관리하는 기능을 한다.

헬름은 쿠버네티스에 애플리케이션 수준의 추상화를 추가해 준다. 헬름을 이용하여 애플리케이션을 설치하면, 쿠버네티스 클러스터에 이 애플리케이션을 구성하는 쿠버네티스 리소스가 생성된다. 헬름에서 사용되는 패키징 포맷은 쿠버네티스 YAML 파일을 확장한 것으로, 헬름 패키지는 말하자면 여러 개의 쿠버네티스 매니페스트를 모아 놓은 것과 같다. 먼저 우리가 앞서 사용했던 간단한 애플리케이션을 설치해 보는 것부터 시작하자. 그러나 그전에 먼저 헬름을 설치해야 한다.

실습 헬름은 크로스플랫폼을 지원하는 도구로, 윈도우와 macOS, 리눅스에서 사용할 수 있다. 헬름 공식 사이트(https://helm.sh/docs/intro/install)에서 최신 버전의 설치 방법을 제공한다. 이번 실습 예제는 여러분의 실습 환경에 홈브루(Homebrew)나 초콜레티(Chocolatey)[1] 등 패키지 관리자가 설치되어 있다고 가정한다. 패키지 관리자가 설치되어 있지 않다면 헬름 공식 사이트에서 전체 설치 방법을 따르기 바란다.

```
# 초콜레티를 사용한 설치(윈도우)[2]
choco install -y kubernetes-helm

# 홈브루를 사용한 설치(macOS)
brew install helm

# 헬름 설치 스크립트를 사용한 설치(리눅스)
curl https://raw.githubusercontent.com/helm/helm/master/scripts/get-helm-3 | bash

# 설치가 잘 되었는지 확인
helm version
```

독자 여러분의 시스템에서 여기 실린 설치 방법을 사용할 수 없을 수도 있다. 이때는 헬름 공식 설치 문서를 참조하기 바란다. 헬름을 정상적으로 설치하지 않으면 이 장의 내용을 제대로 진행할 수 없다. 그림 10-1에서 보듯이 version 명령으로 버전이 잘 출력된다면 정상적으로 설치된 것이다.

---

1 **역주** 설치 방법은 https://chocolatey.org/install을 참고한다.
2 **역주** 경로 액세스 거부 메시지가 뜬다면 관리자 권한으로 cmd 창을 열고 설치한다.

❤ 그림 10-1 헬름을 설치하는 방법은 여러 가지가 있지만, 그중 패키지 관리자를 사용하는 방법이 가장 쉽다

헬름은 깃허브에 공개된 오픈 소스 프로젝트다. 또한 패키지 관리자로도 설치할 수 있다.
여기에서는 윈도우용 패키지 관리자인 초콜레티를 사용했다.

```
PS>choco install -y --limit-output kubernetes-helm
Installing the following packages:
kubernetes-helm
By installing you accept licenses for the packages.
Progress: Downloading kubernetes-helm 3.2.3... 100%
```

```
 The install of kubernetes-helm was successful.
  Software installed to 'C:\ProgramData\chocolatey\lib\kubernetes-helm\tools'

Chocolatey installed 1/1 packages.
 See the log for details (C:\ProgramData\chocolatey\logs\chocolatey.log).
PS>
PS>
PS>helm version
version.BuildInfo{Version:"v3.2.3", GitCommit:"8f832046e258e2cb800894579b1b3b50c
2d83492", GitTreeState:"clean", GoVersion:"go1.13.12"}
```

헬름은 명령행 도구다. 이전 버전에 비해 많은 부분이
개선된 버전 3 이상을 사용한다.

헬름은 클라이언트 사이드 도구다. 이전 버전의 헬름은 쿠버네티스 클러스터에 서버 컴포넌트를 반드시 설치해야 했지만, 헬름 3이 나오면서 서버 컴포넌트가 필요 없게 되었다. 헬름 명령행 도구는 쿠버네티스 클러스터와 통신하는 데 kubectl과 동일한 접속 정보를 사용하므로 별도의 설정은 필요하지 않다. 다만 패키지 리포지터리는 따로 설정해야 한다. 헬름 리포지터리는 도커 허브 같은 컨테이너 이미지 레지스트리와 비슷한데, 서버에서 사용 가능한 모든 패키지의 색인을 제공하며 이 색인을 로컬에 저장했다가 패키지 검색에 사용한다.

실습 이 책의 헬름 리포지터리를 추가하고, 인덱스를 동기화한 후 애플리케이션을 검색하라.

```
# 원격 서버를 가리키는 이름으로 리포지터리를 추가
helm repo add kiamol https://kiamol.net

# 로컬 리포지터리 캐시를 업데이트
helm repo update

# 인덱스 캐시로부터 애플리케이션을 검색
helm search repo vweb --versions
```

kiamol 리포지터리는 공개 서버다. 여러분도 조금 전 실습으로 vweb 패키지의 두 가지 버전을 볼 수 있다. 필자의 환경에서 실행한 결과를 그림 10-2에 실었다.

▼ 그림 10-2 kiamol 헬름 리포지터리의 인덱스 캐시를 동기화한 후 패키지를 검색한다

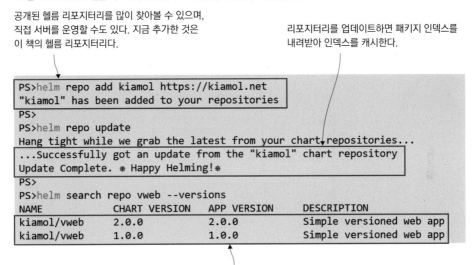

공개된 헬름 리포지터리를 많이 찾아볼 수 있으며,
직접 서버를 운영할 수도 있다. 지금 추가한 것은
이 책의 헬름 리포지터리다.

리포지터리를 업데이트하면 패키지 인덱스를
내려받아 인덱스를 캐시한다.

```
PS>helm repo add kiamol https://kiamol.net
"kiamol" has been added to your repositories
PS>
PS>helm repo update
Hang tight while we grab the latest from your chart repositories...
...Successfully got an update from the "kiamol" chart repository
Update Complete. ⸎ Happy Helming!⸎
PS>
PS>helm search repo vweb --versions
NAME              CHART VERSION    APP VERSION     DESCRIPTION
kiamol/vweb       2.0.0            2.0.0           Simple versioned web app
kiamol/vweb       1.0.0            1.0.0           Simple versioned web app
```

vweb이라는 이름의 패키지가 두 개 있다. 이들 패키지는
이름과 설명이 같지만, 버전이 다르다.

이제 헬름이 무엇인지 감이 올 것이다. 하지만 먼저 개념과 명칭을 조금 더 분명히 설명한 후 내용을 진행하겠다. 헬름에서는 애플리케이션의 패키지를 **차트**(chart)라고 한다. 차트는 로컬 컴퓨터에서 만들어져 로컬 컴퓨터에 설치될 수도 있고 **리포지터리**(repository)로 배포될 수도 있다. 우리가 설치한 차트를 릴리스(release)라고 한다. 릴리스에는 이름을 붙일 수 있어 릴리스 이름을 달리해 가며 하나의 클러스터에 같은 차트를 여러 번 설치할 수 있다.

차트에는 쿠버네티스 YAML 매니페스트가 들어 있다. 그리고 이 매니페스트 정의에는 파라미터 값이 있어 사용자가 동일한 차트를 레플리카 수나 로그 수준 등 설정을 바꾸어 가며 설치할 수 있다. 차트에는 파라미터 값의 기본값도 들어 있어 명령행 도구를 이용하여 확인할 수 있다. 그림 10-3은 헬름 차트의 구조를 나타낸 다이어그램이다.

▼ 그림 10-3 헬름 차트에는 애플리케이션을 구성하는 여러 개의 쿠버네티스 YAML 파일과 함께 메타데이터가 들어 있다

차트는 압축 파일 형태로 패키징되며 차트 이름과 버전이 부여된다.
압축 파일에는 디렉터리가 들어 있는데, 이 디렉터리 이름이
차트 이름이 된다.

차트 파일에는 차트의 이름, 버전, 설명 등
메타데이터가 들어 있다.

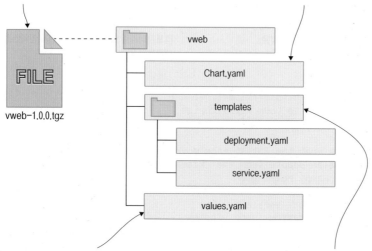

values.yaml 파일에는 쿠버네티스 매니페스트에
쓰인 파라미터 값의 기본값이 들어 있다.

templates 디렉터리에는 쿠버네티스 매니페스트가
들어 있는데, 이 매니페스트는 파라미터 값을
포함한다.

vweb 차트 패키지는 우리가 앞서 9장에서 업데이트와 롤백을 실습하는 데 사용했던 간단한 웹 애플리케이션이다. 차트에는 서비스와 디플로이먼트의 정의가 들어 있는데, 이들 정의에는 파라미터 값과 해당 파라미터 값의 기본값이 들어 있다. 패키지를 설치하기 전에 헬름 명령행 도구를 이용하여 어떤 파라미터 값이 있는지, 그 기본값은 무엇인지 확인할 수 있다. 그리고 패키지를 설치할 때 이 기본값을 다른 값으로 오버라이드할 수도 있다.

실습 vweb 차트 버전 1의 파라미터 값은 어떤 것이 있는지 확인하라. 그리고 기본값이 아닌 다른 값을 적용하여 차트를 설치하라.

```
# 차트에 포함된 파라미터 값의 기본값을 확인
helm show values kiamol/vweb --version 1.0.0

# 파라미터 값의 기본값을 수정하여 차트를 설치
helm install --set servicePort=8010 --set replicaCount=1 ch10-vweb kiamol/vweb
--version 1.0.0

# 설치된 릴리스를 확인
helm ls
```

이 예제를 실행해 보면, 서비스 포트와 디플로이먼트의 레플리카 수에 대한 기본값이 설정된 것을 볼 수 있다. 필자의 환경에서 실행한 결과를 그림 10-4에 실었다. helm install 명령의 set 인자로 파라미터 값에 원하는 값을 지정할 수 있다. 설치가 끝난 후 쿠버네티스 클러스터를 보면 kubectl 명령이나 YAML 매니페스트 파일을 직접 사용한 적이 없는데도 애플리케이션이 설치되어 있다.

▼ 그림 10-4 헬름을 이용하여 애플리케이션을 설치하면 kubectl 명령을 사용하지 않아도 쿠버네티스 리소스가 생성된다

차트에 포함된 파라미터 값의 기본값을 확인한다. 차트 이름 앞에
리포지터리 이름인 kiamol이 붙었다.

이들 값은 차트 속에 있는
values.yaml 파일에 기재된 값이다.

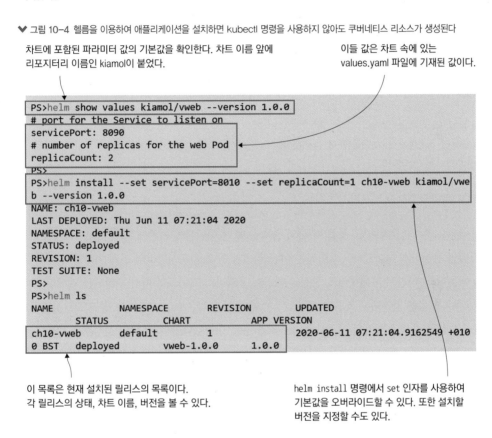

```
PS>helm show values kiamol/vweb --version 1.0.0
# port for the Service to listen on
servicePort: 8090
# number of replicas for the web Pod
replicaCount: 2
PS>
PS>helm install --set servicePort=8010 --set replicaCount=1 ch10-vweb kiamol/vweb --version 1.0.0
NAME: ch10-vweb
LAST DEPLOYED: Thu Jun 11 07:21:04 2020
NAMESPACE: default
STATUS: deployed
REVISION: 1
TEST SUITE: None
PS>
PS>helm ls
NAME              NAMESPACE      REVISION      UPDATED
        STATUS         CHART          APP VERSION
ch10-vweb       default        1             2020-06-11 07:21:04.9162549 +010
0 BST   deployed        vweb-1.0.0      1.0.0
```

이 목록은 현재 설치된 릴리스의 목록이다.
각 릴리스의 상태, 차트 이름, 버전을 볼 수 있다.

helm install 명령에서 set 인자를 사용하여
기본값을 오버라이드할 수 있다. 또한 설치할
버전을 지정할 수도 있다.

헬름은 리포지터리와 차트를 이용하여 애플리케이션을 설치하고 업데이트하고 릴리스를 롤백하는 기능을 제공한다. 하지만 이들 기능은 설치된 애플리케이션을 다루는 기능을 염두에 두고 만든 것이 아니므로 kubectl을 완전히 대체할 수는 없다. 두 가지를 함께 사용해야 한다. 이제 릴리스가 설치되었으니 전과 같은 방식으로 쿠버네티스 리소스를 다룰 수 있다. 설정값을 바꾸어야 한다면 다시 헬름으로 돌아가면 된다.

실습 헬름이 배치한 리소스를 kubectl로 확인하라. 그다음 다시 헬름으로 디플로이먼트를 스케일링한 후 애플리케이션이 정상적으로 동작하는지 확인하라.

```
# 디플로이먼트의 상태를 확인
kubectl get deploy -l app.kubernetes.io/instance=ch10-vweb --show-labels

# 레플리카 수를 변경하여 릴리스를 업데이트
helm upgrade --set servicePort=8010 --set replicaCount=3 ch10-vweb kiamol/vweb
--version 1.0.0

# 레플리카셋의 상태를 확인
kubectl get rs -l app.kubernetes.io/instance=ch10-vweb

# 애플리케이션 URL을 확인
kubectl get svc ch10-vweb -o jsonpath='http://{.status.loadBalancer.
ingress[0].*}:8010'

# 웹 브라우저에서 애플리케이션에 접근
```

실습 내용을 좀 더 살펴보자. 첫 번째 줄의 출력을 보면 레이블이 기존에 보던 app이나 version 보다 훨씬 장황하게 늘어났다. 그 이유는 이 릴리스가 공개 리포지터리의 공개 차트를 설치한 것이기 때문이다. 따라서 쿠버네티스 설정의 베스트 프랙티스 가이드를 따라 권장되는 레이블을 사용한 것이다. 물론 강제되는 것은 아니다. 두 번째 줄의 출력은 helm upgrade 명령으로 서비스의 서비스 포트를 다시 동일하게 지정하고 레플리카 수는 변경했다. 파라미터의 설정값을 별도로 지정하지 않으면 기본값이 적용되기 때문에 helm upgrade 명령에서 서비스 포트를 다시 지정하지 않으면 포트가 기본값으로 바뀌게 된다. 필자의 환경에서 실행한 결과를 그림 10-5에 실었다.

그림 10-5 헬름은 애플리케이션을 관리하는 도구는 아니지만, 설정값을 업데이트할 수 있다

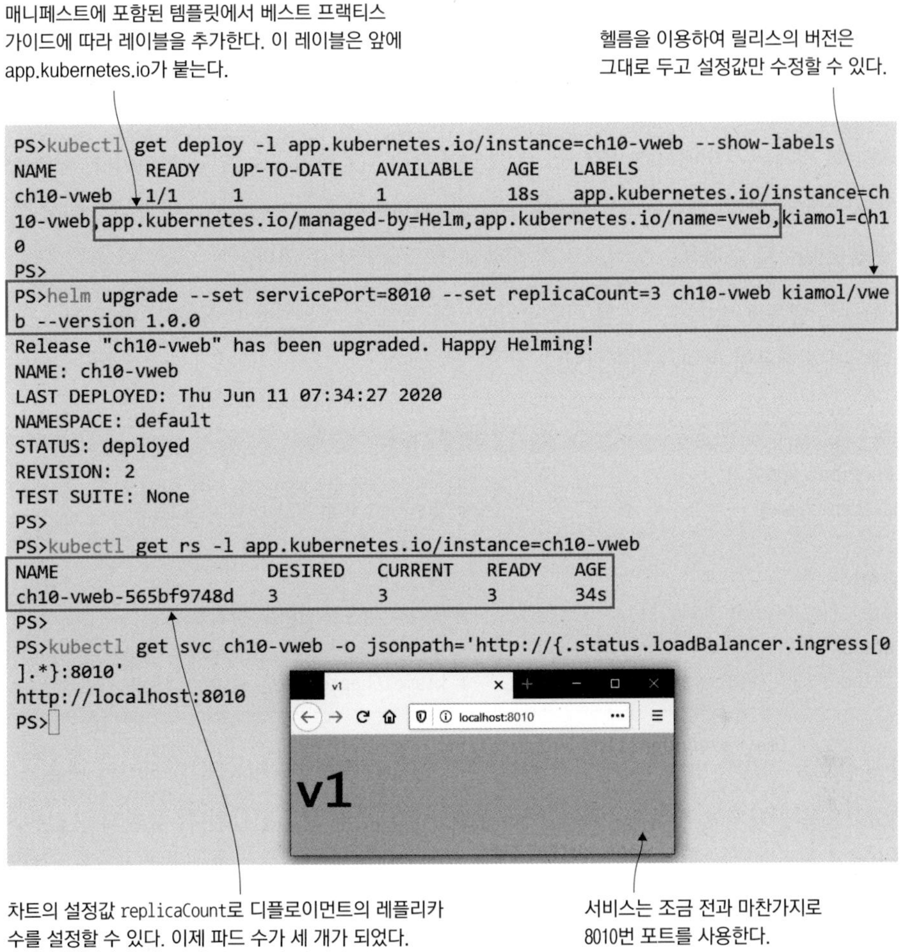

매니페스트에 포함된 템플릿에서 베스트 프랙티스
가이드에 따라 레이블을 추가한다. 이 레이블은 앞에
app.kubernetes.io가 붙는다.

헬름을 이용하여 릴리스의 버전은
그대로 두고 설정값만 수정할 수 있다.

```
PS>kubectl get deploy -l app.kubernetes.io/instance=ch10-vweb --show-labels
NAME         READY   UP-TO-DATE   AVAILABLE   AGE   LABELS
ch10-vweb    1/1     1            1           18s   app.kubernetes.io/instance=ch
10-vweb,app.kubernetes.io/managed-by=Helm,app.kubernetes.io/name=vweb,kiamol=ch1
0
PS>
PS>helm upgrade --set servicePort=8010 --set replicaCount=3 ch10-vweb kiamol/vwe
b --version 1.0.0
Release "ch10-vweb" has been upgraded. Happy Helming!
NAME: ch10-vweb
LAST DEPLOYED: Thu Jun 11 07:34:27 2020
NAMESPACE: default
STATUS: deployed
REVISION: 2
TEST SUITE: None
PS>
PS>kubectl get rs -l app.kubernetes.io/instance=ch10-vweb
NAME                  DESIRED   CURRENT   READY   AGE
ch10-vweb-565bf9748d  3         3         3       34s
PS>
PS>kubectl get svc ch10-vweb -o jsonpath='http://{.status.loadBalancer.ingress[0
].*}:8010'
http://localhost:8010
PS>
```

차트의 설정값 replicaCount로 디플로이먼트의 레플리카
수를 설정할 수 있다. 이제 파드 수가 세 개가 되었다.

서비스는 조금 전과 마찬가지로
8010번 포트를 사용한다.

지금까지 배포된 애플리케이션을 사용하는 입장에서 헬름의 워크플로를 살펴보았다. 리포지터리
에서 애플리케이션을 검색한 후 어떤 설정값이 있는지 확인하고, 헬름 명령행 도구를 사용하여 애
플리케이션을 설치하거나 업그레이드한다. 헬름은 말하자면 쿠버네티스에서 동작하도록 만들어
진 애플리케이션을 위한 패키지 관리자와 같다. 다음 절에서 애플리케이션을 패키징하고 배포하
는 방법, 즉 애플리케이션을 배포하는 입장에서 헬름의 워크플로를 알아보자.

10.2 헬름으로 애플리케이션 패키징하기

헬름 차트의 정체는 쿠버네티스 매니페스트 파일이 담긴 디렉터리 또는 압축 파일이다. 여러분이 개발한 애플리케이션의 매니페스트 파일을 모으고, 파라미터 값을 선정하고, 정의상의 실제 설정값을 템플릿 변수로 수정하는 방식으로 직접 헬름 차트를 만들 수 있다.

예제 10-1은 템플릿 변수가 추가된 디플로이먼트의 정의 중 앞부분을 발췌한 것이다. 리소스 이름과 레이블에 템플릿 변수가 적용되었다.

예제 10-1 web-ping-deployment.yaml, 템플릿 변수가 추가된 쿠버네티스 매니페스트

```
apiVersion: apps/v1
kind: Deployment                            # 일반적인 쿠버네티스 YAML 스크립트다

metadata:
  name: {{ .Release.Name }}                 # 릴리스 이름이 들어갈 템플릿 변수
  labels:
    kiamol: {{ .Values.kiamolChapter }}     # kiamolChapter 값이 들어갈 템플릿 변수
```

두 겹 중괄호는 템플릿 변수다. 설치 시점에 두 겹 중괄호 시작부터({{) 끝(}}) 사이의 내용이 해당 변숫값으로 치환되어 완성된 YAML 스크립트가 쿠버네티스에 전달된다. 치환되는 값은 여러 출처에서 참조해 온다. 예를 들어 예제 10-1의 코드 조각은 Release 객체에서 릴리스 이름을, Values 객체에서 kiamolChapter 파라미터의 설정값을 참조했다. Release 객체는 install 또는 upgrade 명령을 실행할 때 관련 정보를 담아 생성되는 객체고, Values 객체는 차트에 포함된 기본값에 사용자가 지정한 값을 오버라이드한 정보를 담아 생성되는 객체다. 또한 차트나 런타임의 상세 정보와 쿠버네티스 클러스터 정보도 템플릿에서 참조할 수 있다.

헬름 차트의 파일 구조는 매우 상세하게 지정되어 있는데, 이 때문에 새로운 차트의 밑바탕 구조를 생성하는 helm create 명령이 제공된다. 최상위 디렉터리 이름이 차트 이름이 되며, 이 디렉터리에는 최소한 다음 세 가지 요소가 있어야 한다.

- **chart.yaml**: 차트의 이름이나 버전 등 메타데이터를 기록한 파일

- **values.yaml**: 파라미터 값의 기본값을 기록한 파일

- **templates 디렉터리**: 템플릿 변수가 포함된 쿠버네티스 매니페스트 파일을 담은 디렉터리

예제 10-1은 이 장 예제 코드의 web-ping/templates 디렉터리에 위치한 web-ping-deployment.yaml 파일의 내용을 발췌한 것이다. web-ping 디렉터리에는 유효한 차트를 구성할 수 있는 모든 파일이 들어 있다. 헬름은 이들 파일로 유효한 차트를 구성할 수 있는지 검증한 후 릴리스를 설치한다.

> **실습** 차트를 만들 때는 압축 파일로 압축하지 않아도 된다. 차트 디렉터리에서 그대로 작업할 수 있다.

```
# 이 장 예제 코드 디렉터리로 이동
cd ch10

# 차트에 들어갈 파일의 유효성을 검증
helm lint web-ping

# 차트 디렉터리에서 릴리스를 설치
helm install wp1 web-ping/

# 설치된 릴리스의 상태를 확인
helm ls
```

lint 명령은 로컬에서 작업 중인 차트에서만 사용할 수 있지만, install 명령은 로컬에서 작업 중인 차트와 리포지터리에서 내려받은 차트 모두에서 사용할 수 있다. 로컬에 위치한 차트는 디렉터리여도 되고 압축 파일이어도 된다. 그리고 뒤에 나올 실습 예제에서 배우겠지만 로컬에 위치한 차트 역시 리포지터리에서 내려받은 차트와 동일하게 설치 가능하다. 필자의 환경에서 실행한 그림 10-6 결과를 보면 두 개의 릴리스가 설치되어 있다. 하나는 vweb 차트고, 다른 하나는 web-ping 차트의 릴리스다.

❤ 그림 10-6 로컬 디렉터리 형태의 차트를 설치 및 업그레이드하며 차트 개발 단계를 빠르게 반복할 수 있다

lint 명령은 차트가 유효한지 검증하는
기능을 제공한다. 차트 설치에 실패할 수 있는
원인을 짚어 오류로 출력해 준다.

로컬 디렉터리로 된 차트도 설치할 수 있다.
리포지터리에 차트를 패키징하기 전 단계에서
차트를 개발할 때 사용하는 방법이다.

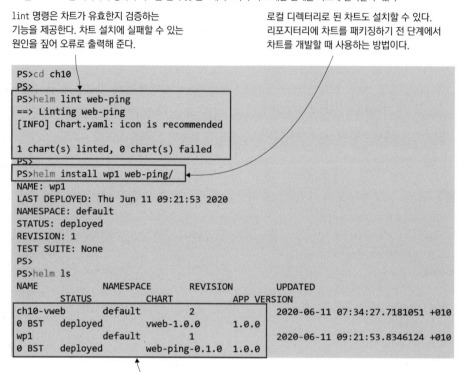

디렉터리 안에 들어 있는 차트의 메타데이터에는 버전 정보가 들어 있다. 로컬 디렉터리에 위치한 차트나,
원격 리포지터리에서 내려받은 차트나 버전 정보는 동일한 방식으로 매겨진다.

web-ping 애플리케이션은 지정된 도메인 네임에 대해 일정 간격으로 HTTP 요청을 보내서 해당
웹 사이트가 동작 중인지 확인하는 간단한 도구다. 지금 필자의 블로그에 30초마다 한 번씩 요청
을 보내는 파드가 실행 중이다. 필자의 블로그는 쿠버네티스에서 동작 중이므로 이 파드가 제 일
을 해내지 못할 이유는 없다. web-ping 애플리케이션은 환경 변수를 사용하여 요청 대상 URL과
요청 간격을 설정한다. 그리고 이들 설정은 헬름에서 사용할 수 있도록 매니페스트에 템플릿 변수
로 정의되어 있다. 예제 10-2는 템플릿 변수를 포함한 파드 정의다.

예제 10-2 web-ping-deployment.yaml, 템플릿 변수가 사용된 컨테이너 환경

```
spec:
  containers:
    - name: app
      image: kiamol/ch10-web-ping
      env:
        - name: TARGET
          value: {{ .Values.targetUrl }}
```

```
        - name: INTERVAL
          value: {{ .Values.pingIntervalMilliseconds | quote }}
```

헬름에는 YAML에 포함시킬 수 있는 다양한 값을 참조하는 템플릿 함수가 있다. 예제 10-2에 사용된 quote 함수는 삽입된 값에 앞뒤로 따옴표가 없을 때 따옴표를 붙여 주는 역할을 한다. 또한 템플릿에서 반복 또는 분기 로직으로 문자열이나 숫자를 계산할 수도 있고, 쿠버네티스 API를 통해 다른 쿠버네티스 객체의 정보를 참조할 수도 있다. 이렇게까지 자세한 내용은 다루지 않겠지만, 원하는 만큼 복잡한 템플릿을 만드는 데 문제없다고 생각하면 된다.

중요한 것은 정의에서 어떤 부분에 템플릿을 적용하느냐다. 일반적인 매니페스트 파일에 비해 헬름에서 얻을 수 있는 가장 큰 이점은 하나의 차트로 동일한 애플리케이션을 여러 벌 실행할 수 있다는 점인데, kubectl로는 리소스 이름이 동일하기 때문에 이것이 불가능하다. 같은 YAML 파일로 여러 번 애플리케이션을 배치하면 기존 리소스를 업데이트할 뿐 여러 벌의 애플리케이션은 실행되지 않는다. 정의에서 유일값을 갖는 부분을 모두 템플릿 변수로 만들면 헬름을 이용하여 동일한 애플리케이션을 원하는 수만큼 실행시킬 수 있다.

실습 web-ping 애플리케이션을, 동일한 차트를 사용하되 요청 대상 URL을 달리해서 한 릴리스 더 배치하라.

```
# 차트에서 설정 가능한 값을 확인
helm show values web-ping/

# wp2라는 이름으로 요청 대상 URL을 달리한 릴리스를 추가 배치
helm install --set targetUrl=kiamol.net wp2 web-ping/

# 요청을 보낼 때까지 1분 정도 기다렸다가 로그를 확인
kubectl logs -l app=web-ping --tail 1
```

이번 실습 예제의 결과에서 필자의 블로그에 최적화할 여지가 아직 남아 있는 것을 발견했다. kiamol 웹 사이트의 응답 시간이 100ms인데 비해, 블로그의 응답 시간이 500ms나 되기 때문이다. 결과적으로 동일한 애플리케이션 두 벌이 함께 동작하게 되었다. 두 디플로이먼트가 서로 다른 정의를 가진 두 그룹의 파드를 관리하는 구도다. 필자의 환경에서 실행한 결과를 그림 10-7에 실었다.

❤ 그림 10-7 일반적인 쿠버네티스 매니페스트 파일만으로는 동일한 애플리케이션을 여러 벌 설치할 수 없지만, 헬름을 이용하면 이 것이 가능하다

이 값은 차트에서 제공되어 디플로이먼트 템플릿의 환경 변수 값으로 사용된다. 이를 받아 애플리케이션의 설정값이 된다.

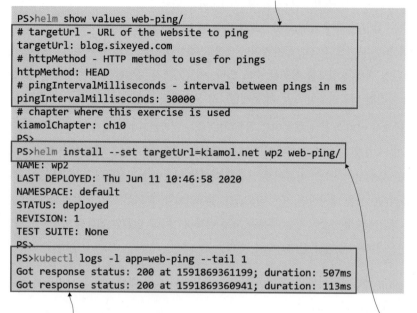

```
PS>helm show values web-ping/
# targetUrl - URL of the website to ping
targetUrl: blog.sixeyed.com
# httpMethod - HTTP method to use for pings
httpMethod: HEAD
# pingIntervalMilliseconds - interval between pings in ms
pingIntervalMilliseconds: 30000
# chapter where this exercise is used
kiamolChapter: ch10
PS>
PS>helm install --set targetUrl=kiamol.net wp2 web-ping/
NAME: wp2
LAST DEPLOYED: Thu Jun 11 10:46:58 2020
NAMESPACE: default
STATUS: deployed
REVISION: 1
TEST SUITE: None
PS>
PS>kubectl logs -l app=web-ping --tail 1
Got response status: 200 at 1591869361199; duration: 507ms
Got response status: 200 at 1591869360941; duration: 113ms
```

애플리케이션의 두 인스턴스가 서로 다른 웹 사이트로 요청을 보내며 응답 시간 로그를 남기고 있다. 두 디플로이먼트의 파드 모두 app 레이블이 동일하다.

동일한 차트도 다른 이름으로 배치하면 완전히 별개의 릴리스가 된다.

이제 헬름으로 애플리케이션을 설치하고 관리하는 과정이 kubectl을 사용할 때와 어떻게 다른지 이해했을 것이다. 또한 이 두 가지 방법은 서로 호환되지 않는다. 이를테면 차트에 포함된 템플릿 을 대상으로 kubectl apply 명령은 사용할 수 없다. 템플릿 변수 때문에 유효한 YAML 파일이 되 지 못하기 때문이다. 헬름을 이용하기로 했다면 모든 환경에 헬름을 도입하든가 아니면 개발 중에 는 일반적인 쿠버네티스 매니페스트를 사용하되 개발 환경 외의 환경에는 헬름을 이용하든가 선 택해야 한다. 양쪽을 모두 사용하기로 했다면 YAML 스크립트를 두 번 이상 작성해야 한다.

헬름의 기능 중 설치도 중요하지만 더 중요한 것은 배포와 검색 기능이다. 헬름 도입으로 인한 추 가 작업은 복잡한 애플리케이션을 쉽게 공유하고 몇 가지 설정만으로 사용할 수 있게 해 주는 편 의성의 대가다. 또한 리포지터리의 실체는 웹 서버에 저장된 차트와 버전의 목록이 담긴 인덱 스 파일이다. (kiamol 리포지터리는 깃허브 페이지에 호스팅되어 있다. https://kiamol.net/ index.yaml에서 전체 인덱스 내용을 볼 수 있다.)

웹 서버 기능이 있다면 무엇으로든 리포지터리를 호스팅할 수 있다. 여기에서는 오픈 소스로 널리 쓰이는 차트뮤지엄(ChartMuseum)이라는 리포지터리 전용 서버를 사용하겠다. 차트뮤지엄 자체도 헬름 차트 형태로 설치할 수 있으므로 소속 조직 내에서 비공개 헬름 리포지터리를 마련할 때 편리하다.

실습 차트뮤지엄의 차트는 흔히 '안정 리포지터리'라고 하는 공식 헬름 리포지터리에서 제공한다. 이를 내려받아 설치하면 로컬 환경에 전용 리포지터리를 운영할 수 있다.

```
# 공식 헬름 리포지터리를 추가
helm repo add stable https://charts.helm.sh/stable

# 차트뮤지엄 설치 - repo 옵션을 사용하면 리포지터리의 상세 정보를
# 받아 오므로 로컬 캐시를 업데이트하지 않아도 된다
helm install --set service.type=LoadBalancer --set service.externalPort=8008 --set
env.open.DISABLE_API=false repo stable/chartmuseum --version 2.13.0 --wait

# 로컬에 설치된 차트뮤지엄의 URL
kubectl get svc repo-chartmuseum -o jsonpath='http://{.status.loadBalancer.
ingress[0].*}:8008'

# 설치된 차트뮤지엄을 local이라는 이름으로 리포지터리에 등록
helm repo add local $(kubectl get svc repo-chartmuseum -o jsonpath='http://{.status.
loadBalancer.ingress[0].*}:8008')
```

이제 헬름에 kiamol, 공식 헬름 리포지터리(도커 허브와 비슷하게 큐레이션을 거친 리포지터리), 조금 전 설치한 차트뮤지엄까지 세 개의 리포지터리가 등록되었다. 필자의 환경에서 실행한 결과를 그림 10-8에 실었다. 이 중 helm install 명령의 출력은 일부 생략된 것이다.

❤ 그림 10-8 헬름 리포지터리에서 차트를 설치하기만 해도 전용 헬름 리포지터리를 가질 수 있다

차트뮤지엄의 차트가 제공되는
공식 헬름 리포지터리를 추가한다.

8008번 포트를 주시하는 로드밸런서 서비스와 애플리케이션
API를 사용하도록 설정한 차트뮤지엄을 설치한다.

```
PS>helm repo add stable https://charts.helm.sh/stable
"stable" has been added to your repositories
PS>
PS>helm install --set service.type=LoadBalancer --set service.externalPort=8008
--set env.open.DISABLE_API=false repo stable/chartmuseum --version 2.13.0
NAME: repo
LAST DEPLOYED: Thu Jun 11 12:04:31 2020
NAMESPACE: default
STATUS: deployed
REVISION: 1
TEST SUITE: None
NOTES:
** Please be patient while the chart is being deployed **

PS>kubectl get svc repo-chartmuseum -o jsonpath='http://{.status.loadBalancer.in
gress[0].*}:8008'
http://localhost:8008
PS>
PS>helm repo add local $(kubectl get svc repo-chartmuseum -o jsonpath='http://{.
status.loadBalancer.ingress[0].*}:8008')
"local" has been added to your repositories
```

위에서 확인한 URL을 사용하여 차트뮤지엄
리포지터리를 헬름에 등록한다.

설치가 끝난 후 서비스를 가리키는
URL을 확인한다.

차트를 리포지터리에서 배포하려면 먼저 패키징을 거쳐야 한다. 차트의 배포는 대개 세 단계를 거친다. 첫 단계로 차트를 zip 압축 파일로 압축한 후 서버에 압축 파일을 업로드하고 리포지터리 인덱스에 새로운 차트 정보를 추가하면 끝난다. 이 중 세 번째 단계는 차트뮤지엄이 대신해 주므로 우리는 차트를 압축한 압축 파일을 서버에 업로드하기만 하면 된다.

실습 헬름을 이용하여 차트를 압축 파일로 만들고 curl을 사용하여 로컬 차트뮤지엄 리포지터리에 압축 파일을 업로드하라. 그다음 리포지터리를 확인해서 인덱스에 새로 만든 차트가 추가되었는지 확인하라.

```
# 로컬에 위치한 차트를 패키징
helm package web-ping

# (윈도우 10 환경 한정) 진짜 curl을 사용하도록 파워셸의 앨리어스를 제거한다
Remove-Item Alias:curl -ErrorAction Ignore

# 패키징된 차트의 압축 파일을 차트뮤지엄에 업로드
curl --data-binary "@web-ping-0.1.0.tgz" $(kubectl get svc repo-chartmuseum -o
```

```
jsonpath='http://{.status.loadBalancer.ingress[0].*}:8008/api/charts')
```

```
# 차트뮤지엄의 인덱스에서 새로운 차트를 확인
curl $(kubectl get svc repo-chartmuseum -o jsonpath='http://{.status.loadBalancer.
ingress[0].*}:8008/index.yaml')
```

헬름은 차트 배포의 편의를 위해 압축 파일을 사용한다. 이 압축 파일은 쿠버네티스 매니페스트와 차트 메타데이터 및 설정 기본값만 들어 있기 때문에 파일 용량도 그리 크지 않다. 차트 속 파드 정의에 컨테이너 이미지가 지정되어 있지만 이미지 자체는 차트에 포함되어 있지 않다. 이미지는 릴리스가 설치될 때 도커 허브 또는 그 외 레지스트리에서 내려받는다. 그림 10-9를 보면 업로드된 새로운 차트 정보가 리포지터리 색인에 추가된 것을 알 수 있다.

▼ 그림 10-9 차트뮤지엄을 비공개 리포지터리로 사용하면 팀 내에서 차트를 쉽게 공유할 수 있다

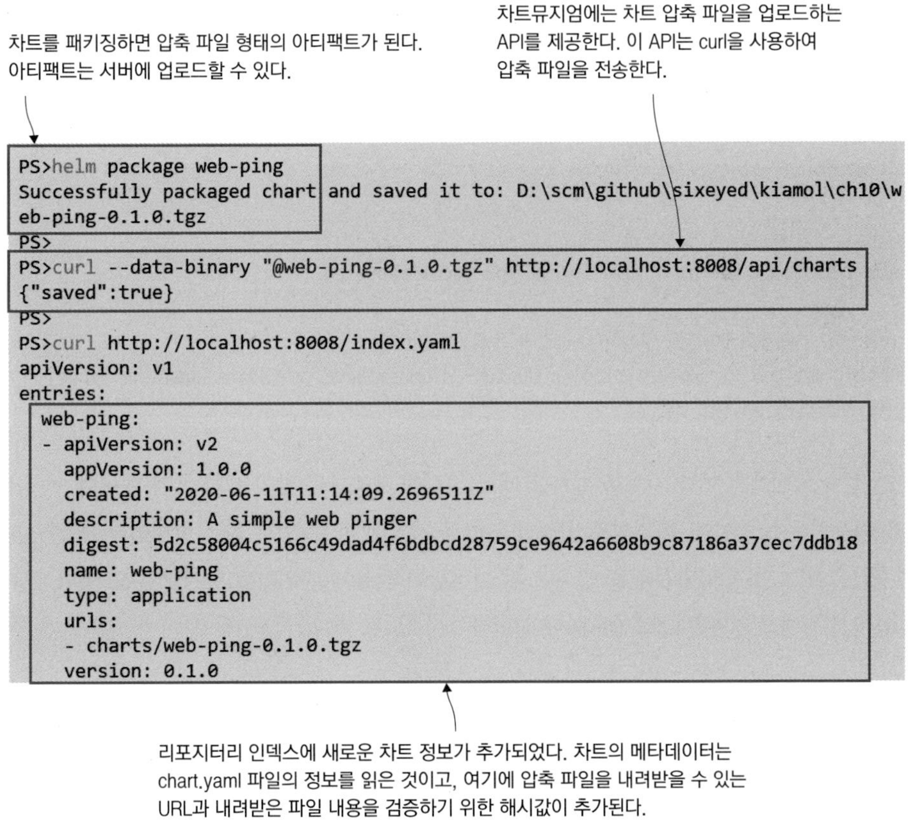

차트를 패키징하면 압축 파일 형태의 아티팩트가 된다.
아티팩트는 서버에 업로드할 수 있다.

차트뮤지엄에는 차트 압축 파일을 업로드하는
API를 제공한다. 이 API는 curl을 사용하여
압축 파일을 전송한다.

```
PS>helm package web-ping
Successfully packaged chart and saved it to: D:\scm\github\sixeyed\kiamol\ch10\w
eb-ping-0.1.0.tgz
PS>
PS>curl --data-binary "@web-ping-0.1.0.tgz" http://localhost:8008/api/charts
{"saved":true}
PS>
PS>curl http://localhost:8008/index.yaml
apiVersion: v1
entries:
  web-ping:
  - apiVersion: v2
    appVersion: 1.0.0
    created: "2020-06-11T11:14:09.2696511Z"
    description: A simple web pinger
    digest: 5d2c58004c5166c49dad4f6bdbcd28759ce9642a6608b9c87186a37cec7ddb18
    name: web-ping
    type: application
    urls:
    - charts/web-ping-0.1.0.tgz
    version: 0.1.0
```

리포지터리 인덱스에 새로운 차트 정보가 추가되었다. 차트의 메타데이터는
chart.yaml 파일의 정보를 읽은 것이고, 여기에 압축 파일을 내려받을 수 있는
URL과 내려받은 파일 내용을 검증하기 위한 해시값이 추가된다.

헬름을 이용한 애플리케이션 패키징 및 관리

차트뮤지엄 또는 그 외 리포지터리 서버를 사용하여 조직 내 애플리케이션을 공유하거나, 공개 리포지터리에 내보낼 릴리스 후보를 정하는 지속적 통합 절차의 일부로 차트를 푸시할 수 있다. 지금 가진 로컬 리포지터리는 실습 환경에서 실행 중이지만, 로드밸런서 서비스를 사용하여 외부로 공개되어 있으므로 네트워크 접근이 가능한 사람은 누구나 조금 전 공개한 web-ping 애플리케이션을 설치할 수 있다.

실습 또 다른 버전의 web-ping 애플리케이션을 설치하라. 이번에는 로컬 리포지터리에서 제공되는 차트를 사용하고, install 명령에서 설정값을 일일이 지정하는 대신 설정값 파일을 사용해야 한다.

```
# 리포지터리 캐시를 업데이트
helm repo update

# 헬름에서 조금 전 업로드한 차트를 찾을 수 있는지 확인
helm search repo web-ping

# 설정값 파일의 내용을 확인
cat web-ping-values.yaml

# 설정값 파일을 사용하여 차트를 설치
helm install -f web-ping-values.yaml wp3 local/web-ping

# web-ping 애플리케이션을 구성하는 파드의 목록을 확인
kubectl get pod -l app=web-ping -o custom-columns='NAME:.metadata.name,ENV:.spec.
containers[0].env[*].value'
```

조금 전 실습 예제에서 헬름 차트를 설치할 때 설정값을 제공하는 방법을 하나 더 배웠다. 설정값 파일을 사용하는 방법이다. 환경별로 설정값을 따로 저장해 둘 수 있는 좋은 방법이다. 또한 실수로 설정값을 미처 지정하지 못했을 때 무조건 기본값이 적용되는 위험을 방지할 수도 있다. 필자의 환경에서 실행한 결과를 그림 10-10에 실었다.

❤ 그림 10-10 로컬 리포지터리에서 제공하는 차트 역시 원격 리포지터리에서 제공되는 차트와 동일하게 설치할 수 있다

로컬 리포지터리의 인덱스 캐시를 업데이트해야
새로 업로드한 차트를 검색할 수 있다.

로컬 리포지터리에서 새로 업로드한 차트가 검색되었다.

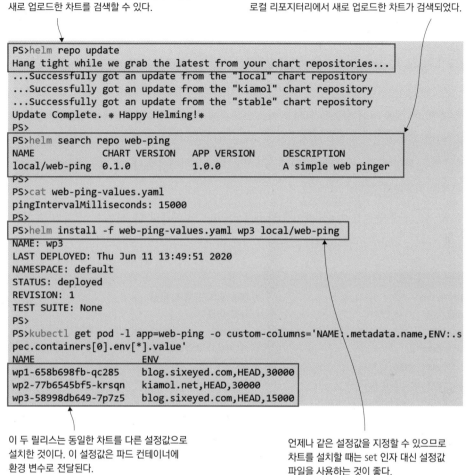

```
PS>helm repo update
Hang tight while we grab the latest from your chart repositories...
...Successfully got an update from the "local" chart repository
...Successfully got an update from the "kiamol" chart repository
...Successfully got an update from the "stable" chart repository
Update Complete. * Happy Helming!*
PS>
PS>helm search repo web-ping
NAME             CHART VERSION    APP VERSION      DESCRIPTION
local/web-ping   0.1.0            1.0.0            A simple web pinger
PS>
PS>cat web-ping-values.yaml
pingIntervalMilliseconds: 15000
PS>
PS>helm install -f web-ping-values.yaml wp3 local/web-ping
NAME: wp3
LAST DEPLOYED: Thu Jun 11 13:49:51 2020
NAMESPACE: default
STATUS: deployed
REVISION: 1
TEST SUITE: None
PS>
PS>kubectl get pod -l app=web-ping -o custom-columns='NAME:.metadata.name,ENV:.s
pec.containers[0].env[*].value'
NAME                     ENV
wp1-658b698fb-qc285      blog.sixeyed.com,HEAD,30000
wp2-77b6545bf5-krsqn     kiamol.net,HEAD,30000
wp3-58998db649-7p7z5     blog.sixeyed.com,HEAD,15000
```

이 두 릴리스는 동일한 차트를 다른 설정값으로
설치한 것이다. 이 설정값은 파드 컨테이너에
환경 변수로 전달된다.

언제나 같은 설정값을 지정할 수 있으므로
차트를 설치할 때는 set 인자 대신 설정값
파일을 사용하는 것이 좋다.

또 이번 실습 예제에서는 버전을 지정하지 않고 차트를 설치했다. 버전을 지정하지 않으면 우리 의도와 상관없이 가장 최신 버전이 설치되므로 그리 좋은 습관은 아니다. 차트를 설치할 때는 항상 정확한 버전을 명시적으로 지정하는 것이 좋다. 헬름에서는 의미 있는 버전 명명법을 사용해야 한다. 그래야 사용자가 자신이 설치하려는 패키지가 기존 버전과 비교해서 어느 정도의 변경이 있는지 알 수 있기 때문이다.

여기에서 소개한 것 말고도 차트로 할 수 있는 일이 많다. 설치 완료 훅(hook)에 연결되는 쿠버네티스 잡의 형태로 설치 후 테스트할 수도 있고, 배포본에 인증을 위한 서명을 추가할 수도 있다. 다음 절에서는 이런 오쏘링 템플릿에서 사용할 수 있는 기능을 한 가지 더 소개하겠다. 차트를 빌드하려면 다른 의존 차트가 필요하므로 매우 중요한 기능이다.

10.3 / 차트 간 의존 관계 모델링하기

헬름을 이용하면 애플리케이션이 다양한 환경에서 동작하도록 설계할 수 있다. 그리고 이 과정에서 의존 차트라는 개념이 생겨난다. 그러나 의존 차트는 환경에 따라 필요할 수도 있고 그렇지 않을 수도 있다. 예를 들어 성능을 위해 리버스 프록시에 캐시가 필요한 웹 애플리케이션이 있다고 하자. 이미 공유 프록시가 있는 환경이라면 애플리케이션 단독으로 배치할 수 있겠지만, 공유 프록시가 없는 환경에서는 애플리케이션과 프록시를 함께 배치해야 한다. 이 경우 헬름의 조건부 의존 관계를 적용할 수 있다.

예제 10-3은 원주율 계산 애플리케이션의 차트 정의다. 이 애플리케이션은 두 개의 의존 차트가 있는데, 하나는 kiamol 리포지터리가 출처고 다른 하나는 로컬에 있는 차트다.

예제 10-3 chart,yaml, 조건부 의존 관계가 적용된 차트의 정의

```
apiVersion: v2                              # 헬름 정의 규격의 버전
name: pi                                     # 차트 이름
version: 0.1.0                               # 차트 버전
dependencies:                                # 이 차트가 의존하는 다른 차트
  - name: vweb
    version: 2.0.0
    repository: https://kiamol.net           # 차트 출처가 리포지터리
    condition: vweb.enabled                   # 필요할 때만 설치
  - name: proxy
    version: 0.1.0
    repository: file://../proxy               # 로컬 디렉터리에 있는 차트
    condition: proxy.enabled                  # 필요할 때만 설치
```

차트 간 의존 관계는 유연해야 한다. 상위 차트(여기에서는 원주율 애플리케이션)가 하위 차트(프록시와 vweb)를 필요로 하는 관계이며, 하위 차트는 독립된 차트여야 한다. 하위 차트의 정의는 최대한 일반적으로 활용할 수 있도록 템플릿 변수를 사용해야 한다. 또한 특정한 애플리케이션에만 쓸모가 있는 요소라면 해당 요소는 하위 차트가 아니라 애플리케이션 차트에 직접 포함되는 것이 옳다.

필자가 작성한 프록시 차트는 HTTP 서버의 캐시 기능을 가진 리버스 프록시로, 특정 애플리케이션에만 쓸모 있는 것이 아니다. 이 차트는 프록싱 대상 서버의 이름을 템플릿 변수로 정의했기 때

문에 원주율 애플리케이션이 아니더라도 쿠버네티스 서비스를 대상으로 동작할 수 있다. 클러스터에 이미 배치된 애플리케이션을 대상으로 하는 프록시를 설치하여 이를 확인해 보겠다.

실습 프록시 차트를 앞서 설치한 vweb 애플리케이션의 리버스 프록시로 동작하도록 단독으로 설치하라.

```
# 로컬에 위치한 차트를 설치
helm install --set upstreamToProxy=ch10-vweb:8010 vweb-proxy proxy/

# 새로 설치된 프록시 서비스의 URL을 확인
kubectl get svc vweb-proxy-proxy -o jsonpath='http://{.status.loadBalancer.
ingress[0].*}:8080'

# 프록시 URL에 접근
```

조금 전 설치한 프록시는 원주율 애플리케이션과 완전히 무관하다. 앞서 kiamol 리포지터리에서 내려받아 설치한 웹 애플리케이션을 프록싱할 뿐이다. 그림 10-11을 보면 캐시 프록시로 동작하는 것을 확인할 수 있다.

❤ 그림 10-11 하위 차트 proxy는 어떤 애플리케이션이든 프록싱할 수 있기 때문에 그 자체로 유용하도록 만들어졌다

proxy 차트는 원주율 애플리케이션의 하위 차트로 쓰였지만, 단독으로도 사용이 가능하다.
여기에서 지정된 값은 컨피그맵에 전달되어 프록시 대상을 vweb 애플리케이션으로 설정한다.

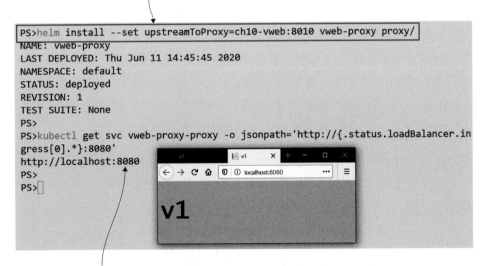

프록시에서 8080번 포트를 주시하는 로드밸런서 서비스가 사용된다. 이 URL에 접근해 보면
vweb 애플리케이션의 모습을 볼 수 있다. 이 페이지는 프록시가 캐시해 둔 것이다.

proxy 차트를 의존 차트로 사용하려면 상위 차트의 정의에서 해당 차트를 의존 차트 목록에 추가하여 하위 차트로 삼아야 한다. 그다음 하위 차트의 설정값을 상위 차트의 정의에서 지정한다. 이때 하위 차트의 설정값을 참조할 때는 설정값 이름 앞에 차트 이름을 붙인다. 예를 들어 proxy 차트의 설정값 upstreamToProxy는 proxy.upstreamToProxy가 된다. 예제 10-4는 원주율 애플리케이션 및 하위 차트 proxy의 설정 기본값이다.

예제 10-4 values.yaml, 원주율 애플리케이션의 차트 Pi 설정 기본값

```
replicaCount: 2                              # 애플리케이션 파드 수
serviceType: LoadBalancer                    # 서비스의 유형

proxy:                                       # 리버스 프록시의 설정값
  enabled: false                             # 프록시 배치 여부
  upstreamToProxy: "{{ .Release.Name }}-web" # 프록싱 대상
  servicePort: 8030                          # 프록시 서비스의 포트
  replicaCount: 2                            # 프록시 파드 수
```

이 설정이 적용되면 프록시 없이 로드밸런서 서비스와 함께 애플리케이션 자체만 배치된다. 설정값 proxy.enabled가 pi 차트의 하위 차트 proxy의 조건으로 지정되어 있으므로 설치할 때의 설정값에서 이를 오버라이드하지 않는 한 하위 차트 정의 자체가 무시된다. 설정값 파일의 나머지 부분에 있는 vweb.enabled까지 false로 하면 두 하위 차트 모두가 실질적으로 쓰이지 않으므로 리포지터리에 있는 차트를 하위 차트로 쓸 수 있다는 예제 이상의 의미는 없다.

살펴볼 곳이 한 가지 더 있다. 원주율 애플리케이션의 서비스 이름이 템플릿 변수로 정의되어 있는데, 이 템플릿 변수에 릴리스 이름이 쓰였다. 이 템플릿 변수는 같은 차트를 여러 벌 설치하는데 꼭 필요한 설정이지만, proxy 하위 차트의 기본값을 지정하기가 까다로워진다. 프록시 대상 서버 이름이 원주율 애플리케이션의 서비스 이름과 일치해야 하므로 설정값 파일에서도 서비스 이름을 템플릿 변수로 지정해야 같은 릴리스의 프록시와 서비스가 연결될 수 있다.

차트를 설치하거나 패키징하려면 자신이 의존하는 하위 차트를 사용할 수 있어야 한다. 하위 차트는 로컬 디렉터리를 압축하거나 리포지터리에서 내려받은 압축 파일을 차트 디렉터리에 넣으면 된다.

실습 pi 차트의 의존 차트를 빌드하라. 원격 리포지터리의 차트를 내려받거나 로컬 차트가 압축되어 원 차트 디렉터리 아래에 복사된다.

```
# 하위 차트를 빌드
helm dependency build pi
```

```
# 하위 차트를 모두 내려받았는지 확인
ls ./pi/charts
```

그림 10-12를 보면 헬름 차트에 버전 명명이 얼마나 중요한지 알 수 있다. 차트 패키지는 차트 메타데이터에 들어 있는 버전 넘버를 사용하여 버전이 매겨진다. 또한 상위 차트는 지정된 버전의 하위 차트와 함께 패키징된다. 필자가 proxy 차트를 버전 넘버 수정 없이 업데이트했다면 pi 차트가 최신 상태를 벗어나게 된다. pi 패키지에 포함된 proxy 차트와 최신 버전의 proxy 차트는 모두 버전이 0.1.0이지만, 실제 내용이 다르기 때문이다. 헬름 차트는 변경이 불가하다 생각하고 어떤 변경이라도 버전 넘버를 바꾸어야 한다.

8장에서 보았던 to-do 애플리케이션 같은 훨씬 복잡한 애플리케이션도 이 같은 조건부 의존 관계의 원칙을 이용하여 관리하면 된다. PostgreSQL 데이터베이스를 하위 차트로 분리하고, 외부 데이터베이스를 사용할 수 있는 환경에서는 하위 차트를 사용하지 않는 것이다. 아니면 여러 개의 조건부 의존 관계를 정의하여 개발 환경에서는 PostgreSQL 단순 설치, 테스트 환경에서는 고가용성을 확보한 스테이트풀셋, 운영 환경에서는 매니지드 데이터베이스 서비스로 나누어 사용할 수도 있다.

원주율 애플리케이션은 이 정도로 복잡하지는 않으므로 '단독 배치' 또는 '프록시와 함께 배치' 정도의 선택지면 충분하다. 이 차트에는 pi 서비스의 유형도 템플릿 변수로 정의되어 있는데, 이 역시 프록시를 배치할 때는 클러스터IP, 단독 배치할 때는 로드밸런서가 되도록 템플릿 변수 안에서 계산할 수 있다.

❤ 그림 10-12 헬름 차트는 하위 차트의 패키지를 포함해서 패키징된다

의존 차트 패키지를 로컬 차트 디렉터리에 추가해야 한다. 상위 차트에 정의된 의존 차트는
로컬 차트는 패키징하고, 원격 서버의 차트는 내려받아 압축 파일 형태로 추가한다.

```
PS>helm dependency build pi
Hang tight while we grab the latest from your chart repositories...
...Successfully got an update from the "local" chart repository
...Successfully got an update from the "kiamol" chart repository
...Successfully got an update from the "stable" chart repository
Update Complete. *Happy Helming!*
Saving 2 charts
Downloading vweb from repo https://kiamol.net
Deleting outdated charts
PS>
PS>ls pi/charts


    Directory: D:\scm\github\sixeyed\kiamol\ch10\pi\charts

Mode                 LastWriteTime         Length Name
----                 -------------         ------ ----
-a----        11/06/2020     15:31           1485 proxy-0.1.0.tgz
-a----        11/06/2020     15:31            919 vweb-2.0.0.tgz
```

로컬 차트 디렉터리 아래의 charts 디렉터리에 의존 차트 압축 파일이 위치한다.
상위 차트를 패키징할 때 이들 파일의 압축을 풀어 함께 패키징한다.

실습 원주율 애플리케이션을 프록시 하위 차트와 함께 배치하라. 헬름의 dry-run 기능을 사용
하여 설정 기본값의 오류를 확인하고 실제로 설치할 때는 설정값을 수정하라.

```
# 설정 기본값을 적용해서 오류 여부를 검증
helm install pi1 ./pi --dry-run

# 수정된 설정값으로 프록시와 함께 설치
helm install --set serviceType=ClusterIP --set proxy.enabled=true pi2 ./pi

# 프록시가 추가된 애플리케이션의 URL을 확인
kubectl get svc pi2-proxy -o jsonpath='http://{.status.loadBalancer.
ingress[0].*}:8030'

# 애플리케이션에 접근
```

이번 실습 예제에서 dry-run 기능이 얼마나 유용한지 느껴 볼 수 있다. 이 기능은 템플릿 변수를
모두 치환하여 YAML 파일을 완성하지만 실제로 애플리케이션은 배치하지 않는다. 실제 설치 명
령에서는 주 차트와 통합된 추가 차트가 배포되며 전체 애플리케이션이 하나의 단위처럼 동작한
다. 필자의 환경에서 원주율을 계산한 결과를 그림 10-13에 실었다.

▼ 그림 10-13 설정의 기본값을 오버라이드해서 주 차트와 더불어 하위 차트를 함께 설치했다

기본 설정은 원주율 애플리케이션과 서비스만 배치하도록
되어 있다. proxy 하위 차트는 사용되지 않는다(여기에서는
출력된 YAML 스크립트를 일부 생략한다).

proxy 하위 차트를 사용하고 pi 서비스를
내부용으로 돌리면, 애플리케이션은 프록시를
거쳐서만 접근할 수 있다.

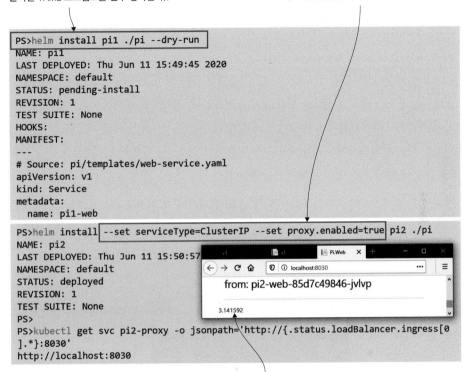

원주율은 그대로 계산된다.

이외에도 아직 다루지 않은 헬름 기능이 많이 있다. 이들 기능을 다루지 않은 이유는 독자 여러분이 헬름을 본격적으로 사용하겠다고 마음먹지 않고서는 이 기능들을 익히기 힘들 정도로 복잡하기 때문이다. 하지만 헬름은 시간을 투자해서 익힐 만큼 충분히 강력한 도구다. 이를테면 이런 것도 가능하다. 컨피그맵 템플릿의 내용에서 해시를 생성하고 이 해시를 디플로이먼트 정의에서 사용하면, 설정이 바뀔 때마다 디플로이먼트의 레이블도 함께 바뀐다. 이를 이용하면 설정값을 수정할 때마다 자동으로 파드의 롤아웃이 일어나도록 할 수 있다.

깔끔하지만 아무나 쓸 수 있는 방법은 아니다. 다음 절에서는 간단한 애플리케이션을 소재로 헬름을 이용하여 업그레이드 및 롤백 절차를 매끄럽게 다듬는 방법을 알아보겠다.

10

헬름을 이용한 애플리케이션 패키징 및 관리

10.4 헬름으로 설치한 릴리스의 업그레이드와 롤백

헬름을 이용한 애플리케이션의 업그레이드 역시 특별할 것이 없다. 쿠버네티스 API에 수정된 정의를 전달하면 우리가 배웠던 전략을 통해 변경이 적용된다. 롤아웃을 구체적으로 어떻게 할지 지시하고 싶다면 차트의 YAML에서 (9장에서 배웠던) 설정값을 사용하여 이를 지정할 수 있다. 헬름의 추상화 덕분에 업그레이드 기능에서도 모든 유형의 리소스를 동일한 방식으로 다루고, 이전 버전으로 손쉽게 돌아갈 수 있는 롤백이 가능해졌다.

또 다른 장점은 클러스터에 애플리케이션을 한 벌 더 설치하여 새 버전에 문제가 없는지 안전하게 테스트해 볼 수 있다는 것이다. 이 장 서두에서 vweb 애플리케이션 버전 1.0.0을 설치해 두었다. 아직 애플리케이션이 잘 동작하는 중이다. 이제 버전 2.0.0이 나왔다. 하지만 기존 애플리케이션을 업그레이드하기 전에 새 버전을 한 벌 따로 설치하여 새로 나온 기능을 테스트해 보겠다.

> 실습 앞서 설치했던 vweb 애플리케이션의 릴리스가 있는지 확인한 후 버전 2의 릴리스를 추가로 설치하되, 외부로 애플리케이션이 노출되지 않도록 하라.

```
# 릴리스의 목록을 확인
helm ls -q

# 새 버전 차트의 설정값을 확인
helm show values kiamol/vweb --version 2.0.0

# internal 타입의 서비스로 새 릴리스를 설치
helm install --set servicePort=8020 --set replicaCount=1 --set serviceType=ClusterIP
ch10-vweb-v2 kiamol/vweb --version 2.0.0

# 애플리케이션 테스트를 위한 포트포워드 설정
kubectl port-forward svc/ch10-vweb-v2 8020:8020

# localhost:8020으로 애플리케이션에 접근한 후
# ctrl-c 또는 cmd-c를 눌러 포트포워딩을 종료
```

이번 실습 예제에서는 차트의 설정값을 사용하여 서비스의 유형을 클러스터IP로 하고, 포트포워딩으로 혼자서만 애플리케이션을 볼 수 있도록 했다. 기존에 설치되었던 애플리케이션은 변경하지 않고도 운영 클러스터에서 새 버전을 스모크 테스트할 수 있는 기회를 얻었다. 필자의 환경에서 실행한 결과를 그림 10-14에 실었다.

❤ 그림 10-14 서비스를 포함하는 차트는 보통 서비스의 유형을 선택할 수 있어 애플리케이션을 외부로 노출시키지 않을 수도 있다

릴리스 이름만 출력된 목록이다. 이 목록의 릴리스는 모두 헬름이 관리하는 것들이다.

버전 2.0.0 vweb 차트에는 serviceType 설정값이 추가되었다. 포트처럼 서비스 리소스의 유형을 선택할 수 있다.

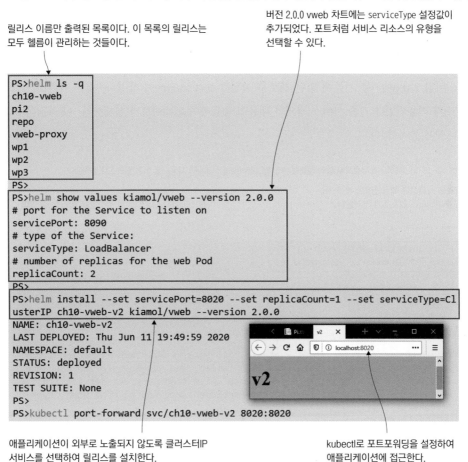

애플리케이션이 외부로 노출되지 않도록 클러스터IP 서비스를 선택하여 릴리스를 설치한다.

kubectl로 포트포워딩을 설정하여 애플리케이션에 접근한다.

버전 2.0.0이 이상이 없음을 확인할 수 있었다. 이제 helm upgrade 명령을 사용하여 원래 릴리스를 업그레이드하면 된다. 조금 전 설정값을 그대로 사용할 수 있도록 릴리스에서 현재 사용 중인 설정값을 확인하거나 재사용하는 기능도 있다.

실습 임시로 설치했던 버전 2의 릴리스를 제거한 후 기존 설정값을 그대로 재사용해서 남아 있는 버전 1 릴리스를 버전 2로 업그레이드하라.

```
# 임시로 설치한 릴리스를 제거
helm uninstall ch10-vweb-v2
```

```
# 버전 1 릴리스의 현재 설정값을 확인
helm get values ch10-vweb

# 기존 릴리스를 설정값을 재사용하여 버전 2로 업그레이드 - 실패
helm upgrade --reuse-values --atomic ch10-vweb kiamol/vweb --version 2.0.0
```

앗, 문제가 생겼다. 이 문제는 과정을 조금 추적해서 들어가야 이해할 수 있는 까다로운 문제다. reuse-values 플래그는 현재 릴리스에 사용된 설정값을 그대로 새 릴리스에도 사용하라는 의미이지만, 버전 2.0.0에서는 기존에 없던 새로운 설정값 serviceType이 생겼다. 결국 기본값인 클러스터IP가 적용되었다 기존 서비스 정의와 내용이 충돌하여 업데이트가 실패했다. 이 과정을 그림 10-15에서 볼 수 있다.

❤ 그림 10-15 업그레이드가 유효하지 않아 실패했는데, 업그레이드에 실패하면 자동으로 이전 릴리스로 롤백된다

릴리스를 삭제하면 해당 릴리스에 속하는
모든 쿠버네티스 리소스가 삭제된다.   버전 1의 릴리스에 적용된 설정값을 확인할 수 있다.

```
PS>helm uninstall ch10-vweb-v2
release "ch10-vweb-v2" uninstalled
PS>
PS>helm get values ch10-vweb
USER-SUPPLIED VALUES:
replicaCount: 3
servicePort: 8010
PS>
PS>helm upgrade --reuse-values --atomic ch10-vweb kiamol/vweb --version 2.0.0
Error: UPGRADE FAILED: release ch10-vweb failed, and has been rolled back due to
 atomic being set: cannot patch "ch10-vweb" with kind Service: Service "ch10-vwe
b" is invalid: spec.ports[0].nodePort: Forbidden: may not be used when `type` is
 'ClusterIP'
```

버전 1과 동일한 설정값으로 버전 2로 업그레이드하려고 했으나, 버전 2에서 새로운 설정값이
도입되었기 때문에 업그레이드가 실패했다.

헬름의 추상화 계층은 이런 류의 문제에도 도움이 된다. kubectl을 이용한 배치에서 같은 문제가 일어나면, 실패한 것은 리소스 하나인데도 다른 리소스를 일일이 확인하며 수동으로 롤백해야 한다. 하지만 헬름에서는 --atomic 플래그를 사용하면 이 작업을 자동으로 해 준다(원자적 롤백). 모든 리소스의 업데이트가 끝나기를 기다렸다 업데이트에 실패한 리소스가 있으면 다른 리소스를 이전 상태로 되돌린다. 실제로 릴리스 히스토리를 살펴보면 버전이 다시 1.0.0으로 돌아간 것을 볼 수 있다.

실습 9장에서 본 쿠버네티스의 롤아웃 히스토리에는 그리 자세한 정보가 없었다. 헬름의 릴리스 히스토리의 정보와 비교해 보자.

```
# vweb 릴리스의 릴리스 히스토리를 확인
helm history ch10-vweb
```

kubectl 명령으로 본 롤아웃 히스토리보다 훨씬 더 자세한 정보를 볼 수 있다. 그림 10-16을 보면 최초 설치, 업그레이드 성공, 업그레이드 실패, 자동 롤백 이렇게 네 개의 리비전이 나온다.

❤ 그림 10-16 릴리스 히스토리를 보면 애플리케이션 및 차트의 버전과 리비전의 관계를 한눈에 알 수 있다

릴리스 히스토리에는 각 릴리스에서 수행한 작업과 그 결과가 실려 있다.

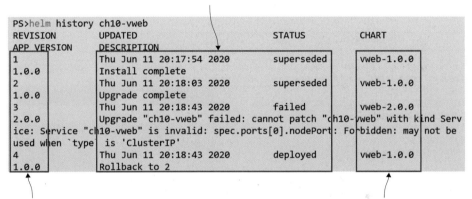

릴리스의 리비전과 차트의 버전도 확인할 수 있다. 여기 나온 버전 정보는 차트 메타데이터의 것으로,
차트 버전과는 다를 수 있다.

실패한 업데이트를 복원하려면 helm upgrade 명령에서 직접 모든 설정값을 지정해 주거나, 현재 적용된 것과 같은 내용의 설정값 파일을 사용하면 된다. 지금은 설정값 파일이 없지만 helm get values 명령을 사용하여 현재 적용된 설정값을 파일로 저장할 수 있다. 이 파일에는 현재 적용된 설정값 외에 새로 추가된 설정의 기본값도 포함된다.

실습 버전 2의 업그레이드를 재시도하라. 이번에는 버전 1에 사용된 설정값을 파일로 저장하여 helm upgrade 명령에서 사용한다.

```
# 현재 릴리스의 설정값을 YAML 파일로 저장
helm get values ch10-vweb -o yaml > vweb-values.yaml

# --atomic 플래그와 저장된 설정값 파일을 사용해서 버전 2로 업그레이드
helm upgrade -f vweb-values.yaml --atomic ch10-vweb kiamol/vweb --version 2.0.0
```

```
# 서비스 및 레플리카셋의 상태를 확인
kubectl get svc,rs -l app.kubernetes.io/instance=ch10-vweb
```

이번 업데이트는 무사히 성공해서 원자적 롤백이 일어나지 않는다. 실질적인 업데이트가 일어난 곳은 디플로이먼트인데, 우리가 배운 대로 새 레플리카셋의 파드 수가 확보되면 기존 레플리카셋의 파드 수가 감소한다. 그림 10-17을 보면 이전 릴리스의 설정값 8010번 포트가 남아 서비스는 그대로 8010번 포트를 주시 중이고, 파드 세 개가 동작 중이다.

❤ 그림 10-17 업데이트가 성공한 후 설정값을 파일로 내보냈는데, 이 설정값은 나중에 다시 사용할 수 있다

이번 업데이트에 사용된 설정값을 수집한 후
YAML 파일로 저장했다.

이전 릴리스의 설정값을 사용하여 릴리스를
차트 버전 2.0.0으로 업데이트했다.

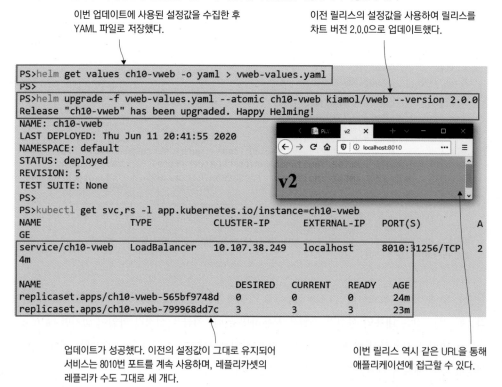

업데이트가 성공했다. 이전의 설정값이 그대로 유지되어
서비스는 8010번 포트를 계속 사용하며, 레플리카셋의
레플리카 수도 그대로 세 개다.

이번 릴리스 역시 같은 URL을 통해
애플리케이션에 접근할 수 있다.

이제 롤백을 실습해 볼 차례다. 헬름의 롤백 명령은 kubectl의 롤백 명령과 크게 다르지 않다. 다만 우리가 원하는 리비전을 선택하기가 훨씬 간단하다. 그림 10-16에서 이전 이력을 일목요연하게 보여 주는 릴리스 히스토리를 보았다. 이 릴리스 히스토리의 리비전마다 어떤 설정값이 사용되었는지 확인할 수도 있다. 리비전 2의 설정값은 유지하되 버전만 1.0.0으로 되돌리고 싶다면 설정값을 먼저 확인하면 된다.

실습 버전은 1.0.0, 레플리카 수가 세 개였던 두 번째 리비전으로 롤백하라.

```
# 리비전 2에 적용된 설정값을 확인
helm get values ch10-vweb --revision 2

# 리비전 2로 롤백
helm rollback ch10-vweb 2

# 최근 두 리비전의 정보를 확인
helm history ch10-vweb --max 2 -o yaml
```

필자의 환경에서 실행한 결과를 그림 10-18에 실었다. 그림을 보면 최근 리비전은 리비전 6이며 리비전 2로 롤백된 것임을 알 수 있다.

❤ 그림 10-18 헬름을 이용하면 롤백 대상 리비전을 쉽게 확인하고 선택할 수 있다

롤백 전에 롤백 대상 리비전의 설정값을 확인할 수 있다.

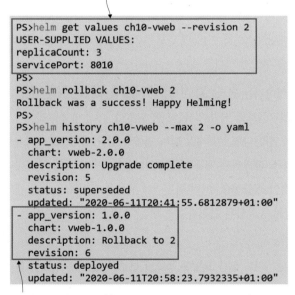

```
PS>helm get values ch10-vweb --revision 2
USER-SUPPLIED VALUES:
replicaCount: 3
servicePort: 8010
PS>
PS>helm rollback ch10-vweb 2
Rollback was a success! Happy Helming!
PS>
PS>helm history ch10-vweb --max 2 -o yaml
- app_version: 2.0.0
  chart: vweb-2.0.0
  description: Upgrade complete
  revision: 5
  status: superseded
  updated: "2020-06-11T20:41:55.6812879+01:00"
- app_version: 1.0.0
  chart: vweb-1.0.0
  description: Rollback to 2
  revision: 6
  status: deployed
  updated: "2020-06-11T20:58:23.7932335+01:00"
```

롤백 후에는 최신 리비전(6)이 리비전 2로
롤백된 것을 확인할 수 있다.

이번 예제는 간단한 만큼 롤백과 업그레이드 워크플로에 집중하기 쉬우면서도 직관적이지 않은 동작을 볼 수도 있었다. 하지만 큰 변화가 있는 업그레이드에서 더욱 커지는 헬름의 위력을 제대로 보여 주지 못한 부분이 있다. 헬름의 릴리스는 애플리케이션을 추상화한 것이다. 그리고 애플리케이션의 모델이 버전에 따라 변화할 수 있다. 예를 들어 어떤 차트가 이전 버전에서는 레플리

케이션 컨트롤러를 쓰다가 나중 버전에서는 디플로이먼트와 레플리카셋으로 구성될 수도 있는 것이다. 사용자가 접하는 부분이 그대로 남아 있다면 내부 동작은 구현상 세부 사항으로 넘길 수 있다.

10.5 / 헬름은 어떤 상황에 적합한가

헬름은 쿠버네티스를 크게 강화시켜 주었다. 하지만 일면 그 영향력의 침투력이 매우 강하다. 애플리케이션의 매니페스트에 한번 템플릿 변수를 추가하고 나면, 이전으로 돌아가기가 어렵다. 헬름을 사용하기로 했다면 팀원 모두가 함께 사용해야 하고, 억지로 혼자 남아 있으려면 매니페스트를 여러 벌 (개발 팀에서 사용하는 순수 쿠버네티스 매니페스트와 다른 환경에서 사용하는 헬름용 매니페스트) 유지하지 않으면 안 된다. 매니페스트를 여러 벌 만드는 것도 못할 짓이지만, 쿠버네티스에 더불어 헬름까지 배우는 것도 학습 부하가 크다.

여러분의 업무 환경에 헬름이 얼마나 적합한지는 전적으로 여러분이 개발해서 패키징하는 애플리케이션이 어떤 것인지, 개발 팀이 어떤 워크플로를 따라 일하는지에 달렸다. 대상 애플리케이션을 구성하는 마이크로서비스의 수가 50개를 넘는다면, 각 개발 팀이 저마다 담당 마이크로서비스를 다루고 네이티브 또는 도커나 도커 컴포즈 환경에서 애플리케이션을 실행하면서 전체 쿠버네티스 배치를 관장하는 별도의 팀을 두는 것이 적합하다. 이런 환경에서 헬름을 도입하면 수백 개의 YAML 파일을 훨씬 적은 수의 차트로 합쳐 중앙화된 관리가 가능해진다. 결과적으로 늘어나는 학습량보다는 줄어드는 업무량이 훨씬 많다.

완전 자동화된 지속적 배치 절차를 갖추었는지도 헬름 도입에 중요한 기준이다. 지속적 배치 절차는 헬름을 도입하면 훨씬 간편해진다. 환경별 설정값 파일을 사용하여 테스트 환경에서 동일한 버전의 차트를 테스트할 수 있고, 애플리케이션을 배치할 때마다 검증을 위한 잡을 둘 수도 있다. 거기에다 결국 언젠가는 매니페스트에 템플릿 변수가 필요해지는 때가 온다. 이때 직접 도구를 만들어 템플릿을 적용하느니 헬름을 도입하여 표준화된 방식을 사용하는 것이 낫다.

헬름 설명은 이것으로 끝이다. 실습 환경을 정리하고 연습 문제로 넘어가자.

이 장은 모든 애플리케이션을 헬름을 이용하여 배치했다. 제거 역시 헬름을 이용한다.

```
# 모든 릴리스를 제거
helm uninstall $(helm ls -q)
```

10.6 / 연습 문제

이번 연습 문제의 소재는 다시 to-do 애플리케이션이다. 주어진 여러 개의 쿠버네티스 매니페스트를 헬름 차트로 패키징하라. 걱정할 것 없다. 8장에서 스테이트풀셋과 백업 잡을 추가했던 복잡한 버전이 아니다. 다음에서 설명하는 목표를 달성하면 된다.

- lab/todo-list 디렉터리의 매니페스트 파일을 출발점으로 삼는다(어떤 부분에 템플릿 변수를 넣어야 하는지 힌트가 있다).
- 헬름 차트의 디렉터리 구조를 만들어라.
- 리소스 이름 및 그 외 필요한 값을 템플릿 변수로 만들어 애플리케이션을 여러 벌 실행시킬 수 있도록 하라.
- 다양한 환경에서 실행시킬 수 있도록 설정값을 파라미터로 추가하라.
- 새로운 차트를 기본값으로 설치하면 테스트 환경용 설정이 적용되어야 한다.
- lab/dev-values.yaml 설정값 파일을 사용하면 개발 환경용 설정이 적용되어야 한다.

업무에 헬름을 도입할 계획이라면 이번 연습 문제를 꼭 풀어 보아야 한다. 이번 연습 문제는 헬름을 이용하여 애플리케이션을 패키징하는 과정 그 자체이기 때문이다. 필자 깃허브 https://github.com/sixeyed/kiamol의 ch10/lab/README.md에서 작성한 예시 정답을 참고하기 바란다.

10

헬름을 이용한 애플리케이션 패키징 및 관리

11장

애플리케이션 개발:
개발 워크플로와
CI/CD

이 장은 쿠버네티스 실무 활용의 마지막 장으로, 쿠버네티스에서 동작하는 소프트웨어를 개발하고 전달하는 과정의 실무를 다룬다. 독자 여러분의 배경이 개발자든 개발자와 함께 협업하는 운영자든 간에 컨테이너 도입은 여러분이 일하는 방식이나 사용하는 도구, 개발 환경 및 테스트 환경에서 동작하는 코드를 완성할 때까지 들이는 노력이나 시간량에 적잖은 영향을 미친다. 이 장은 쿠버네티스가 **내부 주기**(inner loop)(로컬 컴퓨터에서 개발 중 일어나는 워크플로)와 **외부 주기**(outer loop)(테스트 및 운영 환경으로 변경 사항이 푸시되는 CI/CD 워크플로)에 어떤 영향을 미치는지 살펴보겠다.

여러분이 속한 팀에서 쿠버네티스를 활용하는 방식은 지금까지 책에서 본 것과는 사뭇 다를 것이다. 실습 환경과 달리 클러스터나 이미지 레지스트리 등 공유 리소스를 사용하기 때문이다. 이 장에서 전달 워크플로를 배우면서 비공개 레지스트리 사용법과 공유 클러스터의 고립을 유지하는 방법 등 여러분이 실무 워크플로를 맛볼 수 있는 여러 세부 사항을 함께 다룰 것이다. 이 장 주제는 도커 중심 워크플로와 서비스로서의 플랫폼(PaaS)과 유사한 쿠버네티스에서 수행하는 워크플로를 이해하고 적절한 워크플로를 선택하는 것이다.

11.1 도커 개발 워크플로

개발자들은 도커를 좋아한다. 도커는 스택오버플로에서 매년 하는 설문 조사에서 2년 연속으로 '가장 선호하는 플랫폼'과 '가장 구인이 많은 플랫폼'으로 꼽힌 바 있다. 도커가 개발 워크플로의 일부를 믿을 수 없을 만큼 간단하게 만들어 주기는 하지만 그만큼 대가가 따른다. 도커 아티팩트가 개발 프로젝트의 핵심을 차지했고 이 점이 개발자의 일상 업무인 내부 주기에도 영향을 미치기 때문이다. 운영 환경과 동일한 로컬 환경을 꾸릴 수 있지만 그러려면 기존과 다른 작업 방식을 받아들여야 한다. 애플리케이션 빌드에 컨테이너를 활용하는 데 익숙하지 않다면 무료 전자책으로 제공되는 부록 A를 참고하기 바란다.

이 절에서는 모든 환경에서 도커 또는 쿠버네티스가 사용되며, 개발자 역시 전용 클러스터를 가진 경우 적용하는 개발 워크플로를 살펴보겠다. 실습 예제를 따라가려면 도커가 필요하다. 실습 환경으로 도커 데스크톱이나 K3s를 사용 중이라면 문제없다. 먼저 새로 프로젝트에 참여하여 가능한 한 빨리 생산성을 올려야 하는 개발자 입장을 살펴보자.

실습 이 장 실습 예제의 소재는 완전히 새로운 애플리케이션이다. 예정 중인 행사에 대한 글을 쓸 수 있는 간단한 게시판이다. 이 애플리케이션은 Node.js로 작성되었지만 Node.js 런타임을 설치하지 않아도 도커 개발 워크플로를 꾸릴 수 있다.[1]

```
# 이 장의 예제 코드 디렉터리로 이동
cd ch11

# 애플리케이션을 빌드
docker-compose -f bulletin-board/docker-compose.yml build

# 애플리케이션 실행
docker-compose -f bulletin-board/docker-compose.yml up -d

# 실행 중인 컨테이너를 확인
docker ps

# http://localhost:8010/으로 애플리케이션에 접근
```

이 방법은 프로젝트에 신규 참여하는 개발자가 업무를 시작하는 방법 중 가장 간단하다. 도커를 설치한 후 소스 코드만 있으면 된다. 필자의 환경에서 실행한 결과를 그림 11-1에 실었다. 내 컴퓨터에는 Node.js를 설치하지 않았다. 여러분도 컴퓨터에 Node.js를 설치했든 하지 않았든 간에 설치했다면 어떤 버전이라도 상관없이 동일한 결과를 얻게 될 것이다.

---

1 **역주** 11장 실습 예제는 컨테이너 런타임이 도커여야 한다. Rancher Desktop이라면 Container Engine을 **dockerd**로 설정한 상태에서 실습을 진행한다.

❤ 그림 11-1 도커와 도커 컴포즈를 사용하면 로컬 개발 환경을 아주 쉽게 만들 수 있는데, 문제가 없다면 말이다

docker-compose.yml 파일에 Dockerfile 스크립트 경로가 들어 있으므로 docker-compose 명령 한 번으로
애플리케이션을 빌드할 수 있다. 그림에서는 출력 내용을 생략했다. 상당한 내용이 출력될 것이다.

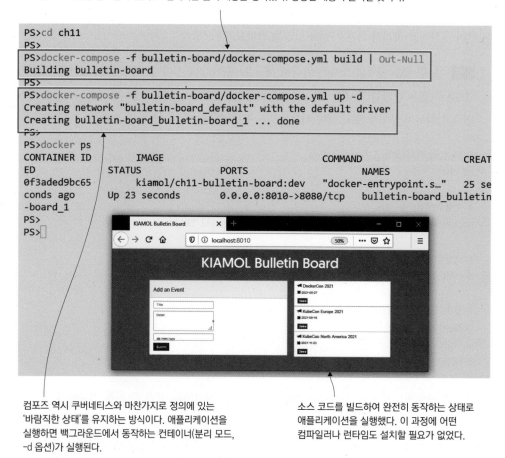

컴포즈 역시 쿠버네티스와 마찬가지로 정의에 있는
'바람직한 상태'를 유지하는 방식이다. 애플리케이션을
실행하면 백그라운드에서 동작하는 컨테이너(분리 모드,
-d 옵션)가 실행된다.

소스 코드를 빌드하여 완전히 동작하는 상태로
애플리케이션을 실행했다. 이 과정에 어떤
컴파일러나 런타임도 설치할 필요가 없었다.

이 신기한 과정에는 두 가지가 필요하다. 첫 번째는 Dockerfile 스크립트다. 이 스크립트에 애플
리케이션을 빌드하고 Node.js 컴포넌트로 패키징하는 모든 단계가 정의되어 있다. 두 번째는 도
커 컴포즈 파일이다. 이 애플리케이션은 구성 요소가 하나이지만 여러 개의 구성 요소를 가질 수
도 있으며, 각 구성 요소가 서로 다른 기술 스택을 사용하더라도 동일한 워크플로를 유지할 수 있
다. 하지만 운영 환경은 이와는 또 다르기 때문에 운영 환경과 동일한 기술 스택을 유지할 수 있도
록 애플리케이션 빌드는 도커에, 애플리케이션 실행은 로컬에 위치한 쿠버네티스 클러스터에 맡
긴다.

실습 소스 코드 디렉터리에 로컬에 있는 이미지를 사용하여 애플리케이션을 실행하는 간단한 쿠버네티스 매니페스트가 있다. 컴포즈로 실행했던 애플리케이션을 종료하고, 쿠버네티스에 애플리케이션을 배치하라.

```
# 컴포즈로 실행한 애플리케이션을 종료
docker-compose -f bulletin-board/docker-compose.yml down

# 로컬 쿠버네티스 클러스터에 배치
kubectl apply -f bulletin-board/kubernetes/

# 애플리케이션의 URL을 확인
kubectl get svc bulletin-board -o jsonpath='http://{.status.loadBalancer.
ingress[0].*}:8011'

# 웹 브라우저에서 애플리케이션에 접근
```

Dockerfile 스크립트, 컴포즈 파일, 쿠버네티스 매니페스트까지 컨테이너 아티팩트를 세 가지나 다루어야 하지만, 아직까지는 간단한 워크플로다. 필자는 전용 쿠버네티스 클러스터를 운영하는 데, 이 클러스터에서 운영 환경과 동일한 방식으로 애플리케이션을 실행할 수 있다. 그림 11-2를 보면, 앞서 도커 컴포즈로 빌드한 동일한 이미지를 사용한 동일한 애플리케이션임을 알 수 있다.

❤ 그림 11-2 이미지 빌드는 도커 컴포즈, 애플리케이션 실행은 쿠버네티스에 맡기는 식으로 도커와 쿠버네티스를 혼용한다

도커 컴포즈도 애플리케이션을 실행하기 좋지만,
여기에서는 쿠버네티스를 사용하겠다. 이 명령으로
도커 컨테이너 및 네트워크를 제거한다.

쿠버네티스를 사용하여 애플리케이션을
실행한다. 디플로이먼트와 서비스가 사용된다.

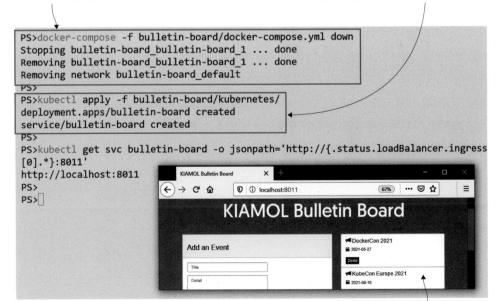

조금 전 빌드한 이미지를 사용한 동일한 애플리케이션이다.

쿠버네티스는 로컬에서 빌드한 이미지나 도커가 내려받은 이미지도 문제없이 사용할 수 있다. 하지만 로컬 이미지와 레지스트리에서 내려받은 이미지를 구분하는 몇 가지 규칙을 지켜야 한다. 이미지의 태그가 명시적으로 지정되지 않았다면(따라서 기본값인 :latest 태그가 사용되었다면), 쿠버네티스는 무조건 이미지 내려받기를 먼저 시도한다. 따라서 명시적으로 태그가 지정되었을 때만 로컬 이미지나 노드에 있는 이미지 캐시를 사용할 수 있다. 이 규칙을 바꾸려면 이미지를 내려받는 정책을 오버라이드해야 한다. 예제 11-1은 게시판 애플리케이션의 파드 정의에서 이미지 내려받기 정책을 지정하는 부분을 발췌한 것이다.

예제 11-1 bb-deployment.yaml, 이미지 내려받기 정책 지정

```
spec:                                    # 디플로이먼트에 포함된 파드 정의
  containers:
    - name: bulletin-board
      image: kiamol/ch11-bulletin-board:dev
      imagePullPolicy: IfNotPresent        # 로컬 이미지가 있다면 로컬 이미지를 사용
```

이미지 내려받기 정책은 개발 워크플로를 운영하기 까다롭게 만드는 일면이다. 파드 정의에 레지스트리 이미지를 우선하도록 되어 있다면 로컬에서 이미지를 아무리 여러 번 빌드하더라도 쿠버네티스가 원격 이미지를 사용할 것이기 때문에 애플리케이션이 그대로일 것이다. 이미지 버전과 관련해서도 비슷한 문제가 생길 수 있다. 애플리케이션에 이름과 태그는 동일한데 버전만 다른 이미지가 사용될 수 있기 때문이다. 쿠버네티스는 '바람직한 상태'를 유지하는 방식으로 동작하기 때문에 더욱 그렇다. 애플리케이션을 업데이트하더라도 파드 정의가 이전과 같다면 애플리케이션은 변경되지 않는다. 이미지 내용이 바뀌었더라도 마찬가지다.

다시 게시판 애플리케이션으로 돌아가자. 이 프로젝트에서 가장 손댈 곳은 행사 목록을 좀 더 가다듬는 것이다. 여러분이라면 그리 어렵지 않을 것이다. 변경한 부분을 테스트하기는 이보다 좀더 어렵다. 도커 컴포즈 명령을 다시 한 번 입력하여 이미지를 빌드할 수는 있지만, kubectl 명령을 다시 입력해도 애플리케이션에 변경한 내용은 반영되지 않는다. 컨테이너에 익숙하다면 현재 상태를 확인한 후 문제점을 찾아 파드를 강제로 교체할 수 있겠지만, 그렇지 않다면 워크플로 자체가 돌아가지 않을 것이다.

실습 코드를 직접 수정하지 않아도 된다. 새로운 파일에 이미 수정된 내용이 담겨 있다. 파일을 교체한 후 이미지를 다시 빌드하고, 기존 파드를 삭제하여 새로운 버전이 동작하는 파드로 대체되도록 하라.

```
# 수정 전 소스 코드 파일을 삭제
rm bulletin-board/src/backend/events.js

# 수정된 소스 코드 파일로 교체
cp bulletin-board/src/backend/events-update.js bulletin-board/src/backend/events.js

# 컴포즈로 이미지를 다시 빌드
docker-compose -f bulletin-board/docker-compose.yml build

# kubectl을 사용하여 애플리케이션을 다시 배치
kubectl apply -f bulletin-board/kubernetes/

# 기존 파드를 삭제하여 강제로 파드를 교체
kubectl delete pod -l app=bulletin-board
```

필자의 환경에서 실행한 결과를 그림 11-3에 실었다. 스크린샷을 보면 애플리케이션이 업데이트되어 있지만, 이것은 파드를 수동으로 삭제하여 디플로이먼트가 최신 버전의 이미지로 파드를 다시 생성했기 때문이다. 이외에도 도커 중심의 워크플로에서 작업 속도를 떨어뜨리고 업무에 집중할 수 없게 하는 여러 가지 어려움이 있다. 이쯤 되면 디버깅이나 운영 환경의 애플리케이션 업데이트는 부차적인 문제에 지나지 않는다. 컨테이너 기술은 겸사겸사 배울 수 있을 정도로 만만한 주제가 아니다. 기본적인 지식을 이해하는 데만도 따로 시간을 할애해야 하며 개발 팀에 그만한 시간을 낼 수 없는 사람도 있을 수 있다.

이 방법의 대안으로 모든 컨테이너 기술 관련 사항을 CI/CD 파이프라인을 관장하는 팀에 맡겨 두고 개발 팀은 이 파이프라인을 이용하여 애플리케이션을 배포하도록 하는 방법이 있다. CI/CD 파이프라인이 컨테이너 이미지 빌드 및 클러스터에 애플리케이션을 배치하는 과정까지 도맡아 주기 때문에 개발 팀은 도커와 쿠버네티스를 따로 학습하지 않아도 된다.

❤ 그림 11-3 도커 이미지는 수정 가능하지만, 이미지 이름을 바꾸는 것만으로는 쿠버네티스에 자동으로 업데이트할 수 없다

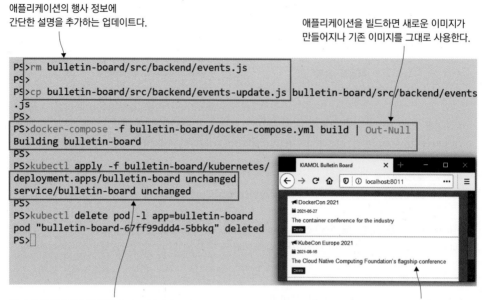

애플리케이션의 행사 정보에
간단한 설명을 추가하는 업데이트다.

애플리케이션을 빌드하면 새로운 이미지가
만들어지나 기존 이미지를 그대로 사용한다.

파드 정의가 변경되지 않았으므로 쿠버네티스도
별다른 조치를 취하지 않는다. 이미지의 식별자나
해시가 아닌 이미지 이름만 기준이 된다.

파드를 삭제하면 대체 파드는 최신 버전의 이미지로
실행된다. 하지만 그리 직관적인 과정은 아니다.

11.2 / 쿠버네티스 개발 워크플로

여러 개발 조직에서 쿠버네티스에서 돌아가는 '서비스로서의 플랫폼'을 사용 중이다. 모든 테스트
환경과 CI/CD 서비스를 호스팅하는 클러스터를 운영하며 컨테이너 실행과 관련된 모든 일을 이
클러스터에 맡기는 것이다. 개발자 워크플로에서 모든 도커 아티팩트가 배제되므로 개발자는 애
플리케이션 컴포넌트를 직접 다루며 Node.js 등 애플리케이션 실행에 필요한 모든 요소를 로컬
컴퓨터에서 실행한다. 그런 만큼 로컬에서 컨테이너를 이용할 일은 당연히 없다.

이 방식을 선택했다면 컨테이너는 외부 주기에서만 이용된다. 개발자가 변경 사항을 형상 관리 도
구에 커밋하면 빌드가 일어나고, 이 빌드에서 컨테이너 이미지가 만들어져 레지스트리에 푸시된
후 새로운 버전의 애플리케이션이 클러스터 속 테스트 환경에 배치된다. 개발 업무에 컨테이너를

끌어들이는 데에서 오는 불편 없이도 컨테이너 플랫폼의 이점을 그대로 누릴 수 있다는 것이 장점이다. 그림 11-4는 이런 구성의 한 예다.

▼ 그림 11-4 컨테이너 활용을 외부 주기로 국한시키면 개발자가 코드에 더 집중할 수 있다

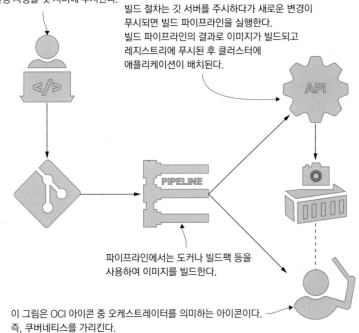

개발자는 컨테이너를 이용하지 않고 작업하여
변경 사항을 깃 서버에 푸시한다.

빌드 절차는 깃 서버를 주시하다가 새로운 변경이
푸시되면 빌드 파이프라인을 실행한다.
빌드 파이프라인의 결과로 이미지가 빌드되고
레지스트리에 푸시된 후 클러스터에
애플리케이션이 배치된다.

파이프라인에서는 도커나 빌드팩 등을
사용하여 이미지를 빌드한다.

이 그림은 OCI 아이콘 중 오케스트레이터를 의미하는 아이콘이다.
즉, 쿠버네티스를 가리킨다.

이 방법의 장점은 개발 워크플로를 바꾸거나 개발 팀 모두가 도커나 컴포즈를 배우지 않고도 쿠버네티스로 이주할 수 있다는 점이다. 각 개발 팀이 소규모 컴포넌트를 나누어 담당하고 컴포넌트를 합쳐 전체 시스템을 구성하는 별도의 팀을 따로 두는 형태의 조직에 적합하다. 전체 시스템을 구성하는 팀만 컨테이너를 다룰 수 있으면 되기 때문이다. 클러스터에서 쓰는 컨테이너 런타임이 도커 엔진이 아닐 때 유용한 도커를 완전히 워크플로에서 배제할 수도 있다. 그러나 도커 없이 컨테이너 이미지를 빌드하려면 많은 준비물이 필요할 것이다. 결국 전체적으로는 복잡도가 상승하지만 프로젝트가 아닌 전달 파이프라인으로 그 범위를 국한시킬 수 있다.

이 장에서 이 방법의 사례를 살펴볼 것이다. 하지만 설명이 너무 복잡해지지 않도록 빌드 서비스 내부에서 시작해서 단계별로 나누어 살펴보겠다. 편의상 변경 사항을 푸시하면 실습 환경에서 빌드가 실행되는 깃 서버를 사용할 것이다.

실습 곡스(Gogs)는 단순함에도 기능이 강력한 깃 서버로, 도커 허브에서 이미지를 내려받아 사용할 수 있다. 곡스는 사내용 비공개 깃 서버나 온라인 서버의 고장에 대비한 백업용 깃 서버로 사용하기 적합하다. 실습 환경에서 곡스를 실행한 후 이 책의 예제 코드를 푸시하라.

```
# 깃 서버를 배치
kubectl apply -f infrastructure/gogs.yaml

# 서버가 준비될 때까지 대기
kubectl wait --for=condition=ContainersReady pod -l app=gogs

# 예제 코드 리포지터리에 로컬 깃 서버를 추가
# 대상 URL을 서비스로부터 확인
git remote add gogs $(kubectl get svc gogs -o jsonpath='http://{.status.loadBalancer.
ingress[0].*}:3000/kiamol/kiamol.git')

# 서버에 코드를 푸시
# 사용자명 kiamol, 패스워드 kiamol을 사용
git push gogs

# 서버 URL을 확인
kubectl get svc gogs -o jsonpath='http://{.status.loadBalancer.ingress[0].*}:3000'

# 서버에 접근한 후 kiamol 사용자명 및 패스워드로 로그인(kiamol/kiamol)
```

필자의 환경에서 실행한 결과를 그림 11-5에 실었다. 이 워크플로를 위해 꼭 깃 서버를 직접 실행할 필요는 없다. 깃허브나 다른 형상 관리 도구를 사용해도 된다. 하지만 깃 서버를 직접 운영하면 워크플로 환경을 더 쉽게 구성할 수 있다. 이 장에서 사용된 곡스에는 사용자명 등이 이미 설정되어 있어 바로 실행만 하면 된다.

▼ 그림 11-5 곡스를 사용하면 쿠버네티스에 쉽게 전용 깃 서버를 만들 수 있다

곡스는 가볍지만 강력한 깃 서버다.

로컬 깃 리포지터리에 곡스 서버를 '원격 리포지터리'로 추가하면
이 책의 예제 코드를 여러분 깃 서버에 푸시할 수 있다.

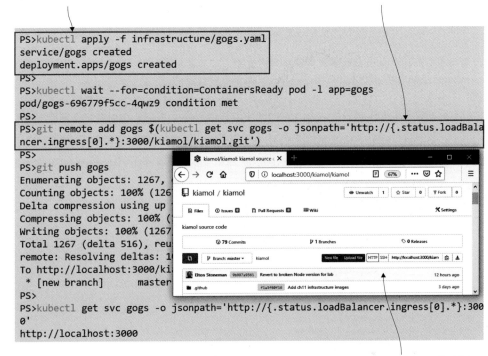

```
PS>kubectl apply -f infrastructure/gogs.yaml
service/gogs created
deployment.apps/gogs created
PS>
PS>kubectl wait --for=condition=ContainersReady pod -l app=gogs
pod/gogs-696779f5cc-4qwz9 condition met
PS>
PS>git remote add gogs $(kubectl get svc gogs -o jsonpath='http://{.status.loadBala
ncer.ingress[0].*}:3000/kiamol/kiamol.git')
PS>
PS>git push gogs
Enumerating objects: 1267,
Counting objects: 100% (1267
Delta compression using up
Compressing objects: 100% (
Writing objects: 100% (1267
Total 1267 (delta 516), reu
remote: Resolving deltas: 1
To http://localhost:3000/ki
 * [new branch]       master
PS>
PS>kubectl get svc gogs -o jsonpath='http://{.status.loadBalancer.ingress[0].*}:300
0'
http://localhost:3000
```

서버에 로그인하여 푸시된 소스 코드를 확인하자.
사용자명 및 패스워드는 모두 kiamol이다.

이제 우리가 마음대로 다른 컴포넌트를 연결할 수 있는 로컬 형상 관리 서버가 생겼다. 다음은 컨
테이너 이미지를 빌드할 시스템을 만들 차례다. 이 시스템이 아무 클러스터에서나 동작할 수 있으
려면 다른 컨테이너 런타임도 사용할 수 있어야 한다. 몇 가지 선택지가 있지만 그중에서도 가장
좋은 것은 도커에서 만든 오픈 소스 도구인 빌드킷(BuildKit)이다. 빌드킷은 도커 엔진의 이미지 빌
드 기능을 대체하려고 시작된 프로젝트로, 다른 컴포넌트를 연결할 수 있는 기능을 갖추고 있다.
빌드킷을 사용하면 Dockerfile 스크립트가 없어도 이미지를 빌드할 수 있다. 빌드킷을 서버 형태
로 실행하면 이미지 빌드 툴체인을 구성하는 다른 컴포넌트가 이미지를 빌드할 수 있다.

실습 클러스터에 빌드킷을 서버 형태로 실행하라. 그리고 빌드킷에 도커 없이 이미지를 빌드
하는 데 필요한 모든 도구가 갖추어 있는지 확인하라.

```
# 빌드킷을 배치
kubectl apply -f infrastructure/buildkitd.yaml
```

```
# 빌드킷이 준비될 때까지 대기
kubectl wait --for=condition=ContainersReady pod -l app=buildkitd

# 깃과 빌드킷이 사용 가능한 상태인지 확인
kubectl exec deploy/buildkitd -- sh -c 'git version && buildctl --version'

# 도커가 설치되어 있지 않은 것을 확인 - 오류 발생
kubectl exec deploy/buildkitd -- sh -c 'docker version'
```

필자의 환경에서 실행한 결과를 그림 11-6에 실었다. 그림에서 빌드킷 이미지로 실행된 빌드킷 파드에서 깃 클라이언트가 도커 없이 설치된 것을 볼 수 있다. 빌드킷이 완전히 독자적으로 동작할 수 있는 도구임을 알 수 있는 중요한 부분이다. 쿠버네티스에 포함된 컨테이너 런타임에 접속할 필요 없이 파드 안에서 이미지가 빌드된다.

❤ 그림 11-6 컨테이너에서 실행 중인 빌드킷으로, 도커가 없어도 이미지를 빌드할 수 있다

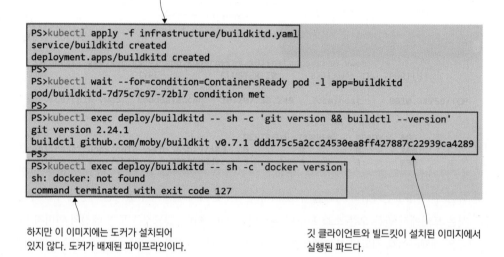

전체 PaaS 파이프라인을 완성하려면 몇 가지 도구가 더 필요하지만, 빌드 과정 동작만 확인하는 준비는 된 상태다. 우리가 추구하는 목표는 도커를 배제한 파이프라인을 만드는 것이므로 앞서 사용했던 Dockerfile 스크립트는 무시하고 소스 코드에서 곧바로 컨테이너 이미지를 빌드해 보겠다. 어떻게 하면 될까? 현재는 CNCF로 이관되었지만 헤로쿠의 PaaS 서비스에서 처음 시도되었던 빌드팩(BuildPack)이라는 기술이 있다.

빌드팩은 도커의 멀티스테이지 빌드와 동일한 방식을 사용한다. 컨테이너에서 빌드 도구를 사용하고, 애플리케이션 런타임이 설치된 다른 컨테이너에서 컴파일된 애플리케이션을 패키징하는 과정을 거친다. 팩(Pack)이라는 도구를 사용하면 이런 과정이 가능하다. 팩은 소스 코드의 구현 언어가 무엇이든 빌드팩에서 처리될 수 있게 한 후 애플리케이션을 이미지로 패키징한다. 이 과정에 Dockerfile 스크립트는 필요 없다. 현재 팩을 사용하려면 도커가 필요하기 때문에 도커를 배제한 파이프라인을 만들 수 있도록 팩을 대신해서 빌드팩을 빌드킷에 통합하여 사용한다.

실습 수동으로 실행되는 빌드 절차로 시작하여 이를 자동화해 볼 것이다. 빌드킷 파드에 접속하여 로컬 깃 서버에서 이 책에 필요한 예제 코드를 내려받아라. 그리고 Dockerfile 스크립트 대신 빌드팩을 사용하여 소스 코드를 빌드하라.

```
# 빌드킷 파드에 접속
kubectl exec -it deploy/buildkitd -- sh

# 곡스 서버에서 소스 코드를 복제
cd ~
git clone https://github.com/sixeyed/kiamol.git

# 애플리케이션 디렉터리로 이동
cd kiamol/ch11/bulletin-board/

# 빌드킷으로 애플리케이션을 빌드
# 옵션 의미는 Dockerfile 스크립트 대신 빌드팩을 사용하고
# 빌드 결과로 컨테이너 이미지를 내놓으라는 것이다
buildctl build --frontend=gateway.v0 --opt source=kiamol/buildkit-buildpacks --local
context=src --output type=image,name=kiamol/ch11-bulletin-board:buildkit

# 빌드가 끝나면 파드에서 접속을 종료한다
exit
```

이번 실습 예제는 실행에 시간이 조금 걸린다. 하지만 빌드킷에서 출력되는 내용을 눈여겨보면 어떤 과정을 거치는지 어렵지 않게 이해할 수 있을 것이다. 과정을 살펴보면, 먼저 빌드팩 통합에 필요한 컴포넌트를 내려받는다. 그다음 그 컴포넌트를 이용해서 소스 코드가 Node.js 애플리케이션임을 확인한다. 애플리케이션을 압축 파일 형태로 패키징하고 Node.js 런타임이 설치된 컨테이너 이미지에 압축 파일을 포함시킨다. 필자의 환경에서 실행한 결과를 그림 11-7에 실었다.

빌드킷 파드에 터미널로 접속하여 빌드를
수동으로 실행시키고 동작 과정을 살펴본다.

먼저 곡스 서버에서 소스 코드를 복제해 온다.
현재는 클러스터 내부의 파드에 있으므로
URL은 쿠버네티스 서비스 이름을 사용하면 된다.

```
PS>kubectl exec -it deploy/buildkitd -- sh
/ #
/ # cd ~
~ #
~ # git clone http://gogs:3000/kiamol/kiamol.git
Cloning into 'kiamol'...
remote: Enumerating objects: 1198, done.
remote: Counting objects: 100% (1198/1198), done.
remote: Compressing objects: 100% (645/645), done.
remote: Total 1198 (delta 470), reused 1198 (delta 470)
Receiving objects: 100% (1198/1198), 9.55 MiB | 45.07 MiB/s, done.
Resolving deltas: 100% (470/470), done.
~ #
~ # cd kiamol/ch11/bulletin-board/
~/kiamol/ch11/bulletin-board #
~/kiamol/ch11/bulletin-board # buildctl build --frontend=gateway.v0  --opt source=k
iamol/buildkit-buildpacks  --local context=src --output type=image,name=kiamol/ch11
-bulletin-board:buildkit
[+] Building 2.9s (0/1)
 => resolve image config for docker.io/kiamol/buildkit-buildpacks:latest        2.9s

 => exporting to image                                                          5.9s
 => => exporting layers                                                         5.8s
 => => exporting manifest sha256:2577da0cc0bd405b05ab04e99130921b2c427464d48    0.0s
 => => exporting config sha256:84c66f86989bf98e2f86beff856f2e89b43b339129a82    0.0s
~/kiamol/ch11/bulletin-board #
~/kiamol/ch11/bulletin-board # exit
```

출력된 내용을 대부분 생략했다. 마지막 부분을
보면 파드 속 로컬 이미지 캐시에 이미지가
빌드되었다.

이 복잡한 빌드킷 명령이 도커 대신 이미지를 빌드한다.
여기에서는 buildkit-buildpacks라는 컴포넌트로
이미지 빌드에 도커 대신 빌드팩을 사용했다.

빌드킷 파드에는 컨테이너 런타임이 없기 때문에 이 이미지로 바로 컨테이너를 실행해 볼 수 없
다. 그 대신 빌드킷으로 빌드된 이미지를 레지스트리에 푸시한다. 이 과정으로 워크플로가 완성된
다. 이것으로 Dockerfile 스크립트나 도커 없이도 애플리케이션을 빌드하고 이미지로 패키징할
수 있다는 것은 확인했다. 과정이 좀 복잡하기는 했지만 말이다.

여기에서 가장 큰 문제는 빌드 절차가 복잡하다는 것과 여기에 필요한 도구가 얼마나 완성도가 높
은가다. 빌드킷은 상당히 안정적인 수준에 도달했지만 아직 도커 엔진의 빌드 기능에 비할 바는
되지 못한다. 빌드팩도 기대할 만한 부분이 있지만, 도커가 필요하기 때문에 클라우드의 매니지드
쿠버네티스 클러스터처럼 도커가 배제된 환경에서는 제대로 사용하기 어렵다. 이 두 가지 도구를
연결하는 컴포넌트는 빌드킷 프로젝트의 메인테이너인 토니스 티기(Tōnis Tiigi)가 만들었다. 빌드

팩과 빌드킷을 연결할 수 있다는 점을 보여 워크플로의 가능성을 보여 주는 목적은 잘 달성했다. 하지만 아직 실무에서 사용할 수 있을 완성도는 아니다.

이를 대체할 수단도 있다. 깃랩(GitLab)은 빌드팩과 쿠버네티스 환경을 위한 네이티브 빌드 서버 인 젠킨스 X(Jenkins X)로 구성된 빌드 파이프라인을 깃 서버와 통합한 제품이다. 이들 도구는 자 체만으로도 꽤 복잡도가 높은데, 개발 워크플로에서 도커를 배제하려면 이들을 다시 빌드 절차로 엮어 내는 복잡도를 추가로 감내해야 한다. 이 장을 마무리질 즈음에는 과연 완성된 워크플로가 이런 복잡도를 감수할 가치가 있는지 확인할 수 있다. 다음에는 한 클러스터 안에 전달 파이프라 인과 테스트 환경을 모두 올려 빌드 과정 전반을 쿠버네티스 안으로 국한시키는 방법을 알아보자.

11.3 컨텍스트와 네임스페이스를 이용하여 워크로드 분리하기

아주 빨리 스쳐 지나가기는 했지만 3장에서 쿠버네티스 네임스페이스를 설명했었다. 쿠버네티스 에서 서비스의 완전한 도메인 네임이 왜 그런 형태가 되는지 이해할 수 있게 하려고 설명한 부분 이다. 하지만 클러스터를 분할하여 사용하지 않는 한 네임스페이스를 건드릴 필요는 없다. 네임스 페이스는 리소스 그룹을 만드는 메커니즘이다. 모든 쿠버네티스 객체는 어떤 네임스페이스에 속 한다. 여러 개의 네임스페이스를 잘 활용하면 실제 물리 클러스터를 여러 개의 가상 클러스터로 나누어 쓸 수 있다.

네임스페이스는 매우 유연해서 기업마다 네임스페이스를 활용하는 형태도 그만큼 다양하다. 운영 클러스터를 프로덕트별로 분할하거나, 단일 클러스터를 운영 클러스터와 비운영 클러스터(통합 테스트, 시스템 테스트, 사용자 테스트 등 환경을 구성한)로 분할하기도 한다. 심지어는 개발 클 러스터에 개발자 각자의 네임스페이스를 할당하여 개발 팀 모두가 전용 클러스터를 갖게 할 수도 있다. 네임스페이스는 리소스 제약과 보안이 적용되는 영역의 경계이기도 하므로 이에 대비한 시 나리오도 있다. 여기에서는 CI/CD 전용 네임스페이스를 사용해 볼 것이다. 간단한 시나리오부터 시작하자.

실습 kubectl은 네임스페이스를 다룰 수 있다. 네임스페이스를 만들고, 배치 및 리소스 질의의 대상에 네임스페이스를 지정(--namespace 플래그)할 수 있다. 다음은 sleep 디플로이먼트를 배치하는 간단한 예제다.

```
# 네임스페이스를 생성
kubectl create namespace kiamol-ch11-test

# sleep 파드를 새로운 네임스페이스에 배치
kubectl apply -f sleep.yaml --namespace kiamol-ch11-test

# 파드 목록에서 sleep 파드를 확인 - 여기에서는 확인되지 않음
kubectl get pods -l app=sleep

# 새로 만든 네임스페이스의 파드 목록을 확인
kubectl get pods -l app=sleep -n kiamol-ch11-test
```

필자의 환경에서 실행한 결과를 그림 11-8에 실었다. 실행 결과로 리소스 메타데이터에서는 네임스페이스가 필수 정보임을 알 수 있다. kubectl로 리소스를 다루려면 명시적으로 리소스의 네임스페이스를 지정해 주어야 한다. 우리가 지금까지 네임스페이스를 지정할 필요가 없었던 이유는 이제까지 사용했던 default 네임스페이스는 생략할 수 있었기 때문이다.

▼ 그림 11-8 네임스페이스를 이용하면 워크로드를 분리할 수 있고, 환경을 분리하는 데도 네임스페이스를 활용한다

네임스페이스는 다른 객체를 묶어 그룹으로 만드는 쿠버네티스 객체다.

매니페스트를 배치할 때 네임스페이스를 지정할 수 있다.

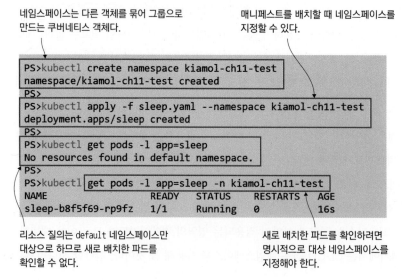

리소스 질의는 default 네임스페이스만 대상으로 하므로 새로 배치한 파드를 확인할 수 없다.

새로 배치한 파드를 확인하려면 명시적으로 대상 네임스페이스를 지정해야 한다.

네임스페이스에 속한 객체는 다른 네임스페이스와 격리되므로, 네임스페이스만 바꾸면 동일한 애플리케이션을 동일한 객체 이름으로 여러 벌 배치할 수 있다. 리소스는 다른 네임스페이스에 속한 리소스 존재를 알 수 없다. 쿠버네티스 네트워크는 계층이 없으므로 서비스를 통하면 네임스페이스를 가로질러 통신이 가능하지만, 컨트롤러는 자신의 네임스페이스 안에서만 관리 대상 파드를 찾는다. 네임스페이스 역시 쿠버네티스 리소스다. 예제 11-2는 YAML로 기술된 네임스페이스 정의다. 이 네임스페이스에 속하는 또 하나의 sleep 디플로이먼트 정의와 함께 기술되어 있다.

예제 11-2 sleep-uat.yaml, 네임스페이스를 생성하고 사용하는 매니페스트

```
apiVersion: v1
kind: Namespace            # 네임스페이스 정의는 이름만 있으면 된다
metadata:
  name: kiamol-ch11-uat
---
apiVersion: apps/v1
kind: Deployment
metadata:                  # 소속 네임스페이스도 객체 메타데이터의 일부다
  name: sleep              # 네임스페이스가 이미 정의되어 있어야 하며
  namespace: kiamol-ch11-uat   # 정의되어 있지 않다면 리소스 배치가 실패한다

  # 이하 파드의 정의
```

이 매니페스트의 디플로이먼트와 파드는 앞선 실습 예제의 리소스와 이름이 같다. 하지만 컨트롤러가 다른 네임스페이스에 속하도록 정의되었으므로 컨트롤러가 관리하는 리소스도 이 네임스페이스에 속한다. 따라서 이 매니페스트를 배치하면 이름 충돌이 발생하지 않는다.

실습 UAT라는 이름으로 새로운 네임스페이스를 만들고 예제 11-2의 매니페스트를 배치하라. 모든 네임스페이스를 대상으로 디플로이먼트 목록을 확인해 보면 컨트롤러 이름이 같은 것을 알 수 있다. 네임스페이스를 삭제하면 해당 네임스페이스에 속한 모든 리소스가 함께 삭제된다.

```
# 새로운 네임스페이스와 디플로이먼트를 배치
kubectl apply -f sleep-uat.yaml

# 모든 네임스페이스에 있는 sleep 디플로이먼트의 목록을 확인
kubectl get deploy -l app=sleep --all-namespaces

# UAT 네임스페이스를 삭제
kubectl delete namespace kiamol-ch11-uat
```

```
# 모든 네임스페이스에 있는 sleep 디플로이먼트의 목록을 확인
kubectl get deploy -l app=sleep --all-namespaces
```

필자의 환경에서 실행한 결과를 그림 11-9에 실었다. 첫 번째 sleep 디플로이먼트에서는 YAML 파일에 네임스페이스를 지정하지 않았으나, 우리는 kubectl 명령에서 kiamol-ch11-test라는 네임스페이스를 지정했다. 두 번째 sleep 디플로이먼트는 YAML 파일에서 kiamol-ch11-uat 네임스페이스를 지정했다. 그래서 kubectl 명령에서 --namespace 플래그를 달지 않아도 해당 네임스페이스에 속한다.

❤ 그림 11-9 네임스페이스는 객체를 그룹으로 다룰 때 유용하다

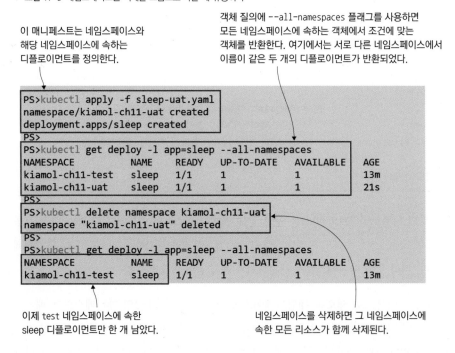

이 매니페스트는 네임스페이스와 해당 네임스페이스에 속하는 디플로이먼트를 정의한다.

객체 질의에 --all-namespaces 플래그를 사용하면 모든 네임스페이스에 속하는 객체에서 조건에 맞는 객체를 반환한다. 여기에서는 서로 다른 네임스페이스에서 이름이 같은 두 개의 디플로이먼트가 반환되었다.

```
PS>kubectl apply -f sleep-uat.yaml
namespace/kiamol-ch11-uat created
deployment.apps/sleep created
PS>
PS>kubectl get deploy -l app=sleep --all-namespaces
NAMESPACE          NAME    READY  UP-TO-DATE   AVAILABLE   AGE
kiamol-ch11-test   sleep   1/1    1            1           13m
kiamol-ch11-uat    sleep   1/1    1            1           21s
PS>
PS>kubectl delete namespace kiamol-ch11-uat
namespace "kiamol-ch11-uat" deleted
PS>
PS>kubectl get deploy -l app=sleep --all-namespaces
NAMESPACE          NAME    READY  UP-TO-DATE   AVAILABLE   AGE
kiamol-ch11-test   sleep   1/1    1            1           13m
```

이제 test 네임스페이스에 속한 sleep 디플로이먼트만 한 개 남았다.

네임스페이스를 삭제하면 그 네임스페이스에 속한 모든 리소스가 함께 삭제된다.

클러스터를 공유하는 환경에서는 일상적으로 네임스페이스를 옮겨 가며 작업해야 한다. 아까는 개인용 개발 네임스페이스에 애플리케이션을 배치했다. 지금은 test 네임스페이스에 배치된 애플리케이션 로그를 확인하는 식이다. 그러나 kubectl 명령의 플래그를 사용하여 네임스페이스를 오가는 방법은 시간도 낭비되고 실수하기 쉽기 때문에 kubectl에는 컨텍스트(context)라는 기능이 있다. 컨텍스트는 작업 대상 쿠버네티스 클러스터와 kubectl 명령에서 사용할 기본 네임스페이스를 정의한 것이다. 독자 여러분의 실습 환경도 이미 컨텍스트가 정의되어 있다. 이 컨텍스트를 수정해서 네임스페이스를 전환한다.

실습 현재 설정된 컨텍스트를 확인하라. 그리고 현재 컨텍스트의 기본 네임스페이스를 test 네임스페이스로 변경하라.

```
# 컨텍스트의 목록을 확인
kubectl config get-contexts

# 현재 컨텍스트의 기본 네임스페이스를 변경
kubectl config set-context --current --namespace=kiamol-ch11-test

# 기본 네임스페이스에 속한 파드의 목록을 확인
kubectl get pods
```

그림 11-10을 보면 컨텍스트에 지정된 네임스페이스가 이후 kubectl 명령의 기본 네임스페이스가 되는 것을 알 수 있다. 네임스페이스가 지정되지 않은 질의나 네임스페이스가 지정되지 않은 YAML 파일로 create 명령을 실행하면 모두 test 네임스페이스가 대상이 된다. 컨텍스트 역시 여러 개를 정의할 수 있다. 모두 같은 클러스터에서 네임스페이스만 다르게 정의하는 것도 가능하다. 그리고 kubectl use-context 명령으로 컨텍스트를 전환하며 사용한다.

컨텍스트의 또 다른 중요한 용도는 클러스터 전환이다. 도커 데스크톱이나 K3s를 마련해 놓았다면 로컬 클러스터를 가리키는 컨텍스트가 기본으로 생성된다. 이들 컨텍스트의 세부 정보는 홈 디렉터리 아래 .kube 디렉터리 속 설정 파일에 있다. 매니지드 쿠버네티스 서비스에는 여러분 로컬 컴퓨터에서 원격 클러스터를 다룰 수 있도록 이 설정 파일에 클러스터 정보를 추가하는 기능이 있다. 원격 API 서버는 TLS 보안이 적용되는데, 이 로컬 설정 파일에 담긴 인증서로 여러분이 허용된 사용자인지 검증한다. 설정 파일에서 보안 세부 정보를 확인할 수 있다.

❤ 그림 11-10 컨텍스트를 사용하여 편리하게 여러 네임스페이스와 클러스터를 오갈 수 있다

컨텍스트의 상세 정보에서 클러스터 이름과 기본 네임스페이스를 확인할 수 있다. 네임스페이스가 공란이면 기본 네임스페이스 default를 사용하는 것이다. 애스터리스크(*) 기호는 현재 활성화된 컨텍스트를 가리킨다.

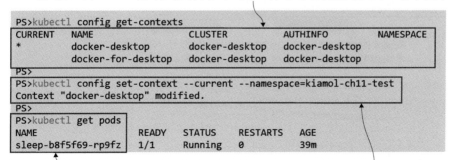

이제 네임스페이스를 지정하지 않은 질의는 kiamol-ch11-test 네임스페이스를 대상으로 하며, 따라서 sleep 파드가 결과에 나타난다.

컨텍스트를 수정하여 기본 네임스페이스를 다른 네임스페이스로 바꿀 수 있다.

실습 컨텍스트를 default 네임스페이스를 사용하도록 되돌려라. 그리고 클라이언트 설정 정보를 출력하라.

```
# 네임스페이스를 공란으로 지정하면 default 네임스페이스로 돌아간다
kubectl config set-context --current --namespace=

# 설정 파일에서 클러스터 접속 정보를 확인
kubectl config view
```

필자의 환경에서 실행한 결과를 그림 11-11에 실었다. 필자가 사용 중인 도커 데스크톱 클러스터는 TLS 인증서(이 부분은 kubectl로는 알 수 없음)를 사용하여 사용자를 인증한다.

❤ 그림 11-11 컨텍스트에는 로컬/원격을 막론하고 클러스터에 접속하는 세부 정보가 들어 있다

현재 컨텍스트의 기본 네임스페이스를 default 네임스페이스로 되돌린다.

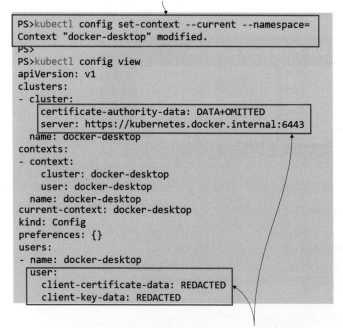

```
PS>kubectl config set-context --current --namespace=
Context "docker-desktop" modified.
PS>
PS>kubectl config view
apiVersion: v1
clusters:
- cluster:
    certificate-authority-data: DATA+OMITTED
    server: https://kubernetes.docker.internal:6443
  name: docker-desktop
contexts:
- context:
    cluster: docker-desktop
    user: docker-desktop
  name: docker-desktop
current-context: docker-desktop
kind: Config
preferences: {}
users:
- name: docker-desktop
  user:
    client-certificate-data: REDACTED
    client-key-data: REDACTED
```

kubectl 명령은 컨텍스트에 정의된 클러스터 API를 사용한다.
컨텍스트에는 클러스터 API 접속을 위한 TLS 인증서도 들어 있다.

kubectl은 쿠버네티스 API 서버의 인증 수단으로 토큰을 사용하기도 하는데, 파드는 비밀값으로 사용할 수 있는 파드를 전달받는다. 따라서 쿠버네티스에서 동작하는 애플리케이션도 쿠버네티스 API를 통해 객체를 질의하거나 배치할 수 있다. 다음 목표까지는 갈 길이 멀다. 다음 목표는 파드에서 빌드 서버를 실행하여 깃 서버의 소스 코드가 변경되면 빌드킷으로 빌드를 실행하고, 빌드된 이미지를 test 네임스페이스에 배치하는 것이다.

11.4 도커를 배제한 쿠버네티스의 지속적 전달

사실 아직 이 목표 근처도 가지 못했다. 빌드 절차에서 이미지를 레지스트리에 푸시할 수 있어야 하고, 쿠버네티스가 이를 내려받아 파드 컨테이너를 실행할 수 있어야 하기 때문이다. 또 실제 클러스터는 노드가 여러 대일 것이므로 이들 모두가 이미지 레지스트리에 접근할 수 있어야 한다. 지금까지는 도커 허브에서 공개된 이미지만 사용했으니 그리 어려운 일이 아니었지만, 직접 빌드할 때는 이미지를 비공개 리포지터리에 푸시해야 한다. 쿠버네티스에서는 비공개 리포지터리 인증 정보를 특별한 형태의 비밀값으로 저장한다.

이 절에서 다루는 실습 예제를 진행하려면 이미지 레지스트리에 계정이 필요하다. 도커 허브를 사용해도 괜찮고, 애저 컨테이너 레지스트리 ACR이나 아마존 일래스틱 컨테이너 레지스트리 ECR에 비공개 레지스트리를 만들어도 된다. 클라우드 환경에서 클러스터를 운영 중이라면 해당 서비스의 레지스트리를 사용해서 내려받는 시간을 줄일 수 있다. 하지만 모든 레지스트리는 동일한 API를 사용하므로 이 중 어느 것이든 사용할 수 있다.

실습 레지스트리 인증 정보를 담을 비밀값 객체를 만들어라. 앞으로 실습을 쉽게 진행할 수 있도록 인증 정보를 로컬 변수에 수집하는 스크립트를 작성해 두었다. 걱정할 필요 없다. 여러분 패스워드를 필자에게 전송하지는 않는다.

```
# 인증 정보를 로컬 변수로 수집(윈도우)
. .\set-registry-variables.ps1

# 인증 정보를 로컬 변수로 수집(macOS, 리눅스)
. ./set-registry-variables.sh

# 변수로 수집한 인증 정보로 비밀값 객체를 생성
kubectl create secret docker-registry registry-creds --docker-server=$REGISTRY_SERVER
--docker-username=$REGISTRY_USER --docker-password=$REGISTRY_PASSWORD

# 비밀값의 상세 정보를 확인
kubectl get secret registry-creds
```

필자의 환경에서 실행한 결과를 그림 11-12에 실었다. 필자는 도커 허브를 사용했는데, 도커 허브에는 패스워드와 동등하게 사용할 수 있는 임시 액세스 토큰을 발급하는 편리한 기능이 있다. 이 장 집필을 마친 후 이 토큰을 무효화할 것이다.

▼ 그림 11-12 여러분이 근무하는 회사에서는 비공개 이미지 레지스트리를 사용하는데, 이 레지스트리에 접근하려면 인증 정보가 필요하다

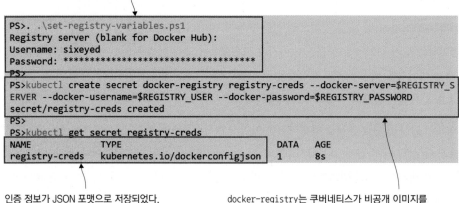

이제 준비가 끝났다. 빌드킷 파드에는 도커를 사용하지 않는 빌드 서버가 동작 중이고, 빌드 절차를 빠르게 반복할 수 있는 깃 서버도 준비되었다. 마지막으로 레지스트리에 접속할 인증 정보도 비밀값으로 클러스터에 저장되었다. 이 준비물로 빌드 파이프라인을 실행할 자동화 서버를 만들어 볼 것이다. 자동화 서버로는 젠킨스를 사용한다. 젠킨스는 오랜 역사와 함께 지금도 널리 사용되는 빌드 서버다. 그렇다고 이번 빌드 설정을 위해 젠킨스를 깊이 공부할 필요는 없다. 필자가 이미 모든 설정을 포함한 도커 허브 이미지를 준비해 두었다.

이 장에서 사용할 젠킨스 이미지에는 빌드킷과 kubectl 명령이 설치되었고 파드에 인증 정보가 적절히 주입된다. 앞서 만든 registry-creds 비밀값이 파드 컨테이너에 마운트되면 빌드킷에서는 이 정보로 레지스트리에 로그인하고 이미지를 푸시한다. 또 kubectl은 쿠버네티스에서 심은 다른 비밀값에 담긴 토큰으로 클러스터의 API 서버에 접속한다. 젠킨스 서버를 배치해서 모든 것이 원하는 대로 동작하는지 확인해 보자.

실습 젠킨스 동작에 필요한 모든 정보는 컨테이너 이미지에 담긴 시동 스크립트를 실행하여 쿠버네티스 비밀값에서 얻는다. 젠킨스 서버를 배치해서 이 서버가 쿠버네티스에 제대로 접속하는지 확인하라.

```
# 젠킨스 서버를 배치
kubectl apply -f infrastructure/jenkins.yaml

# 파드가 준비될 때까지 대기(여러 번 시도해야 할 수도 있음)
kubectl wait --for=condition=ContainersReady pod -l app=jenkins

# kubectl이 클러스터에 접속할 수 있는지 확인
kubectl exec deploy/jenkins -- sh -c 'kubectl version --short'

# 레지스트리 비밀값이 제대로 마운트되었는지 확인
kubectl exec deploy/jenkins -- sh -c 'ls -l /root/.docker'
```

이 실습 예제를 실행하면 실습 환경 쿠버네티스 클러스터의 버전이 출력된다. 이것은 젠킨스 파드의 컨테이너가 쿠버네티스에 접속 가능하게 잘 설정되었다는 증거다. 이제 자신이 동작하는 클러스터에 애플리케이션을 배치할 수 있다. 필자의 환경에서 실행한 결과를 그림 11-13에 실었다.

▼ 그림 11-13 젠킨스가 빌드 파이프라인을 실행하려면 쿠버네티스와 레지스트리에 접속할 인증 정보가 필요하다

매니페스트로 젠킨스 서버에 도커 레지스트리 인증 정보가 담긴 비밀값이 마운트되고, 쿠버네티스는 자신의 API에 접근하기 위한 API 토큰을 마운트한다. 컨테이너 이미지에 담긴 시동 스크립트에서 이들 정보를 사용해서 모든 인증을 마친다.

kubectl 명령으로 명령행 클라이언트와 현재 접속된 클러스터 버전을 출력했다. 젠킨스 파드에서 실행했으니 이 파드가 쿠버네티스 API에 접속할 수 있다는 증거가 된다.

```
PS>kubectl apply -f infrastructure/jenkins.yaml
service/jenkins created
deployment.apps/jenkins created
PS>
PS>kubectl wait --for=condition=ContainersReady pod -l app=jenkins
pod/jenkins-888fb995-6g48p condition met
PS>
PS>kubectl exec deploy/jenkins -- sh -c 'kubectl version --short'
Client Version: v1.18.4
Server Version: v1.16.6-beta.0
PS>
PS>kubectl exec deploy/jenkins -- sh -c 'ls -l /root/.docker'
total 0
lrwxrwxrwx 1 root root 18 Jun 22 13:46 config.json -> ..data/config.json
```

registry-creds 비밀값은 빌드킷이 인증 정보를 찾는 경로에 마운트된다.
파일 내용을 화면에 출력해 보면 레지스트리의 패스워드가 평문으로 출력될 것이다.
이런 이유로 책에서는 파일 내용을 출력하지 않았다.

젠킨스 서버가 곡스 서버에서 애플리케이션 코드를 받아 오고, 빌드킷 서버에 컨테이너 이미지를 빌드하게 하며, 빌드된 이미지를 레지스트리에 푸시한 후 최신 버전의 애플리케이션을 클러스터의 테스트 네임스페이스에 배치하는 전체 과정을 실행할 준비가 모두 끝났다. 이 과정은 젠킨스 파이프라인으로 만들어졌는데, 파이프라인의 각 단계는 애플리케이션 디렉터리에 간단한 빌드 스크립트로 작성되었다. 예제 11-3은 이미지를 패키징하고 레지스트리에 푸시하는 빌드 단계의 빌드 스크립트다.

예제 11-3 build.sh, 빌드킷이 사용된 빌드 스크립트

```
buildctl --addr tcp://buildkitd:1234 \            # 이 명령은 젠킨스 서버에서 실행되는
    build \                                        # 빌드킷을 사용하는 명령이다
    --frontend=gateway.v0 \
    --opt source=kiamol/buildkit-buildpacks \      # 빌드팩을 입력으로 받음
    --local context=src \
    --output type=image,name=${REGISTRY_SERVER}/${REGISTRY_USER}/bulletin-board:
        ${BUILD_NUMBER}-kiamol,push=true           # 결과물을 레지스트리에 푸시
```

이 스크립트는 11.2절에서 빌드 서버를 흉내 낼 때 사용했던 빌드킷 명령을 조금 확장한 것이다. buildctl 명령은 빌드팩과 동일한 통합 컴포넌트를 사용하므로 Dockerfile 스크립트가 필요 없다. 이 명령은 젠킨스 파드에서 실행되므로 (buildkitd 서비스와 연결된 파드에서 실행되는) 빌드킷서버 주소를 가리킨다. 빌드킷 파드에도 도커는 설치되어 있지 않다. 이미지 이름에 사용된 변숫값은 모두 젠킨스에서 지정된 것이지만, 모두 표준 환경 변수의 형태이며 젠킨스 및 빌드 스크립트에는 의존 모듈이 쓰이지 않는다.

파이프라인의 해당 단계 실행이 완료되면 빌드된 이미지가 레지스트리에 푸시된다. 다음은 또 다른 스크립트(예제 11-4)로 이렇게 업데이트된 애플리케이션이 배치되는 단계다. 이 단계 역시 젠킨스 파이프라인이 알아서 실행한다.

예제 11-4 run.sh, 헬름을 이용한 애플리케이션 배치 스크립트

```
helm upgrade --install --atomic \              # 릴리스를 설치 혹은 업그레이드
    --set registryServer=${REGISTRY_SERVER}, \  # 새 이미지의 버전 정보를
         registryUser=${REGISTRY_USER}, \       # 참조해서 이미지 태그의
         imageBuildNumber=${BUILD_NUMBER} \     # 값을 지정한다
    --namespace kiamol-ch11-test \              # 테스트 네임스페이스에 배치
    bulletin-board \
    helm/bulletin-board
```

애플리케이션 배치는 헬름을 이용한다. 이 헬름 차트는 이미지 이름의 값을 참조하는데, 여기에 사용된 변수는 빌드 단계에서 사용된 것과 동일하다. 이는 도커 레지스트리의 비밀값과 젠킨스의 빌드 넘버를 조합한 값이다. 지금 상황을 예로 들면, 첫 번째 빌드는 도커 허브에 sixeyed/bulletin-board:1-kiamol이라는 이름의 이미지가 푸시된 후 이 이미지를 사용해서 헬름 릴리스를 설치한다. 젠킨스에 로그인해서 빌드를 실행하는 것만으로 미리 설정된 대로 클러스터 안에서 이미지를 빌드하고 레지스트리에 이미지를 푸시하는 전체 과정이 실행된다.

> **실습** 젠킨스가 모두 설정을 마치고 준비되었으나 아직 파이프라인 잡은 실행되지 않았다. 젠킨스에 로그인하고 빌드 잡을 활성화하라. 그리고 파이프라인이 제대로 실행되어 애플리케이션이 클러스터에 잘 설치되었는지 확인하라.[2]

```
# 젠킨스 서버의 URL을 확인
kubectl get svc jenkins -o jsonpath='http://{.status.loadBalancer.ingress[0].*}:8080/
job/kiamol'

# 젠킨스에 접근하여 로그인하라(사용자명, 패스워드: kiamol)
# 젠킨스가 아직 준비 작업 중이면 대기하라는 화면이 열린다

# Kiamol 잡을 실행시키고 기다린다

# 빌드 파이프라인 실행이 끝나면
# 애플리케이션이 잘 배치되었는지 확인한다
kubectl get pods -n kiamol-ch11-test -l app.kubernetes.io/name=bulletin-board
-o=custom-columns=NAME:.metadata.name,IMAGE:.spec.containers[0].image

# 애플리케이션의 URL을 확인
kubectl get svc -n kiamol-ch11-test bulletin-board -o jsonpath='http://{.status.
loadBalancer.ingress[0].*}:8012'

# 애플리케이션에 접근
```

빌드 과정이 그렇게 오래 걸리지는 않을 것이다. 우리가 11.2절에서 사용했던 빌드킷 서버를 그대로 사용하므로 그 안에 캐시된 이미지가 있기 때문이다. 빌드가 끝나고 나면 테스트 네임스페이스에 헬름으로 배치한 애플리케이션에 접근할 수 있다. 필자의 환경에서 실행한 결과를 그림 11-14에 실었다.

---

2 **역주** 이 실습 예제와 다음 실습 예제는 젠킨스에 스크립트로 설치되는 플러그인이 버전업되면서 실습이 어려워졌다. 따라서 참고용으로만 살펴주길 바란다.

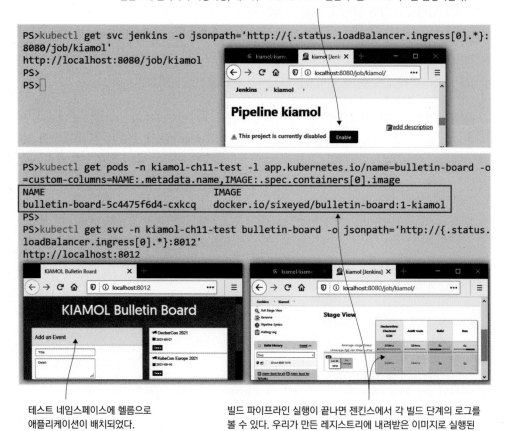

❤ 그림 11-14 실제 동작하는 빌드 파이프라인으로, 도커나 Dockerfile 스크립트 없이 쿠버네티스 안에서 빌드된 이미지로 배치한 애플리케이션이다

젠킨스에 접속하여 사용자명, 패스워드 kiamol로 로그인한 후 빌드 프로젝트를 활성화한다.

테스트 네임스페이스에 헬름으로
애플리케이션이 배치되었다.

빌드 파이프라인 실행이 끝나면 젠킨스에서 각 빌드 단계의 로그를
볼 수 있다. 우리가 만든 레지스트리에 내려받은 이미지로 실행된
파드가 동작 중인 것도 알 수 있다.

잘되고 있다. 이 애플리케이션의 전달 프로세스에서 우리 역할은 운영(Op)이므로, 프로세스에 참여하는 모든 구성 요소를 파악하고 있다. Jenkinsfile 스크립트에 기술된 파이프라인 및 헬름 차트의 정의를 담당하는 것도 우리다. 여기에는 템플릿 변수로 된 이미지 이름이나 디플로이먼트 정의에 들어 있는 비공개 레지스트리의 인증 정보 등 자잘한 세부 사항들이 들어 차 있지만, 개발자에게는 이 모든 것이 드러나지 않는다.

개발자는 로컬 환경에서 애플리케이션을 작성하고 변경된 코드를 푸시한 후 테스트 환경의 URL에 실행된 애플리케이션을 확인할 뿐이다. 이 과정에서 구체적으로 어떤 일이 일어나는지 신경 쓰지 않아도 된다. 그럼 워크플로를 구체적으로 살펴보자. 조금 전 우리는 이벤트에 붙은 간단한 설명을 수정했다. 애플리케이션의 변경된 버전을 배치하려면 코드를 로컬 깃 서버에 푸시한 후 젠킨스가 빌드만 마치기를 기다리면 된다.

> **실습** 변경된 코드를 곡스 서버에 푸시하라. 젠킨스가 1분 이내에 코드 변경을 확인하고 새로운 빌드를 시작할 것이다. 이 과정에서 레지스트리에 새로운 버전의 이미지가 푸시되고 헬름 릴리스가 이 버전으로 업데이트된다.[3]

```
# 코드를 수정한 후 커밋하고
# 곡스 서버에 푸시한다
git add bulletin-board/src/backend/events.js
git commit -m 'Add event descriptions'
git push gogs

# 젠킨스로 돌아가 빌드가 끝나기를 기다린다

# 애플리케이션 파드의 이미지 버전이 바뀐 것을 확인
kubectl get pods -n kiamol-ch11-test -l app.kubernetes.io/name=bulletin-board
-o=custom-columns=NAME:.metadata.name,IMAGE:.spec.containers[0].image

# 애플리케이션으로 돌아간다
```

지금 본 과정이 쿠버네티스에 적용한 git push PaaS 워크플로다. 여기에서는 간단한 애플리케이션을 예로 들었지만, 컴포넌트 수가 많은 대규모 시스템이라도 최신 버전이 같은 네임스페이스에 배치된다는 방법은 동일하다. 각 컴포넌트를 담당한 여러 팀에서 코드가 푸시된다는 점이 다를 뿐이다. 그림 11-15는 코드가 푸시되면서 시작되는 애플리케이션 업데이트 과정을 나타낸 것이다. 이 과정에 개발자는 직접 도커나 쿠버네티스나 헬름을 이용하지 않는다.

---

3 **역주** 앞 실습 예제와 연결되는 실습이라 참고용으로만 살펴보기를 바란다.

▼ 그림 11-15 쿠버네티스 클러스터에 적용한 PaaS 개발자 워크플로로, 복잡한 세부 사항이 많지만 개발자에게는 드러나지 않는다

코드 변경을 커밋하고 로컬 깃 서버에 푸시하면
젠킨스에서 빌드가 시작된다.

빌드가 끝나면 애플리케이션이 업데이트되어
행사 설명이 추가된다.

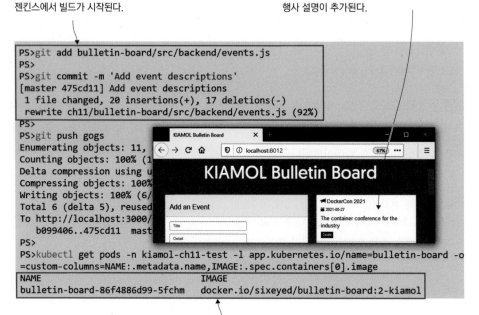

이번 빌드에서 버전 2 이미지가 도커 허브에 있는 필자의 리포지터리에 푸시되었고,
헬름 업데이트에 이 이미지가 사용되었다.

물론 PaaS 워크플로와 도커 워크플로를 동시에 적용할 수 없는 것은 아니다. 여러분이 사용하는 클러스터에서 도커를 가동 중이라면 도커 기반 애플리케이션은 간단하게 도커 중심의 워크플로를 사용하면 되고, 다른 애플리케이션은 도커를 배제한 PaaS 워크플로를 쓰면 된다. 두 가지 방법 모두 장단점이 있다. 마지막으로 어떤 기준으로 두 가지 방법 중 하나를 선택해야 하는지 설명하겠다.

11.5 쿠버네티스 환경의 개발자 워크플로 평가하기

이 장에서 개발자 워크플로의 양극단을 살펴보았다. 한쪽은 컨테이너를 완전히 포용하고 모든 환경을 속속들이 컨테이너화하고, 다른 한쪽은 개발 프로세스를 최대한 기존 네이티브 스타일로 유지하고 컨테이너는 CI/CD 파이프라인에서만 사용하는 방식이다. 양극단 사이에 충분한 선택지가 있기 때문에 아마 독자 여러분의 팀 또는 애플리케이션 아키텍처, 쿠버네티스 플랫폼에 적합한 접근법을 선택할 수 있을 것이다.

조직 문화 역시 기술 스택 못지않은 선택 기준이 된다. 모든 팀이 어느 정도 컨테이너를 다룰 수 있는 것이 낫겠는가? 아니면 컨테이너를 다루는 업무는 운영 팀에 맡겨 놓고 개발 팀은 개발에만 전념하는 것이 낫겠는가? 필자 입장에서는 모든 팀원이 필자가 쓴 두 책을 구입하여 컨테이너를 학습하는 편이 더 낫지만, 컨테이너 기술을 학습한다는 것은 제법 수고가 드는 일이다. 다음은 필자가 생각하는 개발 워크플로에 도커와 쿠버네티스가 개입할 때 이점을 정리한 것이다.

- **PaaS 개발자 워크플로는 복잡하지만 맞춤 구성이 가능하다**: 성숙도가 서로 다른 다양한 기술을 엮어 내 구조를 만들 수 있다.

- **도커 기반 워크플로는 유연하다**: 의존 모듈을 원하는 대로 Dockerfile 스크립트에 추가할 수 있다. 반면 PaaS 워크플로는 관행적으로 굳어진 몇 가지 형태가 있어 적합하지 못한 애플리케이션이 있을 수 있다.

- **PaaS 워크플로에 쓰인 기술은 미세 조정을 통한 도커 이미지의 최적화가 불가능하다**: bulletin-board 애플리케이션의 도커 기반 워크플로에서 빌드된 이미지는 95MB인 반면, 빌드팩에서 빌드된 이미지는 1GB나 된다. 그만큼 보안을 신경 쓸 곳이 많아진다.

- **도커와 쿠버네티스 학습은 앞으로 어딜 가든 도움이 된다**: 앞으로도 다양한 프로젝트에 참여하게 될 것이고, 도커와 쿠버네티스는 기본 스킬셋 중 하나가 될 것이다.

- **전체 기술 스택을 컨테이너 기술로만 꾸릴 필요는 없다**: 단계별로 다르게 구성하는 것도 가능하다. 컨테이너 사용을 위해 도커만 사용하거나 도커 컴포즈나 쿠버네티스를 사용할 수도 있다.

- **지식이 널리 퍼지면 협조적인 문화가 조성된다**: 컨테이너 기술을 홀로 운영하는 중앙 집중식 운영 팀의 업무 부하로 스트레스를 줄일 수 있다.

결국 여러분이 속한 조직과 팀에 적합한 방식을 선택해야 한다. 그리고 현재 워크플로에서 넘어갈 때 치를 대가도 함께 고려해야 한다. 필자는 개발과 운영을 오가는 업무를 맡고 있는데, 그래서인지 실용주의적 노선을 택할 때가 많다. 개발 업무를 주로 할 때는 네이티브 툴체인(주로 비주얼 스튜디오를 사용한 .NET 프로젝트 수행)을 사용한다. 그러나 코드 변경을 푸시하기 전에는 먼저 로컬에서 동작하는 CI 프로세스에서 도커 컴포즈로 컨테이너 이미지를 빌드하고, 역시 로컬 쿠버네티스 클러스터에서 애플리케이션을 구동한다. 이 방법이 모든 상황에 통하지는 않겠지만, 필자가 보기에는 개발 속도와 (테스트 및 운영 환경에서도 동일하게 동작하리라는) 코드에 대한 자신감 사이에서 제법 균형이 잘 맞는 지점이라고 생각한다.

개발 워크플로 설명은 이것으로 끝이다. 다음 장을 위해 클러스터를 정리하자. 빌드 컴포넌트(곡스, 빌드킷, 젠킨스) 등은 연습 문제에서 사용하기 위해 그대로 둔다.

실습 배치된 bulletin-board 애플리케이션을 제거한다.

```
# 파이프라인을 통해 설치된 헬름 릴리스를 제거
helm -n kiamol-ch11-test uninstall bulletin-board
```

```
# 수동 배치된 애플리케이션을 제거
kubectl delete all -l app=bulletin-board
```

KUBERNETES

11.6 / 연습 문제

이번 연습 문제는 조금 까다롭다. 미리 양해를 구한다. 하지만 PaaS 워크플로를 관행에서 벗어난 도구로 구성했을 때 맞닥뜨리게 될 위험을 미리 보여 주고 싶었다. 이제 보게 될 bulletin-board 애플리케이션은 매우 오래된 버전인 10.5.0 버전의 Node.js 런타임을 사용한다. 이 런타임을 좀 더 새로운 버전으로 업데이트하는 것이 이번 문제다. Node 버전 10.6.0을 사용하는 또 다른 소스 코드 디렉터리가 있는데, 여러분이 할 일은 이 버전을 빌드하는 빌드 파이프라인을 구성하는 것이다. 그리고 오류가 발생하면 원인을 찾아 해결하면 된다. 우리 목적은 젠킨스를 배우는 것이 아니므로 파이프라인 디버깅에 도움이 될 다음 힌트를 참고하기 바란다.

- 젠킨스 웹 사이트에서 New Item을 선택하여 새 프로젝트를 만든다. 이때 기존 잡 복제를 선택하고, 복제할 기존 잡으로는 kiamol을 선택한다. 새로운 잡 이름은 마음대로 지어도 좋다.
- 잡을 생성한 후 나오는 설정 화면에서 pipeline 탭을 선택하고 파이프라인 스크립트 경로인 Script Path를 다음 경로로 수정한다.

    ch11/lab/bulletin-board/Jenkinsfile

- 잡에서 빌드를 실행한 후 로그를 살펴보며 빌드가 실패한 이유를 찾는다.
- 빌드 오류를 해결하려면 연습 문제 소스 코드 디렉터리의 파일을 수정한 후 이를 곡스 서버에 푸시해야 한다.

젠킨스 화면의 스크린샷과 함께 필자 깃허브 https://github.com/sixeyed/kiamol의 ch11/lab/README.md에서 작성한 예시 정답을 참고하기 바란다.

제 **3** 부

운영 환경으로 가자

쿠버네티스가 애플리케이션 실행을 도맡아 주지만, 그렇다고 여러분이 바로 운영 환경에 뛰어들 수 있다는 것은 아니다. 3부에서는 '라이브 서비스 이후 운영(day-2 operations)'에 필요한 개념을 다룬다. 3부를 모두 읽고 나면 여러분 애플리케이션이 실제 운영에 들어가더라도 준비된 엔지니어가 될 수 있을 것이다. 애플리케이션 상태를 주기적으로 확인하는 헬스체크, 로그 및 애플리케이션 동작 지표의 중앙 집중식 수집, 쿠버네티스 클러스터의 컨테이너에 대한 트래픽 라우팅 등을 배우게 될 것이다. 이외에도 보안의 일부 핵심 주제를 함께 다룬다. 애플리케이션 보안을 위해 치러야 할 대가가 무엇인지 배울 수 있을 것이다.

12^장

자기수복형 애플리케이션 활용하기

쿠버네티스는 컴퓨팅 계층과 네트워킹 계층의 추상화로 애플리케이션을 모델링한다. 쿠버네티스가 네트워크 트래픽과 컨테이너 생애 주기를 통제할 수 있는 것도 이들 계층의 추상화 때문이며, 이런 통제력으로 애플리케이션 일부분이 고장을 일으키더라도 고장 난 부분을 수복할 수 있다. 애플리케이션 정의를 잘 작성한다면 클러스터 자체에서 애플리케이션의 일시적인 문제를 찾아 해결하는 것도 가능하다. 이런 애플리케이션을 자기수복형(self-healing) 애플리케이션이라고 하며 일시적으로 발생하는 문제를 사람의 개입 없이도 해결할 수 있는 것이 특징이다. 이 장은 컨테이너 프로브를 활용하여 애플리케이션 정상 여부를 확인하고, 애플리케이션이 리소스 부족에 빠지지 않도록 리소스 사용 한계를 설정하여 자기수복형 애플리케이션을 구성하는 방법을 다룬다.

쿠버네티스의 애플리케이션 수복 능력에는 한계가 있다. 이런 수복 능력의 한계가 어디까지인지 알아본다. 사람의 개입 없이 애플리케이션이 계속 동작하게 하는 것이 주 목표이지만 애플리케이션 업데이트도 다시 한 번 살펴볼 것이다. 업데이트는 애플리케이션 정지 시간의 최대 발생 요인이다. 업데이트 주기 중에도 애플리케이션 상태를 정상으로 유지하는 헬름 기능도 함께 다룬다.

12.1 / 정상 파드에만 트래픽 라우팅하기: 레디니스 프로브

쿠버네티스는 파드 컨테이너가 실행 중인지 파악할 수 있지만, 컨테이너 속에서 동작하는 애플리케이션 상태가 정상인지는 알 수 없다. 애플리케이션마다 '정상 상태'의 기준이 다르다. 예를 들어 'HTTP 요청에 대해 응답 코드 200을 보내는 것'이 정상 상태의 기준이 될 수 있다. 따라서 쿠버네티스에는 **컨테이너 프로브**(container probe)를 통해 애플리케이션의 정상 상태 여부를 판단하는 기능이 있다. 도커 이미지에도 헬스체크 기능을 설정할 수 있지만 쿠버네티스는 자신의 프로브를 우선하기 때문에 헬스체크 설정을 무시한다. 프로브는 파드 정의에 기술되며, 고정된 스케줄로 실행되어 애플리케이션의 특정한 측면을 시험하고 애플리케이션 상태가 현재 정상이라고 판단할 수 있는 지표를 반환한다.

프로브가 컨테이너 상태가 비정상이라고 응답한다면 쿠버네티스가 조치에 나선다. 다만 조치 내용은 프로브 유형에 따라 달라진다. **레디니스 프로브**(readiness probe)는 네트워크 수준에서 조치되는데, 네트워크 요청을 처리하는 컴포넌트에 대한 라우팅을 관리하는 조치다. 파드 컨테이너의 상태가 비정상으로 판정되면 해당 파드는 준비 상태에서 제외되며, 서비스의 활성 파드 목록에서도 제외된다. 그림 12-1은 여러 개의 레플리카를 가진 디플로이먼트를 나타낸 것으로 파드 하나의 상태가 비정상이다.

▼ 그림 12-1 트래픽을 받을 준비가 되지 않은 파드는 서비스의 엔드포인트 목록에서 제외된다

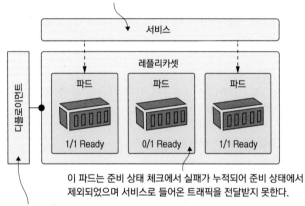

서비스에는 자신이 받은 트래픽을 전달받을 엔드포인트 목록이 있다.
이 목록은 레이블 셀렉터를 기반으로 작성한 것으로, 준비 상태인
파드만 목록에 포함될 수 있다.

이 파드는 준비 상태 체크에서 실패가 누적되어 준비 상태에서
제외되었으며 서비스로 들어온 트래픽을 전달받지 못한다.

디플로이먼트와 레플리카셋은 파드를 관리하는 역할을 하지만,
준비 상태가 아닌 파드를 대체하는 기능은 없다.

레디니스 프로브는 일시적인 과부하 문제를 해결하는 데 적합하다. 일부 파드에 과부하가 걸려 모든 요청에 상태 코드 503을 반환하고 있다면, 레디니스 프로브의 확인 요청에도 정상을 의미하는 상태 코드 200이 아닌 상태 코드 503을 반환할 것이다. 따라서 이들 파드는 서비스에서 제외되어 더 이상 요청받지 않는다. 파드가 서비스에서 제외된 후에도 레디니스 프로브는 과부하 상태의 파드가 복귀할 기회를 주는데, 이때 상태 확인에서 정상으로 돌아오면 파드는 다시 서비스의 엔드포인트 목록에 복귀한다.

무작위 숫자 생성 애플리케이션에는 이런 메커니즘이 어떻게 동작하는지 볼 수 있는 기능이 있다. 이 애플리케이션의 API는 일정 횟수 이상 요청에 실패하면 활성화되는 모드가 있는데, 이 모드가 활성화되면 API 상태가 양호한지 확인할 수 있는 HTTP 엔드포인트가 생긴다. 먼저 레디니스 프로브 없이 애플리케이션을 실행하여 어떤 문제가 생기는지 살펴보자.

실습 API를 두 개 이상의 레플리카로 실행하라. 그리고 컨테이너 프로브 없이 애플리케이션이 오류를 일으키면 어떤 현상이 발생하는지 관찰하라.

```
# 이 장 예제 코드의 디렉터리로 이동
cd ch12

# 무작위 숫자 생성 애플리케이션의 API
# 컴포넌트를 배치
kubectl apply -f numbers/

# API 컴포넌트가 준비될 때까지 대기
kubectl wait --for=condition=ContainersReady pod -l app=numbers-api

# 파드가 서비스의 엔드포인트 목록에 포함되었는지 확인
kubectl get endpoints numbers-api

# API의 URL을 텍스트 파일에 저장
kubectl get svc numbers-api -o jsonpath='http://{.status.loadBalancer.
ingress[0].*}:8013' > api-url.txt

# API를 호출 - 요청 응답 후 애플리케이션이 오류를 일으킨다
curl "$(cat api-url.txt)/rng"

# 상태 확인용 엔드포인트로 API의 상태를 확인
curl "$(cat api-url.txt)/healthz"; curl "$(cat api-url.txt)/healthz"

# 서비스와 연결된 파드의 목록을 확인
kubectl get endpoints numbers-api
```

실행 결과를 보면, 파드 중 하나가 오류를 일으켰음에도 서비스의 엔드포인트 목록에 파드 두 개가 그대로 남아 있다. 오류를 일으킨 파드는 계속 500 내부 서버 오류를 반환할 것이다. 그림 12-2의 필자 환경에서 실행한 결과를 보면, 파드 하나를 고장 나게 했던 요청 이전이나 이후나 모두 서비스의 엔드포인트 목록에 두 개의 IP 주소가 보인다.

서비스의 레이블 셀렉터와 일치하는 파드가
두 개 있으므로, 엔드포인트 목록에도 두 개의
IP 주소가 포함된다.

이 API는 첫 번째 요청 후 고장을 일으키도록 만들어졌다.
그러므로 애플리케이션 컨테이너가 고장 상태가 되었다.

```
PS>cd ch12
PS>
PS>kubectl apply -f numbers/
service/numbers-api created
deployment.apps/numbers-api created
PS>
PS>kubectl wait --for=condition=ContainersReady pod -l app=numbers-api
pod/numbers-api-7789f9c587-g859k condition met
pod/numbers-api-7789f9c587-rrg4p condition met
PS>
PS>kubectl get endpoints numbers-api
NAME           ENDPOINTS                        AGE
numbers-api    10.1.1.194:80,10.1.1.195:80      13s
PS>
PS>kubectl get svc numbers-api -o jsonpath='http://{.status.loadBalancer.ingress[0]
.*}:8013' > api-url.txt
PS>
PS>curl "$(cat api-url.txt)/rng"
63
PS>
PS>curl "$(cat api-url.txt)/healthz"; curl "$(cat api-url.txt)/healthz"
{"message":"Unhealthy"}Ok
PS>
PS>kubectl get endpoints numbers-api
NAME           ENDPOINTS                        AGE
numbers-api    10.1.1.194:80,10.1.1.195:80      65s
```

상태 확인 엔드포인트를 통해 확인해 보니, 파드 하나는 정상이고
다른 하나는 고장 상태다. 이 두 요청은 로드밸런싱이 적용되므로
이 같은 결과를 보려면 두어 번 더 실행해야 할 수도 있다.

두 파드가 아직 서비스의 엔드포인트 목록에
그대로 남아 있다.

이런 현상이 일어나는 이유는 파드가 고장을 일으킨 것을 쿠버네티스에서 알 수 없기 때문이다.
파드 컨테이너에는 애플리케이션이 실행 중인 상태고, 쿠버네티스 입장에서는 애플리케이션이 제
대로 동작하는지 확인할 수 있는 상태 확인 엔드포인트가 있다는 것을 알 수 없다. 파드 정의에
레디니스 프로브를 추가하면 쿠버네티스가 상태 확인 엔드포인트를 사용하게 할 수 있다. 예제
12-1은 헬스체크 기능을 추가하도록 수정한 API 컴포넌트의 정의다.

예제 12-1 api-with-readiness.yaml, API 컨테이너의 레디니스 프로브

```
spec:                              # 디플로이먼트 정의에 포함된 파드의 정의 부분
  containers:
    - image: kiamol/ch03-numbers-api
      readinessProbe:              # 프로브는 컨테이너 수준에서 정의된다
        httpGet:
```

12

자가 수복형 애플리케이션 활용하기

```
        path: /healthz              # 이 URL에 HTTP GET 요청을 보낸다
        port: 80
        periodSeconds: 5            # 5초에 한 번씩 상태를 확인한다
```

쿠버네티스에는 여러 유형의 컨테이너 프로브가 있다. 여기 나온 컨테이너 프로브는 웹 애플리케이션이나 API 상태를 확인하기에 적합한 HTTP GET 요청을 사용한다. 프로브는 5초마다 엔드포인트 /healthz를 호출하여 그 결과를 쿠버네티스에 보고하는데, 응답의 HTTP 상태 코드가 200에서 399 사이면 정상 상태를 보고하고 그 외의 상태 코드는 실패를 보고한다. 무작위 숫자 API는 고장이 나면 상태 코드 500을 반환하므로 레디니스 프로브가 제 역할을 하는 모습을 볼 수 있을 것이다.

실습 수정된 정의를 배치하고, 애플리케이션이 오류를 일으킨 파드가 서비스의 엔드포인트 목록에서 제외되는지 확인하라.

```
# 예제 12-1의 정의를 배치
kubectl apply -f numbers/update/api-with-readiness.yaml

# 파드가 대체될 때까지 대기
kubectl wait --for=condition=ContainersReady pod -l app=numbers-api,version=v2

# 서비스의 엔드포인트 목록을 확인
kubectl get endpoints numbers-api

# 애플리케이션 컨테이너에 고장을 발생시킴
curl "$(cat api-url.txt)/rng"

# 레디니스 프로브가 동작할 때까지 대기
sleep 10

# 서비스의 엔드포인트 목록을 다시 확인
kubectl get endpoints numbers-api
```

필자의 환경에서 실행한 결과를 그림 12-3에 실었다. 레디니스 프로브가 파드 중 하나의 응답이 500번을 반환하는 것을 발견한다. 그리고 이 파드의 IP 주소가 서비스의 엔드포인트 목록에서 제외된다. 그 결과 이 파드는 더 이상 트래픽을 전달받지 않는다.

❤ 그림 12–3 레디니스 프로브의 상태 체크에 실패한 파드는 준비 상태에서 제외되며, 서비스의 엔드포인트 목록에서도 제외된다

API 컨테이너의 업데이트된 정의에는
레디니스 프로브가 추가되었다.

애플리케이션 컨테이너 중 하나가 이제 고장을 일으켰다.

```
PS>kubectl apply -f numbers/update/api-with-readiness.yaml
deployment.apps/numbers-api configured
PS>
PS>kubectl wait --for=condition=ContainersReady pod -l app=numbers-api,version=v2
pod/numbers-api-6c87c8fd69-rvw25 condition met
pod/numbers-api-6c87c8fd69-v7sq4 condition met
PS>
PS>kubectl get endpoints numbers-api
NAME              ENDPOINTS                    AGE
numbers-api       10.1.1.196:80,10.1.1.197:80  14m
PS>
PS>curl "$(cat api-url.txt)/rng"
41
PS>
PS>sleep 10
PS>
PS>kubectl get endpoints numbers-api
NAME              ENDPOINTS           AGE
numbers-api       10.1.1.196:80       14m
```

레디니스 프로브가 상태 체크에 들어간다. 파드 중 하나가 준비 상태에서 제외된다.

이제 서비스 엔드포인트 목록에 준비 상태를 유지한 정상 파드만 남았다.

이 애플리케이션은 다른 수단 없이 레디니스 프로브에만 의존했을 때 생길 수 있는 위험 예이기도 하다. 무작위 숫자 API의 로직은 한 번 이상을 일으키면 정상으로 돌아오지 않는다. 따라서 이상을 일으킨 파드는 서비스에서 쭉 제외된 상태가 되고, 애플리케이션 역시 처리 용량이 저하된 상태가 계속된다. 디플로이먼트는 준비 상태에서 벗어난 파드를 대체하지 않기 때문에 파드는 두 개이지만 트래픽을 받는 파드는 하나뿐이다. 남은 파드마저 이상을 일으키면 상태가 악화될 것이다.

실습 현재 서비스 엔드포인트 목록에는 파드가 하나뿐이다. 이 파드에 요청을 보내면 이 파드도 고장을 일으켜 두 파드가 모두 서비스에서 제외된다.

```
# 서비스 엔드포인트 목록을 확인
kubectl get endpoints numbers-api

# API를 호출해서 파드 고장을 일으킨다
curl "$(cat api-url.txt)/rng"

# 레디니스 프로브가 상태 체크를 할 때까지 대기
sleep 10
```

12

자가 수복형 애플리케이션 활용하기

383

```
# 엔드포인트 목록을 다시 확인
kubectl get endpoints numbers-api

# 파드의 상태를 확인
kubectl get pods -l app=numbers-api

# 더 이상 요청을 처리할 API 파드가 없다

# API에 트래픽을 일으키면 오류가 발생한다
curl "$(cat api-url.txt)/reset"
```

이제 두 파드 모두 레디니스 프로브의 상태 체크를 통과하지 못하고 서비스의 엔드포인트 목록에서 제외되었다. 그림 12-4에서 보듯이 애플리케이션도 사용 불가 상태가 된다. API를 사용하려고 하면 HTTP 오류 코드가 반환되는 대신 연결 실패가 될 것이다. 관리자 URL에 접근하여 애플리케이션을 초기화하는 방법도 소용없다.

❤ 그림 12-4 프로브의 애초 역할은 애플리케이션의 자기수복을 돕는 것이지만, 서비스의 모든 파드를 제거하는 결과를 낳을 수도 있다

파드는 두 개이지만, 준비 상태인 파드가 하나뿐이어서
엔드포인트 목록에도 항목이 하나뿐이다.

나머지 한 파드도 레디니스 프로브의 상태 체크에
실패해서 엔드포인트 목록에서 제외되었다.

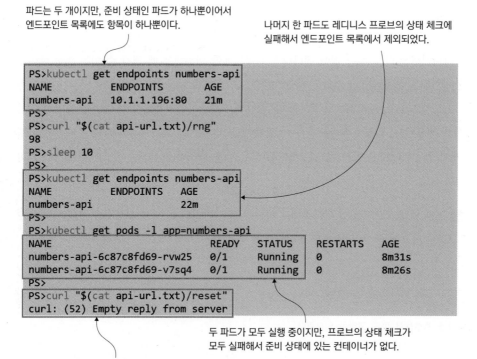

두 파드가 모두 실행 중이지만, 프로브의 상태 체크가
모두 실패해서 준비 상태에 있는 컨테이너가 없다.

API 컨테이너에는 이럴 때 사용할 수 있는 초기화 기능이 있지만,
서비스 엔드포인트 목록에서 모든 파드가 제거되었기 때문에
이 기능을 호출할 수 없다.

이쯤 되면 이것이 무슨 자기수복형 애플리케이션인가 싶을 것이다. 하지만 애플리케이션은 어찌
되었든 고장 상태에 있다. 레디니스 프로브가 없어도 애플리케이션은 정상 동작하지 않았겠지만,
레디니스 프로브가 있다면 조치하여 다시 요청을 처리할 수 있을 때까지 파드는 트래픽을 받지 않
아도 된다. 프로브의 상태 체크에 실패한 후 애플리케이션이 스스로 복구할 수 있는지 알려면 애
플리케이션의 실패 모드를 이해해야 한다.

무작위 숫자 API는 자신을 복구할 능력이 없다. 하지만 우리가 파드를 재시작하면 정상 상태를 회
복할 수 있다. 쿠버네티스에는 우리 대신 파드를 재시작하는 역할을 할 헬스체크 수단이 하나 더
있다. 이를 **리브니스 프로브**(liveness probe)라고 한다.

12.2 고장을 일으킨 파드 재시작하기: 리브니스 프로브

리브니스 프로브의 상태 체크 메커니즘은 레디니스 프로브와 동일하다. 그러므로 앞서 본 체크 설
정을 그대로 쓸 수 있다. 하지만 고장을 일으킨 파드에 대한 조치는 레디니스 프로브와 다르다. 리
브니스 프로브의 조치는 컴퓨팅 수준이라고 할 수 있는 파드 재시작이다. 여기에서 말하는 재시작
은 파드 컨테이너의 재시작이다. 파드 자체는 원래 있던 노드에 그대로 남는다.

예제 12-2는 무작위 숫자 API 정의에 포함된 리브니스 프로브의 설정이다. 여기에서도 HTTP
GET 요청을 통해 상태를 체크하지만, 몇 가지 추가된 설정이 있다. 파드 재시작은 엔드포인트 목
록에서 제외하는 것보다는 훨씬 적극적인 조치다. 그런 만큼 이 조치를 취할 시점을 더 명확히 하
는 추가적인 설정이 있다.

예제 12-2 api.with-readiness-and-liveness.yaml, 리브니스 프로브 추가

```
livenessProbe:
  httpGet:                        # 레디니스 프로브와 마찬가지로
    path: /healthz                # HTTP GET 요청을 통해 상태를 체크
    port: 80
  periodSeconds: 10
  initialDelaySeconds: 10         # 첫 번째 상태 체크 전 10초간 대기
  failureThreshold: 2             # 상태 체크 실패 두 번까지는 용인
```

리브니스 프로브 설정은 파드 정의이므로 이번 업데이트를 반영하면 새로운 대체 파드가 생성된다. 이번에도 파드가 고장을 일으키면 레디니스 프로브가 서비스에서 파드를 제외하며, 그다음에는 리브니스 프로브가 파드를 재시작해서 파드가 서비스에 복귀한다.

실습 API 컴포넌트를 업데이트하고, 리브니스 및 레디니스 프로브가 함께 동작하며 애플리케이션을 정상 상태로 유지하는지 확인하라.

```
# 예제 12-2의 파드 정의를 반영
kubectl apply -f numbers/update/api-with-readiness-and-liveness.yaml

# 새로운 파드가 준비될 때까지 대기
kubectl wait --for=condition=ContainersReady pod -l app=numbers-api,version=v3

# 파드의 상태를 확인
kubectl get pods -l app=numbers-api -o wide

# 서비스 엔드포인트 목록을 확인
kubectl get endpoints numbers-api        # 항목이 두 개

# 한쪽 파드에 고장을 일으킴
curl "$(cat api-url.txt)/rng"

# 프로브가 상태를 체크할 때까지 대기한 후
# 파드의 상태를 다시 확인
sleep 20
kubectl get pods -l app=numbers-api
```

이번 실습 예제에서 리브니스 프로브가 고장을 일으킨 애플리케이션 파드를 재시작하는 것을 볼 수 있다. 재시작 대상은 파드 컨테이너이므로 IP 주소 등 파드 환경은 그대로 유지된다. 컨테이너에 공디렉터리 볼륨이 마운트되어 있었다면, 교체된 컨테이너에서도 동일하게 파일에 접근할 수 있다. 그림 12-5를 보면 두 파드가 재시작 후 모두 준비 상태로 돌아온 것을 볼 수 있다. 쿠버네티스가 애플리케이션 고장을 회복했다.

❤ 그림 12-5 레디니스 프로브와 리브니스 프로브를 함께 사용하면 애플리케이션을 정상 상태로 유지할 수 있다

새로운 두 파드가 실행되어 준비 상태가 되었다.
이들 파드는 레디니스 프로브와 리브니스 프로브
설정이 추가되었다.

서비스 엔드포인트 목록에 두 개의 IP 주소가 있다.

```
PS>kubectl apply -f numbers/update/api-with-readiness-and-liveness.yaml
deployment.apps/numbers-api configured
PS>
PS>kubectl wait --for=condition=ContainersReady pod -l app=numbers-api,version=v3
pod/numbers-api-75ff44ff4b-6gncn condition met
pod/numbers-api-75ff44ff4b-lsgjf condition met
PS>
PS>kubectl get pods -l app=numbers-api -o wide
NAME                          READY   STATUS    RESTARTS   AGE   IP           NODE
              NOMINATED NODE   READINESS GATES
numbers-api-75ff44ff4b-6gncn   1/1     Running   0          15s   10.1.1.199   dock
er-desktop    <none>           <none>
numbers-api-75ff44ff4b-lsgjf   1/1     Running   0          22s   10.1.1.198   dock
er-desktop    <none>           <none>
PS>
PS>kubectl get endpoints numbers-api
NAME          ENDPOINTS                        AGE
numbers-api   10.1.1.198:80,10.1.1.199:80      93m
PS>
PS>curl "$(cat api-url.txt)/rng"
65
PS>sleep 20
PS>
PS>kubectl get pods -l app=numbers-api -o wide
NAME                          READY   STATUS    RESTARTS   AGE   IP           NODE
              NOMINATED NODE   READINESS GATES
numbers-api-75ff44ff4b-6gncn   1/1     Running   0          77s   10.1.1.199   dock
er-desktop    <none>           <none>
numbers-api-75ff44ff4b-lsgjf   1/1     Running   1          84s   10.1.1.198   dock
er-desktop    <none>           <none>
```

두 파드 중 하나가 고장을 일으킨다. 고장 난 파드는
서비스에서 제거된 후 재시작된다.

두 파드 모두 준비 상태가 되었다. 하지만 한 파드는
리브니스 프로브의 상태 체크에 실패해서 재시작된 것이다.

애플리케이션이 정상 상태를 오래 유지하지 못하고 계속 고장을 일으킨다면 재시작 역시 완전한 해결책이 되지 못한다. 쿠버네티스가 파드를 재시작하는 횟수에도 한계가 있기 때문이다. 일시적인 문제라면 대체 컨테이너에서 애플리케이션이 정상을 회복한다. 프로브는 애플리케이션 업데이트 중에도 유용하다. 롤아웃은 새로 투입된 파드가 준비 상태가 되어야 다음 롤아웃을 진행하는데, 이때 레디니스 프로브의 상태 체크가 실패하면 롤아웃이 진행되지 않는다.

to-do 애플리케이션의 웹 컴포넌트 및 데이터베이스 컴포넌트에 이들 프로브를 적용한 예를 살펴보자. 웹 컴포넌트의 프로브는 지금까지와 마찬가지로 HTTP GET 요청 액션을 사용하지만, 데이터베이스 컴포넌트에는 HTTP 엔드포인트가 없으므로 대신 TCP 소켓 통신을 사용한다. TCP

소켓 통신 액션은 지정된 포트가 열려 있고 이 포트로 들어오는 트래픽을 주시하는지 확인한 후 컨테이너 안에서 지정된 명령을 실행하는 형태로 조치를 취한다. 예제 12-3은 데이터베이스 컴포넌트의 프로브 설정이다.

예제 12-3 todo-db.yaml, TCP 통신 및 명령 실행 프로브

```
spec:
  containers:
    - image: postgres:11.6-alpine
      # 환경 설정을 포함한 전체 정의
      readinessProbe:
        tcpSocket:                    # 레디니스 프로브는
          port: 5432                  # 데이터베이스가 이 포트를 주시하는지 체크
        periodSeconds: 5
      livenessProbe:                  # 리브니스 프로브는 명령행 도구를 실행하여
        exec:                         # 데이터베이스가 동작 중인지 체크
          command: ["pg_isready", "-h", "localhost"]
        periodSeconds: 10
        initialDelaySeconds: 10
```

이 정의를 배치하면 애플리케이션 동작에는 변화가 없다. 하지만 웹 컴포넌트와 데이터베이스 컴포넌트 모두 일시적인 오류에 대해 보호를 받을 수 있다.

> **실습** 자기수복형 애플리케이션으로 수정된 to-do 애플리케이션을 실행하라.

```
# 웹 및 데이터베이스 컴포넌트를 배치
kubectl apply -f todo-list/db/ -f todo-list/web/

# 애플리케이션이 준비될 때까지 대기
kubectl wait --for=condition=ContainersReady pod -l app=todo-web

# 서비스의 URL을 확인
kubectl get svc todo-web -o jsonpath='http://{.status.loadBalancer.ingress[0].*}:8081'

# 애플리케이션에 접근하여 새 항목을 추가
```

그림 12-6에서 보듯이 겉으로 보기에 달라진 것은 없다. 하지만 데이터베이스 컴포넌트의 프로브가 데이터베이스 서버가 준비될 때까지 트래픽이 전달되지 않게 하므로, 데이터베이스 서버가 고장을 일으키고 파드가 재시작되더라도 대체 파드가 동일한 공디렉터리 볼륨에 담긴 동일한 파일을 사용한다.

❤ 그림 12-6 레디니스 프로브와 리브니스 프로브의 상태 체크가 모두 정상이므로 애플리케이션이 기존처럼 동작한다

이번 업데이트에서 레디니스 프로브와 리브니스 프로브가 적용되었다. 데이터베이스 컴포넌트에는
HTTP 서버가 없으므로 TCP 소켓 통신 및 명령 실행으로 상태를 체크한다.

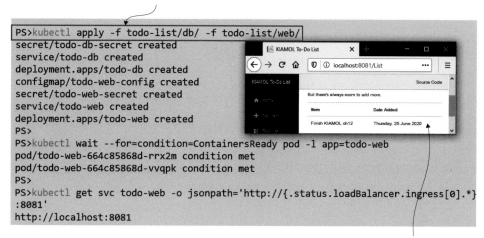

두 프로브의 상태 체크가 통과했으므로 트래픽이 서비스를 거쳐 웹 파드와
데이터베이스 파드로 전달된다. 따라서 애플리케이션도 기존처럼 동작한다.

업데이트 중 이상을 일으키더라도 프로브를 이용하여 애플리케이션의 정상 상태를 유지할 수 있
다. to-do 애플리케이션의 PostgreSQL 데이터베이스 버전이 업그레이드된 새로운 정의가 나왔
다고 하자. 그런데 이 정의에 컨테이너 명령이 오버라이드되어 PostgreSQL 데이터베이스가 제대
로 실행되지 않는다. 아마도 누군가가 애플리케이션을 실행하지 않고 파드만 실행하여 변경된 설
정을 점검하려고 했다가 수정했던 코드를 그대로 남겨 둔 것 같다. '남아 있는 디버그 코드가 일으
키는 버그(left-over-from-debugging mistake)'의 전형적인 형태다. 이 파드에 프로브 설정이
없었다면 업데이트가 아무 일 없이 진행되어 애플리케이션이 중단되었을 것이다. sleep 명령 때
문에 파드가 실행 상태로 남아 있지만 웹 컴포넌트에서 접속할 데이터베이스 서버가 없는 상황이
벌어진다. 프로브가 이 같은 사태를 막아 주고 애플리케이션을 정상 상태로 유지한다.

실습 오류가 있는 업데이트를 배치한 후 새로운 파드의 프로브 상태 체크가 실패하여 기존 파
드가 그대로 남아 있는 것을 관찰하라.

```
# 업데이트를 반영
kubectl apply -f todo-list/db/update/todo-db-bad-command.yaml

# 파드 상태의 변화를 모니터링
kubectl get pods -l app=todo-db --watch
```

```
# 애플리케이션이 고장을 일으키지 않았는지 확인
# ctrl-c 또는 cmd-c를 눌러 kubectl을 종료
```

필자의 환경에서 실행한 결과를 그림 12-7에 실었다. 새로 생성된 데이터베이스 파드가 준비 상태로 진입하지 못한다. 레디니스 프로브가 5342번 포트가 열려 있지 않다고 확인했기 때문이다. 또 리브니스 프로브가 PostgreSQL 데이터베이스가 클라이언트 접속을 받을 수 있는 상태인지 확인하는 명령을 실행하는데, 이 역시 통과하지 못해 파드가 반복적으로 재시작한다. 새 파드가 준비 상태로 진입하지 못하니 기존 파드가 그대로 남아 있고 그 결과 애플리케이션이 정상적으로 동작한다.

❤ 그림 12-7 롤아웃은 새로운 파드가 준비 상태가 되길 기다리는데, 결과적으로 프로브가 업데이트 실패를 방지하는 효과가 있다

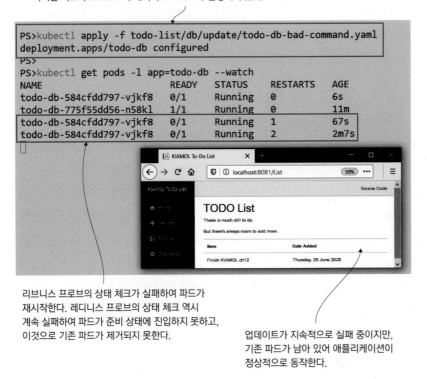

이번 업데이트에는 파드 정의에 오류가 있어 데이터베이스가 실행되지 않는다.
하지만 리브니스 프로브와 레디니스 프로브가 설정되어 있다.

```
PS>kubectl apply -f todo-list/db/update/todo-db-bad-command.yaml
deployment.apps/todo-db configured
PS>
PS>kubectl get pods -l app=todo-db --watch
NAME                          READY    STATUS    RESTARTS    AGE
todo-db-584cfdd797-vjkf8      0/1      Running   0           6s
todo-db-775f55dd56-n58kl      1/1      Running   0           11m
todo-db-584cfdd797-vjkf8      0/1      Running   1           67s
todo-db-584cfdd797-vjkf8      0/1      Running   2           2m7s
```

리브니스 프로브의 상태 체크가 실패하여 파드가 재시작한다. 레디니스 프로브의 상태 체크 역시 계속 실패하여 파드가 준비 상태에 진입하지 못하고, 이것으로 기존 파드가 제거되지 못한다.

업데이트가 지속적으로 실패 중이지만, 기존 파드가 남아 있어 애플리케이션이 정상적으로 동작한다.

5분쯤 후 다시 애플리케이션의 상태를 확인해 보면, 파드 상태가 크래시루프백오프(CrashLoopBackOff) 상태에 빠진 것을 볼 수 있다. 이 상태는 정상적으로 실행될 수 없는 파드를 계속 재시작하느라 클러스터 자원이 낭비되는 것을 막아 주는 수단이다. 이 상태가 되면 파드가 재시작되는 시간 간격이 점차 늘어난다. 어떤 파드가 이 상태에 빠졌다면 스스로 수복할 수 있는 상

태가 아니라는 의미다.

to-do 애플리케이션은 이제 우리가 9장에서 보았던 롤아웃 실패와 같은 상황이 되었다. 디플로이 먼트는 두 개의 레플리카셋을 관리하고 있고, 기존 레플리카셋의 레플리카 수를 줄이고 새로운 레 플리카셋의 레플리카 수를 정해진 수까지 늘려야 한다. 하지만 새로운 레플리카셋의 레플리카 수 가 아무리 기다려도 정해진 수까지 도달하지 못한다. 이 레플리카셋의 파드가 프로브 상태 체크에 계속 실패하기 때문이다. 디플로이먼트는 언젠가는 롤아웃이 완료되리라 믿고 재시도를 계속한 다. 쿠버네티스와 달리 헬름에는 자동 롤백 기능이 있다. 안전하게 업그레이드할 수 있도록 헬름 차트를 확장할 수 있다.

12.3 헬름을 이용한 안전한 애플리케이션 업데이트

10장에서 헬름을 다루었다. 하지만 안전한 애플리케이션 업데이트를 위해 템플릿 함수와 의존 관 계 모델링을 깊이 다룰 필요는 없다. 헬름은 원자적 설치와 업그레이드를 지원하는데, 원자적 설 치나 업그레이드는 작업이 실패하면 자동으로 롤백하는 기능이 있다. 이외에도 설치 전 단계 또는 설치 후 시점에 검증 작업을 수행하듯이 배치의 생애 주기에 일정 시점마다 원하는 작업을 수행할 수 있는 훅이 있다.

이 장 예제 코드에는 to-do 애플리케이션의 헬름 차트가 여러 버전으로 나뉘어 있다(일반적인 경 우라면 같은 차트의 서로 다른 릴리스가 된다). 차트 버전 1은 우리가 12.2절에서 사용했던 것과 동일한 리브니스 및 레디니스 프로브가 적용되었다. 차이점이 있다면 데이터베이스가 영구볼륨클 레임을 사용하므로 업그레이드 후에도 데이터가 유지된다는 것 정도다. 앞서 실습한 내용을 정리 하고 헬름 차트로 정의된 애플리케이션을 설치하자.

실습 헬름 차트로 정의된 to-do 애플리케이션을 실행하라. 파드 정의는 앞서와 동일하다.

```
# 앞서 실습한 내용을 모두 정리
kubectl delete all -l kiamol=ch12

# 헬름 릴리스를 설치
```

```
helm install --atomic todo-list todo-list/helm/v1/todo-list/
```

```
# 배치가 성공적으로 끝나면 파일에 애플리케이션에 접근할 URL을 출력하는 kubectl 명령이 출력된다
# 이 명령을 복사해서 실행한다
```

```
# 애플리케이션에 접근해서 새 항목을 추가
```

헬름을 이용하여 애플리케이션 버전 1을 실행했다. 차트의 템플릿 디렉터리에 NOTES.txt라는
파일이 있는 것을 제외하면 달라진 것이 없다. 이 파일은 설치해 보면 도움이 될 만한 내용을 담고
있다. 필자의 환경에서 실행한 결과를 그림 12-8에 실었다. 애플리케이션의 스크린샷은 담지 않
았지만 애플리케이션에 접근하여 '12장 집필 완료'라는 항목을 추가했다.

▼ 그림 12-8 헬름으로 애플리케이션을 설치하면 컨테이너 프로브의 상태 체크를 기다려야 한다

업데이트 또는 설치할 때 --atomic 옵션을 붙이면 작업이 실패할 경우 자동으로
애플리케이션이 롤백된다. 프로브의 상태 체크 실패 역시 작업 실패로 간주된다.

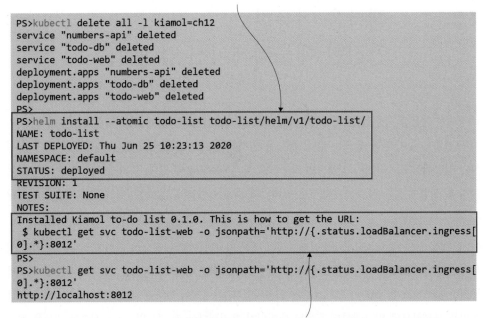

배치가 성공적으로 끝나면 파일에 애플리케이션에 접근할 URL을 출력하는
kubectl 명령이 출력된다.

헬름 차트 버전 2는 12.2절과 마찬가지로 데이터베이스 버전이 업그레이드되었고, 데이터베이스 파드의 컨테이너 명령이 오버라이드된 상태다. 이 차트를 배치하면 내부적으로는 앞서와 똑같은 상황이 발생한다. 쿠버네티스가 디플로이먼트를 업데이트하고 이에 따라 새로운 레플리카셋이 생성되지만, 레디니스 프로브의 상태 체크가 계속 실패하면서 새 레플리카셋의 레플리카 수가 정해진 수에 도달하지 못한다. 여기에서 헬름은 롤아웃 상태를 파악하여 지정된 기간 안에 롤아웃을 성공하지 못하면 자동으로 롤백을 진행한다.

실습 헬름을 이용하여 to-do 애플리케이션을 차트 버전 2로 업그레이드하라. 차트 버전 2는 설정에 오류가 있지만 헬름이 애플리케이션을 자동으로 롤백한다.

```
# 파드의 현재 상태와 컨테이너 이미지를 확인
kubectl get pods -l app=todo-list-db -o=custom-columns=NAME:.metadata.name,STATUS:.
status.phase,IMAGE:.spec.containers[0].image

# 릴리스를 업그레이드 - 실패
helm upgrade --atomic --timeout 30s todo-list todo-list/helm/v2/todo-list/

# 파드의 목록을 다시 확인
kubectl get pods -l app=todo-list-db -o=custom-columns=NAME:.metadata.name,STATUS:.
status.phase,IMAGE:.spec.containers[0].image

# 애플리케이션으로 돌아와 목록을 새로고침
```

이 실습 중에 파드 목록을 몇 번 더 출력했다면, 그림 12-9에서 보듯이 롤백이 일어나는 과정을 볼 수 있었을 것이다. 과정을 간단히 설명하면, 먼저 PostgreSQL 11.6을 실행 중인 파드가 하나 있고 여기에 11.8을 실행하는 파드가 추가된다. 하지만 이 파드는 프로브의 상태 체크를 통과하지 못하고 제한 시간 30초를 초과하여 업그레이드가 롤백된다. 두 번째 파드도 롤백과 함께 제거된다. kubectl을 사용했을 때처럼 계속 파드를 재시작하거나 크래시루프백오프 상태에 빠지는 일이 발생하지 않는다.

❤ 그림 12-9 새로운 파드가 준비 상태로 진입하지 못해 업그레이드가 실패하고, 자동 롤백이 일어난다

버전 1 릴리스에는 PostgreSQL 11.6이 쓰였다.

제한 시간인 30초 이내에 새로운 파드가 프로브의 체크를 통과하지
못했기 때문에 업그레이드가 취소되고 자동으로 롤백된다.

```
PS>kubectl get pods -l app=todo-list-db -o=custom-columns=NAME:.metadata.name,STATU
S:.status.phase,IMAGE:.spec.containers[0].image
NAME                              STATUS    IMAGE
todo-list-db-58596944f9-jz4t8     Running   postgres:11.6-alpine
PS>
PS>helm upgrade --atomic --timeout 30s todo-list todo-list/helm/v2/todo-list/
Error: UPGRADE FAILED: release todo-list failed, and has been rolled back due to at
omic being set: timed out waiting for the condition
PS>
PS>kubectl get pods -l app=todo-list-db -o=custom-columns=NAME:.metadata.name,STATU
S:.status.phase,IMAGE:.spec.containers[0].image
NAME                              STATUS    IMAGE
todo-list-db-58596944f9-jz4t8     Running   postgres:11.6-alpine
todo-list-db-745c86758-6qwjb      Running   postgres:11.8-alpine
PS>
PS>kubectl get pods -l app=todo-list-db -o=custom-columns=NAME:.metadata.name,STATU
S:.status.phase,IMAGE:.spec.containers[0].image
NAME                              STATUS    IMAGE
todo-list-db-58596944f9-jz4t8     Running   postgres:11.6-alpine
PS>
```

새 파드에서는 PostgreSQL 11.8이 사용되었다. 하지만 업그레이드 취소로
이 파드는 제거될 것이다.

기존 파드만 현재 동작 중이다. 업그레이드는 실패했으나
애플리케이션에 영향을 미치지 않았다.

이 과정에서 to-do 애플리케이션은 동작에 방해를 받거나 처리 용량이 감소하지 않는다. 그다음 버전은 잘못된 컨테이너 명령을 제거하고, 헬름에서 배치된 애플리케이션을 테스트하는 템플릿 변수를 추가했다. 이 테스트는 설치 과정에서 실행되지 않으며, 우리가 원하는 시점에 실행할 수 있어 릴리스가 정상적으로 동작하는지 확인하는 스모크 테스트 용도로 제격이다. 예제 12-4는 to-do 애플리케이션의 데이터베이스를 테스트한 것이다.

예제 12-4 todo-db-test-job.yaml, 헬름 테스트로 실행되는 쿠버네티스 잡 정의

```
apiVersion: batch/v1
kind: Job                    # 잡 정의다
metadata:
  # name 및 label 생략
  annotations:
    "helm.sh/hook": test     # 테스트 중 실행할 잡임을 명기
spec:
  completions: 1
  backoffLimit: 0            # 한 번만 실행하며 재시도하지 않음
template:
```

```
      spec:                    # SQL 질의를 실행하는 컨테이너 정의
        containers:
          - image: postgres:11.8-alpine
            command: ["psql", "-c", "SELECT COUNT(*) FROM \"public\".\"ToDos\""]
```

앞서 8장에서 잡을 배웠다. 헬름에서는 잡이 많이 활용된다. 잡 정의에는 실패했을 경우 재시도 횟수와 성공을 판단하는 조건이 포함된다. 버전 3 업그레이드는 제대로 진행되며, 업그레이드가 끝난 후 테스트 잡이 실행된다. 이 잡은 SQL 질의를 전달하여 데이터베이스가 사용 가능한 상태 인지 확인하는 테스트다.

실습 버전 3 차트로 업그레이드하라. 이 차트는 정상적으로 PostgreSQL을 업데이트할 수 있 다. 그리고 헬름을 이용하여 테스트를 진행한 후 잡 파드에 남아 있는 로그를 확인하라.

```
# 업그레이드 실행
helm upgrade --atomic --timeout 30s todo-list todo-list/helm/v3/todo-list/

# 데이터베이스 파드의 이미지 정보 확인
kubectl get pods -l app=todo-list-db -o=custom-columns=NAME:.metadata.name,STATUS:.
status.phase,IMAGE:.spec.containers[0].image,IP:.status.podIPs[].ip

# 데이터베이스 서비스의 엔드포인트 목록 확인
kubectl get endpoints todo-list-db

# 헬름을 이용하여 테스트 잡을 실행
helm test todo-list

# 테스트 잡의 실행 결과를 확인
kubectl logs -l job-name=todo-list-db-test
```

필자의 환경에서 실행한 결과를 그림 12-10에 실었다. 일부를 발췌한 것이지만 중요한 내용은 모 두 포함한 것이다. 업그레이드는 성공적으로 진행되었지만 upgrade 명령에는 테스트 실행이 포함 되지 않는다. 데이터베이스 버전이 업데이트되었고, 테스트를 실행하면 실행된 잡에서 데이터베 이스에 접속하여 데이터가 아직 남아 있음을 확인한다.

자기수복형 애플리케이션 활용하기

❤ 그림 12-10 헬름을 이용하여 테스트 스위트를 실행하는 방법으로 언제라도 스모크 테스트를 진행할 수 있다

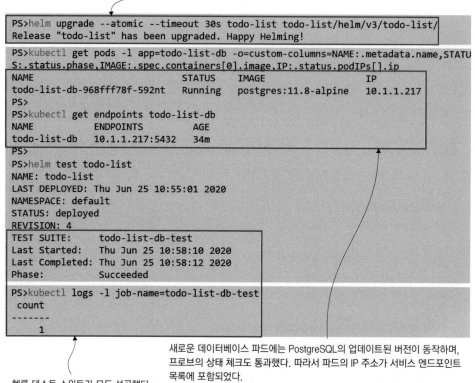

버전 3 차트에는 PostgreSQL 파드의 정의가
수정되었기 때문에 업그레이드가 제대로 진행된다.

```
PS>helm upgrade --atomic --timeout 30s todo-list todo-list/helm/v3/todo-list/
Release "todo-list" has been upgraded. Happy Helming!
PS>kubectl get pods -l app=todo-list-db -o=custom-columns=NAME:.metadata.name,STATU
S:.status.phase,IMAGE:.spec.containers[0].image,IP:.status.podIPs[].ip
NAME                           STATUS     IMAGE                    IP
todo-list-db-968fff78f-592nt   Running    postgres:11.8-alpine     10.1.1.217
PS>
PS>kubectl get endpoints todo-list-db
NAME              ENDPOINTS            AGE
todo-list-db      10.1.1.217:5432      34m
PS>
PS>helm test todo-list
NAME: todo-list
LAST DEPLOYED: Thu Jun 25 10:55:01 2020
NAMESPACE: default
STATUS: deployed
REVISION: 4
TEST SUITE:        todo-list-db-test
Last Started:      Thu Jun 25 10:58:10 2020
Last Completed:    Thu Jun 25 10:58:12 2020
Phase:             Succeeded
PS>kubectl logs -l job-name=todo-list-db-test
 count
 -------
     1
```

새로운 데이터베이스 파드에는 PostgreSQL의 업데이트된 버전이 동작하며,
프로브의 상태 체크도 통과했다. 따라서 파드의 IP 주소가 서비스 엔드포인트
목록에 포함되었다.

헬름 테스트 스위트가 모두 성공했다.
잡은 삭제되지 않으므로 남아 있는 로그를
확인할 수 있다.

헬름이 잡을 실행하지만 성공적으로 실행된 잡을 제거하지 않으므로, 나중에 필요하다면 잡을 실행했던 파드 상태와 속에 담긴 로그를 확인할 수 있다. 하지만 테스트를 다시 실행하면 파드가 대체되므로 언제라도 테스트 스위트를 다시 실행할 수 있다. 업그레이드 실행 전 이번 릴리스가 정상적인 상태인지 확인하면 사전에 업그레이드가 안전한지 확인하는 용도로 잡을 활용할 수도 있다.

이런 기능은 특히 애플리케이션의 여러 버전을 함께 지원해야 할 때 유용하다. 다만 증분 업그레이드여야 한다는 조건이 있다. 예를 들어 버전 1.1은 버전 2.0으로 업그레이드되기 전에 버전 1.2를 거쳐야 한다는 식이다. 이렇게 하려면 각 서비스마다 API 버전을 확인하거나 데이터베이스의 스키마 버전을 확인해야 하는데, 헬름은 애플리케이션 파드의 컨피그맵과 비밀값 객체를 공유하여 이 같은 정보에 접근할 수 있다. 예제 12-5는 to-do 애플리케이션 차트 버전 4의 업그레이드 사전 테스트를 수행하는 잡 정의다.

```
apiVersion: batch/v1
kind: Job                          # 일반적인 잡 정의
metadata:
  # name 및 label 생략
  annotations:
    "helm.sh/hook": pre-upgrade    # 이 잡은 업그레이드 전 시점에
    "helm.sh/hook-weight": "10"    # 실행되어야 하며 잡에 필요한 컨피그맵 객체보다
spec:                              # 나중에 생성되어야 한다고 생성 순서 조건을 명기
  template:
    spec:
      restartPolicy: Never
      containers:
        - image: postgres:11.8-alpine
          # 비밀값 관련 설정 생략
          command: ["/scripts/check-postgres-version.sh"]
          volumeMounts:
            - name: scripts         # 컨피그맵 볼륨을 마운트
              mountPath: "/scripts"
```

여기에서 살펴볼 템플릿은 두 가지다. 하나는 잡 정의고, 다른 하나는 잡에서 실행할 스크립트가 담긴 컨피그맵이다. 그리고 애너테이션을 통해 헬름 생애 주기 중 어떤 시점에 잡을 실행해야 할지 지정한다. 이 잡은 업그레이드할 때만 실행되며 신규로 설치할 때는 실행되지 않는다. 그리고 우선순위 애너테이션(hook-weight)으로 잡 생성 전에 먼저 컨피그맵 객체가 생성되어 있도록 한다. 이렇게 생애 주기 및 우선순위를 설정하여 헬름에서 복잡한 검증 절차를 제대로 실행시킬 수 있도록 한다. 이번 테스트는 현재 데이터베이스 서버의 버전이 11.6일 때만 데이터베이스 이미지를 업데이트하는 내용으로, 비교적 간단한 편이다.

실습 버전 3에서 이미 PostgreSQL 서버가 업데이트되었기 때문에 버전 3에서 버전 4로 가는 업그레이드는 유효하지 않다. 업그레이드를 실행해 보고 정말로 업그레이드가 진행되지 않는지 확인하라.

```
# 버전 4로 가는 업그레이드 실행 - 실패
helm upgrade --atomic --timeout 30s todo-list todo-list/helm/v4/todo-list/

# 잡 목록을 확인
kubectl get jobs --show-labels

# 업그레이드 사전 테스트 잡의 결과를 출력
kubectl logs -l job-name=todo-list-db-check
```

```
# 데이터베이스 파드가 변경되지 않았는지 확인
kubectl get pods -l app=todo-list-db -o=custom-columns=NAME:.metadata.name,STATUS:.
status.phase,IMAGE:.spec.containers[0].image
```

이번 실습 예제를 실행해 보면 실제로 업그레이드되지 않는다. 업그레이드 사전 훅이 실행한 잡이
실패하기 때문이다. 이런 내용이 모두 업그레이드 실패 및 이전 리비전으로 롤백되었다는 내용과
함께 릴리스 히스토리에 기록된다. 필자의 환경에서 실행한 결과를 그림 12-11에 실었다. 그리고
이번 업데이트 과정을 거치면서도 애플리케이션을 사용하는 데 지장이 생기지 않는다.

업그레이드 사전 검증과 자동 롤백 역시 애플리케이션의 자기수복성을 제공하기 때문에 헬름의
장점을 애플리케이션 상태를 정상적으로 유지한다는 관점에서 이해하면 좋다. 하지만 이 목적에
헬름이 반드시 필요한 것은 아니다. 지금 헬름을 이용하고 있지 않다면 kubectl을 사용해서라도
배치 파이프라인에 이런 기능을 적용해 볼 만하다.

이제 애플리케이션의 자기수복성에 대한 마지막 절이 남았다. 파드 컨테이너의 계산 리소스 관
리다.

❤ 그림 12-11 업그레이드 사전 훅을 이용하여 해당 릴리스가 적합한지 검증할 수 있다

업그레이드 사전 훅이 실행한 잡이 실패하면서 업그레이드도 실패한다.
이 잡의 로그를 보여 주지는 않지만 잡 자체는 그대로 남아 있다.

```
PS>helm upgrade --atomic --timeout 30s todo-list todo-list/helm/v4/todo-list/
Error: UPGRADE FAILED: release todo-list failed, and has been rolled back due to at
omic being set: pre-upgrade hooks failed: job failed: BackoffLimitExceeded
PS>
PS>kubectl get jobs --show-labels
NAME                  COMPLETIONS    DURATION    AGE     LABELS
todo-list-db-check    0/1            54s         54s     kiamol=ch12
todo-list-db-test     1/1            2s          30m     kiamol=ch12
PS>
PS>kubectl logs -l job-name=todo-list-db-check
** ERROR - Postgres not at expected version - wanted: 11.6, got: PostgreSQL 11.8 -
CANNOT UPGRADE **
PS>
PS>kubectl get pods -l app=todo-list-db -o=custom-columns=NAME:.metadata.name,STATU
S:.status.phase,IMAGE:.spec.containers[0].image
NAME                                STATUS      IMAGE
todo-list-db-968fff78f-592nt        Running     postgres:11.8-alpine
```

잡의 로그에서 검증 로직을 확인할 수 있다.
현재 버전에서 목표 버전으로 업그레이드가 불가능하다.

버전 3의 데이터베이스 파드가 아직 동작 중이므로
애플리케이션도 정상 동작한다.

12.4 계산 리소스를 관리하여 애플리케이션 및 노드 보호하기

컨테이너는 애플리케이션 프로세스가 거주하는 가상화된 환경이다. 쿠버네티스는 이런 가상 환경을 만드는 역할을 한다. 파일 시스템이나 네트워크와 마찬가지로 컨테이너 환경에는 메모리와 CPU도 포함된다. 쿠버네티스는 이런 요소 역시 관리할 수 있는데, 초기 설정에서 메모리와 CPU는 쿠버네티스의 관리 대상이 아니다. 다시 설명하자면 파드 컨테이너는 자신이 동작 중인 노드의 CPU나 메모리를 끌어다 사용하는 데 특별한 제한이 없다. 여기에는 두 가지 문제가 있다. 첫 번째는 메모리가 고갈되어 애플리케이션이 강제 종료될 위험이 있다는 것이고, 두 번째는 다른 애플리케이션을 실행할 노드의 리소스가 부족해질 수 있다는 점이다.

파드 정의에서 컨테이너가 사용할 수 있는 리소스 총량을 제한할 수 있다. 컨테이너 프로브와 마찬가지로 운영 환경에서는 빼놓을 수 없는 설정이다. 메모리 누수 증상을 보이는 애플리케이션은 아주 쉽게 클러스터를 망가뜨릴 수 있다. 또한 CPU 사용량 급증은 공격자의 손쉬운 공격 목표이기도 하다. 이 절에서는 파드 정의를 통해 이런 일을 방지하는 방법을 배운다. 먼저 메모리를 많이 사용하는 새로운 애플리케이션부터 살펴보자.

실습 지난 실습 예제에서 설치했던 애플리케이션을 제거한 후 새로운 애플리케이션을 설치하라. 이 애플리케이션은 메모리를 계속 확보하며 자신이 확보한 메모리양을 로그로 남기는 기능을 한다. 이번에 생성할 파드에는 리소스 사용량 제한이 걸려 있지 않다.

```
# 이전 실습에 설치했던 헬름 릴리스를 제거
helm uninstall todo-list

# 현재 사용 가능한 노드의 메모리 잔량을 확인
kubectl get nodes -o jsonpath='{.items[].status.allocatable.memory}'

# 메모리를 다량 사용하는 애플리케이션을 배치
kubectl apply -f memory-allocator/

# 잠시 대기 후, 사용된 메모리양을 확인
kubectl logs -l app=memory-allocator --tail 1
```

memory-allocator 애플리케이션은 5초마다 10MB의 메모리를 확보한다. 이 과정은 실습 클러스터의 메모리가 모두 잠식될 때까지 계속된다. 필자의 환경에서 실행한 결과인 그림 12-12를 보면, 필자가 사용하는 도커 데스크톱 노드는 약 25GB의 메모리를 사용할 수 있다. 이 중 1.5GB가 사용된 시점에서 필자가 스크린샷을 찍었다.

❤ 그림 12-12 이 애플리케이션은 끝없이 메모리를 잡아먹기에 운영 환경에서는 결코 실행하면 안 될 애플리케이션이다

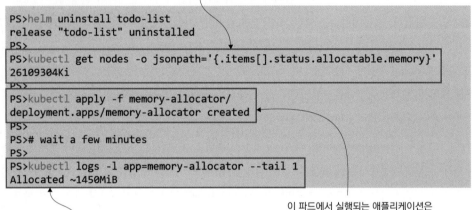

kubectl 명령으로 노드 정보도 질의할 수 있다. 필자가 사용하는 클러스터는
단일 노드로, 쿠버네티스에서 사용할 수 있는 메모리 용량은 약 25GB다.

```
PS>helm uninstall todo-list
release "todo-list" uninstalled
PS>
PS>kubectl get nodes -o jsonpath='{.items[].status.allocatable.memory}'
26109304Ki
PS>
PS>kubectl apply -f memory-allocator/
deployment.apps/memory-allocator created
PS>
PS># wait a few minutes
PS>
PS>kubectl logs -l app=memory-allocator --tail 1
Allocated ~1450MiB
```

이 파드에서 실행되는 애플리케이션은
메모리를 확보하기만 할 뿐 반환하지 않는다.

잠시 후 컨테이너가 사용 중인 메모리 용량이 약 1.5GB가 되었다.
앞으로도 계속 늘어날 것이다.

애플리케이션이 오래 실행될수록 더 많은 메모리를 사용하므로, 메모리 부족을 일으켜 필자가 작업 중인 원고를 날리지 않도록 서둘러 진행하겠다. 예제 12-6은 리소스 사용 제한이 적용된 파드 정의다. 애플리케이션이 사용할 수 있는 메모리 상한을 50MB로 지정했다.

예제 12-6 memory-allocator-with-limit.yaml, 컨테이너에 메모리 사용량 제한 설정

```
spec:                           # 디플로이먼트 정의에 포함된 파드 정의
  containers:
    - image: kiamol/ch12-memory-allocator
      resources:
        limits:                 # 컨테이너가 사용할 수 있는 계산 리소스를 제한한다
          memory: 50Mi          # 여기에서는 메모리 사용량을 50MB로 제한했다
```

리소스 제한은 컨테이너 수준에서 지정된다. 하지만 파드 정의에 포함되는 내용이므로 업데이트를 적용하면 파드가 새 파드로 대체된다. 파드를 대체하면 메모리 사용량이 0으로 돌아가 5초마다 10MB씩 증가한다. 하지만 이번에는 쿠버네티스가 메모리 사용량을 50MB로 제한한다.

실습 memory-allocator 애플리케이션에 예제 12-6과 같이 지정된 메모리 사용 제한을 적용하라. 리눅스 호스트의 스왑 메모리가 설정되어 있지 않다면 파드가 재시작되는 것을 볼 수 있다. K3s에는 (베이그런트 가상 머신을 사용하지 않는 한) 이런 설정이 없기 때문에 도커 데스크톱이나 클라우드형 쿠버네티스 서버와 다른 결과를 보게 될 것이다.

```
# 메모리 사용량 제한 업데이트를 적용
kubectl apply -f memory-allocator/update/memory-allocator-with-limit.yaml

# 애플리케이션이 어느 정도 메모리를 사용할 때까지 대기
sleep 20

# 애플리케이션 로그를 출력
kubectl logs -l app=memory-allocator --tail 1

# 파드의 상태를 확인
kubectl get pods -l app=memory-allocator --watch
```

이번 실습 예제를 실행해 보면, 쿠버네티스가 메모리 사용량을 제한하는 것을 볼 수 있다. 애플리케이션이 50MB 이상의 메모리를 할당받으려고 하면 컨테이너가 대체되며, 파드가 OOM킬드 (OOMKilled) 상태로 바뀐다. 이 사용량 제한을 초과하면 파드가 재시작되는데, 리브니스 프로브의 상태 체크를 실패했을 때와 같은 과정을 겪는다. 대체 컨테이너가 여러 번 실패하면 점점 재시작 간격이 길어지다가 그림 12-13에서 보듯이 크래시루프백오프 상태가 된다.

❤ 그림 12-13 메모리 사용량 제한은 절대적이고 컨테이너의 메모리 사용량이 제한된 양을 초과하면 컨테이너가 강제 종료되고 파드가 재시작된다

이번 업데이트는 컨테이너의 메모리 사용량을 제한하는 내용이 담겨 있다.

```
PS>kubectl apply -f memory-allocator/update/memory-allocator-with-limit.yaml
deployment.apps/memory-allocator configured
PS>
PS>sleep 20
PS>
PS>kubectl logs -l app=memory-allocator --tail 1
Allocated ~30MiB
PS>
PS>kubectl get pods -l app=memory-allocator --watch
NAME                                    READY  STATUS             RESTARTS  AGE
memory-allocator-7d85c77dc-hpqmg        1/1    Running            2         56s
memory-allocator-7d85c77dc-hpqmg        0/1    OOMKilled          2            66s
memory-allocator-7d85c77dc-hpqmg        0/1    CrashLoopBackOff   2            80s
memory-allocator-7d85c77dc-hpqmg        1/1    Running            3            93s
```

현재 컨테이너의 메모리 사용량이 30MB로 상한치인 50MB에 근접했다.

파드 상태의 추이를 보면, 쿠버네티스가 메모리 사용량을 초과한 컨테이너를 강제 종료하는 것을 볼 수 있다. 파드는 재시작을 몇 번 반복하다 크래시루프백오프 상태가 된다.

리소스 사용량 제한에서 어려운 부분은 리소스 사용량을 어느 정도 선으로 제한해야 하느냐다. 애플리케이션의 실질적인 리소스 사용량은 성능 테스트를 해야 할 수 있다. 이때 사용 가능한 메모리가 넉넉하다면 플랫폼에 따라 필요 이상의 메모리를 확보하는 경향이 있다는 데 주의해야 한다. 초기 릴리스에서는 상한값을 넉넉하게 잡았다 모니터링 결과에 따라 서서히 상한값을 내리는 방법이 좋다.

네임스페이스 단위로 총 사용량을 지정하는 방식으로도 리소스 사용량을 제한할 수 있다. 이 방법은 같은 클러스터를 여러 팀이나 환경이 공유할 때 특히 유용하다. 예제 12-7은 리소스쿼터(ResourceQuota) 객체의 정의 예다. 이 정의를 보면 kiamol-ch12-memory 네임스페이스의 총 메모리 사용량을 150MB로 제한했다.

예제 12-7 02-memory-quota.yaml, 네임스페이스의 총 메모리 사용량 제한

```
apiVersion: v1
kind: ResourceQuota          # 리소스쿼터 객체
metadata:                    # 지정된 네임스페이스에 적용된다
  name: memory-quota
  namespace: kiamol-ch12-memory
spec:
  hard:                      # CPU 사용량 또는 메모리 사용량을 제한
    limits.memory: 150Mi
```

컨테이너의 리소스 사용량 제한은 사후 적용 방식이어서 사용량을 초과한 파드가 재시작되는 형태로 적용되지만, 리소스쿼터 객체에 적용된 사용량 제한은 사전 적용 방식이어서 네임스페이스에 할당된 리소스 사용량을 초과하면 더 이상 파드가 생성되지 않는다. 리소스쿼터 객체가 있는 네임스페이스에서는 현재 리소스의 잔량과 파드를 생성하면서 사용하게 될 리소스양을 비교할 수 있도록 모든 파드의 정의에 resource 항목이 포함되어야 한다. 이 기준대로 잘 동작하는지 네임스페이스의 사용량 제한을 초과하는 파드 정의가 들어 있는 memory-allocator 애플리케이션을 업데이트한다.

> **실습** 네임스페이스의 리소스 사용량 제한을 적용한 memory-allocator 애플리케이션의 업데이트를 배치하라.

```
# 기존에 설치된 애플리케이션을 삭제
kubectl delete deploy memory-allocator

# 네임스페이스, 리소스쿼터, 디플로이먼트를 새로 배치
kubectl apply -f memory-allocator/namespace-with-quota/
```

```
# 레플리카셋의 상태를 확인
kubectl get replicaset -n kiamol-ch12-memory

# 레플리카셋의 이벤트 목록을 확인
kubectl describe replicaset -n kiamol-ch12-memory
```

레플리카셋 상태를 보면 파드가 하나여야 하는데, 0개인 것을 볼 수 있다. 그림 12-14를 보면 파드의 리소스 사용량이 네임스페이스 전체의 사용량을 초과하기 때문에 파드를 생성하지 못하는 상태다. 컨트롤러 객체가 파드를 생성하려고 하지만 리소스쿼터의 남은 양이 필요한 양에 미치지 못한다. 다른 파드를 종료하면 리소스를 추가 확보할 수 있지만 종료할 다른 파드가 없기 때문에 리소스쿼터를 늘려 주는 방법뿐이다.

❤ 그림 12-14 네임스페이스 리소스쿼터의 남은 양이 필요한 양에 미치지 못하면 파드가 생성되지 않는다

네임스페이스에 150MB의 메모리 사용량 제한을 적용한다.

네임스페이스 리소스쿼터의 남은 양이 파드에 필요한 양에 미치지 못해 레플리카셋이 파드를 생성하지 못한다.

```
PS>kubectl delete deploy memory-allocator
deployment.apps "memory-allocator" deleted
PS>
PS>kubectl apply -f memory-allocator/namespace-with-quota/
namespace/kiamol-ch12-memory created
resourcequota/memory-quota created
deployment.apps/memory-allocator created
PS>
PS>kubectl get replicaset -n kiamol-ch12-memory
NAME                          DESIRED   CURRENT   READY   AGE
memory-allocator-579cb6f6d7   1         0         0       6s
PS>
PS>kubectl describe replicaset -n kiamol-ch12-memory
Name:           memory-allocator-579cb6f6d7
Namespace:      kiamol-ch12-memory

Conditions:
  Type            Status   Reason
  ----            ------   ------
  ReplicaFailure  True     FailedCreate
Events:
  Type      Reason        Age    From                   Message
  ----      ------        ----   ----                   -------
  Warning   FailedCreate  19s    replicaset-controller  Error creating: p
ods "memory-allocator-579cb6f6d7-782qs" is forbidden: exceeded quota: memory-quota,
 requested: limits.memory=200Mi, used: limits.memory=0, limited: limits.memory=150M
```

레플리카셋의 이벤트 로그에서 현재 문제가 리소스쿼터와 관련된 문제임을 알 수 있다. 또한 컨트롤러 객체는 계속 파드 생성을 시도 중이다.

CPU 사용량 역시 컨테이너별 사용량 제한이나 네임스페이스별 총 사용량 제한을 둘 수 있다. 하지만 메모리 사용량 제한과는 약간 적용되는 방식이 다르다. CPU 사용량 제한이 걸리더라도 컨테이너는 원하는 대로 CPU를 사용할 수 있다. 설사 제한을 초과하더라도 파드가 재시작하거나 하는 일은 없다. 어떤 컨테이너의 CPU 사용량을 코어 하나의 절반 정도로 설정했다면 노드의 다른 컨테이너가 사용할 수 있는 코어가 노드에 남아 있는 한 CPU 사용량을 100%까지 쓸 수 있다. 원주율 계산 애플리케이션은 CPU를 집중적으로 사용하는 애플리케이션이다. 이 애플리케이션에 CPU 사용량 제한을 걸어 제한이 어떤 방식으로 적용되는지 살펴보자.

실습 원주율 계산 애플리케이션을 CPU 사용량 제한을 적용 또는 적용하지 않고 실행하여 성능 차이를 확인하라.

```
# 노드에서 사용 가능한 CPU 수를 확인
kubectl get nodes -o jsonpath='{.items[].status.allocatable.cpu}'

# CPU 사용량 제한 없이 애플리케이션을 배치
kubectl apply -f pi/

# 애플리케이션 URL을 확인
kubectl get svc pi-web -o jsonpath='http://{.status.loadBalancer.
ingress[0].*}:8012/?dp=50000'

# 애플리케이션에 접근하여 원주율 계산에 걸린 시간을 확인

# 애플리케이션에 CPU 사용량 제한을 적용
kubectl apply -f pi/update/web-with-cpu-limit.yaml

# 애플리케이션을 새로고침하고 원주율 계산에 걸린 시간을 비교
```

필자의 환경에서 실행한 결과를 그림 12-15에 실었다. 여러분 환경에서 걸린 시간은 노드에서 사용할 수 있는 CPU 수에 따라 달라질 수 있다. 필자가 사용한 노드는 여덟 개의 코어를 갖고 있으며, CPU 사용량 제한이 없는 상태에서 소수점 아래 50,000자리까지 원주율을 계산하는 데 약 3.3초가 걸렸다. CPU 사용량을 코어 1/4로 제한한 후에는 같은 계산에 약 14.3초가 걸렸다.

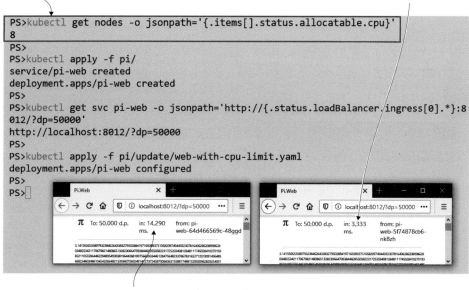

❤ 그림 12-15 CPU 사용량 제한에 따른 성능 차이가 극명하게 드러난다

필자의 클러스터는 여덟 개의 코어가 있는
노드 하나로 구성되어 있다.

CPU 사용량 제한 없이 원주율을 소수점 아래
50,000자리까지 계산하는 데는 3.3초가 걸렸다.

```
PS>kubectl get nodes -o jsonpath='{.items[].status.allocatable.cpu}'
8
PS>
PS>kubectl apply -f pi/
service/pi-web created
deployment.apps/pi-web created
PS>
PS>kubectl get svc pi-web -o jsonpath='http://{.status.loadBalancer.ingress[0].*}:8
012/?dp=50000'
http://localhost:8012/?dp=50000
PS>
PS>kubectl apply -f pi/update/web-with-cpu-limit.yaml
deployment.apps/pi-web configured
PS>
PS>
```

같은 계산을 CPU 사용량을 코어 0.25개로 제한하고 수행하니 14.3초가 걸렸다.

쿠버네티스는 CPU 사용량을 고정된 단위로 설정한다. 여기에서 1은 코어 하나를 의미한다. 한 컨테이너가 여러 개의 코어를 사용하게 할 수도 있고, 하나의 코어를 밀리코어(1/1,000개) 단위로 나누어 쓸 수도 있다. 예제 12-8은 원주율 계산 애플리케이션 컨테이너에 적용된 CPU 사용량 제한이다. 250밀리코어, 즉 코어 1/4개로 제한이 적용되었다.

예제 12-8 web-with-cpu-limit.yaml, 원주율 계산 애플리케이션 컨테이너에 적용된 CPU 사용량 제한

```
spec:
  containers:
    - image: kiamol/ch05-pi
      command: ["dotnet", "Pi.Web.dll", "-m", "web"]
      resources:
        limits:
          cpu: 250m    # 250밀리코어 = 0.25코어에 해당한다
```

여기에서는 차이가 더 분명하게 드러나도록 한 가지 리소스에만 제한을 걸었지만, 대개는 CPU 사용량과 메모리 사용량에 모두 제한을 걸어 클러스터의 리소스가 부족해지는 일을 방지한다. 정의의 resources 항목에는 requests라는 하위 항목이 있는데, 이 항목은 해당 컨테이너의 CPU나

메모리 사용량이 얼마나 될지를 추산한 예측값이다. 이 값과 리소스쿼터의 남은 양을 비교하여 해당 파드를 실행할지 말지를 결정한다. 이 기능은 18장에서 스케줄링을 다루며 더 자세히 설명하겠다.

네임스페이스의 CPU 총 사용량을 적용하고 이 사용량을 초과했을 때 어떤 일이 일어나는지 마지막으로 확인한 후 이 장을 마무리하자. 원주율 계산 애플리케이션을 CPU 사용량이 300밀리코어로 추산되는 두 개의 레플리카로 실행하되 네임스페이스 전체의 CPU 사용량을 500밀리코어로 제한했다.

> **실습** 네임스페이스별 CPU 총 사용량 제한이 적용된 원주율 계산 애플리케이션을 별도의 네임스페이스에 업데이트하라.

```
# 기존에 배치된 애플리케이션을 제거
kubectl delete deploy pi-web

# 네임스페이스, 리소스쿼터, 업데이트된 애플리케이션을 배치
kubectl apply -f pi/namespace-with-quota/

# 레플리카셋의 상태를 확인
kubectl get replicaset -n kiamol-ch12-cpu

# 서비스의 엔드포인트 목록을 확인
kubectl get endpoints pi-web -n kiamol-ch12-cpu

# 레플리카셋의 이벤트 목록을 확인
kubectl describe replicaset -n kiamol-ch12-cpu
```

실행 결과를 보면, CPU 사용량 제한이 네임스페이스에 포함된 파드 전체에 적용된다는 것을 알 수 있다. 레플리카셋이 파드를 하나밖에 실행하지 못했다. 첫 번째 파드가 300밀리코어를 점유했기에 남은 사용량이 200밀리코어뿐이어서 두 번째 파드의 점유량인 300밀리코어에는 미치지 못하기 때문이다. 그림 12-16을 보면 레플리카셋의 이벤트 목록에서 파드를 실행하지 못한 이유를 확인할 수 있다. 원주율 계산 애플리케이션은 실행 중이기는 하지만 CPU 리소스가 부족하여 원래보다 처리 용량이 하향된 상태다.

❤ 그림 12-16 CPU 사용량 제한을 초과하면 객체를 더 이상 생성할 수 없다

두 개의 레플리카를 설정한 원주율 애플리케이션을 배치한다.
각 레플리카는 300밀리코어의 CPU 사용량이 설정되어 있고,
네임스페이스의 CPU 사용량 제한은 500밀리코어다.

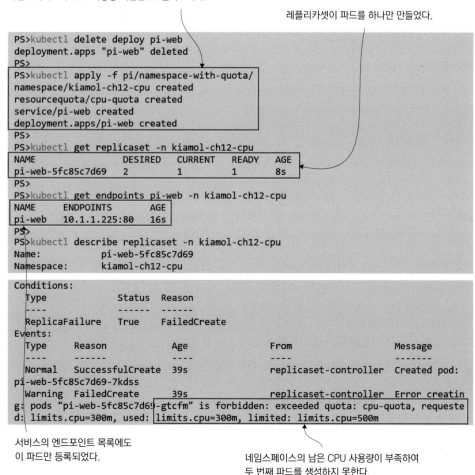

레플리카셋이 파드를 하나만 만들었다.

```
PS>kubectl delete deploy pi-web
deployment.apps "pi-web" deleted
PS>
PS>kubectl apply -f pi/namespace-with-quota/
namespace/kiamol-ch12-cpu created
resourcequota/cpu-quota created
service/pi-web created
deployment.apps/pi-web created
PS>
PS>kubectl get replicaset -n kiamol-ch12-cpu
NAME               DESIRED   CURRENT   READY   AGE
pi-web-5fc85c7d69   2         1         1       8s
PS>
PS>kubectl get endpoints pi-web -n kiamol-ch12-cpu
NAME      ENDPOINTS        AGE
pi-web    10.1.1.225:80    16s
PS>
PS>kubectl describe replicaset -n kiamol-ch12-cpu
Name:        pi-web-5fc85c7d69
Namespace:   kiamol-ch12-cpu

Conditions:
  Type               Status   Reason
  ----               ------   ------
  ReplicaFailure     True     FailedCreate
Events:
  Type     Reason          Age    From                   Message
  ----     ------          ----   ----                   -------
  Normal   SuccessfulCreate  39s    replicaset-controller  Created pod:
pi-web-5fc85c7d69-7kdss
  Warning  FailedCreate    39s    replicaset-controller  Error creatin
g: pods "pi-web-5fc85c7d69-gtcfm" is forbidden: exceeded quota: cpu-quota, requeste
d: limits.cpu=300m, used: limits.cpu=300m, limited: limits.cpu=500m
```

서비스의 엔드포인트 목록에도
이 파드만 등록되었다.

네임스페이스의 남은 CPU 사용량이 부족하여
두 번째 파드를 생성하지 못한다.

리소스 사용량 제한은 애플리케이션 자체보다는 클러스터를 보호하려는 목적이 크다. 그럼에도
모든 파드 정의에 리소스 사용량 제한을 지정하는 편이 좋다. 클러스터를 네임스페이스로 분할해
두지 않았더라도 기본 네임스페이스에 (큰 값이라도 좋다) CPU 및 메모리 사용량 제한을 지정하
여 파드 정의에 리소스 사용량이 반드시 포함되도록 하자.

리소스 사용량 제한, 컨테이너 프로브, 원자적 업그레이드 모두 애플리케이션을 중단 없이 운영할
수 있게 해 주는 요소다. 이들을 운영 환경에 충실히 적용하되, 쿠버네티스가 모든 오류를 해결하
지 못한다는 것을 명심해 두기 바란다.

12.5 / 자기수복형 애플리케이션의 한계점

파드는 노드에 배치되어 동작한다. 파드는 노드가 고장을 일으키지 않는 한 대체되지 않는다. 따라서 지금까지 우리가 배운 모든 자기수복 수단은 파드를 재시작하는 형태로 동작했다. 대체되는 것은 컨테이너. 우리가 만든 애플리케이션이 이 점에서 문제없는지 잘 확인해야 한다. 특히 7장에서 배웠던 멀티컨테이너가 적용되었다면 더욱 중요하다. 파드가 재시작될 때는 초기화 컨테이너가 다시 실행되고 사이드카 컨테이너도 새로운 컨테이너로 교체되기 때문이다.

대부분 일시적인 고장으로 파드 재시작은 문제되지 않는다. 하지만 반복된 재시작으로 파드가 크래시루프백오프 상태에 빠진다면 애플리케이션이 중단될 수 있다. 쿠버네티스에는 파드가 백오프 상태가 되는 조건이나 재시작 허용 횟수를 설정하는 수단이 따로 없고, 파드를 다른 노드로 재배치하여 새로 생성하는 기능도 없다. 현재 이런 기능을 요청하는 목소리가 높지만, 기능이 실제 추가될 때까지는 모든 파드가 백오프 상태에 빠져 서비스의 엔드포인트 목록이 빌 수 있음을 감안해서 자기수복형 애플리케이션을 만들어야 한다.

이런 극단적인 상황에서는 대개 쿠버네티스에서 취할 수 있는 조치가 없다. 또한 그 원인은 주로 리소스 정의의 오류 또는 애플리케이션의 치명적 오류인 경우가 많다. 대부분의 오류는 컨테이너 프로브와 리소스 사용량 제한의 조합을 사용하여 상당히 오랫동안 애플리케이션의 무중단 기간을 이어 갈 수 있다.

자기수복형 애플리케이션 내용은 이것으로 끝이다. 연습 문제를 위해 클러스터를 정리하자.

실습 이 장 실습 예제에서 배치했던 리소스를 제거하라.

```
# 네임스페이스 삭제
kubectl delete ns -l kiamol=ch12
kubectl delete all -l kiamol=ch12

# 삭제되지 않은 나머지 리소스를 삭제
kubectl delete secret,configmap,pvc -l kiamol=ch12
```

12.6 / 연습 문제

이번 연습 문제는 간단한 처리 용량 계획을 짜는 것이다. 연습 문제의 목표는 클러스터를 개발 (dev), 테스트(test), 사용자 인수 테스트(UAT) 이렇게 세 개의 환경으로 분할하고 원주율 계산 애플리케이션을 실행하는 것이다. 사용자 인수 테스트 환경은 노드의 CPU 코어 중 절반까지 사용할 수 있도록 하고, 개발 환경과 테스트 환경은 각각 25%씩 사용할 수 있도록 설정한다. 애플리케이션을 구성하는 리소스 역시 각 환경에서 네 개 이상의 레플리카가 동작할 수 있도록 설정하라. 그리고 사용자 인수 테스트 환경에서 레플리카를 몇 개까지 늘릴 수 있는지 확인하라.

- 먼저 연습 문제 디렉터리에 있는 네임스페이스와 서비스의 정의를 배치하라.
- 그다음 노드에서 사용 가능한 CPU 코어의 수를 확인하라. 각 네임스페이스마다 문제에서 요구하는 대로 CPU 사용량 제한을 설정하라(사용량 제한의 정의를 직접 작성해야 한다).
- web.yaml 파일의 디플로이먼트 정의를 수정하여 각 네임스페이스에서 최소 네 개의 레플리카가 동작할 수 있도록 CPU 사용량 제한을 설정하라.
- 모든 환경에서 애플리케이션이 동작하고 나면, 사용자 인수 테스트 환경에 배치된 애플리케이션의 레플리카 수를 여덟 개로 늘려라. 그리고 레플리카가 여덟 개까지 실행되지 않는다면 그 이유를 확인하라.

이번 연습 문제는 여러 개의 네임스페이스를 능숙하게 다루고 네임스페이스의 CPU 총 사용량 제한을 적절히 분배하는 좋은 연습이 될 것이다. 필자 깃허브 https://github.com/sixeyed/kiamol의 ch12/lab/README.md에서 작성한 예시 정답을 참고하기 바란다.

12

자가 수복형 애플리케이션 활용하기

13^장

플루언트디와
일래스틱서치를
이용한 중앙화된
로그 관리

애플리케이션에서는 대량의 로그가 발생하지만, 이 중 실제로 유용한 것은 별로 없다. 애플리케이션이 실행되는 파드 수가 급격히 증가하면서 표준적인 쿠버네티스 도구만으로는 로그를 제대로 관리하기가 어려워졌다. 기업에서는 보통 자체 로그 프레임워크를 사용하는데, 이런 로그 프레임워크는 컨테이너에서 발생하는 로그를 수집한 후 중앙 저장소에 수집된 로그를 색인, 필터링, 검색하는 수집 후 전달 모델(collect-and-forward model)을 따른다. 이 장은 로그 관리에서 가장 널리 쓰이는 도구인 플루언트디(Fluentd)와 일래스틱서치(Elasticsearch)를 활용하여 이런 로그 프레임워크를 구성하는 방법을 다룬다. 플루언트디는 컨테이너 로그를 수집하는 역할을 하며, 쿠버네티스와 통합이 쉽다. 일래스틱서치는 로그를 저장하는 역할을 하고 클러스터 내에서 파드 형태로 실행되거나 외부 서비스 형태로도 통합될 수 있다.

먼저 몇 가지 전제 사항을 설명하겠다. 첫 번째는 애플리케이션의 로그가 컨테이너 표준 출력 스트림으로 출력되어야 한다는 점이다. 그래야 쿠버네티스가 로그를 탐지할 수 있기 때문이다. 앞서 7장에서 표준 출력 스트림으로 곧바로 로그를 출력하는 경우와 로그 수집용 사이드카 컨테이너를 이용하여 로그를 전달하는 두 가지 경우를 살펴보았는데, 이 중 후자는 쿠버네티스의 로그 모델이며 도커의 로그 모델과 많은 차이가 있다. 무료 전자책으로 제공되는 부록 D에 도커에서 플루언트디를 사용하는 방법을 설명했다. 여기에서는 이 방법과는 다른 방법을 사용할 것이다.

13.1 / 쿠버네티스의 로그 관리

쿠버네티스의 로그 관리는 매우 단순하다. 컨테이너 런타임이 로그를 수집하여 컨테이너를 실행 중인 노드에 파일 형태로 저장한다. 더 복잡한 처리 과정을 원한다면, 별도의 로그 관리 시스템을 배치해야 한다. 로그 관리 시스템은 노드에 쌓인 로그를 수집해서 중앙화된 저장소에 전달하고, 적절한 UI를 통해 이 로그에 대한 필터링 및 검색 기능을 제공한다. 그림 13-1은 이 장에서 사용하는 기술을 소개한 다이어그램이다.

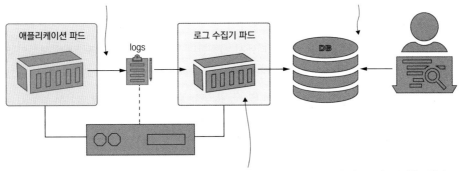

❤ 그림 13-1 쿠버네티스의 로그 관리에는 플루언트디 같은 수집기가 사용되고, 수집기는 노드에 쌓인 로그 파일을 읽어 들이는 역할을 한다

컨테이너 로그는 해당 컨테이너가
실행 중인 노드에 파일 형태로 저장된다.

로그 수집기는 로그를 검색 UI를 갖춘 중앙 저장소로 전달한다.
저장소로는 일래스틱서치, 검색 UI는 키바나를 사용한다.

로그 수집기는 모든 노드에서 파드 형태로 실행된다. 그리고 노드에 로그가 저장된 경로를 마운트한다.
여기에서는 플루언트디를 사용하여 로그를 수집하고 가공한다.

노드는 컨테이너가 출력한 로그를 그대로 저장하는데, 로그 파일의 이름은 네임스페이스, 파드, 컨테이너의 이름으로 구성된다. 표준 명명 규칙이 있으면 로그 수집기가 로그에 메타데이터를 추가하거나 로그 출처를 식별하는 데 도움이 된다. 로그 수집기도 파드 형태로 실행되므로, 쿠버네티스 API를 통해 더 자세한 정보를 얻을 수도 있다. 플루언트디는 파드의 레이블이나 이미지 태그 정보를 메타데이터에 추가한다. 이런 정보는 로그를 필터링할 때 유용하다.

로그 수집기를 간단히 배치할 수 있다. 먼저 노드에 저장된 날 것 그대로의 로그 파일을 살펴보자. 이를 위해서는 표준 출력 스트림으로 바로 출력하든 사이드카 컨테이너를 경유하든 간에 어떤 방식으로든 출력된 로그가 있어야 한다.

실습 timecheck 애플리케이션을 또 다른 네임스페이스에 설정을 바꾸어 배치하라. 그리고 kubectl로 로그를 직접 살펴보아라.

```
# 이 장의 예제 코드 디렉터리로 이동
cd ch13

# timecheck 애플리케이션을 개발, 테스트 네임스페이스에 배치
kubectl apply -f timecheck/

# 개발 네임스페이스의 애플리케이션이 준비될 때까지 대기
kubectl wait --for=condition=ContainersReady pod -l app=timecheck -n kiamol-ch13-dev

# 로그를 확인
kubectl logs -l app=timecheck --all-containers -n kiamol-ch13-dev --tail 1
```

```
# 테스트 네임스페이스의 애플리케이션이 준비될 때까지 대기
kubectl wait --for=condition=ContainersReady pod -l app=timecheck -n kiamol-ch13-test

# 로그를 확인
kubectl logs -l app=timecheck --all-containers -n kiamol-ch13-test --tail 1
```

이번 실습 예제와 같은 방식을 실제 클러스터에서 사용한다면 어떨까? 그림 13-2에서 보듯이 노드에 출력된 로그를 직접 다루기는 너무 불편하다. 한 번에 한 네임스페이스의 로그만 볼 수 있고, 해당 로그가 어느 파드에서 출력된 것인지도 알 수 없으며, 필터링 기능도 시간 순으로 나열된 로그의 출력 개수만 조절할 수 있다.

▼ 그림 13-2 kubectl은 로그를 빠르게 확인하는 데는 좋지만, 여러 네임스페이스와 파드가 출력하는 로그를 다루기에는 무리가 있다

두 개의 네임스페이스에 각각 timecheck 애플리케이션을 배치한다.
그중 테스트 네임스페이스에는 파드 두 개로 실행한다. 그 결과 많은 양의 로그가 생성된다.

특정 네임스페이스의 로그를 확인하려면 레이블 셀렉터와 네임스페이스를 지정해야 한다.

```
PS>cd ch13
PS>
PS>kubectl apply -f timecheck/
namespace/kiamol-ch13-dev created
deployment.apps/timecheck created
namespace/kiamol-ch13-test created
configmap/timecheck-config created
deployment.apps/timecheck created
PS>
PS>kubectl wait --for=condition=ContainersReady pod -l app=timecheck -n kiamol-ch13
-dev
pod/timecheck-555555bfd-vjzhz condition met
PS>
PS>kubectl logs -l app=timecheck --all-containers -n kiamol-ch13-dev --tail 1
2020-06-29 20:06:17.779 +00:00 [INF] Environment: DEV; version: 1.0; time check: 20
:06.17
PS>
PS>kubectl wait --for=condition=ContainersReady pod -l app=timecheck -n kiamol-ch13
-test
pod/timecheck-cf4d4f685-fz5m7 condition met
pod/timecheck-cf4d4f685-rwq4c condition met
PS>
PS>kubectl logs -l app=timecheck --all-containers -n kiamol-ch13-test --tail 1
2020-06-29 20:06:42.821 +00:00 [INF] Environment: TEST; version: 1.1; time check: 2
0:06.42
2020-06-29 20:06:33.996 +00:00 [INF] Environment: TEST; version: 1.1; time check: 2
0:06.33
```

테스트 네임스페이스의 로그를 보면 각 파드에서 출력한 가장
최근 로그를 볼 수 있다. 하지만 각각의 로그가 어떤 파드에서
출력된 것인지 알 수 없다. kubectl 1.18부터는 prefix 옵션을
사용하여 이런 정보를 알 수 있지만, 이 옵션도 사용하지 않으면
로그 출처를 확인하기 어렵다.

로그를 확인하려면 kubectl을 사용하는 방법이 가장 간단하지만, 결국 로그 파일은 각 노드에 저장되기 때문에 이 파일을 수집만 한다면 다른 방법으로도 로그를 확인할 수 있다. 이 장의 예제 코드에는 호스트경로 볼륨으로 로그 파일의 경로를 마운트하는 간단한 sleep 디플로이먼트가 있는데, 이 디플로이먼트로 로그 파일을 직접 확인할 수 있다. 노드에 접근할 권한이 없더라도 사용할 수 있는 방법이다.

실습 호스트의 로그 파일 디렉터리를 마운트한 파드를 실행하라. 그리고 이 파드로 로그 파일을 살펴보아라.

```
# sleep 디플로이먼트를 배치
kubectl apply -f sleep.yaml

# 파드 컨테이너와 터미널 세션 연결
kubectl exec -it deploy/sleep -- sh

# 호스트 로그 파일 마운트 경로로 이동
cd /var/log/containers/

# timecheck 애플리케이션의 로그 파일 확인
ls timecheck*kiamol-ch13*_logger*

# 개발 네임스페이스의 로그 파일 내용 확인
cat $(ls timecheck*kiamol-ch13-dev_logger*) | tail -n 1

# 터미널 세션 종료
exit
```

각 컨테이너에는 로그가 출력되는 파일이 있다. timecheck 애플리케이션 컨테이너는 logger라는 사이드카 컨테이너를 경유하여 로그를 출력한다. 그림 13-3을 보면 쿠버네티스의 표준 명명 규칙(파드이름_네임스페이스_컨테이너이름-컨테이너식별자.log)을 따른 로그 파일을 볼 수 있다. 파일 이름만으로도 로그 출처를 쉽게 알 수 있으므로 파일 내용은 컨테이너 런타임에서 출력된 로그를 그대로 담은 JSON 파일이다.

❤ 그림 13-3 쿠버네티스는 현대적인 플랫폼이지만, 구식 로그 수집 방법도 지원한다

이 파드에는 호스트 노드의 로그 디렉터리를
대상으로 하는 볼륨 마운트가 정의되어 있다.

로그 파일의 파일 이름은 파드 이름, 네임스페이스, 컨테이너 이름,
컨테이너 식별자로 구성되는 표준 형식을 따른다.

```
PS>kubectl apply -f sleep.yaml
deployment.apps/sleep created
PS>
PS>kubectl exec -it deploy/sleep -- sh
/ #
/ # cd /var/log/containers/
/var/log/containers #
/var/log/containers # ls timecheck*kiamol-ch13*_logger*
timecheck-555555bfd-vjzhz_kiamol-ch13-dev_logger-0758af957fff1a7b102cfde7956964ac30
d8e636ecb33a13e6b222e59eecf74f.log
timecheck-cf4d4f685-fz5m7_kiamol-ch13-test_logger-c701156604fbbfb0ae3695b0d5e4763d1
1cd8ee8612cdbc8308585960e1d39da.log
timecheck-cf4d4f685-rwq4c_kiamol-ch13-test_logger-d71b15d0d35bdc1ce0e0625d477634c32
e0acaea9cb3231dbf88978aa1b2ff86.log
/var/log/containers #
/var/log/containers # cat $(ls timecheck*kiamol-ch13-dev_logger*) | tail -n 1
{"log":"2020-06-29 20:17:22.779 +00:00 [INF] Environment: DEV; version: 1.0; time c
heck: 20:17.22\n","stream":"stdout","time":"2020-06-29T20:17:23.682712Z"}
/var/log/containers #
/var/log/containers # exit
PS>
```

로그의 엔트리는 로그 메시지, 타임스탬프, 출력 스트림이 각 필드로 구성된 JSON 포맷으로 되어 있다.

로그 파일은 파드가 재시작되더라도 그대로 유지된다. 하지만 대부분의 쿠버네티스 구현체는 노드(쿠버네티스 외부)에 로그 로테이션 기능을 포함하고 있어 로그 파일이 디스크 용량을 모두 차지하는 일을 방지한다. 노드에서 로그 파일을 수집하여 중앙 저장소로 전달하면 로그를 한곳에서 좀 더 장기적으로 저장할 수 있다. 또한 쿠버네티스 DNS 서버, API 서버, 네트워크 프록시 등 쿠버네티스 코어 컴포넌트에서 생성된 로그도 동일한 방식으로 수집되며 열람할 수 있다.

실습 노드마다 모든 쿠버네티스 코어 컴포넌트가 실행되지는 않지만, sleep 파드로 현재 노드에서 실행되는 공통적인 코어 컴포넌트가 어떤 것이 있는지 확인할 수 있다.

```
# sleep 파드에 터미널 세션 연결
kubectl exec -it deploy/sleep -- sh

# 호스트경로 볼륨의 마운트 경로로 이동
cd /var/log/containers/
```

```
# 네트워크 프록시는 모든 노드에서 실행된다[1]
cat $(ls kube-proxy*) | tail -n 1

# 현재 노드에서 코어 DNS를 사용 중이라면 로그를 볼 수 있다
cat $(ls coredns*) | tail -n 1

# 현재 노드에서 API 서버가 실행 중이라면 로그를 볼 수 있다
cat $(ls kube-apiserver*) | tail -n 1

# 터미널 세션 종료
exit
```

이번 실습 예제에서 출력되는 내용은 여러분이 실습 클러스터를 어떻게 구성했느냐에 따라 달라질
수 있다. 네트워크 프록시 파드는 노드마다 하나씩 실행되므로 클러스터 구성과 상관없이 볼 수 있
다. 하지만 DNS 로그는 여러분 클러스터 구성에 기본 DNS 플러그인 CoreDNS가 사용되지 않았
다면 볼 수 없고, API 서버 로그는 해당 노드에서 API 서버를 실행 중이어야만 볼 수 있다. 필자의
도커 데스크톱 환경에서 실행한 결과를 그림 13-4에 실었다. **여러분 환경에서 출력된 내용이 이 그
림과 다르다면 ls *.log 명령으로 노드에 있는 모든 로그 파일의 목록을 확인하기 바란다.**

▼ 그림 13-4 노드에서 수집된 로그에는 시스템 파드의 로그도 포함된다

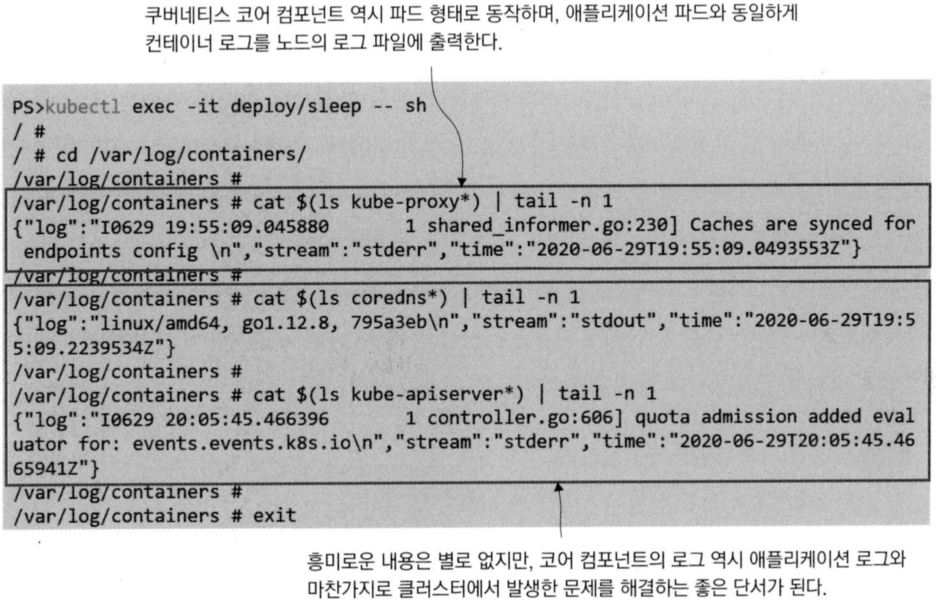

쿠버네티스 코어 컴포넌트 역시 파드 형태로 동작하며, 애플리케이션 파드와 동일하게
컨테이너 로그를 노드의 로그 파일에 출력한다.

```
PS>kubectl exec -it deploy/sleep -- sh
/ #
/ # cd /var/log/containers/
/var/log/containers #
/var/log/containers # cat $(ls kube-proxy*) | tail -n 1
{"log":"I0629 19:55:09.045880       1 shared_informer.go:230] Caches are synced for
 endpoints config \n","stream":"stderr","time":"2020-06-29T19:55:09.0493553Z"}
/var/log/containers #
/var/log/containers # cat $(ls coredns*) | tail -n 1
{"log":"linux/amd64, go1.12.8, 795a3eb\n","stream":"stdout","time":"2020-06-29T19:5
5:09.2239534Z"}
/var/log/containers #
/var/log/containers # cat $(ls kube-apiserver*) | tail -n 1
{"log":"I0629 20:05:45.466396       1 controller.go:606] quota admission added eval
uator for: events.events.k8s.io\n","stream":"stderr","time":"2020-06-29T20:05:45.46
65941Z"}
/var/log/containers #
/var/log/containers # exit
```

흥미로운 내용은 별로 없지만, 코어 컴포넌트의 로그 역시 애플리케이션 로그와
마찬가지로 클러스터에서 발생한 문제를 해결하는 좋은 단서가 된다.

---

1   **역주** 각자의 환경마다 로그 파일 목록이 다르므로 ls를 입력하여 나온 리스트 중 확인하고 싶은 대상을 넣어 주면 된다.
    예 cat $(ls metrics-server*) | tail -n 1

지금까지 쿠버네티스에서 컨테이너 로그를 처리하고 저장하는 과정을 알아보았다. 이렇게 중앙화된 로그 시스템이 트러블슈팅 작업에 큰 도움이 됨을 알게 되었을 것이다. 로그 콜렉터는 각 노드에서 동작하며 로그 파일을 수집하고 저장소로 전달한다. 이 장은 이와 같은 로그 시스템을 일래스틱서치, 플루언트디, 키바나로 구성되는 EFK 스택을 이용하여 구현하는 방법을 배울 것이다.

13.2 / 플루언트디를 이용한 로그 파일 수집

플루언트디(Fluentd) 역시 CNCF에서 관리하는 프로젝트인 만큼 널리 사용되고 있는 충분히 성숙한 프로젝트다. 플루언트디 외에도 여러 로그 수집 컴포넌트가 있지만, 플러그인 아키텍처를 통해 원하는 대로 로그를 가공하고 필터링할 수 있는 강력한 파이프라인 기능과 함께 다양한 로그 저장 시스템을 지원하는 플루언트디를 선택하는 편이 더 낫다. 플루언트디는 최대 버전과 최소 버전 두 가지 변종이 있다. 모든 기능을 갖춘 최대 버전은 1,000가지 이상의 플러그인을 갖춘 빠르고 효율적인 시스템이지만, 여기에서는 최소 버전에 해당하는 플루언트 비트를 사용하겠다.

플루언트 비트는 본래 IoT 장치 등 임베디드 환경에 적합한 경량 버전의 플루언트디를 목적으로 개발되었지만, 완전한 쿠버네티스 클러스터에서 로그 통합에 필요한 정도의 기능은 모두 갖추고 있다. 각 노드에서 로그 콜렉터를 실행하므로 로그 수집에 따른 부담을 최소화할 수 있으며, 메모리도 불과 수십 메가바이트밖에 점유하지 않는다. 플루언트 비트를 쿠버네티스에서 구동하는 구조는 간단하다. 모든 노드에서 콜렉터 파드를 데몬셋 형태로 실행시키고, 이 파드가 로그 파일에 접근할 수 있도록 호스트경로 마운트를 추가한다. 조금 전 우리가 실습 예제에 사용했던 sleep 디플로이먼트와 구조가 같다. 플루언트 비트는 다양한 출력 채널을 지원하지만, 여기에서는 간단히 플루언트 비트 파드의 콘솔에 로그를 출력하도록 하겠다.

실습 timecheck 애플리케이션의 로그 파일을 읽어 들여 플루언트 비트 컨테이너의 표준 출력 스트림에 출력하도록 설정된 플루언트 비트를 배치하라.

```
# 플루언트 비트를 구성하는 데몬셋과 컨피그맵을 배치
kubectl apply -f fluentbit/

# 플루언트 비트가 실행될 때까지 대기
```

```
kubectl wait --for=condition=ContainersReady pod -l app=fluent-bit -n kiamol-ch13-
logging

# 플루언트 비트 파드의 로그를 확인
kubectl logs -l app=fluent-bit -n kiamol-ch13-logging --tail 2
```

필자의 환경에서 실행한 결과인 그림 13-5를 보면 timecheck 컨테이너의 로그가 플루언트 비트 컨테이너에서 출력되었다. 이 로그는 다른 네임스페이스의 파드에서 생성되었지만 플루언트 비트가 노드 전체의 로그를 읽어 들여 수집한 것이다. 로그 내용을 보면 원래 있던 JSON에 타임스탬프 값이 덧붙여진 것을 볼 수 있다.

❤ 그림 13-5 플루언트 비트의 기본 설정만으로도 여러 파드의 로그를 수집하여 통합할 수 있다

로깅을 위한 별도의 네임스페이스에 플루언트 비트를 배치한다.

```
PS>kubectl apply -f fluentbit/
namespace/kiamol-ch13-logging created
configmap/fluent-bit-config created
daemonset.apps/fluent-bit created
PS>
PS>kubectl wait --for=condition=ContainersReady pod -l app=fluent-bit -n kiamol-ch1
3-logging
pod/fluent-bit-wwmzq condition met
PS>
PS>kubectl logs  -l app=fluent-bit -n kiamol-ch13-logging --tail 2
{"date":1593502383.721161,"log":"2020-06-30 07:33:02.957 +00:00 [INF] Environment:
DEV; version: 1.0; time check: 07:33.02\n","stream":"stdout","time":"2020-06-30T07:
33:03.7211608Z"}
{"date":1593502386.98684,"log":"2020-06-30 07:33:06.659 +00:00 [INF] Environment: T
EST; version: 1.1; time check: 07:33.06\n","stream":"stdout","time":"2020-06-30T07:
33:06.9868398Z"}
```

timecheck 애플리케이션의 로그 파일을 읽어 들여 자신의 표준 출력 스트림으로 로그를 출력한다.
로그 내용을 보면, 출처가 개발 네임스페이스와 테스트 네임스페이스인 로그를 모두 확인할 수 있다.

플루언트 비트를 배치한 데몬셋 정의에는 특별할 것이 없다. 클러스터 전체가 공유하는 서비스이므로 별도의 네임스페이스를 두어 플루언트 비트를 배치했다. 여기까지는 간단하다. 어려운 부분은 로그 처리 파이프라인을 구성하는 부분이다. 로그 모델의 대부분은 바로 이 파이프라인에 해당한다. 그림 13-6은 로그 처리 파이프라인을 구성하는 각 단계와 이 단계에서 할 수 있는 일을 나타낸 것이다.

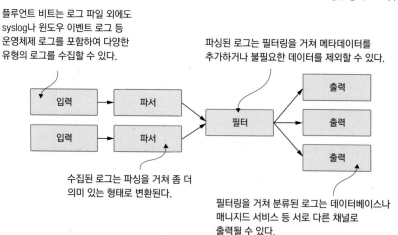

▼ 그림 13-6 플루언트 비트의 로그 처리 파이프라인은 각 단계마다 플러그인 모듈을 끼워 넣는 방식으로 매우 유연하게 만들어졌다

플루언트 비트는 로그 파일 외에도 syslog나 윈도우 이벤트 로그 등 운영체제 로그를 포함하여 다양한 유형의 로그를 수집할 수 있다.

파싱된 로그는 필터링을 거쳐 메타데이터를 추가하거나 불필요한 데이터를 제외할 수 있다.

수집된 로그는 파싱을 거쳐 좀 더 의미 있는 형태로 변환된다.

필터링을 거쳐 분류된 로그는 데이터베이스나 매니지드 서비스 등 서로 다른 채널로 출력될 수 있다.

지금은 세 단계로 구성된 간단한 파이프라인이 적용되어 있다. 첫 번째 단계는 로그 파일을 읽어 들이는 입력 단계, 두 번째 단계는 JSON 포맷으로 된 원시 로그를 전처리하는 파싱 단계, 마지막이 하나의 엔트리를 한 줄로 플루언트 비트의 컨테이너 로그로 출력하는 출력 단계다. JSON 로그를 분석하는 JSON 파서는 컨테이너 로그를 처리하기 위한 기본이므로, 여기에서는 입력과 출력 단계의 정의만 다룬다. 두 단계의 정의를 예제 13-1에 실었다.

예제 13-1 fluentbit-config.yaml, 플루언트 비트의 로그 처리 파이프라인 정의

```
[INPUT]
Name              tail            # 파일의 끝부터 읽음
Tag               kube.*          # 수집된 로그에 추가할 태그 접두어
Path              /var/log/containers/timecheck*.log
Parser            docker          # JSON으로 된 컨테이너 로그의 파서
Refresh_Interval  10              # 파일 목록 확인 간격

[OUTPUT]
Name              stdout          # 표준 출력 스트림으로 출력
Format            json_lines      # 하나의 엔트리를 한 줄로 출력
Match             kube.*          # kube로 시작하는 태그의 로그를 출력
```

플루언트 비트는 각 로그 엔트리의 출처를 로그에 붙은 **태그**를 보고 판단한다. 이 태그는 입력 단계에서 로그에 추가되는데, 이후 단계에서 로그를 분류하여 서로 다른 처리를 할 때 사용된다. 여기에서는 로그 파일의 이름을 태그로 사용하는데, 태그 앞에 kube.라는 접두어를 붙이도록 했다. match 규칙을 보면 태그가 kube.로 시작하는 로그만 출력하도록 하므로 입력된 모든 로그가 출

력되겠지만, 입력 단계에서 timecheck 애플리케이션의 로그만 읽어 오도록 했으므로 결과적으로 애플리케이션 로그만 출력된다.

입력되는 로그를 굳이 선별할 필요는 없지만, 이 설정은 초장부터 너무 많은 로그에 혼란스러워지는 일을 방지하기 위한 것이다. 모든 로그를 한꺼번에 읽어 와서 태그를 따라 분류하여 별도로 처리하거나 필요한 로그만 선별하여 저장하는 방식이 당연히 더 낫다. 플루언트 비트에는 쿠버네티스만을 위한 내장된 필터 기능이 있어 로그 엔트리에 자신을 출력한 파드 정보를 담은 메타데이터를 추가해 준다. 파드 정보 외에도 파드가 속한 네임스페이스를 포함하는 태그를 구성할 수도 있다. 이런 태그를 사용하면 테스트 네임스페이스에서 생성된 로그만 골라 플루언트 비트 파드의 표준 출력 스트림으로 출력할 수도 있다.

> **실습** 컨피그맵을 업데이트하여 플루언트 비트의 설정을 쿠버네티스 필터를 사용하도록 변경한다. 그리고 플루언트 비트 데몬셋을 재시작하여 변경된 설정을 적용한다. 그다음 수집된 최근 로그를 확인하여 필터링이 잘 적용되었는지 확인하라.

```
# 로그 처리 파이프라인 설정이 담긴 컨피그맵을 업데이트한다
kubectl apply -f fluentbit/update/fluentbit-config-match.yaml

# 플루언트 비트 데몬셋을 재시작하여 변경된 설정을 적용한다
kubectl rollout restart ds/fluent-bit -n kiamol-ch13-logging

# 새로운 파드가 준비될 때까지 대기
kubectl wait --for=condition=ContainersReady pod -l app=fluent-bit -n kiamol-ch13-logging

# 수집된 최근 로그를 확인한다
kubectl logs -l app=fluent-bit -n kiamol-ch13-logging --tail 1
```

필자의 환경에서 실행한 결과를 그림 13-7에 실었다. 실행 결과를 보면 수집된 로그에 훨씬 더 많은 정보가 추가된 것을 볼 수 있다. 로그의 내용 자체는 같지만 자세한 로그 출처 정보가 부가되었다. 쿠버네티스 필터는 API 서버에서 이들 데이터를 뽑아 오는데, 이런 로그의 컨텍스트 정보는 문제 원인을 추적할 때 큰 도움이 된다. 컨테이너를 실행한 이미지의 해시값을 알면 컨테이너에서 사용된 소프트웨어 버전을 확실히 알 수 있다.

❤ 그림 13-7 필터는 로그에 다양한 정보를 추가하는데, 하나의 로그 엔트리에만 14가지 메타데이터가 추가되었다

설정을 수정하면 쿠버네티스 필터가 적용되며,
테스트 네임스페이스의 로그만 출력된다.

플루언트 비트는 설정 파일의 변경을 인식하지 않으므로 파드를 재시작해야 한다.

```
PS>kubectl apply -f fluentbit/update/fluentbit-config-match.yaml
configmap/fluent-bit-config configured
PS>
PS>kubectl rollout restart ds/fluent-bit -n kiamol-ch13-logging
daemonset.apps/fluent-bit restarted
PS>
PS>kubectl wait --for=condition=ContainersReady pod -l app=fluent-bit -n kiamol-ch1
3-logging
pod/fluent-bit-dfv2w condition met
PS>
PS>kubectl logs  -l app=fluent-bit -n kiamol-ch13-logging --tail 1
{"date":1593505469.649095,"log":"2020-06-30 08:24:28.869 +00:00 [INF] Environment:
TEST; version: 1.1; time check: 08:24.28\n","stream":"stdout","time":"2020-06-30T08
:24:29.6490953Z","kubernetes":{"pod_name":"timecheck-cf4d4f685-rwq4c","namespace_na
me":"kiamol-ch13-test","pod_id":"9e8420f6-4cf5-4fc2-980d-7ce1870bae4d","labels":{"a
pp":"timecheck","pod-template-hash":"cf4d4f685"},"host":"docker-desktop","container
_name":"logger","docker_id":"fad628e7a3d248c9c882816191a34976525b158b9a9ca48bf86352
11336149c9","container_hash":"kiamol/ch03-sleep@sha256:f5edb5cb6df332c1bd77b33e4af1
13a3418666638065d074f8ae1abb4b5af567","container_image":"kiamol/ch03-sleep:latest"}
}
```

timecheck 애플리케이션의 로그는 전과 동일하지만, 쿠버네티스 필터가 로그가 발생한 파드 이름,
컨테이너 이미지 태그, 이미지 해시값 등 메타데이터를 로그에 추가한다.

플루언트 비트를 이렇게 동작하게 하려면 설정이 조금 까다롭다. 쿠버네티스 필터의 기본 설정은
파드의 모든 메타데이터를 수집해 오게 되어 있다. 그러나 사용자 정의 태그를 인식하게 하려면
정규 표현식을 사용해야 한다. 앞서 실습에서 우리가 업데이트했던 컨피그맵에 바로 이 정규 표현
식이 들어 있다. 하지만 여기에서는 이 정규 표현식을 다루지 않겠다. 필자는 정규 표현식을 그리
좋아하지 않는다. 사실 그리 크게 필요하지도 않다. 여기 나오는 설정은 완전히 일반적인 내용이
기 때문에 입력, 필터, 파서 설정을 원하는 대로 옮겨다 여러분 클러스터에 적용할 수 있다. 애플
리케이션 코드를 전혀 수정하지 않고도 이들 설정은 그대로 동작할 것이다.

출력 설정은 다른 단계의 설정과 조금 다르다. 이 설정 내용은 로그 출력 대상을 지정하는 것이기
때문이다. 로그 저장소와 로그 검색 컴포넌트를 연결하기 전에 플루언트 비트의 또 다른 기능을
한 가지 알아보겠다. 로그를 서로 다른 대상으로 나누어 출력하는 기능이다. 입력 설정에 쓰인 정
규 표현식은 kube.네임스페이스이름.컨테이너이름.파드이름 형태로 된 사용자 정의 태그를 인식하
며, 이 정규 표현식의 일치 여부에 따라 네임스페이스와 파드별로 로그의 출력 대상을 달리할 수
있다. 예제 13-2는 여러 개의 로그 출력 대상이 지정되도록 수정된 출력 단계의 설정이다.

```
[OUTPUT]
    Name      stdout                     # 표준 출력 스트림 플러그인에
    Format    json_lines                 # 테스트 네임스페이스에서 생성된
    Match     kube.kiamol-ch13-test.*    # 로그만 출력한다

[OUTPUT]
    Name      counter                    # 개발 네임스페이스에서 생성된 로그
    Match     kube.kiamol-ch13-dev.*     # 개수를 함께 출력한다
```

플루언트 비트는 일반적인 TCP 프로토콜부터 PostgreSQL 데이터베이스, 애저 로그 애널리틱스 같은 클라우드 서비스까지 다양한 로그 출력 대상 플러그인을 지원한다. 지금까지 사용한 표준 출력 스트림 플러그인은 로그를 콘솔로 출력하는 기능을 한다. counter 플러그인은 지금까지 수집된 로그 수를 출력한다. 변경된 설정을 적용하면 테스트 네임스페이스에서 생성된 로그만 출력되며, 개발 네임스페이스에서 발생한 로그의 건수가 출력된다.

> **실습** 출력 대상이 여러 개가 되도록 플루언트 비트의 설정을 변경하고 플루언트 비트 파드의 로그를 화면에 출력하라.

```
# 설정을 변경하고 플루언트 비트를 재시작한다
kubectl apply -f fluentbit/update/fluentbit-config-match-multiple.yaml

kubectl rollout restart ds/fluent-bit -n kiamol-ch13-logging

kubectl wait --for=condition=ContainersReady pod -l app=fluent-bit -n kiamol-ch13-logging

# 최근 두 건의 로그를 화면에 출력한다
kubectl logs -l app=fluent-bit -n kiamol-ch13-logging --tail 2
```

이번 예제에 사용된 counter 플러그인은 썩 유용한 플러그인은 아니다. 로그 처리 파이프라인의 앞부분을 잘 이용하면 여러 갈래로 로그를 출력하기가 쉬워진다는 것을 보여 주려고 사용했다. 그림 13-8은 네임스페이스별로 로그를 다른 대상에 출력한 결과다. 이 설정은 순전히 출력 단계에서 일치 규칙만 사용한 것이다.

이제 쿠버네티스의 간단하기 그지없는 로그 파일에 복잡한 로그 시스템을 연동시키는 방법을 배웠다. 플루언트 비트의 로그 처리 파이프라인을 이용하면 로그에 다양한 메타데이터를 추가하고 원하는 기준에 따라 서로 다른 대상으로 로그를 출력할 수 있다. 여러분이 원하는 출력 대상을 플루언트 비트에서 지원하지 않는다면 그 원형이 되고(MongoDB나 AWS S3 등) 더 다양한 플러그인

을 갖춘 플루언트디를 사용하면 된다. 플루언트디의 로그 처리 파이프라인은 정의된 단계나 설정 방법이 플루언트 비트와 크게 다르지 않다. 여기에서는 일래스틱서치를 로그 저장소로 사용할 것이다. 일래스틱서치는 플루언트 비트와 쉽게 통합할 수 있으며 강력한 검색 기능을 갖추고 있다.

❤ 그림 13-8 플루언트 비트의 여러 출력 채널을 사용하여 데이터를 달리 들여다볼 수 있다

설정을 변경하여 출력 채널을 두 가지로 늘렸다. test 네임스페이스의 로그는
표준 출력 스트림, dev 네임스페이스의 로그는 counter로 출력한다.

```
PS>kubectl apply -f fluentbit/update/fluentbit-config-match-multiple.yaml
configmap/fluent-bit-config configured
PS>
PS>kubectl rollout restart ds/fluent-bit -n kiamol-ch13-logging
daemonset.apps/fluent-bit restarted
PS>
PS>kubectl wait --for=condition=ContainersReady pod -l app=fluent-bit -n kiamol-ch1
3-logging
pod/fluent-bit-psg64 condition met
PS>
PS>kubectl logs  -l app=fluent-bit -n kiamol-ch13-logging --tail 2
{"date":1593508266.990381,"log":"2020-06-30 09:11:06.659 +00:00 [INF] Environment:
TEST; version: 1.1; time check: 09:11.06\n","stream":"stdout","time":"2020-06-30T09
:11:06.9903809Z","kubernetes":{"pod_name":"timecheck-cf4d4f685-fz5m7","namespace_na
me":"kiamol-ch13-test","pod_id":"6306ef10-7337-4957-a5cb-588a694bbe51","labels":{"a
pp":"timecheck","pod-template-hash":"cf4d4f685"},"host":"docker-desktop","container
_name":"logger","docker_id":"5b995663270a1a568e5667e9ab00fdc6478693f47a87469e527e06
52614e106a","container_hash":"kiamol/ch03-sleep@sha256:f5edb5cb6df332c1bd77b33e4af1
13a3418666638065d074f8ae1abb4b5af567","container_image":"kiamol/ch03-sleep:latest"}
}
1593508267.953121,1 (total = 2266)
```

dev 네임스페이스의 로그도 같은 파이프라인을 통과하므로 모두 같은 메타데이터가 적용된다.
그러나 출력되는 내용에는 로그 엔트리의 숫자(2,266건)만 나오는 반면, test 네임스페이스의
로그는 전체 내용이 출력된다.

13.3 / 수집된 로그를 일래스틱서치에 저장하기

일래스틱서치(Elasticsearch)는 이미 산업에서 널리 쓰이는 오픈 소스 데이터베이스다. 일래스틱서치는 **도큐먼트**(document) 단위로 데이터를 저장하며, 이 도큐먼트가 모인 것을 **인덱스**(index)라고

한다. 또한 한 인덱스 안에서도 도큐먼트가 고정된 스키마를 갖지 않는다는 점에서 일래스틱서치
는 우리에게 익숙한 관계형 데이터베이스와 사뭇 다른 데이터 저장 모델을 갖는다. 일래스틱서치
에 저장된 도큐먼트는 제각각 다른 필드로 구성될 수 있다. 이런 특성 덕분에 여러 시스템에서 생
성한 서로 다른 내용을 가진 로그를 한곳에서 수집할 수 있고, 이 점이 중앙화된 로그 시스템에 매
우 적합하다. 일래스틱서치는 데이터를 저장하고 조회하는 용도로 쓰이는 REST API를 가진 단일
컴포넌트 형태로 실행된다. 일래스틱서치와 영혼의 단짝인 키바나가 일래스틱서치에서 데이터를
조회하기 위한 프런트엔드 역할을 맡는다. 이 두 컴포넌트를 플루언트 비트를 실행했던 네임스페
이스에서 함께 실행해 보겠다.

실습 로그 저장소와 그 프런트엔드인 일래스틱서치와 키바나를 배치하라.

```
# 일래스틱서치 디플로이먼트를 생성하고 파드가 준비될 때까지 대기
kubectl apply -f elasticsearch/

kubectl wait --for=condition=ContainersReady pod -l app=elasticsearch -n kiamol-ch13-
logging

# 키바나 디플로이먼트를 생성하고 파드가 준비될 때까지 대기
kubectl apply -f kibana/

kubectl wait --for=condition=ContainersReady pod -l app=kibana -n kiamol-ch13-logging

# 키바나에 접근할 수 있는 URL 확인
kubectl get svc kibana -o jsonpath='http://{.status.loadBalancer.ingress[0].*}:5601'
-n kiamol-ch13-logging
```

그림 13-9에서 볼 수 있듯이, 일래스틱서치와 키바나의 디플로이먼트는 기본적으로 각각 파드 하
나로 구성된다. 로그의 중요성을 생각하면 운영 환경에서는 로그 시스템에 고가용성을 확보하고
싶을 수도 있다. 키바나는 무상태 컴포넌트이므로 레플리카 수를 늘리기만 하면 바로 고가용성을
확보할 수 있다. 일래스틱서치는 스토리지를 공유하며 여러 개의 파드에 걸쳐 동작하는 스테이트
풀셋 형태로 실행되지만, 클라우드에서 실행되는 매니지드 서비스 형태로 사용해도 좋다. 키바나
를 실행했다면 키바나의 URL로 접근해 보자. 다음 실습 예제에서는 이 URL을 통해 키바나를 사
용해 볼 것이다.

그림 13-9 일래스틱서치 서비스를 실행하면 키바나와 플루언트 비트에서 REST API를 통해 일래스틱서치를 이용할 수 있다

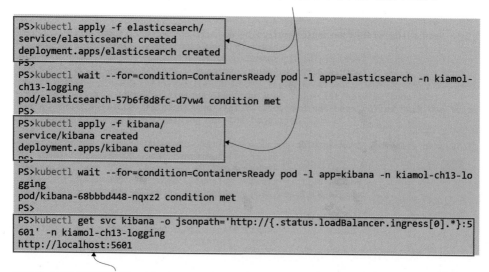

여기에서 일래스틱서치와 키바나 두 디플로이먼트는 공식 이미지보다 훨씬 용량이 작은 비공식 이미지를 사용하여 배치되었다. 운영 환경에서는 공식 이미지를 사용할 수도 있다.

```
PS>kubectl apply -f elasticsearch/
service/elasticsearch created
deployment.apps/elasticsearch created
PS>
PS>kubectl wait --for=condition=ContainersReady pod -l app=elasticsearch -n kiamol-
ch13-logging
pod/elasticsearch-57b6f8d8fc-d7vw4 condition met
PS>
PS>kubectl apply -f kibana/
service/kibana created
deployment.apps/kibana created
PS>
PS>kubectl wait --for=condition=ContainersReady pod -l app=kibana -n kiamol-ch13-lo
gging
pod/kibana-68bbbd448-nqxz2 condition met
PS>
PS>kubectl get svc kibana -o jsonpath='http://{.status.loadBalancer.ingress[0].*}:5
601' -n kiamol-ch13-logging
http://localhost:5601
```

키바나는 일래스틱서치의 REST API를 사용하며, 우리는 5601번 포트로 키바나 웹 UI에 접근할 수 있다.

플루언트 비트는 일래스틱서치를 출력 대상으로 하는 플러그인을 지원한다. 이 플러그인은 로그 엔트리 하나하나를 일래스틱서치 REST API를 통해 도큐먼트로 저장한다. 플러그인의 필수 설정은 일래스틱서치 서버의 도메인 네임뿐이며, 여기에 부가적으로 도큐먼트가 저장될 인덱스를 지정할 수도 있다. 다중 출력 대상을 가진 출력 단계와 이런 설정을 조합하면 서로 다른 네임스페이스에서 발생한 로그를 제각기 다른 인덱스에 저장할 수 있다. 예제 13-3은 테스트 네임스페이스에 속한 파드에서 발생한 로그를 쿠버네티스 시스템 파드의 로그와 분리하는 예다.

예제 13-3 fluentbit-config-elasticsearch.yaml, 일래스틱서치 인덱스에 로그 저장

```
[OUTPUT]
    Name      es                          # 테스트 네임스페이스의 로그를
    Match     kube.kiamol-ch13-test.*     # 일래스틱서치에 저장하되
    Host      elasticsearch               # 로그를 저장하는 인덱스를
    Index     test                        # "test"로 지정한다


[OUTPUT]
    Name      es                          # 쿠버네티스 시스템 파드의 로그는
    Match     kube.kube-system.*          # 동일한 일래스틱서치 서버의
    Host      elasticsearch               # "sys" 인덱스에 저장한다
    Index     sys
```

어떤 출력 규칙과도 일치하지 않는 로그는 폐기된다. 따라서 이 같은 설정을 적용하면 쿠버네티스 시스템 로그와 테스트 네임스페이스의 로그는 일래스틱서치에 저장되지만 개발 네임스페이스의 로그는 저장되지 않는다.

실습 일래스틱서치에 로그를 저장하도록 플루언트 비트의 설정을 변경하라. 그리고 키바나 웹 UI를 통해 test 인덱스 조회를 설정하라.

```
# 예제 13-3의 설정을 적용한다
kubectl apply -f fluentbit/update/fluentbit-config-elasticsearch.yaml

# 플루언트 비트 파드를 재시작한 후 대기한다
kubectl rollout restart ds/fluent-bit -n kiamol-ch13-logging

kubectl wait --for=condition=ContainersReady pod -l app=fluent-bit -n kiamol-ch13-
logging

# 이제 키바나 웹 UI를 통해 데이터 조회를 설정한다
# - 좌측 메뉴에서 Discover를 클릭한다
# - Create index pattern 버튼을 클릭한다
# - Index pattern 입력 칸에 "test"를 입력한다
# - Next step 버튼을 클릭한 후
# - Time Filter field name 입력 칸에서 @timestamp를 선택한다
# - Create Index Pattern 버튼을 클릭한다
# - 다시 한 번 왼쪽 메뉴에서 Discover를 클릭하여 로그를 관찰한다
```

키바나가 완전히 자동화되어 있지는 않기 때문에 이번 실습 예제에서는 직접 UI를 통한 몇 가지 조작이 필요했다. 필자의 환경에서 실행한 결과인 그림 13-10을 보면 인덱스 패턴이 생성되었다. 이번 실습 예제를 마치고 나면 빠르고 강력하며 사용하기 쉬운 검색 엔진을 이용하여 테스트 네임 스페이스의 모든 컨테이너 로그를 열람할 수 있게 된다. **Discover** 탭을 보면 단위 시간당 저장되는 도큐먼트 수를 확인할 수 있다. 이 수치가 바로 단위 시간당 처리되는 로그 수다. 그리고 바로 도큐먼트 하나하나에 접근하여 로그의 세부 내용을 살필 수 있다.

❤ 그림 13–10 일래스틱서치에 로그를 저장하도록 플루언트 비트의 설정을 변경하고 키바나에서 로그 조회를 설정한다

이 설정을 적용하면 로그가 일래스틱서치에 저장된다.
저장된 로그는 키바나로 열람할 수 있다.

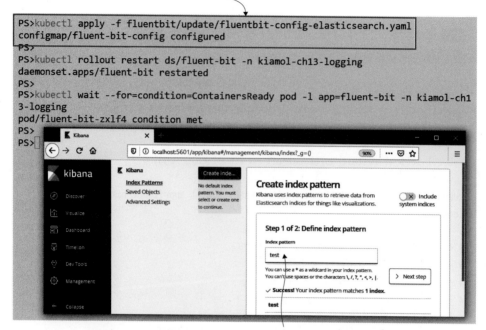

키바나의 검색 설정은 UI를 통해 직접 해야 한다. 인덱스 패턴에는 test를 입력하고,
그다음 화면에서 @timestamp 필드를 선택한다.

일래스틱서치와 키바나는 이미 널리 쓰이는 기술이지만 여러분이 이들을 다루는 데 익숙하지 않으니 키바나 UI를 가볍게 훑어보도록 하자. Discover 페이지의 왼편을 보면 로그를 필터링하는 기준으로 삼을 수 있는 필드 목록이 있다. 이 목록에는 모든 쿠버네티스 메타데이터 필드가 포함되어 있기 때문에 파드 이름, 호스트 노드, 컨테이너 이미지 등을 기준으로 로그를 필터링할 수 있다. 또한 애플리케이션별로 주요 통계를 항상 보여 주는 대시보드도 구성할 수 있다. 이들 대시보드는 오류 로그가 급증하는 이상 현상을 쉽게 발견하게 해 준다. 그런가 하면 모든 도큐먼트 중 특정한 원하는 값을 포함한 것이 있는지 찾아볼 수 있다. 이런 방식은 로그에서 사용자 제보로 들어온 오류 메시지 식별자를 검색할 때 유용하다.

키바나 설명은 이 정도로 마치고, 중앙화된 로그 시스템 장점을 체험할 수 있는 실습을 해 보겠다. 테스트 네임스페이스에 새로운 애플리케이션을 하나 배치한다. 플루언트 비트의 설정을 수정하지 않아도 이 애플리케이션의 로그는 그대로 수집되어 일래스틱서치에 저장된다. 그리고 사용 중 오류가 발생하면 이 오류와 관련된 정보를 키바나를 통해 어렵지 않게 추적할 수 있다.

실습 무작위 숫자 API를 배치한다. 이 애플리케이션은 두 번째 호출부터 오류를 일으키게 만들어졌지만 프록시를 함께 배치하면 프록시가 응답을 캐싱해 주기 때문에 거의 문제를 일으키지 않는다. API를 호출해 보고 오류가 발생하면 키바나에서 오류 식별자를 검색하라.

```
# API와 프록시를 배치한다
kubectl apply -f numbers/

# 애플리케이션이 시작될 때까지 대기한다
kubectl wait --for=condition=ContainersReady pod -l app=numbers-api -n kiamol-ch13-
test

# 프록시를 경유하여 API에 접근하는 URL을 확인한다
kubectl get svc numbers-api-proxy -o jsonpath='http://{.status.loadBalancer.
ingress[0].*}:8080/rng' -n kiamol-ch13-test

# API를 호출한 후 30초를 기다려 페이지를 새로고침하면 오류가 발생한다
# 키바나에서 검색창에 아래와 같은 질의를 입력하라
# kubernetes.labels.app:numbers-api AND log:<API에서_출력된_오류_식별자>
```

필자의 환경에서 실행한 결과를 그림 13-11에 실었다. 그림이 작기는 하지만 내용을 알아볼 수는 있을 것이다. API에서 출력한 오류 식별자를 복사하여 키바나의 검색창에 입력하면 일치하는 로그가 한 건 검색되었다. 이 로그 한 건에 파드 상태를 알아보는 데 필요한 모든 정보가 들어 있다. 또한 검색된 로그의 이전 및 이후 로그를 함께 보여 주는 편리한 기능도 있다.

▼ 그림 13-11 문제를 해결할 때 위력을 발휘하는 로그 시스템, 사용자가 직면했던 오류 메시지의 식별자를 검색어로 해서 곧바로 당시의 로그를 찾아냈다

무작위 숫자 API와 프록시를 배치한다. 이 API는 두 번째 호출부터 오류를 일으키지만,
프록시가 30초 동안 첫 번째 응답을 캐싱하여 제공한다.

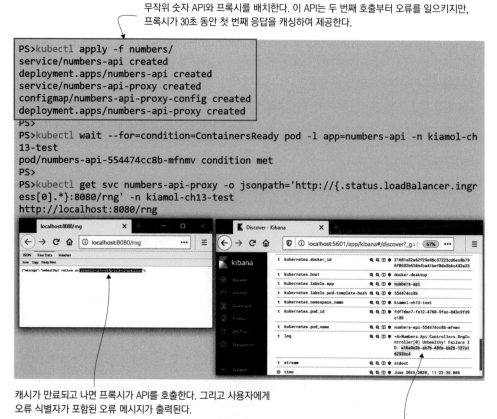

캐시가 만료되고 나면 프록시가 API를 호출한다. 그리고 사용자에게
오류 식별자가 포함된 오류 메시지가 출력된다.

운영 팀에서 오류 식별자로 로그를 검색하여 무엇이 문제였는지 조사한다.
오류 식별자로 문제가 발생했던 파드를 찾아낼 수 있다.

검색 가능한 중앙화된 로그 시스템은 문제를 매우 편리하게 해결할 수 있게 한다. 거기에다 모든 구성 요소가 오픈 소스인 만큼 어떤 환경에서도 로그 시스템에 동일한 기술 스택을 적용할 수 있다. 개발 환경과 테스트 환경에서도 운영 환경과 동일한 진단 도구를 사용할 수 있다면 운영 팀에서도 로그 수준을 이해하고 시스템 로그를 좀 더 유용하게 개선할 수 있다. 로그를 잘 남기는 것은 매우 중요한 일이다. 하지만 운영 팀의 우선순위에서 로그 설계는 뒷전이 되는 경우가 많다. 그리고 유용한 정보가 없도록 설계된 로그 탓에 문제 해결이 가로막히는 경우도 왕왕 있다. 플루언트 비트는 이 경우에도 도움이 될 만한 기능을 몇 가지 갖추고 있다.

13.4 / 로그 파싱 및 필터링하기

이상적인 애플리케이션이라면 로그 엔트리의 심각도, 로그를 생산한 객체의 클래스, 이벤트 유형 식별자와 이벤트 주요 내용 등 필드로 구성된 구조화된 로그를 생산할 것이다. 플루언트 비트에서는 이 필드값으로 로그를 필터링해 주며, 일래스틱서치에서는 이 필드값으로 우리가 원하는 정보를 담은 로그를 정확히 검색할 수 있다. 하지만 대부분의 시스템은 이렇게 이상적인 로그를 생산하지 않는다. 일련의 정보를 담은 텍스트를 출력할 뿐이다. 하지만 이 텍스트 포맷을 알고 있다면 플루언트 비트가 로그 메시지를 파싱하여 구조화된 형태로 처리해 준다.

무작위 숫자 API를 예로 들어 보겠다. 이 애플리케이션 로그는 다음과 같은 꼴을 하고 있다.

```
<6>Microsoft.Hosting.Lifetime[0] Now listening on: http://[::]:80.
```

메시지의 첫 번째 부분은 산형괄호(<>)로 감싼 부분으로, 메시지 중요도를 의미한다. 그다음으로 로그를 생산한 객체의 클래스와 이벤트 식별자(대괄호 안의 부분)가 이어진 후 실제 로그 메시지가 나온다. 모든 로그 엔트리는 구조가 같으므로 플루언트 비트가 로그의 각 필드를 분리할 수 있다. 정규 표현식으로도 같은 일을 할 수 있지만, 필자 능력으로는 예제 13-4에서 보듯이 첫 번째 필드의 중요도를 추출하고 나머지 내용은 메시지 필드로 남겨 두는 것이 최선이었다.

예제 13-4 fluentbit-config-parser.yaml, 애플리케이션 로그를 분석하는 사용자 정의 파서

```
[PARSER]
    Name      dotnet-syslog                        # 파서 이름
    Format    regex                                # 정규 표현식을 사용한다
    Regex     ^\<(?<priority>[0-9]+)\>*(?<message>.*)$    # 엉망이다
```

이 설정을 적용하면 플루언트 비트에서 dotnet-syslog라는 이름의 사용자 정의 파서를 사용할 수 있다. 하지만 모든 로그에 이 파서가 적용되는 것은 아니다. 로그 처리 파이프라인에 사용자 정의 파서를 적용할 로그를 명확히 지정해 주어야 한다. 대상 로그는 파드 정의에 애너테이션을 추가하는 방식으로 지정하는데, 이 애너테이션을 보고 로그 처리 파이프라인이 해당 파드에서 생산한 로그에 적용할 파서를 선택한다. 예제 13-5는 무작위 숫자 API 파드 정의에 추가된 애너테이션이다. 보다시피 매우 간단하다.

```
# 파드 템플릿 중 디플로이먼트 정의를 발췌한 것이다
template:
  metadata:
    labels:                                # 레이블은 셀렉터 및 운영에 주로 사용되는 데 비해
      app: numbers-api                     # 애너테이션은 외부 요소와 통합하기 위한
    annotations:                           # 플래그 용도로 사용되는 경우가 많다
      fluentbit.io/parser: dotnet-syslog   # 로그를 처리하기 위해 사용할 파서
```

필자가 예로 든 엉성한 파서보다는 훨씬 나은 사용자 정의 파서를 만들 수 있다. 플루언트 비트 개발 팀은 참조 문서에서 몇 가지 예제 파서를 제공하는데, 이 중에는 Nginx용 파서가 있다. 무작위 숫자 API에는 프록시 역할로 Nginx를 사용하고 있는데, 이번 실습 예제에서는 컴포넌트마다 서로 다른 파서를 사용하도록 한 후 키바나를 통해 좀 더 정교한 대상 설정 및 로그를 필터링하는 예제를 살펴보자.

실습 무작위 숫자 애플리케이션과 그 앞 단의 프록시에 서로 다른 파서를 적용하도록 플루언트 비트 설정을 변경하고, 두 컴포넌트 설정에 맞추어 애너테이션을 추가한다. 그다음 애플리케이션을 사용하고 키바나에서 로그를 확인하라.

```
# 로그 처리 파이프라인 설정을 변경한다
kubectl apply -f fluentbit/update/fluentbit-config-parser.yaml

# 플루언트 비트를 재시작한다
kubectl rollout restart ds/fluent-bit -n kiamol-ch13-logging
kubectl wait --for=condition=ContainersReady pod -l app=fluent-bit -n kiamol-ch13-
logging

# 디플로이먼트 정의에 파서 애너테이션을 추가하고 업데이트한다
kubectl apply -f numbers/update/

# API가 준비될 때까지 대기한다
kubectl wait --for=condition=ContainersReady pod -l app=numbers-api -n kiamol-ch13-
test

# API를 다시 사용한 후 키바나에서 로그를 열람한다
```

그림 13-12를 보면, 파서에서 분석한 priority 필드가 도큐먼트에 추가되어 질의를 별도로 작성하지 않아도 이 필드값으로 필터링을 적용할 수 있다. 그림에서는 지정된 한 파드에서 priority 값이 4(경고 수준)인 로그만 골라내고 있다. 이 과정을 직접 실습해 보면 프록시 파드의 로그만 볼

수도 있다. 프록시 파드의 로그에서는 Nginx 로그에 포함된 HTTP 요청 경로 또는 응답 코드 등 필드를 볼 수 있다.

▼ 그림 13-12 파서가 분석한 필드값이 도큐먼트의 별도 필드로 저장되기 때문에 간단하고 빠르게 필터링 및 검색을 수행할 수 있다

무작위 숫자 API와 프록시의 로그에 대한
파서 설정을 추가한다.

이들 디플로이먼트의 애너테이션에 플루언트 비트가
적절한 파서를 선택할 수 있는 정보가 들어 있다.

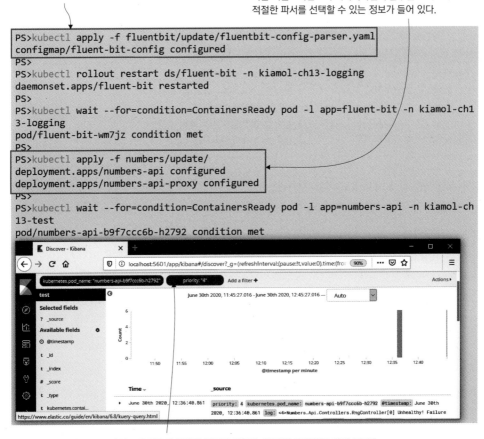

로그 엔트리의 priority 값이 도큐먼트의 독립된 필드가 되었다. 이 값을 기준으로 쉽게 로그를
필터링할 수 있다. 이 필터는 현재 생성된 무작위 숫자 API 파드의 로그 중 로그 수준이 '경고'
이상인 것만 나타내도록 한 것이다.

플루언트 비트와 중앙화된 로그 시스템의 또 다른 장점은 데이터 처리 파이프라인을 애플리케이션과 분리할 수 있다는 점이다. 그만큼 로그에 필터링을 적용하기 더 쉽다. 애플리케이션 동작 중 재시작 없이도 로그 수준을 조절할 수 있다면 더욱 이상적이다. 그러나 4장에서 배웠듯이 변경된 설정을 적용하려면 파드를 재시작해야 할 때가 많다. 가동 중에 있는 애플리케이션에서 발생한 문제를 추적하는 데 파드를 재시작해야 한다면 문제 해결이 쉽지 않을 것이다. 로그 수준 변경을 위한 파드 재시작이 해결하려는 문제 자체에 영향을 줄 것이기 때문이다.

플루언트 비트는 그 자체로는 재시작 없이 설정 변경이 불가능하지만, 애플리케이션 파드를 재시작하기보다는 로그 콜렉터 파드를 재시작하는 편이 문제 상황에 불필요한 영향을 적게 미친다. 재시작 후 플루언트 비트가 그동안 누적된 로그를 빠짐없이 챙겨 올 것이기 때문이다. 이런 방법으로 애플리케이션의 로그 수준은 낮추어 두고 필터링은 플루언트 비트에서 적용하면 된다. 예제 13-6은 무작위 숫자 API의 로그 중 priority 필드값이 2, 3, 4가 아닌 것은 제외하도록 한 필터링 설정이다.

예제 13-6 fluentbit-config-grep.yaml, 필드값을 기준으로 하는 로그 필터링

```
[FILTER]
    Name        grep                            # 문자열 검색 필터 grep을 사용한다
    Match       kube.kiamol-ch13-test.api.numbers-api*
    Regex       priority [234]                  # 필자도 이 정도 정규 표현식은
                                                # 어렵지 않게 이해할 수 있다
```

정규 표현식을 잘 모르더라도 여기에서 텍스트로 된 로그를 필드별로 분석해 두는 것이 얼마나 중요한지는 알 수 있을 것이다. grep 필터는 필드값이 정규 표현식에 일치하는지 평가하여 일치하지 않으면 필터링하는 기능을 한다. 이 설정을 적용하고 나면 API 파드가 priority 필드값이 6인 로그를 생산하더라도 플루언트 비트가 이를 수집하지 않는다.

실습 무작위 숫자 API의 로그 중 중요도가 일정 수준 이상인 것만 수집하도록 설정을 변경하라. 기존 API 파드를 수동으로 삭제하면 키바나에서 애플리케이션 시작 로그를 볼 수 없지만 파드 로그에는 시작 로그가 생성된 것을 알 수 있다.

```
# 예제 13-6의 grep 필터 설정을 적용한다
kubectl apply -f fluentbit/update/fluentbit-config-grep.yaml

kubectl rollout restart ds/fluent-bit -n kiamol-ch13-logging

# 기존 API 파드를 삭제하여 애플리케이션 로그를 리셋한다
kubectl delete pods -n kiamol-ch13-test -l app=numbers-api

kubectl wait --for=condition=ContainersReady pod -l app=numbers-api -n kiamol-ch13-test

# 이상이 발생할 때까지 API를 사용한다

# 파드에서 로그를 출력한다
```

```
kubectl logs -n kiamol-ch13-test -l app=numbers-api
```

```
# 키바나에서 API 파드의 로그를 확인한다
```

이번 실습 예제로 플루언트 비트가 로그를 효율적으로 필터링해서 우리 목표에 유용한 로그만 저장소에 전달한다는 것을 알 수 있다. 필터링에서 제외된 로그는 수집되지 않았지만, kubectl로 컨테이너 로그 형태로 확인 가능하다. 일래스틱서치로 저장되지 않은 로그는 이 방법으로만 확인할 수 있다. 실제 상황에서는 그림 13-13과 같이 키바나를 통해 문제가 발생한 파드를 확인한 후 해당 파드의 로그 전체를 kubectl로 보는 것도 가능하다.

❤ 그림 13-13 플루언트 비트에 필터링을 적용하면 로그 저장소의 스토리지를 절약할 수 있고, 필터 역시 쉽게 변경 가능하다

이 설정을 적용하고 나면 API 파드의 로그 중에서
중요도가 높은 것만 저장소에 저장된다.

API 파드를 삭제하고 새 파드가 생성되면 컨테이너 로그가 초기화된다.

필터링으로 제외된 로그도
파드의 로그로 확인할 수 있다.

새로 생성된 API 파드에서 중요도(priority 필드값)가
4인 로그만 수집되었고 6인 로그는 수집되지 않았다
(원래 이 자리의 그래프는 숨김 처리했다).

로그 메시지 내용을 가공하거나 로그 수집 속도를 조절하고, 로그 내용을 인식하여 미리 설정한 스크립트를 실행하는 등 우리가 다룬 것 외에도 플루언트 비트에는 더 다양한 기능이 있다. 그러나 우리가 필요한 핵심 기능은 모두 다루었다. 마지막으로 로그 수집 및 저장 모델의 대안이 될 수 있는 몇 가지 다른 선택지를 살펴보고 이 장을 마무리하겠다.

13.5 쿠버네티스에 적용할 수 있는 그 외 로그 모델

쿠버네티스는 기본적으로 애플리케이션 로그가 컨테이너의 표준 출력 스트림으로 출력된다고 간주한다. 따라서 이 스트림에서 출력되는 내용을 수집하고 저장하도록 만들었으며, 우리가 앞서 배운 로그 모델도 이 기반 위에 성립하는 것이다. 유연하고 어디서나 사용할 수 있는 방식이며 그 위에 얹힌 기술 스택 역시 신뢰성 높고 성능이 뛰어나다. 하지만 아쉬운 부분은 어디나 있게 마련이다. 그림 13-14는 컨테이너에서 로그를 수집하여 검색 가능한 로그 저장소에 저장할 때 생길 수 있는 몇 가지 문제를 정리한 다이어그램이다.

좀 더 간단하고 컴포넌트 수가 적은 구조를 채택하여 이런 단점을 해결할 수 있다. 애플리케이션에서 일래스틱서치로 곧바로 로그를 기록하는 방식이나, 모든 애플리케이션 파드에 사이드카 컨테이너를 추가하여 애플리케이션이 어떤 방식으로 로그를 출력하든 이를 수집해서 일래스틱서치로 바로 저장하는 방식이다.

이런 구조를 사용하면 정규 표현식으로 로그를 파싱하지 않아도 로그 저장 형태를 직접 다룰 수 있다는 장점이 있다. 일래스틱서치(혹은 특정 로그 저장소)에 강하게 결합하는 문제가 생기지만, 다른 로그 저장소로 옮길 일이 생기지 않는다면 크게 문제되지 않을 수 있다.

❤ 그림 13-14 우리 목표는 애플리케이션 로그를 수집하여 일래스틱서치에 저장하는 것이지만, 이 목표에 이르는 단계가 너무 많다

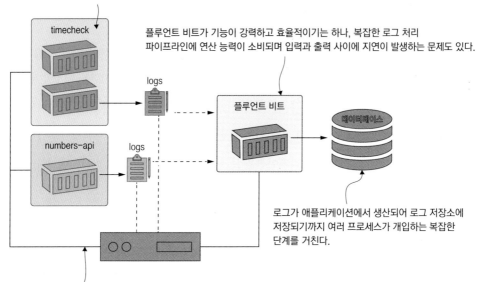

애플리케이션이 표준 출력 스트림으로 로그를 출력하지 않는다면 사이드카 컨테이너가 필요하다.
timecheck 애플리케이션은 자체 로그 파일을 따로 갖고 있으므로 디스크 용량이 중복 사용된다.

플루언트 비트가 기능이 강력하고 효율적이기는 하나, 복잡한 로그 처리
파이프라인에 연산 능력이 소비되며 입력과 출력 사이에 지연이 발생하는 문제도 있다.

로그가 애플리케이션에서 생산되어 로그 저장소에
저장되기까지 여러 프로세스가 개입하는 복잡한
단계를 거친다.

노드는 로그를 파일에 저장하는데, 이 때문에 디스크 용량이 중복되며 지연도 발생한다.
또한 별도의 컴포넌트가 로그 파일이 쌓이지 않도록 파일을 삭제해 주어야 한다.

사용자 정의 로그 프레임워크 역시 쿠버네티스 이주 초기에 고려해 볼 수 있는 선택이다. 하지만 클러스터로 이주가 진행되면 될수록 여기에 구애받는 일이 점점 늘어난다는 문제가 있다. 모든 운영체제를 통해 로그를 출력하던 기존 애플리케이션이 일래스틱서치로 로그를 바로 출력해야 한다는 조건을 맞추지 못할 수도 있다. 또한 모든 애플리케이션에 맞출 수 있을 만큼 사이드카 컨테이너의 유연성이 뛰어난 것도 아니다. 플루언트디 및 플루언트 비트 모델의 장점은 커뮤니티에서 널리 쓰이는 표준 방식을 그대로 사용할 수 있다는 점이다. 로그 수집 및 저장 코드를 직접 작성하고 유지 보수하기보다는 정규 표현식을 들고 씨름하는 편이 압도적으로 수고가 적다.

애플리케이션 로그 설명은 이것으로 마무리하겠다. 연습 문제를 위해 실습 클러스터를 정리하자.

실습 이 장에서 사용한 실습 네임스페이스 및 디플로이먼트를 제거하라.

```
kubectl delete ns -l kiamol=ch13
kubectl delete all -l kiamol=ch13
```

13.6 / 연습 문제

이번 연습 문제에서는 우리가 배운 로그 모델을 채택한 클러스터에 새로운 애플리케이션을 배치해야 하는 운영 팀의 업무를 체험해 볼 것이다. 플루언트 비트에서 애플리케이션을 배치할 네임스페이스 설정을 확인하고 간단한 웹 사이트를 배치하라. 단 다음 내용을 참조하며 진행하라.

- lab/logging 디렉터리에 정의된 로그 관련 컴포넌트를 먼저 배치하라.
- vweb 디렉터리에 정의된 애플리케이션을 로그 수집 대상인 네임스페이스에 배치하라. 키바나에서 해당 애플리케이션 로그를 볼 수 있어야 한다.
- 현재 수집된 로그는 일반 텍스트 형태다. 이번에는 애플리케이션 디플로이먼트를 변경하여 적합한 파서를 적용하라. 이 애플리케이션은 Nginx상에서 동작하며, 플루언트 비트 설정에는 Nginx 파서가 이미 설정되어 있다.
- 키바나에서 새로 수집된 로그를 확인하라. 몇몇 로그에서 응답 코드 304를 볼 수 있는데, 이 응답 코드는 웹 브라우저가 캐싱된 페이지를 사용하라는 의미이며 중요한 내용은 아니다. 마지막으로 할 일은 이 로그를 필터링으로 제외하는 것이다.

이번 연습 문제는 실무와 매우 근접한 내용이다. 지금까지 배운 기본적인 쿠버네티스 사용 방법을 총동원해야 한다. 필자 깃허브 https://github.com/sixeyed/kiamol의 ch13/lab/README.md에서 작성한 예시 정답을 참고하기 바란다.

14장

프로메테우스를
이용한 쿠버네티스
및 애플리케이션
모니터링

모니터링은 로그와 둘도 없는 단짝이다. 모니터링으로 시스템에 발생한 이상 현상을 발견하고 로그를 열람하며 시스템에 어떤 일이 벌어졌는지 조사한다. 로그 시스템과 마찬가지로 모니터링 역시 중앙화된 시스템에서 측정값을 수집하여 전체 애플리케이션 컴포넌트의 상태를 파악할 수 있다. 쿠버네티스 모니터링에는 역시 CNCF에서 관리하는 프로젝트인 프로메테우스(Prometheus)가 주로 쓰인다. 프로메테우스는 클러스터의 측정값을 수집하고 저장하는 서버 애플리케이션이다. 이 장은 프로메테우스를 쿠버네티스에 배치하고 애플리케이션과 클러스터 전반의 정상 여부를 일목요연하게 보여 주는 대시보드를 꾸미는 방법을 알아본다.

프로메테우스를 지원하는 플랫폼은 여러 가지가 있지만, 그중에서도 쿠버네티스는 특히 프로메테우스와 궁합이 좋은 플랫폼이다. 쿠버네티스 API 서버에 접근 권한이 있는 파드에서 프로메테우스를 실행하면 모든 모니터링 대상의 상태를 쿠버네티스 API를 통해 프로메테우스가 질의한다. 새로운 애플리케이션을 배치하더라도 설정을 변경할 필요 없다. 프로메테우스가 새로 배치된 애플리케이션을 발견하여 자동으로 측정값을 수집하기 시작하기 때문이다. 쿠버네티스 애플리케이션도 프로메테우스와 잘 들어맞는 부분이 많다. 이 장에서는 사이드카 패턴을 활용하여 모든 애플리케이션이 프로메테우스에 자신의 상태 측정값을 제공하게 하는 방법을 알아보겠다. 이 방법은 프로메테우스를 상정해서 만들어진 애플리케이션이 아니라도 적용할 수 있다.

14.1 프로메테우스가 쿠버네티스 애플리케이션을 모니터링하는 과정

프로메테우스가 수집하는 측정값은 아주 일반적인 것들이다. 모니터링 대상 컴포넌트에 HTTP 엔드포인트를 두고, 이 엔드포인트가 해당 컴포넌트의 주요 상태 측정값을 제공하게 한다. 웹 서버라면 처리 요청 수를 들 수 있겠고, 쿠버네티스 노드라면 메모리 잔량 등이 있을 것이다. 프로메테우스는 측정값의 내용이나 의미는 상관하지 않으며 측정값을 수집해서 저장하는 역할만 한다. 프로메테우스에서 중요한 것은 측정값을 수집할 대상 컴포넌트 목록이다. 그림 14-1은 프로메테우스의 내장 서비스 디스커버리 기능을 사용하여 측정값이 수집되는 과정을 나타낸 다이어그램이다.

▼ 그림 14-1 프로메테우스의 측정값 수집 모델은 풀링 모델로, 자동으로 수집 대상을 발견할 수도 있다

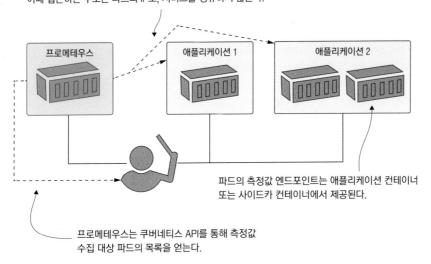

프로메테우스는 주기적으로 파드의 HTTP 엔드포인트에서 측정값을 수집한다.
이때 접근하는 주소는 파드의 IP로, 서비스를 경유하지 않는다.

프로메테우스   애플리케이션 1   애플리케이션 2

파드의 측정값 엔드포인트는 애플리케이션 컨테이너
또는 사이드카 컨테이너에서 제공된다.

프로메테우스는 쿠버네티스 API를 통해 측정값
수집 대상 파드의 목록을 얻는다.

이 장의 주요 내용은 프로메테우스를 쿠버네티스에 매끄럽게 통합해서 클러스터 확장이나 애플리케이션 추가 배치에도 동적으로 대응하는 모니터링 시스템을 갖추는 것이다. 애플리케이션에 모니터링을 적용하는 방법이나 어떤 측정값을 수집해야 하는가는 이 장 주제를 벗어난다. 이 주제는 무료 전자책으로 제공되는 부록 B에 〈도커 교과서〉의 '9장 컨테이너 모니터링으로 투명성 있는 애플리케이션 만들기'를 실었으니 해당 부분을 참고하기 바란다.

먼저 프로메테우스를 배치해 보자. 프로메테우스 서버는 서비스 디스커버리 및 측정값 수집, 저장을 담당하는 단일 컴포넌트다. 또한 기본적인 웹 UI도 갖추고 있어 간단한 질의로 전체 시스템 상태를 확인할 수 있다.

> **실습** 모니터링 전용 네임스페이스에 테스트 네임스페이스에 배치된 애플리케이션을 모니터링하도록 설정된 프로메테우스를 배치하라(단 테스트 네임스페이스는 아직 생성되지 않았다).

```
# 이 장 예제 코드 디렉터리로 이동한다
cd ch14

# 프로메테우스 디플로이먼트 및 컨피그맵을 배치한다
kubectl apply -f prometheus/
```

```
# 프로메테우스가 준비될 때까지 대기한다
kubectl wait --for=condition=ContainersReady pod -l app=prometheus -n kiamol-ch14-
monitoring

# 웹 UI에 접근할 URL을 확인한다
kubectl get svc prometheus -o jsonpath='http://{.status.loadBalancer.
ingress[0].*}:9090' -n kiamol-ch14-monitoring

# 웹 UI에 접근하여 /targets 페이지를 확인한다
```

프로메테우스에서는 측정값 수집을 스크랩 또는 스크래핑(scraping)이라고 한다. 프로메테우스 UI
에 접근하면 test-pods 이름의 카테고리는 있지만 아직 스크랩 대상은 없다. 앞 실습 예제를 필
자의 환경에서 실행한 결과를 그림 14-2에 실었다. test-pods라는 카테고리 이름은 우리가 앞서
배치한 컨피그맵에 들어 있던 프로메테우스의 설정값이다.

❤ 그림 14-2 지금은 측정값 수집 대상(targets)이 아직 없지만 쿠버네티스 API를 통해 새로운 파드가 있는지 계속 확인한다

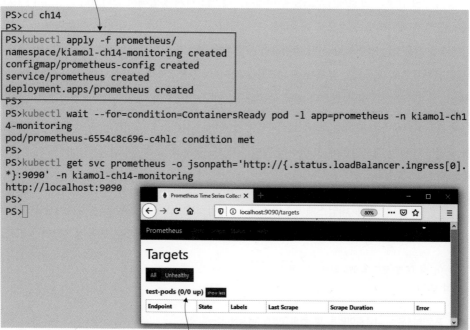

프로메테우스는 모니터링을 위해 새로 만든 네임스페이스에서 동작한다.
로그 시스템이 그랬듯이 모니터링 시스템 역시 모든 애플리케이션이 공유한다.

수집 대상은 프로메테우스가 측정값을 스크랩해 오는 컴포넌트를 의미한다.
현재 설정은 테스트 네임스페이스에서 수집 대상을 찾도록 되어 있는데,
현재는 해당 네임스페이스가 없으므로 수집 대상도 없다.

프로메테우스가 쿠버네티스에서 수집 대상을 찾도록 하는 방법은 간단하다. 하지만 처음에는 용어가 헷갈릴 수도 있다. 프로메테우스에서 말하는 잡(job)은 서로 연관된 수집 대상의 집합을 의미한다. 같은 애플리케이션을 구성하는 컴포넌트 모임이 흔히 볼 수 있는 잡의 예다. 스크랩 설정은 도메인 네임의 고정된 목록처럼 간단할 수도 있고, 동적 서비스 디스커버리 형태가 될 수도 있다. 예제 14-1은 test-pods 잡 설정의 앞부분을 발췌한 것이다. 이 설정에서는 서비스 디스커버리를 위해 쿠버네티스 API가 쓰였다.

예제 14-1 Prometheus-config.yaml, 쿠버네티스 API를 이용한 스크래핑 설정

```
scrape_configs:                            # 컨피그맵 정의의 일부를 발췌한 것이다
  - job_name: 'test-pods'                  # 테스트 환경을 대상으로 한다
    kubernetes_sd_configs:                 # 쿠버네티스 API를 통해 대상을 찾는다
    - role: pod                            # 파드를 대상으로 한다
    relabel_configs:                       # 다음 필터링 규칙을 적용한다
    - source_labels:
      - __meta_kubernetes_namespace
      action: keep                         # 테스트 네임스페이스에 속한
      regex: kiamol-ch14-test              # 파드만 대상으로 한다
```

---

relabel_configs 부분은 조금 설명이 필요할 것이다. 프로메테우스는 측정값을 레이블(label)과 함께 저장하는데, 이 레이블은 측정값의 출처와 그 외 정보를 담은 키-값 쌍이다. 원하는 측정값을 선택하거나 값을 취합하고 저장 대상이 될 측정값을 선별하거나 가공하는 데 이 레이블을 사용하는데, 이 작업을 리레이블링(relabeling)이라고 한다. 플루언트 비트의 로그 처리 파이프라인과 비슷한 개념이라고 볼 수 있다. 정규 표현식은 프로메테우스에서도 복잡하기만 할 뿐 꼭 필요한 경우는 많지 않다. 리레이블링 단계는 모니터링 대상이 될 모든 애플리케이션에 적용할 수 있을 만큼 일반적인 과정이어야 한다. 이 설정에서는 전체 파이프라인을 통틀어 다음 규칙이 적용된다.

- kiamol-ch14-test 네임스페이스에 속한 파드만 대상으로 한다.
- 파드 이름을 프로메테우스 instance 레이블의 값으로 삼는다.
- 파드 메타데이터 중 app 레이블의 값을 프로메테우스 job 레이블의 값으로 삼는다.
- 파드 메타데이터의 애너테이션이 있다면 이 값을 이용하여 스크래핑 대상을 설정한다.

이 설정은 일반적으로 널리 쓰이는 방식이다. 애플리케이션이 이 규칙에 맞게 구성되었다면 자동으로 모니터링 대상에 포함된다. 이들 규칙에 부합하여 파드가 스크래핑 대상이 되면 프로메테우스는 이 파드의 /metric 경로에 HTTP GET 요청을 보내는 형태로 측정값을 수집한다. 이때 접근에 사용할 포트 정보가 필요하므로 파드 정의에도 컨테이너 포트를 명시적으로 지정해야 한다. 이런 이유가 아니더라도 컨테이너 포트를 명시적으로 지정해 두는 습관은 애플리케이션 구성을 문서화하기에 유리하다. 테스트 네임스페이스에 간단한 애플리케이션을 배치하고 프로메테우스가 어떻게 동작하는지 살펴보자.

> **실습** timecheck 애플리케이션을 테스트 네임스페이스에 배치하라. 이 애플리케이션 정의는 현재 설정된 프로메테우스의 스크래핑 대상을 결정하는 규칙과 일치하므로 프로메테우스가 새로 생성되는 파드를 발견하고 스크래핑 대상에 추가한다.

```
# timecheck 애플리케이션을 배치할 테스트 네임스페이스 생성
kubectl apply -f timecheck/

# 애플리케이션이 준비될 때까지 대기
kubectl wait --for=condition=ContainersReady pod -l app=timecheck -n kiamol-ch14-test

# 프로메테우스 UI를 새로고침한 후
# timecheck 파드가 있는지 확인한 후 /graph 페이지로 이동하여
# 드롭다운 리스트에서 timecheck_total을 선택하고 Execute를 클릭하라
```

필자의 환경에서 실행한 결과를 그림 14-3에 실었다. 그림에 나온 웹 브라우저 화면을 보면 프로메테우스가 timecheck 파드를 감지했고, 이 파드가 리레이블 단계의 모든 규칙과 일치하므로 스크래핑 대상에 포함된다. 프로메테우스 설정에는 스크래핑 대상에서 30초마다 측정값을 수집하도록 되어 있다. timecheck 애플리케이션에는 엔드포인트 /metric이 있고 이 엔드포인트에서 timecheck 로그가 기록된 횟수를 반환한다. 프로메테우스에서 이 측정값을 질의해 보면 애플리케이션이 로그 건수가 22건이라고 응답했음을 알 수 있다.

▼ 그림 14-3 테스트 네임스페이스에 애플리케이션을 배치하니 프로메테우스가 배치된 애플리케이션을 발견하고 측정값 수집을 시작한다

timecheck 애플리케이션은 테스트 네임스페이스에 배치되었다. 프로메테우스의
스크래핑 대상 규칙과 부합하므로 스크래핑 대상에 포함된다.

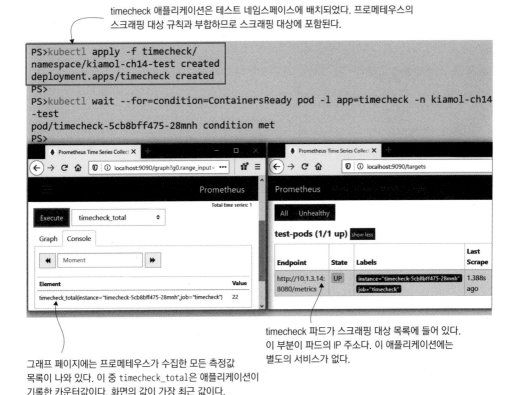

timecheck 파드가 스크래핑 대상 목록에 들어 있다.
이 부분이 파드의 IP 주소다. 이 애플리케이션에는
별도의 서비스가 없다.

그래프 페이지에는 프로메테우스가 수집한 모든 측정값
목록이 나와 있다. 이 중 timecheck_total은 애플리케이션이
기록한 카운터값이다. 화면의 값이 가장 최근 값이다.

여기에서 중요한 것이 두 가지 있다. 첫 번째는 애플리케이션 스스로 측정값을 제공할 수 있어야
한다는 점이다. 프로메테우스는 측정값을 수집하는 역할만 하기 때문이다. 그리고 측정값 역시 애
플리케이션 중 한 벌의 상태만 나타낼 수 있기 때문이기도 하다. timecheck 애플리케이션은 웹
애플리케이션이 아닌 백그라운드 프로세스다. 따라서 애플리케이션으로 트래픽을 유도해 줄 서
비스가 없다. 프로메테우스는 쿠버네티스 API를 통해 파드의 IP 주소를 알아낸다. 그리고 파드
에 직접적으로 HTTP 요청을 보낸다. 서비스 대상으로도 요청을 보낼 수 있게 프로메테우스를 설
정할 수는 있지만 여러 파드에 요청을 분배하는 로드밸런서 상태는 각 파드의 상태에 비하면 크게
의미가 없다.

이렇게 수집한 측정값으로 애플리케이션의 전체적인 상태를 일목요연하게 보여 주는 대시보드를 만들 수 있다. 또는 모든 파드의 상태를 통합한 단일값을 계산하여 보여 주고, 상세한 상태를 세부적으로 내려 가며 보여 줄 수도 있다. 이런 방법으로 제대로 된 성능을 내지 못하는 특정 인스턴스를 식별하고 조치를 취하면 헬스체크 결과에 조치가 반영된다. 이번에는 timecheck 애플리케이션을 스케일링해 보겠다. 왜 각각의 파드마다 따로 측정값을 수집하는지 이유를 알 수 있을 것이다.

> **실습** timecheck 애플리케이션의 레플리카를 한 개 늘려 보아라. 새로운 파드 역시 프로메테우스의 스크래핑 대상 규칙에 부합하므로 스크래핑 대상에 포함된다.

```
# 디플로이먼트에 파드를 하나 추가한다
kubectl scale deploy/timecheck --replicas 2 -n kiamol-ch14-test

# 새로운 파드가 준비될 때까지 대기한다
kubectl wait --for=condition=ContainersReady pod -l app=timecheck -n kiamol-ch14-test

# 프로메테우스로 돌아가 스크래핑 대상 목록과 그래프 화면을 확인한 후
# timecheck_total과 dotnet_total_memory_bytes 측정값을
# 반환하는 질의를 실행하라
```

앞 실습 예제를 실행해 보면 프로메테우스의 스크래핑 대상 목록에 새로운 파드가 추가된다. 또한 동일한 측정값이 파드마다 레이블만 달리 부여되어 수집되는 것을 볼 수 있다. timecheck_total 측정값을 질의해 보면, 파드마다 하나씩 두 개의 결과가 반환된다. 그림 14-4를 보면 두 파드 중 한쪽이 훨씬 더 여러 번 동작한 것을 알 수 있다.

timecheck_counter는 애플리케이션 코드에서 명시적으로 수집된 값이다. 대부분의 프로그래밍 언어에는 프로메테우스 클라이언트 라이브러리가 있어 이를 그대로 사용하여 애플리케이션을 빌드하면 된다. 이 라이브러리를 사용하면 timecheck_counter 같은 애플리케이션 특유의 측정값을 수집할 수 있다. 이외에도 애플리케이션 런타임에 대한 일반적인 정보도 함께 수집한다. 이 애플리케이션은 닷넷 애플리케이션인데, 런타임 내 메모리나 CPU의 사용량 또는 현재 실행 중인 스레드 수 등 정보를 수집할 수 있다. 다음 절에서는 각 컴포넌트마다 프로메테우스에 측정값을 제공하는 분산 애플리케이션을 배치해 보고, 런타임의 성능 지표나 애플리케이션 상태를 보여 주는 애플리케이션 대시보드가 얼마나 유용한지 체험해 보겠다.

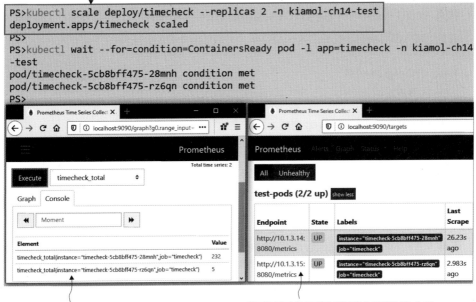

디플로이먼트에 레플리카를 하나 추가한다. 추가되는 파드 역시 프로메테우스의
스크래핑 대상 규칙에 부합하기 때문에 스크래핑 대상에 새로 포함된다.

```
PS>kubectl scale deploy/timecheck --replicas 2 -n kiamol-ch14-test
deployment.apps/timecheck scaled
PS>
PS>kubectl wait --for=condition=ContainersReady pod -l app=timecheck -n kiamol-ch14
-test
pod/timecheck-5cb8bff475-28mnh condition met
pod/timecheck-5cb8bff475-rz6qn condition met
PS>
```

이 질의는 파드마다 하나씩 두 개의 결과를 반환한다.
측정값의 instance 레이블을 보면 해당 측정값이
생산된 파드 이름을 알 수 있다.

새로운 파드 역시 같은 종류의 측정값을 내놓는다.
하지만 같은 애플리케이션의 다른 인스턴스이므로
측정된 값은 서로 다르다.

KUBERNETES

14.2 프로메테우스 클라이언트 라이브러리가 사용된 애플리케이션 모니터링하기

무료 전자책으로 제공되는 부록 B에서는 NASA에서 제공한 '오늘의 천문 사진(APOD)'을 보여 주
는 애플리케이션에 모니터링을 위한 측정값을 추가하는 사례를 다룬다. 이 애플리케이션의 컴포
넌트는 자바, Go, Node.js로 구현되었는데, 각기 해당 플랫폼의 프로메테우스 클라이언트 라이
브러리로 애플리케이션과 런타임의 측정값을 외부로 제공하도록 만들어졌다. 이 장 예제 코드에
는 테스트 네임스페이스에 배치하도록 구성된 이 애플리케이션의 쿠버네티스 매니페스트 파일이

포함되어 있다. 테스트 네임스페이스에 배치되므로 이 애플리케이션 역시 프로메테우스의 스크래핑 대상이 된다.

실습 APOD 애플리케이션을 테스트 네임스페이스에 배치하라. 그리고 이 애플리케이션의 세 컴포넌트가 프로메테우스 스크래핑 대상에 추가되었는지 확인하라.

```
# 애플리케이션을 배치한다
kubectl apply -f apod/

# 주 컴포넌트가 시작될 때까지 대기한다
kubectl wait --for=condition=ContainersReady pod -l app=apod-api -n kiamol-ch14-test

# 애플리케이션 URL을 확인한다
kubectl get svc apod-web -o jsonpath='http://{.status.loadBalancer.ingress[0].*}:8014' -n kiamol-ch14-test

# 웹 브라우저에서 애플리케이션에 접근해 본 후
# 프로메테우스 스크래핑 대상 목록 페이지를 새로고침한다
```

필자의 환경에서 실행한 결과를 그림 14-5에 실었다. 린즈 암흑 성운 1251(Lynds Dark Nebula 1251)이 담긴 멋진 사진을 볼 수 있었다. 애플리케이션은 의도대로 동작했고, 프로메테우스도 새로 생성된 파드를 스크래핑 대상에 잘 추가했다. 애플리케이션 배치 후 30초 이내에 모든 스크래핑 대상의 상태가 나타난 것을 보아 모든 대상의 측정값이 제대로 수집되었다.

이번 실습 예제에서 지적할 점이 두 가지 있다. 첫 번째는 모든 파드의 정의에 컨테이너 포트가 지정되어 있다는 점이다. 이 설정을 따르면 애플리케이션 컨테이너가 80번 포트를 주시하며, 이 정보로 프로메테우스가 스크래핑 대상을 발견한다. 웹 UI를 외부에 노출하는 서비스는 8014번 포트를 주시하지만 프로메테우스는 이를 거치지 않고 80번 포트를 통해 파드로 직접 접근한다. 두 번째는 API가 사용된 스크래핑 대상은 /metrics 페이지를 통해 측정값을 노출하지 않는다. 자바 클라이언트는 이와 다른 경로를 사용한다. 측정값을 제공하는 정확한 경로는 파드 정의의 애너테이션에 지정된다.

▼ 그림 14-5 APOD 애플리케이션의 모든 컴포넌트는 서비스를 갖고 있지만, 그래도 스크래핑 대상은 파드를 단위로 한다

APOD 애플리케이션을 구성하는 컴포넌트들은 서로 다른 언어로 구현되었다.
하지만 모두 프로메테우스 클라이언트 라이브러리를 사용하여 측정값을 기록한다.

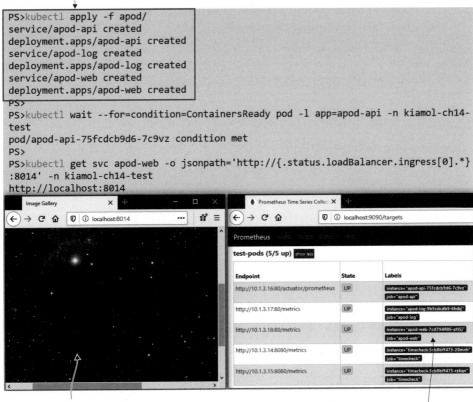

```
PS>kubectl apply -f apod/
service/apod-api created
deployment.apps/apod-api created
service/apod-log created
deployment.apps/apod-log created
service/apod-web created
deployment.apps/apod-web created
PS>
PS>kubectl wait --for=condition=ContainersReady pod -l app=apod-api -n kiamol-ch14-
test
pod/apod-api-75fcdcb9d6-7c9vz condition met
PS>
PS>kubectl get svc apod-web -o jsonpath='http://{.status.loadBalancer.ingress[0].*}
:8014' -n kiamol-ch14-test
http://localhost:8014
```

린즈 암흑 성운 1251의 신비한 모습이다.

새로운 파드가 스크래핑 대상에 추가되었다. job 레이블에
파드의 app 레이블의 값이 그대로 들어갔다.

관습적으로 쓰이는 설정을 가정하고 스크래핑 대상을 찾는 전략은 반복적으로 동일한 설정을 기재할 필요 없고, 실수의 여지가 적다는 장점이 있다. 하지만 관습적 설정을 적용할 수 없는 애플리케이션도 있다. 프로메테우스에서 사용되는 리레이블링 파이프라인은 양자 간 절묘한 균형을 찾은 지점이라고 할 수 있다. 관습적 설정, 즉 기본값을 그대로 사용할 수 있는 애플리케이션에는 이를 적용하고, 그럴 수 없는 애플리케이션에서는 애너테이션을 이용하여 기본값을 오버라이드해서 필요한 설정을 적용한다. 예제 14-2는 기본값을 대신하는 스크래핑 경로를 설정한 예다.

```
- source_labels:                    # test-pods 잡에서 사용될 리레이블링 설정

  - __meta_kubernetes_pod_annotationpresent_prometheus_io_path
  - __meta_kubernetes_pod_annotation_prometheus_io_path

regex: true;(.*)                     # 파드 정의에 prometheus.io/path로 시작되는 애너테이션이 있다면
target_label: __metrics_path__       # 이 애너테이션 값으로 스크래핑 경로를 지정한다
```

일견 복잡해 보이지만 이해하면 그렇게 어렵지 않다. 여기 정의된 규칙의 의미는 파드 정의에
prometheus.io/path라는 애너테이션이 있다면 이 애너테이션 값을 스크래핑 경로로 사용하
라는 것이다. 프로메테우스는 모든 규칙을 레이블을 통해 처리하므로 모든 파드의 애너테이션은
meta_kubernetes_pod_annotation_〈애너테이션이름〉 레이블로 변환된다. 여기에 이 레이블과 짝을
이루는 meta_kubernetes_pod_annotationpresent_〈애너테이션이름〉 레이블을 사용하면 해당 애너
테이션이 있는지 확인할 수 있다. 기본값과 다른 스크래핑 경로를 설정해야 한다면 애너테이션만
추가하면 된다. 예제 14-3은 APOD API 파드에 기본값과 다른 스크래핑 경로를 설정하는 애너
테이션 예다.

```
template:                                              # 디플로이먼트에 포함된 파드 정의
  metadata:
    labels:
      app: apod-api                                    # 프로메테우스의 잡 레이블
    annotations:
      prometheus.io/path: "/actuator/prometheus"       # 스크래핑 경로
```

복잡한 설정은 프로메테우스 설정으로 다 몰아 주는 대신 애플리케이션 매니페스트에 직관적으로
스크래핑 경로를 지정할 수 있다. 기본 패턴을 그대로 사용하면서 조금씩 필요에 따라 수정해서
사용하는 한 리레이블링 규칙도 그렇게 어렵지 않다. 프로메테우스 전체 설정에는 이와 비슷한 방
법으로 된 스크래핑을 위한 포트 설정 및 스크래핑 예외 설정도 포함되어 있다.

여러분이 본문을 읽고 있는 지금도 프로메테우스가 분주히 timecheck 및 APOD 애플리케이션의 측정값을 수집하고 있었다. 프로메테우스의 그래프 페이지에서 그동안 수집된 약 200건의 측정값을 살펴보자. 현재 UI도 질의를 던지고 반환된 응답을 확인하기에는 편리하지만, 현재 UI에서 한 화면에 일목요연하게 핵심 측정값을 모아 놓은 대시보드는 만들 수 없다. 이런 대시보드를 만들려면 또 다른 컨테이너 생태계의 오픈 소스 구성원인 그라파나(Grafana)를 사용해야 한다. 그라파나는 프로메테우스 개발 팀에서 프로메테우스와 함께 사용할 것을 권장하는 도구다.

실습 그라파나, 그라파나가 프로메테우스에 접근할 수 있는 정보 및 APOD 애플리케이션의 대시보드 정의가 담긴 컨피그맵을 배치하라.

```
# 모니터링 네임스페이스에 그라파나를 배치한다
kubectl apply -f grafana/

# 그라파나가 준비될 때까지 대기한다
kubectl wait --for=condition=ContainersReady pod -l app=grafana -n kiamol-ch14-
monitoring

# 대시보드를 보기 위한 URL을 확인한다
kubectl get svc grafana -o jsonpath='http://{.status.loadBalancer.ingress[0].*}:3000/
d/kb5nhJAZk' -n kiamol-ch14-monitoring

# 확인한 URL에 접근하여 사용자명/패스워드 kiamol로 로그인한다
```

이 실습 예제를 실행하면 그림 14-6과 같은 대시보드를 볼 수 있다. 간단한 대시보드이지만 시스템 상태를 파악하려면 측정값을 어떻게 활용했는지 알 수 있다. 대시보드의 각 그래프는 그라파나가 백그라운드에서 프로메테우스에 질의하여 얻어 온 정보를 나타낸다. 줄마다 각 컴포넌트의 런타임 관련 정보(CPU 및 메모리 사용량)와 애플리케이션 정보(HTTP 요청 수 및 캐시 사용량)가 표시된다.

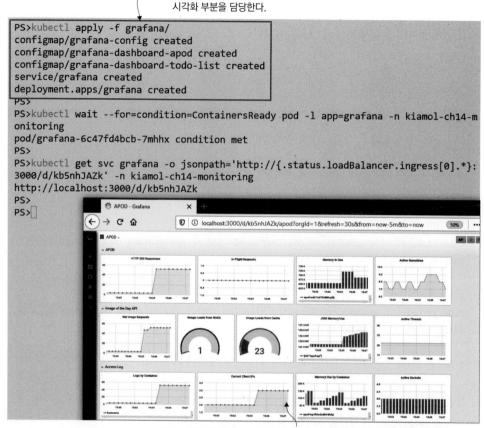

✔ 그림 14-6 애플리케이션 대시보드를 보면 성능과 관련된 현황을 한눈에 알 수 있고, 대시보드의 그래프는 모두 프로메테우스에서 수집한 측정값으로 작성한 것이다

그라파나는 모니터링 네임스페이스에서 함께 동작하며, 모니터링 시스템의
시각화 부분을 담당한다.

```
PS>kubectl apply -f grafana/
configmap/grafana-config created
configmap/grafana-dashboard-apod created
configmap/grafana-dashboard-todo-list created
service/grafana created
deployment.apps/grafana created
PS>
PS>kubectl wait --for=condition=ContainersReady pod -l app=grafana -n kiamol-ch14-m
onitoring
pod/grafana-6c47fd4bcb-7mhhx condition met
PS>
PS>kubectl get svc grafana -o jsonpath='http://{.status.loadBalancer.ingress[0].*}:
3000/d/kb5nhJAZk' -n kiamol-ch14-monitoring
http://localhost:3000/d/kb5nhJAZk
PS>
PS>
```

APOD 애플리케이션의 대시보드 정의가 컨피그맵 안에 이미 포함되어 있다.
이 대시보드는 애플리케이션의 각 컴포넌트 상태에 대한 핵심 지표를 보여 준다.

이런 유형의 대시보드를 만들려면 여러 조직에 걸친 노력이 필요하다. 지원 팀에서는 시스템 상태를 파악하는 데 필요한 정보 목록을 작성하고, 개발 팀과 운영 팀은 애플리케이션에서 해당 정보를 추출하고 이를 정리하여 대시보드를 구성하는 역할을 한다. 13장에서 배웠던 로그 처리 시스템과 마찬가지로 경량 오픈 소스 소프트웨어로 구성된 시스템이기 때문에 개발용 노트북에서도 운영 환경에서 동작하는 시스템과 동일한 모니터링 시스템을 사용할 수 있다. 이 점은 개발 환경과 테스트 환경에서 디버깅을 하는 데 많은 도움이 된다.

프로메테우스를 이용한 중앙화된 모니터링 시스템으로 이행하려면 어느 정도는 개발 공수가 필요하다. 하지만 기본적인 측정값부터 시작해서 필요한 정보를 차근차근 늘려 가도록 개발 공수를 점진적으로 투입하면 된다. 이 장 예제 코드에 포함된 to-do 애플리케이션도 프로메테우스를 지원하도록 수정했는데, 이때 수정한 코드는 십여 줄에 지나지 않는다. 간단한 그라파나 대시보드 정의도 함께 포함되어 있어 나중에 다른 애플리케이션 대시보드 정의의 출발점으로 참고할 만하다.

실습 프로메테우스를 지원하는 to-do 애플리케이션을 배치하라. 이 애플리케이션에는 그라파나에서 사용할 수 있는 대시보드 정의가 포함되어 있다.

```
# 애플리케이션을 배치한다
kubectl apply -f todo-list/

# 애플리케이션이 준비될 때까지 대기한다
kubectl wait --for=condition=ContainersReady pod -l app=todo-web -n kiamol-ch14-test

# 애플리케이션에 접근하여 할 일 항목을 추가한 후
# 스크립트를 실행해서 약간의 부하를 가한다(윈도우)[1]
.\loadgen.ps1

# 스크립트를 실행하여 약간의 부하를 가한다(macOS/리눅스)
chmod +x ./loadgen.sh && ./loadgen.sh

# 대시보드를 보기 위한 URL 확인
kubectl get svc grafana -o jsonpath='http://{.status.loadBalancer.ingress[0].*}:3000/
d/Eh0VF3iGz' -n kiamol-ch14-monitoring

# 대시보드를 확인한다
```

이 대시보드가 그렇게 대단한 내용을 담고 있지는 않지만, 그래도 없는 것보다는 훨씬 낫다. 이 정도의 대시보드만으로도 애플리케이션 컨테이너의 CPU 및 메모리 사용량과 할 일 아이템이 등록되는 단위 시간당 건수, HTTP 요청이 처리되는 평균 응답 시간을 알 수 있다. 필자의 환경에서 실행한 결과를 그림 14-7에 실었다. 할 일 아이템을 몇 건 추가하고 부하를 가하기 위한 스크립트를 실행한 영향이 대시보드에 나타났다.

---

1 역주 보안 오류가 발생한다면 파워셸을 관리자 권한으로 실행하고 Set-ExecutionPolicy RemoteSigned 명령을 실행하여 권한을 풀어 준다(알림이 뜨면 y 선택).

❤ 그림 14-7 프로메테우스 클라이언트 라이브러리 및 십여 줄의 코드를 작성해서 적용한 간단한 대시보드다

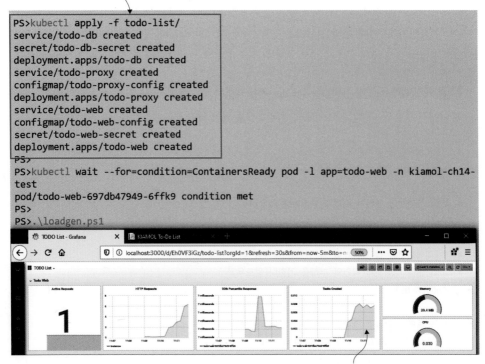

to-do 애플리케이션의 이번 버전에는 웹 컴포넌트에서 측정값을 수집할 수 있게 되었다.
데이터베이스와 웹 프록시도 함께 배치한다.

```
PS>kubectl apply -f todo-list/
service/todo-db created
secret/todo-db-secret created
deployment.apps/todo-db created
service/todo-proxy created
configmap/todo-proxy-config created
deployment.apps/todo-proxy created
service/todo-web created
configmap/todo-web-config created
secret/todo-web-secret created
deployment.apps/todo-web created
PS>
PS>kubectl wait --for=condition=ContainersReady pod -l app=todo-web -n kiamol-ch14-
test
pod/todo-web-697db47949-6ffk9 condition met
PS>
PS>.\loadgen.ps1
```

그라파나 대시보드 정의가 이미 포함되어 있다. 하지만 기본적인 애플리케이션
상태 및 리소스 사용량 정도로 내용은 그렇게 풍부하지 않다.

이 대시보드에 실린 측정값은 모두 to-do 애플리케이션 파드에서 수집된 것이다. 웹 UI 말고도 PostgreSQL 데이터베이스와 웹 프록시까지 두 개의 컴포넌트가 더 있는데, 이들 컴포넌트는 프로메테우스를 지원하지 않기 때문에 스크래핑 대상에서 제외했다. 명시적으로 제외하지 않으면 프로메테우스가 끊임없이 스크래핑을 시도한다. 애플리케이션 모델링을 맡은 사람은 측정값 수집이 가능한 컴포넌트를 명확히 파악하고 그렇지 않은 컴포넌트를 스크래핑 대상에서 명시적으로 제외해야 한다. 예제 14-4는 간단한 애너테이션으로 부적절한 컴포넌트를 스크래핑 대상에서 제외한 예다.

예제 14-4 proxy.yaml, 프로메테우스 스크래핑 대상에서 제외하는 애너테이션이 포함된 파드 정의

```
template:                    # 디플로이먼트에 포함된 파드 정의
  metadata:
    labels:
      app: todo-proxy
```

```
  annotations:                        # 프로메테우스 스크래핑 대상에서 제외
    prometheus.io/scrape: "false"
```

프로메테우스를 직접 지원할 필요가 없으므로 기본 측정값 수집 엔드포인트를 갖춘 컴포넌트는 그대로 스크래핑 대상에 포함시키면 된다. 프로메테우스도 나름의 생태계를 갖춘 제품이기 때문에 클라이언트 라이브러리 외에도 서드파티 애플리케이션에서 측정값을 추출하는 추출기가 있다. 프록시와 데이터베이스 컴포넌트에는 이런 추출기를 적용해 보자.

14.3 / 측정값 추출기를 이용한 모니터링

대부분의 애플리케이션은 어떤 식으로든 측정값을 남긴다. 하지만 좀 더 오래된 레거시 애플리케이션 중에는 프로메테우스가 인식할 수 있는 형태의 측정값을 수집할 수 없는 경우도 있다. 측정값 추출기는 대상 애플리케이션이 생성하는 측정값을 프로메테우스가 인식할 수 있는 형태로 변환하는 역할을 한다. 사이드카 컨테이너는 애플리케이션에 이런 측정값 추출기를 딸리기에 가장 적합한 방법이다. 7장에서 다루었던 어댑터 패턴에 해당한다.

Nginx와 PostgreSQL 모두 사이드카 형태로 실행 가능한 측정값 추출기가 제공된다. Nginx용 추출기는 Nginx의 상태 페이지를 읽어 프로메테우스에서 다룰 수 있는 형태로 변환하도록 동작한다. 앞서 설명했듯이, 같은 파드 안에 있는 컨테이너는 모두 동일한 네트워크 네임스페이스에 속하므로 추출기가 localhost 주소를 이용하여 애플리케이션 컨테이너에 접근할 수 있다. 측정값 추출기는 별도의 포트를 사용하는 자체 HTTP 엔드포인트로 추출한 측정값을 내놓으므로 전체 파드 정의에는 사이드카 컨테이너 정의와 엔드포인트 포트를 재정의하는 애너테이션이 필요하다. 예제 14-5는 이 정의 중 핵심적인 부분을 발췌한 것이다.

예제 14-5 proxy-with-exporter.yaml, 측정값 추출기 사이드카 컨테이너 정의

```
template:                          # 디플로이먼트에 포함된 파드 정의
  metadata:
    labels:
      app: todo-proxy
    annotations:                   # 대상 제외 애너테이션은 없다
      prometheus.io/port: "9113"   # 엔드포인트의 포트 정의
```

```
spec:
  containers:
    - name: nginx
      # ... nginx 컨테이너의 정의는 그대로다
    - name: exporter                        # 추출기는 사이드카 컨테이너 형태다
      image: nginx/nginx-prometheus-exporter:0.8.0
      ports:
        - name: metrics
          containerPort: 9113              # 엔드포인트에 사용할 포트를 노출한다
      args:                                 # nginx 상태 페이지에서 측정값을 추출한다
        - -nginx.scrape-uri=http://localhost/stub_status
```

스크래핑 제외 애너테이션이 삭제되었다. 따라서 이 업데이트를 적용하면 프로메테우스가 조금 전 Nginx 파드의 9113번 포트에서 측정값을 수집한다. 추출기가 측정값을 제공하기 위해 주시하는 포트다. Nginx에서 제공되는 모든 측정값이 프로메테우스에 저장되고 그라파나 대시보드에도 프록시 파드 정보에 해당하는 줄이 추가된다. 이 장에서는 프로메테우스 질의 언어(PromQL)나 그라파나 대시보드를 정의하는 방법은 다루지 않겠다. 대시보드 정의는 JSON 파일에서 임포트할 수 있으므로 함께 배치된 JSON 파일로부터 대시보드 변경이 적용된다.

실습 추출기 사이드카 컨테이너를 추가하도록 프록시 컴포넌트의 디플로이먼트를 변경하라. 그리고 변경된 그라파나 컨피그맵에 저장된 새로운 대시보드 정의를 임포트하라.

```
# 추출기 사이드카 컨테이너를 추가한다
kubectl apply -f todo-list/update/proxy-with-exporter.yaml

# 파드가 준비될 때까지 대기한다
kubectl wait --for=condition=ContainersReady pod -l app=todo-proxy -n kiamol-ch14-test

# 추출기 컨테이너의 로그를 화면에 출력한다
kubectl logs -l app=todo-proxy -n kiamol-ch14-test -c exporter

# 대시보드 정의가 담긴 컨피그맵을 배치한다
kubectl apply -f grafana/update/grafana-dashboard-todo-list-v2.yaml

# 그라파나를 재시작하여 새로운 대시보드 정의를 적용한다
kubectl rollout restart deploy grafana -n kiamol-ch14-monitoring

# 대시보드를 새로고침한 후 사용자명/패스워드 kiamol로 다시 로그인한다
```

Nginx 추출기에서 나오는 정보가 아주 방대하지는 않지만, 그래도 기본적인 정보는 빠짐없이 담겨 있다. 그림 14-8을 보면 Nginx가 요청을 처리한 현황을 세부적으로 분류하여 보여 준다. 이렇게 간단한 대시보드만으로도 Nginx가 처리한 트래픽과 웹 애플리케이션이 처리한 트래픽이 강한 상관관계에 있다는 것을 알 수 있다. 즉, 프록시에서 캐시를 사용하지 않고 모든 요청을 웹 애플리케이션에 전달하고 있는 상황이다.

❤ 그림 14-8 Nginx 추출기를 사용하여 프록시의 측정값을 추가하니 대시보드 정보가 한층 더 풍부해졌다

이 업데이트를 적용하면 HTTP 요청 처리 정보를
제공하는 Nginx 추출기가 추가된다.

Nginx 추출기는 Nginx의 측정값을 프로메테우스가
이해할 수 있는 형태로 출력하는 사이드카 컨테이너다.

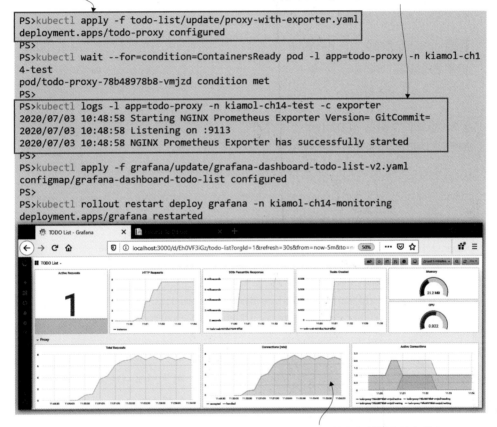

대시보드에 프록시 컴포넌트 정보를 담은 그래프가 추가되었다. 인입되는 웹 요청의 처리 현황을 알 수 있다.

Nginx의 좀 더 자세한 정보를 알 수 있다면 좋을 것 같다. 이를테면 각 HTTP 응답 코드별 발생 빈도 같은 정보 말이다. 하지만 추출기도 결국은 원 시스템이 제공하는 정보만 전달할 수 있을 뿐 원래 제공되지 않는 정보는 얻을 수 없다. 훨씬 다양한 정보를 제공하는 추출기도 있지만, 여기에서는 핵심 지표를 보여 주는 이 대시보드에 집중하기로 하자. 그래프가 열 개를 넘어가면 너무 많

은 정보에 압도되기 쉽다. 유용한 정보를 한눈에 모두 파악할 수 없다면 좋은 대시보드라고 할 수 없다.

to-do 애플리케이션의 대시보드에 추가할 컴포넌트가 아직 하나 남았다. PostgreSQL 데이터베이스다. PostgreSQL은 모든 정보를 테이블과 평션 형태로 데이터베이스에 저장한다. PostgreSQL 추출기는 질의를 이용해서 측정값을 구한 정보를 엔드포인트로 제공한다. PostgreSQL 추출기를 설정하는 방법은 Nginx 추출기와 크게 다르지 않다. 사이드카 컨테이너가 localhost에서 동작하는 PostgreSQL에 이 데이터베이스를 설정할 때 썼던 동일한 비밀값 객체에 들어 있는 관리자 계정과 패스워드를 사용해서 접속한다. PostgreSQL 추출기가 제공하는 정보를 확인할 수 있도록 마지막으로 대시보드를 업데이트하자.

> **실습** 사이드카 컨테이너로 PostgreSQL 추출기를 추가하도록 데이터베이스 디플로이먼트 정의를 변경한다. 그다음 데이터베이스의 성능 관련 그래프를 추가한 to-do 애플리케이션의 대시보드 정의를 적용한다.

```
# PostgreSQL 추출기를 디플로이먼트에 추가한다
kubectl apply -f todo-list/update/db-with-exporter.yaml

# 새로운 파드가 준비될 때까지 기다린다
kubectl wait --for=condition=ContainersReady pod -l app=todo-db -n kiamol-ch14-test

# 추출기 컨테이너의 로그를 화면에 출력한다
kubectl logs -l app=todo-db -n kiamol-ch14-test -c exporter

# 그라파나를 재시작하여 새로운 대시보드 정의를 적용한다
kubectl apply -f grafana/update/grafana-dashboard-todo-list-v3.yaml
kubectl rollout restart deploy grafana -n kiamol-ch14-monitoring
```

그림 14-9는 새로 추가된 그래프를 볼 수 있도록 화면을 스크롤하여 찍은 대시보드의 스크린샷이다. 전체 화면 모드로 아직 한눈에 모든 그래프를 볼 수 있다. 한 화면에 나타낼 수 있는 그래프만으로 프록시로 인입되는 요청 수, 애플리케이션의 요청 처리 수 및 사용자 수, 데이터베이스 상태 등을 알 수 있다. 프로메테우스 클라이언트 라이브러리나 추출기를 사용하면 여러분 애플리케이션에서도 이 정도로 상세한 측정값을 수집할 수 있다. 여기까지 만드는 데 이삼일이면 충분하다.

❤ 그림 14-9 데이터 관련 활동의 측정값을 수집하는 PostgreSQL 추출기 덕분에 대시보드 정보가 더욱 풍부해졌다

PostgreSQL 파드에서 측정값을 추출할 추출기를 사이드카 형태로 추가한다.

PostgreSQL 추출기는 데이터베이스 컨테이너와 관리자 계정 정보가 담긴 비밀값을
공유하므로 데이터베이스에 질의를 보내 정보를 수집할 수 있다(이 로그는 축약된 것이다).

```
PS>kubectl apply -f todo-list/update/db-with-exporter.yaml
deployment.apps/todo-db configured
PS>
PS>kubectl wait --for=condition=ContainersReady pod -l app=todo-db -n kiamol-ch14-t
est
pod/todo-db-97d896688-zb4fx condition met
PS>
PS>kubectl logs -l app=todo-db -n kiamol-ch14-test -c exporter
time="2020-07-03T11:06:08Z" level=info msg="Starting Server: :9187" source="postgre
s_exporter.go:1672"
PS>
PS>kubectl apply -f grafana/update/grafana-dashboard-todo-list-v3.yaml
configmap/grafana-dashboard-todo-list configured
PS>
PS>kubectl rollout restart deploy grafana -n kiamol-ch14-monitoring
deployment.apps/grafana restarted
```

대시보드에 데이터베이스 관련 그래프가 추가되었다. 이들 그래프는 커넥션 개수, 트랜잭션 수,
읽어 들인 데이터양 등 데이터베이스와 관련된 핵심 지표를 보여 준다.

추출기는 프로메테우스를 직접 지원하지 않는 애플리케이션에서 측정값을 추출하는 수단이다. 현재 목표가 기존 애플리케이션을 쿠버네티스로 이주하는 것이라면, 개발 팀에 새로운 측정값 정의를 맡기는 호사를 누리기는 어려울 것이다. 이때는 프로메테우스 블랙박스 추출기를 사용한다. 조금 극단적인 방법이지만 그래도 아무런 측정값도 없는 것보다 낫다.

블랙박스 추출기는 애플리케이션에 TCP 또는 HTTP 요청을 보내 애플리케이션이 살아 있는지 정도만 알 수 있는 아주 기본적인 측정값을 제공한다. 이 방법은 파드에 프로브 컨테이너를 추가하는 것과 그리 다르지 않다. 차이점이 있다면 블랙박스 추출기 컨테이너는 순수하게 외부로 정보를 제공하기만 할 수 있다는 점 정도도. 이 책에 나오는 무작위 숫자 애플리케이션처럼 애플리케이션이 쿠버네티스의 자기수복 기능을 사용할 수 없는 경우에 적합하다.

실습 블랙박스 추출기가 추가된 무작위 숫자 애플리케이션의 API와 간단한 그라파나 대시보드를 배치하라. API를 호출해서 일부러 고장을 일으킨 후 API를 초기화하고, 대시보드 상태가 어떻게 변화했는지 관찰하라.

```
# 무작위 숫자 API를 테스트 네임스페이스에 배치한다
kubectl apply -f numbers/

# 그라파나에 새로운 대시보드 정의를 추가한다
kubectl apply -f grafana/update/numbers-api/

# API에 접근하기 위한 URL을 확인한다
kubectl get svc numbers-api -o jsonpath='#app - http://{.status.loadBalancer.
ingress[0].*}:8016/rng' -n kiamol-ch14-test

# /rng 경로에 접근하여 API를 호출한다
# 세 번 호출하면 API가 고장을 일으킬 것이다
# 그다음 /reset 경로로 접근하여 API를 초기화한다

# 대시보드의 URL을 확인한 후 그라파나에서 대시보드에 접근한다
kubectl get svc grafana -o jsonpath='# dashboard - http://{.status.loadBalancer.
ingress[0].*}:3000/d/Tb6isdMMk' -n kiamol-ch14-monitoring
```

무작위 숫자 API는 프로메테우스를 지원하지 않는다. 그러나 블랙박스 추출기를 사이드카 컨테이너로 추가하면 애플리케이션 상태에 대한 기본적인 정보는 얻을 수 있다. 그림 14-10에 나온 대시보드는 그래프가 두 개뿐이지만, 애플리케이션의 현재 상태 및 비정상 상태가 되었다가 초기화로 정상 상태가 된 이력을 확인할 수 있다.

❤ 그림 14-10 이 대시보드는 무작위 숫자 API 컴포넌트의 현재 상태와 상태 변화 이력을 보여 주는데, 이 정도로 간단한 대시보드도 충분히 도움이 될 수 있다

무작위 숫자 API 컴포넌트는 프로메테우스를 지원하지 않지만 여기에서는 블랙박스 추출기와 함께 배치되어 API 컨테이너의 HTTP 응답 상태 정보가 수집된다.

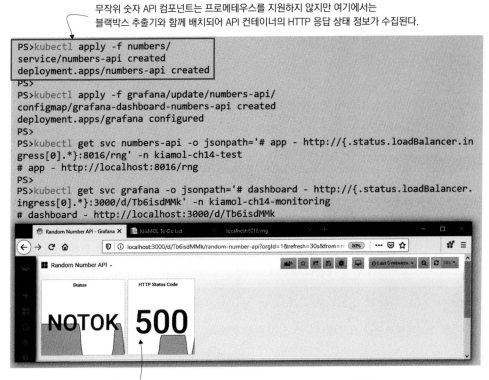

```
PS>kubectl apply -f numbers/
service/numbers-api created
deployment.apps/numbers-api created
PS>
PS>kubectl apply -f grafana/update/numbers-api/
configmap/grafana-dashboard-numbers-api created
deployment.apps/grafana configured
PS>
PS>kubectl get svc numbers-api -o jsonpath='# app - http://{.status.loadBalancer.in
gress[0].*}:8016/rng' -n kiamol-ch14-test
# app - http://localhost:8016/rng
PS>
PS>kubectl get svc grafana -o jsonpath='# dashboard - http://{.status.loadBalancer.
ingress[0].*}:3000/d/Tb6isdMMk' -n kiamol-ch14-monitoring
# dashboard - http://localhost:3000/d/Tb6isdMMk
```

무작위 숫자 API를 여러 번 호출하면 API가 고장을 일으킨다. 하지만 다시 초기화할 수 있다.
그라파나의 그래프에서 API가 이전에는 정상 동작했으나 현재는 고장을 일으킨 상태임을 알 수 있다.

무작위 숫자 API의 파드 정의는 to-do 애플리케이션의 Nginx나 PostgreSQL 파드와 크게 다르지 않다. 블랙박스 추출기를 사이드카 컨테이너로 정의하고 측정값이 수집될 포트만 지정하면 된다. 프로메테우스가 사이드카 컨테이너에서 측정값을 수집하려고 하면, 사이드카 컨테이너가 HTTP 요청을 보내 API 컨테이너가 응답하는지 확인한다.

지금까지 세 개의 대시보드를 살펴보았다. 이들 대시보드는 정보의 충실성이 각기 다른데, 대상 애플리케이션에서 수집되는 정보가 동등하지 않기 때문이다. 하지만 모든 컴포넌트가 갖는 공통점이 있다. 쿠버네티스에서 동작하는 컨테이너라는 점이다. 다음 절에서는 클러스터에서 직접 측정값을 수집하는 방법을 알아보자.

14.4 쿠버네티스 객체와 컨테이너 모니터링하기

프로메테우스는 서비스 디스커버리를 통해 쿠버네티스와 통합되어 있다. 그러나 쿠버네티스 객체와 컨테이너의 상태 정보는 쿠버네티스 API를 통해 직접 수집할 수 없다. 이들 정보를 수집하려면 두 가지 별도의 컴포넌트가 필요하다. 하나는 구글에서 만든 **cAdvisor**고, 다른 하나는 깃허브의 쿠버네티스 조직 계정에서 관리하는 **kube-state-metrics**다. 두 가지 도구 모두 클러스터에서 컨테이너 형태로 동작하지만, 데이터를 수집하는 채널이 서로 다르다. cAdvisor는 컨테이너 런타임에서 정보를 수집한다. 따라서 데몬셋 형태로 노드마다 하나씩 배치되어 해당 노드에 있는 컨테이너의 상태 정보를 수집한다. 반면 kube-state-metrics는 쿠버네티스 API를 통해 측정값을 수집하므로 아무 노드에나 단일 레플리카 디플로이먼트로 실행된다.

실습 cAdvisor와 kube-state-metrics의 측정값 수집기를 배치하라. 그리고 이들에서 측정값을 스크래핑하게끔 프로메테우스 설정을 변경하라.

```
# cAdvisor와 kube-state-metrics를 배치한다
kubectl apply -f kube/

# cAdvisor가 준비될 때까지 대기한다
kubectl wait --for=condition=ContainersReady pod -l app=cadvisor -n kube-system

# 프로메테우스 설정을 변경한다
kubectl apply -f prometheus/update/prometheus-config-kube.yaml

# 변경된 컨피그맵이 파드에 적용될 때까지 대기한다
sleep 30

# 프로메테우스가 변경된 설정을 적용하도록 HTTP POST 요청을 보낸다[2]
curl -X POST $(kubectl get svc prometheus -o jsonpath='http://{.status.loadBalancer.
ingress[0].*}:9090/-/reload' -n kiamol-ch14-monitoring)

# 프로메테우스 UI를 보면 /graph 페이지에서
# 컨테이너와 쿠버네티스 객체에 대한 측정값이 추가되었다
```

---

2 **역주** 윈도우에서 'Invoke-WebRequest : 매개변수 이름 'X'과(와) 일치하는 매개변수를 찾을 수 없습니다.'와 같은 오류가 발생한다면 remove-item alias:\curl 명령을 실행한다(일시적인 방법).

이번 실습 예제를 실행하고 나면 프로메테우스가 수집하는 측정값이 엄청나게 늘어났을 것이다. 각 컨테이너가 소모하는 계산 자원부터 각 파드 상태까지 많은 정보가 추가된다. 필자의 환경에서 실행한 결과를 그림 14-11에 실었다. 그리고 프로메테우스의 /targets 페이지를 보면 새롭게 추가된 스크래핑 대상에 항목이 있을 것이다. 프로메테우스는 변경된 설정을 자동으로 적용하는 기능이 없으므로 변경된 컨피그맵이 파드에 적용되는 것을 기다려 수동으로 curl 명령을 사용하여 프로메테우스가 설정을 다시 읽어 들이도록 했다.

❤ 그림 14-11 새로운 측정값으로 클러스터 및 컨테이너 단위의 상태 정보를 알 수 있게 되었다

cAdvisor는 컨테이너 런타임을 통해 측정값을 수집하고,
kube-state-metrics는 쿠버네티스 API를 통해 측정값을 수집한다.

프로메테우스는 재시작없이도 설정을 변경할 수 있지만,
컨피그맵이 변경되었다는 것을 알려 주어야 한다.

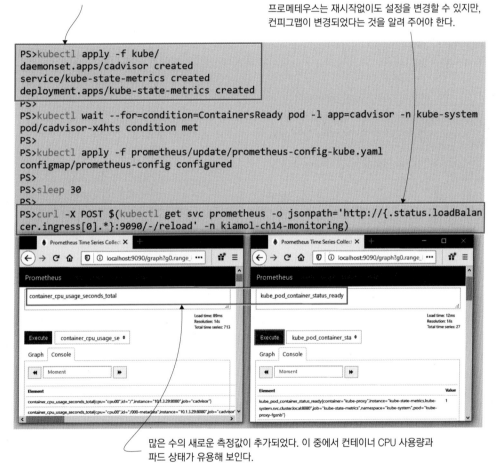

많은 수의 새로운 측정값이 추가되었다. 이 중에서 컨테이너 CPU 사용량과
파드 상태가 유용해 보인다.

새로 변경된 프로메테우스 설정에는 잡 정의 두 개가 추가되었다(예제 14-6). 이 정의를 보면 kube-state-metrics는 서비스의 전체 도메인 네임이 기재된 정적 스크래핑 대상으로 지정되었

다. 파드 하나가 모든 측정값을 수집하므로 로드밸런싱은 신경 쓸 필요가 없다. 반면 cAdvisor는 쿠버네티스 서비스 디스커버리 기능을 사용하여 데몬셋에 포함된 모든 파드를 찾아낸다. 따라서 다중 노드 클러스터에서도 각 노드마다 하나의 대상이 생긴다.

예제 14-6 Prometheus-config-kube.yaml, 프로메테우스의 신규 스크래핑 대상 정의

```
- job_name: 'kube-state-metrics'         # 쿠버네티스 객체 측정값의 스크래핑 대상은
  static_configs:                         # 도메인 네임을 값으로 정적 스크래핑 대상을 지정
  - targets:
    - kube-state-metrics.kube-system.svc.cluster.local:8080
    - kube-state-metrics.kube-system.svc.cluster.local:8081

- job_name: 'cadvisor'                    # 컨테이너의 측정값 스크래핑 대상은
  kubernetes_sd_configs:                  # 쿠버네티스 서비스 디스커버리 기능을 사용하여 지정
  - role: pod                             # 네임스페이스와 레이블이 일치하는
  relabel_configs:                        # 모든 데몬셋의 파드를 대상으로 한다
    - source_labels:
      - __meta_kubernetes_namespace
      - __meta_kubernetes_pod_labelpresent_app
      - __meta_kubernetes_pod_label_app
    action: keep
    regex: kube-system;true;cadvisor
```

이제 무작위 숫자 애플리케이션의 대시보드와는 정반대인 문제가 생겼다. 새로운 측정값이 너무 많아 플랫폼 대시보드는 유용한 정보 외에는 대부분의 측정값을 쳐내야 한다. 필자가 만든 예제 대시보드가 좋은 출발점이 되어 줄 것이다. 이 대시보드에는 현재 자원 사용량과 클러스터에 남은 가용 자원량, 네임스페이스별로 분류된 노드의 정상 여부 현황 등이 있다.

> **실습** 클러스터 관련 핵심 측정값을 골라 담은 대시보드 정의를 배치한 후 그라파나에서 이 정의를 불러들여라.

```
# 대시보드 정의가 담긴 컨피그맵을 배치하고
# 그라파나에 변경을 적용한다
kubectl apply -f grafana/update/kube/

# 그라파나가 다시 준비될 때까지 대기한다
kubectl wait --for=condition=ContainersReady pod -l app=grafana -n kiamol-ch14-
monitoring

# 새로 추가된 대시보드의 URL을 확인한다
kubectl get svc grafana -o jsonpath='http://{.status.loadBalancer.ingress[0].*}:3000/
```

```
d/oWe9aYxmk' -n kiamol-ch14-monitoring
```

대시보드를 확인한다

이 대시보드는 전체 화면이 적합하다. 그림 14-12에 나온 크기 정도로는 내용을 제대로 파악하기 어려울 것이다. 실습 예제를 직접 실행하고 나서 대시보드를 더 자세히 살펴보기 바란다. 대시보드의 첫 번째 행은 메모리 사용량 정보고, 두 번째 행은 CPU 사용량 정보다. 그리고 세 번째 행은 파드 컨테이너의 상태를 나타낸다.

❤ 그림 14-12 클러스터의 상태를 보여 주는 대시보드. 이 스크린샷 역시 크기가 너무 작으니 실습 후 직접 전체 화면으로 살펴보기 바란다

대시보드 정의가 담긴 컨피그맵을 배치하고
이를 적용하도록 그라파나 설정을 변경한다.

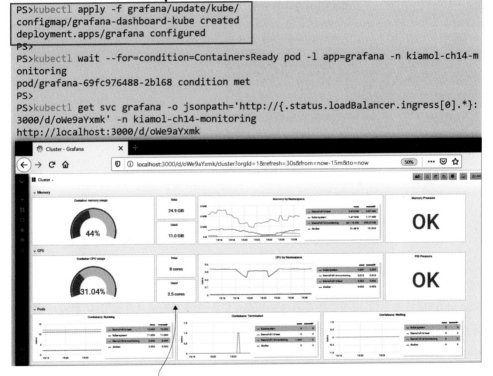

이 대시보드의 그래프는 새로 추가된 클러스터 측정값을 보여 준다. 전체적인 컨테이너 CPU 사용량 및
메모리 사용량을 보여 주며, 네임스페이스별로 분류된 값도 볼 수 있다. 아래쪽 줄은 파드 컨테이너의
상태를 보여 준다.

이 대시보드는 플랫폼 대시보드 중에서는 저수준 정보로 구성된 것이다. 이 대시보드로는 클러스터에 잔여 리소스가 얼마나 남았는지 정도밖에는 알 수 없다. 이 그래프를 그리는 데 쓰인 질의는

오히려 클러스터 리소스가 얼마 남지 않은 상황을 경고하는 목적에 적합하다. 쿠버네티스에도 리소스 잔량이 적을 때 경고해 주는 기능이 있다. 대시보드에서 메모리 잔량과 CPU 자원 잔량, 디스크 용량 잔량을 볼 수 있는데, 이런 자원이 부족하면 파드 컨테이너가 강제 종료될 수 있기 때문에 이들 값을 주의해서 살펴야 한다. 실제로 클러스터가 이런 상태가 된다면 담당자를 호출하여 직접 조치를 해야 하므로 이들 값이 위험 수치가 될 때 경고를 보내도록 하는 것도 좋다.

플랫폼 측정값을 이용하는 또 다른 방법도 있다. 애플리케이션 자체에서 충분히 자세한 측정값을 얻을 수 없을 때 애플리케이션 대시보드에 참고 정보로 추가하는 방법이다. 조금 전 플랫폼 대시보드에서는 전체 클러스터의 계산 자원 사용량 합계를 보여 주었지만, 실제 집계는 컨테이너 단위로 한다. 따라서 애플리케이션과 관련된 특정 부하만 골라낸 플랫폼 측정값을 애플리케이션 대시보드에 추가할 수 있다. 무작위 숫자 애플리케이션의 대시보드에 해당 애플리케이션과 관련된 플랫폼 측정값을 추가하는 예제를 마지막으로 살펴보자.

> **실습** 무작위 숫자 API의 대시보드에 플랫폼 측정값을 추가하라. 그라파나의 설정만 변경하고 애플리케이션 자체나 프로메테우스의 설정은 건드리지 않아도 된다.

```
# 대시보드 정의를 변경한다
kubectl apply -f grafana/update/grafana-dashboard-numbers-api-v2.yaml

# 그라파나를 재시작하여 변경된 대시보드를 적용한다
kubectl rollout restart deploy grafana -n kiamol-ch14-monitoring

# 파드가 재시작할 때까지 대기한다
kubectl wait --for=condition=ContainersReady pod -l app=grafana -n kiamol-ch14-
monitoring

# 무작위 숫자 API의 대시보드를 확인한다
```

그림 14-13에서 보듯이, 측정값을 추가해도 대시보드가 크게 복잡해지지 않았다. 하지만 이제 문제 상황과 관계지어 볼 수 있는 자세한 정보가 생겼다. HTTP 응답 코드 503이 나왔다면, CPU 사용량이 크게 증가하지 않았는지 살펴볼 수 있다. 또한 파드 레이블에 애플리케이션 버전이 포함되어 있으므로 어떤 릴리스에서 문제가 생겼는지도 빠르게 파악 가능하다.

❤ 그림 14-13 기본적인 정상 상태 여부와 더불어 컨테이너와 파드의 측정값 정도만 추가해도 문제 현상과 관계지어 볼 수 있는 단서가 생긴다

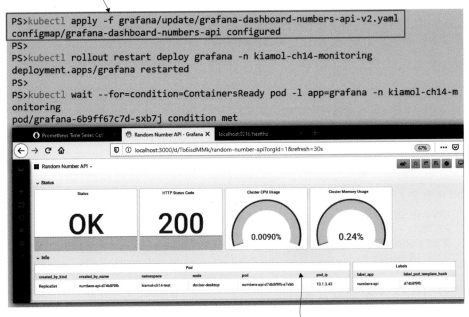

그라파나의 무작위 숫자 애플리케이션 대시보드에
몇 가지 플랫폼 측정값 그래프를 추가한다.

```
PS>kubectl apply -f grafana/update/grafana-dashboard-numbers-api-v2.yaml
configmap/grafana-dashboard-numbers-api configured
PS>
PS>kubectl rollout restart deploy grafana -n kiamol-ch14-monitoring
deployment.apps/grafana restarted
PS>
PS>kubectl wait --for=condition=ContainersReady pod -l app=grafana -n kiamol-ch14-m
onitoring
pod/grafana-6b9ff67c7d-sxb7j condition met
```

이제 컨테이너의 CPU 및 메모리 사용량과 파드의 상세 정보를 알 수 있다.

여기에서 다루지는 않지만 이외에도 모니터링할 수 있는 사항이 아주 많다. 이들을 군이 일일이 다루지 않더라도 이제는 쿠버네티스와 프로메테우스를 어떻게 조합하여 사용해야 하는지 이해했을 것이다. 주요 부분 중 지금까지 다루지 않은 것은 서버 단위의 측정값 수집과 이상 상태를 알려 주는 경보 설정이다. 서버 단위의 측정값으로는 디스크나 네트워크 사용량 등이 있다. 이런 정보는 노드용 추출기를 사용하여 노드에서 직접 수집하도록 하고(노드용 추출기는 윈도우 서버 버전과 리눅스 서버 버전 모두 있음), 서비스 디스커버리 기능을 사용하여 노드를 스크래핑 대상에 추가한다. 프로메테우스는 PromQL 질의 언어를 사용하여 규칙을 정의할 수 있는 복잡한 경보 시스템도 갖추고 있다. 규칙에 따라 경보를 발동하도록 설정하면 이메일, 슬랙 메시지, 페이저듀티 등 수단을 이용하여 프로메테우스에서 경보를 받을 수 있다.

쿠버네티스 클러스터에 도입된 프로메테우스의 전체 아키텍처를 살펴보고 여러분 상황에 맞는 모니터링을 갖추는 데 필요한 것이 무엇인지 알아보자.

14

프로메테우스를 이용한 쿠버네티스 및 애플리케이션 모니터링

14.5 모니터링을 위한 투자의 방향성

쿠버네티스 코어의 영역을 벗어나 더 넓은 쿠버네티스 생태계로 나아가려면, 먼저 여러분의 디딤돌이 될 프로젝트가 얼마나 유지될 수 있을지 판단할 수 있어야 한다. 이 기간은 5년이 될 수도 1년이 될 수도 있으며, 지금 쓰고 있는 원고가 출판될 즈음에는 이미 판도가 바뀌었을 수도 있다. 이 책에서는 쿠버네티스 생태계를 구성하는 컴포넌트 중에서 가능한 널리 쓰고 오픈 소스이며 탄탄한 역사와 관리 주체를 가진 것을 엄선해서 사용했다. 그림 14-14에 나온 모니터링 아키텍처에 쓰인 도구는 모두 이런 기준을 만족하는 것이다.

❤ 그림 14-14 모니터링을 갖추려면 개발 작업이 필요하고 오픈 소스 프로젝트를 도입해야 한다

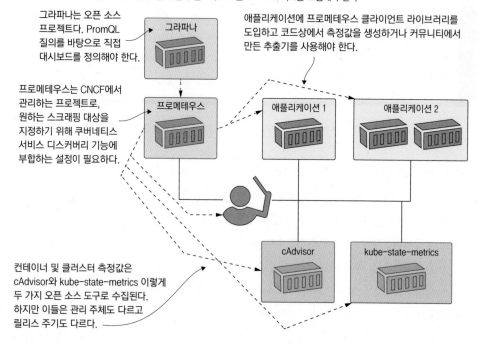

그라파나는 오픈 소스 프로젝트다. PromQL 질의를 바탕으로 직접 대시보드를 정의해야 한다.

애플리케이션에 프로메테우스 클라이언트 라이브러리를 도입하고 코드상에서 측정값을 생성하거나 커뮤니티에서 만든 추출기를 사용해야 한다.

프로메테우스는 CNCF에서 관리하는 프로젝트로, 원하는 스크래핑 대상을 지정하기 위해 쿠버네티스 서비스 디스커버리 기능에 부합하는 설정이 필요하다.

컨테이너 및 클러스터 측정값은 cAdvisor와 kube-state-metrics 이렇게 두 가지 오픈 소스 도구로 수집된다. 하지만 이들은 관리 주체도 다르고 릴리스 주기도 다르다.

이 점을 강조하는 이유는 프로메테우스를 도입하려면 어쩔 수 없이 개발 작업이 필요하기 때문이다. 여러분이 만든 대시보드를 정말 유용하게 만들려면 그만큼 유용한 측정값을 애플리케이션에서 수집해야 한다. 프로메테우스가 컨테이너 환경의 모니터링 도구로 가장 널리 쓰이고 있으며, 쿠버네티스에 이어 충분히 성장해서 CNCF 관리를 졸업한 두 번째 프로젝트라는 점에서 이런 개발 작업을 망설일 필요는 없다. 프로메테우스 측정값 포맷 역시 개방형 표준으로 제정(오픈메트릭

(OpenMetric)이라는 명칭이 붙음)하는 과정에 있으므로 나중에 만들어질 다른 측정값 수집 도구 역시 프로메테우스 포맷을 지원할 가능성이 높다.

어떤 정보를 측정값으로 삼을지는 애플리케이션 특성에 따라 달라진다. 그러나 일반적으로는 구글에서 사용하는 '사이트 신뢰성 엔지니어링'에 실린 가이드라인을 적용한다. 이 가이드라인을 따르면 먼저 네 가지 골든시그널인 지연 시간(latency), 트래픽(traffic), 오류(error), 포화도(saturation)를 먼저 추가해야 한다(무료 전자책으로 제공되는 부록 B에서는 프로메테우스에서 이 네 가지 신호를 판단하는 방법을 설명한다). 하지만 정말 중요한 지표는 사용자 경험 관점에서 애플리케이션 성능을 바라보아야 알 수 있다. 예를 들어 데이터베이스가 아주 많은 디스크 사용량을 보인다고 하자. 이것만으로는 그리 가치가 없다. 그러나 여러분의 웹 사이트 결제 페이지 로딩이 너무 길어 많은 사용자가 결제를 완료하지 못하고 있다면 이것은 당장 파악이 필요한 사항이다.

모니터링 설명은 이것으로 마친다. 연습 문제를 위해 실습 클러스터를 정리하자.

실습 이 장에서 사용한 네임스페이스와 시스템 네임스페이스 안 객체를 제거하라.

```
kubectl delete ns -l kiamol=ch14
kubectl delete all -n kube-system -l kiamol=ch14
```

KUBERNETES

14.6 / 연습 문제

이 장 연습 문제도 이전 장 로그 시스템처럼 다양한 정보를 조사해야 한다. 먼저 연습 문제 디렉터리(/lab)를 보면 매니페스트 파일이 있는데, 이 파일에는 실습에서 사용했던 것보다 더 간단한 프로메테우스 디플로이먼트 정의와 일래스틱서치의 기본 디플로이먼트 정의가 담겨 있다. 연습 문제의 목표는 프로메테우스가 일래스틱서치에서 측정값을 수집하도록 하는 것이다. 다음 내용을 참고하라.

- 일래스틱서치는 별도의 측정값을 생산하지 않는다. 따라서 측정값을 만들어 줄 별도의 컴포넌트를 마련해야 한다.
- 프로메테우스의 설정을 참고하여 일래스틱서치를 배치할 네임스페이스와 애너테이션으로 추가할 측정값 공개 경로를 알아내야 한다.
- 일래스틱서치의 파드 정의에 버전 정보가 담긴 레이블을 추가한다. 프로메테우스에서 이 정보가 측정값의 레이블에 포함되어야 한다.

먼저 프로메테우스의 참조 문서를 읽어 보면 방법이 보일 것이다. 필요하다면 필자의 해답 예를 참고하기 바란다.

- https://github.com/sixeyed/kiamol/blob/master/ch14/lab/README.md

15장

인그레스를
이용한 인입
트래픽 관리

서비스는 외부에서 들어오는 트래픽을 쿠버네티스 안으로 인도하는 역할을 한다. 지금까지 우리는 웹 애플리케이션에 외부 사용자가 접근할 수 있도록 여러 개의 로드밸런서 서비스를 사용했다. 이 방법은 애플리케이션마다 IP 주소를 따로 부여하고 부여된 주소와 애플리케이션 관계를 DNS 서버에서 제공해야 하기 때문에 관리적인 문제가 발생하기 쉽다. 인입되는 트래픽을 올바른 애플리케이션으로 연결하는 일은 라우팅과 관련된 문제이지만, **인그레스**(Ingress)를 사용하면 이를 쿠버네티스 안에서도 다룰 수 있다. 인그레스는 일련의 규칙에 따라 도메인 네임과 애플리케이션의 요청 경로를 매핑해 주는 역할을 한다. 따라서 하나의 공인 IP만으로도 전체 클러스터에서 동작하는 모든 애플리케이션까지 트래픽을 정확히 라우팅할 수 있다.

도메인 네임을 이용한 라우팅과 관련된 문제는 **리버스 프록시**(reverse proxy)로 거의 해결할 수 있는데, 쿠버네티스의 인그레스는 플러그인이 가능한 아키텍처가 적용되었다. 따라서 라우팅 규칙을 일반적인 쿠버네티스 리소스로 정의하고 리버스 프록시로 사용할 컴포넌트에 이 규칙에 따라 트래픽을 처리하도록 하는 구조다. 비교적 최근 출시되어 컨테이너와 연동 가능한 것들을 포함해서 모든 주요 리버스 프록시는 쿠버네티스를 지원한다. 이들 리버스 프록시는 기능과 동작 모델이 제각각이다. 이 장에서는 인그레스를 사용하여 클러스터에서 두 개 이상의 애플리케이션을 호스팅하는 방법과 함께 대표적인 리버스 프록시인 Nginx와 Traefik을 다룬다.

15.1 / 인그레스의 라우팅 과정

이미 이 책에서는 몇 차례(필자 기억으로는 17번쯤) 리버스 프록시로 Nginx를 사용했다. 그리고 지금까지는 한 번에 하나의 애플리케이션만 배치했다. 6장에서는 원주율 계산 애플리케이션의 응답을 캐싱하려고 리버스 프록시를 두었고, 13장에서도 무작위 숫자 API에서 캐싱을 위해 리버스 프록시를 사용했다. 인그레스는 리버스 프록시를 **인그레스 컨트롤러**(ingress controller)로 사용하며 리버스 프록시에 좀 더 주도적인 역할을 맡긴다. 하지만 전체적인 구도는 크게 다르지 않다. 리버스 프록시는 로드밸런서 서비스에서 외부 트래픽을 받아들이고, 클러스터IP 서비스 형태로 된 애플리케이션에서 요청한 콘텐츠를 받아 와 제공하는 구도는 그대로다. 그림 15-1은 이런 구도를 다이어그램으로 나타낸 것이다.

❤ 그림 15-1 인그레스 컨트롤러는 클러스터로 진입하는 입구 역할을 하고 인그레스 규칙에 따라 인입되는 트래픽을 라우팅한다

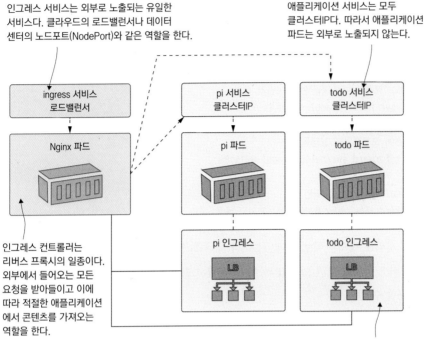

이 다이어그램의 핵심은 인그레스 컨트롤러다. 이 컨트롤러는 쉽게 교체할 수 있는 리버스 프록시라고 볼 수 있다. Nginx, HAProxy, 컨투어, 트래픽 등 다양한 선택지가 있다. 인그레스 객체에는 라우팅 규칙이 일반적인 형태로 기술되어 있고 컨트롤러가 이 규칙을 프록시에 적용한다. 프록시마다 기능에 차이가 있으므로 인그레스 정의에는 공통적인 내용만 담기며, 애너테이션으로 특정 프록시만 지원하는 기능을 추가한다. 곧 배우겠지만, 핵심 기능에 해당하는 라우팅과 HTTPS 지원은 매우 다루기 쉽다. 복잡한 내용은 인그레스 컨트롤러의 배치와 추가 기능을 다루는 부분이다.

먼저 2장에서 다루었던 Hello World 웹 애플리케이션을 실행하는 것부터 시작해 보자. 이번에는 애플리케이션을 내부 접근만 가능한 클러스터IP 서비스로 배치하고 Nginx 인그레스 컨트롤러를 사용하여 이 서비스에 트래픽을 라우팅한다.

실습 Hello World 애플리케이션을 실행하고 포트포워드 설정이 없는 한 외부에서 접근할 수 없는지 확인하라.

```
# 이 장 예제 코드 디렉터리로 이동
cd ch15

# Hello World 애플리케이션을 배치
kubectl apply -f hello-kiamol/

# 배치된 서비스 객체가 내부 접근만 가능한지 확인
kubectl get svc hello-kiamol

# 애플리케이션에 포트포워드 설정을 추가
kubectl port-forward svc/hello-kiamol 8015:80

# http://localhost:8015를 확인
# 확인 후 ctrl-c 또는 cmd-c를 눌러 포트포워딩 종료
```

애플리케이션의 서비스 정의는 특별한 레이블이나 애너테이션, 새로운 필드 없이 이전과 똑같다.
그림 15-2의 서비스 정의를 보면 외부 IP가 없다. 따라서 포트포워딩 설정이 되어 있어야만 애플리케이션에 접근할 수 있다.

❤ 그림 15-2 클러스터IP 서비스는 내부에서만 접근할 수 있지만 인그레스를 사용하면 외부에서도 접근 가능하게 할 수 있다

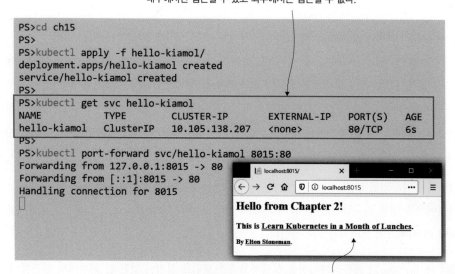

정의에 따라 클러스터IP 서비스가 배치된다. 이 서비스는 클러스터
내부에서만 접근할 수 있고 외부에서는 접근할 수 없다.

외부에서 애플리케이션에 접근하려면 kubectl을 사용하여 포트포워드를 설정해야 한다.

인그레스 규칙에 따라 애플리케이션에 접근할 수 있도록 하려면 먼저 인그레스 컨트롤러가 필요하다. 앞서 설명했듯이 컨트롤러는 다른 객체를 관리하는 객체다. 디플로이먼트는 레플리카셋을 관리하고 레플리카셋은 파드를 관리한다. 그러나 인그레스 컨트롤러는 이들과 약간 다르다. 인그레스 컨트롤러는 파드에서 실행되며 인그레스 객체를 감시한다. 그러다 어떤 변경을 감지하면 프록시에 변경된 규칙을 적용한다. 우선 Nginx 인그레스 컨트롤러를 다루어 보자. 이 컨트롤러는 넓은 범위의 쿠버네티스 프로젝트 일부다. 바로 실무에 사용할 수 있는 수준의 Nginx 인그레스 컨트롤러를 위한 헬름 차트도 나와 있지만, 여기에서는 이해를 돕고자 이보다 단순한 디플로이먼트 정의를 사용한다. 단순하다고는 하나 여기에도 아직 배우지 않은 보안 요소가 몇 가지 들어 있다. 하지만 여기에서 이들을 설명하지는 않겠다(관심이 있다면 YAML 코드의 주석을 읽어 보기 바란다).

실습 Nginx 인그레스 컨트롤러를 배치하라. 이 서비스는 HTTP와 HTTPS의 표준 포트를 사용하므로 80번과 443번 포트가 사용 가능한 상태여야 한다.

```
# 역주 실습 환경(K3s 기준)에 Traefik이 기본 포함된 경우 포트가 점유되어서 오류가 발생하므로
# 다음 명령으로 Traefik을 수동 제거한 후 진행한다
kubectl -n kube-system delete helmcharts.helm.cattle.io traefik

# Nginx 인그레스 컨트롤러의 디플로이먼트 및 서비스를 배치
kubectl apply -f ingress-nginx/

# 서비스가 준비되었는지 확인
kubectl get svc -n kiamol-ingress-nginx

# 프록시 URL을 확인
kubectl get svc ingress-nginx-controller -o jsonpath='http://{.status.loadBalancer.
ingress[0].*}' -n kiamol-ingress-nginx

# URL에 접근(에러가 발생한다)
```

앞 실습 예제를 실행해 보면 웹 브라우저에서 404 오류가 발생한다. 이 결과를 볼 때 프록시가 트래픽을 받아 이를 인그레스 컨트롤러로 전달한다는 것까지는 알 수 있다. 하지만 Nginx에 이 트래픽을 처리할 라우팅 규칙이 없기 때문에 응답할 콘텐츠도 없다. 따라서 기본으로 설정된 "문서를 찾을 수 없음" 페이지가 나타난 것이다. 필자의 환경에서 실행한 결과를 그림 15-3에 실었다. 이 그림에서 HTTP 표준 포트가 사용된 것을 볼 수 있다.

❤ 그림 15-3 인그레스 컨트롤러가 인입되는 트래픽을 전달받지만, 이를 처리할 수 있는 라우팅 규칙이 없다

인그레스 컨트롤러는 로드밸런서 서비스를 갖춘 디플로이먼트에서 동작한다.
이외 모든 객체는 쿠버네티스 API에 대한 접근을 보호하려는 것이다.

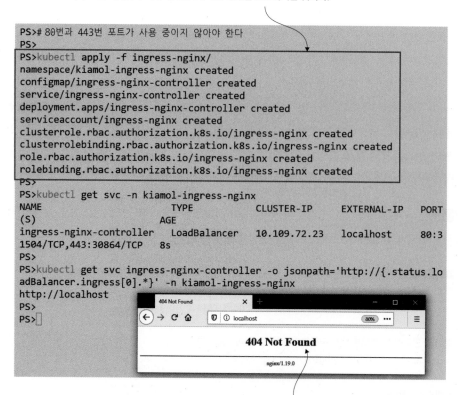

```
PS># 80번과 443번 포트가 사용 중이지 않아야 한다
PS>
PS>kubectl apply -f ingress-nginx/
namespace/kiamol-ingress-nginx created
configmap/ingress-nginx-controller created
service/ingress-nginx-controller created
deployment.apps/ingress-nginx-controller created
serviceaccount/ingress-nginx created
clusterrole.rbac.authorization.k8s.io/ingress-nginx created
clusterrolebinding.rbac.authorization.k8s.io/ingress-nginx created
role.rbac.authorization.k8s.io/ingress-nginx created
rolebinding.rbac.authorization.k8s.io/ingress-nginx created
PS>
PS>kubectl get svc -n kiamol-ingress-nginx
NAME                          TYPE          CLUSTER-IP     EXTERNAL-IP   PORT
(S)                           AGE
ingress-nginx-controller      LoadBalancer  10.109.72.23   localhost     80:3
1504/TCP,443:30864/TCP        8s
PS>
PS>kubectl get svc ingress-nginx-controller -o jsonpath='http://{.status.lo
adBalancer.ingress[0].*}' -n kiamol-ingress-nginx
http://localhost
PS>
PS>
```

인그레스 서비스는 HTTP 및 HTTPS 표준 포트를 감시한다.
이 컨트롤러에서 실행되는 Nginx가 요청에 응답한다. 하지만
트래픽을 처리할 라우팅 규칙이 없으므로 404 페이지가 나타난다.

애플리케이션과 인그레스 컨트롤러가 준비되었으니 인그레스 컨트롤러에 라우팅 규칙을 전달할 인그레스 객체를 배치할 차례다. 예제 15-1은 가장 간단한 형태로 된 인그레스 객체 정의다. 모든 요청을 Hello World 애플리케이션으로 전달하도록 했다.

예제 15-1 localhost.yaml, Hello World 애플리케이션에 대한 라우팅 규칙

```
apiVersion: networking.k8s.io/v1beta1
kind: Ingress
metadata:
  name: hello-kiamol
spec:
  rules:
  - http:                                # 인그레스는 HTTP/HTTPS 트래픽만 다룬다
    paths:
```

```
    - path: /                       # 모든 요청을
      backend:                       # hello-kiamol 서비스로 전달한다
        serviceName: hello-kiamol
          servicePort: 80
```

인그레스 컨트롤러는 인그레스 객체의 추가나 변경을 감시한다. 따라서 인그레스 객체를 새로 배치하면 객체에 담긴 라우팅 규칙이 Nginx 설정에 추가된다. Nginx 관점에서 보면 hello-kiamol 서비스를 업스트림(콘텐츠를 받아 올 곳)으로 삼는 프록시 서버가 설정되는 것과 같은 결과를 낳는다. 그리고 루트 경로에 대한 요청에 hello-kiamol의 콘텐츠를 제공한다.

실습 Hello World 애플리케이션을 제공하도록 하는 라우팅 규칙이 담긴 인그레스 객체를 배치하라.

```
# 라우팅 규칙이 담긴 인그레스 객체를 배치
kubectl apply -f hello-kiamol/ingress/localhost.yaml

# 인그레스 객체가 생성되었는지 확인
kubectl get ingress

# 앞서 예제의 웹 브라우저 창을 새로고침한다
```

어렵지 않았다. 애플리케이션에 해당하는 백엔드 서비스에 경로를 매핑하는 정보를 인그레스 객체의 정의에 기재만 하면 된다. 필자의 환경에서 실행한 결과를 그림 15-4에 실었다. 앞에서는 localhost에 대한 요청에 404 오류가 나타났으나 이번에는 Hello World 애플리케이션이 잘 동작했다.

❤ 그림 15-4 인그레스 객체가 인그레스 컨트롤러에 경로와 애플리케이션의 매핑 정보를 전달했다

이 인그레스 객체의 규칙은 모든 도메인 네임과 경로에 해당되므로
인입되는 모든 요청이 같은 애플리케이션으로 전달된다.

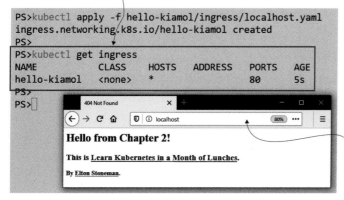

현재 인그레스 서비스는
localhost를 주시하고 있으므로
어떤 경로를 요청하더라도
Hello World 애플리케이션으로
연결된다.

인그레스는 로그나 모니터링 관련 컴포넌트가 그렇듯이 대개 클러스터 전체를 관장한다. 보통은 인프라 조직에서 인그레스 컨트롤러의 배치 및 관리를 맡고, 각 프로덕트 담당 팀이 자신의 애플리케이션으로 트래픽을 인도하는 인그레스 객체를 관리한다. 하지만 이런 프로세스에서 충돌이 발생할 수도 있다. 인그레스 라우팅 규칙은 유일하지 않아도 된다. 그래서 어떤 팀에서 수정한 규칙이 다른 팀이 담당한 애플리케이션의 트래픽을 엉뚱한 곳으로 보내게 될 수도 있다. 그러나 보통은 애플리케이션이 서로 다른 도메인에서 호스팅되며, 인그레스 라우팅 규칙에도 도메인 네임이 명시되어 범위가 제한되어 있기 때문에 이런 일은 잘 발생하지 않는다.

15.2 인그레스 규칙을 이용한 HTTP 트래픽 라우팅

인그레스는 HTTP와 HTTPS 요청, 즉 다시 말해 웹 트래픽만 다룬다. 그도 그럴 것이 HTTP 요청에 담긴 라우팅 정보를 적절한 백엔드 서비스에 매칭해 주는 것이 인그레스 목적이기 때문이다. HTTP 요청에 담긴 라우팅 정보는 크게 호스트와 경로 두 부분으로 나뉜다. 호스트는 www.manning.com처럼 도메인 네임이며, 경로는 /dotd 같은 자원의 구체적인 위치를 나타낸다. 예제 15-2는 Hello World 애플리케이션을 위한 인그레스 객체에 호스트 도메인 정보를 추가하여 수정한 것이다. 이 라우팅 규칙을 배치하고 나면 이제 hello.kiamol.local 도메인으로 들어오는 요청만 이 규칙을 적용받는다.

예제 15-2 hello.kiamol.local.yaml, 인그레스 라우팅 규칙에 호스트 도메인 정보 추가

```
metadata:
  name: hello-kiamol
spec:
  rules:
  - host: hello.kiamol.local        # 라우팅 규칙의 적용 범위를
    http:                           # 특정 도메인에 대한 요청으로 제한한다
      paths:
      - path: /                     # 해당 도메인에 대한 모든 요청은
        backend:                    # hello-kiamol 서비스에서 처리한다
          serviceName: hello-kiamol
            servicePort: 80
```

이 규칙을 배치하면 당장은 애플리케이션에 접근할 수 없다. 현재 hello.kiamol.local이라는 도메인은 없기 때문이다. 웹 요청은 먼저 공용 DNS 서버에 도메인으로 IP 주소를 조회하지만, 모든 컴퓨터에는 이 과정을 대체할 수 있는 자체 도메인 목록을 hosts라는 파일에 저장하고 있다. 이번 실습 예제에서는 hosts 파일에 도메인 네임을 등록(이를 위해 관리자 권한을 가진 터미널 세션이 필요)한 후 이 라우팅 규칙을 배치해 볼 것이다.

실습 hosts 파일은 아무나 수정할 수 없다. 윈도우에서는 메뉴에서 [관리자 권한으로 실행]을 선택하여 터미널을 실행하거나 Set-ExecutionPolicy 명령으로 스크립트 권한을 미리 조정해야 한다. 리눅스나 macOS라면 관리자(sudo) 패스워드를 확보한 후 실습을 진행하기 바란다.

```
# hosts 파일에 도메인 정보 추가하기 - 윈도우
./add-to-hosts.ps1 hello.kiamol.local ingress-nginx

# 리눅스 또는 macOS
chmod +x add-to-hosts.sh && ./add-to-hosts.sh hello.kiamol.local ingress-nginx

# 인그레스 객체에 도메인 정보를 추가하기
kubectl apply -f hello-kiamol/ingress/hello.kiamol.local.yaml

# 인그레스 객체가 잘 수정되었는지 확인하기
kubectl get ingress

# http://hello.kiamol.local 페이지를 확인
```

이 실습 예제를 실행하면 기존 인그레스 객체가 변경된다. 그리고 인그레스 컨트롤러가 요청을 연결해 줄 유일한 라우팅 규칙이 명시적으로 도메인 네임을 가리키게 되었다. 그림 15-5를 보면 hello.kiamol.local 도메인을 통해 애플리케이션에 접근할 수 있었다. 또한 조금 전에 애플리케이션에 접근할 때 사용했던 localhost로는 트래픽을 연결해 주는 규칙이 더 이상 없기 때문에 404 오류가 발생한다.

▼ 그림 15-5 인그레스 규칙과 함께 hosts 파일을 사용하여 도메인 네임을 통해 애플리케이션에 접근할 수 있다

로컬 컴퓨터의 hosts 파일에 한 줄을 추가한다. 그 결과
hello.kiamol.local 도메인인 인그레스 컨트롤러의 IP 주소로 연결된다.

인그레스 규칙 범위는 이 도메인 안으로 국한된다.

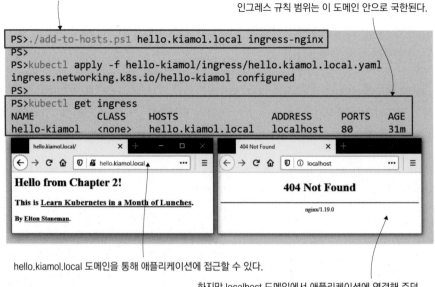

hello.kiamol.local 도메인을 통해 애플리케이션에 접근할 수 있다.

하지만 localhost 도메인에서 애플리케이션에 연결해 주던
인그레스 규칙이 사라졌으므로 404 오류 페이지가 뜬다.

라우팅은 인프라스트럭처 수준의 관심사다. 하지만 지금까지 이 책에서 살펴본 다른 공유 서비스와 마찬가지로 인그레스 역시 경량 컨테이너에서 동작하므로 개발, 테스트, 운영 환경에서 동일한 설정을 유지할 수 있다. 이런 방법을 사용하면 포트 번호를 달리하는 대신 알기 쉬운 도메인 네임으로 비 운영 환경 클러스터에서 애플리케이션 여러 벌을 실행할 수 있다. 인그레스 컨트롤러의 서비스는 모든 애플리케이션에서 같은 포트를 사용하기 때문이다.

실습 환경에서 서로 다른 도메인 네임으로 여러 벌의 애플리케이션을 사용하려면 hosts 파일을 수정해야 한다. 대개는 모든 도메인 네임이 로컬 컴퓨터를 의미하는 127.0.0.1로 연결되도록 하면 된다. 기업에서는 비 운영 환경에 자체 DNS 서버를 운영하기도 하므로 내부망에서 누구든지 클라우드에서 동작하는 클러스터로 연결되는 hello.kiamol.test 같은 도메인에 접근할 수 있다.

호스트명과 경로를 결합하여 인그레스 규칙에서 애플리케이션 불변 주소를 나타낼 수도 있다. 이 방법은 백엔드에서 다른 컴포넌트를 사용하더라도 가능하다. 다른 파드에서 동작하는 웹 사이트나 REST API가 있더라도 인그레스 규칙을 이용하면 이 API나 웹 사이트를 하위 도메인(api. rng.com) 또는 주 도메인의 다른 경로(rng.com/api)로 접근하도록 할 수 있다. 예제 15-3은 9장에서 사용된 두 애플리케이션을 하나의 도메인에서 사용할 수 있도록 한 인그레스 규칙을 단순화한 것이다.

```
apiVersion: networking.k8s.io/v1beta1
kind: Ingress
metadata:
  name: vweb                           # nginx의 특정 기능에 대한 설정
  annotations:
    nginx.ingress.kubernetes.io/rewrite-target: /
spec:
  rules:
  - host: vweb.kiamol.local            # 아래의 규칙은 이 도메인에만 적용된다
    http:
      paths:
      - path: /                        # /에 대한 요청은
        backend:                       # 애플리케이션 버전 2로 전달된다
          serviceName: vweb-v2
          portNumber: 80

      - path: /v1                      # /v1에 대한 요청은
        backend:                       # 애플리케이션 버전 1로 전달된다
          serviceName: vweb-v1
          portNumber: 80
```

이 설정의 경로는 실제 URL이 아니므로 다시 서비스의 경로와 연결이 필요하다. 앞의 설정을 예로 들면 인그레스 컨트롤러가 http://vweb.kiamol.local/v1에 대한 요청을 받으면 vweb-v1 서비스의 응답을 대신 전달한다. 그러나 애플리케이션에는 경로 /v1에서 제공되는 콘텐츠가 없으므로 프록시에서 이 URL을 리라이팅해야 한다. 이것을 알려 주는 역할은 예제 15-3의 애너테이션이 맡는다. 이 예제의 리라이팅 규칙은 요청에 포함된 경로를 무시하고 백엔드의 루트로만 리라이팅된다. 인그레스 규칙 정의에서는 리라이팅 규칙을 기술할 수 없기 때문에 인그레스 컨트롤러 도움이 필요하다. 좀 더 그럴싸한 리라이팅 규칙이 되려면 정규 표현식을 이용하여 요청 경로를 대상 경로로 변환해야 한다.

하지만 여기에서는 인그레스 컨트롤러가 인그레스 규칙에서 어떻게 백엔드 서비스와 요청 경로를 식별하는지 확인하는 것이 목적이므로 굳이 정규 표현식을 사용하지 않은 간단한 규칙을 적용했다.

실습 새로운 인그레스 규칙이 담긴 애플리케이션을 배치하고 hosts 파일에 새 도메인을 추가하라. 그리고 인그레스 컨트롤러를 통해 같은 도메인에서 여러 벌의 애플리케이션에 접근할 수 있는지 확인하라.

```
# hosts 파일에 도메인 추가(윈도우)
./add-to-hosts.ps1 vweb.kiamol.local ingress-nginx

# hosts 파일에 도메인 추가(리눅스/macOS)
./add-to-hosts.sh vweb.kiamol.local ingress-nginx

# 애플리케이션과 서비스, 인그레스를 배치한다
kubectl apply -f vweb/

# 인그레스의 도메인을 확인한다
kubectl get ingress

# http://vweb.kiamol.local과
# http://vweb.kiamol.local/v1 두 URL에 접근하여 확인한다
```

그림 15-6을 보면 같은 도메인 네임에 경로만 달리해서 버전이 다른 별개의 애플리케이션에 접근
할 수 있는 것을 볼 수 있다.

❤ 그림 15-6 경로만 달리하는 인그레스 라우팅을 사용하여 같은 도메인 네임으로 여러 애플리케이션에 접근할 수 있다

hosts 파일에 인그레스 컨트롤러의 IP 주소로 연결되는
도메인 정보를 하나 더 추가한다.

업데이트된 인그레스에는 도메인 네임과 경로를 결합한 규칙이 포함되어 있다.

이 도메인의 루트 경로는 버전 2 애플리케이션으로 연결된다.

도메인의 /v1 경로는 버전 1 애플리케이션으로 연결된다. 프록시에서
요청의 원래 경로를 제거하고 연결된 서비스의 루트 경로 콘텐츠를 받아 온다.

인그레스 컨트롤러를 이용한 애플리케이션 배포에서 가장 복잡한 부분은 이 라우팅 규칙을 작성하는 것이다. 하지만 그만큼 다양한 부분을 직접 제어할 수 있다. 인그레스 규칙은 외부로 드러나는 애플리케이션의 구조 역할을 하므로 인그레스 규칙을 활용하면 여러 컴포넌트를 다시 조합하거나 특정 기능에 접근하는 것을 차단할 수 있다. 이 절에서 애플리케이션에 헬스체크 엔드포인트나 컨테이너 프로브, 프로메테우스 측정값 수집 URL 등 장점을 알아보았는데, 이들은 사실 외부로 노출되면 안 되는 부분이다. 인그레스 규칙을 활용하면 이들에 대한 외부 접근을 차단하고, 명시적으로 공개하기로 한 경로만 클러스터 외부로 노출시킬 수 있다.

예제 15-4는 to-do 애플리케이션에 쓰인 인그레스 규칙이다. 이 규칙은 일부 생략되었는데, 공개하는 경로를 모두 열거해야 하기 때문이다.

예제 15-4 ingress-exact.yaml, 완전 일치 규칙을 적용하여 접근 제한

```
  rules:
  - host: todo.kiamol.local
    http:
      paths:
      - pathType: Exact          # 경로 완전 일치 규칙
        path: /new               # /new 경로와 완전 일치해야 적용된다, 이외에도
        backend:                 # /list, 루트 경로에 완전 일치해야 한다는 규칙이 있다
          serviceName: todo-web
          portNumber: 80
      - pathType: Prefix         # 경로 전방 일치 규칙
        path: /static            # /static/app.css처럼
        backend:                 # /static으로 시작하는 경로에 적용된다
          serviceName: todo-web
          portNumber: 80
```

이 to-do 애플리케이션에도 /metric이나 /config(애플리케이션 설정을 모두 출력하는 진단 페이지)처럼 클러스터 외부로 노출되면 안 되는 경로가 몇 가지 있다. 이들 경로는 인그레스 정의에 포함되지 않았기 때문에 이 인그레스 정의가 배치되면 실질적으로 외부 접근이 차단되는 것을 볼 수 있다. pathType 필드는 인그레스 정의 규격에 나중에 추가된 것으로 쿠버네티스 버전 1.18 이상부터 사용할 수 있다. 이 이하의 버전에서는 오류가 일어난다.

실습 모든 접근을 허용하는 인그레스를 포함한 to-do 애플리케이션을 배치한 후 인그레스를 완전 일치 규칙이 포함된 정의로 변경하라. 그리고 민감 정보를 노출하는 경로가 차단되었는지 확인하라.

```
# hosts 파일에 도메인 추가(윈도우)
./add-to-hosts.ps1 todo.kiamol.local ingress-nginx

# hosts 파일에 도메인 추가(리눅스/macOS)
./add-to-hosts.sh todo.kiamol.local ingress-nginx

# 모든 경로를 허용하는 인그레스를 포함한 애플리케이션을 배치
kubectl apply -f todo-list/

# http://todo.kiamol.local/metrics에 접근을 시도한다

# 완전 일치 규칙이 적용된 인그레스 정의로 변경한다
kubectl apply -f todo-list/update/ingress-exact.yaml

# 애플리케이션은 그대로 동작하지만,
# /metrics, /config 등 경로가 차단되는지 확인한다
```

인그레스를 변경하고 나면 민감 정보가 포함된 경로가 모두 차단되는 것을 볼 수 있다. 필자의 환경에서 실행한 결과를 그림 15-7에 실었다. 완전한 해결책은 아니지만, 이를 조금만 수정하면 Nginx 기본 404 오류 페이지 대신 여러분이 익숙한 404 오류 페이지가 뜨게 할 수 있다. (도커에 좋은 예제가 있다. https://www.docker.com/not-real-url을 살펴보아라.) 애플리케이션 메뉴에는 아직 진단 페이지 항목이 있지만 이것은 애플리케이션에서 이 페이지가 아직 제거된 것이 아니기 때문이다.

✔ 그림 15-7 인그레스 정의에 완전 일치 규칙을 사용하여 애플리케이션의 특정 기능을 차단할 수 있다

hosts 파일에 도메인 정보를 한 건 더 추가한다.

애플리케이션을 처음 배치하면 모든 경로를 허용하는 인그레스가 적용되어 있다.

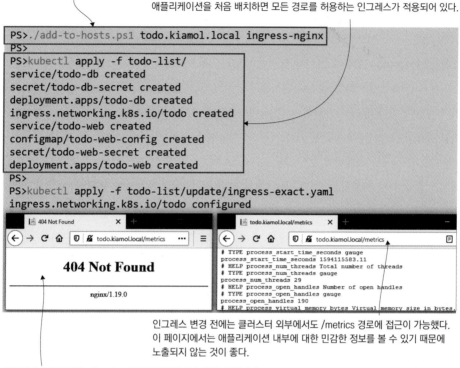

인그레스 변경 전에는 클러스터 외부에서도 /metrics 경로에 접근이 가능했다.
이 페이지에서는 애플리케이션 내부에 대한 민감한 정보를 볼 수 있기 때문에
노출되지 않는 것이 좋다.

인그레스 변경 후에는 /metrics 경로와 연결해 줄 규칙이 없어진다.
따라서 404 오류 페이지가 뜬다.

인그레스 규칙과 인그레스 컨트롤러를 분리해서 서로 다른 프록시 구현을 비교하고 어느 것이 가장 바람직한 기능의 조합과 사용성을 제공하는지 쉽게 판단할 수 있다. 하지만 주의할 점이 있다. 인그레스 컨트롤러의 규격이 아직 확립되지 않았기 때문에 인그레스 규칙을 정의하는 방법이 서로 다를 수 있다. PathType 필드를 무시하는 컨트롤러가 있으므로 이 필드를 사용해서 완전 일치 규칙을 적용하고 있었다면 인그레스 컨트롤러를 교체했을 때 모든 콘텐츠가 외부로 노출되는 사태에 직면할 수 있다.

쿠버네티스는 여러 개의 인그레스 컨트롤러를 사용할 수 있다. 복잡한 환경에서는 여러 개의 인그레스 컨트롤러를 사용하여 서로 다른 애플리케이션을 제각기 설정하면 된다.

15.3 / 인그레스 컨트롤러 비교하기

인그레스 컨트롤러는 크게 두 가지 유형으로 나뉜다. 하나는 리버스 프록시다. 오랫동안 쓰였으며 네트워크 수준에서 동작하고 호스트 네임을 기준으로 콘텐츠를 가져온다. 다른 하나는 현대적 프록시다. 플랫폼마다 달리 동작하며 다른 서비스(클라우드에서 제공하는 컨트롤러는 외부 로드밸런서를 활용할 수 있음)와 통합이 쉽다. 필요한 기능이 무엇인지, 어떤 기술을 선호하느냐에 따라 두 가지 중 한 가지를 선택하면 된다. Nginx나 HAProxy 등을 오랫동안 사용해 왔고 쿠버네티스에서도 이들을 계속 사용할 생각이라면 그대로 하면 된다. 반면 Nginx나 HAProxy를 잘 사용해 왔지만, 좀 더 경량 환경에 맞는 쪽으로 전환하고 싶다면 현대적 프록시를 선택한다.

인그레스 컨트롤러는 클러스터 외부에서 클러스터 안 모든 애플리케이션에 접근하는 단일 통로가 된다. 따라서 이와 관련된 관심사를 모두 모아 놓기에도 좋은 지점이다. 모든 컨트롤러는 SSL 터미네이션을 지원한다. 프록시에서 보안 계층을 제공하므로 한곳에서 모든 애플리케이션에 HTTPS 적용을 할 수 있다. 또한 대부분의 컨트롤러는 웹 애플리케이션 방화벽을 지원하기 때문에 프록시 계층에서 SQL 인젝션과 같은 공격을 방어할 수 있다. 우리가 Nginx를 캐싱 프록시로 사용했듯이, 인그레스 레벨에서 컨트롤러를 사용한 캐싱도 지원하는 컨트롤러가 있다.

> **실습** 인그레스가 사용된 원주율 계산 애플리케이션을 배치하라. 그리고 인그레스 객체를 변경하여 애플리케이션이 Nginx 캐시를 사용하도록 하라.
>
> ```
> # 원주율 계산 애플리케이션의 도메인을 hosts에 추가한다(윈도우)
> ./add-to-hosts.ps1 pi.kiamol.local ingress-nginx
>
> # 원주율 계산 애플리케이션의 도메인을 hosts에 추가한다(리눅스/macOS)
> ./add-to-hosts.sh pi.kiamol.local ingress-nginx
>
> # 간단한 인그레스가 적용된 애플리케이션 정의를 배치
> kubectl apply -f pi/
>
> # http://pi.kiamol.local?dp=30000으로 애플리케이션에 접근한다
> # 새로고침 후 원주율 계산에 걸리는 시간이 같은지 확인한다
>
> # 캐싱을 추가한 인그레스 정의로 변경한다
> kubectl apply -f pi/update/ingress-with-cache.yaml
>
> # 조금 전과 같은 URL로 소수점 30,000자리까지 원주율을 계산한다
> # 처음에는 몇 초가 걸리지만, 새로고침이 빠르게 된다
> ```

이번 실습 예제를 보면 인그레스 컨트롤러가 클러스터에서 매우 강력한 컴포넌트임을 알 수 있다. 애플리케이션 변경이나 추가 컴포넌트 없이 인그레스 규칙만 변경해서 애플리케이션에 캐싱을 적용할 수도 있었다. 애플리케이션의 HTTP 응답에 캐싱 헤더를 제대로 갖추어야 한다는 조건이 달리지만 이것은 원래 잘 된다. 필자의 환경에서 실행한 결과를 보면 원주율 30,000자리를 계산하는 데 1.2초가 걸렸다. 그러나 그다음 페이지를 새로고침했을 때는 인그레스 컨트롤러의 캐시가 불려 와 즉시 페이지가 나타났다(그림 15-8).

❤ 그림 15-8 인그레스 컨트롤러는 응답을 캐싱하는 기능도 있는데, 이를 이용하여 쉽게 성능을 개선할 수 있다

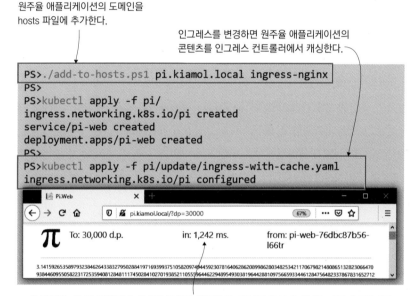

원주율 애플리케이션의 도메인을
hosts 파일에 추가한다.

인그레스를 변경하면 원주율 애플리케이션의
콘텐츠를 인그레스 컨트롤러에서 캐싱한다.

```
PS>./add-to-hosts.ps1 pi.kiamol.local ingress-nginx
PS>
PS>kubectl apply -f pi/
ingress.networking.k8s.io/pi created
service/pi-web created
deployment.apps/pi-web created
PS>
PS>kubectl apply -f pi/update/ingress-with-cache.yaml
ingress.networking.k8s.io/pi configured
```

To: 30,000 d.p.　　　in: 1,242 ms.　　　from: pi-web-76dbc87b56-l66tr

이 응답은 캐싱이 적용된 후 생성된 것이다. 원주율 30,000자리의 실제 계산은 1.2초가 걸렸지만,
이 응답이 캐시된 후 페이지를 새로고침하면 즉시 페이지가 로딩된다.

응답 캐시 기능은 인그레스 규격에서 정의된 것이 아니어서 응답 캐시 기능을 지원하지 않는 인그레스 컨트롤러도 있다. 모든 사용자 정의 설정은 애너테이션으로 적용된다. 예제 15-5는 조금 전 실습 예제에서 적용했던 캐시 설정을 위한 메타데이터 부분이다. Nginx 설정에 익숙하다면 이 설정이 프록시 캐시 설정임을 금방 알아볼 수 있을 것이다.

예제 15-5 ingress-with-cache.yaml, Nginx 캐시가 적용된 인그레스 컨트롤러

```
apiVersion: networking.k8s.io/v1beta1
kind: Ingress
metadata:              # 인그레스 컨트롤러는 애너테이션에서 설정을 읽는다
  name: pi             # 여기에서는 프록시 캐싱이 적용되었다
  annotations:
    nginx.ingress.kubernetes.io/proxy-buffering: "on"
```

```
nginx.ingress.kubernetes.io/server-snippet: |
  proxy_cache static-cache;
  proxy_cache_valid 10m;
```

인그레스 객체의 설정은 여기 포함된 모든 규칙에 적용되므로, 애플리케이션 일부에 다른 설정이
필요하다면 여러 개의 인그레스 규칙을 두면 된다. 이 to-do 애플리케이션 역시 스케일링을 제
대로 하려면 인그레스 컨트롤러 도움이 필요하다. 서비스의 파드가 여러 개라면 인그레스 컨트롤
러는 로드밸런싱을 적용하는데, 이 애플리케이션에는 크로스 사이트 요청 위조가 적용되어 새 항
목 추가 페이지를 렌더링했던 파드 외의 파드로 새 항목 생성 요청이 들어가면 애플리케이션이 정
상 동작하지 않는다. 이런 제한이 있는 애플리케이션이 많이 있기 때문에 프록시에서 **스티키 세션**
(sticky session)을 적용해야 한다.

스티키 세션은 인그레스 컨트롤러가 한 사용자 요청을 같은 컨테이너로만 전달하게 하는 메커니
즘이다. 오래된 설계의 유상태 애플리케이션에서는 스티키 세션을 반드시 적용해야 하는 경우도
많다. 스티키 세션은 로드밸런싱 효과를 잠재적으로 반감시키기 때문에 피할 수 있다면 사용하지
않는 것이 좋다. 이는 to-do 애플리케이션에서도 마찬가지이기 때문에 새 항목 추가 페이지에만
스티키 세션을 적용하려고 한다. 그림 15-9는 애플리케이션의 부분마다 서로 다른 기능이 적용된
인그레스 규칙을 나타낸 것이다.

▼ 그림 15-9 한 도메인에 서로 다른 프록시 기능이 적용된 여러 개의 인그레스 규칙을 둘 수 있다

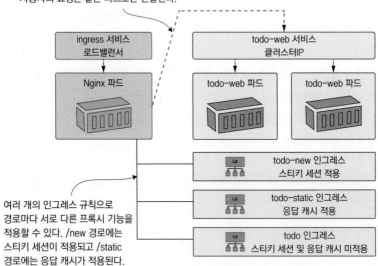

실습 이제 to-do 애플리케이션을 문제없이 스케일링할 방법을 찾았다. 스케일링을 일으켜 본 후 인그레스 규칙을 변경하여 문제가 해결되는지 확인하자.

```
# 스케일링을 일으키고, 컨트롤러는 파드 간에 로드밸런싱을 적용한다
kubectl scale deploy/todo-web --replicas 3

# 추가되는 파드가 준비될 때까지 대기한다
kubectl wait --for=condition=ContainersReady pod -l app=todo-web

# http://todo.kiamol.local/new 페이지에 접근하여
# 새 항목을 추가하려고 하면 400 오류 페이지가 뜨며 실패한다

# 애플리케이션 로그에서 원인을 확인한다
kubectl logs -l app=todo-web --tail 1 --since 60s

# 인그레스를 변경하여 스티키 세션을 적용한다
kubectl apply -f todo-list/update/ingress-sticky.yaml

# 페이지를 새로고침한 후 다시 새 항목을 추가한다
# 이번에는 이상 없이 항목이 추가된다
```

필자의 환경에서 실행한 결과를 그림 15-10에 실었다. 직접 실행해 보지 않았다면 인그레스 변경 전과 후의 스크린샷을 잘 확인하면서 보기 바란다. 스케일링으로 애플리케이션의 레플리카가 증가하면 인그레스 컨트롤러에서 이들 레플리카에 로드밸런싱을 적용한다. 그러면 크로스 사이트 요청 위조 공격 방지 대책이 문제를 일으킨다. 인그레스 변경 후 스티키 세션이 적용되면 /new 경로에는 로드밸런싱이 해제되어 한 사용자의 요청은 모두 같은 파드에 전달되므로 크로스 사이트 요청 위조 공격 방지가 문제를 일으키지 않는다.

❤ 그림 15-10 프록시 기능을 사용해서 성능 개선뿐만 아니라 문제를 해결할 수도 있다

스케일링이 일어난 상태에서 새 할 일 항목을 추가하려고 하면
CSRF 대책으로 오류를 일으킨다.

사용자가 보는 오류 메시지에는 별 내용이 없지만,
로그를 읽어 보면 오류 원인이 CSRF 대책과 관련된
것임을 알 수 있다.

인그레스 변경 후에는 새 할 일 항목 추가 화면에
스티키 세션이 적용되어 오류가 일어나지 않는다.

CSRF 대책 관련 오류가 발생한 화면이다.

to-do 애플리케이션에 사용된 인그레스는 호스트 네임, 경로, 애너테이션이 조합되어 인그레스
규칙과 그 적용 대상이 결정된다. 컨트롤러는 내부적으로 이런 규칙과 기능을 프록시 설정으로 변
환한다. 여기에서는 Nginx 설정 파일이 될 것이다. 또한 컨트롤러에는 파일 쓰기와 설정 읽기 횟
수를 최소화하는 최적화가 여럿 적용되어 있지만, 이것으로 컨트롤러가 만든 Nginx 설정 파일은
매우 복잡하다. Nginx 설정 파일 디버깅에 익숙하다는 이유로 Nginx 인그레스 컨트롤러를 선택
했다면 나중에 복잡한 설정 파일에 깜짝 놀라게 될 것이다.

실습 Nginx 설정 파일은 인그레스 컨트롤러 파드 속에 있다. 파드 안에 있는 Nginx 설정 파
일의 크기를 확인해 보아라.

```
# wc 명령으로 파일의 줄 수를 센다
kubectl exec -n kiamol-ingress-nginx deploy/ingress-nginx-controller -- sh -c 'wc -l /
etc/nginx/nginx.conf'
```

그림 15-11을 보면 Nginx 설정 파일의 줄 수가 1,700줄이 넘는 것으로 나온다. wc 명령 대신 cat 명령을 썼다면 Nginx 설정 파일에 익숙한 사람이더라도 매우 낯선 파일 내용을 볼 수 있다(인그레스 컨트롤러는 루아 스크립트를 사용하기 때문에 설정을 다시 읽어 들이지 않아도 엔드포인트를 변경할 수 있다).

▼ 그림 15-11 인그레스 컨트롤러가 생성한 Nginx 설정 파일은 그리 가독성이 좋지 않다

인그레스 규칙 중 프록시 관련 설정을 인그레스 컨트롤러가 Nginx 설정 파일로 변환한다.

```
PS>kubectl exec -n kiamol-ingress-nginx deploy/ingress-nginx-controller --
sh -c 'wc -l /etc/nginx/nginx.conf'
1766 /etc/nginx/nginx.conf
```

이 설정 파일은 길이가 1,700줄이 넘는다. 디버깅은 매우 어렵다.

인그레스 컨트롤러가 이런 복잡성을 끌고 다니기는 하지만, 여전히 우리 애플리케이션에 꼭 필요한 부분으로 프록시 관련 문제를 어렵지 않게 해결할 수 있어야 한다. 이 경우 플랫폼 인식 기능이 있고 설정 파일이 그리 복잡하지 않은 새로운 인그레스 컨트롤러 도입을 고려해야 한다. 이 장에서는 그 예로 Traefik을 살펴보겠다. Traefik은 오픈 소스 프록시로 2015년 발표된 이후 점점 널리 사용되고 있다. Traefik은 컨테이너를 고려해서 만들어졌으며, 플랫폼 API에서 라우팅 목록을 작성할 수 있다. 도커와 쿠버네티스를 기본으로 지원하며 별도의 설정 파일을 유지 보수할 필요 없다.

쿠버네티스는 한 클러스터 안에 여러 개의 인그레스 컨트롤러를 둘 수 있는데, 이들은 로드밸런서 서비스의 형태로 외부에 노출된다. 운영 환경에서는 인그레스 컨트롤러마다 IP 주소를 따로 가지며 DNS 설정에서 도메인 네임을 이 인그레스에 연결하면 된다. 실습 환경에서는 인그레스 컨트롤러마다 포트를 달리해서 구분하는 방법을 사용하겠다. 먼저 인그레스 컨트롤러에 사용자 정의 포트를 배정한 Traefik을 배치하자.

실습 클러스터의 추가 인그레스 컨트롤러로 Traefik을 배치하라.

```
# Traefik 디플로이먼트 및 서비스, 보안 리소스를 생성한다
kubectl apply -f ingress-traefik/

# 인그레스 컨트롤러에서 동작하는 Traefik UI의 URL을 확인한다
kubectl get svc ingress-traefik-controller -o jsonpath='http://{.status.loadBalancer.
ingress[0].*}:8080' -n kiamol-ingress-traefik

# Traefik의 관리자 UI에서 현재 적용 중인 라우팅 규칙을 확인한다
```

이번 실습 예제에서 Traefik의 관리자 UI를 볼 수 있다. UI를 보면 현재 프록시에 적용된 라우팅 규칙을 확인할 수 있으며, 트래픽 처리 성능 지표를 수집하고 확인할 수 있다. Nginx 설정 파일에 비하면 훨씬 직관적으로 다룰 수 있다. 그림 15-12를 보면 Traefik이 관리하는 두 개의 **라우터**(router)가 있다. 대시보드를 좀 더 살펴보면 알 수 있듯이, 이 화면에서는 인그레스 라우팅 규칙을 볼 수 없다. 여기 있는 것들은 Traefik 자체의 대시보드를 위한 내부 라우팅 규칙으로, Traefik이 아직 클러스터 안에 있는 기존 인그레스 규칙을 발견하지 못했기 때문이다.

♥ 그림 15-12 Traefik은 컨테이너를 고려해서 만들었고, 컨테이너 플랫폼에서 정보를 얻어 라우팅 규칙을 작성하며, 또 이런 라우팅 규칙을 확인할 수 있는 UI도 제공한다

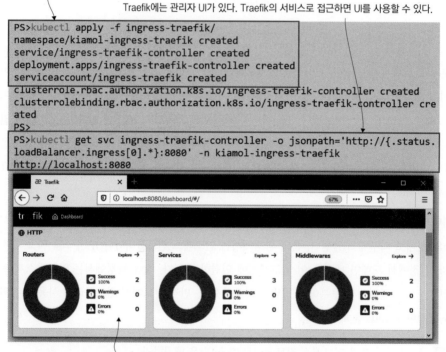

Traefik은 서비스와 디플로이먼트, 쿠버네티스 API 접근을 위한 보안 설정 등으로 구성되며 인그레스 컨트롤러 역할을 한다.

Traefik에는 관리자 UI가 있다. Traefik의 서비스로 접근하면 UI를 사용할 수 있다.

Traefik에서 라우터는 프런트엔드 경로다. 서비스는 백엔드 콘텐츠 제공자, 미들웨어는 요청 및 응답을 조작하는 기능을 의미한다. 기존 인그레스 규칙은 아직 Traefik에 반영되지 않았다.

Traefik이 to-do 애플리케이션과 원주율 계산 애플리케이션의 라우팅 규칙을 인식하지 못했을까? 설정이 달랐다면 기존 라우팅 규칙이 Traefik에 인식되었겠지만, 다중 인그레스 컨트롤러가 우리가 원하는 대로 동작하지는 않았을 것이다. 인입되는 요청을 두고 서로 경쟁을 벌였을 것이기 때문이다. 서로 다른 프록시 기능을 사용하려고 두 개 이상의 인그레스 컨트롤러를 실행했다면 애플리케이션에서도 어떤 인그레스 컨트롤러를 사용할지 결정해야 한다. 여기에 쓰는 것이 **인**

그레스 클래스(ingress class)다. 인그레스 클래스는 스토리지 클래스와 개념이 비슷하다. Traefik을 처음 배치하면 인그레스 클래스 한 가지가 있는 상태인데, 이 클래스를 요청한 인그레스 객체만 Traefik에서 처리된다.

인그레스 컨트롤러 간 차이는 인그레스 클래스뿐만이 아니다. 프록시에 따라 라우팅 모델이 달라질 수도 있다. 그림 15-13은 to-do 애플리케이션을 Traefik에서 어떻게 설정해야 하는지 나타낸 것이다. Traefik에는 응답 캐시가 없으므로 정적 리소스에 캐싱을 적용할 수 없다. 스티키 세션은 서비스 수준에서 설정되므로 새 항목 라우팅에 필요한 서비스를 추가해야 한다.

▼ 그림 15-13 인그레스 컨트롤러의 동작은 종류마다 다르며, 이에 따라 라우팅 모델도 달라져야 할 수 있다

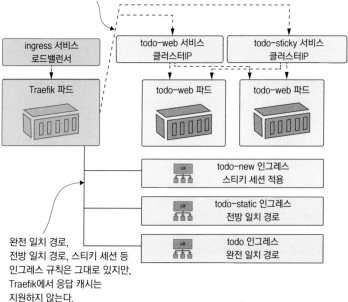

Nginx를 사용하던 그림 15-9의 라우팅 모델과는 사뭇 다른 모습이 되었다. 두 종류 이상의 인그레스 컨트롤러를 사용할 계획이라면, 설정 오류나 인그레스 컨트롤러 간 지원하는 기능 차이, 모델링 방법의 차이로 팀원들의 혼란은 어느 정도 각오해야 한다. Traefik은 인그레스 리소스의 애너테이션을 통해 라우팅 규칙을 설정한다. 예제 15-6은 새 할 일 항목 경로의 정의다. Traefik을 인그레스 클래스로 지정했고 애너테이션에 완전 일치 라우팅 규칙을 기술했다. 이렇게 한 이유는 Traefik에서 pathType 필드를 지원하지 않기 때문이다.

```
apiVersion: networking.k8s.io/v1beta1
kind: Ingress
metadata:                                # 인그레스 클래스를 Traefik으로 지정하고
  name: todo2-new                        # 완전 일치 경로 규칙을 기술하는 애너테이션
  annotations:
    kubernetes.io/ingress.class: traefik
    traefik.ingress.kubernetes.io/router.pathmatcher: Path
spec:
  rules:
  - host: todo2.kiamol.local             # 새로운 도메인을 사용하므로
    http:                                # Nginx 인그레스 컨트롤러로도 애플리케이션을
      paths:                             # 계속 사용 가능하다
      - path: /new
        backend:
          serviceName: todo-web-sticky   # Traefik에서 스티키 세션이 적용된 서비스
          portNumber: 80
```

다른 도메인이 설정된 인그레스 규칙을 한 벌 더 배치하자. 이렇게 하면 Nginx와 Traefik 두 컨
트롤러를 통해 같은 to-do 애플리케이션 파드에 트래픽이 전달된다.

실습 to-do 애플리케이션을 Traefik 인그레스 컨트롤러로도 접근할 수 있도록 그림 15-13과
같은 인그레스 라우팅 모델을 적용하라.

```
# hosts 파일에 새로운 도메인 정보를 추가한다(윈도우)
./add-to-hosts.ps1 todo2.kiamol.local ingress-traefik

# hosts 파일에 새로운 도메인 정보를 추가한다(리눅스/macOS)
./add-to-hosts.sh todo2.kiamol.local ingress-traefik

# 새로운 도메인을 대상으로 하는 인그레스 규칙과
# 스티키 세션이 적용된 새로운 서비스를 배치한다
kubectl apply -f todo-list/update/ingress-traefik.yaml

# Traefik 관리자 UI를 통해 새로운 라우터가 추가되었는지 확인한다
# 그리고 http://todo2.kiamol.local:8015로 애플리케이션에 접근한다
```

Traefik은 쿠버네티스 API 서버에서 일어나는 이벤트를 주시하다 라우팅 리스트를 자동으로 갱
신한다. 새로운 인그레스 객체가 배치되면 Traefik 대시보드의 라우터 목록에서 새로운 경로를
볼 수 있다. 그림 15-14는 이 라우팅 리스트 일부와 함께 새로운 URL로 접근한 애플리케이션 화
면이다.

❤ 그림 15-14 새로운 라우팅 모델로 같은 결과를 얻을 수 있다

Traefik 인그레스 컨트롤러로 애플리케이션을 사용할 수 있는 인그레스 규칙을 배치한다.
이 컨트롤러는 8015번 포트를 통해 로드밸런서를 거치는 구조다.

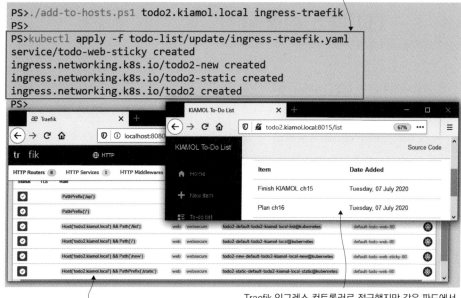

Traefik 관리자 UI의 라우터 목록에서
to-do 애플리케이션의 새 경로들을 볼 수 있다.

Traefik 인그레스 컨트롤러로 접근했지만 같은 파드에서
실행되는 동일한 애플리케이션이다.

인그레스 컨트롤러를 검토 중이라면 애플리케이션 경로 모델링과 트러블슈팅의 편의성, 프록시 성능을 살펴보는 것이 좋다. 앞의 예처럼 한 애플리케이션에 두 개의 컨트롤러를 함께 놓고 비교하는 것이 좋은데, 같은 애플리케이션 컴포넌트에서 컨트롤러만 달리했기 때문에 다른 요소를 배제하기 쉽기 때문이다. 실제 사용하는 애플리케이션의 인그레스 규칙은 이보다 복잡하므로 단위 시간당 접근 수 제한, URL 리라이팅, 허용 클라이언트 IP 목록 등 기능을 편리하게 이용할 수 있는지도 확인한다.

애플리케이션 인증서 같은 보안 설정 없는 HTTPS 적용도 인그레스 컨트롤러의 또 다른 주요 기능이다. 이 기능은 모든 인그레스 컨트롤러가 지원하므로 다음 절에서 Nginx와 Traefik을 함께 사용해서 살펴보자.

15.4 인그레스를 사용하여 HTTPS 적용하기

최근 웹 애플리케이션은 HTTPS가 적용되어야 한다. 하지만 이런 암호화를 적용하려면 서버 인증서가 있어야 하고 이 인증서는 민감한 정보에 해당한다. HTTPS를 인그레스에 맡기는 것이 좋은데, 그 이유는 인증서 관리를 중앙화할 수 있기 때문이다. 인그레스 리소스는 쿠버네티스 비밀값 객체에 담긴 TLS 인증서를 사용할 수 있다(TLS는 전송 계층 보안을 의미하며 HTTPS의 암호화 메커니즘이다). 애플리케이션 팀에서 다른 팀으로 TLS 관련 업무를 옮기면 인증서의 프로비저닝, 보호, 갱신과 관련된 프로세스를 표준화할 수 있다. 그리고 컨테이너 이미지에 인증서를 포함시키는 것이 왜 위험한지 일일이 설명할 필요가 애초에 사라진다.

모든 인그레스 컨트롤러는 비밀값에서 TLS 인증서를 불러오는 기능이 있다. 하지만 Traefik을 사용하면 훨씬 편리하다. 별도의 비밀값을 준비하지 않고 개발 환경이나 테스트 환경에 HTTPS를 적용하고 싶다면 Traefik을 배치할 때 생성되는 자체 서명된 인증서를 사용하면 된다. 그리고 인그레스 규칙의 애너테이션에서 TLS와 기본 TLS 리졸버를 활성화한다.

실습 Traefik의 자체 서명된 인증서를 사용하면 쉽고 빠르게 애플리케이션에 HTTPS를 적용해 볼 수 있다. 인그레스 객체에 애너테이션을 추가하면 활성화된다.

```
# Traefik의 자체 인증 서명서를 사용하도록 인그레스를 변경한다
kubectl apply -f todo-list/update/ingress-traefik-certResolver.yaml

# https://todo2.kiamol.local:9443으로 접근하면
# 웹 브라우저에서 경고 메시지가 나타난다
```

웹 브라우저는 자체 서명 인증서를 신뢰하지 않는다(자체 서명 인증서는 아무나 만들 수 있기 때문이다). 검증 가능한 신뢰 체인이 없으므로 애플리케이션에 접근하면 안전한 사이트가 아니라는 경고가 뜰 것이다. 그냥 진행하겠다고 하면 to-do 애플리케이션이 열린다. 그림 15-15를 보면, HTTPS 보안이 적용되었지만 완전히 안전한 상태가 아니라는 경고가 나타나 있다.

❤ 그림 15-15 HTTPS라고 모두 안전한 것은 아니며, 자체 서명 인증서는 개발 환경이나 테스트 환경에서 사용한다

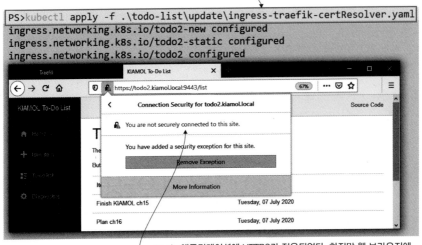

Traefik은 외부 발급 기관에서 TLS 인증서를 도입하는 기능이 있다. 이외에
자체 서명 인증서도 사용할 수 있다. 이번 인그레스 변경은 to-do 애플리케이션에
Traefik의 자체 서명 인증서를 사용하여 HTTPS를 적용한다.

to-do 애플리케이션에 HTTPS가 적용되었다. 하지만 웹 브라우저에
이 인증서의 발급자를 신뢰할 수 없다는 경고 메시지가 뜬다.

여러분 조직에도 인증서 정책이 있을 것이다. 여러분이 인증서 프로비저닝 프로세스에 권한이 있다면 클러스터가 자동으로 직접 인증 기관에서 단기 인증서를 발급받은 후 이를 설치하여 알아서 갱신하도록 할 수 있다. Let's Encrypt[1]가 추천할 만하다. Let's Encrypt는 자동화하기 쉬운 프로세스를 통해 무료 인증서를 발급해 주고, Traefik 역시 Let's Encrypt와 통합되어 있다. 다른 인그레스 컨트롤러에서 사용할 수 있도록 오픈 소스 인증서 관리 도구인 cert-manager(https://cert-manager.io)를 사용하는 방법도 있다. cert-manager 역시 CNCF 산하 프로젝트다.

그래도 자동화된 인증서 프로비저닝을 적용할 수 없을 때가 있다. 몇몇 발급 기관은 사람이 직접 인증서를 내려받아야 하거나 조직 내부적으로 비 운영용 도메인에는 자체 인증서를 사용하는 경우다. 이때는 TLS 인증서와 키 파일을 비밀값에 담아 직접 클러스터에 배치해야 한다. 이런 경우가 상당히 흔하기 때문에 다음 실습 예제에서 인증서를 직접 생성해 보겠다.

1 열주 보안 웹 사이트를 위한 인증서의 수동 생성, 유효성 확인, 디지털 서명, 설치, 갱신 등 종전의 복잡한 과정을 없애 주는 자동화 프로세스를 거쳐 전송 계층 보안 암호화를 위해 무료 X.509 인증서를 제공하는 인증 기관이다(출처: 위키백과).

실습 TLS 인증서를 자체 생성하는 파드를 실행하고 이 파드에 접속하여 인증서 파일을 담은 비밀값을 배치한다. 이 파드는 쿠버네티스 API를 사용할 수 있도록 설정되었다.

```
# 파드를 실행한다 - 파드가 실행되면 인증서가 생성된다
kubectl apply -f ./cert-generator.yaml

# 서비스 계정에 임시로 cluster-admin 권한을 부여한다
kubectl apply -f ./cert-temp-rolebinding.yaml

# 파드에 접속한다
kubectl exec -it deploy/cert-generator -- sh

# 파드 안에 인증서가 생성되었는지 확인한다
ls

# 인증서 및 키 파일의 이름을 쿠버네티스에서 사용하는 이름으로 변경한다
mv server-cert.pem tls.crt
mv server-key.pem tls.key

# 인증서 파일을 담은 비밀값을 만들고 비밀값에 레이블을 추가한다
kubectl create secret tls kiamol-cert --key=tls.key --cert=tls.crt
kubectl label secret/kiamol-cert kiamol=ch15

# 파드에 접속된 세션을 종료한다
exit

# 임시로 부여한 권한을 삭제한다
kubectl delete -f ./cert-temp-rolebinding.yaml

# 호스트 컴퓨터로 돌아와 비밀값이 배치되었는지 확인한다
kubectl get secret kiamol-cert --show-labels
```

앞의 실습 예제는 두 개의 PEM 파일 형태로 인증서를 전달받았을 때 인증서를 적용하는 과정을 재현한 것이다. PEM 파일의 이름은 쿠버네티스에서 인식할 수 있는 이름으로 변경해야 한다. 이 인증서는 OpenSSL로 만든 것이며, 파드 형태로 실행한 것은 이 도구 및 스크립트를 함께 패키징 하기 편했기 때문이다. 필자의 환경에서 실행한 결과를 그림 15-16에 실었다. 인그레스 객체에서 사용할 수 있는 비밀값이 클러스터에 배치되었다.

❤ 그림 15-16 인증서 발행 기관에서 PEM 파일 형태로 인증서를 받았다면, 이들 파일로 TLS 비밀값을 만들어야 한다

이 파드는 OpenSSL을 이용하여 인증 기관 및 TLS 인증서를 생성한다.

이 PEM 파일은 인증서 및 키 파일이다. 여러분 실습 환경에서도 같은 이름의 파일이 있지만 내용은 다르다.

```
PS>kubectl apply -f ./cert-generator.yaml
deployment.apps/cert-generator created
PS>
PS>kubectl exec -it deploy/cert-generator -- sh
/certs #
/certs # ls
ca-key.pem       ca.pem              server-key.pem
ca.password      server-cert.pem
/certs #
/certs # mv server-cert.pem tls.crt
/certs # mv server-key.pem tls.key
/certs #
/certs # kubectl create secret tls kiamol-cert --key=tls.key --cert=tls.crt
secret/kiamol-cert created
/certs #
/certs # kubectl label secret/kiamol-cert kiamol=ch15
secret/kiamol-cert labeled
/certs #
/certs # exit
PS>
PS>kubectl get secret kiamol-cert --show-labels
NAME           TYPE                DATA  AGE   LABELS
kiamol-cert    kubernetes.io/tls   2     13s   kiamol=ch15
```

로컬 API 서버를 통해 certificate-generator 파드 안에서 비밀값이 생성되었다. 이 비밀값을 인그레스 객체에서 사용하면 된다.

TLS 인증서는 매우 흔하게 사용되므로 이를 다루는 전용 비밀값 타입이 따로 있다.

인그레스 컨트롤러를 사용하면 HTTPS 적용이 쉽다. 인그레스 정의의 TLS 관련 항목에서 인증서가 담긴 비밀값을 지정만 하면 된다. 예제 15-7은 Traefik 인그레스 컨트롤러에서 todo2. kiamol.local 도메인에 조금 전 배치한 인증서로, HTTPS를 적용하도록 한 것이다.

예제 15-7 ingress-traefik-https.yaml, 표준 HTTPS 기능이 설정된 인그레스

```
spec:
  rules:
  - host: todo2.kiamol.local
    http:
      paths:
      - path: /new
        pathType: Exact
        backend:
          serviceName: todo-web-sticky
          portNumber: 80
  tls:
  - secretName: kiamol-cert
```

tls 필드에 비밀값의 이름을 기재하면 된다. 비밀값은 모든 인그레스 컨트롤러에서 사용할 수 있다. 인그레스 규칙을 변경하면 웹 사이트에 조금 전 만든 인증서를 사용한 HTTPS가 적용된다. 웹 브라우저에서는 여전히 인증 기관을 신뢰할 수 없다는 경고 메시지가 뜨지만, 여러분 조직에 자체 인증 기관이 있다면 웹 브라우저에서도 인증서가 유효하게 취급될 것이다.

실습 to-do 애플리케이션의 인그레스 객체를 변경하여 조금 전 생성한 TLS 인증서로 HTTPS 를 적용하게 하라.

```
# 인그레스를 변경한다
kubectl apply -f todo-list/update/ingress-traefik-https.yaml

# 이번에도 경고 메시지가 뜨는데
# KIAMOL 인증 기관을 신뢰할 수 없기 때문이다
```

필자의 환경에서 실행한 결과를 그림 15-17에 실었다. 그림의 왼쪽 화면에 인증서의 상세 정보 화면을 실었는데, 이 정보로 이 인증서가 필자만 갖고 있는 "kiamol" 인증서임을 알 수 있다. 그림의 오른쪽 화면에서는 경고 메시지를 무시하고 계속 진행했다. 그러자 to-do 애플리케이션에 이 인증서로 암호화가 적용되었다. 인증서 생성 스크립트에서 인증서 주소를 kiamol.local 도메인으로 했기 때문에 인증서 주소는 유효하지만 발행 기관을 신뢰할 수 없는 상태다.

❤ **그림 15-17** 인그레스 컨트롤러는 비밀값 객체에서 제공된 TLS 인증서를 적용할 수 있고, 인증서 발급자가 신뢰할 수 있는 기관이라면 이 웹 사이트는 보안 통신이 가능하다

비밀값에서 제공되는 TLS 인증서를 적용하도록 업데이트된 인그레스 규칙이 적용된다.

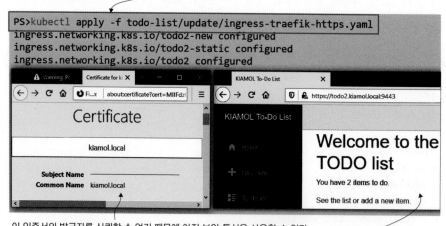

이 인증서의 발급자를 신뢰할 수 없기 때문에 아직 보안 통신을 사용할 수 없다.

여기에서는 웹 브라우저에 예외 설정을 추가하겠다.

이번에는 마지막 예제에서 Nginx로 돌아가 보겠다. 동일한 인증서를 사용하지만 Nginx 인그레스 컨트롤러를 사용한다는 점만 다르다. 과정은 동일하다. 같은 인그레스 규칙이 기술된 인그레스 정의에 앞서 예제 15-7에서 본 비밀값 이름이 tls 필드에 추가된다.

실습 Nginx 인그레스 컨트롤러의 인그레스 규칙을 변경하면 표준 포트인 443번을 통해 HTTPS 암호화가 적용된다.

```
# 인그레스 리소스를 변경한다
kubectl apply -f todo-list/update/ingress-https.yaml

# https://todo.kiamol.local에 접근한다
# 경고 메시지를 무시하고 웹 사이트에 접근한다

# HTTP 요청이 HTTPS로 리다이렉트되는지 확인한다
curl http://todo.kiamol.local
```

필자는 kiamol 인증 기관을 웹 브라우저의 신뢰할 수 있는 인증 기관에 추가하는 꼼수를 썼다. 그래서 그림 15-18을 보면 웹 사이트가 경고 메시지 없이 보안이 잘 적용된 것으로 나온다. 여러분이 소속된 조직의 인증 기관을 추가해도 똑같은 결과를 얻을 수 있다. 또한 curl 명령에서 응답 코드 308번이 나오므로 응답 인그레스에서 HTTP 요청을 HTTPS 요청으로 리다이렉트해 주는 것도 확인할 수 있다.

인그레스를 이용한 HTTPS는 쉽고 분명한 효과를 거둘 수 있었다. 그러나 인그레스 컨트롤러의 기능은 복잡한 것이 많기 때문에 애플리케이션 모델링보다는 인그레스 규칙을 작성하는 데 더 시간을 들이게 될 수도 있다.

▼ 그림 15-18 TLS 인증서 인그레스 설정 역시 동작 방식은 Nginx 인그레스 컨트롤러와 동일하다

to-do 애플리케이션의 인그레스 규칙에 TLS 설정을 적용한다.

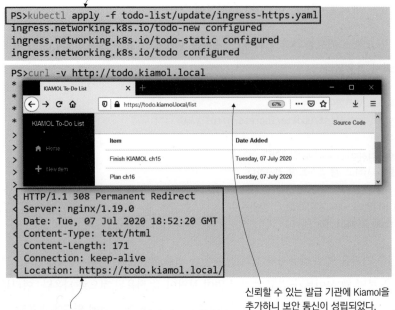

```
PS>kubectl apply -f todo-list/update/ingress-https.yaml
ingress.networking.k8s.io/todo-new configured
ingress.networking.k8s.io/todo-static configured
ingress.networking.k8s.io/todo configured
```

```
PS>curl -v http://todo.kiamol.local
```

```
HTTP/1.1 308 Permanent Redirect
Server: nginx/1.19.0
Date: Tue, 07 Jul 2020 18:52:20 GMT
Content-Type: text/html
Content-Length: 171
Connection: keep-alive
Location: https://todo.kiamol.local/
```

신뢰할 수 있는 발급 기관에 Kiamol을
추가하니 보안 통신이 성립되었다.

인그레스 컨트롤러는 TLS 설정이 된 인그레스 규칙 역시
HTTP 요청을 HTTPS로 리다이렉트하는 방식으로 처리한다.
HTTP 응답 코드가 308로, 리다이렉션은 웹 브라우저가
자동으로 수행한다.

15.5 인그레스 및 인그레스 컨트롤러의 이해

클러스터를 운영하다 보면 결국 인그레스 컨트롤러를 하나 정도는 배치할 수밖에 없다. TLS 인증서 관리와 도메인 네임에 대한 라우팅 설정을 애플리케이션에서 할 필요가 없기 때문이다. 쿠버네티스의 인그레스는 인그레스 구현체를 교체 가능한 설계와 공통 인그레스 정의 덕분에 매우 유연하다. 하지만 이를 사용하는 입장에서는 덜 직관적이다. 인그레스 정의에는 가장 기본적인 라우팅

규칙만 기재할 수 있으며, 프록시 같은 고급 기능을 사용하려면 애너테이션에 상당한 양의 설정을 기재해야 한다.

이런 애너테이션은 호환성이 좋지 않다. 그리고 인그레스 컨트롤러가 준수해야 하는 인터페이스 규격이 따로 있는 것도 아니다. Nginx에서 Traefik이나 HAProxy, 컨투어(Contour)(이 장의 원고를 쓰던 당일 CNCF 산하 프로젝트가 된 오픈 소스 프로젝트)로 이주할 일이 생긴다면 별도의 프로젝트로 진행해야 할 정도다. 또한 필요한 기능이 모두 갖추어지지 않았을 수도 있다. 쿠버네티스 커뮤니티에서는 이런 인그레스 문제점을 파악하고 이를 장기적으로 **서비스 API**(Service API)로 교체해 나가는 작업에 착수했다. 그러나 2021년 현재 이 작업은 아직 초기 단계다.

인그레스를 사용하면 안 된다는 말은 아니다. 현재로서는 인그레스가 최선의 수단이다. 앞으로도 여러 해 동안 그럴 것이다. 시간을 들여 여러 가지 인그레스 컨트롤러를 검토해 보고 가장 적합한 것을 하나 골라 두는 것이 좋다. 쿠버네티스가 비록 여러 가지 인그레스 컨트롤러를 지원한다고는 하지만, 두 가지 이상의 인그레스 컨트롤러를 함께 쓰면서 서로 호환되지 않는 애너테이션이 사용된 인그레스 규칙을 관리하는 것 자체가 진짜 문제의 시발점이 된다. 이 장에서는 Nginx와 Traefik을 소개했다. 두 가지 모두 훌륭한 인그레스 컨트롤러이지만 후속 지원을 제공하는 상업적 제품들을 포함하여 다양한 선택지가 더 있다.

인그레스 설명은 이것으로 마친다. 클러스터를 정리하고 연습 문제를 준비하자.

실습 이 장의 네임스페이스 및 인그레스 관련 리소스를 정리하라.

```
kubectl delete ns,all,secret,ingress -l kiamol=ch15
```

15.6 / 연습 문제

KUBERNETES

13장과 14장에서 소개했던 패턴을 이용한 연습 문제다. 오늘의 천체 사진 애플리케이션을 위한 인그레스 규칙을 작성하면 된다.

- lab/ingress-nginx 디렉터리에 정의된 인그레스 컨트롤러를 배치하라.

- 이 인그레스 컨트롤러는 한 네임스페이스 안에 있는 인그레스 객체만 인식한다. /lab/apod 디렉터리의 정의를 배치한 후 이 중 어느 것이 적용되는지 확인하라.

- 웹 애플리케이션은 www.apod.local 도메인, API는 api.apod.local 도메인을 통해 사용할 수 있어야 한다.

- DDoS 공격을 방지하기 위해 단위 시간당 요청 처리량 제한을 적용하여 같은 IP 주소에서 들어오는 요청 수를 제한하라.

- 이 인그레스 컨트롤러는 사용자 정의 인그레스 클래스를 지정했다. 이 클래스를 찾아내서 사용해야 한다.

제시된 인그레스 컨트롤러의 정의와 인그레스 컨트롤러 참조 문서를 잘 읽으면 해결할 수 있다. Nginx 인그레스 컨트롤러가 두 가지라는 것에 주의하라. 하나는 이 장 실습 예제에서 사용한 것이고, 그 외에 Nginx 프로젝트에서 자체적으로 배포하는 것이 하나 더 있다. 필요하다면 필자의 해답을 참고하기 바란다.

- https://github.com/sixeyed/kiamol/blob/master/ch15/lab/README.md

16^장

폴리시, 컨텍스트, API 접근 제어를 이용한 애플리케이션 보안

컨테이너는 애플리케이션의 프로세스를 감싸는 경량 래퍼다. 컨테이너는 호스트 머신의 운영체제에 포함된 커널을 사용하기 때문에 실행이 빠르며 오버헤드도 적다. 그만큼 컨테이너는 매우 효율적이지만, 완전한 단절을 어느 정도 포기했기 때문에 보안상 위험이 있다. 그리고 공격에 노출된 컨테이너는 같이 실행되는 컨테이너는 물론이고 자신을 실행하는 서버까지 함께 공격에 노출시킬수 있다. 물론 쿠버네티스에도 보안을 위한 여러 수단이 있지만 기본적으로 이들 기능은 비활성화되어 있다. 이 장에서는 이런 보안 제어를 사용하는 방법과 함께 이런 보안 제어 수단을 클러스터에 강제하도록 설정하는 방법을 알아보자.

쿠버네티스에서 실행 중인 애플리케이션 보안을 강화한다는 것은 그만큼 컨테이너 기능을 제약한다는 의미다. 따라서 애플리케이션 취약점을 통해 공격자가 컨테이너에서 원하는 명령을 실행하더라도 그 영향력이 해당 컨테이너 외부에는 미치지 못한다. 이렇게 하려면 네트워크를 제한하여컨테이너가 다른 컨테이너나 쿠버네티스 API, 마운트된 호스트 파일 시스템에 불필요한 접근을막고, 컨테이너에서 사용할 수 있는 운영체제 기능도 꼭 필요한 것만 제한해야 한다. 이 책에서는이를 위한 기본적인 접근법을 다루지만 보안은 매우 큰 분야이며 변화 역시 빠르다. 그만큼 이 장은 내용이 길다. 배울 내용이 많지만 쿠버네티스 환경의 보안을 확립하는 첫걸음에 지나지 않는다는 점을 알아 두기 바란다.

16.1 네트워크 폴리시를 이용하여 컨테이너 통신 제약하기

네트워크 접근을 최소한으로 억제하는 것은 애플리케이션 보안의 기본적인 수단이다. 쿠버네티스의 네트워크는 수평적 모델을 채택하고 있기 때문에 모든 파드가 IP 주소만 있으면 다른 어떤 파드라도 접근할 수 있으며 서비스 역시 클러스터 전체에서 접근할 수 있다. 예를 들어 생각해 보자.원주율 계산 웹 애플리케이션은 to-do 애플리케이션의 데이터베이스에 접근할 필요가 전혀 없다.또 Hello World 웹 애플리케이션도 쿠버네티스 API를 사용할 필요가 없다. 하지만 기본 설정으로는 이들 모두 서로 접근이 가능하다. 15장에서는 인그레스 객체를 사용하여 HTTP 라우팅을 제어하는 방법을 알아보았다. 하지만 인그레스 객체의 접근 제어는 외부에서 클러스터로 인입되는 트래픽만 제어할 수 있다. 클러스터 내 트래픽 역시 같은 방식으로 제어할 수 있는 수단이 필요하다. 이를 위해 만든 기능이 바로 **네트워크 폴리시**(network policy)다.

네트워크 폴리시는 포트 단위로 파드 사이의 트래픽을 차단하며 마치 방화벽처럼 동작한다. 차단 규칙은 유연하며 레이블 셀렉터로 대상을 식별한다. 모든 파드에서 트래픽을 발송하지 못하게 하는 전면 차단 정책 위에 파드의 측정값 포트를 모니터링과 관련된 네임스페이스에만 공개하도록 해 꼭 필요한 부분만 개방하는 정책을 정의한다. 그림 16-1은 이런 네트워크 폴리시가 적용된 클러스터를 다이어그램으로 나타낸 것이다.

❤ 그림 16-1 네트워크 폴리시 정책은 유연하며, 클러스터 전체에 적용되는 기본 정책과 파드별로 기본 정책을 오버라이드하는 정책 모두 가능하다

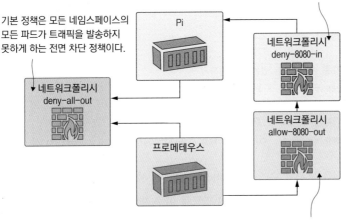

애플리케이션 파드는 프로메테우스 파드 외의 파드에서 들어오는 모든 트래픽을 거부하는 정책이 적용되었다.

기본 정책은 모든 네임스페이스의 모든 파드가 트래픽을 발송하지 못하게 하는 전면 차단 정책이다.

프로메테우스 파드에는 8080번 포트로 발송되는 트래픽만 허용하는 정책이 적용되었다. 이 정책이 기본 정책인 전면 차단 정책을 오버라이드한다.

네트워크폴리시(NetworkPolicy) 객체는 별도의 리소스다. 다시 말해 보안 팀이 애플리케이션 외부에서 네트워크 폴리시를 다룰 수도 있고, 프로덕트 팀이 직접 관장할 수도 있다. 그러나 프로덕트 팀이 네트워크 폴리시를 신경 쓰지 않는다면 문제될 수 있다. 네트워크 폴리시가 전혀 적용되지 않은 채 출시된 애플리케이션을 배치해 보고 어떤 문제가 생길 수 있는지 알아보자.

실습 오늘의 천체 사진(APOD) 애플리케이션을 배치하고 다른 포드에서 애플리케이션의 컴포넌트에 접근 가능한지 확인하라

```
# 이 장의 예제 코드 디렉터리로 이동하기
cd ch16

# APOD 애플리케이션을 배치하기
kubectl apply -f apod/

# 파드가 준비될 때까지 대기하기
kubectl wait --for=condition=ContainersReady pod -l app=apod-web

# localhost 8016번 포트를 통해
# 오늘의 천체 사진을 볼 수 있는지 확인한다¹

# sleep 파드를 실행하기
kubectl apply -f sleep.yaml

# sleep 파드에서 APOD API를 사용할 수 있는지 확인하기
kubectl exec deploy/sleep -- curl -s http://apod-api/image

# 측정값 엔드포인트를 통해 APOD API의 로그를 확인하기
kubectl exec deploy/sleep -- sh -c 'curl -s http://apod-log/metrics | head -n 2'
```

이번 예제에서 확실한 문제점을 발견할 수 있다. 클러스터 전체가 서로 활짝 열려 있는 상태라는 점이다. sleep 파드에서 APOD 애플리케이션의 API 파드를 아무 제한 없이 접근할 수 있다는 것을 로그에서 확인했다. 필자의 환경에서 실행한 결과를 그림 16-2에 실었다. sleep 파드에 특별한 장치가 없다는 것은 이미 알고 있을 것이다. 어떤 컨테이너라도 이 API 파드에 접근할 수 있는 상태다.

---

1 **역주** Rancher Desktop은 앞서 나오던 주소를 사용해야 한다(예 http://172.24.115.0:8016).

❤️ 그림 16-2 쿠버네티스의 네트워크 모델에는 계층이 없어 모든 파드가 접근 가능하다는 단점이 있다

APOD 애플리케이션은 여러 컴포넌트로 구성되어 있다.
이 중 웹 파드는 API 파드와 액세스 로그 파드에 접근할 수 있어야 한다.

sleep 파드는 APOD 애플리케이션의 컴포넌트가 필요 없다. 그러나
네트워크 폴리시가 설정되지 않으면 불필요한 접근 권한을 갖게 된다.

```
PS>cd ch16
PS>
PS>kubectl apply -f apod/
service/apod-api created
deployment.apps/apod-api created
service/apod-log created
deployment.apps/apod-log created
service/apod-web created
deployment.apps/apod-web created
PS>
PS>kubectl wait --for=condition=ContainersReady pod -l app=apod-web
pod/apod-web-7cd794886-qdxks condition met
PS>
PS>kubectl apply -f sleep.yaml
deployment.apps/sleep created
PS>
PS>kubectl exec  deploy/sleep -- curl -s http://apod-api/image
{"url":"https://apod.nasa.gov/apod/image/2007/ISS063-E-39888_APOD1050.jpg",
"caption":"Comet NEOWISE from the ISS","copyright":null}
PS>
PS>kubectl exec deploy/sleep -- sh -c 'curl -s http://apod-log/metrics | he
ad -n 2'
# HELP access_log_total Access Log - total log requests
# TYPE access_log_total counter
```

여기에서 보듯이, APOD 애플리케이션의 모든 컴포넌트에 접근 가능하다.
네임스페이스가 달라지더라도 URL만 바뀔 뿐 접근이 차단되지는 않는다.

파드는 자신에게 필요한 컴포넌트에서 온 트래픽만 받아들이고, 자신에게 필요한 컴포넌트에만 트래픽을 보낼 수 있도록 고립되어야 한다. 네트워크 폴리시는 인그레스 규칙(인그레스 리소스와 혼동하지 않도록 주의) 형태로 인입 트래픽을 제어하고, 인그레스 규칙으로 발송되는 트래픽을 제어한다. APOD 애플리케이션을 예로 들면, APOD API에 접근이 필요한 컴포넌트는 웹 애플리케이션뿐이다. 예제 16-1은 이런 내용을 인그레스 규칙으로 기술한 네트워크폴리시 객체 정의다.

예제 16-1 networkpolicy-api.yaml, 레이블을 이용한 접근 제한 설정

```
apiVersion: networking.k8s.io/v1
kind: NetworkPolicy
metadata:
  name: apod-api
spec:
  podSelector:                  # 정책이 적용될 대상 파드를 지정
    matchLabels:
```

```
        app: apod-api
    ingress:                    # 기본 정책이 거부이므로
    - from:                     # 이 정책은 인입되는 트래픽을 모두 거부하되
      - podSelector:            # 트래픽의 발송처가 apod-web 레이블이 부여된
          matchLabels:          # 파드일 때만 받아들이는 정책이 된다
            app: apod-web
      ports:                    # 제약의 단위는 포트
      - port: api               # API 파드의 정의에 포함된 포트 이름
```

앞의 정의는 어렵지 않게 이해할 수 있다. 이들 규칙은 애플리케이션보다 먼저 배치되므로 파드는 시작과 동시에 안전한 상태가 된다. 인그레스 및 이그레스(egress) 규칙은 동일한 패턴으로 기술되며 파드와 마찬가지로 네임스페이스 셀렉터를 사용할 수 있다. 이런 방법으로 전역 규칙을 기술한 후 상세한 대상을 지정하여 전역 규칙을 오버라이드하면 된다.

네트워크 폴리시의 단점이 있다면 규칙 자체를 배치하는 것만으로는 아무 소용이 없다는 점이다. 인그레스 객체에 인그레스 컨트롤러가 필요했듯이, 네트워크 폴리시 객체 역시 클러스터에 정의된 규칙에 맞는 네트워크가 정의되어 있어야 한다. 다음 실습 예제에서 네트워크 폴리시 객체를 배치해 볼 텐데, 이것으로는 APOD 웹 애플리케이션 파드만 APOD API에 접근 가능하게 할 수 없다.[2]

실습 네트워크 폴리시 객체를 배치하라. 클러스터에서 이 규칙이 실제로 적용되는지 확인하라.

```
# 네트워크 폴리시 객체 배치
kubectl apply -f apod/update/networkpolicy-api.yaml

# 배치 결과를 확인
kubectl get networkpolicy

# 아직 sleep 파드에서 APOD API에 접근이 가능한지 확인
kubectl exec deploy/sleep -- curl -s http://apod-api/image
```

그림 16-3을 보면 여전히 sleep 파드에서 APOD API에 접근 가능하다. 네트워크폴리시 객체가 APOD API 파드에 APOD 웹 애플리케이션만 접근할 수 있도록 제약을 걸었지만 이 제약이 동작하지 않는다. 필자는 도커 데스크톱에서 실습을 진행했지만 K3s, AKS, EKS에서도 같은 결과를 볼 수 있을 것이다.

---

2 **역주** K3s에서 실습한 결과 현재는 바로 접근 차단이 가능하다.

❤ 그림 16–3 쿠버네티스 클러스터의 네트워크 설정으로 네트워크 폴리시가 바로 적용되지 않을 수 있다

APOD API에 APOD 웹 애플리케이션만 접근
가능하도록 하는 인그레스 규칙을 적용한다.

네트워크폴리시 객체가 배치되었다.

```
PS>kubectl apply -f apod/update/networkpolicy-api.yaml
networkpolicy.networking.k8s.io/apod-api created
PS>
PS>kubectl get networkpolicy
NAME       POD-SELECTOR   AGE
apod-api   app=apod-api   5s
PS>
PS>kubectl exec deploy/sleep -- curl -s http://apod-api/image
{"url":"https://apod.nasa.gov/apod/image/2007/ISS063-E-39888_APOD1050.jpg",
"caption":"Comet NEOWISE from the ISS","copyright":null}
```

하지만 필자의 환경에서는 규칙이 실제로 적용되지 않았다.
네트워크 플러그인이 네트워크 폴리시를 지원하지 않기 때문이다.

쿠버네티스의 네트워크 계층은 플러그인 방식으로 교체 가능하다. 이런 네트워크 플러그인 중에는 네트워크 폴리시가 적용되지 않는 것이 있다. 표준 클러스터 배치에 사용되는 단순 네트워크가 그러하다. 이런 사실을 알지 못하면 네트워크폴리시 객체를 아무리 배치해도 네트워크에 실제 제약이 적용되지 않는 황당한 경우를 겪게 된다. 더욱이 접근이 실제로 거부되는지 테스트해 보지 않으면 제약이 적용되었는지 알 수 없다는 점에서 더 까다롭다. 네트워크 폴리시의 지원 여부는 클라우드 사업자에 따라 다르다. AKS에서는 클러스터를 생성할 때 네트워크 폴리시 사용 여부를 지정할 수 있으며, EKS는 클러스터 생성 후 네트워크 플러그인을 직접 교체해야 네트워크 폴리시를 적용할 수 있다.

이런 상황 때문에 이 장 실습은 제대로 진행되지 않는 부분들이 있을 수 있다(책을 쓰고 있는 필자도 그렇다).

실습 기존 클러스터에 접근이 가능한지 확인하라.

```
# 쿠버네티스 컨텍스트의 목록을 확인
kubectl config get-contexts

# 기존 클러스터로 컨텍스트를 전환
kubectl config set-context <기존_클러스터명>

# 기존 클러스터에 접근이 가능한지 확인
kubectl get nodes
```

이제 원래 실습 환경으로 돌아왔으니 컨테이너의 보안을 지키는 방법을 계속 익혀 보자.

16.2 보안 컨텍스트를 이용하여 컨테이너 기능 제약하기

컨테이너의 보안은 리눅스 보안과 컨테이너를 실행한 사용자 계정의 접근 모델이라고 할 수 있다 (윈도우 서버의 컨테이너는 리눅스와 사용자 모델이 다르기 때문에 이런 문제를 겪지 않는다). 리눅스 컨테이너는 보통 root라는 이름의 관리자 계정의 권한으로 실행되는데, 이 때문에 별도의 설정이 있지 않다면 컨테이너 속 관리자 권한이 곧바로 호스트의 관리자 권한이 된다. 따라서 root 계정의 권한으로 실행 중인 컨테이너에 공격자가 침입했다면, 이 공격자는 컨테이너를 실행 중인 서버 전체를 장악한 것이 된다. 이 점은 모든 컨테이너 런타임이 공통적으로 겪는 문제점이지만 쿠버네티스는 여기에 몇 가지 문제점을 더 안고 있다.

다음 실습 예제에서 원주율 웹 애플리케이션을 기본 디플로이먼트 설정으로 배치해 볼 텐데, 이 컨테이너의 이미지는 마이크로소프트에서 배포한 공식 닷넷 코어 애플리케이션 런타임을 기반으로 만들어졌다. 파드 정의 역시 보안 측면에서 아주 허술하지 않은데도 기본 설정이 그리 믿음직하지 못하다는 것을 알 수 있다.

실습 기본 보안 설정으로 애플리케이션을 실행하라.

```
# 애플리케이션을 배치
kubectl apply -f pi/

# 애플리케이션이 준비될 때까지 대기
kubectl wait --for=condition=ContainersReady pod -l app=pi-web

# 파드 컨테이너의 사용자명 확인
kubectl exec deploy/pi-web -- whoami

# 역주 현재는 curl 유틸리티가 제거되어 있기 때문에 다음 명령으로 curl을 강제로 설치
kubectl exec deploy/pi-web -- sh -c 'apk update && apk add curl'

# 그대로 쿠버네티스 API 서버에 접근을 시도
kubectl exec deploy/pi-web -- sh -c 'curl -k -s https://kubernetes.default | grep message'

# API 접근 토큰을 출력하기
kubectl exec deploy/pi-web -- cat /run/secrets/kubernetes.io/serviceaccount/token
```

실행 결과는 충격적이다. 애플리케이션은 root 사용자 권한으로 실행되며, 쿠버네티스 API 서버에 접근은 물론이고, 정당한 접근으로 위장할 수 있는 API 접근 토큰까지 손에 넣을 수 있었다. 필자의 환경에서 실행한 결과를 그림 16-4에 실었다. 애플리케이션을 root 권한으로 실행하면 애플리케이션 코드나 런타임의 사소한 취약점도 공격 경로가 될 수 있다. 쿠버네티스 API에 접근이 가능하다면 공격자는 굳이 컨테이너에 침입할 필요조차 없어진다. 토큰을 가지고 API에 요청하는 것만으로도 비밀값 내용(이때 접근 가능한 범위는 파드의 접근 허용 범위에 따라 달라지는데, 이 부분은 17장에서 다룸) 같은 흥미로운 정보를 얻을 수 있다.

▼ 그림 16-4 '기본 설정으로도 충분한 보안'이라는 말이 있지만, 쿠버네티스에는 해당되지 않는다

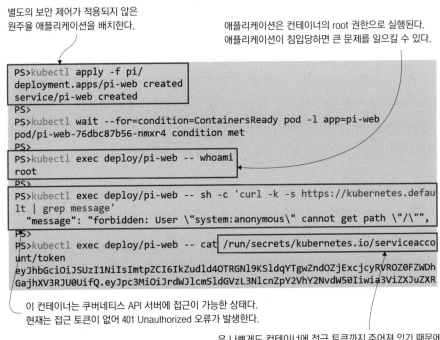

쿠버네티스에는 파드와 컨테이너 수준에서 적용 가능한 복수의 보안 제어 수단이 있다. 하지만 이들 기능은 초기에는 활성화되어 있지 않다. 애플리케이션을 망가뜨릴 수 있기 때문이다. root 외의 사용자 권한으로도 애플리케이션을 실행할 수 있지만, 애플리케이션 중에는 root 권한으로 실행되어야만 정상 동작하는 것도 있다. 컨테이너에서 사용할 수 있는 리눅스 운영체제 기능을 제한할 수도 있지만, 이때도 역시 일부 애플리케이션 기능이 동작하지 않을 수 있다. 이 부분에서 자동화 테스트의 필요성이 부각된다. 애플리케이션 실행 환경의 보안을 더욱 촘촘하게 설정할수록 각 단계에서 모든 기능이 정상적으로 동작하는지 확인할 필요성이 커지기 때문이다.

이들 보안 제어 수단 중 주가 되는 것은 시큐리티컨텍스트(SecurityContext) 필드다. 파드와 컨테이너 단위로 보안을 적용하는 역할을 한다. 예제 16-2는 파드 정의에서 파드를 실행하는 리눅스 사용자 및 그룹을 지정하는 시큐리티컨텍스트 필드를 발췌한 것이다.

예제 16-2 deployment-podsecuritycontext.yaml, 파드를 실행할 사용자 지정

```
spec:                       # 디플로이먼트에 포함된 파드 정의
  securityContext:          # 이 설정은 모든 파드 컨테이너에 적용된다
    runAsUser: 65534        # 'unknown' 사용자 권한으로 애플리케이션을 실행한다
    runAsGroup: 3000        # 'nonexistent' 그룹 권한으로 애플리케이션을 실행한다
```

여기까지는 그리 어렵지 않다. 그러나 root 외의 권한으로 애플리케이션을 실행하는 데는 상당한 부작용이 따른다. 이에 대응하기 위해 원주율 애플리케이션 정의에도 몇 군데 수정이 필요하다. 원래는 컨테이너 80번 포트를 주시하도록 되어 있지만 리눅스에서는 1024번 미만의 포트를 사용하려면 root 권한이 필요하므로 애플리케이션이 제대로 실행되지 않는다. 이 포트를 변경해야 한다. 80번 포트 대신 새로운 사용자도 사용할 수 있는 5001번 포트를 주시하도록 환경 변수의 값을 수정한다. 포트 번호는 수정해야 할 정보의 한 가지 예에 지나지 않는다. 어떤 정보를 수정해야 할지는 애플리케이션을 실행해 보고 오류를 통해 찾아 나가야 한다.

실습 보안 제어가 적용된 파드 정의를 배치하라. root가 아닌 사용자와 제한되지 않은 포트를 사용하게 되었지만, 이들 세부 사항은 서비스로 가려진다.

```
# 시큐리티컨텍스트 필드를 통해
# 애플리케이션 권한을 일반 사용자로 낮춘다
kubectl apply -f pi/update/deployment-podsecuritycontext.yaml

# 새로운 파드가 준비될 때까지 대기
kubectl wait --for=condition=ContainersReady pod -l app=pi-web

# 애플리케이션을 실행한 사용자를 확인
kubectl exec deploy/pi-web -- whoami

# 쿠버네티스 API 토큰에 접근 가능한지 확인
kubectl exec deploy/pi-web -- ls -l /run/secrets/kubernetes.io/serviceaccount/token

# 쿠버네티스 API 토큰을 출력
kubectl exec deploy/pi-web -- cat /run/secrets/kubernetes.io/serviceaccount/token
```

root가 아닌 사용자로 애플리케이션을 실행해서 애플리케이션 취약점을 통해 전체 서버를 탈취 당하는 위험은 방지할 수 있지만, 그림 16-5에서 보듯이 모든 문제는 해결하지 못했다. 쿠버네티 스 API 토큰은 컨테이너 파일 시스템에 누구든지 읽을 수 있는 권한으로 마운트되기 때문에 지금 상태로도 공격자는 쿠버네티스 API를 사용할 수 있다. 다만 쿠버네티스 API를 통해 무엇을 할 수 있는지는 클러스터 설정에 따라 달라진다. 쿠버네티스 초기 버전에서는 쿠버네티스 API를 사용할 수 있다면 모든 것이 가능했다. 쿠버네티스 API 접근 권한은 리눅스 사용자와는 별도이며, 애플 리케이션 프로세스를 실행하는 사용자가 권한이 낮더라도 클러스터 전체에 관한 권한을 가질 수 있었다.

❤ 그림 16-5 쿠버네티스 보안은 꼼꼼함이 생명으로, 한 가지 설정만으로 끝나지 않는다

파드의 시큐리티컨텍스트 설정을 통해 일반 사용자 권한으로 애플리케이션을 실행하도록 했다.

하지만 API 토큰 파일은 누구나 접근 가능하다.

```
PS>kubectl apply -f pi/update/deployment-podsecuritycontext.yaml
deployment.apps/pi-web configured
PS>
PS>kubectl wait --for=condition=ContainersReady pod -l app=pi-web
pod/pi-web-74c97dbd7b-9tqkf condition met
PS>
PS>kubectl exec deploy/pi-web -- whoami
nobody
PS>
PS>kubectl exec deploy/pi-web -- ls -l /run/secrets/kubernetes.io/serviceac
count/token
lrwxrwxrwx 1 root root 12 Jul 10 10:41 /run/secrets/kubernetes.io/serviceac
count/token -> ..data/token
PS>
PS>kubectl exec deploy/pi-web -- cat /run/secrets/kubernetes.io/serviceacco
unt/token
eyJhbGciOiJSUzI1NiIsImtpZCI6IkZudld4OTRGNl9KSldqYTgwZndOZjExcjcyRVROZ0FZWDh
GajhXV3RJU0UifQ.eyJpc3MiOiJrdWJlcm5ldGVzL3NlcnZpY2VhY2NvdW50Iiwia3ViZXJuZXR
```

따라서 일반 사용자 권한으로도 쿠버네티스 API에 문제없이 접근할 수 있다.

파드 정의에서 컨테이너에 쿠버네티스 API 토큰이 마운트되는 것을 금지할 수 있다. 쿠버네티스 API를 꼭 사용할 필요가 없는 애플리케이션에 반드시 추가해야 할 항목이다. 서비스 엔드포인트를 발견해야 하는 인그레스 컨트롤러 정도가 아니라면 거의 대부분의 리소스가 해당된다. 여기까지는 그냥 추가하면 되는 안전장치이지만, 런타임 제어는 꼼꼼한 테스트가 필요하다. 컨테이너 정의에 포함된 시큐리티컨텍스트 필드는 파드 이상으로 세세한 설정이 가능하다. 예제 16-3은 원주율 애플리케이션을 위한 설정 예다.

```
spec:
  automountServiceAccountToken: false    # API 토큰의 컨테이너 파일 시스템 마운트를 금지
  securityContext:                        # 여기까지는 모든 컨테이너에 적용
    runAsUser: 65534
    runAsGroup: 3000
  containers:
    - image: kiamol/ch05-pi
      # ...
      securityContext:                    # 아래는 이 컨테이너에만 적용할 내용
        allowPrivilegeEscalation: false   # 애플리케이션 프로세스의 권한 상승을 금지함
        capabilities:
          drop:
            - all                         # 모든 권한을 내림
```

capabilities 필드는 특정한 리눅스 커널의 기능을 명시적으로 추가하거나 제거할 수 있다. 이 애플리케이션은 커널의 모든 기능을 제거하더라도 동작에 아무 문제없겠지만 애플리케이션 종류에 따라 몇 가지 기능은 다시 추가해야 할 수도 있다. 이 애플리케이션에서 사용할 수 없는 기능으로 readOnlyRootFileSystem이 있는데, 이 옵션은 애플리케이션이 읽기 전용 파일 시스템을 갖도록 하는 것으로 매우 강력한 기능이다. 그도 그럴 것이 파일을 기록할 수 없어 공격자가 악의적인 스크립트나 바이너리를 아예 내려받을 수 없기 때문이다. 얼마나 많은 옵션을 설정할지는 여러분 조직 내 보안 정책에 달렸다. 모든 애플리케이션을 일반 사용자 권한으로 실행하고 읽기 전용 파일 시스템을 사용하도록 강제할 수도 있지만, 이렇게 하려면 애플리케이션 대부분의 코드를 수정하지 않으면 안 될 것이다.

실용적인 접근법은 기존 애플리케이션은 컨테이너 수준에서 가능한 꼼꼼하게 보안 처리를 하고 관련 정책 및 프로세스를 잘 가다듬는 것이다. 최종적으로 변경된 원주율 애플리케이션도 아직 완벽하게 안전하지 않지만, 기본 설정을 그대로 둔 것보다는 훨씬 나아졌다. 그리고 애플리케이션도 잘 동작한다.

실습 원주율 애플리케이션에 완성된 보안 설정을 적용하라.

```
# 예제 16-3의 보안 설정을 적용하여 파드를 변경
kubectl apply -f pi/update/deployment-no-serviceaccount-token.yaml

# 컨테이너에 쿠버네티스 API 토큰이 마운트되지 않은 것을 확인
kubectl exec deploy/pi-web -- cat /run/secrets/kubernetes.io/serviceaccount/token

# 쿠버네티스 API 서버가 접근 가능한지 확인
```

```
# 역주 파드에서 curl이 제거되어 설치해야 하나, 앞의 실습으로 일반 사용자로
# 권한이 격하되어 강제 설치가 불가능하므로 실습하지 말고 패스한다
kubectl exec deploy/pi-web -- sh -c 'curl -k -s https://kubernetes.default | grep
message'

# 애플리케이션 URL을 통해 동작 여부를 확인
kubectl get svc pi-web -o jsonpath='http://{.status.loadBalancer.ingress[0].*}:8031'
```

그림 16-6에서 보았듯이, 애플리케이션은 쿠버네티스 API 서버에는 접근 가능하지만 접근 토큰이 마운트되지 않았다. 공격자도 이대로는 쿠버네티스 API를 사용할 수 없을 것이다. 네트워크 폴리시를 사용하여 API 서버에서 이 컨테이너에서 전달된 트래픽을 받아들이지 않게 하는 방법도 효과가 같다.

▼ 그림 16-6 안전한 애플리케이션은 사용자에게는 유리하지만 공격자에게는 달갑지 않다

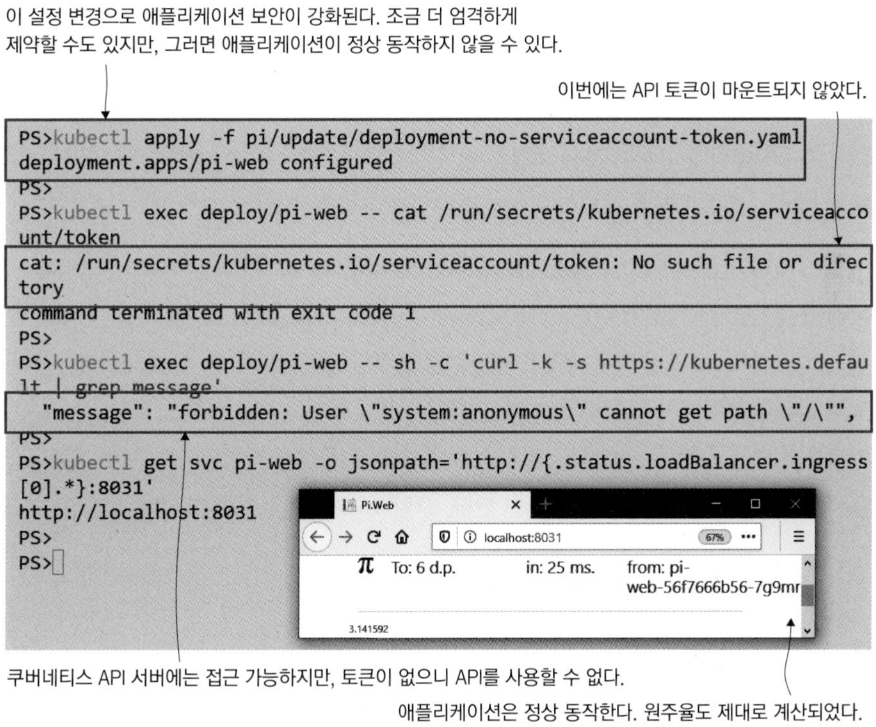

이 설정 변경으로 애플리케이션 보안이 강화된다. 조금 더 엄격하게
제약할 수도 있지만, 그러면 애플리케이션이 정상 동작하지 않을 수 있다.

이번에는 API 토큰이 마운트되지 않았다.

```
PS>kubectl apply -f pi/update/deployment-no-serviceaccount-token.yaml
deployment.apps/pi-web configured
PS>
PS>kubectl exec deploy/pi-web -- cat /run/secrets/kubernetes.io/serviceacco
unt/token
cat: /run/secrets/kubernetes.io/serviceaccount/token: No such file or direc
tory
command terminated with exit code 1
PS>
PS>kubectl exec deploy/pi-web -- sh -c 'curl -k -s https://kubernetes.defau
lt | grep message'
  "message": "forbidden: User \"system:anonymous\" cannot get path \"/\"",
PS>
PS>kubectl get svc pi-web -o jsonpath='http://{.status.loadBalancer.ingress
[0].*}:8031'
http://localhost:8031
PS>
PS>
```

Pi.Web
localhost:8031   67%

π   To: 6 d.p.   in: 25 ms.   from: pi-
web-56f7666b56-7g9mr

3.141592

쿠버네티스 API 서버에는 접근 가능하지만, 토큰이 없으니 API를 사용할 수 없다.

애플리케이션은 정상 동작한다. 원주율도 제대로 계산되었다.

애플리케이션에 보안을 추가하려면 자원을 투입해야 한다. 그러나 소수의 애플리케이션 플랫폼만 사용하고 있다면 일반적으로 적용할 보안 프로파일을 만들어 둘 수 있다. 예를 들어 모든 닷넷 애플리케이션은 일반 사용자 권한으로 실행하되 기록 가능한 파일 시스템을 사용하게 하고, Go로 작성된 애플리케이션은 읽기 전용 파일 시스템과 리눅스 커널 기능을 몇 가지 추가로 허용하는 식

이다. 어려운 부분은 이 보안 프로파일이 실제로 적용되었는지 검증하는 부분이다. 쿠버네티스에는 이를 위한 별도 기능으로 어드미션 컨트롤(admission control)이 있다.

16.3 웹훅을 이용한 워크로드의 차단 또는 변경하기

쿠버네티스에서 어떤 리소스를 생성할 때는 항상 이 객체가 클러스터에서 실행되어도 괜찮은지 확인하는 절차를 거친다. 이 절차를 어드미션 컨트롤이라고 한다. 우리는 12장에서 네임스페이스에 허용된 것보다 더 많은 자원이 필요한 파드 정의를 배치하면서 어드미션 컨트롤러를 경험했다. 리소스쿼터(ResourceQuota) 어드미션 컨트롤러는 기본으로 내장된 컨트롤러로, 자원 할당량을 초과한 워크로드가 실행되지 않도록 하는 역할을 한다. 어드미션 컨트롤러는 플러그인 방식이기 때문에 우리가 원하는 사용자 정의 어드미션 컨트롤 규칙을 추가할 수 있다.

이런 확장성은 나머지 두 가지 어드미션 컨트롤러인 밸리데이팅어드미션웹훅(ValidatingAdmission Webhook)과 뮤테이팅어드미션웹훅(MutatingAdmissionWebhook)이 담당한다. 밸리데이팅어드미션웹훅은 리소스쿼터와 비슷하게 객체 생성을 허용하거나 차단하는 역할을 하며, 뮤테이팅어드미션웹훅은 객체 정의를 변경해서 애초 요청과 다른 객체가 생성되도록 하는 역할을 한다. 두 가지 어드미션 컨트롤러 모두 동작하는 방식은 비슷하다. 설정 객체를 통해 객체의 생애 주기 설정과 해당 규칙을 적용할 웹 서버의 URL을 지정하면 된다. 그림 16-7은 이런 내용을 담아 규칙을 기술한 예다.

❤️ 그림 16-7 어드미션웹훅은 쿠버네티스 객체를 만들 때 우리가 원하는 규칙을 적용할 수 있다

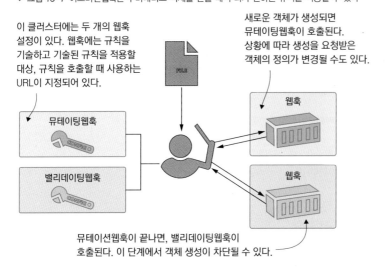

이 클러스터에는 두 개의 웹훅 설정이 있다. 웹훅에는 규칙을 기술하고 기술된 규칙을 적용할 대상, 규칙을 호출할 때 사용하는 URL이 지정되어 있다.

새로운 객체가 생성되면 뮤테이팅웹훅이 호출된다. 상황에 따라 생성을 요청받은 객체의 정의가 변경될 수도 있다.

뮤테이팅웹훅

밸리데이팅웹훅

웹훅

웹훅

뮤테이션웹훅이 끝나면, 밸리데이팅웹훅이 호출된다. 이 단계에서 객체 생성이 차단될 수 있다.

어드미션웹훅은 우리에게 필요한 규칙을 우리가 원하는 언어로 작성하고, 이를 쿠버네티스가 직접 실행할 수 있다는 점에서 매우 강력한 기능이다. 이 절에서는 Node.js로 작성한 몇 가지 웹훅을 예제로 살펴볼 것이다. 예제 16-4에서 보듯이 그리 어렵지 않다.

예제 16-4 validate.js, 밸리데이팅웹훅에 사용된 사용자 정의 로직

```
# 인입되는 요청에 객체 정의가 포함되었다면 다음을 확인한다
# 서비스 토큰 마운트 속성이 false인지 확인
# false가 아니라면 객체 생성을 차단한다

if (object.spec.hasOwnProperty("automountServiceAccountToken")) {
    admissionResponse.allowed =
      (object.spec.automountServiceAccountToken == false);
}
```

웹훅 서버는 클러스터 내부 또는 외부 어디에서든 실행될 수 있다. 하지만 HTTPS를 사용해야 한다. 문제가 생길 수 있는 유일한 경우는 웹훅 서버를 클러스터 내에서 자체 인증 기관으로 서명했을 때다. 웹훅 설정은 인증 기관을 신뢰할 수 있어야 하기 때문이다. 매우 흔히 일어나는 일이므로 다음 실습 예제로 해결 방법을 알아보자.

실습 인증서를 생성하고 이 인증서를 사용하여 웹훅 서버를 배치하라.

```
# 인증서 생성을 위해 임시 권한 부여
kubectl apply -f ./cert-temp-rolebinding.yaml
```

```
# 인증서 생성을 맡은 파드를 실행
kubectl apply -f ./cert-generator.yaml

# 컨테이너가 준비 상태가 되면 인증서 생성이 끝난 것이다
kubectl wait --for=condition=ContainersReady pod -l app=cert-generator

# (임시로 부여한 권한을 회수)
kubectl delete -f ./cert-temp-rolebinding.yaml

# 파드는 생성한 인증서를 TLS 비밀값으로 배치한다
kubectl get secret -l kiamol=ch16

# TLS 비밀값을 사용하여 웹훅 서버를 배치
kubectl apply -f admission-webhook/

# 인증서를 화면에 출력한다
kubectl exec -it deploy/cert-generator -- cat ca.base64
```

마지막 명령을 실행하면 Base64로 인코딩된 문자열이 화면을 가득 메울 것이다. 이 문자열은 다음 실습에서 사용하게 된다. (받아 적을 필요는 없다. 자동으로 사용하게 된다.) 이제 자체 인증 기관에서 발행한 TLS 인증서를 사용하는 웹훅 서버를 배치했다. 필자의 환경에서 실행한 결과를 그림 16–8에 실었다.

❤ 그림 16–8 웹훅은 잠재적인 위험성이 있으므로 항상 HTTPS로 통신을 암호화해야 한다

이 스크립트로 자체 인증 기관과 TLS 인증서를 생성하고 인증서를 클러스터에 비밀값으로 배치한다.

웹훅 서버의 통신은 TLS 비밀값을 사용하여 HTTPS로 암호화되었다.

```
PS>kubectl apply -f ./cert-generator.yaml
deployment.apps/cert-generator created
PS>
PS>kubectl wait --for=condition=ContainersReady pod -l app=cert-generator
pod/cert-generator-6db9bfbcc5-brdgw condition met
PS>
PS>kubectl get secret -l kiamol=ch16
NAME                     TYPE                DATA    AGE
admission-webhook-secret kubernetes.io/tls   2       3m7s
PS>
PS>kubectl apply -f admission-webhook/
service/admission-webhook created
deployment.apps/admission-webhook created
PS>
PS>kubectl exec -it deploy/cert-generator -- cat ca.base64
LS0tLS1CRUdJTiBDRVJUSUZJQ0FURS0tLS0tCk1JSUZnVENDQT..tZ0F3SUJBZ0lVTGppb3pIbj..
Gdmgxb1VLdXhPNUkzb3NFRndjd0RRWUpLb1pJaHZjTkFRRUwwKC..FBd1VERUxNQWtHQTFVRUJoTU..
```

웹훅 설정은 공인 인증 기관에서 발행한 인증서가 아니면 해당 인증 기관을 신뢰할 수단이 필요하다. 이 파일에는 쿠버네티스가 이해할 수 있는 포맷으로 된 인증 기관의 인증서가 들어 있다.

지금 실행한 Node.js 애플리케이션에는 두 개의 엔드포인트가 있다. 하나는 모든 파드 정의를 검 사하여 automountServiceAccountToken 필드가 false라면 이를 수정하는 밸리데이팅웹훅이고, 다른 하나는 컨테이너의 시큐리티컨텍스트에 runAsNonRoot 플래그를 추가하는 뮤테이팅웹훅이다. 이 두 가지 정책은 함께 엮어 모든 애플리케이션의 기본적인 보안 수준을 확보하는 역할을 한다. 예제 16-5는 앞의 밸리데이팅웹훅컨피규레이션 정의다.

예제 16-5 validatingWebhookConfiguration.yaml, 웹훅 적용

```yaml
apiVersion: admissionregistration.k8s.io/v1beta1
kind: ValidatingWebhookConfiguration
metadata:
  name: servicetokenpolicy
webhooks:
  - name: servicetokenpolicy.kiamol.net
    sideEffects: None
    admissionReviewVersions: ["v1"]
    rules:                                     # 아래 내용이 객체가 된다
      - operations: [ "CREATE", "UPDATE" ]     # 웹훅이 실행되는 작업
        apiGroups: [""]                        # 대상 - 모든 파드
        apiVersions: ["v1"]
        resources: ["pods"]
    clientConfig:
      service:
        name: admission-webhook               # 호출할 웹훅의 서비스 이름
        namespace: default
        path: "/validate"                      # 웹훅의 URL
      caBundle: {{ .Values.caBundle }}         # CA의 인증서
```

웹훅 설정은 유연하다. 웹훅이 호출되는 연산과 적용될 대상을 원하는 대로 지정할 수 있다. 같은 대상에 여러 개의 웹훅을 설정할 수도 있다. 밸리데이팅웹훅은 모두 병렬로 실행되며 그중 하나만 실패해도 객체 생성을 차단할 수 있다. 이 YAML 파일은 필자가 이 설정 객체를 만들면서 인증 기관 인증서를 손쉽게 주입하는 데 사용한 헬름 차트의 일부분을 발췌한 것이다. 본격적인 헬름 차트를 만들었다면 인증서를 생성하고 웹훅 서버를 배치하는 잡까지 함께 기술했겠지만, 이것까지 헬름 차트로 작성하면 여러분이 실습할 내용이 남지 않을 것이다.

실습 웹훅 설정을 배치하라. 인증 기관 인증서는 cert-generator 파드에서 헬름 차트로 문자열 형태로 전달된다. 그리고 보안 설정에 위배되는 애플리케이션을 배치해 보아라.

```
# 보안 설정 객체를 설치
helm install validating-webhook admission-webhook/helm/validating-webhook/ --set
caBundle=$(kubectl exec -it deploy/cert-generator -- cat ca.base64)

# 객체가 잘 설치되었는지 확인
kubectl get validatingwebhookconfiguration

# 보안 설정을 위배하는 애플리케이션을 배치
kubectl apply -f vweb/v1.yaml

# 웹훅 로그를 확인
kubectl logs -l app=admission-webhook --tail 3

# 애플리케이션에 포함된 레플리카셋의 상태를 확인
kubectl get rs -l app=vweb-v1

# 앞의 레플리카셋 상세 정보를 확인
kubectl describe rs -l app=vweb-v1
```

이번 실습 예제에서 밸리데이팅웹훅의 강력함과 한계를 함께 볼 수 있다. 웹훅은 파드 단위로 동작한다. 파드 정의에서 쿠버네티스 API 토큰을 마운트하도록 되어 있다면 웹훅은 파드 생성을 차단한다. 하지만 레플리카셋이나 디플로이먼트가 생성하는 파드는 차단되지 않는다. 이때 애플리케이션이 왜 제대로 동작하지 않는지 파악하려면 꽤 애를 먹게 된다. 필자의 환경에서 실행한 결과를 그림 16-9에 실었다. 단 describe 명령을 사용한 명령 출력은 오류 부분만 보여 주도록 요약된 것이다.

밸리데이팅웹훅을 생성한다. 이 웹훅은 cert-generator 파드에서
생성한 인증 기관 인증서와 로컬에서 동작하는 웹훅 서버를 사용한다.

웹훅이 호출되고 규칙을 위배한 정의임이 확인된다.

```
PS>helm install validating-webhook admission-webhook/helm/validating-webhook
/ --set caBundle=$(kubectl exec -it deploy/cert-generator -- cat ca.base64)
NAME: validating-webhook
LAST DEPLOYED: Fri Jul 10 13:19:24 2020
NAMESPACE: default
STATUS: deployed
REVISION: 1
TEST SUITE: None
PS>
PS>kubectl get validatingwebhookconfiguration
NAME                   WEBHOOKS    AGE
servicetokenpolicy     1           12s
PS>
PS>kubectl apply -f vweb/v1.yaml
service/vweb-v1 created
deployment.apps/vweb-v1 created
PS>
PS>kubectl logs -l app=admission-webhook --tail 3
info: Validating: vweb-v1-647d5657b-mxmlf; request UID: 3d736c6d-7f19-4554-9
dbc-49b0eaa6e5a0
info: - no automountServiceAccountToken
info: Validated request UID: 3d736c6d-7f19-4554-9dbc-49b0eaa6e5a0
PS>
PS>kubectl get rs -l app=vweb-v1
NAME                DESIRED    CURRENT    READY    AGE
vweb-v1-647d5657b   1          0          0        14s
PS>
PS>kubectl describe rs -l app=vweb-v1
Name:             vweb-v1-647d5657b

  Warning  FailedCreate  17s (x14 over 58s)  replicaset-controller  Error cr
eating: admission webhook "servicetokenpolicy.kiamol.net" denied the request
: automountServiceAccountToken must be set to false
```

애플리케이션 배치 자체는 실패하지 않지만, 레플리카셋의 파드 수가 확보되지 않는다.

자세한 상황을 확인해 보면 웹훅이 파드 생성을 차단한 것을 알 수 있다.
이 메시지는 Node.js 웹훅 서버의 응답 메시지다.

웹훅을 적용할 때는 어떤 대상에 어떤 작용을 해야 하는지 잘 계획해야 한다. 검증 과정이 디플로
이먼트 단위였다면 사용자 입장에서 좀 더 편했겠지만, 다른 컨트롤러가 생성하거나 사용자가 직
접 생성하는 파드를 검증에서 빠뜨릴 여지가 있다. 또한 사용자가 무엇이 문제인지 바로 알 수 있
도록 웹훅에서 객체 생성이 차단된 이유를 뚜렷하게 메시지로 밝혀야 한다. 레플리카셋은 계속 파
드 생성을 시도하고는 실패하겠지만(이 본문을 쓰는 지금도 18번째로 파드 생성 시도), 우리는 실
패 메시지에서 문제를 빨리 파악하고 해결할 수 있다.

어드미션웹훅의 문제 중 하나는 잘 눈에 띄지 않는다는 점이다. kubectl을 사용하여 밸리데이팅 웹훅이 있는지 확인할 수는 있어도 실제 검증 규칙의 내용은 확인하기 어렵다. 따라서 이들 규칙은 클러스터 외부에 문서로 작성해 두는 수밖에 없다. 뮤테이팅웹훅에서 이 문제는 더욱 심각하다. 뮤테이팅웹훅이 제대로 동작했다면 사용자가 의도한 것과 다른 객체를 내놓을 것이기 때문이다. 다음 실습 예제에서 잘 계획하여 만든 뮤테이팅웹훅이 어떻게 애플리케이션을 망가뜨릴 수 있는지 살펴보겠다.

실습 뮤테이팅웹훅을 설정하자. 웹훅 서버는 앞의 것을 그대로 사용하고 URL 경로만 바꾼다. 이 웹훅은 파드 정의에 보안 설정을 추가하는 역할을 한다. 또한 다른 애플리케이션을 배치하고 웹훅이 변경한 파드 정의 때문에 애플리케이션이 어떻게 망가졌는지 확인해 보자.

```
# 웹훅 설정을 배치
helm install mutating-webhook admission-webhook/helm/mutating-webhook/ --set
caBundle=$(kubectl exec -it deploy/cert-generator -- cat ca.base64)

# 웹훅이 잘 배치되었는지 확인
kubectl get mutatingwebhookconfiguration

# 또 다른 애플리케이션을 배치
kubectl apply -f vweb/v2.yaml

# 웹훅 서버의 로그를 화면에 출력
kubectl logs -l app=admission-webhook --tail 5

# 레플리카셋의 상태를 확인
kubectl get rs -l app=vweb-v2

# 레플리카셋의 상세 정보를 확인
kubectl describe pod -l app=vweb-v2
```

이 뮤테이팅웹훅은 runAsNonRoot 필드의 값이 true인 시큐리티컨텍스트를 파드 정의에 추가하는 역할을 한다. 다시 말해 root 권한으로 실행되는 모든 컨테이너가 정의된 대로 실행되지 않는다. 공식 Nginx 이미지를 기반으로 만든 이 애플리케이션도 여기에 해당된다. 그림 16-10을 보면 파드의 상세 정보에서 무슨 문제가 있었는지 알 수 있는 메시지가 나오지만, 파드 정의 중 그 부분이 수정되었다고 명시적으로 밝히지는 않는다. 사용자는 YAML 파일에서 runAsNonRoot 필드가 들어 있었는지 확인하고는 당황하기 십상이다.

이 뮤테이팅웹훅은 보안을 강화하는 역할을 한다.
그 결과 컨테이너는 이제 root 사용자 권한으로
실행되지 않는다.

이 웹훅은 새로 배치되는 애플리케이션 정의를
변경하여 필드를 하나 추가한다.

```
PS>helm install mutating-webhook admission-webhook/helm/mutating-webhook/ --
set caBundle=$(kubectl exec -it deploy/cert-generator -- cat ca.base64)
NAME: mutating-webhook
LAST DEPLOYED: Fri Jul 10 14:12:57 2020
NAMESPACE: default
STATUS: deployed
REVISION: 1
TEST SUITE: None
PS>
PS>kubectl get mutatingwebhookconfiguration
NAME            WEBHOOKS   AGE
nonrootpolicy   1          7s
PS>
PS>kubectl apply -f vweb/v2.yaml
service/vweb-v2 created
deployment.apps/vweb-v2 created
PS>
```

```
PS>kubectl logs -l app=admission-webhook --tail 5
info: Mutating object: undefined; request UID: c2974b99-81b7-4bc2-ad01-c72b0
c7faaa7
info: - added runAsNonRoot patch
info: Mutated request UID: c2974b99-81b7-4bc2-ad01-c72b0c7faaa7
```
```
info: Validating: vweb-v2-74877cc694-kfq4t; request UID: a22f19de-c51f-4574-
9df7-89adac4657bd
info: Validated request UID: a22f19de-c51f-4574-9df7-89adac4657bd
PS>
PS>kubectl get rs -l app=vweb-v2
NAME                 DESIRED   CURRENT   READY   AGE
vweb-v2-74877cc694   1         1         0       28s
PS>
PS>kubectl describe pod -l app=vweb-v2
Name:        vweb-v2-74877cc694-kfq4t
```

```
  Warning  Failed      8s (x6 over 58s)  kubelet, docker-desktop  Error: cont
ainer has runAsNonRoot and image will run as root
```

하지만 이 이미지에는 root 사용자 권한이 필요하기 때문에 컨테이너가 제대로 시작되지 않고,
애플리케이션 역시 준비 상태가 되지 못한다.

뮤테이팅웹훅 내부의 로직은 전적으로 사용자 몫이다. 실수로 유효하지 않은 정의를 포함시켜 배치가 제대로 될 수 없는 상태를 만들 수도 있다. 따라서 웹훅 설정에는 좀 더 세세한 방식으로 셀렉터를 기술하는 것이 좋다. 예제 16-5는 모든 파드를 대상으로 했지만, 여기에 네임스페이스나 레이블 셀렉터를 추가하여 범위를 줄여 두어야 한다. 예제의 웹훅은 민감한 규칙으로 구성되었으나 파드 정의에 처음부터 runAsNonRoot 필드가 포함되어 있다면 웹훅은 파드 정의에 손대지 않는다. 따라서 root 권한이 필요한 애플리케이션은 이를 명시적으로 기술하면 된다.

16

클러스터, 컨텍스트, API 접근 제어를 이용한 애플리케이션 보안

어드미션 컨트롤러 웹훅은 배워 둘 만한 가치가 있는 기능이다. 잘 쓰면 유용하다. 뮤테이팅웹훅으로 사이드카 컨테이너를 추가하는 방법을 예로 들면, 로그를 남기는 모든 애플리케이션을 레이블로 식별하고 웹훅을 통해 자동으로 로그 사이드카를 이들 파드에 추가하는 것도 가능하다. 위험한 부분도 많지만 충분한 테스트와 최소한의 범위로 규칙을 적용하면 위험을 최소화시킬 수 있다. 하지만 적용과 관련된 로직이 웹훅 서버 안에서 겉으로 드러나지 않는다는 점에 유의해야 한다.

다음 절에서는 밸리데이팅웹훅을 사용하되 이를 관리 레이어로 감싸 두는 형태로 구성하는 방법을 배운다. **오픈 폴리시 에이전트**(Open Policy Agent, OPA)는 쿠버네티스 객체 형태로 규칙을 기술할 수 있게 해 주어 웹훅에 적용되는 규칙이 클러스터에 남아 있도록 하는 기술이다.

16.4 / 오픈 폴리시 에이전트를 이용한 어드미션 컨트롤

OPA는 폴리시의 기술과 구현을 하나로 합치려고 만들었다. OPA 목적은 모든 종류의 폴리시를 기술하고 서로 다른 플랫폼에 함께 적용할 수 있는 표준 언어를 만드는 것이다. OPA로 데이터 접근과 관련한 폴리시를 기술하고 SQL 데이터베이스에 배치할 수 있으며, 어드미션 컨트롤과 관련된 폴리시를 기술하고 쿠버네티스 객체에서 사용할 수 있다. OPA 역시 CNCF 프로젝트이며 이 프로젝트에 속한 OPA 게이트키퍼를 사용하면 사용자 정의 밸리데이팅웹훅을 깔끔하게 대체할 수 있다.

OPA 게이트키퍼의 기능은 크게 세 가지다. 게이트키퍼 컴포넌트를 클러스터에 배치한다. 이 컴포넌트는 웹훅 서버와 일반적인 밸리데이팅웹훅컨피규레이션으로 구성된다. 그리고 어드미션컨트롤폴리시가 기술될 **제약 템플릿**(constraint template)을 생성한 후 제약 템플릿을 따라 원하는 **제약**(constraint)을 생성한다. 이 방법은 매우 유연하다. 예를 들어 "모든 파드는 특정한 레이블을 가져야 한다."라는 템플릿을 생성하고 제약을 만들 때는 해당 네임스페이스 내 대상이 될 레이블만 지정하면 되는 식이다.

우선 앞서 만들었던 사용자 정의 웹훅을 제거한 후 OPA 게이트키퍼를 배치하자. OPA 게이트키퍼에는 이미 몇 가지 어드미션 폴리시가 내장되어 있다.

실습 현재 배치된 웹훅 컴포넌트를 제거하고 OPA 게이트키퍼를 배치하라.

```
# 헬름으로 배치한 웹훅 설정을 제거
helm uninstall mutating-webhook
helm uninstall validating-webhook

# Node.js로 구현된 웹훅 서버를 제거
kubectl delete -f admission-webhook/

# OPA 게이트키퍼 배치
kubectl apply -f opa/
```

필자의 환경에서 실행한 결과를 그림 16-11에 일부 발췌하여 실었다. 앞의 실습 예제를 실행하면 OPA 게이트키퍼를 배치하고 여러 가지 객체가 설치된다. 이 중에는 커스텀리소스데피니션 (CustomResourceDefinition, CRD)도 포함되어 있다. CRD는 쿠버네티스 확장을 다루는 20장에서 더 자세히 설명하겠다. 지금은 이 CRD를 사용하여 쿠버네티스에 관리를 맡길 새로운 객체를 정의했다고만 이해하면 된다.

▼ 그림 16–11 OPA 게이트키퍼는 웹훅 서버와 관련된 까다로운 문제를 해결해 준다

OPA 게이트키퍼로 전환하고자 앞서 배치한 웹훅을 모두 제거한다.

```
PS>helm uninstall mutating-webhook
release "mutating-webhook" uninstalled
PS>
PS>helm uninstall validating-webhook
release "validating-webhook" uninstalled
PS>
PS>kubectl delete -f admission-webhook/
service "admission-webhook" deleted
deployment.apps "admission-webhook" deleted
PS>
PS>kubectl apply -f opa/
namespace/gatekeeper-system created

secret/gatekeeper-webhook-server-cert created
service/gatekeeper-webhook-service created
deployment.apps/gatekeeper-audit created
deployment.apps/gatekeeper-controller-manager created
validatingwebhookconfiguration.admissionregistration.k8s.io/gatekeeper-valid
ating-webhook-configuration created
```

OPA 게이트키퍼를 배치하면 자체 웹훅 서버, TLS 인증서, 밸리데이팅웹훅 등이 함께 설치된다.
기본적으로 적용되는 폴리시는 없으나, 폴리시를 적용할 구조는 갖춰지는 셈이다.

게이트키퍼도 CRD를 사용하기 때문에 우리가 만든 제약 템플릿과 제약도 여느 쿠버네티스 객체처럼 YAML로 정의하고 kubectl을 통해 배치할 수 있다. 제약 템플릿에는 레고(Rego)라는 언어로 기술된 일반화된 폴리시 정의가 담겨 있는데, 이 언어는 입력된 객체 속성이 정의된 조건과 부합하는지 평가하는 데 특화된 언어다. 또한 배울 것이 늘었나 싶지만 레고는 나름 큰 장점이 있다. 폴리시 정의를 읽기 쉽고, 사용자 정의 웹훅 때처럼 애플리케이션 코드 속 대신에 YAML 파일 안에 폴리시 정의를 둘 수 있기 때문이다. 이 장에서 살펴본 것과 비슷한 사례에 적용할 수 있는 레고로 작성된 폴리시 정의 예제가 이미 많이 나와 있다. 예제 16-6은 객체에 레이블 부여를 강제하는 레고 폴리시의 예다.

예제 16-6 requiredLabels-template.yaml, 레고로 기술된 기본적인 폴리시 정의

```
# 객체에 부여된 모든 레이블 정보와 제약에 기술된 필수 레이블 정보를
# 체크하여 조건에 부합하는지 확인한다
# 조건에 부합하지 않으면 객체 생성이 차단된다

violation[{"msg": msg, "details": {"missing_labels": missing}}] {
  provided := {label | input.review.object.metadata.labels[label]}
  required := {label | label := input.parameters.labels[_]}
  missing := required - provided
  count(missing) > 0
  msg := sprintf("you must provide labels: %v", [missing])
}
```

게이트키퍼에서 이 폴리시를 제약 템플릿으로 배치하면 이 템플릿이 적용된 제약 객체를 배치할 수 있다. 여기 정의된 제약 템플릿은 RequiredLabels라는 이름으로, 부여가 강제된 레이블을 파라미터 형태로 정의하게 되어 있다. 예제 16-7은 이 템플릿을 따르는 제약 정의로 모든 파드에 app과 version 레이블을 강제한다.

예제 16-7 requiredLabels.yaml, 게이트키퍼 제약 템플릿을 따르는 제약 정의

```
apiVersion: constraints.gatekeeper.sh/v1beta1
kind: RequiredLabels        # API와 kind 정보에서 이 정의가
metadata:                   # RequiredLabels 템플릿을 따르는
  name: requiredlabels-app  # 게이트키퍼 제약 정의임을 알 수 있다
spec:
  match:
    kinds:
      - apiGroups: [""]
```

```
        kinds: ["Pod"]           # 이 제약은 모든 파드에 적용된다
    parameters:
      labels: ["app", "version"]   # 이 두 개의 레이블이 있어야 한다
```

훨씬 읽기 쉬워졌다. 또한 동일한 템플릿을 사용하는 여러 개의 제약을 배치할 수 있다는 것도 장점이다. 이런 방법으로 개발자 각자가 레고 언어를 깊게 배우지 않아도 적용할 수 있는 표준 폴리시 라이브러리를 만들 수도 있다. 다음 실습 예제에서는 모든 디플로이먼트, 서비스, 컨피그맵에 kiamol 레이블을 강제하는 제약과 함께 예제 16-7의 제약을 배치해 보자. 그다음 이들 폴리시에 위배되는 to-do 애플리케이션을 배치한다.

실습 게이트키퍼를 통해 레이블을 강제하는 폴리시를 배치한 후 어떻게 적용되는지 확인하라.

```
# 제약 템플릿을 먼저 배치
kubectl apply -f opa/templates/requiredLabels-template.yaml

# 그리고 제약을 배치
kubectl apply -f opa/constraints/requiredLabels.yaml

# 이 폴리시에 위배되는 to-do 애플리케이션을 배치
kubectl apply -f todo-list/

# 애플리케이션 배치가 차단되었는지 확인
kubectl get all -l app=todo-web
```

그림 16-12를 보면 사용자 입장에서 게이트키퍼가 훨씬 명쾌한 것을 알 수 있다. 배치하려던 애플리케이션의 파드에는 필수 레이블이 없기 때문에 배치가 차단되며, 오류 메시지에서 위배된 제약 이름이 출력된다.

▼ 그림 16-12 레고로 작성된 폴리시가 일으킨 디플로이먼트 배치 실패 오류 메시지에는 원인이 명확하게 담겨 있다

제약 템플릿에는 파라미터를 가진 규칙이 정의되어 있다.

제약은 제약 템플릿에 파라미터 값을 추가하여 정의된다. 제약마다
각기 다른 유형의 객체에 서로 다른 레이블을 필수로 삼는다.

```
PS>kubectl apply -f opa/templates/requiredLabels-template.yaml
constrainttemplate.templates.gatekeeper.sh/requiredlabels created
PS>
PS>kubectl apply -f opa/constraints/requiredLabels.yaml
requiredlabels.constraints.gatekeeper.sh/requiredlabels-kiamol created
requiredlabels.constraints.gatekeeper.sh/requiredlabels-app created
PS>
PS>kubectl apply -f todo-list/
Error from server ([denied by requiredlabels-kiamol] you must provide labels
: {"kiamol"}): error when creating "todo-list\\web.yaml": admission webhook
"validation.gatekeeper.sh" denied the request: [denied by requiredlabels-kia
mol] you must provide labels: {"kiamol"}
Error from server ([denied by requiredlabels-kiamol] you must provide labels
: {"kiamol"}): error when creating "todo-list\\web.yaml": admission webhook
"validation.gatekeeper.sh" denied the request: [denied by requiredlabels-kia
mol] you must provide labels: {"kiamol"}
Error from server ([denied by requiredlabels-kiamol] you must provide labels
: {"kiamol"}): error when creating "todo-list\\web.yaml": admission webhook
"validation.gatekeeper.sh" denied the request: [denied by requiredlabels-kia
mol] you must provide labels: {"kiamol"}
PS>
PS>kubectl get all -l app=todo-web
No resources found in default namespace.
```

이 to-do 애플리케이션 정의는 모든 제약에 위배된다. 이 메시지는 kubectl이 생성하려다
실패한 객체(디플로이먼트, 서비스, 컨피그맵)에 대한 것으로 오류 내용이 직접 출력된다.

출력된 내용에서 알 수 있듯이, 게이트키퍼도 밸리데이팅웹훅을 통해 제약을 검증한다. 다만 앞서 16.3절에서 보았듯이 컨트롤러로 생성이 차단될 때는 컨트롤러 자체는 멀쩡하기 때문에 조금 불명확해지는 부분이 있다. 동작 방식이 같은 만큼 게이트키퍼도 같은 문제가 있을 수 있다. to-do 애플리케이션의 디플로이먼트 정의에만 필수 레이블을 추가하고 파드 정의에는 레이블을 추가하지 않은 후 애플리케이션을 업데이트해 보면 이를 알 수 있다.

실습 to-do 애플리케이션을 업데이트하라. 수정된 정의에는 파드 정의에만 필수 레이블이 빠져 있다.

```
# to-do 애플리케이션을 업데이트
kubectl apply -f todo-list/update/web-with-kiamol-labels.yaml

# 레플리카셋의 상태를 확인
kubectl get rs -l app=todo-web
```

```
# 레플리카셋의 상세 정보를 확인
kubectl describe rs -l app=todo-web

# 다음 실습을 위해 to-do 애플리케이션 제거
kubectl delete -f todo-list/update/web-with-kiamol-labels.yaml
```

앞의 실습 예제를 실행해 보면 어드미션 폴리시는 우리가 원하는 대로 동작했다. 그러나 그림 16-13에서 보듯이, 파드 생성에 실패하는 레플리카셋 상태는 직접 뒤져 보아야 알 수 있다. 사용자 입장에서 이것은 바람직하지 못하다. 디플로이먼트 수준에서 파드 템플릿의 레이블까지 검증하는 좀 더 복잡한 폴리시를 만들면 될 것 같다. 이런 폴리시는 레고로 작성된 제약 템플릿을 확장해서 정의할 수 있다.

▼ 그림 16-13 OPA 게이트키퍼는 배치 프로세스를 좀 더 자연스럽게 해 주지만, 이 역시 밸리데이팅웹훅을 한겹 감싼 것에 지나지 않는다

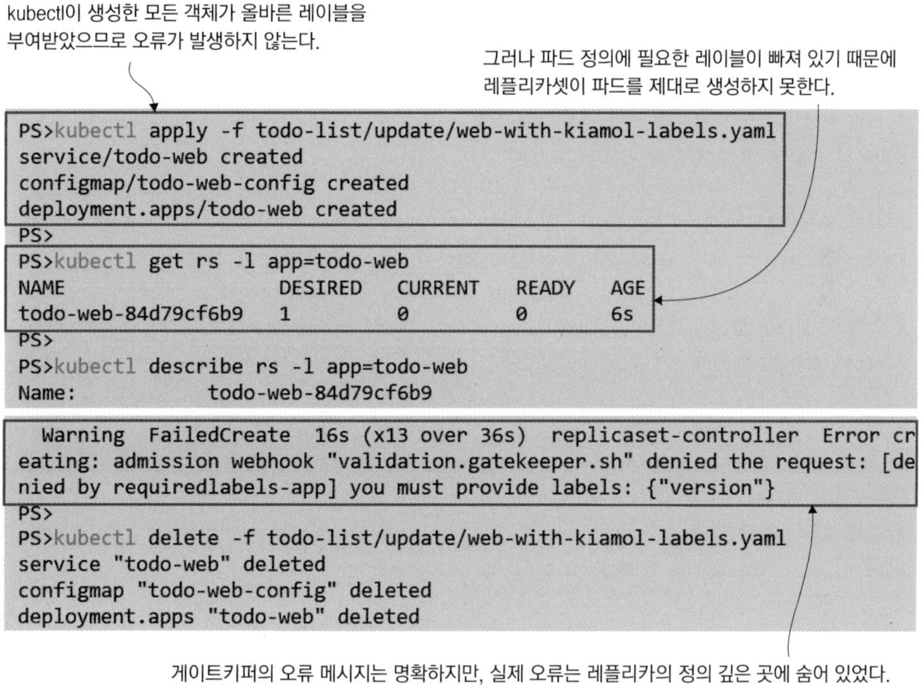

kubectl이 생성한 모든 객체가 올바른 레이블을
부여받았으므로 오류가 발생하지 않는다.

그러나 파드 정의에 필요한 레이블이 빠져 있기 때문에
레플리카셋이 파드를 제대로 생성하지 못한다.

```
PS>kubectl apply -f todo-list/update/web-with-kiamol-labels.yaml
service/todo-web created
configmap/todo-web-config created
deployment.apps/todo-web created
PS>
PS>kubectl get rs -l app=todo-web
NAME                  DESIRED   CURRENT   READY   AGE
todo-web-84d79cf6b9   1         0         0       6s
PS>
PS>kubectl describe rs -l app=todo-web
Name:           todo-web-84d79cf6b9

  Warning  FailedCreate  16s (x13 over 36s)  replicaset-controller  Error cr
eating: admission webhook "validation.gatekeeper.sh" denied the request: [de
nied by requiredlabels-app] you must provide labels: {"version"}
PS>
PS>kubectl delete -f todo-list/update/web-with-kiamol-labels.yaml
service "todo-web" deleted
configmap "todo-web-config" deleted
deployment.apps "todo-web" deleted
```

게이트키퍼의 오류 메시지는 명확하지만, 실제 오류는 레플리카의 정의 깊은 곳에 숨어 있었다.

운영 환경의 베스트 프랙티스로 삼을 만한 어드미션 폴리시의 몇 가지 예를 살펴보며 이 절을 마무리하자.

- 모든 파드에 컨테이너 프로브를 강제하라. 컨테이너 프로브는 애플리케이션 안정성에도 도움을 주지만 헬스체크 실패 자체가 외부 공격 징후일 수도 있다.
- 승인된 리포지터리의 이미지만 사용하라. 컨테이너를 실행하는 이미지를 '골든' 리포지터리만으로 제한하면 악의적인 이미지로 교체된 컨테이너가 실행되는 일을 막을 수 있다.
- 모든 컨테이너에 메모리 및 CPU 사용량 제한 추가를 강제하라. 공격받은 파드가 노드의 리소스를 잠식하여 다른 파드에까지 영향이 미치는 것을 방지할 수 있다.

이들 폴리시는 대부분의 조직에 적용할 수 있다. 여기에 각 애플리케이션마다 네트워크 폴리시가 있는지 또는 각 파드마다 보안 컨텍스트가 있는지 검증하는 제약을 둘 수도 있다. 이 장에서 배웠듯이, 모든 경우에 적용할 수 있는 규칙은 없다. 제약 내용을 찬찬히 따져 보고 잘 골라 적용해야 한다. 다음 실습 예제는 단일 네임스페이스에 이런 제약을 적용하는 예다.

실습 새로운 여러 개의 제약을 배치하고, 파드 정의가 이 중 대부분의 제약을 위배하는 to-do 애플리케이션을 배치하라.

```
# 운영 환경 베스트 프랙티스 제약 템플릿을 생성
kubectl apply -f opa/templates/production/

# 제약 템플릿을 사용한 제약을 생성
kubectl apply -f opa/constraints/production/

# 업데이트된 to-do 애플리케이션을 배치
kubectl apply -f todo-list/production/

# 파드 생성이 차단되었는지 확인
kubectl get rs -n kiamol-ch16 -l app=todo-web

# 상세 오류 내용을 확인
kubectl describe rs -n kiamol-ch16 -l app=todo-web
```

그림 16-14를 보면, 파드 정의가 이미지 출처 제약 하나를 제외한 모든 제약을 위배한 것을 볼 수 있다. 도커 허브의 kiamol 조직은 허용되는 이미지 출처이지만, 그 외 version 레이블, 컨테이너 프로브, CPU 및 메모리 사용량 제한 등이 파드 정의에 포함되지 않았기 때문에 생성이 차단되었다.

파드 정의에 대한 일반적인 보안 조치로 유용한 제약을 모았다. ─┐

```
PS>kubectl apply -f opa/templates/production/
constrainttemplate.templates.gatekeeper.sh/policycontainerprobes created
constrainttemplate.templates.gatekeeper.sh/policyimagerepository created
constrainttemplate.templates.gatekeeper.sh/policyresourcelimits created
PS>
PS>kubectl apply -f opa/constraints/production/
policycontainerprobes.constraints.gatekeeper.sh/container-probes created
policyimagerepository.constraints.gatekeeper.sh/image-repository created
policyresourcelimits.constraints.gatekeeper.sh/resource-limits created
PS>
PS>kubectl apply -f todo-list/production/
namespace/kiamol-ch16 created
service/todo-web created
configmap/todo-web-config created
deployment.apps/todo-web created
PS>
PS>kubectl get rs -n kiamol-ch16 -l app=todo-web
NAME                  DESIRED   CURRENT   READY    AGE
todo-web-84d79cf6b9   1         0         0        6s
PS>
PS>kubectl describe rs -n kiamol-ch16 -l app=todo-web
Name:           todo-web-84d79cf6b9
```

```
from similar events): Error creating: admission webhook "validation.gatekeep
er.sh" denied the request: [denied by requiredlabels-app] you must provide l
abels: {"version"}
[denied by container-probes] Container <web> in your <Pod> <todo-web-84d79cf
6b9-lrh5c> has no <readinessProbe>
[denied by container-probes] Container <web> in your <Pod> <todo-web-84d79cf
6b9-lrh5c> has no <livenessProbe>
[denied by resource-limits] container <web> has no resource limits
```

레플리카셋이 생성되었지만 파드가 없는 상태다. 파드 정의에 version 레이블이 없고,
컨테이너 프로브와 리소스 사용량 제한도 설정되지 않았기 때문이다.

OPA 게이트키퍼를 통해 이런 제약이 실제로 효과가 있는지 애플리케이션을 실행해서 확인해 보자. 이들 제약을 모두 만족하도록 정의된 애플리케이션을 실행할 차례다. Production 디렉터리와 update 디렉터리의 YAML 파일 내용을 비교해 보면 파드 템플릿에 제약 대상이 된 필드가 추가된 것을 알 수 있다. 이외에는 큰 변경이 없다.

실습 모든 제약을 준수하도록 수정된 to-do 애플리케이션을 배치하라. 그리고 애플리케이션이 정상적으로 배치되었는지 확인하라.

```
# 모든 제약을 준수하도록 애플리케이션을 변경
kubectl apply -f todo-list/production/update

# 파드가 준비될 때까지 대기
kubectl wait --for=condition=ContainersReady pod -l app=todo-web -n kiamol-ch16

# 파드가 동작 중임을 확인
kubectl get pods -n kiamol-ch16 --show-labels

# 애플리케이션 URL을 확인하고 웹 브라우저를 통해 접근
kubectl get svc todo-web -n kiamol-ch16 -o jsonpath='http://{.status.loadBalancer.
ingress[0].*}:8019'
```

그림 16-15의 실행 결과를 보면 파드가 정상 동작했다. 변경된 애플리케이션이 OPA 게이트키퍼의 제약 검증을 통과했기 때문이다.

OPA는 사용자 정의 밸리데이팅웹훅에 비하면 훨씬 깔끔하게 어드미션 컨트롤을 적용할 수 있다. 또한 여기에서 본 제약들은 여러분 애플리케이션에 어드미션 컨트롤을 적용하는 출발점으로 삼을 만하다. 게이트키퍼에는 조건에 부합하도록 정의를 변경하는 뮤테이션 기능은 없지만 명확히 정의 변경이 필요한 사항이 있다면 여러분 사용자 정의 웹훅과 OPA를 조합하면 된다. 이런 식으로 모든 파드 정의에 애플리케이션 프로파일 관련 레이블이 있는지 확인하고 우리가 정의한 프로파일을 추가할 수도 있다. 이를테면 닷넷 코어 애플리케이션을 비 root 계정으로 실행하게 하거나, Go 애플리케이션을 읽기 전용 파일 시스템으로 전환하는 것도 가능하다.

애플리케이션 보안을 강화하면 그만큼 가능한 침입 경로도 줄어든다. 철저한 보안은 우리가 이 장에서 배운 모든 수단과 그 이상을 동원해야 가능하다. 쿠버네티스 보안에 대한 추가 설명을 마지막으로 이 장을 마무리하자.

❤ 그림 16-15 제약은 강력한 보안 수단이지만, 실행하려는 애플리케이션에 맞게 사용해야 한다

수정된 파드 정의에는 제약에서 요구하는 필드가 모두 포함되어 있어 폴리시를 준수한다.

파드가 정상적으로 시작되며 app과 version 레이블이 부여되어 있다.

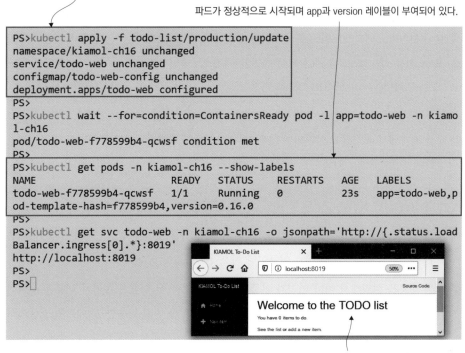

```
PS>kubectl apply -f todo-list/production/update
namespace/kiamol-ch16 unchanged
service/todo-web unchanged
configmap/todo-web-config unchanged
deployment.apps/todo-web configured
PS>
PS>kubectl wait --for=condition=ContainersReady pod -l app=todo-web -n kiamo
l-ch16
pod/todo-web-f778599b4-qcwsf condition met
PS>
PS>kubectl get pods -n kiamol-ch16 --show-labels
NAME                     READY   STATUS     RESTARTS   AGE    LABELS
todo-web-f778599b4-qcwsf   1/1     Running    0          23s    app=todo-web,p
od-template-hash=f778599b4,version=0.16.0
PS>
PS>kubectl get svc todo-web -n kiamol-ch16 -o jsonpath='http://{.status.load
Balancer.ingress[0].*}:8019'
http://localhost:8019
PS>
PS>
```

드디어 애플리케이션이 동작한다. 하지만 아직 할 일 목록이
비어 있는 것을 보면 완전히 정상은 아니다.

16.5 쿠버네티스의 보안 그 깊은 곳

KUBERNETES

빌드 파이프라인이 침입받거나, 컨테이너 이미지가 훼손되거나, 컨테이너에서 취약점이 있는 소프트웨어를 관리자 권한으로 실행하거나, 나아가 쿠버네티스 API에 공격자가 접근할 수 있으면 클러스터 전체를 탈취당하게 된다. 애플리케이션 보안은 애플리케이션을 실제 투입하여 정말로 침입이 발생하지 않아야 확인할 수 있다. 이런 천국에 다다르려면 소프트웨어 공급망 전체의 보안을 깊은 곳까지 확보해야 한다. 이 장은 애플리케이션 실행 시점의 보안에 우선 초점을 맞추었으나, 보안 출발점은 컨테이너 이미지에 알려진 취약점을 탐색하는 것부터다.

보안 탐색기는 이미지 내부를 들여다보며 바이너리 파일을 식별하고 이를 공통 취약성 및 노출 (Common Vulnerabilities and Exposure, CVE) 데이터베이스와 대조한다. 그 결과로 이미지에 포함된 애플리케이션 스택 또는 의존성, 운영체제 도구에 어떤 취약점이 있는지 알려 준다. 상용 보안 탐색기는 매니지드 레지스트리(예를 들어 애저 컨테이너 레지스트리를 쓴다면 아쿠아 시큐리티 사용) 또는 전용 레지스트리(CNCF에서 개발한 레지스트리인 하버(Harbor)를 사용한다면 클레어 (Clair) 또는 트리비(Trivy), 도커 데스크톱 역시 스닉(Snyk)을 사용하여 로컬 컴퓨터에서 탐색 가능) 와 통합할 수 있다.

보안 탐색 결과에서 취약점이 발견되지 않은 이미지만 운영 리포지터리로 푸시되도록 파이프라인을 구성한다. 이런 구성을 리포지터리 제약과 결합하면 효과적으로 이미지 안전성을 확보할 수 있다. 하지만 안전한 이미지를 잘 설정된 컨테이너로 실행하더라도 공격 목표가 될 수 있으므로 실행 시점의 보안 역시 모니터링 도구로 수상쩍은 동작을 하는 컨테이너가 있으면 경고를 보내거나 아예 컨테이너를 종료시키도록 한다. 팔코(Falco)는 실행 시점 보안을 위해 CNCF에서 개발한 프로젝트다. 유사한 상용 소프트웨어로 아쿠아나 시스딕(Sysdig)이 있다.

너무 많은 내용을 설명해서 아마 머리가 아플 것이다. 하지만 이 장에서 설명한 내용은 쿠버네티스 보안 로드맵의 시작점으로 생각해야 한다. 보안 컨텍스트를 먼저 적용한 후 네트워크 폴리시를 적용한다. 그리고 설정할 규칙을 확실히 정한 후 어드미션 컨트롤로 진행한다. 17장에서 다룰 역할 기반 접근 제어는 그다음 단계다. 보안 스캔 및 런타임 보안 모니터링은 더욱 특별히 심화된 보안이 필요할 때 적용한다. 이 장은 이것으로 마무리하겠다. 정리 후 연습 문제를 준비하자.

실습 이 장에서 생성한 모든 리소스를 제거하라.

```
kubectl delete -f opa/constraints/ -f opa/templates/ -f opa/gatekeeper.yaml
kubectl delete all,ns,secret,networkpolicy -l kiamol=ch16
```

16.6 / 연습 문제

이 장 앞부분에서 호스트 경로 볼륨 마운트가 잠재적인 공격 경로가 될 수 있다고 설명했다. 하지만 그 이유는 아직 예제로는 알아보지 못했다. 이것을 연습 문제에서 다루어 보겠다. 파드가 호스트의 민감한 디렉터리를 마운트하려고 하면 차단시켜야 하므로 그야말로 어드미션 컨트롤을 위한 완벽한 사례다. OPA 게이트키퍼를 사용해야 하고 레고 스크립트 파일은 이미 만들어 두었으니 제약 사항만 작성하면 된다.

- /lab 디렉터리에 있는 gatekeeper.yaml 파일을 배치한다.
- restrictedPaths-template.yaml 파일에 담긴 제약 템플릿을 배치한다. 제약을 작성하려면 먼저 제약 템플릿 정의를 읽어 두어야 한다.
- 앞의 템플릿을 이용하여 /, /bin, /etc 경로의 마운트를 금지하는 제약을 작성하고 배치한다. 이 제약은 kiamol=ch16-lab 레이블이 부여된 파드에만 적용되어야 한다.
- /lab 디렉터리에 있는 sleep.yaml 파일을 배치한다. 이 파드는 금지된 디렉터리를 마운트하도록 되어 있으므로 파드가 생성되지 않을 것이다.

아주 복잡한 예제는 아니지만, OPA 게이트키퍼에서 레이블 셀렉터를 정의할 때 쓰는 일치 표현식 match expression에 대한 문서를 읽어야 할 것이다. 이번에도 필자의 해답을 깃허브에 올려 두었으니 참고하기 바란다.

- https://github.com/sixeyed/kiamol/blob/master/ch16/lab/README.md

16

정책, 컨텍스트, API 접근 제어를 이용한 애플리케이션 보안

제 **4** 부

고급 쿠버네티스 사용법

드디어 마지막 4부에 도달했다. 4부에서는 쿠버네티스 이해를 훨씬 높일 수 있는 기술적 주제를 다룬다. 먼저 쿠버네티스의 아키텍처. 이와 함께 컨테이너를 원하는 곳에서 실행하고 사용자 정의 및 새로운 기능을 사용하여 플랫폼을 확장하는 방법을 소개한다. 그리고 역할 기반 접근 제어를 통해 특정 사용자 및 애플리케이션의 클러스터 내 활동을 제약하는 방법도 설명한다. 마지막으로 이 책을 마친 후 필요한 쿠버네티스 학습 방법과 쿠버네티스 커뮤니티 참여 방법을 설명한다.

17^장

역할 기반 접근 제어를 이용한 리소스 보안

이제 여러분은 실습용 클러스터에 대한 완전한 권한을 손에 넣었다. 워크로드를 배치하고, 비밀값을 읽고, 제어판 컴포넌트를 삭제한 후 얼마나 빨리 복구되는지 볼 수도 있다. 하지만 운영 클러스터에 이런 권한을 가진 사람이 많아서는 안 된다. 이 정도 권한이라면 사실상 클러스터 전체를 가진 것과 마찬가지기 때문이다. 이런 권한을 가진 계정이 악의적인 사람에게 탈취된다면 클러스터에서 우리 애플리케이션을 모두 삭제하고 클러스터를 비트코인 채굴기로 사용할 수도 있다. 쿠버네티스는 **역할 기반 접근 제어**(Role-Based Access Control, RBAC)라는 기능으로 권한을 제약한다. 이 장은 RBAC 동작 방식을 설명하고 접근 제어를 설정할 때 겪을 수 있는 어려운 점을 다룬다.

RBAC는 kubectl을 사용하는 사용자, 서비스 접근 토큰을 통해 쿠버네티스 API를 사용하는 내부 컴포넌트를 대상으로 한다. 하지만 각각 적용 방식이 다르다. 이 두 가지 적용 방식에 대한 설명과 그 베스트 프랙티스가 이 장의 주 내용이다. 여기에 더불어 외부 사용자를 위한 인증서를 쿠버네티스에 반입하는 방법, 외부 인증 시스템이 없을 때 클러스터 내 사용자를 관리하는 방법도 다룬다. RBAC는 동작 자체는 단순하지만 설정할 것이 많기 때문에 각 주체의 권한을 일일이 추적하여 관리하기가 까다롭다. 이런 권한을 관리하는 도구를 소개하며 이 장을 마무리한다.

17.1 쿠버네티스 리소스에 대한 접근 제어하기

리소스에서 어떤 작업을 하려면 RBAC에 허가를 받아야 한다. 모든 리소스에 접근 제어 설정이 가능하기 때문에 파드의 상세 정보를 확인하거나, 서비스 목록을 보고 비밀값을 삭제하는 등 모든 작업에 권한을 설정할 수 있다. 작업을 수행하는 주체(이를테면 사용자, 시스템 계정 또는 그룹)에도 권한을 설정할 수 있다. 하지만 주체에 직접 권한을 지정하려면 너무 번거로우므로 역할(role)을 정의하고 이 역할에 권한을 부여한 후 각 주체에 롤바인딩으로 역할을 설정하는 식이다(그림 17-1).

❤ 그림 17-1 RBAC는 보안을 추상화한 것으로, 대상에 대한 권한은 역할 및 역할 설정으로 부여한다

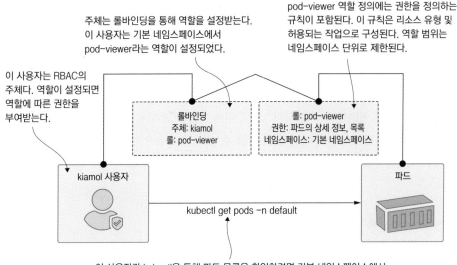

주체는 롤바인딩을 통해 역할을 설정받는다.
이 사용자는 기본 네임스페이스에서
pod-viewer라는 역할이 설정되었다.

pod-viewer 역할 정의에는 권한을 정의하는
규칙이 포함된다. 이 규칙은 리소스 유형 및
허용되는 작업으로 구성된다. 역할 범위는
네임스페이스 단위로 제한된다.

이 사용자는 RBAC의
주체다. 역할이 설정되면
역할에 따른 권한을
부여받는다.

롤바인딩
주체: kiamol
롤: pod-viewer

롤: pod-viewer
권한: 파드의 상세 정보, 목록
네임스페이스: 기본 네임스페이스

kiamol 사용자

파드

kubectl get pods -n default

이 사용자가 kubectl을 통해 파드 목록을 확인하려면 기본 네임스페이스에서
파드 목록에 대한 권한이 있어야 한다. 해당 사용자 작업에 대한 권한이 있는지
여부는 쿠버네티스 API 서버가 확인한다.

쿠버네티스 리소스 중에는 특정 네임스페이스에 속하는 것도 있고, 클러스터 전체에 해당하는
것도 있다. 이 때문에 RBAC 역시 권한을 정의하는 수단이 두 가지다. 롤과 롤바인딩은 네임스
페이스에 속하는 리소스에 대한 권한을 정의하고, 클러스터롤(ClusterRole)과 클러스터 롤바인딩
(ClusterRoleBinding)은 특정 네임스페이스에 속하지 않는 리소스에 대한 권한을 정의한다. RBAC
는 엄밀히 말하면 쿠버네티스의 기본 요소는 아니지만, 대부분의 플랫폼에서 사용된다. kubectl
을 사용하여 RBAC가 활성화된 상태인지, 현재 정의된 기본 롤은 어떤 것이 있는지 확인할 수
있다.

실습 쿠버네티스 API의 버전을 확인할 때 해당 버전에서 지원하는 기능의 목록을 함께 확인
할 수 있다. 도커 데스크톱 및 K3s, 모든 클라우드 플랫폼은 RBAC를 기본으로 지원한다.

```
# 이 장 예제 코드 디렉터리로 이동
cd ch17

# 파워셸에는 grep 명령이 없으므로
# 윈도우 사용자는 다음 명령으로 먼저 grep 명령을 추가한다
. .\grep.ps1

# 쿠버네티스 API 버전을 확인하여 RBAC 기능이 사용 가능한지 확인한다
kubectl api-versions | grep rbac
```

```
# 클러스터롤 중에 관리자 역할을 확인한다
kubectl get clusterroles | grep admin

# 클러스터 관리자 권한의 정의를 확인한다
kubectl describe clusterrole cluster-admin
```

그림 17-2를 보면 기본 내장 롤 중 클러스터롤의 목록을 볼 수 있는데, cluster-admin은 말 그대로 클러스터 관리자로 여러분이 실습 클러스터에 대해 갖는 권한이다. 모든 리소스에 대해 전 작업(쿠버네티스에서는 동사(verb)라고 함)을 수행할 수 있다. 그다음으로 권한이 큰 롤은 admin이다. cluster-admin 못지않게 강력한 권한을 갖고 있지만, 그 범위가 한 네임스페이스 안으로 제한된다.

❤ 그림 17-2 RBAC에는 사용자 및 서비스 계정을 위한 기본 롤과 기본 롤바인딩이 있다

파워셸에 grep 명령을 추가하는 명령이다. 윈도우에서만 입력하면 된다.

필자가 사용하는 클러스터는 RBAC API를 지원한다. 다시 말해 RBAC가 활성화된 상태다.

```
PS>. .\grep.ps1
PS>
PS>kubectl api-versions | grep rbac

rbac.authorization.k8s.io/v1
rbac.authorization.k8s.io/v1beta1
PS>kubectl get clusterroles | grep admin

admin                              2020-07-20T21:28:24Z
cluster-admin                      2020-07-20T21:28:24Z
system:aggregate-to-admin          2020-07-20T21:28:24Z
system:kubelet-api-admin           2020-07-20T21:28:24Z
PS>kubectl describe clusterrole cluster-admin
Name:           cluster-admin
Labels:         kubernetes.io/bootstrapping=rbac-defaults
Annotations:    rbac.authorization.kubernetes.io/autoupdate: true
PolicyRule:
  Resources  Non-Resource URLs  Resource Names  Verbs
  ---------  -----------------  --------------  -----
  *.*        []                 []              [*]
             [*]                []              [*]
```

기본으로 내장된 클러스터롤 중 일부 목록이다.
사용자는 이 중 admin과 cluster-admin만 사용하고,
나머지는 내부 컴포넌트에 사용된다.

이 애스터리스크 기호는 cluster-admin 롤의 권한이 무제한임을 나타낸다.

여기까지는 아주 좋다. 그런데 **누가** cluster-admin 롤을 부여받았을까? 우리가 쿠버네티스를 사용할 때 사용자명이나 패스워드로 로그인한 적이 없다. 그리고 쿠버네티스에는 사용자 객체도 없다. 그렇다면 이 사용자가 어떤 사용자인지 쿠버네티스가 어떻게 알 수 있을까? 쿠버네티스에는 사용자 인증 절차가 없다. 그 대신 외부 아이덴티티 제공자에 의존하며 이들을 신뢰한다. 운영 환경의 클러스터는 여러분 조직에 기존 인증 시스템을 사용하도록 되어 있을 것이다. 액티브 디렉터리, LDAP, OpenID 커넥트(OIDC) 같은 것들 말이다.

클라우드 플랫폼은 전용 인증 시스템과 쿠버네티스를 통합해 놓았다. AKS 사용자는 애저 AD 계정으로 인증하는 식이다. 여러분도 전용 OIDC 프로바이더를 설정할 수 있지만, 과정이 너무 복잡하므로 실습 클러스터에서는 인증서만 사용하기로 한다. 쿠버네티스는 사용자명에 대해 사용자용 클라이언트 인증서를 발급할 수 있다. 그리고 쿠버네티스 API 서버가 인입되는 요청에 이 인증서가 포함되어 있으면 발급자(쿠버네티스 자신)를 신뢰하고 사용자 신원을 인증한다. 그러면 클러스터에 대해 제한된 권한을 가진 사용자를 위한 새로운 인증서를 생성해 보자.

실습 쿠버네티스용 서명 인증서를 만드는 방법은 몇 가지 단계를 거쳐야 한다. 이 과정은 컨테이너 이미지에 스크립트로 작성해 두었다. 이 이미지로 파드를 실행하여 인증서를 생성한 후 로컬 컴퓨터로 복사한다.

```
# 인증서 생성 도구 실행
kubectl apply -f user-cert-generator.yaml

# 컨테이너가 시작될 때까지 대기한다
kubectl wait --for=condition=ContainersReady pod user-cert-generator

# 로그를 확인한다[1]
kubectl logs user-cert-generator --tail 3

# 인증서 파일을 로컬 컴퓨터로 복사한다
kubectl cp user-cert-generator:/certs/user.key user.key
kubectl cp user-cert-generator:/certs/user.crt user.crt
```

첫 번째 명령을 실행하면 예제로 몇 가지 롤과 롤바인딩이 추가되는 것을 볼 수 있다. 파드 컨테이너에서 실행한 스크립트가 kubectl을 사용하여 클라이언트 인증서를 발행한다. 이 작업은 권한이 필요하므로 이 파드가 작업에 필요한 권한이 있는지 확인한다. 이 부분이 조금 복잡한데, 이 과정을 컨테이너로 포장해 둔 이유가 여기에 있다. 실제 작업은 컨테이너 속 스크립트 user-cert-

---

1 [역주] 리눅스에서 CSR이 생성되지 않고 실패한다면 쿠버네티스 버전 1.19로 변경해서 실습한다.

generator/start.sh에서 한다. 과정이 궁금하다면 이 파일을 보기 바란다. 필자의 환경에서 실행한 결과를 그림 17-3에 실었다. 인증서와 키가 무사히 생성되고 로컬 컴퓨터로 복사되었다. 이 인증서와 키가 있으면 클러스터에 인증된 사용자로 접근할 수 있다.

❤ 그림 17-3 쿠버네티스는 인증된 사용자를 위해 클라이언트 인증서를 발급할 수 있다

이 스크립트가 인증서 생성을 수행한다. 인증서는 쿠버네티스가 서명한 것으로 클러스터 내
사용자 인증에 쓰인다. 이 스크립트를 실행하려면 인증서 생성 권한이 필요하다.

```
PS>kubectl apply -f user-cert-generator.yaml
serviceaccount/user-cert-generator created
pod/user-cert-generator created
clusterrole.rbac.authorization.k8s.io/create-approve-csr created
clusterrolebinding.rbac.authorization.k8s.io/user-cert-generator created
PS>
PS>kubectl logs user-cert-generator --tail 3
----------------
Cert generated: /certs/user.key and /certs/user.crt
----------------
PS>
PS>kubectl cp user-cert-generator:/certs/user.key user.key
tar: removing leading '/' from member names
PS>
PS>kubectl cp user-cert-generator:/certs/user.crt user.crt
tar: removing leading '/' from member names
PS>
PS>cat user.crt
-----BEGIN CERTIFICATE-----
MIIDHjCCAgagAwIBAgIQODxSHRSqLfMllfLHqJHG2DANBgkqhkiG9w0BAQsFADAV
MRMwEQYDVQQD:wprdWJlcm5ldGVzMB4XDTIwMDcyMTEwMzM1OFoXDTIxMDcyMTEw
```

사용자 인증을 하려면 인증서와 키 파일이 필요하다.

이 인증서는 X.509 표준에 준거하며 쿠버네티스가 서명했다.

OpenSSL과 인증서에 해박한 독자라면, 인증서 파일을 디코딩하여 reader@kiamol.net이라는 이름을 볼 수 있을 것이다. 이 이름이 쿠버네티스 내에서 사용자명으로 쓰이며 RBAC에서 주체로 취급된다. RBAC의 초기 권한은 아무것도 없고, 허용된 권한을 모두 추가하여 최종 권한의 범위가 결정된다. 따라서 롤바인딩을 생성하면 해당 주체가 가진 모든 권한의 합이 계산된다. RBAC 모델에는 허용 권한만 있으며 불허 권한은 설정할 수 없다. 허용 권한이 없으면 불허가 된다.

이제 이 인증서로 kubectl 컨텍스트를 만들어 보면 아직 아무 권한이 없는 사용자임을 알 수 있다.

실습 조금 전 생성한 인증서를 인증 수단으로 하는 kubectl 컨텍스트를 생성하고, 이 컨텍스트를 통해 클러스터에 접근 가능한지 확인하라.

```
# 새로 만든 인증서를 인증 수단으로 등록
kubectl config set-credentials reader --client-key=./user.key --client-certificate=./
user.crt --embed-certs=true

# 등록된 인증서를 인증 수단으로 하는 컨텍스트를 생성
kubectl config set-context reader --user=reader --cluster $(kubectl config view -o
jsonpath='{.clusters[0].name}')

# 새로운 컨텍스트에서 파드 배치를 시도한다
# 클러스터에 인증 설정이 되어 있다면 배치가 실패할 것이다
kubectl apply -f sleep/ --context reader

# 새로운 신원을 사용하여 권한을 확인한다
kubectl get pods --as reader@kiamol.net
```

컨텍스트는 크게 사용자 인증 수단과 접속 대상 클러스터 이렇게 두 부분으로 나뉜다. 그림 17-4
를 보면 사용자는 클라이언트 인증서를 사용하되, 인증서를 설정 파일에 포함하도록 했다. 클라이
언트 인증서를 이렇게 사용한다면 kubectl 설정 파일도 민감 정보가 된다. 이 파일의 사본을 가지
면 다른 사람은 여러분이 사용하는 컨텍스트 중 하나를 아무 제약 없이 사용할 수 있다.

❤ 그림 17-4 인증은 되었지만 권한은 없어 새로운 사용자는 RBAC상에서 아무런 권한이 없는 상태다

클라이언트 인증서를 인증 수단으로 kubectl에 등록한 후 이 인증 수단을 사용하는
컨텍스트를 새로 만든다. 이 컨텍스트는 쿠버네티스가 발행한 인증서를 인증 수단으로 쓰게 된다.

```
PS>kubectl config set-credentials reader --client-key=./user.key
--client-certificate=./user.crt --embed-certs=true
User "reader" set.
PS>
PS>kubectl config set-context reader --user=reader --cluster $(ku
bectl config view -o jsonpath='{.clusters[0].name}')
Context "reader" created.
PS>
PS>kubectl apply -f sleep/ --context reader
Error from server (Forbidden): error when retrieving current conf
iguration of:
Resource: "apps/v1, Resource=deployments", GroupVersionKind: "app
s/v1, Kind=Deployment"
Name: "sleep", Namespace: "default"
from server for: "sleep\\sleep.yaml": deployments.apps "sleep" is
 forbidden: User "reader@kiamol.net" cannot get resource "deploym
ents" in API group "apps" in the namespace "default"
PS>
PS>kubectl get pods --as reader@kiamol.net
Error from server (Forbidden): pods is forbidden: User "reader@ki
amol.net" cannot list resource "pods" in API group "" in the name
space "default"
```

이 사용자는 신원은 확인되었으나 시도한 작업에 권한이 없다.
RBAC 오류 메시지를 보면 사용자명과 현재 없는 권한이 무엇인지 알 수 있다.

실습 예제의 마지막 명령에서 이 사용자의 신원으로, 해당 사용자가 아직 아무 권한이 없음을 확인했다. 하지만 쿠버네티스에는 사용자 정보가 저장되지 않는다. 따라서 사용자명으로 아무 이름이나 사용해도 출력되는 내용에는 그냥 권한이 없다는 메시지만 나온다. 이때 쿠버네티스가 실제로 찾는 것은 해당 사용자명과 일치하는 롤바인딩이다. 사용자명이 일치하는 롤바인딩이 없다면 아무 권한이 없는 것이다. 따라서 해당 사용자명의 실재 여부와 상관없이 요청한 작업이 차단된다. 예제 17-1은 이 새로운 사용자에게 기본 네임스페이스의 리소스에 대한 읽기 권한을 주는 롤바인딩 정의다.

예제 17-1 reader-view-default.yaml, 롤바인딩을 이용하여 권한 부여

```
apiVersion: rbac.authorization.k8s.io/v1
kind: RoleBinding
metadata:
  name: reader-view
  namespace: default              # 이 롤바인딩의 적용 범위
subjects:
- kind: User
  name: reader@kiamol.net         # 조금 전 만든 새로운 사용자가 주체
  apiGroup: rbac.authorization.k8s.io
roleRef:
  kind: ClusterRole
  name: view                      # 이 사용자에게 기본 네임스페이스에서 롤 view를 부여한다
  apiGroup: rbac.authorization.k8s.io
```

기존에 정의된 롤을 지정된 네임스페이스를 범위로 주체(subject)에 바인딩했다. RBAC를 처음 써 보기에 괜찮은 방법이다. 이 장을 진행하면서 사용자 정의 롤을 정의해 볼 것이다. 사용자 정의 롤은 명시적인 권한 부여에 유리하지만, 개수가 많아지면 관리가 어려운 것이 단점이다. 롤바인딩은 주체가 롤을 가진 상황을 추상화한 것이다. 롤이나 객체를 수정하지 않아도 접근 권한을 변경할 수 있다. 예제 17-1에서 정의된 롤바인딩을 배치하면 새로운 사용자도 기본 네임스페이스의 리소스 정보를 확인할 수 있다.

> **실습** 롤바인딩을 배치하고, 새로운 사용자 신원으로 리소스의 읽기 권한이 있는지 확인하라.

```
# 일반 사용자로 sleep 파드를 배치한다
kubectl apply -f sleep/

# 앞서 정의한 롤바인딩을 배치한다
kubectl apply -f role-bindings/reader-view-default.yaml
```

```
# 새로운 사용자가 기본 네임스페이스에서 파드의
# 상세 정보를 볼 수 있는지 확인한다
kubectl get pods --as reader@kiamol.net

# system 네임스페이스에서는 상세 정보에
# 접근이 안 되는지 확인하라
kubectl get pods -n kube-system --as reader@kiamol.net

# 새로운 사용자로 파드를 삭제하려고 하면 실패한다
kubectl delete -f sleep/ --as reader@kiamol.net
```

그림 17-5를 보면 view 롤이 의도대로 동작하고 있다. 새로운 사용자가 기본 네임스페이스에서 파드 목록은 확인할 수 있었다. 그러나 이 롤에 객체를 삭제할 권한이 없기 때문에 이 사용자는 파드의 상세 정보는 확인할 수 있어도 파드는 삭제할 수 없다.

❤ 그림 17-5 롤바인딩 효과는 네임스페이스 안으로 국한된다

롤바인딩을 적용하여 사용자 reader에 해당 네임스페이스의
리소스 정보를 볼 권한을 부여한다.

롤바인딩으로 부여받은 view 롤 덕분에
사용자 reader는 파드 목록을 볼 수 있다.

```
PS>kubectl apply -f sleep/
deployment.apps/sleep created
PS>
PS>kubectl apply -f role-bindings/reader-view-default.yaml
rolebinding.rbac.authorization.k8s.io/reader-view created
PS>
PS>kubectl get pods --as reader@kiamol.net
NAME                         READY    STATUS      RESTARTS    AGE
sleep-85fdd4cf75-xngp7       1/1      Running     0           15s
user-cert-generator          1/1      Running     0           126m
PS>
PS>kubectl get pods -n kube-system --as reader@kiamol.net
Error from server (Forbidden): pods is forbidden: User "reader@ki
amol.net" cannot list resource "pods" in API group "" in the name
space "kube-system"
PS>
PS>kubectl delete -f sleep/ --as reader@kiamol.net
Error from server (Forbidden): error when deleting "sleep\\sleep.
yaml": deployments.apps "sleep" is forbidden: User "reader@kiamol
.net" cannot delete resource "deployments" in API group "apps" in
 the namespace "default"
```

view 롤의 효력은 기본 네임스페이스 안으로 국한되므로
kube-system 네임스페이스에는 접근할 수 없다.

그러나 view 롤에는 리소스를 삭제할 권한은 없다.

사용자와 롤이 분리되어 있다는 것이 조금 어색한 만큼 문제를 일으킬 수도 있다. 쿠버네티스는 인증 시스템과 정말로 통합된 상태가 아니기 때문에 사용자명이나 그룹명이 실재하는지 확인하지 않는다. 일반 사용자만 고려한다면 RBAC도 엄격한 권한 부여 수단이다. 하지만 16장에서도 보았 듯이, 쿠버네티스 API를 사용하는 클러스터 내부의 애플리케이션에서도 클러스터를 보호해야 하 기 때문에 서비스 계정에 대해서는 인증과 권한 부여를 모두 관리한다.

17.2 클러스터 내부의 리소스 접근 제어하기

모든 네임스페이스에는 기본 서비스 계정이 자동으로 생성된다. 그리고 서비스 계정이 따로 지 정되지 않은 파드는 모두 이 기본 서비스 계정을 사용한다. 기본 서비스 계정이라고 해서 여타 RBAC 주체와 다른 점은 없다. 권한을 추가해 주기 전까지는 아무 권한도 없으며, 권한을 추가하 려면 조금 전 사용자에게 부여했던 것과 같은 롤바인딩이나 클러스터 롤바인딩을 만들어야 한다. 다만 애플리케이션은 사용자에 비해 크게 제한된 권한만 있으면 되기 때문에 각 컴포넌트별로 전 용 서비스 계정을 만드는 것이 가장 좋다.

서비스 계정, 그에 해당하는 롤과 롤바인딩을 추가하려면 손이 많이 간다. 하지만 애플리케이션 모델 내 리소스 접근을 서로 제한하는 것이 목적이 아니라는 점을 기억해야 한다. 이것이 목적이 라면 컨피그맵이나 비밀값 등을 매니페스트에 포함시키면 그만이다. 그리고 이런 방법은 런타임 시점에서 서비스 계정의 권한에 영향받지 않는다. 서비스 계정의 RBAC는 순수하게 쿠버네티스 API 서버를 사용하는 애플리케이션(프로메테우스를 예로 들 수 있다, 쿠버네티스 API를 통해 파 드 목록을 확인한다)의 보안을 위한 것이며, 비즈니스 애플리케이션에서는 일반적이지 않은 경우 다. 여기에서 소개하는 방법은 이런 일반적이지 않은 경우에서 네임스페이스 안 모든 애플리케이 션이 같은 서비스 계정을 공유할 때 일어날 수 있는 문제를 방지하려는 것이다. 먼저 기본 서비스 계정이 동작할 네임스페이스를 새로 만들자.

새로운 네임스페이스를 생성하고, 이 네임스페이스의 기본 서비스 계정 권한을 확인하라. 도커 데스크톱을 사용하고 있을 때 나타날 버그도 해결하라.

```
# macOS 버전 도커 데스크톱: 이 명령을 사용하여 RBAC 관련 버그를 수정한다
kubectl patch clusterrolebinding docker-for-desktop-binding --type=json --patch
$'[{"op":"replace", "path":"/subjects/0/name", "value":"system:serviceaccounts:kube-
system"}]'

# 윈도우용 도커 데스크톱이면 다음 명령을 사용한다
kubectl patch clusterrolebinding docker-for-desktop-binding --type=json --patch
'[{\"op\":\"replace\", \"path\":\"/subjects/0/name\", \"value\":\"system:
serviceaccounts:kube-system\"}]'

# 새로운 네임스페이스를 생성한다
kubectl apply -f namespace.yaml

# 서비스 계정의 목록을 확인한다
kubectl get serviceaccounts -n kiamol-ch17

# 현재 사용하는 계정의 권한을 확인한다
kubectl auth can-i "*" "*"

# 새로 만든 서비스 계정의 권한을 확인한다
kubectl auth can-i "*" "*" --as system:serviceaccount:kiamol-ch17:default
kubectl auth can-i get pods -n kiamol-ch17 --as system:serviceaccount:kiamol-
ch17:default
```

can-i 명령은 다른 객체를 건드려 보지 않아도 권한을 확인할 수 있어 편리하다. 다른 신원과 네임스페이스를 지정하면 원하는 주체(사용자, 서비스 계정 모두 상관없음)의 권한을 확인할 수 있다(그림 17-6).

17

역할 기반 접근 제어를 이용한 리소스 보안

❤ 그림 17-6 A 시스템 컨트롤러가 모든 네임스페이스에 기본 서비스 계정을 생성한다

도커 데스크톱에는 RBAC 기능에 설정한 것보다 더 큰 권한을
부여받는 버그가 있는데, 이를 수정하는 명령이다.

네임스페이스마다 자동으로 생성되는
기본 서비스 계정이 있다.

```
PS>kubectl patch clusterrolebinding docker-for-desktop-binding --
type=json --patch '[{\"op\":\"replace\", \"path\":\"/subjects/0/n
ame\", \"value\":\"system:serviceaccounts:kube-system\"}]'
clusterrolebinding.rbac.authorization.k8s.io/docker-for-desktop-b
inding patched
PS>
PS>kubectl apply -f namespace.yaml
namespace/kiamol-ch17 created
PS>
PS>kubectl get serviceaccounts -n kiamol-ch17
NAME      SECRETS    AGE
default   1          69s
PS>
PS>kubectl auth can-i "*" "*"
yes
PS>
PS>kubectl auth can-i "*" "*" --as system:serviceaccount:kiamol-c
h17:default
no
PS>
PS>kubectl auth can-i get pods -n kiamol-ch17 --as system:service
account:kiamol-ch17:default
no
```

신원을 지정한 can-i 명령으로 새로운 서비스 계정에
클러스터 어드민 권한이 없음을 확인했다.

자신이 속한 네임스페이스 속 파드 목록조차 확인할 수 없다.

앞서 실습 예제에서 보았듯이, 새로 생성된 서비스 계정 역시 아무 권한이 없는 상태에서 시작한
다. 모든 애플리케이션에서 같은 서비스 계정을 공유할 때 문제가 생기는 원인이 바로 이것이다.
애플리케이션마다 일련의 권한이 필요할 텐데, 같은 계정에 권한을 점점 더해 나가면 결국 이 서
비스 계정이 너무 강한 권한을 갖게 된다. 이 서비스 계정을 사용하는 애플리케이션 중 어느 하나
라도 침입을 당하면 공격자로서는 기대보다 큰 성과를 얻게 된다. 17.1절에서 사용했던 인증서
생성기가 이런 좋은 예다. 이 애플리케이션은 쿠버네티스 API를 사용하여 높은 권한이 필요한 작
업인 인증서 생성을 수행한다. 예제 17-2는 이 애플리케이션이 필요한 권한을 제공하는 클러스터
롤 정의다. 전체 매니페스트에는 클러스터 롤바인딩 역시 포함되어 있다.

```
apiVersion: rbac.authorization.k8s.io/v1
kind: ClusterRole
metadata:
  name: create-approve-csr
rules:
- apiGroups: ["certificates.k8s.io"]                    # 인증서를 생성하려면
  resources: ["certificatesigningrequests"]             # certificatesigningrequests
  verbs: ["create", "get", "list", "watch"]             # 권한이 필요하다
- apiGroups: ["certificates.k8s.io"]
  resources: ["certificatesigningrequests/approval"]
  verbs: ["update"]                                     # 그리고 요청을 승인하려면
- apiGroups: ["certificates.k8s.io"]
  resources: ["signers"]                                # 클러스터의 서명 권한도
  resourceNames: ["kubernetes.io/kube-apiserver-client"] # 필요하다
  verbs: ["approve"]
```

인증서를 생성하려면 인증서 서명 요청 권한과 클러스터 서명 권한이 모두 필요하다. 필자가 더 게을렀다면 이 롤을 기본 서비스 계정에 추가했을 것이다. 어차피 외부에 노출될 일이 없는 애플리케이션이니 공격당할 위험도 적고, 다른 애플리케이션에서 이 서비스 계정이 사용되지도 않으니까 말이다. 하지만 앞서 설명했듯이, 이 계정은 기본 서비스 계정이다. 이곳에 쿠버네티스 계정 토큰이 보관된다. 누군가가 취약점이 있는 애플리케이션을 이 네임스페이스에 배치한다면 이 애플리케이션은 사용자 인증서를 발급할 권한을 갖게 되고, 공격자도 자신의 인증서를 손에 넣을 수 있다. 이를 피하기 위해 인증서 생성에 쓰일 서비스 계정을 따로 만든 것이다.

실습 인증서 생성기의 사용자 정의 서비스 계정은 인증서 서명 요청 권한이 있지만 일반 서비스 계정은 이 권한이 없음을 확인하라.

```
# 인증서 생성기 파드에서 can-i 명령을 사용하여 인증서 생성 권한을 확인
kubectl exec user-cert-generator -- kubectl auth can-i create csr --all-namespaces

# 신원을 지정하여 기본 서비스 계정의 해당 권한을 확인
kubectl auth can-i create csr -A --as system:serviceaccount:default:user-cert-
generator

# 새로 만든 서비스 계정에는 해당 권한이 없음
kubectl auth can-i create csr -A --as system:serviceaccount: kiamol-ch17:default
```

17

역할 기반 접근 제어를 이용한 리소스 보안

앞의 실행 결과를 보면 인증서 생성기의 서비스 계정만 인증서 생성 권한이 있다. 사실 이 서비스 계정의 권한은 이것뿐이어서 네임스페이스 목록이나 볼륨 삭제 같은 다른 작업은 불가능하다. 그림 17-7을 보면 서비스 계정을 참조하는 문법이 다른 리소스를 참조하는 문법과 조금 다르다는 것을 알 수 있다. 접두사 system:serviceaccount 뒤로 네임스페이스와 계정 이름을 각각 콜론으로 구분해서 기입한다.

❤ 그림 17-7 애플리케이션별 서비스 계정을 사용하면 각 서비스 계정의 권한을 최소로 유지할 수 있다

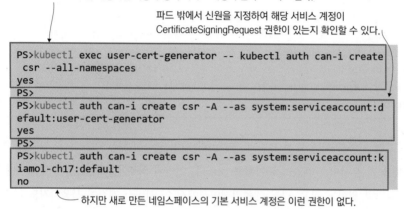

파드 안에서 kubectl을 사용하면 사용자 정의 서비스 계정의 컨텍스트가 쓰인다.

파드 밖에서 신원을 지정하여 해당 서비스 계정이 CertificateSigningRequest 권한이 있는지 확인할 수 있다.

```
PS>kubectl exec user-cert-generator -- kubectl auth can-i create
 csr --all-namespaces
yes
PS>
PS>kubectl auth can-i create csr -A --as system:serviceaccount:d
efault:user-cert-generator
yes
PS>
PS>kubectl auth can-i create csr -A --as system:serviceaccount:k
iamol-ch17:default
no
```

하지만 새로 만든 네임스페이스의 기본 서비스 계정은 이런 권한이 없다.

클라이언트 인증서를 발급해야 하는 애플리케이션은 그리 많지 않다. 그렇더라도 애플리케이션마다 별도의 서비스 계정을 만들어 두는 것이 가장 좋다. 쿠버네티스 API를 사용하는 애플리케이션에서 API 보안을 어떻게 확보하는지 관련 예제를 두 개 더 살펴보자. 핵심은 바인딩 범위다. 내가 부여하는 권한이 어느 정도 범위인지, 목적에 합당한 수준(대개는 단일 네임스페이스)인지 확실하게 알아야 한다. 첫 번째 예제는 파드 목록을 확인하고 파드를 삭제하는 기능이 있는 간단한 애플리케이션이다.

실습 kube-explorer 애플리케이션을 실행하라. 이 애플리케이션은 웹 UI로 파드 목록을 보여 주는 애플리케이션이다. 이 배치에는 권한 부여를 위해 사용자 정의 서비스 계정 및 롤이 사용되었다.

```
# 애플리케이션 및 RBAC 롤을 배치한다
kubectl apply -f kube-explorer/

# 파드가 시작될 때까지 대기한다
kubectl wait --for=condition=ContainersReady pod -l app=kube-explorer
```

```
# 애플리케이션의 URL을 확인한다
kubectl get svc kube-explorer -o jsonpath='http://{.status.loadBalancer.
ingress[0].*}:8019'

# 애플리케이션에 접근한 후 기본 네임스페이스의
# 파드 목록을 확인할 수 있는지, 파드를 삭제할 수 있는지 확인하라
# 그다음 URL 뒤에 ?ns=kube-system을 붙여 보면 오류가 발생한다
```

필자의 환경에서 실행한 결과를 그림 17-8에 실었다. 그림을 보면 기본 네임스페이스의 파드 목록 및 파드 삭제가 가능함을 알 수 있다. 하지만 네임스페이스를 바꾸려고 하면 권한 오류가 발생한다. 이 오류는 쿠버네티스 API에서 일어난 것이다(쿠버네티스 API는 HTTP API이기도 하므로 실제로도 403 Forbidden 오류를 보게 된다). 애플리케이션은 파드에 마운트된 서비스 계정 토큰으로 인증을 시도했으나, 해당 서비스 계정은 기본 네임스페이스 외의 네임스페이스에는 파드 목록 및 삭제 권한을 갖고 있지 않다.

❤ 그림 17-8 꼭 필요한 권한만 가진 전용 서비스 계정을 사용하는 애플리케이션이다

이 애플리케이션은 파드 목록을 보여 준다. 전용 서비스 계정 및 롤,
롤바인딩을 통해 기본 네임스페이스의 파드 목록을 확인하거나 삭제할 수 있다.

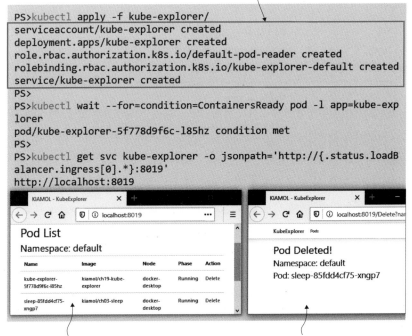

애플리케이션에 접근해 보면 파드 목록을 볼 수 있다. 삭제 링크를 클릭하면 파드가 삭제된다.
다른 네임스페이스에 접근해 보고자 URL에 ?ns=kube-system을 추가하면 권한 오류가 발생한다.

대부분의 언어에서 쿠버네티스 라이브러리를 제공하기 때문에 이렇게 소규모의 간단한 애플리케이션은 쉽게 작성할 수 있다. 기본 경로에 마운트된 토큰을 사용하면 된다. 또한 kubectl 접근 권한이 없거나 쿠버네티스 사용법을 알지 못하는 팀에 약간의 제한된 클러스터 정보를 제공하는 데도 유용하다. 이 애플리케이션은 파드 목록, 상세 정보, 삭제를 위한 RBAC 권한이 필요한데, 기본 네임스페이스 안 권한만 주어져 있다. 다른 네임스페이스에서 사용하려면 다른 롤과 롤바인딩이 있어야 한다.

예제 17-3은 kube-system 네임스페이스의 파드 정보 및 목록 접근 권한을 추가해 주는 규칙이다. 여기에서 꼭 알아 두어야 할 것은 롤 메타데이터의 네임스페이스는 롤이 생성되는 곳일 뿐만 아니라 롤이 적용되는 범위이기도 하다는 점이다. 이 롤은 kube-system 네임스페이스의 파드에 대한 접근 권한을 허용한다.

예제 17-3 rbac-with-kube-system.yaml, 시스템 네임스페이스에 롤 적용

```
apiVersion: rbac.authorization.k8s.io/v1
kind: Role
metadata:
  name: system-pod-reader
  namespace: kube-system          # 시스템 네임스페이스를 범위로 한다
rules:
- apiGroups: [""]                 # 대상 API 그룹
  resources: ["pods"]             # 파드는 코어 그룹이므로 API 그룹은
  verbs: ["get", "list"]          # 빈 문자열로 설정한다
```

이 롤을 애플리케이션의 서비스 계정에 추가하는 롤바인딩도 같은 파일에 정의했다. 하지만 지면에서 이들을 서로 나누어 놓은 이유는 네임스페이스를 제대로 이해하기 위해서다. 롤의 네임스페이스는 해당 권한이 적용되는 범위다. 롤바인딩은 롤을 참조하므로 롤과 같은 네임스페이스에 있어야 한다. 하지만 롤바인딩은 롤 외에 주체를 가리켜야 하는데, 이 주체는 롤 및 롤바인딩과 다른 네임스페이스에 있을 수 있다. 예제 17-4를 보면 롤바인딩은 롤과 함께 kube-system 네임스페이스에서 만들었다. 이들을 합쳐 해당 네임스페이스의 파드에 대한 접근 권한을 제공한다. 주체는 애플리케이션의 서비스 계정으로, 기본(default) 네임스페이스에 있다.

예제 17-4 rbac-with-kube-system.yaml, 주체에 롤을 적용하는 롤바인딩

```
apiVersion: rbac.authorization.k8s.io/v1
kind: RoleBinding
metadata:
  name: kube-explorer-system
  namespace: kube-system          # 롤과 일치해야 한다
```

```
  subjects:
  - kind: ServiceAccount
    name: kube-explorer       # 롤을 부여받을 주체는 다른
    namespace: default        # 네임스페이스에 있어도 된다
  roleRef:
    apiGroup: rbac.authorization.k8s.io
    kind: Role
    name: system-pod-reader
```

표준 롤을 벗어나는 권한을 설정하려고 하면 일이 일을 부르게 되는 것을 볼 수 있다. 이 예제만 보아도 네임스페이스마다 권한이 다르므로, 각 네임스페이스마다 필요한 롤과 롤을 적용하는 롤바인딩이 있어야 한다. 새로운 규칙을 배치하고 나면 애플리케이션에서 시스템 파드도 볼 수 있다. 접근 규칙은 API가 호출될 때마다 평가되므로 애플리케이션이나 서비스 계정을 변경할 필요는 없다. 새로 설정된 권한이 즉시 적용된다.

실습 kube-explorer 애플리케이션에 시스템 파드에 대한 접근 권한을 부여하는 규칙을 추가하라.

```
# 새로운 롤 및 롤바인딩을 배치한다
kubectl apply -f kube-explorer/update/rbac-with-kube-system.yaml

# 애플리케이션 URL 뒤에 /?ns=kube-system을 붙인 채로
# 새로고침하면 파드 목록을 볼 수 있다
# 하지만 파드 삭제는 불가능하다
```

그림 17-9에서 보듯이, 여러 개의 롤과 롤바인딩 정의를 작성하면 매우 세세한 접근 정책을 만들 수 있다. 이 애플리케이션으로 기본 네임스페이스의 파드는 목록을 보거나 삭제할 수 있지만, 시스템 네임스페이스의 파드는 목록만 확인할 수 있다. kube-explorer의 서비스 계정에 접근 가능한 누군가가 이 서비스 계정을 사용하도록 해 주지 않는 한, 다른 애플리케이션이 의도하지 않게 이런 권한을 갖게 될 우려는 없다.

❤ 그림 17-9 RBAC 규칙은 바인딩 부여 또는 박탈에 따라 즉각적으로 효과를 갖는다

시스템 네임스페이스의 파드 목록 및 상세 정보 확인 권한을 부여한다.

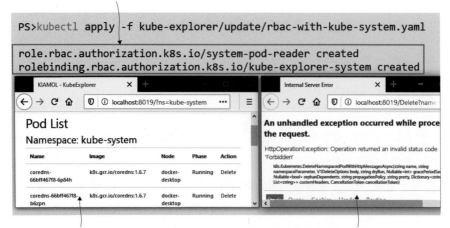

이제 애플리케이션에서 시스템 파드 목록을 표시할 수 있다. 그러나 삭제 권한은 없기 때문에 삭제 기능은 동작하지 않는다.

다음 예제는 컨피그맵이나 비밀값이 아닌 다른 곳에서 설정 데이터를 받아 올 필요가 있는 애플리케이션 사례다. 이번에도 to-do 애플리케이션을 소재로 사용하겠다. to-do 애플리케이션의 이번 버전은 홈페이지에 배너 메시지를 추가했다. 그리고 이 배너에는 파드가 실행 중인 네임스페이스의 레이블(kiamol)을 메시지로 표시한다. 초기화 컨테이너가 kubectl을 사용하여 서비스 계정 토큰을 준비하고, 애플리케이션이 실행된 네임스페이스의 레이블 값을 받아 온 후 이 값을 설정 파일에 기록한다. 그리고 이를 다시 애플리케이션 컨테이너가 읽어 들인다. 조금 억지스럽지만, 클러스터의 데이터를 애플리케이션 설정에 주입할 수 있었다.

> **실습** 새로운 버전의 to-do 애플리케이션을 배치하라. 그리고 배너 메시지가 네임스페이스의 레이블에서 온 값인지 확인하라.

```
# 애플리케이션을 실행한 네임스페이스의 레이블을 확인한다
kubectl get ns kiamol-ch17 --show-labels

# to-do 애플리케이션을 배치한다
kubectl apply -f todo-list/

# 파드가 준비될 때까지 대기한다
kubectl wait --for=condition=ContainersReady pod -l app=todo-web -n kiamol-ch17

# 초기화 컨테이너의 로그를 출력한다
```

```
kubectl logs -l app=todo-web -c configurator --tail 1 -n kiamol-ch17
```

```
# 애플리케이션 URL을 확인하고 URL에 접근한다
kubectl get svc todo-web -n kiamol-ch17 -o jsonpath='http://{.status.loadBalancer.
ingress[0].*}:8020'
```

필자의 환경에서 실행한 결과를 그림 17-10에 실었다. 초기화 컨테이너가 네임스페이스 정보를
추출했다. 애플리케이션 컨테이너는 쿠버네티스 API를 사용하지 않으나, 서비스 계정 토큰이 파
드 내 모든 컨테이너에 마운트되었기에 애플리케이션이 침입을 받았다면 해당 서비스 계정의 컨
텍스트로 쿠버네티스 API를 사용할 수 있는 상태다.

❖ 그림 17-10 애플리케이션이 다른 클러스터 리소스의 정보에서 설정값을 받아야 할 경우가 있다

이 레이블 값이 애플리케이션 배너 메시지로 나온다.

초기화 컨테이너가 레이블 값을 읽어 설정 파일에 기록한다. 이 컨테이너는
롤을 통해 네임스페이스에 대한 권한을 부여받는다.

초기화 컨테이너의 로그를 보면 네임스페이스에 접근이 가능하다.

애플리케이션 배너 메시지로 레이블의 값이 출력되었다.

이 to-do 애플리케이션에 침입하더라도 공격자가 쿠버네티스 API를 사용하기는 어렵다. 전용 서비스 계정이 있고, 이 계정 권한은 네임스페이스 정보를 확인하는 것뿐이다. 예제 17-5는 롤 및 클러스터롤에서 특정한 이름을 가진 리소스만 대상으로 권한을 제한하는 방법이다.

예제 17-5 02-rbac.yaml, 특정 이름을 가진 리소스만 대상으로 하는 규칙

```
apiVersion: rbac.authorization.k8s.io/v1
kind: ClusterRole
metadata:
  name: ch17-reader
  labels:
    kiamol: ch17
rules:
- apiGroups: [""]                           # 네임스페이스에 대한 접근 권한은
  resources: ["namespaces"]                 # 클러스터롤로 정의한다
  resourceNames: ["kiamol-ch17"]            # 하나의 네임스페이스에 대한 권한이 부여되었다
  verbs: ["get"]
```

RBAC의 한 가지 단점은 규칙이 적용되기 전에 대상 리소스가 먼저 존재해야 한다는 것이다. 이 때도 네임스페이스 및 서비스 계정이 롤과 롤바인딩을 생성하기 전에 먼저 있어야 한다. kubectl 을 사용하여 디렉터리 하나에 포함된 전체 매니페스트를 배치하려고 할 때, 의존 관계에 따라 올바른 순서대로 배치되지는 않으며 파일 이름 순서를 따른다. 그래서 이 매니페스트 파일의 이름이 02-rbac.yaml인 것이다. 이렇게 하면 서비스 계정 및 네임스페이스가 먼저 생성되는 것이 보장된다.

지금까지 개별 애플리케이션에 세세한 권한을 부여하는 방법을 알아보았다. 그러나 RBAC의 다른 주축을 이루는 기능은 주체 또는 그 그룹에 동일한 일련의 규칙을 적용하는 것이다. 이제 이 기능을 한번 살펴보자.

17.3 / 사용자나 서비스 계정 또는 그 그룹에 롤을 부여하기

롤바인딩이나 클러스터 롤바인딩은 그룹을 대상으로 할 수 있으며, 사용자와 서비스 계정 모두 그룹에 속할 수 있다. 사용자는 쿠버네티스 외부에서 인증받으며, 쿠버네티스 API는 제공된 사용자명 및 그룹 정보를 신뢰한다. 사용자는 여러 그룹에 속할 수 있으며, 그룹명과 구성원은 인증 시스템이 관리한다. 서비스 계정은 제약이 더 많다. 서비스 계정은 항상 두 개의 그룹에 속한다. 하나는 클러스터 내 모든 서비스 계정의 그룹이고, 다른 하나는 자신이 속한 네임스페이스 내 모든 서비스 계정의 그룹이다.

그룹은 롤을 부여할 수 있는 주체의 또 다른 형태다. 정의 내용은 같고, 롤을 부여받는 대상이 사용자나 서비스 계정이 아닐 뿐이다. 쿠버네티스는 그룹명이 유효한지 검사하지 않는다. 인증 시스템에 설정된 그룹과 롤바인딩에 작성된 그룹이 일치하도록 하는 책임은 전적으로 사용자 몫이다. 인증서에도 그룹 정보가 포함되어 있다. 이 때문에 두 개 이상의 그룹에 속한 사용자 인증서를 만들 수 있다.

실습 인증서 생성기를 이용하여 더 많은 정보를 포함하는 사용자를 만들어 보자. 그룹 정보를 포함하는 인증서를 만드는데, 이 사용자는 사이트 신뢰성 엔지니어 그룹(sre-user)과 테스터 그룹(test-user)에 동시에 속하는 사용자다.

```
# 두 사용자를 생성한다
kubectl apply -f user-groups/

# sre 그룹의 사용자가 파드 삭제 권한이 있는지 확인한다(없음)
kubectl exec sre-user -- kubectl auth can-i delete pods

# 인증서의 상세 정보를 화면에 출력한다
kubectl exec sre-user -- sh -c 'openssl x509 -text -noout -in /certs/user.crt | grep
Subject:'

# test 그룹의 사용자가 파드 로그 열람 권한이 있는지 확인한다(없음)
kubectl exec test-user -- kubectl auth can-i get pod/logs

# 이 인증서의 상세 정보도 화면에 출력한다
kubectl exec test-user -- sh -c 'openssl x509 -text -noout -in /certs/user.crt | grep
Subject:'
```

이제 배속된 팀을 가리키는 각각 다른 그룹(sre, test)에 속한 두 개의 사용자 인증서가 생겼다. 사용자명이나 그룹명이 참조된 롤바인딩이 아직 없으므로 이들 사용자는 아직 아무것도 할 수 없다. 그림 17-11을 보면 쿠버네티스 인증서의 주체 정보 표준 항목이 나온다. 이름(CN)이 사용자명, 조직(O)에 그룹명이 들어가 있다(조직 항목이 여러 개 있으면 여러 그룹에 속한 것이다).

▼ 그림 17-11 인증서에는 사용자명과 마찬가지로 하나 이상의 그룹 정보가 포함될 수 있다(없을 수도 있다)

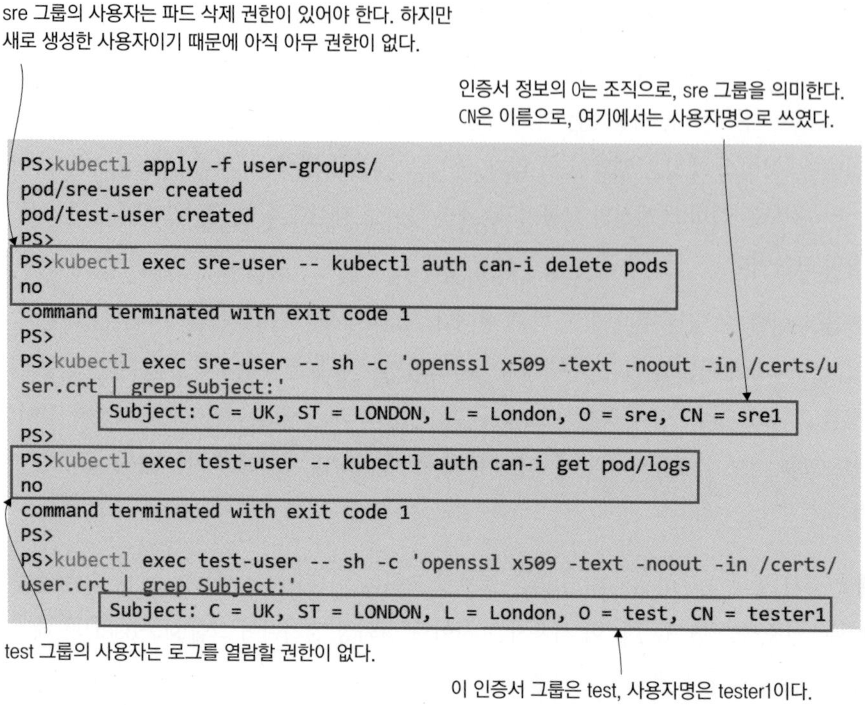

sre 그룹의 사용자는 파드 삭제 권한이 있어야 한다. 하지만
새로 생성한 사용자이기 때문에 아직 아무 권한이 없다.

인증서 정보의 O는 조직으로, sre 그룹을 의미한다.
CN은 이름으로, 여기에서는 사용자명으로 쓰였다.

```
PS>kubectl apply -f user-groups/
pod/sre-user created
pod/test-user created
PS>
PS>kubectl exec sre-user -- kubectl auth can-i delete pods
no
command terminated with exit code 1
PS>
PS>kubectl exec sre-user -- sh -c 'openssl x509 -text -noout -in /certs/u
ser.crt | grep Subject:'
        Subject: C = UK, ST = LONDON, L = London, O = sre, CN = sre1
PS>
PS>kubectl exec test-user -- kubectl auth can-i get pod/logs
no
command terminated with exit code 1
PS>
PS>kubectl exec test-user -- sh -c 'openssl x509 -text -noout -in /certs/
user.crt | grep Subject:'
        Subject: C = UK, ST = LONDON, L = London, O = test, CN = tester1
```

test 그룹의 사용자는 로그를 열람할 권한이 없다.

이 인증서 그룹은 test, 사용자명은 tester1이다.

sre 그룹의 사용자는 파드 삭제 권한이 필요하고, test 그룹의 사용자는 파드 로그를 읽을 수 있어야 한다. 그룹을 대상으로 하는 롤바인딩을 배치하면 팀의 모든 구성원이 같은 권한을 갖도록 할 수 있다. 그 대신 그룹의 구성원을 관리하는 책임은 인증 시스템에 맡긴다. sre 그룹은 문제 원인을 진단할 수 있도록 클러스터 전체에 대한 열람 권한을 준 후 해당 팀에서 담당하는 네임스페이스로 권한을 제한한다. 이런 롤은 사전 정의된 것이 있으므로 sre 그룹을 대상으로 롤바인딩만 배치하면 된다. test 그룹은 예제 17-6과 같이 매우 제한된 권한을 부여하면 된다.

예제 17-6 test-group.yaml, 파드 상세 정보 및 로그 열람 권한이 부여된 롤 정의

```
apiVersion: rbac.authorization.k8s.io/v1
kind: ClusterRole
metadata:
  name: logs-reader
```

```
rules:
- apiGroups: [""]
  resources: ["pods", "pods/log"]       # 로그는 파드의 하위 리소스이며
  verbs: ["get"]                         # 명시적인 권한이 필요하다
```

예제 17-6의 매니페스트 파일에는 이 롤을 test 그룹에 부여하는 클러스터 롤바인딩도 포함되어
있다. 결과적으로 test 그룹의 구성원은 모든 파드의 상세 정보와 로그를 볼 수 있지만, 파드 목록
은 볼 수 없고 그 외 다른 정보에도 접근할 수 없다. 리소스 중에는 하위 리소스를 가진 것도 있다.
하위 리소스는 별도 권한을 부여해야 한다. 그래서 파드에 대한 권한만으로 파드 로그를 열람할
수는 없다. 두 그룹에 대한 롤바인딩을 배치하면 두 사용자가 각각 필요한 권한을 갖게 된다.

실습 롤바인딩을 배치하여 새로운 사용자에 각각 해당 그룹에 필요한 권한을 부여하라.

```
# 롤 및 롤바인딩을 배치한다
kubectl apply -f user-groups/bindings/

# sre 그룹의 사용자는 기본 네임스페이스 파드를 삭제할 수 없다
kubectl exec sre-user -- kubectl auth can-i delete pods

# 반면 ch17 네임스페이스의 파드는 삭제할 수 있다
kubectl exec sre-user -- kubectl auth can-i delete pods -n kiamol-ch17

# test 그룹의 사용자는 파드 목록을 확인할 수 없다
kubectl exec test-user -- kubectl get pods

# 하지만 존재를 알고 있는 파드 로그는 확인할 수 있다
kubectl exec test-user -- kubectl logs test-user --tail 1
```

그림 17-12를 보면 의도대로 동작하는 것을 알 수 있다. 두 사용자 모두 필요한 수준의 권한을 획
득했지만, 롤을 각각의 사용자가 아닌 그룹에 부여했다. 마찬가지로 사용자나 그룹을 변경하지 않
고도 권한을 변경할 수 있다. 새로운 사용자가 생기거나 팀 간 인원 이동이 생겨도 RBAC에는 변
경을 가할 필요가 없으며, 쿠버네티스는 인증 시스템의 현재 그룹 정보를 따르면 된다.

❤ 그림 17-12 그룹 단위로 권한을 관리하면 사용자가 필요한 권한을 쉽게 구성할 수 있다

롤과 롤바인딩으로 그룹 전체에 필요한 권한을 부여했다.
이 그룹에 속하는 사용자는 이들 권한을 모두 상속받는다.

sre 그룹의 사용자는 자신이 담당한 애플리케이션의
네임스페이스에 포함된 파드만 삭제할 수 있다.

```
PS>kubectl apply -f user-groups/bindings/
clusterrolebinding.rbac.authorization.k8s.io/sre-view-cluster created
rolebinding.rbac.authorization.k8s.io/sre-edit-ch17 created
clusterrole.rbac.authorization.k8s.io/logs-reader created
clusterrolebinding.rbac.authorization.k8s.io/test-logs-cluster created
PS>
PS>kubectl exec sre-user -- kubectl auth can-i delete pods
no
command terminated with exit code 1
PS>
PS>kubectl exec sre-user -- kubectl auth can-i delete pods -n kiamol-ch17
yes
PS>
PS>kubectl exec test-user -- kubectl get pods
Error from server (Forbidden): pods is forbidden: User "tester1" cannot li
st resource "pods" in API group "" in the namespace "default"
command terminated with exit code 1
PS>
PS>kubectl exec test-user -- kubectl logs test-user --tail 1
** Using context for user: tester1; group: test
```

tester 그룹의 사용자는 파드 목록은 볼 수 없지만, 이름을 알고 있는
파드의 로그는 열람할 수 있다.

이런 설정은 액티브 디렉터리나 통합 인증이 적용된 클라우드 환경 같은 큰 규모 환경에서도 문제 없이 동작한다. 소규모 클러스터라면 쿠버네티스 내부에서 인증을 관리하게 할 수도 있지만, 그렇게 하면 지금처럼 인증서를 생성할 수 없다. 인증서 생성기가 만든 인증서는 유효 기간이 1년인데, 그룹의 구성원 목록이 인증서에 포함되므로 그룹 간 인원 이동이 어려워진다. 또한 어떤 권한을 회수하려면 다시 쿠버네티스 인증서를 발급받아 모든 사용자에게 배부해야 한다.

다른 방법으로 서비스 계정을 오용하는 방법이 주로 쓰인다. 사용자마다 서비스 계정을 만들고, 이 서비스 계정의 토큰으로 kubectl을 인증해서 사용하는 방법이다. 이 방법은 수백 명 이상의 사용자를 감당하기 어렵지만, 외부 인증 시스템 없이 소수 사용자끼리 사용하는 쿠버네티스의 접근 보안을 위해서라면 나쁘지 않다. 다만 그룹의 서비스 계정을 만들 수 없기 때문에 그룹 권한을 적용하려면 조금 까다로운 우회가 필요하다. 네임스페이스를 그룹으로 삼아 각 그룹마다 네임스페이스를 만들고, 그룹의 모든 서비스 계정을 해당하는 네임스페이스로 몰아넣은 것이다. 그림 17-13에 이런 구조를 설명했다.

▼ 그림 17-13 토큰과 그룹을 가질 수 있는 서비스 계정의 용도를 바꾸어 사용자 계정으로 오용하는 방법이다

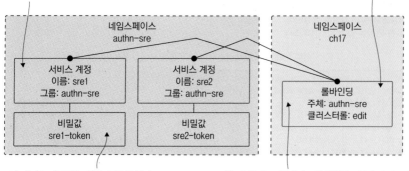

한 네임스페이스의 모든 서비스 계정을
하나의 그룹으로 삼는다.

이 바인딩은 클러스터롤 edit을 authn-sre 네임스페이스에
부여한다. 따라서 authn-sre 네임스페이스에 속한 서비스 계정이
모두 ch17 네임스페이스의 리소스에 대한 edit 권한을 얻는다.

네임스페이스
authn-sre

서비스 계정
이름: sre1
그룹: authn-sre

서비스 계정
이름: sre2
그룹: authn-sre

비밀값
sre1-token

비밀값
sre2-token

네임스페이스
ch17

롤바인딩
주체: authn-sre
클러스터롤: edit

각 서비스 계정에는 인증 토큰이 있다.
이 인증 토큰을 kubectl에 사용하면
서비스 계정을 사용자 계정처럼 쓸 수 있다.

롤 및 클러스터롤은 (그룹 역할을 하는) 네임스페이스에
부여될 수 있다. 이 네임스페이스에 속한 모든 서비스
계정이 같은 권한을 받는다.

서비스 계정은 클러스터 내에서 우리가 자유로이 생성 및 삭제 가능하고 토큰을 삭제하면 권한 회수도 가능하기 때문에 마치 사용자 계정처럼 사용할 수 있다. sre 및 test 그룹의 사용자를 서비스 계정으로 다시 만들고, 그룹에 따라 서로 다른 네임스페이스로 분리하여 서로 다른 권한을 부여해 보겠다.

실습 sre 및 test 그룹의 네임스페이스를 만들고 각각 그룹에 속할 서비스 계정과 토큰을 만들어라.

```
# 두 그룹의 네임스페이스, 서비스 계정, 토큰을 생성한다
kubectl apply -f user-groups/service-accounts/

# 그룹에 바인딩을 적용한다
kubectl apply -f user-groups/service-accounts/role-bindings/

# sre 그룹 사용자의 클러스터 전체 열람 권한을 확인한다
kubectl get clusterrolebinding sre-sa-view-cluster -o custom-columns='ROLE:.roleRef.
name,SUBJECT KIND:.subjects[0].kind,SUBJECTNAME:.subjects[0].name'
```

새로운 클러스터 롤바인딩은 서비스 계정 그룹에 적용되는데, 서비스 계정 그룹의 실체는 서비스 계정들이 속하는 네임스페이스다. 지금 생성한 클러스터 롤바인딩과 앞서 사용했던 사용자 인증서 클러스터롤 차이는 그룹명뿐이다. sre 그룹명은 system:serviceaccounts:kiamol-authn-sre가

되며, `kiamol-authn-sre`는 sre 그룹의 서비스 계정이 모여 있는 네임스페이스의 이름이다. 그림 17-14를 보며 이해하기 바란다.

▼ 그림 17-14 서비스 계정과 토큰, 네임스페이스를 사용하여 인증 시스템을 흉내 내는 방법이다

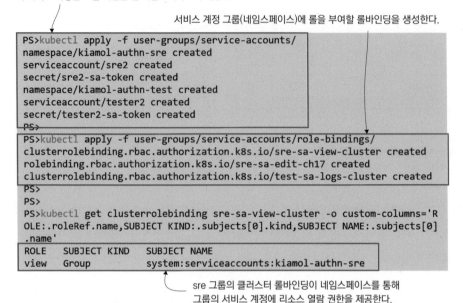

사용자 계정으로 사용할 서비스 계정을 생성한다.
이 서비스 계정은 그룹 역할을 할 네임스페이스에 속한다.

서비스 계정 그룹(네임스페이스)에 롤을 부여할 롤바인딩을 생성한다.

```
PS>kubectl apply -f user-groups/service-accounts/
namespace/kiamol-authn-sre created
serviceaccount/sre2 created
secret/sre2-sa-token created
namespace/kiamol-authn-test created
serviceaccount/tester2 created
secret/tester2-sa-token created
PS>
PS>kubectl apply -f user-groups/service-accounts/role-bindings/
clusterrolebinding.rbac.authorization.k8s.io/sre-sa-view-cluster created
rolebinding.rbac.authorization.k8s.io/sre-sa-edit-ch17 created
clusterrolebinding.rbac.authorization.k8s.io/test-sa-logs-cluster created
PS>
PS>
PS>kubectl get clusterrolebinding sre-sa-view-cluster -o custom-columns='R
OLE:.roleRef.name,SUBJECT KIND:.subjects[0].kind,SUBJECT NAME:.subjects[0]
.name'
ROLE    SUBJECT KIND    SUBJECT NAME
view    Group           system:serviceaccounts:kiamol-authn-sre
```

sre 그룹의 클러스터 롤바인딩이 네임스페이스를 통해
그룹의 서비스 계정에 리소스 열람 권한을 제공한다.

서비스 계정은 자신을 인증하는 데 JSON 웹 토큰을 사용한다. 이 토큰은 kubernetes.io/service-account-token 타입의 비밀값 형태로 파드 볼륨에 미리 저장되는데, 모든 서비스 계정은 적어도 하나의 토큰을 갖도록 되어 있다. 토큰은 직접 생성할 수도 있기 때문에 어렵지 않게 배포 및 무효화, 주기적인 교체가 가능하다. 앞서 실습 예제에서 보았듯이, 토큰 생성 절차도 쿠버네티스가 알아서 하므로 비밀값의 타입만 제대로 지정해 주면 된다. 자, 이제 서비스 계정 준비가 끝났다.

kubectl은 다양한 인증 방법을 지원한다. 이미 우리가 사용한 인증서가 있고, 사용자명/패스워드, 제삼자 인증과 JWT를 사용할 수 있다. 클러스터에 인증 접근을 시도하려면 사용하려는 인증 수단(여기에서는 서비스 계정의 토큰)을 포함하는 새로운 컨텍스트를 만들면 된다. 이 컨텍스트로 입력되는 모든 명령은 그룹의 권한이 반영된 서비스 계정의 권한으로 동작한다.

실습 kubectl로 sre 그룹을 위한 컨텍스트를 생성한 후 클러스터 인증 접근이 가능한지 확인하라. 여러분 실습 클러스터의 인증 시스템이 무엇이든 제대로 동작할 것이다.

```
# 명령행 환경에 base64 명령을 추가하기(윈도우 환경에서만 입력)
. .\base64.ps1

# 토큰이 담긴 비밀값에서 토큰을 추출하여 파일에 저장한다
kubectl get secret sre2-sa-token -n kiamol-authn-sre -o jsonpath='{.data.token}' |
base64 -d > sa-token

# 토큰 파일을 새로운 인증 수단으로 kubectl에 등록한다
kubectl config set-credentials ch17-sre --token=$(cat sa-token)

# sre 그룹의 인증 수단을 사용하는 컨텍스트를 생성한다
kubectl config set-context ch17-sre --user=ch17-sre --cluster $(kubectl config view -o
jsonpath='{.clusters[0].name}')

# sre 그룹의 계정으로 파드 삭제가 가능한지 확인한다
kubectl delete pods -n kiamol-ch17 -l app=todo-web --context ch17-sre
```

이번 실습 예제는 쿠버네티스의 서비스 계정용 자체 인증을 사용한 것이므로 (제삼자 인증 시스템이 적용되었더라도) 모든 클러스터에서 문제없이 동작한다. 그림 17-15를 보면 sre 그룹의 서비스 계정이 kiamol-ch17 네임스페이스의 파드 삭제 권한을 획득한 것을 알 수 있다.

♥ 그림 17-15 사용자는 서비스 계정의 토큰으로 서비스 계정을 사용자 계정처럼 쓸 수 있다

비밀값에는 서비스 계정으로 인증할 수 있는 토큰이 들어 있다.
토큰을 얻고자 Base64로 디코딩한다.

kubectl에서 JWT를 인증 수단으로 사용할 수 있다.

```
PS>. .\base64.ps1
PS>
PS>kubectl get secret sre2-sa-token -n kiamol-authn-sre -o jsonpath='{.dat
a.token}' | base64 -d > sa-token
PS>
PS>kubectl config set-credentials ch17-sre --token=$(cat sa-token)
User "ch17-sre" set.
PS>
PS>kubectl config set-context ch17-sre --user=ch17-sre --cluster $(kubectl
 config view -o jsonpath='{.clusters[0].name}')
Context "ch17-sre" created.
PS>
PS>kubectl delete pods -n kiamol-ch17 -l app=todo-web --context ch17-sre
pod "todo-web-664d694b58-p5mq5" deleted
```

sre 그룹의 컨텍스트를 사용하면 kubectl에 sre 그룹의 서비스 계정으로 인증된다.
이 계정에는 ch17 네임스페이스의 파드를 삭제하는 권한이 있다.

JWT에 해박하다면 이미 알겠지만, 토큰을 디코딩하면 토큰에 포함된 정보를 볼 수 있다(https://jwt.io에 온라인 디코딩 도구가 있다). 이 토큰 정보를 보면 쿠버네티스가 토큰 발행자고 주체는 서비스 계정 이름인 system:serviceaccount:kiamol-authn-sre:sre2인 것을 알 수 있다. RBAC에서 계산되는 최종 권한은 서비스 계정의 권한과 이들 그룹 역할을 하는 서비스 계정 네임스페이스의 권한을 합친 것이다. 여기에서 한 가지 주의할 점이 있다. 서비스 계정 그룹에 권한을 부여할 때 네임스페이스 정보를 빼먹으면 모든 계정이 클러스터 관리자 권한을 얻게 된다. (도커 데스크톱의 한 버전에서 이런 일이 실제로 일어난 적이 있었다. 해당 이슈 문서를 참고하기 바란다. https://github.com/docker/for-mac/issues/4774)

이제 인증을 클러스터 내부에서 관리할 수 있게 되었다. 서비스 계정의 토큰을 삭제하는 방법으로 특정 사용자 권한을 간단히 회수할 수 있다. 이 사용자가 인증에 사용하던 토큰이 무효화되었으니 어떤 작업을 시도하든 권한이 없어 차단될 것이다.

실습 토큰을 삭제하여 사용자가 sre 그룹 권한을 인증하지 못하게 하라.

```
# 액세스 토큰을 삭제한다
kubectl delete secret sre2-sa-token -n kiamol-authn-sre

# 토큰 삭제가 반영될 때까지 대기한다
sleep 30

# sre 그룹의 계정으로 파드에 접근을 시도한다
kubectl get pods --context ch17-sre
```

그림 17-16을 보면 권한이 간단히 회수되었다. 토큰을 주기적으로 교체하는 방법은 다음과 같다. 새 토큰을 생성하고 사용자에게 보내면(토큰이 외부에 노출되면 안 됨!), 사용자는 기존 토큰을 삭제하고 새 토큰을 사용하도록 컨텍스트를 변경한다. 그룹 간 인원 이동은 조금 더 번거롭다. 새로 옮겨 갈 그룹의 네임스페이스에 새 서비스 계정을 만들고 토큰을 생성해서 보낸다. 그리고 기존 서비스 계정은 삭제한다.

클러스터에서 토큰을 삭제하면 해당 서비스 계정이
더 이상 기존 토큰으로 인증할 수 없게 된다.

```
PS>kubectl delete secret sre2-sa-token -n kiamol-authn-sre
secret "sre2-sa-token" deleted
PS>
PS>sleep 30
PS>
PS>kubectl get pods --context ch17-sre
error: You must be logged in to the server (Unauthorized)
```

kubectl에서 삭제된 토큰을 사용하려고 하면 권한 없음 오류가 일어난다.

몇 가지 한계점을 용납할 수 있다면, 서비스 계정을 사용자 계정으로 전용하는 방법은 어렵지 않게 클러스터 보안을 확보할 수 있다. 클러스터 보안의 출발점으로 삼아도 나쁘지 않다. 다만 앞으로 나아갈 목표가 무엇인지 그 로드맵을 확실히 결정해야 한다. 아마 OpenID 커넥트(OIDC)를 채택한 후 OIDC 계정 및 그룹을 주체로 롤바인딩을 생성하는 형태가 될 것이다.

자체 인증 시스템과 RBAC 규칙을 확립했더라도 아직 끝난 것이 아니다. 쿠버네티스에는 권한 부여가 제대로 되었는지 검증하는 도구가 잘 갖추어져 있지 않다. 다음 절에서는 권한 부여를 검증하는 서드파티 도구를 소개하겠다.

KUBERNETES

17.4 서드파티 플러그인을 사용한 권한 부여 검증하기

kubectl의 can-i 명령이 특정 사용자가 어떤 작업을 수행할 권한이 있는지 알아보기에는 유용하지만, 권한 부여를 검증하는 수단으로는 충분하지 않다. 어떤 작업을 수행할 권한이 있는 사용자가 누구인지 파악하거나, 각 사용자의 권한 매트릭스가 필요하다거나, 특정 RBAC 주체를 검색하여 해당 주체의 권한을 확인해야 할 때가 종종 있다. 이때는 어쩔 수 없이 다른 도구를 사용해야한다. kubectl에는 추가 명령을 지원하는 플러그인 시스템이 있어 이런 경우의 필요를 만족시켜주는 플러그인을 사용할 수 있다.

kubectl을 사용하는 데 가장 편리한 방법은 플러그인 관리자인 크루(Krew)를 사용하는 것이다. 크루는 로컬 컴퓨터에 직접 설치하면 되지만 그 과정은 아주 간단하지 않다. 또 로컬 컴퓨터에 플러그인을 설치하길 원하지 않는 사용자도 있기 때문에(만약 로컬 컴퓨터에 플러그인을 설치해도 문제없다면 크루의 설치 관련 참조 문서를 참고, https://krew.sigs.k8s.io/docs/user-guide/setup/install) 필자가 크루가 이미 설치된 이미지를 준비해 두었다. 이 이미지를 사용하면 안전하게 플러그인을 테스트해 볼 수 있다. 첫 번째 플러그인은 who-can이다. 앞서 사용했던 can-i의 반대 역할을 한다.

> **실습** 크루 파드를 실행한 후 컨테이너에 접속하여 who-can 플러그인을 사용해 보아라.

```
# 크루가 설치된 파드를 실행한다
kubectl apply -f rbac-tools/

# 파드가 준비될 때까지 대기한다
kubectl wait --for=condition=ContainersReady pod -l app=rbac-tools

# 크루 컨테이너에 접속한다
kubectl exec -it deploy/rbac-tools -- sh

# who-can 플러그인을 설치한다
kubectl krew install who-can

# todo-list 컨피그맵에 접근 권한이 있는 사용자를 확인한다
kubectl who-can get configmap todo-web-config
```

바이너리 실행 파일이라면 무엇이든 kubectl 플러그인으로 쓸 수 있지만, 크루를 사용하면 설치 과정을 간단히 할 수 있고 유용한 플러그인을 추천받을 수도 있다(크루는 쿠버네티스 특별관심그룹(SIG)에서 관리하는 프로젝트다). 플러그인은 여러분이 사용하는 컨텍스트의 인증 사용자 권한으로 동작하므로 플러그인이 어떤 기능을 하는지 잘 확인한 후 사용해야 한다. 예제에서 사용된 who-can 플러그인은 아쿠아 시큐리티에서 만든 것으로(그림 17-17), RBAC 롤을 차례로 살펴보면서 지정된 권한과 일치하는 것을 찾은 후 이 롤을 부여받은 주체를 파악해서 알려 준다.

크루가 설치된 파드를 실행한다. 로컬 컴퓨터에
아무 변경 없이 플러그인을 테스트해 볼 수 있다.

크루에는 플러그인 목록이 있어 이 목록을 검색해서 원하는
플러그인을 찾아 설치할 수 있다(설치 중 출력되는 메시지는 생략했다).

```
PS>kubectl apply -f rbac-tools/
serviceaccount/rbac-tools created
deployment.apps/rbac-tools created
clusterrolebinding.rbac.authorization.k8s.io/rbac-tools-admin created
PS>
PS>kubectl wait --for=condition=ContainersReady pod -l app=rbac-tools
pod/rbac-tools-5cc47c5545-xwnhg condition met
PS>
PS>kubectl exec -it deploy/rbac-tools -- sh
/ #
/ # kubectl krew install who-can
Updated the local copy of plugin index.
Installing plugin: who-can
Installed plugin: who-can
```

```
/ # kubectl who-can get configmap todo-web-config
No subjects found with permissions to get configmap assigned through Role
Bindings

CLUSTERROLEBINDING                              SUBJECT
                TYPE          SA-NAMESPACE
cluster-admin                                   system:masters
            Group
docker-for-desktop-binding                      system:serviceaccounts:kube-
system          Group
rbac-tools-admin                                rbac-tools
            ServiceAccount   default
sre-sa-view-cluster                             system:serviceaccounts:kiamo
l-authn-sre  Group
```

플러그인을 마치 kubectl 명령처럼 사용할 수 있다. who-can 플러그인은
지정된 리소스에 대한 권한이 있는 롤을 가진 주체를 찾아 알려 준다.
이 중 익숙한 이름이 몇몇 보인다.

RBAC 권한 부여 검증에 유용한 플러그인을 두 개 더 소개하겠다. 두 번째 플러그인은 access-matrix다. 이 플러그인은 특정 리소스 또는 유형을 지정하면 이 대상에 대한 접근 권한이 있는 룰과 이 룰을 부여받은 주체가 누구인지 보여 준다. 주기적으로 접근 권한 매트릭스를 만들어 주며 잘못 부여된 권한이 없는지 확인할 수 있기 때문에, 권한 부여를 검증할 때 가장 유용한 플러그인일 것이다.

실습 access-matrix 플러그인을 설치한 후 여러 리소스에 대해 접근 권한 매트릭스를 출력해 보아라.

```
# access-matrix 플러그인을 설치한다
kubectl krew install access-matrix
```

```
# 파드에 대한 접근 권한 매트릭스를 출력한다
kubectl access-matrix for pods -n default

# 컨피그맵 todo-web-config에 대한 접근 권한 매트릭스를 출력한다
kubectl access-matrix for configmap todo-web-config -n default
```

그림 17-18을 보면 깔끔하게 아이콘까지 사용된 접근 권한 매트릭스가 출력되었다. 아이콘을 사용하지 않고 아스키 문자로만 출력하게 할 수도 있다. 파드의 전체 권한 매트릭스는 여러 컨트롤러나 시스템 컴포넌트가 많이 나오기 때문에 지면의 실행 결과는 많은 부분이 생략된 것이다. 특정 컨피그맵에 대한 접근 권한 매트릭스는 이보다 훨씬 간결하다. 우리가 이전 절에서 만든 sre 그룹이 목록 확인 권한을 갖는다고 나온다. rbac-tools 서비스 계정이 모든 대상에 대해 변경 및 삭제 권한을 갖고 있는데, 필자가 귀찮음 때문에 플러그인에 딱 필요한 사용자 정의 롤을 따로 정의하지 않고 그냥 클러스터 관리자 롤을 부여했기 때문이다.

❤ 그림 17-18 access-matrix 플러그인은 다양한 대상에 대한 접근 권한 매트릭스를 작성해 준다

access-matrix 플러그인을 사용하면 특정 리소스에 대한 권한을 가진 주체가 누구인지 알 수 있다.

파드 권한에 대한 출력은 상당 부분을 생략했으나, 실제 출력 내용에는 시스템 컴포넌트가 많이 포함된다. 디플로이먼트의 동작 방식을 기억한다면 디플로이먼트가 파드 목록을 확인해야 하고, 레플리카셋은 파드의 생성 및 삭제 권한이 필요함을 알 것이다.

```
/ # kubectl krew install access-matrix
Updated the local copy of plugin index.
Installing plugin: access-matrix
Installed plugin: access-matrix
/ # kubectl access-matrix for pods -n default
```

NAME	KIND	SA-NAMESPACE	LIST	CREATE	UPDATE	DELETE
deployment-controller	ServiceAccount	kube-system	✓	✗	✓	✗
replicaset-controller	ServiceAccount	kube-system	✓	✓	✗	✓
sre	Group		✓	✗	✗	✗
statefulset-controller	ServiceAccount	kube-system	✓	✓	✓	✓
system:kube-controller-manager	User		✓	✗	✗	✗
system:kube-scheduler	User		✓	✗	✗	✓
system:masters	Group		✓	✓	✓	✓
system:serviceaccounts:kiamol-authn-sre	Group		✓	✗	✗	✗
system:serviceaccounts:kube-system	Group		✓	✓	✗	✗

```
/ # kubectl access-matrix for configmap todo-web-config -n default
```

NAME	KIND	SA-NAMESPACE	LIST	CREATE	UPDATE	DELETE
generic-garbage-collector	ServiceAccount	kube-system	✓	✗	✓	✓
horizontal-pod-autoscaler	ServiceAccount	kube-system	✓	✗	✗	✗
namespace-controller	ServiceAccount	kube-system	✓	✗	✗	✓
rbac-tools	ServiceAccount	default	✓	✓	✓	✓
resourcequota-controller	ServiceAccount	kube-system	✓	✗	✗	✗
sre	Group		✓	✗	✗	✗
system:kube-controller-manager	User		✓	✗	✗	✗
system:masters	Group		✓	✓	✓	✓
system:serviceaccounts:kiamol-authn-sre	Group		✓	✗	✗	✗

컨피그맵의 접근 권한 매트릭스 역시 시스템 컴포넌트가 상당수 차지한다. 이외에도 sre 그룹의 서비스 계정도 볼 수 있고, rbac-tools 파드를 위해 만들었던 서비스 계정도 보인다. 이 계정에는 필요 이상의 권한이 부여되었다.

마지막 세 번째 플러그인은 rbac-lookup이다. 이 플러그인은 RBAC 권한 주체의 검색 기능을 제공한다. 검색어를 입력하면 검색어와 일치하는 사용자 계정, 서비스 계정이나 그룹을 보여 주고 이들의 롤도 함께 알려 준다. 특정 사용자가 정당한 권한을 가지고 있는지 검증할 때 사용자 관점에서 RBAC 권한을 확인하기 편리하다.

실습 rbac-lookup 플러그인을 설치하고 검색어 sre와 test로 RBAC 권한 주체를 검색하라.

```
# rbac-lookup 플러그인을 설치한다
kubectl krew install rbac-lookup

# sre 검색어로 RBAC 권한 주체를 검색한다
kubectl rbac-lookup sre

# test 검색어로 검색한다
kubectl rbac-lookup test
```

어떤 사용자가 속한 모든 그룹의 권한을 합쳐 해당 사용자의 모든 권한을 정리하는 기능은 어떤 플러그인도 제공할 수 없다. 쿠버네티스 입장에서는 누가 어떤 그룹에 속하는지 알 수 없기 때문이다. RBAC는 제시된 사용자와 해당 사용자가 속한 그룹 목록으로 이 사용자의 통합된 권한을 계산한다. 하지만 이렇게 특정 사용자의 신원으로 작업 요청을 받은 상태가 아니면 어떤 그룹에 누가 속해 있는지 알 수 없다. 모든 계정이 두 개 이상의 그룹에 속해 있는 서비스 계정이 아니기 때문이다. 그림 17-19를 보아도 sre 그룹은 찾을 수 있지만, 이 그룹에 누가 속하는지 알 방법이 없다. 다만 kiamol-authn-sre 네임스페이스의 서비스 계정 목록에서 그룹에 속한 서비스 계정이 어떤 것인지 알 수 있을 뿐이다.

✔ 그림 17-19 RBAC 권한 주체를 검색하고 해당 주체가 부여받은 롤을 알려 준다

rbac-lookup 플러그인은 RBAC 권한 주체를 검색하고 이들이 부여받은 롤을 알려 준다.

이름에 sre가 들어가는 권한 주체는 두 개가 있다. 하나는 사용자 계정이고, 다른 하나는 서비스 계정이다. 둘 모두 클러스터롤 및 롤을 부여받았다.

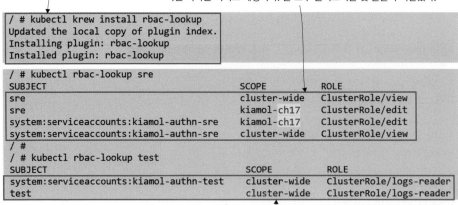

```
/ # kubectl krew install rbac-lookup
Updated the local copy of plugin index.
Installing plugin: rbac-lookup
Installed plugin: rbac-lookup

/ # kubectl rbac-lookup sre
SUBJECT                                    SCOPE          ROLE
sre                                        cluster-wide   ClusterRole/view
sre                                        kiamol-ch17    ClusterRole/edit
system:serviceaccounts:kiamol-authn-sre    kiamol-ch17    ClusterRole/edit
system:serviceaccounts:kiamol-authn-sre    cluster-wide   ClusterRole/view
/ #
/ # kubectl rbac-lookup test
SUBJECT                                    SCOPE          ROLE
system:serviceaccounts:kiamol-authn-test   cluster-wide   ClusterRole/logs-reader
test                                       cluster-wide   ClusterRole/logs-reader
```

이름에 test가 들어가는 권한 주체도 두 개가 있다. 둘 모두 클러스터 전체를 범위로 하는 logs-reader 롤을 부여받았다.

크루의 플러그인 카탈로그를 잘 뒤져 보면 독자 여러분의 일상 업무에 도움이 되는 플러그인을 더 찾을 수 있을 것이다. 이 절에서는 RBAC를 이용하는 데 도움이 되는 잘 검증된 플러그인을 다루었다. 이외에도 잘 만들어진 플러그인이 많다. 이 장 실습은 여기까지다. 보안 정책을 구상하는 몇 가지 도움말을 마지막으로 이 장을 마무리하겠다.

17.5 / RBAC 전략 구상하기

KUBERNETES

RBAC를 사용하면 애플리케이션과 외부 사용자의 권한을 동일한 방법으로 통제할 수 있다. 롤과 롤바인딩이 이들 두 부류에 대해 동일하게 작용하기 때문이다. 하지만 이들 두 부류에 대해 서로 다른 접근법을 취해야 한다. 사용자는 별도의 신뢰할 수 있는 시스템에 사용자명 및 소속 그룹 정보를 의존하는 형태로 인증하는 것이 좋다. 우선 사전 정의된 클러스터롤(view, edit, admin)을 활용하여 이들 롤을 그룹에 부여하는 것부터 시작하면 된다. 클러스터 관리자 롤은 엄중히 관리하고 꼭 필요할 때만 부여한다. 가급적이면 자동화된 프로세스를 수행하는 서비스 계정에는 부여하지 않는 것이 좋다.

네임스페이스를 보안 경계로 삼는 것도 좋다. 여러분 인증 시스템에 그룹 정보가 있어 어떤 사용자 소속 팀 및 해당 팀의 허용된 작업을 알 수 있다면, 롤과 프로덕트의 네임스페이스를 연결하는 롤바인딩만으로도 충분하다. 클러스터 전체를 범위로 하는 권한은 주의해야 한다. 권한 상승을 일으키기 쉽기 때문이다. 예를 들어 어떤 사용자가 클러스터 전체의 비밀값을 읽을 권한이 있다면, 자신보다 권한이 높은 서비스 계정의 JWT 토큰을 탈취해서 해당 계정의 네임스페이스 관리자 권한을 얻게 될 수도 있다.

서비스 계정은 되도록 사용하지 말되, 쿠버네티스 API를 사용해야 하는 애플리케이션만 사용하도록 한다. 기본 서비스 계정의 속성에서 파드에 이들 계정의 토큰이 자동으로 포함되지 않게 할 수 있다. 이렇게 하면 명시적으로 요구하지 않는 한 파드에 서비스 계정의 토큰이 들어가지 않는다. 다시 강조하지만 RBAC는 배치 시점 이전에도 적용 가능하다. 볼륨 형태로 마운트된 컨피그맵을 사용하는 파드는 굳이 서비스 계정이 필요 없다. 쿠버네티스 API를 직접 사용하는 애플리케이션이어야 서비스 계정이 필요하며, 각 애플리케이션이 꼭 필요한 만큼의 권한을 받은 전용 서비스 계정을 쓰도록 해야 한다. 그리고 가급적이면 특정한 이름의 리소스로 권한 범위를 더욱 제한하면 좋다.

RBAC를 잘 적용했다고 보안이 끝나는 것은 아니다. 보안 프로파일이 충분히 성숙해지면 보안 정책에 위배되는 것이 없는지 검증하고, 어드미션 컨트롤로 새로운 애플리케이션에서도 보안 정책이 준수되도록 강제해야 한다. 이 부분까지는 책에서 다루지 않겠다. 클러스터를 안전하게 운영하려면 여러 방면에서 깊은 곳까지 보안을 강구해야 한다.

이제 실습 클러스터를 정리하고 연습 문제로 넘어가자.

실습 이 장에서 만들었던 모든 리소스를 제거하라.

```
kubectl delete all,ns,rolebinding,clusterrolebinding,role,clusterrole,serviceaccount
-l kiamol=ch17
```

17.6 / 연습 문제

17.2절에서 다룬 kube-explorer 애플리케이션에는 서비스 계정 목록을 확인하는 기능도 있다. 하지만 이 기능을 사용하려면 몇 가지 권한이 더 필요하다. /lab 디렉터리에는 기본 네임스페이스에 파드에 대한 접근 권한을 부여하는 매니페스트 파일이 있다. 이번 연습 문제는 여기에 롤을 추가하고, 애플리케이션이 다음 작업을 수행할 수 있도록 롤바인딩을 작성하는 것이다.

- kiamol-ch17-lab 네임스페이스의 파드 목록과 상세 정보를 열람하고 파드 삭제하기
- 기본 네임스페이스의 서비스 계정 목록 확인하기
- kiamol-ch17-lab 네임스페이스의 서비스 계정 목록 확인하기

기존에 작성된 RBAC 롤이 어떻게 구성되었는지 자세히 보면 어렵지 않게 문제를 해결할 수 있다. 롤바인딩에 네임스페이스를 지정하면 권한 범위가 어떤 영향을 받는지 잘 생각해 보기 바란다. 이번에도 필자의 해답을 깃허브에 올려 두었다.

- https://github.com/sixeyed/kiamol/blob/master/ch17/lab/README.md

18^장

쿠버네티스
배치하기: 다중 노드
혹은 다중 아키텍처
클러스터

클러스터의 아키텍처나 구성을 몰라도 쿠버네티스를 사용하는 데 큰 지장은 없다. 여러분도 지금까지 이 책 17개의 장을 잘 읽었다. 하지만 이런 지식이 있으면 쿠버네티스의 고가용성이 무엇인지 더 잘 이해할 수 있고, 여러분만의 클러스터를 꾸릴 때 어떤 것을 고려해야 하는지 알 수 있다. 쿠버네티스의 모든 구성 요소를 배우려면 처음부터 클러스터를 설치해 보는 방법이 가장 좋다. 이 장에서 다루는 내용이 바로 이것이다. 이 장 실습 예제는 일반적인 가상 머신에서부터 시작하여 다중 노드 클러스터를 만들어 가는 쿠버네티스 설치 과정을 진행할 것이다. 나중에 이 클러스터로 우리가 책에서 다룬 애플리케이션을 실행해 볼 수도 있다.

지금까지 우리가 실행한 애플리케이션은 모두 인텔 64비트 아키텍처로 빌드된 리눅스 컨테이너를 사용했다. 하지만 쿠버네티스는 다중 아키텍처 플랫폼이다. 하나의 클러스터 안에 여러 아키텍처의 노드, 여러 운영체제로 구동되는 노드가 포함될 수 있다. 그런 만큼 폭넓은 애플리케이션을 실행할 수 있다. 이 장에서는 클러스터에 윈도우 노드를 포함시켜 윈도우 애플리케이션을 실행해 볼 것이다. 이 장의 필수적인 부분은 아니지만, 윈도우 사용자가 아니라면 실습 예제를 진행해 보기 바란다. 서로 다른 아키텍처에서 쿠버네티스가 어떻게 매니페스트에 약간의 수정만으로 동일한 모델링 언어를 그대로 사용할 수 있는지 경험해 보는 과정이 될 것이다.

18.1 / 쿠버네티스 클러스터의 구조

KUBERNETES

이 장 실습 예제를 진행하려면 가상 머신 이미지와 함께 이전과는 다른 도구가 필요하다. 가상 머신 이미지는 내려받는 데 시간이 조금 걸린다. 지금부터 설치를 진행하며 쿠버네티스 구조에 대한 설명을 다 읽을 즈음이면 바로 실습을 진행할 수 있을 것이다.

> **실습** 가상 머신을 실행하기 위해 오픈 소스 가상 머신 관리 도구인 베이그런트(Vagrant)를 사용한다. 그리고 가상 머신 런타임도 필요한데, 버추얼박스(VirtualBox)나 Hyper-V(윈도우), 패러렐즈(Parallels: macOS) 등이 있다. 베이그런트를 설치한 후 클러스터에 사용할 기본 가상 머신 이미지를 내려받아라.
>
> ```
> # 역주 버추얼박스(VirtualBox)나 Hyper-V(윈도우), 패러렐즈(Parallels: macOS) 등이
> # 설치되어 있어야 한다
> # 베이그런트 설치하기
> # https://www.vagrantup.com에 접속해서 내려받거나
> ```

```
# 환경에 따라 다음 명령을 사용한다(재부팅해야 적용)
# (윈도우) choco install vagrant
# (macOS) brew cask install vagrant

# 베이그런트는 가상 머신 이미지를 '박스'라는 형식으로
# 패키징하는데, 리눅스 박스를 내려받는다.
# 이때 제공자를 선택하라고 하는데,
# 사용 중인 가상 머신 런타임을 선택해야 한다
vagrant box add bento/ubuntu-20.04

# 클러스터에서 윈도우를 사용하려면 윈도우 박스도 내려받는다(4GB가 넘으므로 패스해도 된다)
vagrant box add kiamol/windows-2019
```

그럼 설치가 진행되는 동안 쿠버네티스의 아키텍처를 설명하겠다. 클러스터는 여러 대의 노드라고 불리는 서버로 구성된다고 설명했었다. 이들 노드는 클러스터에서 각각 다른 역할을 한다. 클러스터 관리 기능을 맡는 **컨트롤플레인**(control plane)(이전에는 마스터 노드라는 이름으로 부름)과 클러스터가 수행하는 작업을 실제로 담당하는 **노드**(node)(이전에는 미니언이라는 이름으로 부름)가 있다. 큰 그림에서 보면 컨트롤플레인이 여러분이 입력하는 kubectl 배치 명령을 받아 노드에 파드를 실행하도록 지시하는 구도다. 그림 18-1에 사용자 관점에서 본 클러스터를 나타냈다.

❤ 그림 18-1 사용자에게는 관리용 엔드포인트와 애플리케이션용 엔드포인트만 노출된다

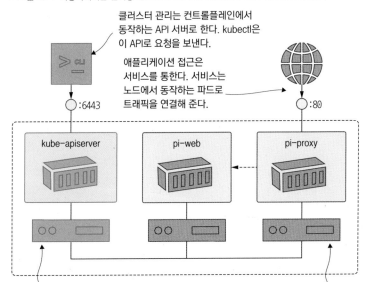

클러스터 관리는 컨트롤플레인에서 동작하는 API 서버로 한다. kubectl은 이 API로 요청을 보낸다.

애플리케이션 접근은 서비스를 통한다. 서비스는 노드에서 동작하는 파드로 트래픽을 연결해 준다.

컨트롤플레인에서는 API 서버 외에도 DNS 서버 및 코어 시스템 컨트롤러가 동작한다.

일반 노드는 애플리케이션 실행만 담당한다. 컨트롤플레인과 항상 연결을 유지하며 파드 실행 요청을 받거나 파드 상태 보고를 보낸다.

클라우드의 매니지드 쿠버네티스 환경에서는 컨트롤플레인을 직접 관리하지 않으며, 노드만 신경 쓰면 된다(AKS를 기준으로 하면 컨트롤플레인은 완전히 추상화되어 있으며, 우리는 노드만 볼 수 있고 노드에만 대금이 청구된다). 매니지드 플랫폼의 가장 큰 매력이 바로 이 점이다. 클러스터를 직접 운영할 때는 컨트롤플레인에서 동작하는 여러 컴포넌트 역시 직접 관리해야 한다. 특히 클러스터가 정상적으로 동작하려면 다음과 같은 컴포넌트가 필수적이다.

- **API 서버**는 클러스터 관리 업무의 창구 역할을 한다. HTTPS 프로토콜을 사용하는 REST API 엔드포인트로 구현되어 있으며, kubectl로 접속하거나 내부적으로 'API를 사용 가능한 파드'가 접속한다. kube-apiserver 파드에서 실행되며 필요에 따라 스케일링된다.

- **스케줄러**는 파드 생성 요청이 들어오면 파드를 실행할 노드를 선택한다. kube-scheduler 파드에서 실행되지만, 플러그인 컴포넌트이기 때문에 직접 만든 스케줄러를 사용할 수 있다.

- **컨트롤러 매니저**(controller manager)는 외부로 드러나지 않는 컨트롤러인 코어 컨트롤러를 구동한다. kube-controller-manager 파드에서 실행되고 노드 상태를 관찰하며 서비스 엔드포인트를 관리한다.

- **etcd**는 쿠버네티스의 데이터 저장소로, 클러스터와 관련된 데이터가 모두 저장되는 곳이다. 분산 키-값 쌍 데이터베이스이므로 클러스터 내 여러 복제본이 존재한다.

고가용성을 위해 여러 대의 컨트롤플레인을 둘 수 있는데, 홀수 개의 노드를 두면 좋다. 이 중 하나가 다운되면 남은 컨트롤플레인 노드끼리 투표하여 새로운 컨트롤플레인 노드를 뽑는다. 모든 컨트롤플레인 노드가 앞의 구성 요소를 전부 갖추고 있다(그림 18-2). API 서버는 로드밸런싱이 적용된다. 백엔드의 데이터는 복제본이 저장되므로 모든 컨트롤플레인 노드가 동일하게 요청을 처리할 수 있다.

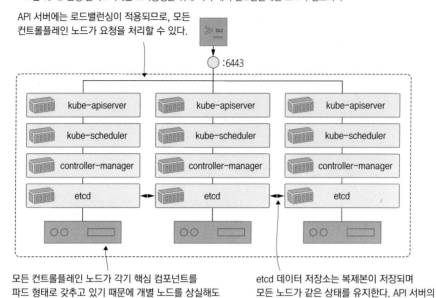

❤ 그림 18-2 운영 클러스터에는 고가용성을 위해 여러 대의 컨트롤플레인 노드가 필요하다

API 서버에는 로드밸런싱이 적용되므로, 모든
컨트롤플레인 노드가 요청을 처리할 수 있다.

모든 컨트롤플레인 노드가 각기 핵심 컴포넌트를
파드 형태로 갖추고 있기 때문에 개별 노드를 상실해도
문제가 발생하지 않는다.

etcd 데이터 저장소는 복제본이 저장되며
모든 노드가 같은 상태를 유지한다. API 서버의
각 노드마다 로컬 etcd 저장소를 갖는다.

지금쯤이면 내려받기가 마무리되었을 것이다. 이제 노드 구조를 알아볼 차례다. 노드는 파드를 생성하고, 파드 컨테이너를 유지하며, 파드를 쿠버네티스 네트워크에 연결시키는 책임을 담당한다.

- **kubelet**은 서버에서 구동되는 백그라운드 에이전트다. 파드나 컨테이너가 아니라 호스트의 프로세스 형태다. 파드 생성 요청을 전달받고 파드의 생애 주기를 관장하며, 노드의 건강 상태를 API 서버에 전달한다.

- **kube-proxy**는 노드 내 파드끼리 통신이나 다른 노드 내 파드와 통신에서 트래픽 라우팅을 담당한다. 파드 하나를 가진 데몬셋 형태로 구동되므로 노드마다 하나씩 배치되어 해당 노드의 트래픽을 관리한다.

- **컨테이너 런타임**은 kubelet의 지시를 받아 파드 컨테이너를 관리한다. 대개 도커, containerd, CRI-O가 쓰인다. CRI(컨테이너 런타임 인터페이스)를 준수하는 런타임이면 무엇이든 플러그인으로 적용할 수 있다.

그림 18-3은 각 노드를 구성하는 내부 컴포넌트를 나타낸 것이다. 이들 컴포넌트는 컨트롤플레인 노드도 동일하게 갖추고 있다.

모든 노드에는 프록시 서버가 있다. 일반적인 파드 형태로 구동되며,
파드 간 모든 통신 트래픽을 처리한다.

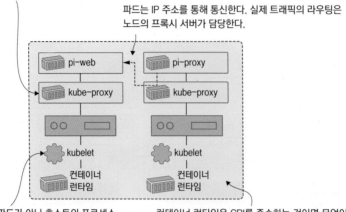

파드는 IP 주소를 통해 통신한다. 실제 트래픽의 라우팅은
노드의 프록시 서버가 담당한다.

kubelet은 파드가 아닌 호스트의 프로세스
형태로 구동된다. 파드 생성 요청을 처리하며
컨테이너 런타임을 통해 파드 컨테이너를
관리한다.

컨테이너 런타임은 CRI를 준수하는 것이면 무엇이든
플러그인으로 사용할 수 있다. 도커와 containerd가
가장 많이 쓰인다.

이런 구성 요소의 수만 보아도 쿠버네티스가 얼마나 복잡한 구조의 플랫폼인지 알 수 있다. 하지만 이 정도 수의 구성 요소도 핵심 컴포넌트일 뿐이다. 파드 네트워킹, DNS, 클라우드 플랫폼이면 플랫폼과의 통합을 담당하는 클라우드 컨트롤러 매니저가 더해진다. 100% 오픈 소스 컴포넌트만으로도 쿠버네티스 클러스터를 구성할 수 있지만, 이 과정에서 맞닥뜨리게 될 복잡성은 미리 알고 있어야 한다. 백번 듣는 것보다 한 번 보는 것이 낫다고 했다. 설명은 이쯤하고 클러스터를 구축해 보자.

18.2 / 컨트롤플레인 초기화하기

K U B E R N E T E S

쿠버네티스 클러스터 구축 작업은 대부분 kubeadm이라는 도구가 처리한다. kubeadm은 관리용 명령행 도구로 컨트롤플레인 초기화, 클러스터에 노드 추가, 쿠버네티스 버전 업그레이드 등 작업을 수행할 수 있다. kubeadm을 사용하기 전에 몇 가지 의존성 패키지를 설치해야 한다. 운영 환경이라면 가상 머신 이미지에 이미 모든 의존성 패키지가 설치되어 있겠지만, 과정을 보이는 것이 목적이니 처음부터 설치하겠다.

실습 먼저 컨트롤플레인 노드가 될 리눅스 가상 머신을 실행한 후 모든 쿠버네티스 의존성 패키지를 설치하라. Hyper-V 또는 윈도우를 사용 중이라면 셸을 관리자 권한으로 실행해야 한다.

```
# 이 장의 소스 코드 디렉터리로 이동한다
cd ch18

# 베이그란트로 가상 머신을 하나 실행한다
# 가상 머신 런타임은 앞서 선택한 것을 사용하며,
# 도중에 네트워크 선택 및 가상 머신에 마운트할
# 로컬 컴퓨터 디렉터리를 선택해야 한다
vagrant up kiamol-control

# 가상 머신에 접속한다
vagrant ssh kiamol-control

# 이 디렉터리가 ch18 디렉터리와 연결되어 있다
cd /vagrant/setup

# 설치 스크립트를 실행 가능으로 설정한 후 실행한다[1]
sudo chmod +x linux-setup.sh && sudo ./linux-setup.sh

# 도커 설치가 잘 되었는지 확인한다
which docker

# 모든 쿠버네티스 도구가 잘 설치되었는지 확인한다
ls /usr/bin/kube*
```

그림 18-4에 실습 예제를 실행한 결과를 요약해서 실었다. 가상 머신을 생성하고 설치 스크립트를 실행한 후 모든 도구가 정상적으로 설치되었는지 확인했다. linux-setup.sh 스크립트 내용을 살펴보면, 도커와 쿠버네티스 도구를 설치한 후 서버에 몇 가지 메모리 및 네트워크 관련 설정을 하는 내용이다.

이제 이 가상 머신을 쿠버네티스 컨트롤플레인으로 만들 준비가 끝났다. 여태껏 거창한 준비를 해 왔는데, 실제 실습은 너무 간단해서 조금 실망스러울 것이다. 명령 한 번만 입력하면 클러스터가 초기화되고 컨트롤플레인의 모든 컴포넌트가 가동된다. 출력되는 내용을 잘 살펴보면 앞서 18.1 절에서 설명했던 구성 요소가 모두 실행되는 것을 볼 수 있다.

---

1 **역주** 윈도우에서 linux-setup.sh 파일을 찾을 수 없다고 나온다면 sudo apt install dos2unix를 설치한 후 dos2unix linux-setup.sh 명령을 실행한 후 진행한다.

베이그런트는 가상 머신 관리 도구다. 이 장 예제 코드에는 클러스터를 만들 가상 머신의 정의가 담긴
Vagrantfile이 있어 이 명령을 실행하면 컨트롤플레인 노드가 될 가상 머신이 실행된다.

가상 머신에 로컬 컴퓨터의 디렉터리를 공유할 수 있다. 이 때문에 사용자명/패스워드를 물어볼 수 있다.

```
PS>cd /ch17
PS>
PS>vagrant up kiamol-control
Bringing machine 'kiamol-control' up with 'hyperv' provider...
==> kiamol-control: Verifying Hyper-V is enabled...
==> kiamol-control: Verifying Hyper-V is accessible...
==> kiamol-control: Importing a Hyper-V instance

    kiamol-control: Username (user[@domain]): elton
    kiamol-control: Password (will be hidden):

Vagrant requires administrator access to create SMB shares and
may request access to complete setup of configured shares.
==> kiamol-control: Setting hostname...
==> kiamol-control: Mounting SMB shared folders...
    kiamol-control: D:/scm/github/sixeyed/kiamol/ch18 => /vagrant
vagrant@kiamol-control:~$ cd /vagrant/setup
vagrant@kiamol-control:/vagrant/setup$ sudo chmod +x linux-setup.sh && sudo
./linux-setup.sh
Get:1 http://security.ubuntu.com/ubuntu focal-security InRelease [107 kB]

vagrant@kiamol-control:/vagrant/setup$ which docker
/usr/bin/docker
vagrant@kiamol-control:/vagrant/setup$ ls /usr/bin/kube*
/usr/bin/kubeadm  /usr/bin/kubectl  /usr/bin/kubelet
vagrant@kiamol-control:/vagrant/setup$ 
```

설치 스크립트가 쿠버네티스의 의존성 패키지
(도커, kubelet, kubectl, kubeadm)를 설치한다.

필요한 도구가 다 설치되었다.

실습 kubeadm을 사용하여 새로운 클러스터를 초기화하라. 이 클러스터는 파드와 서비스가
사용할 네트워크 주소의 수가 제한적이다.

```
# 새로운 클러스터를 초기화한다
sudo kubeadm init --pod-network-cidr="10.244.0.0/16" --service-cidr="10.96.0.0/12"
--apiserver-advertise-address=$(cat /tmp/ip.txt)

# kubectl 설정 파일이 위치할 디렉터리를 생성한다
mkdir ~/.kube

# admin 설정 파일을 복사한다
sudo cp /etc/kubernetes/admin.conf ~/.kube/config

# kubectl이 설정 파일을 읽을 수 있도록 파일 권한을 변경한다
```

```
sudo chmod +r ~/.kube/config

# 쿠버네티스 클러스터를 확인한다
kubectl get nodes
```

클러스터를 초기화할 때 출력되는 메시지를 읽어 보면 다음에 어떤 명령을 실행해야 하는지 알 수
있다. 이 중에는 다른 노드에서 실행하여 해당 노드를 클러스터에 가입시키는 명령도 있다(이 부
분은 다음 실습에서 진행하니 이 명령을 잘 복사해 두기 바란다). 이 명령을 실행하면 kubectl 설
정 파일도 생성된다. 그림 18-5를 보면 단일 컨트롤플레인 노드가 있는 클러스터가 확인되었다.
하지만 노드가 아직 Ready 상태가 아니다.

❤ 그림 18-5 클러스터 초기화는 매우 간단하며, kubeadm이 모든 컨트롤플레인의 구성 요소를 만들어 준다

kubeadm이 이 컴퓨터가 클러스터를 만드는 데 필요한 조건을 다 갖추었는지 확인한다.
지난 실습 예제의 설치 스크립트가 모든 준비를 마쳤기 때문에 조건을 모두 만족한다.

```
vagrant@kiamol-control:/vagrant/setup$ sudo kubeadm init --pod-network-cidr=
"10.244.0.0/16" --service-cidr="10.96.0.0/12"
W0713 10:59:57.286462   19160 configset.go:202] WARNING: kubeadm cannot vali
date component configs for API groups [kubelet.config.k8s.io kubeproxy.confi
g.k8s.io]
[init] Using Kubernetes version: v1.18.5
[preflight] Running pre-flight checks

Then you can join any number of worker nodes by running the following on eac
h as root:

kubeadm join 172.21.120.227:6443 --token zc9m76.8l4573wyjf9vokg3 \
    --discovery-token-ca-cert-hash sha256:2c520ea15a99bd68b74d04f40056996dff
5b6ed1e76dfaeb0211c6db18ba0393
vagrant@kiamol-control:/vagrant/setup$
vagrant@kiamol-control:/vagrant/setup$ mkdir ~/.kube
vagrant@kiamol-control:/vagrant/setup$
vagrant@kiamol-control:/vagrant/setup$ sudo cp /etc/kubernetes/admin.conf ~/
.kube/config
vagrant@kiamol-control:/vagrant/setup$
vagrant@kiamol-control:/vagrant/setup$ sudo chmod +r ~/.kube/config
vagrant@kiamol-control:/vagrant/setup$
vagrant@kiamol-control:/vagrant/setup$ kubectl get nodes
NAME             STATUS     ROLES    AGE     VERSION
kiamol-control   NotReady   master   4m10s   v1.18.5
```

init 명령의 출력 내용 중에서 다른 노드를 이 클러스터에 가입시키는 명령이 출력된다.
여러분 실행 결과에서는 IP 주소나 토큰, 인증서 해시 등이 지면과 다를 수 있다.
이들 값 역시 다른 곳에 잘 복사해 두기 바란다.

컨트롤플레인 노드가 한 개 있는 클러스터가 잘 만들어졌다. 하지만 아직 노드가 Ready 상태가 아니다.

파드 네트워크가 아직 설치되지 않았기 때문에 지금 이대로는 클러스터를 사용할 수 없다. 16장
에서 설명했듯이, 쿠버네티스의 네트워크 모델은 플러그인 모델이며 플러그인마다 기능이 조금씩

쿠버네티스 배치하기: 다중 노드 혹은 다중 아키텍처 클러스터

다르다. 16장에서는 캘리코를 사용하여 네트워크 폴리시를 강제하는 실습을 했다. 이 장에서는 플란넬(역시 오픈 소스 플러그인)을 사용하는데, 플란넬이 다중 아키텍처 클러스터를 가장 잘 지원하기 때문이다. 플란넬을 설치하는 방법은 캘리코와 마찬가지로 컨트롤플레인 노드에서 매니페스트를 적용하면 된다.

> **실습** 새로 만든 클러스터에 네트워크 플러그인을 추가하라. 미리 작성된 플란넬 매니페스트를 적용하면 된다.

```
# 플란넬을 배치한다
kubectl apply -f https://raw.githubusercontent.com/coreos/flannel/master/
Documentation/kube-flannel.yml

# DNS 파드가 시작될 때까지 대기한다
kubectl -n kube-system wait --for=condition=ContainersReady pod -l k8s-app=kube-dns

# 노드의 상태를 확인한다
kubectl get nodes

# 컨트롤플레인 가상 머신에서 로그아웃한다
exit
```

kubeadm은 클러스터에서 사용할 DNS 서버를 kube-system 네임스페이스 안에 파드 형태로 배치한다. 하지만 이들 파드는 네트워크 플러그인이 가동될 때까지 제대로 시작할 수 없다. 플란넬이 배치되고 DNS 파드가 시작되고 나야 노드가 준비 상태가 된다. 실행 결과를 보면 플란넬이 다중 아키텍처를 지원하는 것을 알 수 있다(그림 18-6). 이 쿠버네티스 클러스터에 IBM 메인프레임 컴퓨터를 추가하고 싶다면 이것도 실제로 가능하다.

❖ 그림 18-6 클러스터 내 DNS 서버는 네트워크 플러그인이 있어야 동작하며, 네트워크 플러그인 중에서도 다중 아키텍처를 지원하
는 플란넬이 유용하다

플란넬은 다중 플랫폼을 충실하게 지원하는 네트워크 플러그인이다.
데몬셋 형태로 노드마다 하나씩 파드를 실행하며, 라즈베리 파이부터
IBM 메인프레임까지 다양한 아키텍처를 지원한다.

```
vagrant@kiamol-control:/vagrant/setup$ kubectl apply -f flannel.yaml
podsecuritypolicy.policy/psp.flannel.unprivileged created
clusterrole.rbac.authorization.k8s.io/flannel created
clusterrolebinding.rbac.authorization.k8s.io/flannel created
serviceaccount/flannel created
configmap/kube-flannel-cfg created
daemonset.apps/kube-flannel-ds-amd64 created
daemonset.apps/kube-flannel-ds-arm64 created
daemonset.apps/kube-flannel-ds-arm created
daemonset.apps/kube-flannel-ds-ppc64le created
daemonset.apps/kube-flannel-ds-s390x created
vagrant@kiamol-control:/vagrant/setup$
vagrant@kiamol-control:/vagrant/setup$ kubectl -n kube-system wait --for=con
dition=ContainersReady pod -l k8s-app=kube-dns
pod/coredns-66bff467f8-kcbw5 condition met
pod/coredns-66bff467f8-19f85 condition met
vagrant@kiamol-control:/vagrant/setup$
vagrant@kiamol-control:/vagrant/setup$ kubectl get nodes
NAME            STATUS    ROLES    AGE    VERSION
kiamol-control  Ready     master   16m    v1.18.5
```

DNS 서버를 실행하기 전에 먼저 네트워크가
동작 상태가 되어야 한다.

컨트롤플레인 노드가 준비 상태가 되었다.

컨트롤플레인에 대해 알아야 할 것은 다 설명했다. 네트워크 설정에서 설명을 생략한 부분이 많은
데(이를테면 kubeadm 명령에 사용된 IP 주소 대역은 플란넬을 사용하기 위한 것), 이 부분은 자
신의 네트워크에 맞게 직접 계획해야 한다. 또한 kubeadm에 있는 25가지 이상의 옵션도 설명하
지 않았다. 여러분이 클러스터 운영을 진지하게 고려한다면 이것 역시 스스로 공부해야 한다. 이
제 여러분은 단일 노드 클러스터를 갖게 되었다. 하지만 아직 이 클러스터에서 애플리케이션은 실
행할 수 없다. 기본 설정에서는 컨트롤플레인 노드가 시스템 관련 부하만 담당하도록 되어 있기
때문이다. 다음 단계에서 노드를 추가하고 추가된 노드에서 애플리케이션을 실행할 것이다.

18.3 / 노드를 추가하고 클러스터에서 애플리케이션 실행하기

아까 kubeadm 명령을 실행했을 때 노드를 추가하기 위해 다른 서버에서 실행할 명령이 출력되었다. 새로운 노드 역시 컨트롤플레인과 동일한 준비(컨테이너 런타임 및 쿠버네티스 도구 설치)를 해야 한다. 이번 실습 예제에서는 가상 머신을 한 대 더 만들어 조금 전과 동일한 설치 스크립트를 실행한다.

> 실습 베이그런트로 가상 머신을 한 대 더 생성해서 설치 스크립트를 실행한 후 이 가상 머신을 클러스터에 추가하라.
>
> ```
> # 노드가 될 새로운 가상 머신을 생성한다[2]
> vagrant up kiamol-node
>
> # 새로 만든 가상 머신에 접속한다
> vagrant ssh kiamol-node
>
> # 설치 스크립트를 실행한다
> sudo /vagrant/setup/linux-setup.sh
> ```

가상 머신의 이름만 다를 뿐, 조금 전(그림 18-5)과 거의 비슷한 내용이 출력되었다(그림 18-7). 이 설치 스크립트 자체가 가상 머신 프로비저닝 과정의 일부임을 알 수 있다. 가상 머신 프로비저닝이 갖추어지면, 다시 베이그런트(또는 테라폼이나 여러분의 인프라스트럭처 상황에 맞는 다른 도구 무엇이든)를 사용하여 새로운 가상 머신을 만들기만 해도 클러스터에 추가할 준비가 끝난 상태로 생성될 것이다.

2　역주 코드 코어 이하의 컴퓨터에서는 권장하지 않는다

❤ 그림 18-7 노드가 될 가상 머신에도 컨트롤플레인과 동일한 의존성 패키지를 설치한다

두 번째 가상 머신은 노드로서 클러스터에 추가된다.

노드 역시 컨트롤플레인과 동일한 의존성 패키지가
필요하므로 설치 스크립트를 실행한다.

```
PS>vagrant up kiamol-node
Bringing machine 'kiamol-node' up with 'hyperv' provider...
==> kiamol-node: Verifying Hyper-V is enabled...
==> kiamol-node: Verifying Hyper-V is accessible...
==> kiamol-node: Importing a Hyper-V instance
vagrant@kiamol-node:~$ sudo /vagrant/setup/linux-setup.sh
Hit:1 http://archive.ubuntu.com/ubuntu focal InRelease
Get:2 http://archive.ubuntu.com/ubuntu focal-updates InRelease [107 kB]

Setting up kubelet (1.18.5-00) ...
Created symlink /etc/systemd/system/multi-user.target.wants/kubelet.service
→ /lib/systemd/system/kubelet.service.
Setting up kubeadm (1.18.5-00) ...
Processing triggers for man-db (2.9.1-1) ...
net.bridge.bridge-nf-call-iptables = 1
vagrant@kiamol-node:~$
```

kubeadm과 kubelet, 도커가 모두 설치되었으니 클러스터에 추가할 준비가 끝났다.
실무에서는 이 단계가 가상 머신 프로비저닝 단계에서 자동화된다.

클러스터에 노드를 하나 추가하여 단숨에 클러스터 규모를 두 배로 늘려 보자. 필요한 정보(새 노드가 컨트롤플레인 노드를 신뢰하는 데 필요한 인증 기관 인증서 해시, 컨트롤플레인이 새 노드를 받아들이기 위한 클러스터 가입 토큰)는 kubeadm의 init 명령 안에 모두 들어 있다. 이 가입 토큰은 민감한 정보이기 때문에 악의적인 노드가 클러스터에 잠입하지 못하도록 안전하게 배포 및 보관해야 한다. 컨트롤플레인 노드에 네트워크로 접근이 가능하다면 어떤 컴퓨터든 이 토큰만으로 클러스터에 들어올 수 있기 때문이다. 두 번째 가상 머신도 컨트롤플레인 가상 머신과 동일한 가상 네트워크상에 있기 때문에 join 명령만으로 클러스터에 추가할 수 있다.

실습 컨트롤플레인에서 출력된 join 명령을 사용하여 두 번째 가상 머신을 클러스터에 추가하라.

```
# 앞서 컨트롤플레인을 생성할 때 출력된 join 명령을 입력해야 한다
# 컨트롤플레인의 IP 주소, 토큰, 인증 기관 인증서 해시가 다르다
# 대강 이렇게 생긴 명령어라는 것만 참고하라[3]
sudo kubeadm join 172.21.125.229:6443 --token 3sqpc7.a19sx21toelnar5i --discovery-
token-ca-cert-hash sha256:ed01ef0e33f7ecd56f1d39b5db0fbaa56811ac055f43adb37688a2a2d9c
c86b9
```

3　**역주** 노드 생성이 끝나면 그대로 복사해서 입력하면 되도록 join 명령 전체가 한 번에 생성된다.

```
# 토큰이 만료되었다면 컨트롤플레인 노드에서 다음 명령을 실행하라
kubeadm token create --print-join-command
```

앞의 실습 예제를 실행하면 TLS 부트스트래핑과 관련된 kubelet 로그를 볼 수 있다. 컨트롤플레인이 TLS 인증서를 생성하면 이 인증서로 kubelet이 API 서버에 자신을 인증한다. kubeadm 설정을 수정하면 여러분 인증 기관을 이용하게 할 수도 있으나 이 부분은 지금 다루지 않겠다(인증서 갱신과 외부 인증 기관 역시 마찬가지다). 그림 18-8을 보면 간단한 설정만으로 새로운 노드가 무사히 클러스터에 추가되었다.

▼ 그림 18-8 노드가 클러스터에 추가될 때 컨트롤플레인과 노드 사이에 보안 통신이 확립된다

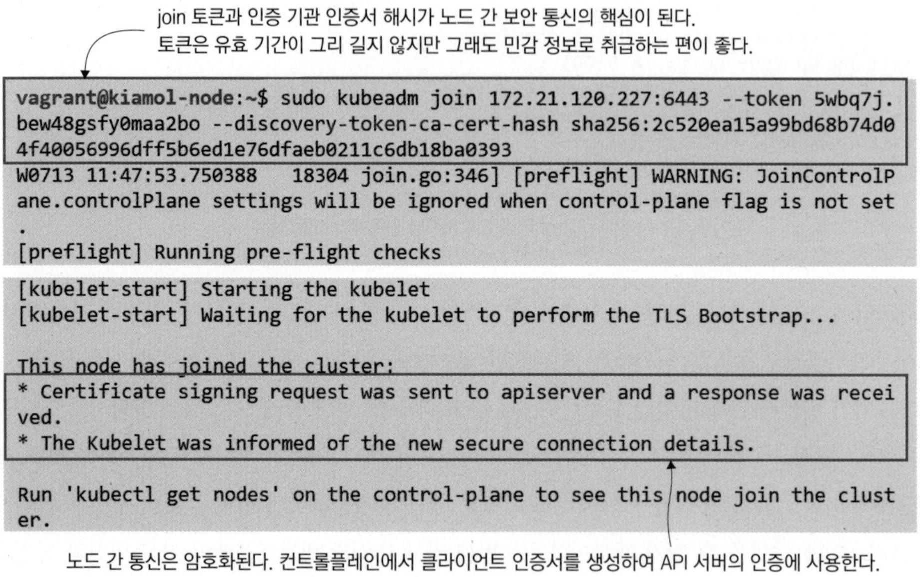

join 토큰과 인증 기관 인증서 해시가 노드 간 보안 통신의 핵심이 된다.
토큰은 유효 기간이 그리 길지 않지만 그래도 민감 정보로 취급하는 편이 좋다.

```
vagrant@kiamol-node:~$ sudo kubeadm join 172.21.120.227:6443 --token 5wbq7j.
bew48gsfy0maa2bo --discovery-token-ca-cert-hash sha256:2c520ea15a99bd68b74d0
4f40056996dff5b6ed1e76dfaeb0211c6db18ba0393
W0713 11:47:53.750388    18304 join.go:346] [preflight] WARNING: JoinControlP
ane.controlPlane settings will be ignored when control-plane flag is not set
.
[preflight] Running pre-flight checks

[kubelet-start] Starting the kubelet
[kubelet-start] Waiting for the kubelet to perform the TLS Bootstrap...

This node has joined the cluster:
* Certificate signing request was sent to apiserver and a response was recei
ved.
* The Kubelet was informed of the new secure connection details.

Run 'kubectl get nodes' on the control-plane to see this node join the clust
er.
```

노드 간 통신은 암호화된다. 컨트롤플레인에서 클라이언트 인증서를 생성하여 API 서버의 인증에 사용한다.

새로 추가된 노드 역시 컨트롤플레인에서 동작 중인 구성 요소 중 일부를 따로 갖는다. kubelet은 쿠버네티스와 별개로 노드의 백그라운드 프로세스로 동작하며, 마찬가지로 백그라운드 프로세스로 동작 중인 도커와 통신한다. 파드 형태로 동작하는 컴포넌트는 네트워크 프록시와 네트워크 플러그인 두 가지다. 이를 제외한 나머지 컴포넌트(DNS, 컨트롤러 관리자, API 서버)는 컨트롤플레인에만 있고 일반 노드에는 없다. 컨트롤플레인 노드에서는 이들 노드를 볼 수 있다.

실습 설정 파일만 있으면 다른 컴퓨터에서도 접속해서 사용할 수 있지만, kubectl은 컨트롤플레인 노드에만 설치하겠다. 컨트롤플레인 노드로 돌아가 클러스터의 모든 리소스를 확인하라.

```
# 컨트롤플레인 노드에 접속한다[4]
vagrant ssh kiamol-control

# 각 노드의 상태를 확인한다
kubectl get nodes

# 새로 추가한 노드의 모든 파드 목록을 확인한다
kubectl get pods --all-namespaces --field-selector spec.nodeName=kiamol-node
```

필자의 환경에서 실행한 결과를 그림 18-9에 실었다. 플란넬 파드가 정상적으로 실행되었다면 여러분의 실행 결과도 이와 동일할 것이다. 그렇지 않다면 새로운 노드는 준비 상태가 아닐 것이다.

▼ 그림 18-9 데몬셋은 노드마다 하나의 파드를 실행하는데, 이들 파드는 노드가 클러스터에 추가될 때 시스템 컴포넌트를 실행하는 역할을 맡는다

kubectl의 접속 정보만 있으면 어느 노드에서든지 클러스터를 관리할 수 있다.
노드 목록을 보니 두 개의 노드가 모두 준비 상태가 되었다.

```
vagrant@kiamol-control:~$ kubectl get nodes
NAME             STATUS    ROLES       AGE       VERSION
kiamol-control   Ready     master      111m      v1.18.5
kiamol-node      Ready     <none>      64m       v1.18.5
vagrant@kiamol-control:~$
vagrant@kiamol-control:~$ kubectl get pods --all-namespaces --field-selector
 spec.nodeName=kiamol-node
NAMESPACE     NAME                          READY   STATUS    RESTARTS   AGE
kube-system   kube-flannel-ds-amd64-q97bd   1/1     Running   0          64m
kube-system   kube-proxy-w28fz              1/1     Running   0          64m
```

새로 추가된 노드는 두 개의 시스템 파드를 실행 중이다. 하나는 네트워크 프록시, 다른 하나는
네트워크 자체 역할을 한다. 이들 파드는 노드가 클러스터에 추가될 때 데몬셋으로 생성된 것이다.

이제 애플리케이션을 배치할 수 있다. 하지만 이 클러스터에는 아직 한계가 있다. 기본 스토리지 클래스가 지정되지 않았고 볼륨 프로비저너도 없기 때문에 동적 퍼시스턴트볼륨클레임(6장에서 다룸)을 배치할 수 없어 호스트경로 볼륨만 사용해야 한다. 또한 로드밸런서도 통합된 상태가 아니기 때문에 로드밸런서 서비스도 사용할 수 없다. 데이터 센터에서는 네트워크 파일 시스템(NFS) 공유를 분산 스토리지로 사용할 수 있고 메탈LB(MetalLB)를 로드밸런서로 사용할 수 있지만, 이 장에서 모두 다루기에는 내용이 너무 방대하다. 지금은 스토리지를 사용하지 않는 간단한 애플리케이션을 배치하되, 노드포트(NodePort) 서비스로 트래픽을 인입시키겠다.

쿠버네티스 배치하기: 다중 노드 혹은 다중 아키텍처 클러스터

4　[역주] kiamol-node를 종료한 후 다시 접속해야 한다.

노드포트는 매우 간단한 유형의 서비스 리소스다. 트래픽을 파드로 연결해 준다는 점에서는 여느 서비스와 같지만, 노드의 특정 포트로 들어오는 트래픽만 처리한다. 모든 노드가 같은 포트를 바라보고 있으므로, 트래픽을 받은 서버가 무엇이든지 (다른 노드에서 동작 중인 파드라도) 대상 파드에 트래픽을 전달해 줄 수 있다. 기존에 로드밸런서를 갖추고 있다면 온프레미스 클러스터에서도 노드포트를 사용할 수 있지만, 노드포트는 특정 포트 대역만 사용해야 하므로 로드밸런서가 포트 매핑까지 처리해야 한다. 예제 18-1은 오늘의 천체 사진 웹 애플리케이션에 사용된 노드포트 서비스 정의다.

예제 18-1 web.yaml, 노드포트 형태로 외부로 노출된 서비스

```
apiVersion: v1
kind: Service
metadata:
  name: apod-web
spec:
  type: NodePort          # 모든 노드가 같은 포트를 주시한다
  ports:
    - port: 8016          # 내부 클러스터IP의 포트
      targetPort: web     # 트래픽을 전달받을 컨테이너 포트
      nodePort: 30000     # 인입되는 트래픽을 주시할 포트
  selector:               # 보안 문제로 30000번 이상을 사용해야 하는 제약이 있다
    app: apod-web
```

APOD 애플리케이션의 구성 컴포넌트는 세 개인데, 이 서비스의 타입만 이전과 다르다. 애플리케이션을 실행하면 쿠버네티스가 클러스터에 고르게 퍼지도록 파드를 배치해 줄 것 같지만, 아까 설명했듯이 컨트롤플레인 노드는 기본 설정에서 애플리케이션 실행을 맡지 않는다.

> **실습** 새로 만든 클러스터에 애플리케이션을 배치하라. 그리고 파드가 어떻게 실행되는지 양상을 살펴보아라.

```
# 평소처럼 매니페스트를 배치한다
kubectl apply -f /vagrant/apod/

# 파드의 상세 정보를 확인한다
kubectl get pods -o wide
```

그림 18-10을 보면 모든 파드가 같은 노드에서 실행되었다. 새 가상 머신에는 이 책에서 사용되는 이미지가 하나도 없으므로, 도커 허브에서 먼저 이미지를 내려받는다. 그동안 파드의 상태는

ContainerCreating 상태다. 가장 용량이 큰 이미지가 200MB 정도 되므로 그리 오래 걸리지는 않는다.

▼ 그림 18-10 사용자 경험 측면에서는 모든 쿠버네티스 클러스터가 거의 동등하다

이 클러스터는 여러분이 사용하던 실습 클러스터와 다른 점이 많지만,
전과 똑같은 도구와 정의를 그대로 사용해서 애플리케이션을 배치할 수 있다.

```
vagrant@kiamol-control:~$ kubectl apply -f /vagrant/apod/
service/apod-api created
deployment.apps/apod-api created
service/apod-log created
deployment.apps/apod-log created
service/apod-web created
deployment.apps/apod-web created
vagrant@kiamol-control:~$
vagrant@kiamol-control:~$ kubectl get pods -o wide
NAME                          READY   STATUS              RESTARTS   AGE   IP
       NODE         NOMINATED NODE   READINESS GATES
apod-api-7f8d797c48-qzz69     0/1     ContainerCreating   0          12s   <no
ne>    kiamol-node  <none>           <none>
apod-log-9b5cdcdb9-d58dm      0/1     ContainerCreating   0          12s   <no
ne>    kiamol-node  <none>           <none>
apod-web-7cd794886-769hg      0/1     ContainerCreating   0          12s   <no
ne>    kiamol-node  <none>           <none>
```

모든 파드가 일반 노드에 배치되었다. 파드 실행에 필요한 이미지를
내려받는 중이기 때문에 아직 파드 상태는 생성 단계에 있다.

실습 클러스터 외의 클러스터를 처음 사용해 보는 것이라면 이제 쿠버네티스가 얼마나 강력한지 알게 되었을 것이다. 완전히 다르게 구성된 다른 버전의 쿠버네티스와 컨테이너 런타임을 또 다른 호스트 운영체제에서 사용 중인데, 컴포넌트 정의를 한곳만 수정해서 APOD 애플리케이션을 전과 똑같은 방법으로 배치할 수 있었다. 지금까지 이 책에서 설치한 모든 애플리케이션 역시 서비스 타입과 볼륨 타입을 새 클러스터에서 사용할 수 있도록 고치면 그대로 배치할 수 있다.

쿠버네티스는 컨트롤플레인 노드의 컴퓨팅 자원이 부족해지는 사태를 방지하기 위해 컨트롤플레인 노드에서 애플리케이션을 실행하지 않는다. 그렇지 않으면 원주율을 100만 자리까지 계산하느라 쿠버네티스 API나 DNS 파드에 필요한 리소스가 부족해질 수 있고, 이는 바로 클러스터 장애로 이어지기 때문이다. 운영용 클러스터라면 이런 안전장치를 절대 해제해서는 안 되겠지만 이 것은 실습용이니 괜찮다.

실습 쿠버네티스는 표식 같은 역할을 하는 테인트(taint)를 사용하여 노드를 분류하는데, master 테인트가 있는 노드는 애플리케이션 실행에 참여하지 않는다. 이 테인트를 제거하고 애플리케이션의 파드 수를 늘리면 컨트롤플레인 노드에도 파드가 배치된다.

```
# 모든 노드에서 master 테인트를 제거한다
kubectl taint nodes --all node-role.kubernetes.io/master-

# APOD API의 파드 수를 세 개로 늘린다
kubectl scale deploy apod-api --replicas=3

# 파드의 배치 상황을 확인한다
kubectl get pods -l app=apod-api -o wide
```

테인트와 파드의 노드 배정은 19장에서 더 자세히 설명하겠다. 지금은 이 테인트를 사용하여 특정 노드가 애플리케이션 실행에 참여하는 것을 막는다는 사실만 알면 된다. 테인트가 제거되었으니 컨트롤플레인 노드도 애플리케이션 실행에 참여할 수 있다. APOD API의 파드 수를 늘리니 추가되는 파드는 컨트롤플레인 노드에 배정되었다. 그림 18-11을 보면, 새로운 파드도 ContainerCreating 상태다. 이것은 노드마다 따로 이미지를 저장하기에 필요한 이미지를 새로 내려받는 중이기 때문이다. 이렇듯 이미지 용량은 스케일링 작업 속도를 직접적으로 좌우하는 요소이며, Dockerfile 스크립트의 최적화에 신경 써야 하는 이유다.

▼ 그림 18-11 컨트롤플레인 노드도 애플리케이션 실행에 참여시킬 수 있지만, 운영 환경에서는 이렇게 해서는 안 된다

master 테인트를 제거하면 컨트롤플레인 노드도 애플리케이션 실행에 참여시킬 수 있다.
그 뒤의 오류 메시지는 두 번째 노드에 master 테인트가 없기 때문이다.

```
vagrant@kiamol-control:~$ kubectl taint nodes --all node-role.kubernetes.io/
master-
node/kiamol-control untainted
error: taint "node-role.kubernetes.io/master" not found
vagrant@kiamol-control:~$
vagrant@kiamol-control:~$ kubectl scale deploy apod-api --replicas=3
deployment.apps/apod-api scaled
vagrant@kiamol-control:~$
vagrant@kiamol-control:~$ kubectl get pods -l app=apod-api -o wide
NAME                        READY    STATUS              RESTARTS   AGE    IP
                  NODE       NOMINATED NODE   READINESS GATES
apod-api-7f8d797c48-gvj24   0/1      ContainerCreating   0          5s     <no
ne>               kiamol-control   <none>           <none>
apod-api-7f8d797c48-qzz69   1/1      Running             0          17m    10.
244.1.2           kiamol-node      <none>           <none>
apod-api-7f8d797c48-rzxhp   0/1      ContainerCreating   0          5s     <no
ne>               kiamol-control   <none>           <none>
```

추가되는 두 파드는 컨트롤플레인 노드에 배정되었다. 노드가 이미지를 내려받고 나면
파드가 실행될 것이다.

애플리케이션이 잘 실행되는 중이며, 노드포트 서비스는 컨트롤플레인을 포함한 모든 노드에서 같은 포트를 주시하며 동작한다. 따라서 어느 노드의 IP 주소에 접근해도 트래픽이 일반 노드에서

실행 중인 웹 파드로 전달된다. 또한 웹 파드는 APOD API에 요청을 보내는데, 이 요청 역시 두 노드 중 하나에 전달되어 처리되므로 결국 애플리케이션을 정상적으로 사용할 수 있다.

실습 가상 머신 런타임이 네트워크 설정을 도맡아 주기 때문에 가상 머신에 IP 주소로 접근할 수 있다. 두 노드의 IP 주소를 확인하고 호스트 컴퓨터에서 이 주소로 접근해 보아라.

```
# 설치 스크립트를 실행하며 저장해 둔 IP 주소를 출력하라
cat /tmp/ip.txt

# 출력된 주소의 30000번 포트로 접근해 보아라
# 단 가상 머신 런타임의 네트워크 스택 구조에 따라 외부에서
# 접근이 어려울 수도 있다
```

필자의 환경에서 실행한 결과를 그림 18-12에 실었다. 필자가 처음 실습 예제를 실행했을 때는 정말 멋진 사진을 보았는데, 그때는 스크린샷을 찍지 않았기 때문에 이 혜성 사진이 남았다.

▼ 그림 18-12 노드포트 또는 클러스터IP 서비스는 파드 네트워크 전체에 걸치므로 트래픽이 어떤 노드로도 전달될 수 있다

두 노드 모두 30000번 포트를 주시하며 APOD 웹 파드로 전달할 트래픽을
기다린다. 따라서 두 노드 중 어느 쪽 IP 주소로도 애플리케이션에 접근할 수 있다.

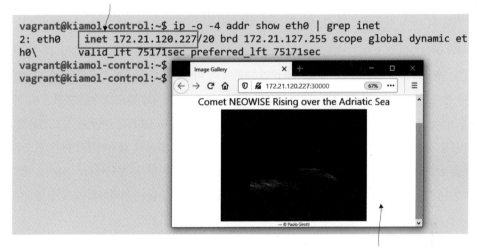

컨트롤플레인 노드가 트래픽을 두 번째 노드에 있는 파드로 전달했다. 그리고 이 파드는
다시 APOD API 파드에 접근한다. 이 트래픽도 또 두 노드에 걸친 파드 중 하나로 로드밸런싱된다.

노드포트 서비스나 호스트경로 볼륨만으로 (혹은 NFS 볼륨까지) 간단하게 사용하고자 한다면 쿠버네티스 클러스터를 직접 구축하는 것도 그리 어렵지 않다. 이 클러스터의 노드를 늘려 더 확장해 나갈 수도 있다. 베이그런트에 kiamol-node2와 kiamol-node3 정의가 남아 있으니 앞의 과정을 반복하여 노드를 네 개까지 늘릴 수 있다. 하지만 그래 봤자 모든 노드가 리눅스 노드인 재미

없는 클러스터가 될 뿐이다. 우리는 다른 아키텍처를 가진 노드(윈도우 서버)를 클러스터에 추가해 볼 것이다. 그러면 완전한 윈도우 애플리케이션이나 리눅스-윈도우 하이브리드 애플리케이션을 실행할 수 있다.

18.4 윈도우 노드를 추가하고 하이브리드 애플리케이션 실행하기

쿠버네티스 웹 사이트에서도 "여러 조직에서 운영되는 애플리케이션 및 서비스의 대다수가 윈도우용 애플리케이션이다."라고 밝히고 있다. 이 절을 건너뛰고 싶다면 이 문장을 다시 한 번 읽어 보기 바란다. 여기에서 윈도우 컨테이너와 리눅스 컨테이너의 차이점을 깊게 파고들지는 않겠다 (이 내용이 궁금하다면 필자의 다른 책 〈도커 교과서〉를 읽어 보기 바란다). 윈도우 애플리케이션을 쿠버네티스에서 실행하는 데 꼭 필요한 기본적인 사항을 살펴보자.

컨테이너 이미지는 특정 아키텍처(CPU와 운영체제의 조합) 전용으로 빌드된다. 컨테이너는 자신을 실행 중인 호스트 컴퓨터의 커널을 사용하기 때문에 이 아키텍처가 호스트 컴퓨터와 반드시 일치해야 한다. 여러분 노트북 컴퓨터에서 라즈베리파이용 도커 이미지를 빌드할 수는 있지만 이 이미지로 컨테이너를 실행할 수는 없다. 라즈베리파이의 CPU는 Arm CPU고, 여러분 노트북은 인텔 CPU를 사용하기 때문이다. 운영체제도 마찬가지다. 윈도우가 설치된 컴퓨터에서 만든 윈도우용 애플리케이션 이미지로 리눅스 서버에서 컨테이너를 실행할 수 없다. 쿠버네티스 클러스터에서 서로 다른 아키텍처의 애플리케이션을 실행하려면 각기 그에 맞는 아키텍처의 노드가 있어야 한다.

클러스터의 다양성을 무조건 늘릴 수 있는 것은 아니지만, 그림 18-13과 같은 클러스터는 실제로도 구성이 가능하다. 컨트롤플레인은 리눅스 전용이지만 kubelet이나 프록시는 크로스 플랫폼을 지원한다. AWS에는 ARM 기반 서버도 제공하는데 이들 사용 요금은 동등한 성능을 가진 인텔 서버의 절반에 불과하며, EKS에서 ARM 기반 서버를 노드로 사용할 수 있다. 대규모 애플리케이션 집합이 일부는 ARM CPU의 리눅스에서, 또 다른 일부는 윈도우, 나머지는 인텔 CPU의 리눅스에서 동작한다면 이 애플리케이션 집합을 한 클러스터에서 운영할 수도 있다.

❤ 그림 18-13 누구 라즈베리파이나 IBM Z 메인프레임 있는 사람 없나요?

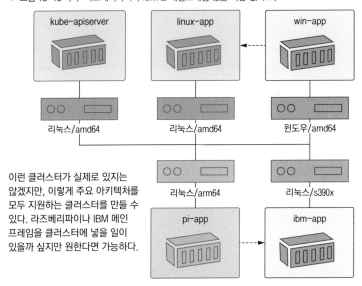

이런 클러스터가 실제로 있지는 않겠지만, 이렇게 주요 아키텍처를 모두 지원하는 클러스터를 만들 수 있다. 라즈베리파이나 IBM 메인프레임을 클러스터에 넣을 일이 있을까 싶지만 원한다면 가능하다.

그럼 클러스터에 윈도우 노드를 추가해 보겠다. 방법은 리눅스 노드를 추가할 때와 동일하다. 새로운 가상 머신을 실행하고, 컨테이너 런타임과 쿠버네티스 도구를 설치한 후 클러스터에 추가하면 된다. 쿠버네티스에서 지원하는 윈도우 최소 버전은 윈도우 서버 2019이고, 집필 시점 현재 윈도우에서 사용할 수 있는 컨테이너 런타임은 도커뿐이다. 참고로 containerd의 윈도우 버전은 현재 개발이 진행 중이다.[5]

실습 윈도우 가상 머신을 생성하고 컨테이너 런타임 및 쿠버네티스 도구를 설치하라. 베이그런트의 디렉터리 공유 기능은 윈도우에서는 동작하지 않을 수도 있으므로 설치 스크립트를 직접 가상 머신에 내려받아야 한다.

```
# (리눅스, 옵션) 윈도우 노드를 시작할 때
# 오류가 발생한다면 다음 명령을 실행한다
sudo gem install winrm-fs winrm-elevated

# 윈도우 서버 2019 가상 머신을 생성한다[6]
vagrant up kiamol-node-win

# 가상 머신에 접속한다 - 패스워드는 vagrant다
vagrant ssh kiamol-node-win
```

---

5 역주 현재는 윈도우에서도 containerd를 사용할 수 있다.

6 역주 VM은 생성되는데, 윈도우에서 노드 준비 작업 도중 도커 설치가 불가능해서 노드 준비가 끝나지 않는다. 이번 실습은 패스해도 된다.

```
# 파워셸을 실행하고 파워셸로 넘어간다
powershell

# 설치 스크립트를 내려받는다
curl.exe -s -O windows-setup.ps1 https://raw.githubusercontent.com/sixeyed/kiamol/
master/ch18/setup/windows-setup.ps1

# 이 스크립트를 실행하라 - 실행이 끝나면 가상 머신이 재부팅된다
./windows-setup.ps1
```

윈도우에서는 운영체제 기능을 활성화하고 도커를 설치해야 한다. 설치 스크립트다. 이 작업을 마치면 가상 머신이 재부팅된다. 이 때문에 그림 18-14 아래쪽을 보면 명령행이 가상 머신에서 빠져나온 상태다.

▼ 그림 18-14 윈도우 노드를 준비하는 첫 단계: 컨테이너 런타임을 설치한다

윈도우 서버 가상 머신을 생성한다. 베이그런트를 사용하는 과정은 리눅스 가상 머신과 같다.

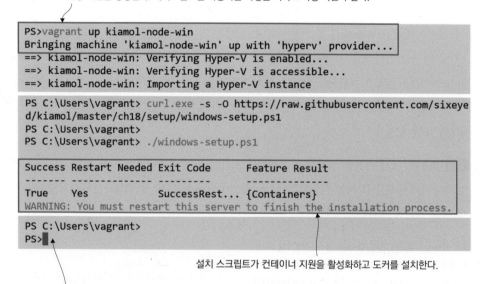

설치 스크립트가 컨테이너 지원을 활성화하고 도커를 설치한다.

스크립트 실행이 끝나면 가상 머신이 재부팅된다. 가상 머신에 접속한 세션이
아무 반응도 없다면 Enter를 눌러 원래 세션으로 돌아온다.

여기까지가 설정의 시작 부분이다. 윈도우 노드를 지원하는 컨트롤플레인을 만들려면 몇 가지 설정이 더 필요하기 때문이다. 일반적인 방법으로 플란넬과 kube-proxy를 설치해서는 윈도우 노드에서 데몬셋을 생성하지 못한다. 이 부분은 추가로 준비해야 한다. 새로운 데몬셋 정의는 윈도우 컨테이너 이미지를 사용한다. 플란넬과 kube-proxy 역시 윈도우 서버와 연동되며, 네트워크를 설정하도록 되어 있다.

실습 컨트롤플레인에 윈도우 노드를 위한 시스템 컴포넌트를 새로 배치하라.

```
# 컨트롤플레인에 접속한다
vagrant ssh kiamol-control

# 윈도우 노드용 프록시를 설치한다
kubectl apply -f /vagrant/setup/kube-proxy.yml

# 윈도우 노드용 네트워크 플러그인을 설치한다
kubectl apply -f /vagrant/setup/flannel-overlay.yml

# 데몬셋이 잘 생성되었는지 확인한다
kubectl get ds -n kube-system
```

이 과정은 앞서 초기 클러스터 생성에서 하이브리드 클러스터를 만들고 싶을 때 수행하는 과정이라고 표시했다. 기존 클러스터(단 쿠버네티스 버전은 1.14 이상이어야 함)에 윈도우 노드 지원을 추가하려고 할 때 바로 쓸 수 있도록 이 부분만 따로 다시 실었다. 필자의 환경에서 실행한 결과인 그림 18-15를 보면, 윈도우 지원에 필요한 데몬셋 이름이 나온다. 현재는 윈도우 노드가 없기 때문에 필요한 수(DESIRED)가 0이다.

❤ 그림 18-15 윈도우 노드에 시스템 컴포넌트를 배치하도록 컨트롤플레인 노드를 업데이트한다

윈도우 노드에 시스템 컴포넌트 실행을 맡을 데몬셋 및 컨피그맵을 배치한다.

```
vagrant@kiamol-control:~$ kubectl apply -f /vagrant/setup/kube-proxy.yml
configmap/kube-proxy-windows created
daemonset.apps/kube-proxy-windows created
vagrant@kiamol-control:~$
vagrant@kiamol-control:~$ kubectl apply -f /vagrant/setup/flannel-overlay.ym
l
configmap/kube-flannel-windows-cfg created
daemonset.apps/kube-flannel-ds-windows-amd64 created
vagrant@kiamol-control:~$
vagrant@kiamol-control:~$ kubectl get ds -n kube-system
```

NAME	DESIRED	CURRENT	READY	UP-TO-DATE	AVAILABLE	NODE SELECTOR	AGE
kube-flannel-ds-amd64	2	2	2	2	2		
						<none>	4h3m
kube-flannel-ds-windows-amd64	0	0	0	0	0		
						<none>	34s
kube-proxy	2	2	2	2	2		
						kubernetes.io/os=linux	4h19m
kube-proxy-windows	0	0	0	0	0		
						kubernetes.io/os=windows	41s

필요한(desired) 리눅스 프록시의 개수는 두 개이지만, 윈도우 프록시는 아직 필요한 개수가 0개다.
윈도우 노드가 추가되면 데몬셋이 프록시 파드를 생성한다.

이제 클러스터에 윈도우 노드를 추가하자. 노드가 추가되면 프록시 및 네트워크 플러그인 파드를 배치하는 데 필요한 이미지를 내려받고 컨테이너가 실행된다. 윈도우 컨테이너는 리눅스 컨테이너와 달리 조금 더 제약이 많다. 이 때문에 플란넬 설치 방법이 리눅스와 약간 다르다. 윈도우용 쿠버네티스 특별관심그룹에서 플란넬 및 kubelet 설치를 대신해 주는 도우미 스크립트를 내놓았는데, 이 장 예제 코드 디렉터리 안에 이 스크립트를 넣어 두었다. 우리가 사용 중인 쿠버네티스 버전에 맞게 적절히 필요한 도구를 설치해 준다. 이 두 번째 설치 스크립트의 실행까지 마치면 노드를 추가할 준비가 다 된 것이다.

실습 윈도우 노드를 위한 의존성 패키지를 추가로 설치한 후 클러스터에 윈도우 노드를 추가하라.

```
# 윈도우 노드에 접속한다
vagrant ssh kiamol-node-win

# 파워셸을 실행한다
powershell

# 두 번째 설치 스크립트를 내려받는다
curl.exe -s -o PrepareNode.ps1 https://raw.githubusercontent.com/sixeyed/kiamol/
master/ch18/setup/PrepareNode.ps1

# 내려받은 설치 스크립트를 실행한다
.\PrepareNode.ps1

# 노드 추가 명령을 실행한다
# 앞서 클러스터를 생성할 때 복사해 둔 명령을 사용해야 한다
# 다음 명령은 대강의 명령 모양을 알려 주기 위한 것이다
kubeadm join 172.21.120.227:6443 --token 5wbq7j.bew48gsfy0maa2bo --discovery-token-ca-
cert-hash sha256:2c520ea15a99bd68b74d04f40056996dff5b6ed1e76dfaeb0211c6db18ba0393
```

곧 "This node has joined the cluster"라는 반가운 메시지를 볼 수 있다(그림 18-16). 노드가 새로 추가되면 프록시 및 네트워크 플러그인 이미지를 내려받기 시작한다. 플란넬 이미지는 약 5GB나 되기 때문에 노드가 완전히 준비될 때까지 조금 시간이 걸린다.

❤ 그림 18-16 윈도우 노드 역시 리눅스 노드를 클러스터에 추가할 때와 동일한 명령을 사용한다

이 스크립트는 윈도우 노드에 kubeadm을 내려받고 플란넬과 kubelet을 설치한다.

출력되는 내용이 많지만 대부분 생략했다. 스크립트 실행이 끝나면
kubeadm join 명령으로 클러스터에 노드를 추가할 수 있다.

```
PS C:\Users\vagrant> curl.exe -s -o PrepareNode.ps1 https://raw.githubuserco
ntent.com/sixeyed/ kiamol/master/ch18/setup/PrepareNode.ps1
PS C:\Users\vagrant>
PS C:\Users\vagrant> .\PrepareNode.ps1
Using Kubernetes version: v1.18.5

Action                  : Allow
Direction               : Inbound
DisplayGroup            :
DisplayName             : kubelet

PS C:\Users\vagrant> kubeadm join 172.21.120.227:6443 --token 5wbq7j.bew48gs
fy0maa2bo      --discovery-token-ca-cert-hash sha256:2c520ea15a99bd68b74d04f4
0056996dff5b6ed1e76dfaeb0211c6db18ba0393
W0713 15:38:40.229522   1760 join.go:346] [preflight] WARNING: JoinControlP
ane.controlPlane settings will be ignored when control-plane flag is not set

[preflight] Running pre-flight checks

This node has joined the cluster:
* Certificate signing request was sent to apiserver and a response was recei
ved.
* The Kubelet was informed of the new secure connection details.

Run 'kubectl get nodes' on the control-plane to see this node join the clust
er.
```

노드가 추가되는 과정은 먼저 추가에 필요한 사항을 확인하고, TLS 부트스트래핑이 이어지는 과정으로
리눅스 노드와 크게 다르지 않다. 이제 클러스터에 윈도우 노드가 추가되었다. 하지만 시스템 이미지를
내려받는 중이기 때문에 실제 애플리케이션을 실행하기까지 좀 더 시간이 걸린다.

윈도우 노드가 시스템 이미지를 내려받는 동안, 서로 다른 여러 아키텍처에서 동작하는 애플리케이
션을 모델링하는 방법을 알아보자. 쿠버네티스는 어떤 파드가 어떤 아키텍처의 노드에 실행되어
야 하는지 알아서 골라 주지 않는다. 이미지 이름만 힌트로 삼기에는 조금 어려운 작업이다. 그 대
신 파드 정의에 해당 파드에 필요한 아키텍처를 지정하는 셀렉터를 추가한다. 예제 18-2는 파드
가 윈도우 노드에서 동작하게 하는 셀렉터 정의다.

예제 18-2 api.yaml, 특정 운영체제를 요청하기 위한 노드 셀렉터 정의

```
spec:                                          # 디플로이먼트 정의에 포함된 파드 정의
  containers:
    - name: api
      image: kiamol/ch03-numbers-api:windows   # 윈도우용 이미지
  nodeSelector
    kubernetes.io/os: windows                  # 윈도우 노드를 선택한다
```

이것으로 끝이다. 기억해야 할 것은 파드 전체가 한 노드에서 동작한다는 점이다. 따라서 파드 정의에 여러 개의 컨테이너가 있다면, 이들 모두 같은 아키텍처의 컨테이너여야 한다. 다중 아키텍처 클러스터를 운영하고 있다면 모든 파드 정의에 노드 셀렉터를 추가하여 파드가 항상 자신과 일치하는 아키텍처의 노드에 실행되도록 보장하는 것도 좋은 습관이다. 이 셀렉터에는 운영체제 정보나 CPU 정보 중 하나를 넣거나 두 가지 모두 넣을 수도 있다.

예제 18-2는 윈도우용 무작위 숫자 API 정의에 사용된 것으로, 리눅스 버전 웹 파드와 연동된다. 이 애플리케이션을 배치하면 이 두 파드는 서로 다른 노드에 배치되지만 웹 파드는 클러스터IP 서비스로 전과 다름없이 윈도우 버전 API 파드에 접근할 수 있다.

> **실습** 이 애플리케이션은 윈도우 및 리눅스 컴포넌트로 구성된 하이브리드 애플리케이션이다. 두 컴포넌트 모두 YAML 형식으로 정의되고 정의 내용도 같지만, 노드 셀렉터 정보로 동작 아키텍처가 다르다는 것을 알 수 있다.

```
# 컨트롤플레인에 접속한다
vagrant ssh kiamol-control

# 모든 노드가 준비될 때까지 대기한다
kubectl -n kube-system wait --for=condition=Ready node --all

# 하이브리드 애플리케이션을 배치한다
kubectl apply -f /vagrant/numbers

# 윈도우 파드가 준비될 때까지 대기한다
kubectl wait --for=condition=ContainersReady pod -l app=numbers,component=api

# 파드가 모두 준비되었는지 확인한다
kubectl get pods -o wide -l app=numbers

# 아무 노드에나 30001번 포트로 접근하여 애플리케이션을 사용한다
```

그림 18-17의 데모 애플리케이션은 너무나도 간단하지만, 이 애플리케이션을 쿠버네티스에서 구동하기까지 도커 및 마이크로소프트의 엔지니어링 팀, 쿠버네티스 커뮤니티는 다년간 많은 노력을 기울였다.

❤ 그림 18-17 세계 최고 수준의 컨테이너 오케스트레이션 기술로 하이브리드 애플리케이션을 구동하여 무작위 숫자를 하나 생성
했다

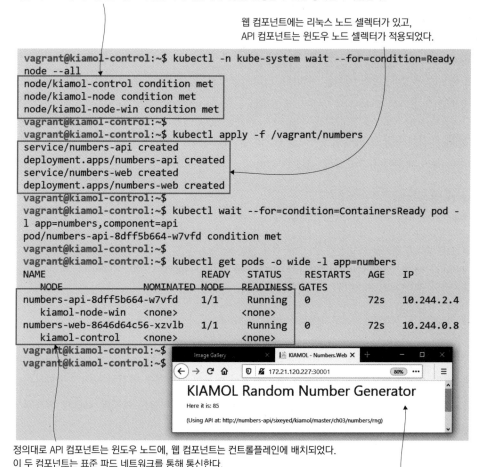

윈도우 노드에 시스템 컴포넌트가 갖추어져 애플리케이션을 실행할 수 있는 상태인지 확인한다.

웹 컴포넌트에는 리눅스 노드 셀렉터가 있고,
API 컴포넌트는 윈도우 노드 셀렉터가 적용되었다.

```
vagrant@kiamol-control:~$ kubectl -n kube-system wait --for=condition=Ready
node --all
node/kiamol-control condition met
node/kiamol-node condition met
node/kiamol-node-win condition met
vagrant@kiamol-control:~$
vagrant@kiamol-control:~$ kubectl apply -f /vagrant/numbers
service/numbers-api created
deployment.apps/numbers-api created
service/numbers-web created
deployment.apps/numbers-web created
vagrant@kiamol-control:~$
vagrant@kiamol-control:~$ kubectl wait --for=condition=ContainersReady pod -
l app=numbers,component=api
pod/numbers-api-8dff5b664-w7vfd condition met
vagrant@kiamol-control:~$
vagrant@kiamol-control:~$ kubectl get pods -o wide -l app=numbers
NAME                        READY   STATUS   RESTARTS   AGE    IP
   NODE             NOMINATED NODE   READINESS GATES
numbers-api-8dff5b664-w7vfd   1/1    Running    0       72s    10.244.2.4
   kiamol-node-win   <none>           <none>
numbers-web-8646d64c56-xzvlb   1/1    Running   0       72s    10.244.0.8
   kiamol-control   <none>           <none>
vagrant@kiamol-control:~$
vagrant@kiamol-control:~$
```

Image Gallery ×   KIAMOL - Numbers.Web ×   +   —   □   ×
← → C ⌂   🔒 172.21.120.227:30001   80%   •••   ≡

KIAMOL Random Number Generator

Here it is: 85

(Using API at: http://numbers-api/sixeyed/kiamol/master/ch03/numbers/rng)

정의대로 API 컴포넌트는 윈도우 노드에, 웹 컴포넌트는 컨트롤플레인에 배치되었다.
이 두 컴포넌트는 표준 파드 네트워크를 통해 통신한다.

애플리케이션이 정상적으로 동작한다.

필자는 기업에 컨테이너 기술 도입을 지원하는 컨설턴트 일을 하고 있는데, 대부분의 기업에서 자
신들의 윈도우 애플리케이션에서 실현하려는 부분이 바로 지금 보고 있는 이 패턴이다. 구체적으
로는 애플리케이션을 변경하지 않고 쿠버네티스로 이주한 후 점진적으로 현재의 모놀리식 설계를
경량 리눅스 컨테이너에서 동작하는 컴포넌트로 분해하기를 원한다. 이렇게 되면 클라우드 환경
으로도 어렵지 않게 넘어갈 수 있다.

다시 1장 내용을 떠올려 보자. 쿠버네티스는 어떤 애플리케이션이든 실행할 수 있다고 설명했다. 마지막으로 이 애플리케이션(윈도우 펫샵 애플리케이션)을 배치해서 그 설명을 증명해 보겠다. 이 데모 애플리케이션은 2008년 마이크로소프트에서 닷넷 플랫폼의 최신 기능을 선보이려고 만든 것이다. 여기 쓰인 기반 기술은 이미 한참 전에 다른 기술로 대체되었지만, 소스 코드는 그대로 남아 있다. 필자가 이 소스 코드를 윈도우 컨테이너에서 동작하도록 패키징한 후 도커 허브에 이미지로 배포해 두었다. 이번 예제는 쿠버네티스로 소스 코드 수정 없이 10년 이상 된 애플리케이션을 실행할 수 있다는 좋은 증거 사례가 될 것이다.

실습 레거시 윈도우 애플리케이션을 배치하라. 전보다 용량이 큰 컨테이너 이미지를 내려받아야 하기 때문에 시간이 조금 걸릴 수 있다.

```
# 컨트롤플레인에서 펫샵 애플리케이션을 배치
kubectl apply -f /vagrant/petshop/

# 모든 파드가 준비될 때까지 대기 - 5분 이상 걸릴 수 있다
kubectl wait --for=condition=ContainersReady pod -l app=petshop --timeout=5m
kubectl get pods -o wide -l app=petshop

# 어느 노드든 30002번 포트로 애플리케이션에 접근한다
```

이것으로 애플리케이션이 배치되었다(그림 18-18). 여러분도 똑같이 증명할 수 있다. (필자는 사실 두 번의 시도가 필요했다. 첫 시도에 윈도우 가상 머신의 네트워크 연결이 끊어졌기 때문이다. 아마도 Hyper-V와 관련된 문제였던 것 같다.) 펫샵 애플리케이션은 마지막 코드가 변경된 지 12년이나 되었음에도 쿠버네티스 최신 버전에서 잘 동작한다.

펫샵 애플리케이션은 완전한 윈도우 애플리케이션이다. 윈도우 애플리케이션 역시
서비스나 비밀값, 컨피그맵 등 쿠버네티스 기능을 모두 사용할 수 있다.

노드에서 세 개의 이미지를 내려받는다. 이들 이미지 크기는
몇 GB나 되기 때문에 애플리케이션 시작까지 조금 시간이 걸린다.

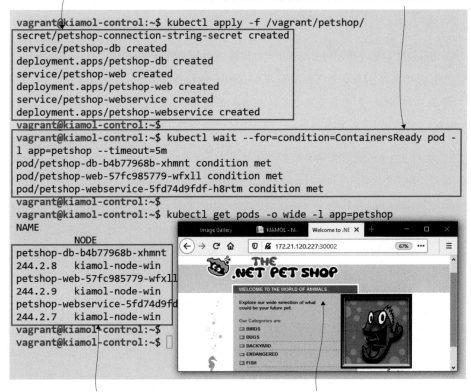

모든 파드가 윈도우 노드에서 동작 중이다.   이것은 2008년에 만들어진 애플리케이션이다.

직접 구축한 클러스터는 여기까지만 쓰도록 하겠다. 두 대의 윈도우 노드를 더 추가하고 싶다면
베이그런트 정의 kiamol-node-win2와 kiamol-node-win3을 사용하여 앞의 과정을 두 번 더 반복한
다. 컨트롤플레인과 세 대의 리눅스, 세 대의 윈도우 노드를 가상 머신으로 구동하면 호스트 컴퓨
터의 메모리를 약 16GB 정도 사용한다. 다중 노드 쿠버네티스 클러스터를 위한 고려 사항과 다
중 아키텍처의 전망에 대해 간단히 설명하고 이 장을 마무리하겠다.

18

쿠버네티스 배치하기: 다중 노드 혹은 다중 아키텍처 클러스터

18.5 쿠버네티스 클러스터를 확장할 때 고려할 것

이 장을 여기까지 읽었다면 쿠버네티스 클러스터를 직접 구축하고 운영한다는 것이 얼마나 복잡한 일인지, 필자가 왜 실습 환경으로 도커 데스크톱이나 K3s를 추천했는지 이해하게 되었을 것이다. 다중 노드 클러스터를 직접 구축해 보는 경험은 학습 목적으로 추천할 만하지만, 운영 환경을 구축한다면 권할 만한 일은 못 된다.

쿠버네티스 의미는 고가용성과 확장성에 있다. 그리고 노드가 많을수록 클러스터 관리는 어려워진다. 고가용성을 얻으려면 두 대 이상의 컨트롤플레인 노드가 필요하다. 컨트롤플레인이 다운되면 애플리케이션이 노드에서 잘 동작하고 있더라도 kubectl 명령으로 관리가 불가능해지며 자기 수복 기능도 동작하지 않는다. 컨트롤플레인의 모든 데이터는 etcd에 저장된다. 복제본을 두는 것이 목적이면 etcd의 클러스터 외부에 복제본을 두고, 성능이 목적이라면 쿠버네티스 객체의 이벤트 기록만을 위한 별도 etcd 데이터베이스를 둔다. 갑자기 이야기가 복잡해진 것 같지만 전부 클러스터 하나만 다루는 이야기다. 여러 클러스터를 묶어 고가용성을 얻는 방법은 아직 없다.

대규모 쿠버네티스 클러스터도 직접 구축할 수 있다. 쿠버네티스 최신 버전은 최대 5,000대의 노드, 15만 개까지 파드를 단일 클러스터에서 실행할 수 있다. 하지만 실제로 클러스터를 직접 구축해 보면 약 500대 정도의 규모에서 etcd와 네트워크 플러그인에 성능 문제를 겪게 될 것이다. 이 경우 컨트롤플레인의 일부 구성 요소만 따로 늘려야 한다. 다행히도 컨트롤플레인 노드의 성능이 충분하다면 세 대의 컨트롤플레인 노드만으로 수백 대의 워커 노드를 감당할 수 있다. 하지만 이들 모두를 관리하려면 클러스터를 소규모 여러 개로 분할하게 될 것이다.

스케일링의 또 다른 결과는 거의 모든 애플리케이션을 한 플랫폼에서 구동할 수 있다는 점이다. 이 장에서 이미 보았듯이, 윈도우 노드를 포함하는 다중 아키텍처 클러스터가 있으면(ARM이나 IBM 메인프레임도 같은 방식으로 포함시킬 수 있음) 거의 모든 애플리케이션을 쿠버네티스로 가져올 수 있다. 오래된 코드라면 나름의 어려움이 있겠으나 쿠버네티스의 가장 큰 장점인 애플리케이션 코드를 수정하지 않아도 된다는 점은 그대로다. 구식 모놀리식 설계를 분할하여 현대적인 클라우드 네이티브 설계로 나아가는 것은 장기 계획으로 남겨 두지만 쿠버네티스 이주가 그 시발점이 될 것이다.

이 장 설명은 이것으로 마친다. 실습 예제에서 구축했던 클러스터는 연습 문제까지 진행한 후 실습으로 제거하기 바란다.

실습 클러스터를 제거하는 방법은 여러 가지가 있다. 연습 문제를 푼 후 다음 중 한 가지 방법을 사용하여 클러스터를 제거한다.

```
# 1. 가상 머신을 모두 중단한다
# 이 경우 가상 머신의 상태가 저장되므로
# 호스트의 디스크와 메모리를 계속 소모한다
vagrant suspend

# 2. 가상 머신을 모두 종료한다
# 나중에 가상 머신을 다시 실행할 수 있지만
# 가상 머신의 IP 주소가 변경될 수 있어 클러스터를 사용하지 못할 수 있다
vagrant halt

# 3. 가상 머신을 모두 삭제한다
# 사용이 모두 끝났다면 가상 머신을 삭제하여 클러스터를 완전히 제거한다
vagrant destroy
```

18.6 연습 문제

이 장 연습 문제는 아주 쉽지만, 몇 가지 조사가 필요하다. 클러스터를 구축한 후 시간이 어느 정도 흐르면 노드에 유지 보수 작업이 필요해진다. 쿠버네티스에는 노드를 클러스터에서 안전하게 (파드를 다른 노드로 옮기고 나서) 제거했다가 작업이 끝난 후 클러스터로 되돌려 놓는 기능이 있다. 클러스터의 리눅스 노드를 대상으로 노드 제거 및 복귀를 수행해 보아라. 힌트는 kubectl을 사용하면 된다.

어떤 플랫폼을 사용하든지 클러스터에서 임시로 노드를 제거하는 작업은 필요하다. 매우 유용한 연습 문제가 될 것이다. 필자의 해답은 다음 URL에서 확인하기 바란다.

* https://github.com/sixeyed/kiamol/blob/master/ch18/lab/README.md

19^장

워크로드의
배치 조정과
자동 스케일링

워크로드(workload)의 배치는 쿠버네티스가 결정한다. 워크로드는 여러 노드에 고르게 분산시켜야 애플리케이션의 가용성을 가장 높일 수 있다. 새로운 파드를 어느 노드에서 실행할지 결정하는 것은 컨트롤플레인의 컴포넌트인 스케줄러 몫이다. 스케줄러는 서버의 총 컴퓨팅 파워와 현재 기존 파드가 점유한 양, 그다음으로 사용자가 파드의 실행되는 위치를 제어하고자 애플리케이션 정의에 포함시킨 폴리시 등 자신이 가진 모든 정보를 활용해서 이를 결정한다. 이 장은 특정 노드에서 파드를 실행하도록 지시하는 방법과 다른 파드의 상대적 배치를 지정하는 방법을 소개한다.

그다음 워크로드 배치의 또 다른 수단인 자동 스케일링과 파드 축출(Pod eviction)을 소개한다. 자동 스케일링은 애플리케이션에 가해지는 부하를 나타내는 지표에 맞추어 그 레플리카 수를 지정된 최솟값과 최댓값 사이에서 조절하는 것이다. 파드가 과부하된 상태라면 레플리카 수를 자동으로 늘리고, 부하가 감소하면 다시 줄이는 식이다. 파드 축출은 노드의 컴퓨팅 리소스가 고갈된 경우 서버 상태를 안정화시키기 위해 파드를 제거하는 조금은 극단적인 수단이다. 몇 가지 복잡한 상황에 처한 예제를 살펴볼 텐데, 이때 원칙을 잘 이해해야 클러스터의 건전한 상태와 애플리케이션 성능 간 적절한 균형점을 찾을 수 있다.

19.1 쿠버네티스의 워크로드 배치 과정

새로 생성된 파드는 실행될 노드가 지정될 때까지 우선 보류(pending) 상태가 된다. 그리고 스케줄러가 보류 상태의 파드를 발견하면 이 파드를 실행하기 가장 적절한 노드를 찾기 시작한다. 워크로드 배치 과정은 크게 두 부분으로 나뉜다. 첫 번째는 부적격한 노드를 후보에서 제거하는 과정인 필터링(filtering)이다. 그다음은 후보에 남아 있는 노드에 점수를 매겨 가장 적합한 노드를 선택하는 스코어링(scoring)이다. 그림 19-1에 이 과정을 간략하게 나타냈다.

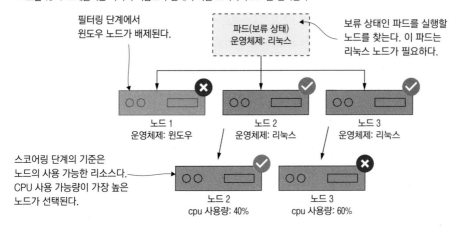

❤ 그림 19-1 스케줄러는 각각의 적합도와 현재 부하를 고려하여 노드를 선택한다

필터링 단계에서
윈도우 노드가 배제된다.

파드(보류 상태)
운영체제: 리눅스

보류 상태인 파드를 실행할
노드를 찾는다. 이 파드는
리눅스 노드가 필요하다.

노드 1
운영체제: 윈도우

노드 2
운영체제: 리눅스

노드 3
운영체제: 리눅스

스코어링 단계의 기준은
노드의 사용 가능한 리소스다.
CPU 사용 가능량이 가장 높은
노드가 선택된다.

노드 2
cpu 사용량: 40%

노드 3
cpu 사용량: 60%

앞서 17장에서 컨트롤플레인 노드에서는 애플리케이션이 실행되지 않는다고 설명했다. 이것이 필터링 단계의 한 결과다. 이 과정에는 일반적인 용도가 아닌 노드를 표시할 때 쓰는 테인트가 작용한다. master 테인트는 기본적으로 컨트롤플레인에 적용된다. 테인트는 사실 특별한 유형의 레이블이다. 따라서 여러분이 정의한 테인트를 노드에 부여할 수 있다. 레이블과 마찬가지로 테인트 역시 키-값 쌍 형태이며 스케줄러가 노드를 분류하는 기준이 된다. 어떤 노드를 나머지 노드와 분류하려는 목적으로 사용자도 테인트를 쓸 수 있다. 다음 예제는 노드에 설치된 디스크 유형을 나타내는 테인트를 적용하는 예제다.

실습 sleep 애플리케이션을 배치하라. 그리고 노드에 테인트를 적용한 후 애플리케이션 실행에 어떤 영향을 미치는지 확인하라.

```
# 이 장의 예제 코드 디렉터리로 이동한다
cd ch19

# 각 노드에 적용된 테인트를 확인한다
kubectl get nodes -o jsonpath='{range.items[*]}{.metadata.name} {.spec.taints[*].key}
{end}'

# sleep 애플리케이션을 배치한다
kubectl apply -f sleep/sleep.yaml

# 모든 노드에 테인트를 하나 추가한다
kubectl taint nodes --all kiamol-disk=hdd:NoSchedule

# sleep 파드가 아직 실행 중인지 확인한다
kubectl get pods -l app=sleep
```

테인트의 키-값 부분은 임의의 값을 가질 수 있으므로 노드에 대해 우리가 중요하게 생각하는 어떤 정보라도 기록할 수 있다. 이를테면 이 노드는 메모리 용량이 적은 노드, 또는 네트워크 속도가 느린 노드와 같은 식이다. 이 테인트가 부여된 결과가 NoSchedule이다. 다시 말해 파드가 특별히 이 테인트를 용납하지 않는 한 이 노드에서는 애플리케이션이 실행되지 않는다는 의미다. 그림 19-2를 보면 NoSchedule 테인트를 새로 부여해도 sleep 파드가 그대로 실행 중인 것을 보아 기존 워크로드에는 영향을 미치지 않는다.

❤ 그림 19-2 테인트 부여 후 새로 실행되는 파드는 특별히 허용하지 않는 한 실행되지 않는다

노드의 목록과 각 노드에 부여된 테인트를 출력한다.

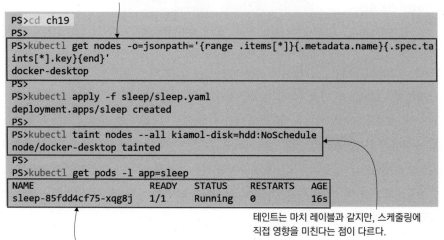

```
PS>cd ch19
PS>
PS>kubectl get nodes -o=jsonpath='{range .items[*]}{.metadata.name}{.spec.ta
ints[*].key}{end}'
docker-desktop
PS>
PS>kubectl apply -f sleep/sleep.yaml
deployment.apps/sleep created
PS>
PS>kubectl taint nodes --all kiamol-disk=hdd:NoSchedule
node/docker-desktop tainted
PS>
PS>kubectl get pods -l app=sleep
NAME                        READY   STATUS    RESTARTS   AGE
sleep-85fdd4cf75-xqg8j      1/1     Running   0          16s
```

테인트는 마치 레이블과 같지만, 스케줄링에 직접 영향을 미친다는 점이 다르다.

sleep 파드가 아직 실행 중인 것을 보아 NoSchedule 테인트를 부여해도 기존에 실행 중인 워크로드에는 영향을 미치지 않는다.

테인트가 부여되었으니 지금부터 파드를 실행할 때는 스케줄러가 이 노드를 대상에서 배제시킬 것이다. 파드 정의에 특별히 이 테인트를 용납하라는 내용인 톨러레이션(toleration)이 없는 한 유효하다. 톨러레이션이 정의에 포함되었다는 것은 노드에 해당 테인트가 부여된 것을 이미 알고 있고, 거기에 문제가 없다는 의미다. 이번 예제에서는 노드에 하드디스크가 설치되었음을 테인트로 표시했는데, 하드디스크는 SSD에 비해 일반적으로 성능이 낮다. 예제 19-1의 파드 정의는 이런 낮은 성능의 노드에서도 문제없다는 의미의 톨러레이션이 포함되었다.

```
spec:                          # 디플로이먼트 정의에 포함된 파드 정의
  containers:
  - name: sleep
    image: kiamol/ch03-sleep
  tolerations:                 # 이 파드가 용납 가능한 테인트를 열거한다
  - key: "kiamol-disk"         # 키와 값, 이펙트까지 모두 노드의 테인트와
    operator: "Equal"          # 일치해야 한다
    value: "hdd"
    effect: "NoSchedule"
```

이번 예제에서 모든 노드에 테인트를 부여해 두었기 때문에 파드 정의에 톨러레이션이 없는 한 스케줄러가 파드 생성 요청을 받아도 필터링 과정에서 모든 노드가 배제된다. 노드를 배정받지 못한 파드는 상황이 바뀔 때까지(테인트가 없는 노드가 추가된다거나, 기존 노드에서 테인트가 제거되거나, 파드 정의가 변경되거나) 보류 상태로 남는다. 이렇게 상황이 바뀌면 스케줄러가 즉시 파드를 노드에 배정하고 파드가 실행된다.

실습 정의에 톨러레이션이 없는 sleep 애플리케이션을 배치해 보아라. 보류 상태에서 더 이상 진행되지 않을 것이다. 톨러레이션을 추가한 정의로 변경하면 파드가 실행된다.

```
# 톨러레이션이 없는 파드를 실행한다
kubectl apply -f sleep/sleep2.yaml

# 파드가 보류 상태인지 확인한다
kubectl get po -l app=sleep2

# 예제 19-1과 같은 톨러레이션을 추가하여
# 파드 정의를 변경한다
kubectl apply -f sleep/update/sleep2-with-tolerations.yaml
kubectl get po -l app=sleep2
```

이번 실습 예제에 쓰인 디플로이먼트의 파드 정의에 톨러레이션이 추가되었다. 따라서 파드가 노드 배정을 받을 수 있었다(그림 19-3). 하지만 톨러레이션이 없는 파드를 생성하면 보류 상태로 남았다가 톨러레이션을 추가하면 보류 상태이던 파드가 노드를 배정받아 실행된다. 스케줄러는 보류 상태인 파드가 있으면 계속 노드 배정을 시도하기 때문이다.

❤ 그림 19-3 파드의 톨러레이션이 노드의 테인트와 일치하면 파드가 해당 노드에 배정될 수 있다

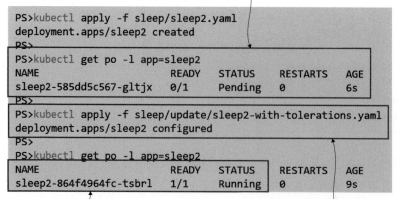

이 노드는 테인트가 부여되어 있기 때문에 정의에 톨러레이션이 없는
파드는 노드를 배정받지 못하고 보류 상태로 남는다.

```
PS>kubectl apply -f sleep/sleep2.yaml
deployment.apps/sleep2 created
PS>
PS>kubectl get po -l app=sleep2
NAME                        READY   STATUS     RESTARTS    AGE
sleep2-585dd5c567-gltjx     0/1     Pending    0           6s
PS>
PS>kubectl apply -f sleep/update/sleep2-with-tolerations.yaml
deployment.apps/sleep2 configured
PS>
PS>kubectl get po -l app=sleep2
NAME                        READY   STATUS     RESTARTS    AGE
sleep2-864f4964fc-tsbrl     1/1     Running    0           9s
```

톨러레이션은 파드 정의에 포함되므로 파드가 변경된 상태가   애플리케이션이 실행될 수 있도록
된다. 디플로이먼트가 새 레플리카셋을 생성하면 테인트가   톨러레이션을 정의에 추가한다.
있는 노드에서도 파드가 실행된다.

NoSchedule 이펙트는 파드 정의에 톨러레이션이 없는 한 스케줄러의 필터링 단계에서 노드가 배제되기 때문에 강력한 테인트다. 이보다 약한 테인트로는 PreferNoSchedule이 있다. 이 테인트를 가진 노드는 스코어링 단계까지 넘어가지만 다른 노드보다 낮은 점수를 받는다. PreferNoSchedule은 파드에 톨러레이션이 있고 다른 적합한 노드가 남아 있지 않는 한 이 노드에서 파드를 실행하지 말라는 의미다.

꼭 이해해야 하는 것은 테인트와 톨러레이션은 노드의 부정적인 면을 표현하는 수단이라는 점이다. 다른 말로 하면, 이 노드는 어떤 특정한 파드에만 적합하다는 의미다. 노드와 파드의 이런 관계는 긍정적인 관계가 아니다. 톨러레이션을 가진 파드는 테인트가 있는 노드에서 실행될 수 있지만, 테인트가 없는 노드에서도 실행될 수 있다. 따라서 톨러레이션으로는 파드가 **특정한 노드에서만** 실행되도록 보장할 수 없다. 이렇게 하려면 PCI 컴플라이언스에서 금융 애플리케이션을 좀 더 강화된 노드에서만 동작하도록 강제하듯이, 이와 비슷한 강제 수단이 있어야 한다. 이때 사용하는 것이 노드셀렉터(NodeSelector)다. 노드셀렉터는 레이블 정보에 따라 노드를 필터링 단계에서 배제하는 역할을 한다. 앞서 17장에서 파드가 특정 CPU 아키텍처를 가진 노드에서 동작하도록 하려고 사용했다. 예제 19-2는 스케줄러에서 노드를 배정하는 데 사용하는 여러 가지 정보를 함께 담고 있다.

```
spec:
  containers:
  - name: sleep
    image: kiamol/ch03-sleep
    tolerations:                          # hdd 테인트가 달린 노드에서
    - key: "kiamol-disk"                  # 실행을 허용한다
      operator: "Equal"
      value: "hdd"
      effect: "NoSchedule"
    nodeSelector:                         # 이 파드는 CPU 아키텍처가 이와 일치하는
      kubernetes.io/arch: zxSpectrum      # 노드에서만 실행된다
```

이 정의는 해당 파드의 경우 하드디스크가 달린 노드에서 실행해도 문제없지만, 노드의 CPU 아키텍처는 반드시 ZX 스펙트럼이어야 한다는 의미다. 여러분 클러스터에는 ZX 스펙트럼 머신이 없을 것이므로 이 파드를 배치하려고 하면 노드가 배정되지 않는다. 예제에서 이 CPU 아키텍처를 고른 이유는 필자의 예전 기억도 있지만, 노드셀렉터가 유효성 검사를 거치지 않는 단순한 키-값 쌍이라는 점을 설명하기 위해서다. 노드에는 쿠버네티스가 부여한 운영체제(os) 및 아키텍처(arch) 정보 레이블이 있지만, 파드 정의에서 이 정보에 오타를 내면 파드는 보류 상태로 남게 된다.

실습 예제 19-2의 정의를 따라 sleep 애플리케이션을 변경하고 클러스터에 파드의 요구 사항과 일치하는 노드가 있는지 살펴보아라.

```
# 노드에 부여된 레이블을 확인한다
kubectl get nodes --show-labels

# 디플로이먼트 정의를 잘못된 노드셀렉터를 포함한 채로 변경한다
kubectl apply -f sleep/update/sleep2-with-nodeSelector.yaml

# 파드의 상태를 확인한다
kubectl get pods -l app=sleep2
```

필자의 환경에서 실행한 결과를 그림 19-4에 실었다. 이 결과를 보면 왜 여기에서 디플로이먼트가 쓰였는지 알 수 있다. 새로 생성된 파드는 보류 상태에 빠지는데, 이 상태는 클러스터에 ZX 스펙트럼 머신이 추가될 때까지 계속된다(그러나 이것이 가능하려면 8비트 버전의 kubelet 및 컨테이너 런타임을 먼저 빌드해야 한다). 변경된 레플리카셋이 설정된 개수에 도달하지 못했기 때문에 기존 레플리카가 그대로 남아 애플리케이션은 정상 동작한다.

19

워크로드의 배치 조정과 자동 스케일링

❤ 그림 19-4 변경 대상 파드가 디플로이먼트에 포함되었다면 신규 파드가 노드를 배정받지 못하더라도 애플리케이션에 영향을 미치지 않는다

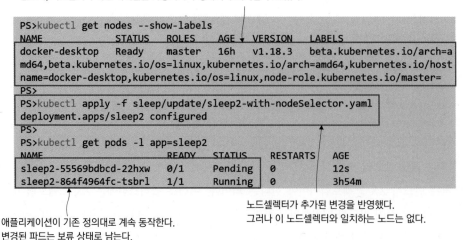

쿠버네티스 내부적으로 부여되는 레이블도 많고, 사용자도 자신이 원하는 레이블을
부여할 수 있다. 시스템이 부여한 것이든 사용자가 부여한 것이든 레이블에 차이는
없으며, 시스템이 부여한 레이블을 사용자가 수정하거나 제거할 수도 있다.

```
PS>kubectl get nodes --show-labels
NAME             STATUS   ROLES    AGE   VERSION   LABELS
docker-desktop   Ready    master   16h   v1.18.3   beta.kubernetes.io/arch=a
md64,beta.kubernetes.io/os=linux,kubernetes.io/arch=amd64,kubernetes.io/host
name=docker-desktop,kubernetes.io/os=linux,node-role.kubernetes.io/master=
PS>
PS>kubectl apply -f sleep/update/sleep2-with-nodeSelector.yaml
deployment.apps/sleep2 configured
PS>
PS>kubectl get pods -l app=sleep2
NAME                      READY   STATUS    RESTARTS   AGE
sleep2-55569bdbcd-22hxw   0/1     Pending   0          12s
sleep2-864f4964fc-tsbrl   1/1     Running   0          3h54m
```

애플리케이션이 기존 정의대로 계속 동작한다.
변경된 파드는 보류 상태로 남는다.

노드셀렉터가 추가된 변경을 반영했다.
그러나 이 노드셀렉터와 일치하는 노드는 없다.

노드셀렉터는 특정 레이블이 부여된 노드에서만 애플리케이션이 실행되도록 강제할 수 있다. 레이블의 완전 일치보다 유연한 적용이 필요할 때가 있다. 이런 미세 조절에는 어피니티(affinity)와 안티어피니티(antiaffinity)가 쓰인다.

KUBERNETES

19.2 / 어피니티 및 안티어피니티를 이용한 파드 배정 지정

쿠버네티스 내부적으로 노드에 부여되는 표준 레이블 세트가 있다. 하지만 표준이란 시간이 흐르면 변하게 마련이다. 시스템 내부적으로 부여된 레이블은 네임스페이스 이름으로 시작하며, 네임스페이스 역시 객체 정의에 쓰이는 API와 같은 방식으로 버전을 구분한다. 새로 구축한 클러스터에서는 레이블 접두사로 kubernetes.io가 쓰이는데, 이전 버전에서는 beta.kubernetes.io가 쓰인다. 이 앞에 붙은 beta는 해당 기능이 안정화된 것이 아니며 향후 규격이 변경될 수 있다는 의미다. 하지만 쿠버네티스 버전이 여러 번 업데이트되도록 이 beta를 떼지 못하는 기능도 많다. 파드

가 특정 아키텍처의 노드에서만 실행되도록 강제하고 싶다면 beta 네임스페이스의 API로 애플리케이션 정의를 쿠버네티스의 여러 버전에서 사용할 수 있도록 해야 한다.

어피니티는 스케줄러에 원하는 우선 조건 또는 필요 조건을 더 상세하게 지시할 수 있는 수단이다. 노드에 어피니티를 선언해 두면 이들 노드에 파드가 실행되도록 강제할 수 있다. 어피니티에도 노드셀렉터가 쓰이지만 단순한 완전 일치가 아닌 일치 표현식을 사용한다. 일치 표현식은 여러 개의 절로 구성될 수 있어 복잡한 필요 조건도 어렵지 않게 작성할 수 있다. 예제 19-3은 파드가 64비트 인텔 CPU 노드에서만 실행되도록 강제하는 어피니티 예다. 구 버전 쿠버네티스를 사용하는 클러스터와 신 버전 클러스터 모두에서 문제없이 동작하도록 작성했다.

예제 19-3 sleep2-with-nodeAffinity-required.yaml, 노드 어피니티가 적용된 파드 정의

```
affinity:                                    # 어피니티를 이용하여 파드가 실행될
  nodeAffinity:                              # 노드에 대한 선호 조건 또는 필요 조건을 설정할 수 있다
    requiredDuringSchedulingIgnoredDuringExecution:
      nodeSelectorTerms:
        - matchExpressions:                  # 일치 표현식은 레이블을 대상으로 한다
          - key: kubernetes.io/arch          # 값의 리스트를 기재하고
            operator: In                     # 이 값이 일치 또는 불일치하는 노드가 배정된다
            values:
            - amd64
        - matchExpressions:                  # 두 개 이상의 일치 표현식을 기재하면
          - key: beta.kubernetes.io/arch     # 논리적 OR가 적용된다
            operator: In
            values:
            - amd64
```

보기만 해도 멈칫하게 되는 requiredDuringSchedulingIgnoredDuringExecution 키워드는 신규 파드(during scheduling)에는 강제되나 기존 파드(during execution)에는 강제되지 않는다는 의미다.

따라서 이미 노드에 배정된 파드는 레이블이 변경되더라도 영향받지 않는다. 두 개의 일치 표현식은 OR 조건으로 연결되므로 구 버전 및 신 버전 API 네임스페이스에서 모두 유효하다. 그리고 이 어피니티 정의가 기존 노드셀렉터를 대체했다. 예제 19-3의 전체 정의에는 하드디스크 관련 톨러레이션이 포함되어 있으므로 이번 변경을 반영하면 sleep 애플리케이션이 ZX 스펙트럼 아키텍처의 노드 찾기를 그만두고 인텔 노드에 새로운 파드를 배정한다.

실습 sleep 애플리케이션을 업데이트하라. 새 파드가 제대로 배정될 수 있도록 노드에 두 개의 아키텍처 레이블 중 하나가 부여되어 있어야 한다.

```
# 예제 19-3의 변경된 정의를 반영한다
kubectl apply -f sleep/update/sleep2-with-nodeAffinity-required.yaml

# 새 파드가 제대로 실행되었는지 확인한다
kubectl get po -l app=sleep2
```

그림 19-5를 보면, 예상대로 새로 추가한 어피니티 규칙이 적용되었다. 스케줄러가 규칙을 따라 파드에 적합한 노드를 찾아냈고 파드를 배정해서 실행했다.

▼ 그림 19-5 어피니티를 사용하면 여러 개의 노드셀렉터보다 더 복잡한 조건을 작성할 수 있다

노드셀렉터 대신 어피니티 규칙이 추가되었다. 이번에는 조건을 만족하는 노드가 존재한다.

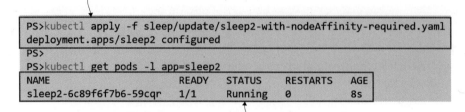

새로운 파드가 기존 실행 중인 파드 및 보류 상태의 파드를 대체한다.

예제를 하나 더 살펴보자. 이번 예제는 문법이 조금 까다롭지만 어피니티 기능을 확인하기 좋은 예제다. 노드 어피니티는 우선 조건과 필요 조건이 뒤섞인 복잡한 조건도 깔끔하게 작성할 수 있을 뿐만 아니라, 톨러레이션이나 노드셀렉터로는 작성할 수 없는 조건도 가능하다. 예제 19-4는 스케줄러에 "파드는 반드시 인텔 노드에서 실행되어야 하며, 운영체제는 윈도우나 리눅스 아무것이라도 상관없으나 가능하다면 리눅스가 좋다."라는 조건을 지시하는 어피니티 정의다.

예제 19-4 sleep2-with-nodeAffinity-preferred.yaml, 우선 조건과 필요 조건이 조합된 어피니티 정의

```
affinity:
  nodeAffinity:
    requiredDuringSchedulingIgnoredDuringExecution:
      nodeSelectorTerms:
        - matchExpressions:
          - key: kubernetes.io/arch      # 인텔 CPU 노드를 강제한다
            operator: In
            values:
            - amd64
          - key: kubernetes.io/os
            operator: In
            values:                       # 운영체제는 윈도우와 리눅스 중
            - linux                       # 하나여야 한다
```

```
          - windows
  preferredDuringSchedulingIgnoredDuringExecution:
  - weight: 1
    preference:                          # 그러나 가능하다면
      matchExpressions:                  # 리눅스 노드를 선호한다
      - key: kubernetes.io/os
        operator: In
        values:
        - linux
```

이 어피니티 정의는 (구 버전 애플리케이션을 위한 윈도우 노드 몇 대를 갖춘) 리눅스 위주의 다중
아키텍처 클러스터에서 유용할 것이다. 다중 아키텍처 도커 이미지를 만들면 리눅스와 윈도우에
서(또는 Arm과 같은 다른 CPU 아키텍처 및 운영체제의 조합으로도 가능) 같은 이미지 태그를 사
용할 수도 있으므로 하나의 컨테이너 정의로 여러 시스템을 사용할 수 있다. 이 어피니티 정의에
따르면 파드는 리눅스 노드를 선호하지만, 리눅스 노드의 리소스가 빠듯하다면 리소스가 충분한
윈도우 노드에 배정해서 윈도우 파드를 실행한다.

어피니티 문법은 약간 까다로운 면이 있다. 필요 조건에서는 여러 개의 일치 표현식이 AND 조건
으로 연결되며, 여러 개의 셀렉터는 OR 조건으로 연결된다. 반면 우선 조건에서는 여러 개의 일치
표현식은 AND 조건으로 연결되며, OR 조건을 사용하려면 여러 개의 우선 조건을 작성한다. 예제
19-4의 전체 정의에는 두 개의 API 네임스페이스를 커버하기 위해 OR 조건이 사용되었다. 앞의
예제와 결과가 같기 때문에 군이 이 정의를 배치해 보지는 않겠지만, 직접 어피니티를 작성할 때
참고하기 바란다. 그림 19-6은 이 어피니티 규칙의 구조를 나타낸 것이다.

19

워크로드의 배치 조정과 자동 스케일링

❤ 그림 19-6 여러 가지 노드 레이블을 활용한 복수의 조건식으로 어피니티 규칙을 작성할 수 있다

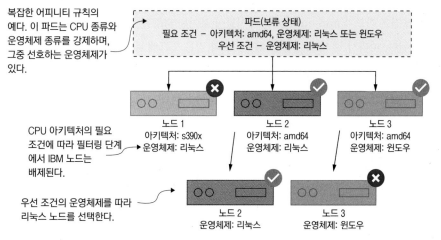

파드에도 어피니티를 적용해 보면 이해하는 데 더 도움이 된다. 파드 간 노드 배정에도 어피니티를 사용하는데, 다른 파드와 같은 노드에 배정해야 할 때는 어피니티를 작성하고, 서로 다른 노드에 배정해야 할 때는 안티어피니티를 작성한다. 이런 기능을 사용하는 가장 흔한 경우가 두 가지 있다. 첫 번째는 서로 통신하는 컴포넌트끼리 같은 노드에 배정하여 네트워크 부하를 줄이려는 경우고, 두 번째는 같은 컴포넌트의 레플리카를 서로 다른 노드에 흩어 놓아 중복성을 확보하는 경우다. 예제 19-5는 무작위 숫자 애플리케이션에서 첫 번째 경우로 쓰인 어피니티 정의다.

예제 19-5 web.yaml, 서로 같은 노드에 배정하도록 하는 파드 어피니티 정의

```
affinity:                                # 파드 어피니티의 노드 어피니티와
  podAffinity:                           # 같은 규칙을 사용한다
    requiredDuringSchedulingIgnoredDuringExecution:
    - labelSelector:
        matchExpressions:                # app 레이블의 값이 number인 것을
        - key: app                       # 찾는다
          operator: In
          values:
          - numbers
        - key: component
          operator: In
          values:
          - api
      topologyKey: "kubernetes.io/hostname"
```

파드 어피니티도 노드 어피니티와 같은 규칙을 사용하기 때문에 두 가지를 섞어 사용하면 다른 팀원에게 혼란을 일으킬 수 있다. 예제 19-4의 어피니티는 필요 조건이므로 스케줄러가 이를 만족하는 노드를 배정하지 못하면 파드가 보류 상태로 남는다. 일치 표현식은 레이블 셀렉터의 역할을 한다. 결국 이 조건은 파드가 app=numbers 레이블이 부여된 파드를 실행 중인 노드에 배정해야 한다는 의미가 된다. 따라서 웹 파드는 항상 API 파드와 같은 노드에 배정된다.

그 밑의 토폴로지 키에서 말하는 토폴로지는 클러스터의 물리적 레이아웃, 즉 노드의 물리적 위치를 가리킨다. 이 정보는 노드의 레이블에서도 알 수 있다. 이 중 hostname 레이블은 항상 부여되며, 노드마다 다른 값을 가지므로 추가적인 정보는 다른 레이블에 기재한다. 클라우드 플랫폼 제공자는 노드의 물리적 위치 정보에 주로 region 또는 zone 레이블을 사용한다. 온프레미스 환경이라면 데이터 센터 또는 서버 랙의 정보를 추가할 것이다. 결국 토폴로지 키는 어피니티의 적용 단위를 결정한다. 적용 단위가 호스트 네임이면 파드를 같은 노드에 실행하라는 의미가 되고, region이나 zone이 될 때는 지역이 같은 노드끼리 실행하라는 의미가 된다. 어피니티 동작을 확인하려면 단일 노드상에 파드가 배치되는지만 보면 되는 호스트 네임이 낫다.

실습 파드 어피니티가 적용된 무작위 숫자 애플리케이션을 배치하고 웹 파드와 API 파드가 같은 노드에 배정되었는지 확인하라.

```
# 편의를 위해 노드의 테인트를 제거한다
kubectl taint nodes --all kiamol-disk=hdd:NoSchedule-

# 무작위 숫자 애플리케이션을 배치한다
kubectl apply -f numbers/

# 두 파드가 같은 노드에서 실행 중인지 확인한다
kubectl get pods -l app=numbers -o wide
```

실습 예제를 실행해 보면 우리가 기대한 대로 동작하는 것을 볼 수 있다(그림 19-7). 노드는 하나뿐이므로 모든 파드가 이 노드에서 실행된다. 클러스터 규모가 더 크다면 API 파드가 배정될 때까지 웹 파드가 보류 상태로 남을 수도 있다. API 파드가 배정되면 해당 파드로 웹 파드도 배정된다. API 파드가 배정된 노드의 리소스가 넉넉하지 않다면, 규칙에 따라 웹 파드는 보류 상태로 남는다(우선 조건이었다면 API 파드가 없는 노드라도 배정되었을 것이다).

❤ 그림 19-7 파드 어피니티는 기존 워크로드 분포를 고려하여 새로운 워크로드를 배치한다

명령 맨 끝에 마이너스(-) 기호를 붙이면 테인트를 제거하라는 의미다.

웹 파드의 정의에 API 파드에 대한 어피니티가 포함되어 있다.

```
PS>kubectl taint nodes --all kiamol-disk=hdd:NoSchedule-
node/docker-desktop untainted
PS>
PS>kubectl apply -f numbers/
service/numbers-api created
deployment.apps/numbers-api created
service/numbers-web created
deployment.apps/numbers-web created
PS>
PS>kubectl get pods -l app=numbers -o wide
NAME                           READY   STATUS    RESTARTS   AGE   IP
  NODE             NOMINATED NODE    READINESS GATES
numbers-api-7f759884bd-rscjl   1/1     Running   0          5s    10.1.0.76
  docker-desktop   <none>            <none>
numbers-web-657ccf9b66-8jg89   1/1     Running   0          5s    10.1.0.77
  docker-desktop   <none>            <none>
```

두 파드가 같은 노드에 배치되었다. 클러스터의 노드가 100개라도 같은 결과를 얻을 것이다.

안티어피니티 역시 파드를 특정 노드에 배정하지 않거나 파드끼리 다른 노드에 배정하는 조건을 동일한 문법으로 작성한다. 안티어피니티는 특히 고가용성을 위해 대규모로 배치되는 컴포넌트에

서 유용하다. 8장에서 사용했던 Postgres 데이터베이스를 떠올려 보자. 이 애플리케이션에는 레플리카를 여러 개 갖춘 스테이트풀셋이 사용되었는데, 모든 파드가 같은 노드에 배정되기도 했다. 이렇게 되면 노드 하나만 다운되어도 모든 레플리카를 잃게 되기 때문에 굳이 레플리카를 여럿 두는 의미가 없어진다. 안티어피니티는 '파드를 자신과 비슷한 파드와 떨어뜨려 배정할 것'이라는 규칙을 작성할 때 사용한다. 8장 스테이트풀셋보다는 지금 제재로 쓰고 있는 무작위 숫자 애플리케이션의 API에 이런 규칙을 적용해 보겠다.

실습 무작위 숫자 애플리케이션의 API 디플로이먼트에 안티어피니티를 사용해서 모든 레플리카가 서로 다른 노드에서 동작하도록 하라. 그리고 레플리카 수를 늘리고 그 결과를 확인하라.

```
# 안티어피니티가 추가된 API 파드의 정의를 반영한다
kubectl apply -f numbers/update/api.yaml

# API 파드의 상태를 확인한다
kubectl get pods -l app=numbers

# API 파드 및 웹 파드의 수를 증가시킨다
kubectl scale deploy/numbers-api --replicas 3
kubectl scale deploy/numbers-web --replicas 3

# API 파드 및 웹 파드의 상태를 확인한다
kubectl get pods -l app=numbers
```

그림 19-8은 우리가 기대했던 결과가 아닐 것이다. API 디플로이먼트를 업데이트하여 새로운 레플리카셋 및 그 안에서 파드가 생성되었으나, 이들 파드는 보류 상태다. 안티어피니티의 규칙 때문에 기존 API 파드와 한 노드에서 동작할 수 없기 때문이다. 반면 디플로이먼트의 레플리카 수를 늘렸을 때는 실제로 레플리카 수가 증가한다. 그래서 같은 노드에 API 파드 두 개가 생긴다. 그러나 이것은 안티어피니티가 추가되기 이전의 레플리카셋이다. 디플로이먼트는 그래도 레플리카 수를 늘리라는 요청을 들어주기 위해 새 파드가 준비되지 않는 레플리카셋 대신 기존 레플리카셋의 레플리카 수를 늘린다.

한 노드에 여러 개의 API 파드가 배치되지 않도록
안티어피니티 규칙을 설정했다.

업데이트가 실패했다. 기존 API 파드를 실행 중인 노드
하나뿐이기 때문에 새 파드를 실행할 수 없다.

```
PS>kubectl apply -f numbers/update/api.yaml
deployment.apps/numbers-api configured
PS>
PS>kubectl get pods -l app=numbers
NAME                             READY   STATUS    RESTARTS   AGE
numbers-api-5f5bf479bb-2wb58     0/1     Pending   0          10s
numbers-api-7f759884bd-qbcqw     1/1     Running   0          23m
numbers-web-657ccf9b66-7bms9     1/1     Running   0          23m
PS>
PS>kubectl scale deploy/numbers-api --replicas 3
deployment.apps/numbers-api scaled
PS>
PS>kubectl scale deploy/numbers-web --replicas 3
deployment.apps/numbers-web scaled
PS>
PS>kubectl get pods -l app=numbers
NAME                             READY   STATUS    RESTARTS   AGE
numbers-api-5f5bf479bb-2wb58     0/1     Pending   0          45s
numbers-api-5f5bf479bb-d2t2l     0/1     Pending   0          24s
numbers-api-7f759884bd-prhmk     1/1     Running   0          23s
numbers-api-7f759884bd-qbcqw     1/1     Running   0          23m
numbers-web-657ccf9b66-7bms9     1/1     Running   0          23m
numbers-web-657ccf9b66-7k752     1/1     Running   0          15s
numbers-web-657ccf9b66-ngcj8     1/1     Running   0          15s
```

API 디플로이먼트는 두 개의 레플리카셋을 관리하고 있다.
최신 버전의 파드는 안티어피니티 규칙으로 배치할 수 없으므로
기존 레플리카셋의 레플리카 수를 늘린다.

웹 디플로이먼트의 레플리카 수가 세 개로 증가한다. 이 노드에는
API 파드가 있으므로 모든 웹 파드가 어피니티 규칙에 부합한다.

19

워크로드의 배치 조정과 자동 스케일링

웹 파드 쪽은 어떻게 되었을까? 파드 세 개가 생기길 예상했는가? 어쨌든 파드 세 개가 동작 중이다. 어피니티나 안티어피니티 모두 파드 존재 여부를 레이블로만 확인한다. 웹 파드의 어피니티 규칙에는 API 파드가 실행 중인 노드에 배정하라고 되어 있다. 웹 파드의 어피니티 규칙은 API 파드가 존재하는 노드면 된다. API 파드가 꼭 하나일 필요는 없다. 노드 하나에 API 파드와 웹 파드가 한 개씩만 배정되도록 하고 싶다면 웹 파드 정의에 안티어피니티 규칙을 추가해야 한다.

우선 조건을 따져 노드를 배정하는 과정은 따져야 할 요소가 너무 많아 복잡해지기 쉽다. 간단한 어피니티 규칙도 의도대로 동작하지 않을 수 있다. 그러면 테인트, 노드 레이블, 파드 레이블, 리소스 제약, 쿼터 심지어 스케줄러의 로그 파일을 뒤져야 할 수도 있다. 필요 조건을 만족하는 노드를 찾지 못하면 파드가 실행되지 않는다는 점을 기억하고 이를 대비하는 우선 조건을 마련해 두어야 한다. 이제 이 장에서 가장 골치 아픈 내용을 살펴보았다. 다음 절에서는 쿠버네티스가 자동으로 레플리카를 늘리도록 하는 방법을 알아보자. 워크로드를 다루는 것보다는 훨씬 직관적이다.

19.3 자동 스케일링을 이용하여 처리 용량 제어

쿠버네티스는 자동으로 애플리케이션의 파드 수를 조절해 주는 기능이 있다. 이런 스케일링을 수평 스케일링(horizontal scaling)이라고 한다. 기존 노드를 활용하기 때문이다. 이와 달리 필요에 따라 노드를 더하거나 빼는 클러스터 스케일링도 있다. 하지만 클러스터 스케일링은 주로 클라우드 플랫폼에서나 쓰인다. 여기에서는 자동화된 수평 스케일링을 다룬다. 앞서 배운 네트워크 폴리시(16장)처럼 조금 동떨어진 사용자 경험을 갖는 기능이다. 파드를 언제 어떻게 스케일링할지 기술한 오토스케일 정의를 배치할 수는 있지만, 기존 파드의 부하를 확인할 방법이 없다면 쿠버네티스가 아무것도 해 주지 않는다. 넓은 범위의 쿠버네티스 프로젝트 중 이런 기본적인 부하를 확인하는 metrics-server 컴포넌트가 있다. 이 컴포넌트가 기본 설치되는 배포본도 있지만 그렇지 않은 배포본도 있으므로 metrics-server 컴포넌트를 직접 설치해 보겠다.

실습 실습 클러스터에 metrics-server 컴포넌트가 설치되어 있는지 확인하고, 설치되어 있지 않다면 설치하라. 설치가 끝나면 자동 스케일링 기능이 추가되고 kubectl top 명령이 강화된다.

```
# metrics-server가 설치되어 있다면 kubectl top 명령에서
# 리소스 사용량을 확인할 수 있다
kubectl top nodes

# heapster와 관련된 오류가 발생한다면
# metrics-server가 설치되지 않은 것이다
kubectl apply -f metrics-server/

# metrics-server가 준비될 때까지 대기한다
kubectl wait --for=condition=ContainersReady pod -l k8s-app=metrics-server -n kube-
system

# 1분 정도면 준비가 끝난다
sleep 60

# metrics-server 파드의 로그를 출력한다
kubectl logs -n kube-system -l k8s-app=metrics-server --tail 2

# 노드의 리소스 사용량을 다시 확인한다
kubectl top nodes
```

필자의 환경에는 metrics-server가 설치되어 있지 않았다(그림 19-9). 원래 K3s에는 기본으로 포함되어 있으나 도커 데스크톱이나 Kind에는 포함되어 있지 않다. 다행히 네트워크 플러그인과 달리 무언가 선택할 필요는 없다. kubectl top 명령을 사용하여 오류를 일으키지 않으면 자동 스케일링에 필요한 클러스터 측정값이 수집되는 중이고, 그렇지 않다면 metrics-server를 설치한다.

❤ 그림 19-9 metrics-server는 CPU 및 메모리 사용량을 수집하는 역할을 하고, 쿠버네티스에 기본으로 포함되지 않는다

metrics-server는 기본 컴포넌트가 아니다. 설치된 상태가 아니라면
kubectl top 명령을 사용해도 결과를 얻을 수 없다.

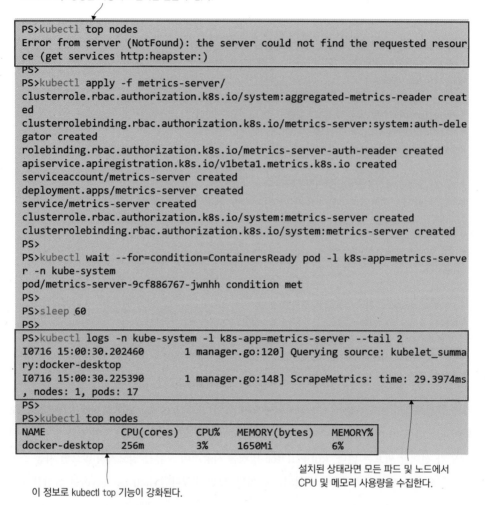

```
PS>kubectl top nodes
Error from server (NotFound): the server could not find the requested resour
ce (get services http:heapster:)
PS>
PS>kubectl apply -f metrics-server/
clusterrole.rbac.authorization.k8s.io/system:aggregated-metrics-reader creat
ed
clusterrolebinding.rbac.authorization.k8s.io/metrics-server:system:auth-dele
gator created
rolebinding.rbac.authorization.k8s.io/metrics-server-auth-reader created
apiservice.apiregistration.k8s.io/v1beta1.metrics.k8s.io created
serviceaccount/metrics-server created
deployment.apps/metrics-server created
service/metrics-server created
clusterrole.rbac.authorization.k8s.io/system:metrics-server created
clusterrolebinding.rbac.authorization.k8s.io/system:metrics-server created
PS>
PS>kubectl wait --for=condition=ContainersReady pod -l k8s-app=metrics-serve
r -n kube-system
pod/metrics-server-9cf886767-jwnhh condition met
PS>
PS>sleep 60
PS>
PS>kubectl logs -n kube-system -l k8s-app=metrics-server --tail 2
I0716 15:00:30.202460        1 manager.go:120] Querying source: kubelet_summa
ry:docker-desktop
I0716 15:00:30.225390        1 manager.go:148] ScrapeMetrics: time: 29.3974ms
, nodes: 1, pods: 17
PS>
PS>kubectl top nodes
NAME              CPU(cores)    CPU%    MEMORY(bytes)    MEMORY%
docker-desktop    256m          3%      1650Mi           6%
```

설치된 상태라면 모든 파드 및 노드에서
CPU 및 메모리 사용량을 수집한다.

이 정보로 kubectl top 기능이 강화된다.

측정값이라고 해서 14장에서 배운 프로메테우스와 혼동해서는 안 된다. metrics-server에서 수
집되는 측정값은 CPU나 메모리 사용량 같은 기본적인 컴퓨팅 리소스 사용량뿐이며 질의가 들어
온 시점의 현재 수치만 응답한다. 여러분 워크로드가 CPU나 메모리를 많이 사용한다면 따로 설
정이 필요 없는 metrics-server가 사용하기 간편하다. 예제 19-6은 CPU 사용량을 스케일링 기
준 지표로 삼도록 설정한 파드 정의다.

```
apiversion: autoscaling/v1
kind: horizontalpodautoscaler
metadata:
  name: pi-cpu
spec:
  scaletargetref:
    apiversion: apps/v1              # 스케일링 대상이 될 컨트롤러를 지정한다
    kind: deployment                 # 여기에서는 원주율 계산 애플리케이션의
    name: pi-web-lab                 # 디플로이먼트를 지정했다
  minreplicas: 1                     # 레플리카 수의 범위를 지정한다
  maxreplicas: 5
  targetcpuutilizationpercentage: 75 # 기준 CPU 사용량을 지정한다
```

자동 스케일링의 파라미터는 HPA(HorizontalPodAutoscaler)라는 별도의 객체로 정의된다. HPA는 디플로이먼트나 스테이트풀셋 같은 파드 컨트롤러를 스케일링 대상으로 삼으며 CPU 사용량에 따라 조절할 레플리카 수의 범위를 지정한다. HPA는 실행 중인 모든 파드의 평균 CPU 사용량을 감시하다 지정된 사용량보다 낮아지면 파드를 감소시키고, 높아지면 파드를 증가시킨다. 이때 파드 수는 함께 지정한 범위를 벗어날 수 없다. 원주율 계산 애플리케이션은 CPU 사용량이 높으므로 자동 스케일링의 예제로 적합하다.

실습 HPA가 설정된 원주율 계산 애플리케이션을 배치하고, HPA의 상세 정보를 확인하라.

```
# 원주율 계산 애플리케이션을 배치한다
kubectl apply -f pi/

# 파드가 준비 상태가 될 때까지 대기한다
kubectl wait --for=condition=ContainersReady pod -l app=pi-web

# HPA의 상세 정보를 확인한다
kubectl get hpa pi-cpu
```

원주율 계산 애플리케이션이 배치되었다. 정의에 따르면 이 애플리케이션은 125밀리코어(코어 1/8개)를 요구하도록 되어 있고, 초기 정의에 따라 처음에는 레플리카가 하나뿐이다. HPA가 metrics-server에서 얻은 CPU 사용량을 감시하며 파드 추가 여부를 판단한다. 이 정보는 1~2분마다 한 번씩 업데이트된다. 그림 19-10을 보면 현재 CPU 사용량이 '알 수 없음'으로 나오는데, 이 파드가 아직 하는 일이 없기 때문에 곧 0%로 업데이트된다.

19

워크로드의 배치 조정과 자동 스케일링

▼ 그림 19-10 HPA는 metrics-server에서 측정값을 수집하고 디플로이먼트의 스케일링을 관리한다

HPA는 원주율 애플리케이션 모든 파드의 평균 CPU 사용률을 감시하도록 설정되었다.
이 사용률이 75%를 넘으면 스케일링을 시작한다.

```
PS>kubectl apply -f pi/
deployment.apps/pi-web created
horizontalpodautoscaler.autoscaling/pi-cpu created
service/pi-web created
PS>
PS>kubectl wait --for=condition=ContainersReady pod -l app=pi-web
pod/pi-web-6dc54b7c66-t5s8k condition met
PS>
PS>kubectl get hpa pi-cpu
NAME         REFERENCE          TARGETS         MINPODS   MAXPODS   REPLICAS
AGE
pi-cpu       Deployment/pi-web  <unknown>/75%   1         5         1
24s
```

새로 추가된 파드의 측정값이 metrics-server에 수집된 후
HPA에 전달되기까지는 약 1분 내외가 걸린다.

이 파드는 정의상 250밀리코어까지 CPU 사용량을 제한하는데 초기 요구량의 두 배다. 이제 원주율 애플리케이션에 높은 자릿수까지 원주율을 계산해 보면 CPU 사용량이 금세 0.25코어까지 늘어나 평균 사용량도 200%에 다다른다. 그러면 HPA가 파드를 증가시켜 평균 부하를 감소시킨다.

실습 원주율 애플리케이션에 동시 호출을 수행하는 스크립트를 실행하라. 이 스크립트는 애플리케이션에 10만 자리까지 원주율 계산을 요청하여 높은 CPU 부하를 유발한다. HPA가 실제로 스케일링을 수행하는지 확인하라.

```
# 부하 스크립트를 실행한다(윈도우용)
.\loadpi.ps1

# 부하 스크립트를 실행한다(리눅스/macOS용)
chmod +x ./loadpi.sh && ./loadpi.sh

# metrics-server 및 HPA가 작동할 때까지 대기한다
sleep 60

# 디플로이먼트가 스케일링되었는지 확인한다
kubectl get hpa pi-cpu

# 파드의 평균 CPU 사용량을 확인한다
kubectl top pods -l app=pi-web
```

추가된 파드가 실제로 부하 경감에 도움이 되는지는 애플리케이션 구현에 달렸다. 지금 같은 경우는 웹 요청을 받은 파드가 계산을 끝까지 수행하기 때문에 파드가 추가되어도 기존 파드의 부하를 나누어지지 못한다. 그림 19-11을 보면 기존 파드가 여전히 최대 부하인 250밀리코어로 동작하고, 추가된 파드는 1밀리코어로 거의 하는 일이 없는 상태다. 하지만 애플리케이션의 처리 용량 자체는 증가되었기 때문에 새로운 요청은 처리할 수 있다.

❤ 그림 19-11 오토스케일링 실습: CPU 사용률이 급격히 상승하면 HPA가 새로운 파드를 생성하여 투입한다

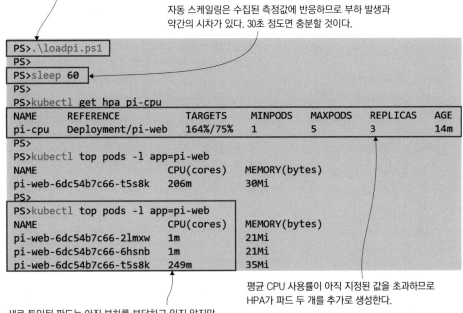

원주율 계산 애플리케이션에 약간의 부하를 가한다. 그러면 CPU 사용률이
파드 정의에 지정한 값을 초과하여 자동 스케일링이 일어난다.

자동 스케일링은 수집된 측정값에 반응하므로 부하 발생과
약간의 시차가 있다. 30초 정도면 충분할 것이다.

```
PS>.\loadpi.ps1
PS>
PS>sleep 60
PS>
PS>kubectl get hpa pi-cpu
NAME       REFERENCE          TARGETS     MINPODS    MAXPODS    REPLICAS    AGE
pi-cpu     Deployment/pi-web  164%/75%    1           5          3          14m
PS>
PS>kubectl top pods -l app=pi-web
NAME                        CPU(cores)    MEMORY(bytes)
pi-web-6dc54b7c66-t5s8k     206m          30Mi
PS>
PS>kubectl top pods -l app=pi-web
NAME                        CPU(cores)    MEMORY(bytes)
pi-web-6dc54b7c66-2lmxw     1m            21Mi
pi-web-6dc54b7c66-6hsnb     1m            21Mi
pi-web-6dc54b7c66-t5s8k     249m          35Mi
```

평균 CPU 사용률이 아직 지정된 값을 초과하므로
HPA가 파드 두 개를 추가로 생성한다.

새로 투입된 파드는 아직 부하를 부담하고 있지 않지만,
새로운 요청을 처리할 수 있다.

이번 실습 예제를 실행해 보면, 여러분도 비슷한 결과를 얻게 될 것이다. HPA가 파드를 세 개까지 증가시키고 스케일링이 더 이상 진행되기 전에 애플리케이션이 계산된 원주율 값을 출력한다. 따라서 CPU 사용률이 감소하고 스케일링의 필요가 사라진다. HPA는 CPU 사용률 기준을 초과하면 약 15초에 하나씩 파드를 추가한다. 파드 하나의 CPU 사용률이 200%로 꽉 차고 나머지 두 대가 놀고 있다면, 평균 CPU 사용률은 66%가 되어 기준치 75%보다 낮아졌으므로 HPA는 더 이상 파드를 늘리지 않는다(부하 스크립트를 반복 실행하면 최대 다섯 개까지 파드가 늘어나는 것을 볼 수 있다). 그리고 요청을 중지하면 다시 부하는 0%가 되고 CPU 사용량이 기준치 이하를 5분 이상 유지하는지 확인한 후 다시 레플리카 수를 한 개까지 감소시킨다.

워크로드의 배치 조정과 자동 스케일링

이 과정에는 몇 가지 파라미터가 있다. 레플리카 증가 및 감소를 시작하기까지 기다리는 대기 시간, 한 번에 늘리는 파드 수, 파드를 증감시키는 간격 등이다. HPA 규격의 버전 1에서는 이런 파라미터 값을 전혀 변경할 수 없었으나, 버전 2부터는 이들 파라미터를 직접 설정할 수 있게 되었다. 새 규격은 쿠버네티스 버전 1.18로, 현재 아직 beta2 단계이지만 꽤 큰 변화가 있었다.[1] CPU 사용량 외의 기준을 사용할 수도 있고 스케일링 동작 내용 역시 설정이 가능해졌다. 예제 19-7은 원주율 계산 애플리케이션의 HPA를 새 규격으로 작성한 것이다.

예제 19-7 hpa-cpu-v2.yaml, HPA 규격 버전 2를 적용한 예

```
metrics:                                  # HPA 규격 버전 2의 기준 측정값 설정
- type: Resource
  resource:
    name: cpu                             # 다양한 종류의 측정값을 기준으로 삼을 수 있다
    target:                               # 여기에서는 CPU 사용률을 그대로 사용한다
      type: Utilization
      averageUtilization: 75
behavior:
  scaleDown:                              # 스케일링 동작 설정 - 파드가 감소할 때
    stabilizationWindowSeconds: 30        # 측정값이 기준 아래로 내려온 후 30초 대기하고
    policies:                             # 현재 파드 수의 50%를 감소시킨다
    - type: Percent
      value: 50
      periodSeconds: 15
```

앞서 자동 스케일링은 어피니티보다 훨씬 직관적이라고 설명했는데, 이 설명은 HPA 규격 버전 1에만 해당되는 이야기다. 규격 버전 2는 더 다양한 종류의 측정값을 기준으로 삼을 수 있기 때문에 좀 더 복잡하다. 프로메테우스에서 수집한 측정값도 기준으로 삼을 수 있다. 여기에서 자세한 내용은 생략하지만 이런 구성도 가능하다는 것은 기억해 두기 바란다. 측정값이 수집되고 있다면 인입 HTTP 요청 수나 큐에 쌓인 메시지 수 같은 것도 기준으로 삼을 수 있다.

---

1   역주 beta2 API는 버전 1.25까지만 사용할 수 있다. 버전 1.26부터는 v2 API를 사용해야 한다.

여기에서는 앞서와 마찬가지로 metrics-server에서 수집한 CPU 사용률 75%를 그대로 기준으로 사용한다. 다만 파드 감소 속도를 더 빠르게 조절하여 원주율 계산이 끝나면 곧장 파드가 감소하도록 했다.

실습 HPA 규격 버전 2로 정의된 HPA를 적용하라. 파드 감소 시작 전의 안정화 대기 시간을 대폭 줄였기 때문에 파드 감소를 더 빨리 관찰할 수 있다.

```
# HPA를 새로운 정의로 변경한다
kubectl apply -f pi/update/hpa-cpu-v2.yaml

# 부하 스크립트를 다시 실행한다(윈도우)
.\loadpi.ps1

# 부하 스크립트를 다시 실행한다(리눅스/macOS)
./loadpi.sh

# HPA가 파드를 증가시킬 때까지 대기한다
sleep 60

# 파드가 증가한 것을 확인한다
kubectl get hpa pi-cpu

# 부하가 사라진 후 HPA가 파드를 감소시킬 때까지 대기한다
sleep 60

# 레플리카 수가 하나인지 확인한다
kubectl get hpa pi-cpu

# 디플로이먼트의 상세 정보를 확인한다
kubectl get deploy pi-web
```

실행 결과를 살펴보면 스케일 업은 조금 전과 동일하게 동작했다. HPA 규격 버전 2의 기본 동작이 버전 1의 기본 동작과 설정이 같기 때문이다. 반면 스케일 다운 과정은 훨씬 빨라졌다. 그러나 그림 19-12에서 보듯이, HPA의 상세 정보는 디플로이먼트 변화를 즉각 반영하지 않는다.

❤ 그림 19-12 변경된 HPA 설정은 스케일 다운 과정이 빨라지도록 설정되었으므로, 워크로드의 급격한 변화에 적합하다

HPA 설정을 변경한다. HPA는 별도의 객체이므로 파드 정의를 변경하는 것은 아니다.

레플리카가 동일한 강도의 부하 아래 세 개까지 스케일 업된다.

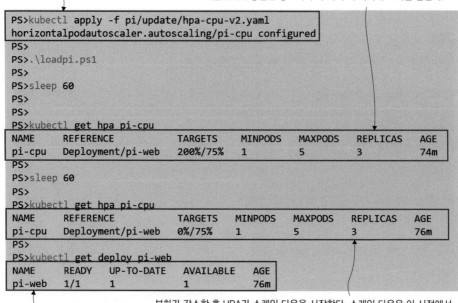

```
PS>kubectl apply -f pi/update/hpa-cpu-v2.yaml
horizontalpodautoscaler.autoscaling/pi-cpu configured
PS>
PS>.\loadpi.ps1
PS>
PS>sleep 60
PS>
PS>
PS>kubectl get hpa pi-cpu
NAME      REFERENCE           TARGETS     MINPODS    MAXPODS    REPLICAS   AGE
pi-cpu    Deployment/pi-web   200%/75%    1          5          3          74m
PS>
PS>sleep 60
PS>
PS>kubectl get hpa pi-cpu
NAME      REFERENCE           TARGETS     MINPODS    MAXPODS    REPLICAS   AGE
pi-cpu    Deployment/pi-web   0%/75%      1          5          3          76m
PS>
PS>kubectl get deploy pi-web
NAME      READY    UP-TO-DATE    AVAILABLE    AGE
pi-web    1/1      1             1            76m
```

부하가 감소한 후 HPA가 스케일 다운을 시작한다. 스케일 다운은 이 시점에서
이미 시작되었으나 kubectl에서 출력되는 내용은 몇 초 느리게 반영된다.

디플로이먼트의 상세 정보가 정확한 현재 상태다.
무부하 상태에서 HPA가 최소 수준까지 스케일 다운을 진행했다.

동작 설정을 변경하는 식으로 스케일링 이벤트에 대한 HPA 반응을 설계할 수 있다. 기본 설정은
스케일 업은 빠르고 스케일 다운은 느리게 진행하는 상당히 보수적인 설정이다. 이를 스케일 업은
점진적으로 바꿀 수 있고, 스케일 다운은 즉각적으로 바꿀 수 있다. 측정값이 수집되어 HPA에 전
달되는 데 걸리는 시간이 있기 때문에 '즉각적'이란 말은 조금 어폐가 있지만, 지연이 있다고 해 봐
야 수십 초를 넘지 않는다. HPA에는 하나의 대상만 지정할 수 있으므로, 애플리케이션의 각 부분
마다 해당 부분에 적합한 스케일링 규칙 및 스케일링 속도를 지정할 수 있다.

지금까지 파드를 원하는 대로 노드에 배정하는 방법과 스케일링을 배웠다. HPA는 컨트롤러 객체
에 스케일링 지시를 내리는 역할을 한다는 것도 배웠다. 그리고 파드 배정의 필요 조건은 모든 파
드에 적용된다는 것도 설명했다. 워크로드 관리의 마지막 주제는 고의로 파드에 오류를 일으키는
과정인 선점(preemption)이다.

19.4 / 선점과 우선순위를 이용한 리소스 보호

간혹 특정 노드에 과부하가 걸릴 때가 있다. 이때 쿠버네티스는 오류를 일으키기 전에 선제적으로 몇몇 파드를 강제로 종료하여 노드가 기능을 회복할 수 있도록 한다. 이를 축출(eviction)이라고 하는데, 클러스터가 조치를 취하지 않으면 노드가 먹통이 될 수 있는 아주 극단적인 상황에서만 발생한다. 축출된 파드는 나중에 사용자가 문제 원인을 파악할 수 있도록 노드에 남겨 두지만 그 안의 파드 컨테이너는 종료 및 삭제되어 메모리 및 디스크 용량을 회수한다. 파드가 컨트롤러의 관리하에 있다면 그 대체 파드는 다른 노드에 배정된다.

선점은 리소스 정의나 리소스쿼터, 배정이나 스케일링 등에 문제가 생겨 노드의 메모리 또는 디스크 용량 같은 리소스가 고갈된 상태에 이르렀을 때 일어난다. 선점이 발생하면 쿠버네티스는 해당 노드가 과부하 상태에 있다고 간주하고 이 상황이 해결될 때까지 파드를 축출한다. 동시에 노드에 테인트를 부여하여 신규 파드가 배정되지 않도록 한다. 과부하 상태가 완화되면 테인트가 제거되고 다시 새로운 파드를 배정받을 수 있게 된다.

메모리나 디스크 부족 상황을 가짜로 만들어 낼 수는 없으므로, 이 기능의 동작을 실연하려면 실습 클러스터의 리소스를 실제로 고갈시켜야 한다. 디스크 용량 부족보다는 메모리 부족 상황이 만들어 내기 쉽지만 그것도 아주 쉽지는 않다. 기본 설정은 노드의 메모리 잔량이 100MB 이하가 되면 축출이 시작된다. 다시 말해 클러스터의 메모리를 거의 전부 고갈시켜야 한다. 이 절의 실습 예제를 진행하려면 가상 머신에서 실습 클러스터를 따로 만들어 이 클러스터 설정을 바꾼 후 가상 머신의 메모리를 고갈시키며 진행하는 것이 좋다.

> **실습** 베이그런트를 이용하여 이번 실습 예제에서만 사용할 가상 머신을 생성한다. 이 가상 머신의 메모리는 3GB고 kind가 설치되어 있다. kubelet에서 축출이 발생하는 메모리 최저한도 설정을 변경한 kind 클러스터를 생성하라.

```
# 예제 코드 디렉터리로 이동한다
cd ch01/vagrant/

# 실습에 사용할 가상 머신을 생성한다
vagrant up
```

```
# 가상 머신에 접속한다
vagrant ssh

# 가상 머신 안에서 이 장의 예제 코드 디렉터리로 이동한다
cd /kiamol/ch19

# 사용자 정의 설정이 적용된 kind 클러스터를 생성한다
kind create cluster --name kiamol-ch19 --config ./kind/kiamol-ch19-config.yaml --image
kindest/node:v1.18.8

# 클러스터가 준비될 때까지 대기한다
kubectl -n kube-system wait --for=condition=Ready node --all

# 가상 머신의 메모리 잔량을 확인한다
./kind/print-memory.sh
```

마지막에 실행한 스크립트는 kubelet 같은 로직을 사용하여 메모리 잔량을 확인한다. 그림 19-13을 보면, 필자의 환경에서는 가상 머신의 메모리 총 3GB 중 1.5GB가 사용 가능하다. 쿠버네티스가 파악하는 메모리 잔량도 이와 같다.

❤ 그림 19–13 메모리 과부하 상황을 시험해 보고 싶다면, 따로 환경을 만들어 진행하는 편이 좋다

이번 실습은 축출이 발생하는 메모리 최저한도 설정을 변경한
kind 클러스터를 따로 만들어 진행한다.

```
vagrant@kiamol:~$ cd /kiamol/ch19
vagrant@kiamol:/kiamol/ch19$
vagrant@kiamol:/kiamol/ch19$ kind create cluster --name kiamol-ch19 --config
 ./kind/kiamol-ch19-config.yaml --image kindest/node:v1.15.7
Creating cluster "kiamol-ch19" ...
 ✓ Ensuring node image (kindest/node:v1.15.7) 🖼
 ✓ Preparing nodes 📦
 ✓ Writing configuration 📜
 ✓ Starting control-plane 🕹
 ✓ Installing CNI 🔌
 ✓ Installing StorageClass 💾
Set kubectl context to "kind-kiamol-ch19"

vagrant@kiamol:/kiamol/ch19$ kubectl -n kube-system wait --for=condition=Rea
dy node --all
node/kiamol-ch19-control-plane condition met
vagrant@kiamol:/kiamol/ch19$
vagrant@kiamol:/kiamol/ch19$ ./kind/print-memory.sh
----------------
Memory capacity : 2892M
Memory available: 1435M
----------------
```

이 스크립트는 kubelet이 총 메모리와 메모리 잔량을 계산하는 것과 동일한 방법으로
메모리 상태를 확인한다. 운영체제와 도커, 쿠버네티스에서 사용한 메모리가 절반 정도되므로
애플리케이션에서 사용할 수 있는 메모리는 1.5GB 정도가 된다.

이 실습 예제에서만 쓸 가상 머신 환경을 따로 만들지 않더라도 괜찮다. 하지만 축출이 발생하는 메모리 잔량의 최저한도는 기본값이 100MB이기 때문에, 실제로 메모리 고갈 상황을 만들려면 로컬 컴퓨터 메모리의 거의 대부분을 사용해야 한다. 이 과정에서 CPU 사용량이 급증하거나 시스템 자체가 먹통이 될 수 있다. kubectl로 질의할 수 있는 HTTP 엔드포인트에서 kubelet에 현재 설정된 메모리 잔량 최저한도를 확인할 수 있다.

> **실습** 노드의 설정 API를 통해 kubelet에 현재 설정된 축출 발생 메모리 잔량 최저한도를 확인하라.

```
# 쿠버네티스 API 접근을 위한 프록시를 실행한다
kubectl proxy

# 새 터미널 세션에서 가상 머신에 다시 접속한다
cd ch01/vagrant/
vagrant ssh

# kubelet 설정을 확인하는 HTTP GET 요청을 보낸다
curl -sSL "http://localhost:8001/api/v1/nodes/$(kubectl get node -o jsonpath=
{'.items[0].metadata.name'})/proxy/configz"
```

현재 설정은 노드의 메모리 잔량이 40%가 되면 축출이 발생한다(그림 19-14). 이 설정은 일부러 축출이 발생하기 쉽게 설정한 것으로, 운영 환경에서는 이보다 훨씬 낮은 값을 설정해야 한다. 따로 설정을 변경하지 않은 실습 환경에서는 기본값이 100MB일 것이다.

❤ 그림 19-14 저수준 설정은 kubelet 설정에 포함되어 있고, 프록시를 경유하여 이 값을 확인해 볼 수 있다

kubectl 프록시를 사용하여 쿠버네티스 API 서버에 접근할 수 있다.

```
vagrant@kiamol:/kiamol/ch18$ kubectl proxy
Starting to serve on 127.0.0.1:8001

                         vagrant@kiamol ~

  vagrant@kiamol:~$ curl -sSL "http://localhost:8001/api/v1/nodes/kia
  mol-ch19-control-plane/proxy/configz"
  {"kubeletconfig":{"staticPodPath":"/etc/kubernetes/manifests","sync
  Frequency":"1m0s","fileCheckFrequency":"20s","httpCheckFrequency":"

  evictionHard":{"memory.available":"40%"},"evictionPressureTransitio
  nPeriod":"30s","enableControllerAttachDetach":true,"makeIPTablesUti
  lChains":true,"iptablesMasqueradeBit":14,"iptablesDropBit":15,"fail
  SwapOn":false,"containerLogMaxSize":"10Mi","containerLogMaxFiles":5
  ,"configMapAndSecretChangeDetectionStrategy":"Watch","enforceNodeAl
  locatable":["pods"]}}vagrant@kiamol:~$ ▋
```

노드의 configz 엔드포인트에 질의를 던져 kubelet 설정값을 확인할 수 있다. 변경된 설정은 노드의 메모리 잔량이 40% 이하가 되면 파드 축출을 시작하도록 되어 있다.

주의 사항이 하나 더 있다. **이번 실습을 구상하면서 kubectl이 먹통이 되는 현상이 발생하여 필자의 도커 데스크톱 환경을 삭제했다. 결국 도커 데스크톱까지 재설치해야 했다.** 그럼 이제 정말로 선점을 발생시켜 보자. 미리 시스템에 부하를 주는 도구인 stress를 패키징한 이미지를 만들어 두었다. 디플로이먼트 정의에는 네 개의 레플리카를 두게 했고, 이들은 각각 약 300MB의 메모리를 점유한다. 그러면 메모리 잔량이 총 메모리의 40% 아래로 떨어져 메모리 고갈 상황이 발생한다.

> **실습** 대량의 메모리를 점유하는 애플리케이션을 실행하라. 그리고 노드가 메모리 고갈 상황에 빠지면 파드 축출이 일어나는지 확인하라.

```
# stress 파드를 실행하면 약 1.2GB의 메모리를 점유한다
kubectl apply -f stress/stress.yaml

# 모든 파드가 준비될 때까지 대기한다
kubectl wait --for=condition=ContainersReady pod -l app=stress

# 노드의 메모리 현황을 확인한다
./kind/print-memory.sh

# stress 파드 목록을 확인한다
kubectl get pods -l app=stress

# 배치했던 애플리케이션을 제거한다
kubectl delete -f stress/stress.yaml
```

선점은 아주 빨리 일어나기 때문에 노드가 메모리 고갈 상태에서 회복하는 속도도 매우 빠르다. 필자가 파드 목록을 확인하는 명령을 너무 늦게 입력해서 이미 축출된 파드가 23개나 되었다. 덕분에 실행 결과를 조금 편집할 수밖에 없었다(그림 19-15).

이 파드 네 개가 1.2GB의 메모리를 점유한다.

노드의 메모리 잔량이 총 메모리의 26%가 되었으므로
기준치 40%를 밑돌아 축출이 시작된다.

```
vagrant@kiamol:/kiamol/ch19$ kubectl apply -f stress/stress.yaml
deployment.apps/stress created
vagrant@kiamol:/kiamol/ch19$
vagrant@kiamol:/kiamol/ch19$ kubectl wait --for=condition=ContainersReady po
d -l app=stress
pod/stress-5c6fc498f-bj75f condition met
pod/stress-5c6fc498f-j8xxp condition met
pod/stress-5c6fc498f-lc7cl condition met
pod/stress-5c6fc498f-q5kgh condition met
vagrant@kiamol:/kiamol/ch19$
vagrant@kiamol:/kiamol/ch19$ ./kind/print-memory.sh

Memory capacity : 2892M
Memory available: 756M
--------------
vagrant@kiamol:/kiamol/ch19$ kubectl get pods -l app=stress
NAME                     READY   STATUS    RESTARTS   AGE
stress-5c6fc498f-2sw4d   0/1     Evicted   0          4s
stress-5c6fc498f-6pvqc   0/1     Evicted   0          4s
stress-5c6fc498f-9djbx   0/1     Evicted   0          8s
stress-5c6fc498f-bj75f   1/1     Running   0          19s
stress-5c6fc498f-jcxc8   0/1     Pending   0          3s
stress-5c6fc498f-lc7cl   1/1     Running   0          19s
stress-5c6fc498f-q5kgh   1/1     Running   0          19s
stress-5c6fc498f-rh7g2   0/1     Evicted   0          11s
stress-5c6fc498f-wm7mv   0/1     Evicted   0          5s
stress-5c6fc498f-z2vtp   0/1     Evicted   0          9s
vagrant@kiamol:/kiamol/ch19$
vagrant@kiamol:/kiamol/ch19$ kubectl delete -f stress/stress.yaml
deployment.apps "stress" deleted
```

파드 하나는 축출되었지만, 처음 생성된 파드 세 개는 아직 실행 중이다. 파드를 축출하며 회수된 메모리로
메모리 고갈 상태에서 벗어났다가 파드를 생성하고 다시 메모리 고갈 상태에 빠지는 과정이 반복된다.

왜 이렇게 축출된 파드가 많을까? 노드가 메모리 고갈 상태에 빠졌다면 파드 하나가 축출되고 이를 대체하는 파드가 보류 상태로 남아 있는 것이 정상 아닐까? 실제로 일어나는 일도 이것이 맞다. 하지만 파드가 축출되면서 대량의 메모리가 회수되고 메모리 고갈 상태도 완화된다. 그러면 테인트가 제거된 노드에 축출된 파드를 대체하는 새 파드가 생성되고 다시 이 파드로 메모리 고갈 상태에 빠지는 상황이 반복되는 것이다. 여기에서는 파드가 실행되자마자 메모리를 크게 점유하기 때문에 이 반복이 매우 빠르게 일어났지만, 실제 운영 환경에서도 클러스터에 과부하가 걸리면 비슷한 일이 발생할 수 있다.

우선 운영 환경에서 선점이 일어나서는 안 된다. 그러나 일단 선점이 발생했다면 애플리케이션의 가장 덜 중요한 부분에서 축출이 일어나야 한다. kubelet에서 축출될 파드는 파드의 우선순위를

매겨 결정하는데, 이 우선순위는 파드에 정의된 요구량 대비 상대적 메모리 사용량과 함께 파드의 우선순위 등급(priority class)을 통해 매겨진다. 우선순위 등급은 워크로드 중요도를 분류할 수 있는 쉽고 간단한 수단이다. 예제 19-8은 낮은 순위가 매겨진 우선순위 등급 정의 예다.

예제 19-8 low.yaml, 우선순위가 낮은 워크로드의 우선순위 등급

```
apiVersion: scheduling.k8s.io/v1
kind: PriorityClass
metadata:
  name: kiamol-low     # 파드 정의에서 우선순위 등급을 지정할 때 사용하는 이름이다
value: 100             # 우선순위 값은 1부터 10억 사이의 값으로 정한다
globalDefault: true
description: "Low priority - OK to be evicted"     # 우선순위 낮음 - 축출해도 무방함
```

우선순위는 숫자로 표현된다. 숫자가 클수록 우선순위가 높은 것이다. 쿠버네티스에는 기본 우선순위 등급이 없으므로 중요한 워크로드를 보호하려면 직접 우선순위 등급을 설정해야 한다. 워크로드에 우선순위 등급을 부여하려면 파드 정의에 PriorityClassName 항목을 기재해야 한다. 마지막 실습 예제는 우선순위 등급이 다르게 부여된 두 버전의 stress 애플리케이션을 실행하는 것이다. 메모리 고갈 상태가 발생하면 두 애플리케이션 중 우선순위 등급이 낮은 쪽의 파드가 축출된다.

실습 앞서 실행했던 stress 애플리케이션을 두 벌의 디플로이먼트로 실행한다. 이들은 메모리 점유량은 동일하지만 파드에 부여된 우선순위 등급이 서로 다르다.

```
# 사용자 정의 우선순위 등급을 생성한다
Kubectl apply -f priority-classes/

# 우선순위 등급이 서로 다른 두 벌의 애플리케이션을 배치한다
Kubectl apply -f stress/with-priorities/

# 파드가 준비될 때까지 대기한다
Kubectl wait --for=condition=containersready pod -l app=stress

# 노드의 메모리 현황을 확인한다
./kind/print-memory.sh

# 노드가 메모리 고갈 상태인지 확인한다
Kubectl describe node | grep memorypressure

# 파드 목록을 확인한다
Kubectl get pods -l app=stress
```

실행 결과 모든 것이 의도대로 동작했다(그림 19-16). 노드에서 실행 가능한 파드 세 개는 잘 동작하고, 축출되는 네 번째 파드는 항상 우선순위 등급이 낮은 디플로이먼트의 파드다. 우선순위 등급이 높은 쪽의 디플로이먼트는 축출 영향을 받지 않는다.

❤ 그림 19-16 우선순위 등급은 중요도가 높은 파드가 축출되지 않도록 하는 안전장치다

우선순위 등급은 파드 정의로 부여된다.

네 파드가 1.2GB의 메모리를 점유한다. 이 중 두 파드는
우선순위 등급이 높고, 나머지 두 파드는 우선순위 등급이 낮다.

```
vagrant@kiamol:/kiamol/ch19$ kubectl apply -f priority-classes/
priorityclass.scheduling.k8s.io/kiamol-high created
priorityclass.scheduling.k8s.io/kiamol-low created
vagrant@kiamol:/kiamol/ch19$
vagrant@kiamol:/kiamol/ch19$ kubectl apply -f stress/with-priorities/
deployment.apps/stress-high created
deployment.apps/stress-low created
vagrant@kiamol:/kiamol/ch19$
vagrant@kiamol:/kiamol/ch19$ kubectl wait --for=condition=ContainersReady po
d -l app=stress
vagrant@kiamol:/kiamol/ch19$ kubectl describe node | grep MemoryPressure
  MemoryPressure    True    Thu, 16 Jul 2020 18:41:18 +0000    Thu, 16 Jul 202
0 18:41:18 +0000    KubeletHasInsufficientMemory    kubelet has insufficient m
emory available
vagrant@kiamol:/kiamol/ch19$
vagrant@kiamol:/kiamol/ch19$ kubectl get pods -l app=stress
NAME                            READY   STATUS     RESTARTS    AGE
stress-high-78966f859d-6tp9j    1/1     Running    0           61s
stress-high-78966f859d-kjqtf    1/1     Running    0           61s
stress-low-56bf8d7498-5fkp7     0/1     Evicted    0           61s
stress-low-56bf8d7498-jgwxz     0/1     Evicted    0           61s
stress-low-56bf8d7498-rckhm     0/1     Evicted    0           61s
stress-low-56bf8d7498-v886t     1/1     Running    0           61s
```

노드의 상세 정보로 메모리 고갈 상태 여부를 확인한다.
메모리 고갈 상태라면 파드가 더 배정되지 않도록 테인트가 부여되어 있다.

여전히 파드 축출 후 다시 생성하는 과정이 반복되지만,
축출되는 파드는 항상 우선순위 등급이 낮은 파드다.

축출될 파드를 결정하는 데 우선순위 등급만 관여하는 것은 아니다. 모든 파드는 초기 요청한 양보다 메모리를 더 많이 점유한다. 따라서 이들 모두 축출 대상이 될 수 있다. 우선순위 등급이 관여하는 부분이 바로 이 지점이다. 축출 대상이 될 수 있는 모든 파드의 우선순위가 같다면(혹은 우선순위 등급이 없다면), 쿠버네티스는 초기 요청한 양보다 초과 점유하고 있는 메모리양이 많은 순서대로 축출할 파드를 결정한다. 이 때문에 파드 정의에 리소스 요청량을 기재하는 것도 제한량을 기재하는 것만큼 중요하다. 그리고 중요도가 높은 워크로드를 보호하려면 우선순위 등급을 사용한다.

지금까지 워크로드 관리에 활용되는 폭넓고 방대한 기능을 설명했다. 운영 환경에서는 이들 기능을 모두 활용한다. 이들 기능을 어떻게 조합해야 하는지, 어떤 장점이 있는지 정리하고 이 장을 마무리하겠다.

19.5 / 워크로드 관리의 메커니즘 이해

스케줄링이나 자동 스케일링, 축출 등은 앞서 설명한 것보다 더 미묘한 고급 기능이다. 쿠버네티스를 실무에 사용하다 보면 필연적으로 이들 기능을 활용하게 될 텐데, 일찌감치 그 메커니즘을 확실히 익혀 두는 것이 좋다. 이들 기능은 여러분 애플리케이션을 관리하면서 일어나는 서로 다른 문제를 해결하는 데 쓰는데, 서로 영향을 주고받는 부분이 있으므로 주의해서 사용해야 한다.

어피니티는 대규모 클러스터에서 주로 사용하는 기능이다. 노드 어피니티는 네임스페이스보다 더 확실하게 워크로드를 분리해 준다. 파드 어피니티는 노드 토폴로지와 함께 동시에 장애를 일으키기 쉬운 범위 안에 레플리카가 몰려 있지 않게 해 준다. 따라서 하나의 서버 랙 또는 지역이 통째로 장애를 일으켜도 다른 랙 또는 지역에 배치된 파드가 살아남아 애플리케이션을 유지하게 한다. 스케줄러는 어피니티에 정의된 필요 조건을 반드시 지킨다는 점에 주의해야 한다. 예를 들어 파드끼리 서로 같은 지역에 배치되지 않도록 했는데, 지역이 세 개뿐이라면 네 번째 레플리카는 노드를 배정받지 못하고 보류 상태로 남는다.

자동 스케일링은 CPU 위주의 리소스 사용 패턴을 가진 애플리케이션에서 쉽게 적용할 수 있는 좋은 기능이다. 파드 정의에 초기 CPU 요청량을 기재하고, metrics-server를 클러스터에 가동한 후 상대적으로 간단한 HPA 규격 버전 1을 사용하면 된다. CPU 사용량 외의 측정값을 기반으로 한 스케일링을 적용해야 할 때는 조금 일이 복잡해진다. 그럼에도 이를 감수하고도 남을 유용한 기능이다. 핵심 서비스 수준이 위협받을 때 자동으로 애플리케이션을 스케일링하는 기능은 쿠버네티스의 가장 큰 장점 중 하나이며, 노련한 실무자의 지향점이기도 하다. 스케일링은 단순히 레플리카 수를 늘렸다 줄였다 하는 기능이지만, 어피니티가 함께 적용되어 있다면 어피니티 규칙을 준수하며 최대 스케일링 상태에 도달할 수 있는지 잘 확인해야 한다.

선점은 메모리 또는 디스크 고갈 상태에 빠진 노드를 회복하는 쿠버네티스의 안전장치다. CPU는 다른 컴퓨팅 리소스와 달리 컨테이너를 중지시키지 않고 단순 스로틀링만으로 리소스 회수가 가능하기 때문에 선점을 일으키지 않는다. 노드가 메모리 또는 디스크 고갈 상태에 빠지면 파드를 축출해서 상태를 회복한다. 축출은 클러스터와 애플리케이션의 규모가 적정하다면 거의 일어나지 않는다. 리소스 요청량을 가장 크게 초과하는 파드부터 축출 대상이 되므로 파드 정의에 리소스 요청량을 기재하고, 중요도가 높아 축출 대상에서 배제해야 하는 워크로드가 있다면 우선순위 등급을 적용하면 좋다. 그리고도 선점이 발생했다면 노드가 파드 축출과 생성을 반복하지 않도록 재빨리 조치를 취해야 한다(앞서 14장에서 클러스터 대시보드에 리소스 현황 정보를 추가한 이유가 바로 이것이다).

워크로드 설명은 이것으로 마친다. 실습 클러스터를 정리하고 연습 문제를 준비하자.

실습 실습 클러스터를 정리하라. 별도 실습 클러스터를 만들었다면 이 역시 제거한다.

```
# 실습 클러스터를 정리한다
kubectl delete all,priorityclass,hpa -l kiamol=ch19

# metrics-server를 배치한 별도 실습 클러스터를 제거한다(19.3절)
kubectl delete -f metrics-server/

# 19.4절에서 만든 가상 머신을 제거한다
cd ch01/vagrant/
vagrant destroy
```

KUBERNETES

19.6 / 연습 문제

드디어 원주율 계산 애플리케이션을 운영 환경으로 이전하게 되었다. 여러분이 할 일은 워크로드를 관리할 수 있도록 애플리케이션 정의를 수정하는 것이다. 다음 설정이 필요하다.

- 애플리케이션은 데이터 주권 문제를 일으키지 않도록 EU 지역에서 실행되어야 한다.
- 평균 CPU 사용률 50%를 기준으로 자동 스케일링을 적용해야 한다.
- 레플리카 수는 최소 두 개, 최대 다섯 개여야 한다.
- 워크로드는 EU 지역 내 노드에 되도록 고르게 분산되는 것이 바람직하다.

한 가지를 제외하면 필요한 내용은 이 장 실습 예제에서 모두 찾을 수 있다. 나머지 한 가지는 마지막 규칙을 작성하기 위해 API 문서를 찾아보아야 한다. 노드 토폴로지 정보는 레이블로 구성되며 노드에 원하는 대로 레이블을 부여할 수 있다는 점을 기억하라. 필자의 해답을 다음 URL에서 확인할 수 있다.

- https://github.com/sixeyed/kiamol/blob/master/ch19/lab/README.md

20^장

사용자 정의 리소스와 오퍼레이터를 이용하여 쿠버네티스 확장하기

쿠버네티스의 심장부는 고가용성 데이터베이스와 객체를 다루는 단일 창구 역할을 하는 REST API다. 이 API를 통해 파드를 생성하면 파드 정의는 데이터베이스에 저장되고, 컨트롤러는 파드 존재를 통보받아 파드가 실행될 노드를 찾아 나선다. 다양한 컨트롤러가 서로 다른 리소스를 다루지만 대개는 이와 같은 패턴으로 동작한다. 그리고 이런 동작을 확장할 수도 있다. 다시 말해 직접 사용자 정의 리소스를 정의하고, 이 리소스를 다루는 사용자 정의 컨트롤러도 정의할 수 있다. 조금 모호하게 들릴 수도 있지만, 이렇듯 쿠버네티스를 확장하여 사용하는 애플리케이션은 생각보다 아주 흔하다. 또한 여러분 조직에 맞게 쿠버네티스를 커스터마이징하기에도 적합한 방법이다.

사용자 정의 리소스 및 컨트롤러는 애플리케이션의 복잡도를 상당 부분 가려 줄 수 있다. 이 장에서는 이런 사용자 정의 리소스 및 컨트롤러를 만들고 사용하는 방법을 다룬다. 리소스와 컨트롤러 정의 자체는 간단하지만, 컨트롤러에는 어느 정도 코드를 작성해야 한다. 그러나 이 코드는 자세히 다루지 않겠다. 다만 몇 가지 사용자 정의 사례를 보며 가능성 범위를 보이고자 한다. 또 지속적으로 발생하는 애플리케이션 운영 업무 및 애플리케이션 배치를 자동화하는 오퍼레이터 패턴도 설명한다.

20.1 사용자 정의 리소스를 이용한 쿠버네티스 확장하기

kubectl 명령은 쿠버네티스 API와 거의 일대일로 대응한다. 우리가 kubectl get 명령을 입력하면 리소스 목록이나 상세 정보 API를 호출하는 식이다. 모든 리소스에 공통으로 있는 표준 액션이 있는데, 17장에서 RBAC를 설명할 때 본 create, get, list, watch, delete 등이 이것이다. 사용자 정의 리소스 역시 자동으로 이들 액션을 지원한다. 쿠버네티스 클라이언트도 사용자 정의 리소스를 이해하므로, 기존처럼 kubectl을 사용하여 여느 객체와 다를 바 없이 사용자 정의 리소스를 다룰 수 있다. 그림 20-1은 클러스터가 사용자 정의 리소스를 지원할 수 있게 하는 구조를 나타낸 것이다.

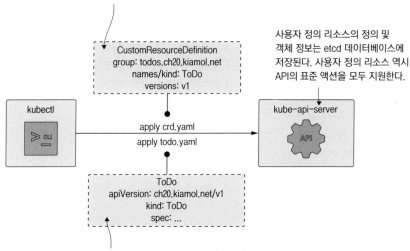

❤ 그림 20-1 사용자 정의 리소스로 쿠버네티스를 확장할 수 있고, 사용자 정의 리소스는 여타 리소스와 동일한 방식으로 다룰 수 있다

CustomResourceDefinition으로 쿠버네티스에 새로운 리소스 타입을 추가할 수 있다. 방법은 일반적인 YAML 정의를 배치하는 것과 동일하다.

CustomResourceDefinition
group: todos.ch20.kiamol.net
names/kind: ToDo
versions: v1

사용자 정의 리소스의 정의 및 객체 정보는 etcd 데이터베이스에 저장된다. 사용자 정의 리소스 역시 API의 표준 액션을 모두 지원한다.

kubectl

apply crd.yaml
apply todo.yaml

kube-api-server

ToDo
apiVersion: ch20.kiamol.net/v1
kind: ToDo
spec: ...

CustomResourceDefinition이 생성되면 이 정의와 API 버전 및 유형이 일치하는 정의를 작성하여 사용자 정의 리소스를 생성할 수 있다.

일반적인 리소스 정의는 리소스 유형 및 정의의 각 필드에 값을 지정한 YAML 파일로 작성된다. 이를테면 파드 정의에는 컨테이너 목록이 있고, 컨테이너 정의에는 이미지 이름과 개방할 포트 목록이 지정되는 식이다. 쿠버네티스는 이 정의 스키마를 저장하고 있기 때문에 리소스 구조를 알고 있고, 이를 바탕으로 새로운 객체의 유효성을 검사할 수 있다. API의 버전 및 필드가 바로 여기에서 쓰인다. HorizotalPodAutoscaler 리소스는 v1과 v2beta2[1] 버전이 서로 다른 구조를 가졌다. 사용자 정의 리소스에도 이 같은 구조가 있다. 그리고 이 구조를 기술하는 스키마를 CustomResourceDefinition(CRD) 객체로 생성한다. 예제 20-1은 to-do 항목을 저장하는 간단한 쿠버네티스 객체를 정의한 CRD 예다.

예제 20-1 todo-crd.yaml, to-do 항목을 저장하는 쿠버네티스 객체의 CRD

```
apiVersion: apiextensions.k8s.io/v1
kind: CustomResourceDefinition
metadata:                        # CRD 이름 - 사용자 정의 리소스를 정의하려면
  name: todos.ch20.kiamol.net    # 리소스 정의에서 이 이름이 일치해야 한다
spec:
  group: ch20.kiamol.net         # 일련의 리소스를 그룹으로 묶는다
```

---

1 역주 Autoscaling API의 v2beta2는 쿠버네티스 v1.26부터 지원하지 않는다. v2를 사용해야 한다.

```
      scope: Namespaced                 # 유효 범위: 클러스터 전체/네임스페이스
      names:                            # YAML이나 kubectl에서 리소스를 지칭하는 이름
        plural: todos
        singular: todo
        kind: ToDo
      versions:                         # 버전이 여러 개 있을 수 있다
        - name: v1                      # 각 버전마다 스키마가 정의된다
          served: true                  # API를 통해 리소스를 다룰 수 있다
          storage: true                 # etcd에 리소스 객체 정보를 저장한다
          schema:
            openAPIV3Schema:
              type: object
              properties:
                spec:                   # 사용자 정의 리소스의 스키마
                  type: object          # spec 필드가 있으며 그 아래로 item 필드가 있다
                  properties:
                    item:
                      type: string
```

CRD 정의는 구조가 복잡한데, 그중에서도 스키마 정의 부분은 특히 가독성이 좋지 않다. 하지만 표준 JSONSchema 문법을 사용하므로 정의하기에 따라 복잡한 정의가 될 수도 있고 단순한 정의가 될 수도 있다. 예제 20-1의 CRD 정의는 언뜻 보기에 복잡해 보이지만, 정의되는 사용자 정의 리소스는 그리 복잡하지 않다. 예제 20-2는 이 스키마를 따라 정의된 to-do 객체의 정의다.

예제 20-2 todo-ch20.yaml, 사용자 정의 리소스 객체의 정의 예

```
apiVersion: "ch20.kiamol.net/v1"      # 그룹명 및 버전
kind: ToDo                            # 리소스 유형
metadata:                             # 표준 메타데이터
  name: ch20
spec:
  item: "Finish KIAMOL Ch20"          # 이 정의는 스키마와 일치해야 한다
```

앞에서 보듯이, 일반적인 YAML 정의와 별반 다르지 않다. 이렇듯 사용자 정의 리소스를 일반 리소스와 다를 바 없이 정의하고 다루는 것, 이것이 바로 CRD를 만든 이유다. API 버전을 보면 이 장에서 정의된 사용자 정의 리소스이며 버전이 1임을 알 수 있다. 메타데이터는 표준 메타데이터로 레이블이나 애너테이션을 작성하면 된다. 정의는 CRD에 기술된 스키마를 준수해야 한다. YAML은 살펴보았으니 이 사용자 정의 리소스를 써서 쿠버네티스를 to-do 애플리케이션처럼 사용해 보자.

실습 앞서 정의한 사용자 정의 리소스의 CRD를 배치하고 kubectl을 통해 객체를 만들고 다루어 보아라.

```
# 이 장 예제 코드 디렉터리로 이동한다
cd ch20

# CRD를 배치한다
kubectl apply -f todo-custom/

# CRD의 상세 정보를 출력한다
kubectl get crd -l kiamol=ch20

# 사용자 정의 리소스 객체를 몇 개 생성한다
kubectl apply -f todo-custom/items/

# 사용자 정의 리소스의 목록을 확인한다
kubectl get todos
```

사용자 정의 리소스 역시 여느 리소스와 똑같이 다룰 수 있다(그림 20-2). CRD를 배치하고 나면 쿠버네티스 API가 사용자 정의 리소스 ToDo를 지원한다. 그리고 YAML이 정의한 ToDo 리소스를 배치할 수도 있다. 또한 kubectl을 사용하여 마치 파드처럼 ToDo 리소스에 get, describe, delete 명령을 수행할 수 있다.

❤ 그림 20-2 kubectl을 사용하여 CRD와 사용자 정의 리소스 YAML 정의를 배치할 수 있다

CRD를 배치하면 객체 스키마가 생성된다. 이 시점에서 사용자 정의 리소스 객체는 아직 없다.

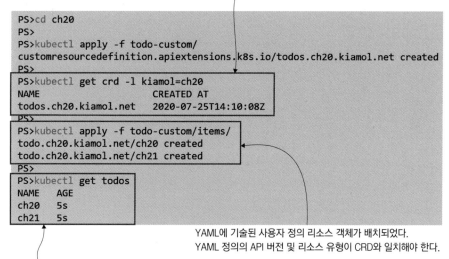

YAML에 기술된 사용자 정의 리소스 객체가 배치되었다.
YAML 정의의 API 버전 및 리소스 유형이 CRD와 일치해야 한다.

kubectl의 get, describe, delete 명령 등 일반적인 리소스와
동일한 방법으로 사용자 정의 리소스를 다룰 수 있다.

CRD 규격은 매우 많은 내용을 다룰 수 있어 유효성 검사, 하위 리소스, 다중 버전 등 리소스와 관련된 로직도 추가할 수 있다. 여기에서는 이렇게까지 자세한 기능은 다루지 않겠지만, 사용자 정의 리소스는 시간에 따라 변화하는 객체 정의를 관리할 수 있는 기능을 잘 갖춘 성숙도 높은 기능이다. CRD를 사용하는 또 다른 목적은 사용자 경험을 단순화하는 것이다. ToDo 리소스의 CRD를 약간 수정해서 좀 더 쓸모 있게 만들어 보자.

실습 kubectl의 출력 내용을 좀 더 알아보기 쉽도록 CRD 정의를 변경하라. 이번 변경은 사용자 정의 리소스 자체에는 영향을 주지 않고 kubectl에서 출력되는 내용에만 영향을 미친다.

```
# 출력되는 내용을 추가하도록 CRD 정의를 변경한다
kubectl apply -f todo-custom/update/

# ToDo 리소스의 목록을 다시 한 번 확인한다
kubectl get todos

# ToDo 리소스 중 하나를 제거한다
kubectl delete todo ch21

# 남은 ToDo 리소스의 상세 정보를 확인한다
kubectl describe todo ch20
```

CRD의 변경 사항은 상세 정보에 정보를 추가하는 것이다. get 명령에서 추가된 정보를 확인할 수 있다. 그림 20-3을 보면 완전한 기능을 가진 to-do 애플리케이션이 되었음을 알 수 있다. 항목을 삭제하는 기능도 있으니 웹 애플리케이션으로 배치했던 것보다 더 낫다.

❤ 그림 20-3 쿠버네티스 기능을 사용하여 만든 to-do 애플리케이션으로, 사용자 코드는 하나도 사용하지 않았다

CRD에 리소스 상세 정보 또는 목록을 출력할 때 출력되는 내용을 정의할 수 있어 리소스 목록 화면을
더 유용하게 해 준다. 이 변경을 적용하면 각 리소스의 핵심 정보를 리소스 목록 화면에서 볼 수 있다.

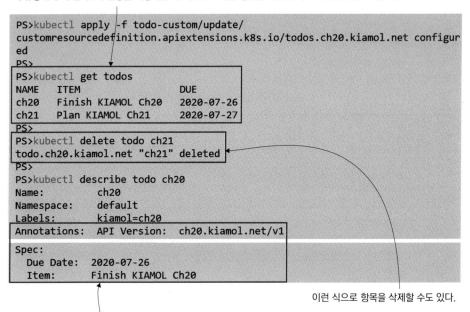

```
PS>kubectl apply -f todo-custom/update/
customresourcedefinition.apiextensions.k8s.io/todos.ch20.kiamol.net configur
ed
PS>
PS>kubectl get todos
NAME    ITEM              DUE
ch20    Finish KIAMOL Ch20   2020-07-26
ch21    Plan KIAMOL Ch21     2020-07-27
PS>
PS>kubectl delete todo ch21
todo.ch20.kiamol.net "ch21" deleted
PS>
PS>kubectl describe todo ch20
Name:        ch20
Namespace:   default
Labels:      kiamol=ch20
Annotations: API Version:  ch20.kiamol.net/v1

Spec:
  Due Date:  2020-07-26
  Item:      Finish KIAMOL Ch20
```

이런 식으로 항목을 삭제할 수도 있다.

사용자 정의 리소스의 상세 정보를 보면 CRD의 API 버전이나 리소스의
필드값 등 일반적인 정보를 확인할 수 있다.

지금까지 간단한 데모를 살펴보았다. 이들 리소스를 모니터링하는 사용자 정의 컨트롤러를 만들어 ToDo 리소스를 구글 캘린더에 추가하거나, 마감일이 임박했을 때 이메일을 보내도록 할 수 있을 것이다. 하지만 여기에서 할 일은 아니다. ToDo 리소스는 저장된 정보나 액션이 모두 쿠버네티스와 무관(다른 리소스나 클러스터의 기능을 확장하는 용도가 아님)하기 때문에 바람직한 사용자 정의 리소스가 못 된다. 그저 지나치게 복잡한 콘텐츠 관리 시스템일 뿐이다. 그럼 ToDo 리소스를 정리하고, 사용자 정의 리소스를 더 나은 용도로 활용해 보자.

실습 ToDo 리소스의 CRD를 제거하고 사용자 정의 리소스가 모두 제거되었는지 확인하라.

```
# 클러스터에 배치된 CRD 목록을 확인한다
kubectl get crds

# ToDo 리소스의 CRD를 제거한다
kubectl delete crd todos.ch20.kiamol.net

# ToDo 리소스 객체의 목록을 확인한다
kubectl get todos
```

사용자 정의 리소스와 오퍼레이터를 이용하여 쿠버네티스 확장하기

CRD를 삭제하면 이 정의를 사용한 모든 사용자 정의 리소스가 삭제된다. 정의가 없는 개체를 저장할 수 없기 때문이다. 그러므로 사용자 정의 리소스를 사용할 때는 해당 리소스의 CRD에 대한 RBAC 권한을 엄격히 관리해야 한다.

❤ 그림 20-4 CRD가 제거되면 이 정의를 사용한 모든 사용자 정의 리소스가 삭제된다

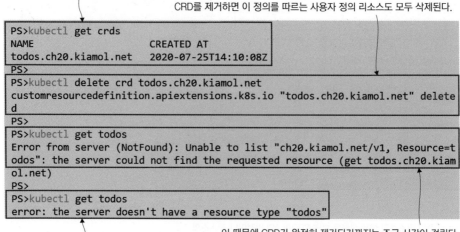

이 클러스터에는 배치된 CRD가 하나밖에 없다.
플랫폼 중에는 전용 CRD가 기본으로 설치된 경우도 있다.

CRD를 제거하면 이 정의를 따르는 사용자 정의 리소스도 모두 삭제된다.

```
PS>kubectl get crds
NAME                     CREATED AT
todos.ch20.kiamol.net    2020-07-25T14:10:08Z
PS>
PS>kubectl delete crd todos.ch20.kiamol.net
customresourcedefinition.apiextensions.k8s.io "todos.ch20.kiamol.net" delete
d
PS>
PS>kubectl get todos
Error from server (NotFound): Unable to list "ch20.kiamol.net/v1, Resource=t
odos": the server could not find the requested resource (get todos.ch20.kiam
ol.net)
PS>
PS>kubectl get todos
error: the server doesn't have a resource type "todos"
```

이 때문에 CRD가 완전히 제거되기까지는 조금 시간이 걸린다.

ToDo 리소스의 정의가 제거되었으니 오류가 발생하는 것이 맞다.

또 다른 CRD를 추가하고 이 리소스를 다루는 사용자 정의 컨트롤러와 연계하여 쿠버네티스에 사용자 인증 시스템을 추가해 보겠다.

20.2 사용자 정의 컨트롤러를 이용한 워크플로 트리거

앞서 17장에서 운영용 쿠버네티스 클러스터는 대부분 외부의 사용자 인증 시스템과 통합되어 있다고 설명했었다. 서비스 계정을 전용하여 사용자 계정으로 사용하는 소규모 조직에서는 이런 외부 시스템이 필요 없을 것이다. 하지만 이 방법을 쓰려면 그룹 역할을 할 네임스페이스는 물론이고 그에 맞추어 서비스 계정 및 토큰까지 관리해야 한다. 자, 쿠버네티스에 기능은 다 갖추어져 있

고 우리가 이를 이용할 수 있도록 약간의 수고만 들이면 되는 상황이다. 사용자 정의 리소스와 사용자 정의 컨트롤러를 활용하기에 절호의 조건이다.

여기에서 쓸 사용자 정의 리소스는 **사용자**다. 그리고 이 리소스와 관련된 핵심 워크플로는 사용자 추가 및 삭제다. 사용자명과 그룹 정보만 저장하는(여기에 연락처 정보 정도 추가 가능) 간단한 CRD를 정의한 후 kubectl로 사용자 추가 및 제거 작업을 한다. 이런 작업은 사용자 정의 컨트롤러가 처리하는 워크플로를 통해 수행된다. 사용자 정의 컨트롤러는 쿠버네티스 API를 사용할 수 있는 애플리케이션이다. 사용자 정의 컨트롤러가 사용자 객체의 변화를 주시하다 변화 내용에 따라 필요한 리소스(네임스페이스, 서비스 계정, 토큰) 등을 대신 준비해 주는 것이다. 그림 20-5는 사용자를 추가하는 워크플로를 나타낸 것이다. 사용자 삭제 워크플로는 정확히 이 반대의 과정이다.

❤ 그림 20-5 사용자 정의 리소스 및 컨트롤러를 이용한 인증 시스템에서 사용자를 추가하는 워크플로다

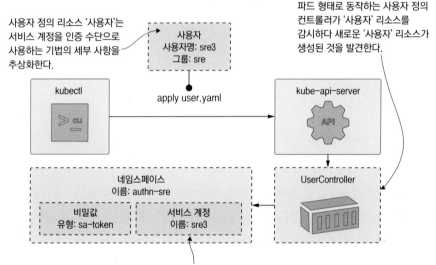

'사용자' CRD를 배치한 후 '사용자' 리소스를 몇 개 생성한다. '사용자' CRD는 스키마 때문에 가독성이 좋지 않지만 내용 중 새로운 것은 없다. 그래서 CRD는 지면에 싣지 않았다(파일 이름이 user-crd.yaml이니 관심 있다면 한번 훑어보기 바란다). '사용자' 리소스의 정의 자체는 간단하다. 예제 20-3은 sre 팀에 소속된 한 사용자의 리소스 정의다.

```
apiVersion: "ch20.kiamol.net/v1"        # 앞서 작성했던 CRD와
kind: User                              # 그룹과 버전이 같다
metadata:
  name: sre3
spec:                                   # 사용자 정보를 기록한다
  email: sre3@kiamol.net
  group: sre
```

CRD가 쿠버네티스 API 서버에 등록되기까지 몇 초 정도의 시간이 걸리기 때문에 CRD와 사용자 리소스를 디렉터리 채로 한 번에 배치하려고 하면 CRD가 미처 준비되지 않아 오류가 나기 쉽다. CRD를 먼저 배치한 후 리소스 정의를 배치한다. sre 팀의 사용자와 test 팀의 사용자를 하나씩 추가해 보겠다.

실습 '사용자' CRD를 배치한 후 '사용자' 리소스도 몇 개 생성하라.

```
# CRD를 먼저 배치한다
kubectl apply -f users/crd/

# 그다음 리소스를 배치한다
kubectl apply -f users/

# '사용자' 리소스의 목록을 출력한다
kubectl get users
```

필자의 환경에서 실행한 결과를 그림 20-6에 실었다. 예상대로 잘 동작한다. CRD는 배치하고 예제 20-3과 같은 YAML을 작성하면 원하는 대로 '사용자' 리소스를 배치할 수 있다. 이제 '사용자' 리소스 객체가 쿠버네티스에 저장되었다. 그러나 이들을 다룰 컨트롤러가 없어 할 수 있는 일이 아직 없다.

✔ 그림 20-6 '사용자' CRD 및 '사용자' 리소스를 배치하고, 컨트롤러가 없어 아직은 아무 일도 일어나지 않는다

사용자 정의 리소스를 배치하기 전에 먼저 CRD를 배치해야 한다.
당연히 어떤 정의를 사용하려면 이 정의가 먼저 있어야 하기 때문이다.

```
PS>kubectl apply -f users/crd/
customresourcedefinition.apiextensions.k8s.io/users.ch20.kiamol.net created
PS>
PS>kubectl apply -f users/
user.ch20.kiamol.net/sre3 created
user.ch20.kiamol.net/tester3 created
PS>
PS>kubectl get users
NAME        EMAIL                      GROUP
sre3        sre3@kiamol.net            sre
tester3     tester3@kiamol.net         test
```

이 인증 시스템은 매우 간단하다. 사용자 정보를 기록하고,
사용자는 하나의 그룹에만 속할 수 있다.

사용자 정의 컨트롤러는 주로 Go 언어로 구현된다. 준비 작업을 대신해 주는 패키지가 몇 가지 있다. 쿠버네티스 API 클라이언트는 주요 언어 모두에 구현되어 있는데, 여기에서는 .NET 버전을 사용했다. 전체 코드를 지면에 싣지는 않겠으나, 사용자 정의 컨트롤러를 빌드하려면 알아 두어야 할 것이 몇 가지 있다. 예제 20-4는 add-user 워크플로를 구현한 C# 코드의 일부분이다(전체 파일은 예제 코드에 있다).

예제 20-4 UserAddedHandler.cs, 클라이언트 라이브러리를 통해 쿠버네티스 API를 사용하는 코드

```
// 네임스페이스에 속한 서비스 계정의 목록을 구한다
// 필드 셀렉터를 이용하여 계정을 이름으로 검색한다
var accounts = _client.ListNamespacedServiceAccount(
    groupNamespaceName,
    fieldSelector: $"metadata.name={serviceAccountName}");

// 이름이 일치하는 서비스 계정이 없으면 새로 생성한다
if (!serviceAccounts.Items.Any())
{
  var serviceAccount = new V1ServiceAccount
  {
    // 서비스 계정의 정의를 구성
  };
}

// '사용자' 리소스를 생성한다
_client.CreateNamespacedServiceAccount(
  serviceAccount,
  groupNamespaceName);
}
```

사용자 정의 리소스와 오퍼레이터를 이용하여 쿠버네티스 확장하기

이 코드에서 가장 먼저 깨닫게 되는 것은 쿠버네티스 API가 자연스럽게 느껴진다는 점이다. 지금까지 사용했던 kubectl 명령과 문법만 다를 뿐 별 차이가 없기 때문이다. 따라서 컨트롤러를 구현하기가 그리 어렵지 않다. 다음으로 쿠버네티스 리소스를 코드로 생성하려면 YAML을 머릿속에서 코드로 옮겨야 한다는 점이다. 이 작업은 조금 까다로운 면이 있다. 다행히도 지금은 필자가 이부분을 대신해 두었다. 이 컨트롤러를 배치하고 난 후 새로운 '사용자' 리소스를 추가하면 곧바로 add-user 워크플로가 실행될 것이다.

> **실습** 사용자 정의 컨트롤러를 배치한 후 '사용자' 리소스를 추가하면 add-user 워크플로가 실행되는지, 그 결과 인증에 필요한 리소스가 잘 생성되었는지 확인하라.

```
# 윈도우 환경에서는
# 비밀값을 복호화하기 위해 먼저 이 명령을 실행한다
. .\base64.ps1

# 사용자 정의 컨트롤러를 배치한다
kubectl apply -f user-controller/

# 컨트롤러가 준비될 때까지 대기한다
kubectl wait --for=condition=ContainersReady pod -l app=user-controller

# 컨트롤러의 로그를 확인한다
kubectl logs -l app=user-controller

# 비밀값에 들어 있는 토큰을 출력한다
kubectl get secret tester3-token -n kiamol-ch20-authn-test -o jsonpath='{.data.token}'
| base64 -d
```

실습 예제를 실행해 보면, 우리가 앞서 17.3절에서 직접 해야 했던 네임스페이스 생성, 서비스 계정 생성, 토큰 발급까지 모든 과정을 사용자 정의 컨트롤러가 대신해 준다. 사실 그 이상이라고 할 수 있다. 다음 단계에 필요한 리소스가 준비되어 있는지 확인하는 일까지 해 주기 때문이다. 그림 20-7은 실행 결과 서비스 계정이 생성되고 토큰이 발급되었다. 서비스 계정은 그룹(실체는 네임스페이스)을 통해 RBAC 권한이 부여된 상태이며, 토큰은 해당 서비스 계정으로 인증하게 될 사용자가 컨텍스트에 등록하여 사용하게 된다.

'사용자' 리소스를 다루는 사용자 정의 컨트롤러는 RBAC 정책을 포함하고
디플로이먼트 형태로 배치되는 일반적인 애플리케이션이다.

컨트롤러가 실행되면 '사용자' 리소스의 변경 사항을 주시한다.
기존 '사용자' 리소스를 발견하면 여기에 필요한 리소스를 준비한다.

```
PS>. .\base64.ps1
PS>
PS>kubectl apply -f user-controller/
serviceaccount/user-controller created
clusterrole.rbac.authorization.k8s.io/user-controller created
clusterrolebinding.rbac.authorization.k8s.io/user-controller created
deployment.apps/user-controller created
PS>
PS>kubectl wait --for=condition=ContainersReady pod -l app=user-controller
pod/user-controller-7f5dddf648-g29zn condition met
PS>
PS>kubectl logs -l app=user-controller --tail 4
** Created group namespace: kiamol-ch20-authn-test
** Created service account: tester3, in group namespace: kiamol-ch20-authn-t
est
** Created token: tester3-token, in group namespace: kiamol-ch20-authn-test
* Handled event: Added, for user: tester3
PS>
PS>kubectl get secret tester3-token -n kiamol-ch20-authn-test -o jsonpath='{
.data.token}' | base64 -d
eyJhbGciOiJSUzI1NiIsImtpZCI6InlBNWs2VDdveGRMd0lYZk5UMEhBMkViQkdJeDhMH6NFZKSUlr
TzM3MHVuMkkifQ.eyJpc3MiOiJrdWJlcm5ldGVzL3NlcnZpY2VhY2NvdW50Iiwia3ViZXJuZXRlc
```

컨트롤러가 서비스 계정 토큰을 생성한다. 여기 나온 토큰(지면에서는 토큰 일부를 생략)을
서비스 계정을 쓰게 될 사용자에게 전달하면 된다.

그러나 이 컨트롤러를 운영 환경에서 인증 시스템으로 사용하지는 말자. 이 컨트롤러는 CRD 와 컨트롤러 연동을 통한 쿠버네티스 기능 확장을 보여 주는 간단한 예제일 뿐이다. 이 컨트롤러의 코드는 객체 변경도 처리하지 못하고, 한 사용자가 두 개 이상의 그룹에 속하는 상황을 지원하지도 못한다. 다만 쿠버네티스 내부적으로 인증을 다루는 틀은 모두 들어 있다. 모든 사용자의 YAML 정의와 그룹에 대한 RBAC 규칙 정의를 소스 코드 저장소에 보관했다가 새로운 클러스터를 구축할 때 한꺼번에 배치할 수도 있다.

모든 컨트롤러의 기본적인 역할은 객체를 주시하다 우리가 원하는 과업, 다시 말해 시스템의 현재 상태를 목표 상태로 바꾸어 나가는 과정을 수행하는 제어 반복을 구현하는 것이다. 컨트롤러는 이를 위해 리소스 변화를 주시한다. 마치 우리가 kubectl의 watch 명령을 사용하는 것과 같다. watch 명령은 무한 루프를 돌다 객체가 생성, 변경, 삭제되면 이를 발견한다. '사용자' 리소스의 컨트롤러 역시 처음 실행하고 '사용자' 리소스를 발견하자 add-user 워크플로를 실행한 후, 다시 백그라운드에서 다음 '사용자' 리소스가 추가되기를 기다린다.

20

사용자 정의 리소스와 오퍼레이터를 이용하여 쿠버네티스 확장하기

실습 '사용자' 리소스의 컨트롤러는 백그라운드에서 다음 '사용자' 리소스가 추가되기를 기다리는 중이다. '사용자' 리소스를 하나 더 추가하고 컨트롤러가 제 역할을 잘 하는지 확인하라.

```
# sre 그룹의 사용자를 하나 더 추가한다
kubectl apply -f users/update/

# 컨트롤러의 최근 로그를 확인한다
kubectl logs -l app=user-controller --tail 4

# 새로 추가한 사용자의 토큰이 발급되었는지 확인한다
kubectl get secret sre4-token -n kiamol-ch20-authn-sre -o jsonpath='{.data.token}' |
base64 -d
```

필자의 환경에서 실행한 결과를 그림 20-8에 실었다. 그림을 보면 컨트롤러가 제 할 일을 잘 해냈다. '사용자' 리소스의 그룹에 해당하는 네임스페이스에 서비스 계정이 생겼다. 네임스페이스는 이미 있었으므로 만들 필요가 없고, 서비스 계정과 토큰은 새로 생성했다. 사용자 정의 컨트롤러 역시 여느 컨트롤러와 동일한 원칙으로 동작한다. 현재 상태가 무엇이든 목표 상태로 바꾸어 나가는 원칙이다.

▼ 그림 20-8 사용자 정의 컨트롤러 역시 목표 상태를 달성하는 것을 목표로 한다

기존 그룹에 속하는 새로운 사용자가 추가되었다. 컨트롤러는 네임스페이스와
서비스 계정, 토큰을 확인한 후 이 중에 아직 없는 것만 추가로 생성한다.

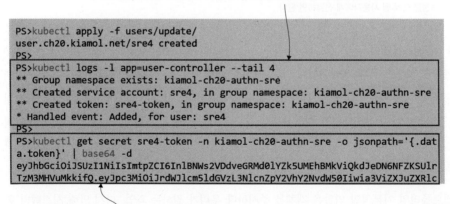

새로 발급한 토큰이다. 다른 사용자 토큰과 똑같아 보이지만,
앞부분만 같을 뿐 전체 토큰은 사용자마다 다르다.

사용자 정의 리소스와 이에 딸려 만들어진 리소스 간에는 연결 관계가 없기 때문에 이들에 대한 정리 역시 사용자 정의 컨트롤러가 도맡아야 한다. 쿠버네티스 기능을 확장할 때는 이 점에 주의해야 한다. 컨트롤러 코드가 모든 상황을 알아서 처리해야 하고, 클러스터 관리자가 알지 못하는

리소스를 만들어 놓고 방치하게 해서는 안 된다. 특히 토큰 같은 민감한 정보가 담긴 비밀값 객체라면 더욱 그렇다.

실습 test 그룹의 사용자를 삭제하라. 이제 test 그룹에는 사용자가 아무도 남지 않았기 때문에 네임스페이스도 삭제될 것이다.

```
# 인증용 네임스페이스의 목록을 확인한다
kubectl get ns -l kiamol=ch20

# test 그룹의 사용자를 삭제한다
kubectl delete user tester3

# 컨트롤러의 로그를 확인한다
kubectl logs -l app=user-controller --tail 3

# tester 그룹의 네임스페이스가 삭제되었는지 확인한다
kubectl get ns -l kiamol=ch20
```

그림 20-9를 보면 컨트롤러가 비밀값은 명시적으로 삭제하지 않았다. 이런 비밀값 객체는 서비스 계정이 삭제될 때 쿠버네티스가 함께 삭제한다.

❤ 그림 20-9 객체가 제거되면 컨트롤러가 이를 파악하고 이 객체와 관련된 리소스를 모두 제거한다

'사용자' 리소스를 삭제하면 컨트롤러에서 사용자 삭제 프로세스가 실행된다.

서비스 계정이 삭제되니 네임스페이스의 서비스 계정이
아무것도 없게 되었다. 따라서 네임스페이스도 함께 삭제된다.

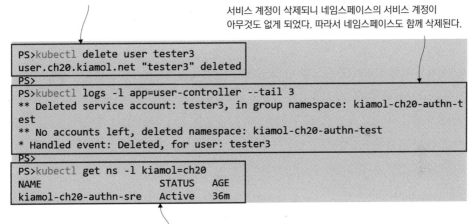

그룹 역할을 하는 네임스페이스는 sre 그룹의 네임스페이스만 남았다.

그다음 컨트롤러는 그룹에 남아 있는 사용자가 있는지 확인한다. 그룹에 더 이상 사용자가 아무도 없다면 네임스페이스도 삭제한다. 이 네임스페이스에 다른 리소스를 두었다면 이들 리소스도 삭제된다.

사용자 정의 리소스는 쿠버네티스 기능을 확장할 수 있는 강력한 기법이다. 특히 기본 쿠버네티스 객체에 고차원적인 추상화를 적용하려고 할 때 유용하다. 하지만 이들 객체도 클러스터 안에서는 일반 리소스에 지나지 않으며, 관리자가 이들이 다른 컨트롤러 관리하에 있다는 것을 모른 채 직접 관리하거나 삭제해도 문제없어야 한다. 즉, '사용자' 컨트롤러가 항상 비밀값이나 서비스 계정, 네임스페이스 등을 지켜보다 컨트롤러와 상관없이 무언가 삭제되었다면 이를 다시 생성해야 한다.

정교하게 만들어진 컨트롤러는 자신이 직접 RBAC 규칙을 배치하여 외부 간섭을 최소화하며, 여러 파드를 통해 동작하며 고가용성을 제공한다. 운영 환경에서 적용할 만한 수준의 CRD와 사용자 정의 컨트롤러를 보고 싶다면 cert-manager 프로젝트(https://cert-manager.io)의 사례가 크게 참고가 될 것이다. 이 프로젝트도 CNCF에서 관리하는 프로젝트로, 쿠버네티스에 TLS 인증서 관리 기능 및 인증서를 발급하여 웹 애플리케이션에 적용하는 기능을 추가해 준다. 이보다 더 정교한 동작이 필요하다면 오퍼레이터 패턴을 써야 한다.

20.3 오퍼레이터를 이용한 서드파티 컴포넌트 관리하기

오퍼레이터는 사용자 정의 리소스 및 컨트롤러를 사용하여 애플리케이션에 완전한 생애 주기 관리를 제공한다. 특히 쿠버네티스의 기본 기능을 벗어나는 운영 작업이 많이 필요한 복잡한 애플리케이션에서 주로 쓰인다. 유상태 애플리케이션이 이런 좋은 예다. 예를 들어 쿠버네티스에서 데이터베이스를 구동 중이라고 하자. 이 데이터베이스를 업그레이드하려면 데이터베이스를 읽기 전용으로 돌리고 백업한 후 업그레이드를 진행해야 하는 상황이다.

내장된 쿠버네티스 리소스로는 이런 요구 사항을 기술할 수 없다. 헬름의 설치 훅을 이용하면 비슷하게나마 가능하지만, 로직이 개입하기 시작하면 직접 제어해야 하는 상황이 많아진다. 오퍼레이터를 만든 주 목적은 이런 유지 보수 업무를 컨트롤러와 사용자 정의 리소스로 구현하는 것이다. 오퍼레이터는 데이터베이스 객체와 백업 객체 같은 간단한 리소스로 이런 작업을 추상화하는 방법을 쓴다.

애플리케이션이 의존하는 서드파티 컴포넌트가 있다면 이를 오퍼레이터로 배치하여 더 쉽게 사용할 수 있다. 오퍼레이터를 배치하면 서드파티 컴포넌트를 마치 하나의 서비스처럼 사용할 수 있고, 오퍼레이터가 이 컴포넌트를 알아서 관리해 주기 때문이다. 이 절은 데이터베이스와 비동기 통신에 쓰는 메시지 큐를 채용한 버전의 to-do 애플리케이션을 제재로 오퍼레이터를 활용하는 방법을 알아보자.

실습 이 절에서 실습에 쓰는 to-do 애플리케이션에는 NATS라는 메시지 큐 서버가 사용된다. NATS 개발 팀은 고가용성 큐 서버 클러스터를 실행해 주는 오퍼레이터를 만들어 함께 배포하고 있다.

```
# 오퍼레이터에서 쓰이는 CRD 및 RBAC 규칙을 배치한다
kubectl apply -f nats/operator/00-prereqs.yaml

# 오퍼레이터를 배치한다
kubectl apply -f nats/operator/10-deployment.yaml

# 오퍼레이터가 준비될 때까지 대기한다
kubectl wait --for=condition=ContainersReady pod -l name=nats-operator

# NATS에서 사용하는 CRD 목록을 확인한다
kubectl get crd
```

NATS는 메시지 큐로, 애플리케이션 컴포넌트 간 통신 채널 역할을 한다. 따라서 애플리케이션 컴포넌트는 서로 직접 통신하는 대신 메시지 큐를 통해 메시지를 주고받는다. NATS 역시 매우 강력하고 잠재력이 높은 기술이다(역시 CNCF에서 관리하는 프로젝트다). 그러나 운영 환경에 적용하려면 메시지 유실이 일어나지 않도록 고가용성 확보에 주의해야 한다. 이를 위해 NATS 개발 팀이 직접 작성한 오퍼레이터를 제공하고 있으며, 지금 우리가 사용한 것이 이 오퍼레이터다. 그림 20-10을 보면 NatsCluster라는 CRD가 배치되었는데 이 객체가 분산 메시지 큐를 추상화한 리소스다.

▼ 그림 20-10 오퍼레이터를 배치하면 자신이 필요한 리소스를 알아서 생성한다

NATS 오퍼레이터는 깃헙에서 배포된다. 이 오퍼레이터의 매니페스트 파일을 실습 코드
디렉터리에 포함시켜 두었다. 오퍼레이터는 디플로이먼트 형태로 구동되며 자기 자신 및
자신이 구동할 메시지 큐 서버에 적용되는 RBAC 규칙도 포함하고 있다.

```
PS>kubectl apply -f nats/operator/00-prereqs.yaml
serviceaccount/nats-operator created
clusterrolebinding.rbac.authorization.k8s.io/nats-operator-binding created
clusterrole.rbac.authorization.k8s.io/nats-operator created
serviceaccount/nats-server created
clusterrole.rbac.authorization.k8s.io/nats-server created
clusterrolebinding.rbac.authorization.k8s.io/nats-server-binding created
PS>
PS>kubectl apply -f nats/operator/10-deployment.yaml
deployment.apps/nats-operator created
PS>
PS>kubectl wait --for=condition=ContainersReady pod -l name=nats-operator
pod/nats-operator-59f59c5f7f-xhdwn condition met
PS>
PS>kubectl get crd
NAME                        CREATED AT
natsclusters.nats.io        2020-07-25T19:43:47Z
natsserviceroles.nats.io    2020-07-25T19:43:47Z
users.ch20.kiamol.net       2020-07-25T18:19:40Z
```

오퍼레이터를 실행하면 CRD가 자동으로 추가된다.
NatsCluster 리소스는 분산 메시지 큐를 추상화한 리소스다.

이번 버전의 to-do 애플리케이션은 성능과 확장성 개선을 위해 메시지 큐를 채용했다. 사용자가
할 일을 추가하면 웹 애플리케이션이 메시지 큐에 메시지를 보낸다. 그럼 또 다른 컴포넌트가 메
시지를 수신해서 할 일을 데이터베이스에 저장한다. 이렇게 하면 데이터베이스를 스케일링하지
않고도 웹 파드를 수백 개까지도 늘릴 수 있다. 웹 파드와 데이터베이스 파드 사이에 메시지 큐가
끼어들어 트래픽의 일시적인 폭증을 완충해 주기 때문이다. 이 구조에서는 메시지 큐가 최고로 중
요한 컴포넌트가 되는데, 예제 20-5를 보면 NATS 오퍼레이터를 사용하여 운영 환경 수준의 메시
지 큐를 간단히 배치할 수 있었다.

예제 20-5 todo-list-queue.yaml, 메시지 큐를 추상화해 주는 사용자 정의 리소스

```
apiVersion: nats.io/v1alpha2      # CRD 버전은 알파 버전을 사용한다
kind: NatsCluster                 # 알파 버전이지만 수년 이상
metadata:                         # 안정화된 상태다
  name: todo-list-queue
spec:                             # 정의에는 메시지 큐 클러스터의 규모와
  size: 3                         # 사용할 NATS 버전이 명시된다
  version: "1.3.0"
```

NatsCluster 정의에는 두 개의 필드가 있다. 하나는 메시지 큐 서버 클러스터를 구성할 파드 수고, 다른 하나는 메시지 큐 서버 클러스터에서 사용할 NATS 버전이다. NatsCluster 리소스를 배치하면 오퍼레이터가 메시지 큐의 창구 역할을 할 서비스, 각기 NATS가 동작 중인 파드 그룹의 주소 역할을 할 서비스를 생성하고 이들을 분산 메시지 큐로 구성하는 데 필요한 비밀값도 배치한다.

실습 NatsCluster 리소스를 생성하고, 오퍼레이터가 메시지 큐를 구성하는 데 필요한 모든 리소스를 생성했는지 확인하라.

```
# 예제 20-5의 메시지 큐 정의를 배치한다
kubectl apply -f todo-list/msgq/

# 메시지 큐의 목록을 확인한다
kubectl get nats

# 오퍼레이터가 생성한 파드 목록을 확인한다
kubectl get pods -l app=nats

# 오퍼레이터가 생성한 서비스 목록을 확인한다
kubectl get svc -l app=nats

# 오퍼레이터가 생성한 비밀값 목록을 확인한다
kubectl get secrets -l app=nats
```

그림 20-11을 보면, 필자의 환경에서 NATS 클러스터가 정상적으로 동작 중이다. 컨테이너 이미지도 몇 MB 되지 않아 이미지를 내려받아도 파드가 준비되기까지 오랜 시간 걸리지 않는다. 파드의 상세 정보를 보면 컨테이너 프로브나 파드 우선순위 등 이 책에서 소개했던 기법들이 잘 활용된 것을 볼 수 있다. 그러나 파드가 디플로이먼트나 스테이트풀셋의 관리를 받지는 않는 상태다. 파드 컨트롤러 역할은 NATS 오퍼레이터가 맡는다. 다시 말해 파드의 유지 보수 작업을 오퍼레이터가 직접 자기 방식대로 수행할 수 있다는 것이다.

사용자 정의 리소스와 오퍼레이터를 이용하여 쿠버네티스 확장하기

NatsCluster는 간단한 사용자 정의 리소스로 구성된 고가용성 메시지 큐를 정의할 수 있다.

NATS 오퍼레이터는 메시지 큐 서버 클러스터를 실행하는 파드를 생성한다.

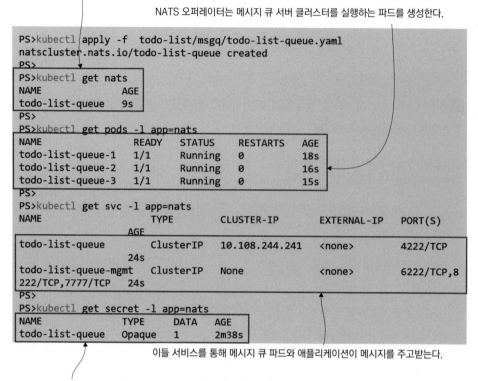

```
PS>kubectl apply -f  todo-list/msgq/todo-list-queue.yaml
natscluster.nats.io/todo-list-queue created
PS>
PS>kubectl get nats
NAME                  AGE
todo-list-queue   9s
PS>
PS>kubectl get pods -l app=nats
NAME                    READY    STATUS      RESTARTS    AGE
todo-list-queue-1       1/1      Running     0           18s
todo-list-queue-2       1/1      Running     0           16s
todo-list-queue-3       1/1      Running     0           15s
PS>
PS>kubectl get svc -l app=nats
NAME                         TYPE        CLUSTER-IP       EXTERNAL-IP    PORT(S)
                             AGE
todo-list-queue              ClusterIP   10.108.244.241   <none>         4222/TCP
                             24s
todo-list-queue-mgmt         ClusterIP   None             <none>         6222/TCP,8
222/TCP,7777/TCP    24s
PS>
PS>kubectl get secret -l app=nats
NAME                  TYPE      DATA    AGE
todo-list-queue   Opaque    1       2m38s
```

이들 서비스를 통해 메시지 큐 파드와 애플리케이션이 메시지를 주고받는다.

클러스터의 설정값은 비밀값 객체로 저장된다. 클러스터의 고급 설정 중에는
메시지 큐에 접근할 수 있는 인증 및 권한 부여 규칙도 포함된다.

오퍼레이터 패턴 정의는 그리 명확하지 않다. 실제로도 쿠버네티스에 오퍼레이터라는 객체는 없
다. 오퍼레이터를 설계하고 빌드하고 배포하는 책임은 전적으로 해당 프로젝트 팀에 있다. NATS
오퍼레이터는 YAML 매니페스트 형태로 깃헙에서 배포된다. 다른 프로젝트에서는 헬름이나
OLM(Operator Lifecycle Manager)이라는 도구를 사용하기도 한다. OLM은 오퍼레이터를 배
포하거나 목록을 열람하며 내려받는 단일 창구 역할을 하는 도구다. 하지만 아직까지는 쿠버네티
스 생태계에 본격적으로 진입하지 못한 상태다.

OperatorHub(https://operatorhub.io)에서 OLM을 통해 배포하는 프로젝트 목록을 볼 수 있
다. 프로덕트 개발 팀이 직접 관리하는 오퍼레이터도 있지만 이들은 비교적 소수고, 대개는 서드
파티나 개인이 만든 것이다. 집필 시점 현재 Postgres 데이터베이스의 오퍼레이터는 세 가지다.
이들 모두 Postgres 개발 팀이 만든 것은 아니라서 사용성이나 기능에 편차가 크다. MySQL용 오
퍼레이터는 아직 없고 MariaDB(MySQL의 포크)용 오퍼레이터는 하나 있다. 이 오퍼레이터를 관

리하는 주체는 깃헙의 개인 계정으로, 코어 컴포넌트에서 기대할 만한 지원은 받기 어려울 수도 있다.

오퍼레이터가 아직 쓸 만하지 않다는 의미는 아니다. 모든 오퍼레이터가 OLM에 다 있는 것은 아니기 때문이다. 어떤 프로덕트에 사용할 오퍼레이터가 필요하다면 OperatorHub 외에 검색 범위를 좀 넓혀 보고, 뭔가를 찾았더라도 쓸 만한 상태인지 잘 확인해 보는 것이 좋다. to-do 애플리케이션은 MySQL을 사용하는데, MySQL용 오퍼레이터는 쿠버네티스 클러스터에서 MySQL을 워드프레스와 연동하여 대규모로 운용하는 프레스랩 개발 팀에서 만든 것이 좋다. 쓰기 쉽고 문서화도 잘 되어 있으며 유지 보수도 충실하다. 헬름을 이용하면 설치도 아주 간단하다.

> **실습** 헬름으로 프레스랩의 MySQL 오퍼레이터를 설치하라. 이 오퍼레이터를 설치하면 클러스터에 복제본 설정이 된 MySQL 데이터베이스가 배치된다.[2]

```
# 오퍼레이터가 배포되는 헬름 저장소를 추가한다
helm repo add bitpoke https://helm-charts.bitpoke.io

# 오퍼레이터 특정 버전을 배치한다
helm install mysql-operator bitpoke/mysql-operator --version v0.4.0 --atomic

# 오퍼레이터 파드가 준비될 때까지 대기한다
kubectl wait --for=condition=ContainersReady pod -l app=mysql-operator

# 오퍼레이터가 추가한 CRD를 확인한다
kubectl get crd -l app=mysql-operator
```

MySQL 오퍼레이터를 사용하면 데이터베이스를 마치 하나의 서비스처럼 사용할 수 있다. 헬름 릴리스를 설치하면 데이터베이스 및 데이터베이스 백업 리소스의 CRD와 이들 객체의 컨트롤러 역할을 하는 오퍼레이터가 추가된다. 그림 20-12에서는 생략되었으나, 앞의 실습 예제를 실행하면 오퍼레이터를 사용하여 데이터베이스를 생성하는 방법이 안내된다. 데이터베이스 패스워드를 저장할 비밀값, MysqlCluster 객체만 있으면 된다.

20

사용자 정의 리소스와 오퍼레이터를 이용하여 쿠버네티스 확장하기

---

2 **역주** MySQL 오퍼레이터는 더 이상 제공되지 않는다. 이 절의 남은 실습 예제는 진행할 수 없으므로 눈으로만 확인하기 바란다.

이 MySQL 오퍼레이터는 멀티테넌트 쿠버네티스 모델로 MySQL을 운영하는 프레스랩에서 개발했다.

```
PS>helm repo add presslabs https://presslabs.github.io/charts
"presslabs" has been added to your repositories
PS>
PS>helm install mysql-operator presslabs/mysql-operator --version v0.4.0 --a
tomic
NAME: mysql-operator
LAST DEPLOYED: Sat Jul 25 20:59:33 2020
NAMESPACE: default
STATUS: deployed

PS>kubectl wait --for=condition=ContainersReady pod -l app=mysql-operator
pod/mysql-operator-0 condition met
PS>
PS>kubectl get crd -l app=mysql-operator
NAME                                   CREATED AT
mysqlbackups.mysql.presslabs.org       2020-07-25T19:59:30Z
mysqlclusters.mysql.presslabs.org      2020-07-25T19:59:30Z
```

데이터베이스 서버와 백업 잡을 정의하는 사용자 정의 리소스의 정의를 설치한다.

간단한 리소스 정의만으로 고가용성 데이터베이스를 배치할 수 있게 되었다. 예제 20-6은 to-do 애플리케이션의 데이터베이스 컴포넌트 매니페스트다. 여기에서도 사용자 정의 리소스의 몇 가지 한계점이 나타난다. CRD의 스키마를 보면, 파드의 리소스 요청량 및 제한량, 어피니티 규칙, 우선순위 등급 등 데이터베이스 서버로 사용되는 파드 구성이 정의된다. 이런 데이터베이스와 무관한 쿠버네티스의 세부 사항이 끼어든다는 점에서 데이터베이스를 완전히 추상화했다고 하기는 어렵다. 그러나 8장에서 Postgres 데이터베이스의 복제본을 만들던 과정에 비하면 크게 수고를 덜 수 있다.

예제 20-6 todo-list-db.yaml, 복제본이 적용된 MySQL 데이터베이스를 생성하는 오퍼레이터

```
apiVersion: mysql.presslabs.org/v1alpha1
kind: MysqlCluster
metadata:
  name: todo-db
spec:
  mysqlVersion: "5.7.24"
  replicas: 2
  secretName: todo-db-secret
  podSpec:
    resources:
      limits:
        memory: 200Mi
        cpu: 200m
```

여기 정의된 MysqlCluster 객체를 배치하면, MySQL 복제본 데이터베이스를 실행할 스테이트풀셋 및 데이터베이스 접속에 쓰이는 몇몇 서비스가 만들어진다. 데이터베이스 클러스터 매니저와 각각의 복제본 노드에 접속하는 서비스가 따로 만들어지므로 필요에 따라 애플리케이션에서 사용하면 된다.

실습 데이터베이스 클러스터를 배치하고 오퍼레이터가 데이터베이스 클러스터에 포함된 리소스를 잘 생성했는지 확인하라.

```
# MysqlCluster 리소스를 배치한다
kubectl apply -f todo-list/db/

# 데이터베이스 클러스터의 상세 정보를 확인한다
kubectl get mysql

# 스테이트풀셋의 상세 정보를 확인한다
kubectl get statefulset todo-db-mysql -o wide

# 데이터베이스 접근을 위한 서비스의 상세 정보를 확인한다
kubectl get svc -l app.kubernetes.io/component=database
```

스테이트풀셋 정보를 보면 그 안의 파드가 MySQL 컨테이너 및 사이드카 컨테이너를 실행 중이다. 이 중에는 MySQL 서버의 측정값을 수집하는 프로메테우스 추출기도 있다(그림 20-13). 이렇게 애플리케이션이 이미 최선의 구성으로 되어 있기 때문에 직접 세부적인 구성을 조정하지 않아도 된다는 점도 오퍼레이터 장점이다. 파드 정의를 보아도 앞서 14장에서 설명했던 프로메테우스 관련 표준 애너테이션이 포함되어 있다. 여러분 클러스터에 프로메테우스가 이미 있다면 별도 설정 없이도 자동으로 대시보드에 MySQL 측정값이 추가될 것이다.

▼ 그림 20-13 오퍼레이터를 사용하면 MySQL 데이터베이스 최적의 구성이 자동으로 적용된다

오퍼레이터를 사용하여 데이터베이스 클러스터를 만들려면 MysqlCluster와
데이터베이스 패스워드를 저장할 비밀값 객체를 배치한다.

컨트롤러 역할을 맡은 오퍼레이터가 스테이트풀셋을 생성하고 MySQL
데이터베이스 복제본을 만든다. 이 MySQL 데이터베이스 파드에는
사이드카 컨테이너와 측정값 수집기 컨테이너가 포함되어 있다.

```
PS>kubectl apply -f todo-list/db/todo-list-db.yaml
secret/todo-db-secret created
mysqlcluster.mysql.presslabs.org/todo-db created
PS>
PS>kubectl get mysql
NAME        READY    REPLICAS    AGE
todo-db     False    2           7s
PS>
PS>kubectl get statefulset todo-db-mysql -o wide
NAME             READY    AGE    CONTAINERS
IMAGES
todo-db-mysql    0/2      14s    mysql,sidecar,metrics-exporter,pt-heartbeat
percona@sha256:b3b7fb177b416563c46fe012298e042ec1607cc0539ce6014146380b0d27b
08c,quay.io/presslabs/mysql-operator-sidecar:0.4.0,prom/mysqld-exporter:v0.1
1.0,quay.io/presslabs/mysql-operator-sidecar:0.4.0
PS>
PS>kubectl get svc -l  app.kubernetes.io/component=database
NAME                      TYPE        CLUSTER-IP      EXTERNAL-IP    PORT(S)
               AGE
todo-db-mysql             ClusterIP   10.100.252.23   <none>         3306/TCP
               31s
todo-db-mysql-master      ClusterIP   10.104.58.103   <none>         3306/TCP,
8080/TCP       31s
todo-db-mysql-replicas    ClusterIP   10.101.170.77   <none>         3306/TCP,
8080/TCP       31s
```

이 데이터베이스는 액티브-액티브 방식의 클러스터다. 하나는 전체 노드의
로드밸런싱이 적용되었고, 나머지는 매니저 노드와 복제본 노드에 각각 직접
접근하는 서비스다.

운영 환경에서도 쓸 수 있는 데이터베이스 클러스터와 메시지 큐 클러스터를 20여 줄의 YAML 정
의만으로 간단하게 배치했다. NATS와 MySQL 데이터베이스에도 표준 구성이 적용되었고, 데이
터베이스 복제본 및 메시지 큐의 스케일링도 오퍼레이터가 다 알아서 도맡아 준다. 오퍼레이터는
대개 클러스터 전체에서 사용할 수 있지만 워크로드를 특정 네임스페이스 안에 국한시키는 것도
가능하다. to-do 애플리케이션에 필요한 모든 의존 컴포넌트가 갖추어졌으니 웹 애플리케이션과
데이터베이스와 통신을 담당하는 메시지 핸들러를 마저 배치한다.

실습 웹 애플리케이션과 메시지 큐의 메시지를 수신하여 데이터베이스에 저장하는 메시지 핸들러 컴포넌트를 마저 설치하라.

```
# 공유 설정을 생성한다
kubectl apply -f todo-list/config/

# 웹 애플리케이션 및 메시지 핸들러를 배치한다
kubectl apply -f todo-list/save-handler/ -f todo-list/web/

# 파드가 모두 준비될 때까지 대기한다
kubectl wait --for=condition=ContainersReady pod -l app=todo-list

# 애플리케이션 로그를 화면에 출력한다
kubectl logs -l app=todo-list,component=save-handler

# 8020번 포트를 통해 애플리케이션에 접근한다
# 새 할 일 항목을 추가한다
# 그다음 메시지 핸들러의 최근 로그를 출력한다
kubectl logs -l app=todo-list,component=save-handler --tail 3
```

이번 실습 예제에서도 애플리케이션은 전과 동일하게 동작한다. 하지만 이전 Postgres 데이터베이스를 수동으로 설정한 버전에 비해 유지 보수가 필요한 YAML 분량이 크게 줄었다. 그림 20-14만으로는 애플리케이션 동작에 어떤 변화가 생겼는지 알 수 없지만, 데이터가 저장되는 방식이 바뀌었다. 새로고침해 보면 할 일 항목은 즉시 추가되지만 목록에 반영되기까지 조금 시간이 걸리는 것이 증거다. 이것이 메시지 큐가 도입되면서 나타난 궁극적 일관성(eventual consistency)이다. 오퍼레이터와 직접적인 관련은 없는 개념이므로 궁극적 일관성을 처음 듣는 독자는 따로 공부해 보기 바란다.

사용자 정의 리소스와 오퍼레이터를 이용하여 쿠버네티스 확장하기

그림 20-14 메시지 큐와 데이터베이스는 to-do 애플리케이션의 정상 동작에 반드시 필요한 결정적인 컴포넌트로, 오퍼레이터가 이들 컴포넌트의 고가용성을 확보한다

의존 모듈은 모두 오퍼레이터에서 관리되므로, 애플리케이션 매니페스트는
애플리케이션 컴포넌트에 집중할 수 있어 더욱 간결해졌다.

메시지 핸들러는 메시지 큐에서 메시지를 기다린다.

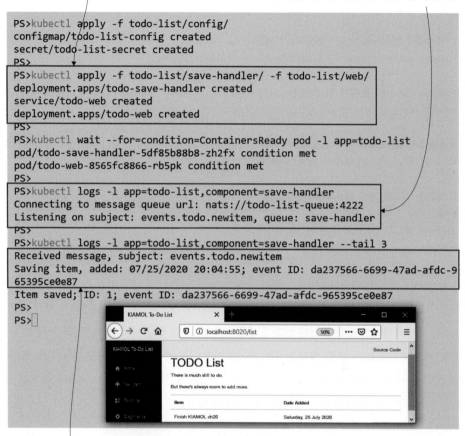

애플리케이션 외관은 전과 동일하지만, 할 일 항목을 저장하는 과정에
메시지 큐가 추가되었다. 전보다 스케일링에 훨씬 유리한 구조다.

오퍼레이터 효과는 가용성이나 배치 편의성뿐만이 아니다. 핵심 컴포넌트의 업그레이드를 대신해 주는 효과와 MysqlBackup 객체를 이용한 MySQL 데이터베이스의 백업 기능도 사용할 수 있다. to-do 애플리케이션을 실제로 운영하려는 것이 아니므로 이 내용까지는 다루지 않겠다. 사실 지금까지 배치한 컴포넌트만으로도 실습 클러스터의 리소스 상당량을 사용하고 있을 것이다. 이쯤에서 한 번 정리하고 진행하자.

실습 to-do 애플리케이션과 사용자 정의 리소스, 오퍼레이터를 제거하라.

```
# 애플리케이션 컴포넌트를 제거한다
kubectl delete -f todo-list/web/ -f todo-list/save-handler/ -f todo-list/config/

# 사용자 정의 리소스를 제거한다
kubectl delete -f todo-list/db/ -f todo-list/msgq/

# NATS 오퍼레이터를 제거한다
kubectl delete -f nats/operator/

# MySQL 오퍼레이터를 제거한다
helm uninstall mysql-operator
```

필자의 환경에서 실행한 결과를 그림 20-15에 실었다. 제거 과정은 배치 과정의 역순이다. 데이터 유실의 위험 때문에 오퍼레이터를 삭제해도 오퍼레이터가 생성한 리소스 중에는 남아 있는 것이 있을 수 있다. 오퍼레이터 제거 후에도 컨피그맵과 비밀값, 퍼시스턴트볼륨클레임, CRD까지 남아 있을 것이다. 깔끔하게 정리하려면 애플리케이션을 별도의 네임스페이스에 분리해 두면 좋다.

❤ 그림 20-15 오퍼레이터는 제거하더라도 말끔히 정리되지 않고, 남은 흔적을 찾아 직접 제거해야 할 수도 있다

사용자 정의 리소스를 제거하면 오퍼레이터에 정의된 삭제 워크플로가 실행된다.
이 워크플로는 관계된 모든 파드와 서비스, 스테이트풀셋을 제거한다.

```
PS>kubectl delete -f todo-list/web/ -f todo-list/save-handler/ -f todo-list/
config/
service "todo-web" deleted
deployment.apps "todo-web" deleted
deployment.apps "todo-save-handler" deleted
configmap "todo-list-config" deleted
secret "todo-list-secret" deleted
PS>
PS>kubectl delete -f todo-list/db/ -f todo-list/msgq/
secret "todo-db-secret" deleted
mysqlcluster.mysql.presslabs.org "todo-db" deleted
natscluster.nats.io "todo-list-queue" deleted
PS>
PS>kubectl delete -f nats/operator/
serviceaccount "nats-operator" deleted
clusterrolebinding.rbac.authorization.k8s.io "nats-operator-binding" deleted
clusterrole.rbac.authorization.k8s.io "nats-operator" deleted
serviceaccount "nats-server" deleted
clusterrole.rbac.authorization.k8s.io "nats-server" deleted
clusterrolebinding.rbac.authorization.k8s.io "nats-server-binding" deleted
deployment.apps "nats-operator" deleted
PS>
PS>helm uninstall mysql-operator
release "mysql-operator" uninstalled
```

오퍼레이터를 제거하면 컨트롤러가 더 이상 실행되지 않는다. 따라서 사용자 정의 리소스도
관리되지 않는다. 오퍼레이터가 사용자 정의 리소스의 정의를 제거하지 않아도 마찬가지다.

사용자 정의 리소스와 오퍼레이터를 이용하여 쿠버네티스 확장하기

오퍼레이터는 제삼자가 작성한 의존 모듈을 관리하기 편리한 수단이다. 용도에 맞는 오퍼레이터를 잘 찾아 두는 것도 중요하지만, 이들 대부분은 오픈 소스이기 때문에 개발 동력이 아주 강력하지는 않다는 점을 염두에 두어야 한다. 350여 명의 기여자가 거의 매일 같이 업데이트를 내놓는 프로메테우스 오퍼레이터와 오라클이 관리하는 기여자 18명의 MySQL 오퍼레이터를 비교해 보자. 집필 시점 현재, MySQL 오퍼레이터는 2년 이상 관리가 중단되었다. 이외에도 많은 오퍼레이터가 알파 또는 베타 단계에 있지만, 이 중에도 중요한 컴포넌트가 많다. 클러스터에 도입하는 요소에 대한 성숙도의 마음속 기준을 조금 낮출 필요가 있다. 또한 운영 중인 애플리케이션의 배치와 운영 작업을 도와주는 오퍼레이터를 직접 작성할 수도 있다.

20.4 / 오퍼레이터 직접 작성하기

오퍼레이터를 직접 작성하는 이유는 크게 두 가지다. 첫 번째는 애플리케이션에 복잡한 운영 작업이 필요할 때 이를 맡기려는 것이고, 두 번째는 여러 프로젝트에 서비스 형태로 널리 쓰는 공통 컴포넌트를 위한 오퍼레이터의 필요다. to-do 애플리케이션의 오퍼레이터에는 사용자 정의 업그레이드 로직을 구현하려고 한다. 먼저 인입되는 트래픽을 '유지 보수 중' 안내 페이지로 라우팅하도록 서비스를 변경하고, 메시지 큐가 빌 때까지 기다린 후 데이터베이스를 백업한다. 이렇게 일상적이고 반복적인 운영 작업을 자동화할 수 있는 애플리케이션이라면 사용자 정의 오퍼레이터를 작성해 봄 직하다.

사용자 정의 오퍼레이터에는 여러 가지 사용자 정의 리소스와 사용자 정의 컨트롤러가 필요하기 때문에 그리 간단한 일은 아니다. 단순히 오퍼레이터가 수행할 워크플로를 코드로 옮기는 것 외에도 인간의 예상하지 못한 간섭까지 모두 대처할 수 있게 만들어야 하기 때문에 구현이 복잡해진다. 이 장 예제 코드에도 사용자 정의 오퍼레이터[3]가 있지만, 여기에서는 그 구현 코드보다는 다른 면에 집중하려고 한다.

---

3 이 오퍼레이터는 10장에서 다룬 web-ping 애플리케이션을 서비스 형태로 사용하는 기능을 제공한다. web-ping은 특정 웹 주소에 주기적으로 GET 요청을 보낸 후 그 응답 시간을 측정하는 애플리케이션으로, 의외로 여러 조직에서 애플리케이션 모니터링에 쓰이는 기능이다.

실습 web-ping 오퍼레이터는 NATS 오퍼레이터와 마찬가지로 YAML 매니페스트를 통해 배치된다. 오퍼레이터를 설치한 후 함께 배치된 CRD를 살펴보아라.

```
# RBAC 규칙 및 오퍼레이터를 배치한다
kubectl apply -f web-ping/operator/

# 파드가 준비될 때까지 대기한다
kubectl wait --for=condition=ContainersReady pod -l app=web-ping-operator

# 설치 컨테이너의 로그를 확인한다
kubectl logs -l app=web-ping-operator -c installer

# 새로 설치된 CRD 목록을 확인한다
kubectl get crd -l operator --show-labels

# 오퍼레이터에 포함된 파드 목록을 확인한다
kubectl get pods -l app=web-ping-operator
```

오퍼레이터 속 파드에 몇 가지 역할이 있는 것을 볼 수 있다. 먼저 두 개의 CRD와 두 개의 컨테이너가 배치되었고, 사용자 정의 리소스마다 이를 담당하는 사용자 정의 컨트롤러가 설치되었다. 그림 20-16을 보면 CRD는 WebPinger 리소스와 WebPingerArchive 리소스의 정의인데, WebPinger 리소스는 핑을 보낼 대상 주소와 시점 및 간격을 정의한 리소스다. WebPingerArchive 리소스는 WebPinger 리소스가 수행한 핑의 결과 및 응답 시간 기록을 저장하는 리소스다.

❤ 그림 20-16 web-ping 오퍼레이터는 최소한의 매니페스트로 정의되어 있으며 배치될 때 다른 리소스를 생성한다

오퍼레이터 매니페스트에 RBAC 규칙과 디플로이먼트 정의가 들어 있다.

파드의 초기화 컨테이너가 필요한 CRD를 생성한다.

```
PS>kubectl apply -f web-ping/operator/
serviceaccount/web-ping-operator created
clusterrole.rbac.authorization.k8s.io/web-ping-operator created
clusterrolebinding.rbac.authorization.k8s.io/web-ping-operator created
deployment.apps/web-ping-operator created
PS>
PS>kubectl wait --for=condition=ContainersReady pod -l app=web-ping-operator
pod/web-ping-operator-56dfc7d498-mpw4l condition met
PS>
PS>kubectl logs -l app=web-ping-operator -c installer
** Created CRD for Kind: WebPinger; ApiVersion: ch20.kiamol.net/v1
** Created CRD for Kind: WebPingerArchive; ApiVersion: ch20.kiamol.net/v1
* Done.
PS>
PS>kubectl get crd -l operator --show-labels
NAME                              CREATED AT              LABELS
webpingerarchives.ch20.kiamol.net   2020-07-26T18:46:08Z    kiamol=ch20,opera
tor=web-ping
webpingers.ch20.kiamol.net          2020-07-26T18:46:08Z    kiamol=ch20,opera
tor=web-ping
PS>
PS>kubectl get pods -l app=web-ping-operator
NAME                                READY    STATUS    RESTARTS    AGE
web-ping-operator-56dfc7d498-mpw4l  2/2      Running   0           53s
```

CRD로 정의된 리소스는 web-ping 애플리케이션의 인스턴스를 관리한다.

오퍼레이터 파드에는 각각 두 가지
컨트롤러 역할을 하는 컨테이너가 들어 있다.

오퍼레이터 패턴의 주요 목적은 사용자가 간단하게 사용할 수 있게 하는 것이다. 따라서 설치 과정 역시 가능한 오퍼레이터 내부에서 진행된다. 또한 디플로이먼트 정의를 간결하게 하고 오류가 발생할 수 있는 여지를 줄인다. 오퍼레이터를 사용하면 매니페스트를 간결하게 유지할 수 있다(RBAC 규칙은 미리 별도로 배치되어야 하므로 예외다). 예제 20-7에 조금 전 배치한 오퍼레이터의 정의 부분을 실었다. CRD를 생성하는 초기화 컨테이너 정의와 컨트롤러 역할을 할 두 개의 컨테이너 정의가 보인다.

예제 20-7 02-wpo-deployment.yaml, web-ping 오퍼레이터 파드 정의

```
# 오퍼레이터 역할을 하는 디플로이먼트에 포함된 파드 정의다
spec:
  serviceAccountName: web-ping-operator      # RBAC 규칙이 적용된 서비스 계정
  automountServiceAccountToken: true
  initContainers:
    - name: installer                        # 초기화 컨테이너: CRD를 생성한다
```

```
        image: kiamol/ch20-wpo-installer
  containers:
    - name: pinger-controller                        # 이 두 컨테이너가 컨트롤러 역할을 한다
      image: kiamol/ch20-wpo-pinger-controller
    - name: archive-controller
      image: kiamol/ch20-wpo-archive-controller
```

이렇게 간단한 정의에서는 오류가 발생할 여지가 별로 없다. 오퍼레이터에 컨피그맵이나 비밀값,
서비스, 퍼시스턴트볼륨클레임 등이 필요하다면 여기에서 이들을 생성하고 관리자는 신경 쓸 필
요가 없다. web-ping 애플리케이션에는 핑 대상 주소, HTTP 요청 종류, 요청 간격 등 몇 가지
파라미터가 있는데, CRD를 통해 이들 파라미터를 지정할 수 있다. 그리고 오퍼레이터 내부에서
동작하는 사용자 정의 컨트롤러가 원하는 파라미터가 적용된 애플리케이션 인스턴스를 만든다.
예제 20-8은 필자의 블로그를 테스트하도록 설정된 WebPinger 리소스 정의다.

예제 20-8 webpinger-blog.yaml, 특정 웹 주소의 응답 여부를 확인하는 사용자 정의 리소스

```
apiVersion: "ch20.kiamol.net/v1"
kind: WebPinger
metadata:
  name: blog-sixeyed-com
spec:                                # 기존에 사용하던 파드의 환경 변수보다
  target: blog.sixeyed.com           # 애플리케이션 파라미터를 더
  method: HEAD                       # 간결하게 설정할 수 있다
  interval: "7s"
```

이 리소스를 배치하면 오퍼레이터가 리소스에 정의된 파라미터가 설정된 web-ping 애플리케이
션의 인스턴스를 생성한 후, 요청에 대한 응답 기록을 JSON 포맷으로 파일에 남긴다. 파드의 사
이드카 컨테이너는 HTTP API를 통해 로그 파일을 비울 수도 있어 기록 수집 기능을 보강했다.

실습 WebPinger 리소스를 생성하고 오퍼레이터가 생성한 web-ping 애플리케이션이 필자
의 블로그에 핑을 보내는지 확인하라.

```
# WebPinger 리소스를 배치한다
kubectl apply -f web-ping/pingers/webpinger-blog.yaml

# 오퍼레이터의 최근 로그를 출력한다
kubectl logs -l app=web-ping-operator -c pinger-controller --tail 4

# web-ping 애플리케이션 파드 목록을 확인한다
kubectl get pods -l app=web-ping --show-labels
```

사용자 정의 리소스와 오퍼레이터를 이용하여 쿠버네티스 확장하기

```
# web-ping 애플리케이션의 로그를 확인한다
kubectl logs -l app=web-ping,target=blog.sixeyed.com -c web --tail 2

# 응답 로그가 JSON 파일로도 남겨지는지 확인한다
kubectl exec deploy/wp-blog-sixeyed-com -c web -- tail /logs/web-ping.log -n 2
```

특정 사이트에 대한 블랙박스 모니터링을 간단하게 구성할 수 있었다. 대부분의 팀에서
WebPinger 리소스를 담당 애플리케이션 상태를 확인하는 데 이용할 수 있을 것이다. web-ping
애플리케이션에 이미 익숙하다면 기존과 동일하게 사용할 수 있고, 가독성 높은 로그를 표준 출력
으로 생성하기 때문에 장점이 크다. 그림 20-17을 보면 JSON 포맷으로 남겨진 로그를 볼 수 있
는데, HTTP API를 통한 로그 파일 정리 기능을 추가한 이유를 짐작할 수 있을 것이다.

❤ 그림 20-17 web-ping 애플리케이션을 쉽고 간단하게 여러 벌 배치할 수 있게 되었다

WebPinger 리소스를 생성하면 오퍼레이터 안에서 사용자 정의 컨트롤러가
컨피그맵, 디플로이먼트, 서비스를 생성한다.

web-ping 애플리케이션 요청을 보내고 그 결과를 표준 출력 스트림을 통해 로그로 남긴다.

```
PS>kubectl apply -f web-ping/pingers/webpinger-blog.yaml
webpinger.ch20.kiamol.net/blog-sixeyed-com created
PS>
PS>kubectl logs -l app=web-ping-operator -c pinger-controller --tail 4
** Created ConfigMap: wp-blog-sixeyed-com-config, in namespace: default
** Created Deployment: wp-blog-sixeyed-com, in namespace: default
** Created Service: wp-blog-sixeyed-com, in namespace: default
* Handled event: Added, for: blog-sixeyed-com
PS>
PS>kubectl get po -l app=web-ping --show-labels
NAME                                         READY   STATUS    RESTARTS   AGE   LA
BELS
wp-blog-sixeyed-com-5dbb59c4b6-9mmxp         2/2     Running   0          40s   ap
p=web-ping,instance=wp-blog-sixeyed-com,pod-template-hash=5dbb59c4b6,target=
blog.sixeyed.com
PS>
PS>kubectl logs -l app=web-ping,target=blog.sixeyed.com -c web --tail 2
Making request number: 28; at 1595790397497
Got response status: 200 at 1595790397941; duration: 444ms
PS>
PS>kubectl exec deploy/wp-blog-sixeyed-com -c web -- tail /logs/web-ping.log
 -n 2
{"level":"debug","message":"Making request number: 29; at 1595790404499","ti
mestamp":"2020-07-26T19:06:44.499Z"}
{"level":"debug","message":"Got response status: 200 at 1595790405097; durat
ion: 598ms","timestamp":"2020-07-26T19:06:45.097Z"}
```

컨피그맵에 로그 파일이 설정되었으므로 JSON 포맷으로도 로그가 생산된다.

로그 아카이빙은 WebPinger 오퍼레이터에서 운영과 관련된 유일한 기능이다. 사용하기도 쉽다. 대상 도메인 주소를 지정한 WebPingerArchive 리소스를 만들면 사용자 정의 컨트롤러가 해당 도메인 주소를 대상으로 하는 web-ping 파드를 찾아 현재 로그 파일을 가져온다. 그런 다음 web-ping 파드의 로그 파일을 비운다. 이런 아카이빙 기능은 운영 작업을 자동화한 좋은 예다. CRD와 컨트롤러 외에도 관리 기능을 추가하려면 사이드카 컨테이너가 필요하다.

> **실습** web-ping 애플리케이션의 관리 기능을 테스트하자. web-ping 애플리케이션의 블로그 응답 테스트 결과 로그를 아카이브하라.

```
# 로그 파일의 줄 수를 출력한다
kubectl exec deploy/wp-blog-sixeyed-com -c web -- wc -l /logs/web-ping.log

# 로그 아카이빙 리소스를 생성한다
kubectl apply -f web-ping/pingers/archives/webpingerarchive-blog.yaml

# 오퍼레이터가 아카이빙에 필요한 잡 리소스를 생성하는지 확인한다
kubectl get jobs -l kiamol=ch20

# 아카이빙 리소스의 파드 로그를 확인한다
kubectl logs -l app=web-ping-archive,target=blog.sixeyed.com --tail 2

# web-ping 애플리케이션 로그 파일이 비워졌는지 확인한다
kubectl exec deploy/wp-blog-sixeyed-com -c web -- wc -l /logs/web-ping.log
```

필자의 환경에서 실행한 결과를 그림 20-18에 실었다. 이번 예제가 실무 사례는 아니지만 오퍼레이터를 사용하여 복잡한 문제를 잘 해결하는 방법을 보여 주었다고 생각한다. 아카이빙이 끝나고 나면 잡의 파드에는 수집된 핑 응답 로그가 남고, web-ping 파드는 빈 로그 파일에 다시 응답 로그를 쌓아 나가기 시작한다.

❤ 그림 20-18 사용자 정의 리소스(아카이브)를 만들면 오퍼레이터가 이를 감지하고 아카이빙 워크플로를 수행한다

web-ping 파드가 동작하면서 이미 242줄의 로그가 쌓였다.

WebPingerArchive 리소스를 생성하면 오퍼레이터 속 컨트롤러가 잡을 만들고,
이 잡 객체가 애플리케이션 파드 속 로그 파일을 수집한다.

```
PS>kubectl exec deploy/wp-blog-sixeyed-com -c web -- wc -l /logs/web-ping.log
242 /logs/web-ping.log
PS>
PS>kubectl apply -f web-ping/pingers/archives/webpingerarchive-blog.yaml
webpingerarchive.ch20.kiamol.net/blog-sixeyed-com created
PS>
PS>kubectl get jobs -l kiamol=ch20
NAME                                COMPLETIONS    DURATION    AGE
wpa-blog-sixeyed-com-200726-1917    1/1            4s          7s
PS>
PS>kubectl logs -l app=web-ping-archive,target=blog.sixeyed.com --tail 2
{"level":"debug","message":"Making request number: 130; at 1595791111948","tim
estamp":"2020-07-26T19:18:31.948Z"}
{"level":"debug","message":"Got response status: 200 at 1595791112284; duratio
n: 336ms","timestamp":"2020-07-26T19:18:32.284Z"}
PS>
PS>kubectl exec deploy/wp-blog-sixeyed-com -c web -- wc -l /logs/web-ping.log
8 /logs/web-ping.log
```

JSON 포맷의 로그 엔트리는 아카이빙 잡의 파드에 저장된다.

애플리케이션의 로그 파일은 한 번 비워진 상태다. 지금은 최근 응답 여덟 건만 들어 있다.

쿠버네티스 오퍼레이터는 주로 Go 언어로 구현된다. Go를 사용한다면, 오퍼레이터 코드 템플릿을 만들어 주는 도구는 두 가지다. 하나는 구글에서 만든 Kubebuilder고, 다른 하나는 OLM과 함께 개발되는 OperatorSDK다. 필자는 Go 언어가 서툴러서 오퍼레이터 구현에 .NET을 사용했다. 그리고 이 절에 사용된 오퍼레이터를 작성하는 데 하루 정도가 걸렸다. 쿠버네티스 API 문서를 읽으며 다양한 리소스를 생성하고 관리하는 코드를 작성하고, 이들을 다시 엮어 객체를 구성하다 보면 YAML만으로도 사용할 수 있는 리소스가 감사히 여겨질 것이다.

이제 실습을 마칠 시간이다. 이 오퍼레이터에는 중간에 CRD가 삭제되어도 이를 차단할 컨트롤러가 따로 없어서 그냥 CRD를 삭제할 수 있다. CRD를 삭제하면 여기 정의된 사용자 정의 리소스가 삭제되고 그 안에 포함된 컨트롤러가 삭제되면서 자신들이 생성한 리소스를 정리한다.

실습 web-ping 오퍼레이터의 CRD를 삭제하라. 사용자 정의 리소스가 삭제되면서 오퍼레이터의 삭제 워크플로가 수행된다.

```
# web-ping 오퍼레이터의 CRD를 삭제한다(레이블로 지정)
kubectl delete crd -l operator=web-ping

# web-ping 컨트롤러의 최근 로그를 출력한다
```

```
kubectl logs -l app=web-ping-operator -c pinger-controller --tail 4

# 아카이빙 컨트롤러의 최근 로그를 출력한다
kubectl logs -l app=web-ping-operator -c archive-controller --tail 2
```

그림 20-19를 보면 알겠지만, 대부분의 동작은 컨트롤러가 수행한다. 사용자 정의 컨트롤러 (pinger-controller)가 web-ping 애플리케이션의 디플로이먼트를 삭제하면 시스템 컨트롤러가 그 안의 레플리카셋 및 파드를 삭제한다. 오퍼레이터에서 쿠버네티스의 기본 기능을 복제하거나 대체하려고 해서는 안 된다. 지금까지 탈 없이 오랫동안 널리 쓰인 기본 리소스를 활용하되 더 간편한 사용을 위해 이들을 추상화시킬 뿐이다.

❤ 그림 20-19 이 오퍼레이터의 사용자 정의 컨트롤러는 쿠버네티스 기본 리소스를 다룬다

이 오퍼레이터는 자신의 CRD를 보호하지 않는다. CRD를 삭제하면 여기 정의된 사용자 정의 리소스도 함께 삭제된다.

```
PS>kubectl delete crd -l operator=web-ping
customresourcedefinition.apiextensions.k8s.io "webpingerarchives.ch20.kiamol.n
et" deleted
customresourcedefinition.apiextensions.k8s.io "webpingers.ch20.kiamol.net" del
eted
PS>
PS>kubectl logs -l app=web-ping-operator -c pinger-controller --tail 4
** Deleted Service: wp-blog-sixeyed-com, in namespace: default
** Deleted Deployment: wp-blog-sixeyed-com, in namespace: default
** Deleted ConfigMap: wp-blog-sixeyed-com-config, in namespace: default
* Handled event: Deleted, for: blog-sixeyed-com
PS>
PS>kubectl logs -l app=web-ping-operator -c archive-controller --tail 2
** Deleted Job: wpa-blog-sixeyed-com-200726-1917, in namespace: default
* Handled event: Deleted, for: blog-sixeyed-com
```

컨트롤러는 삭제될 때 자신이 생성한 리소스를 모두 제거한 후 삭제된다.

쿠버네티스를 쓰다 보면 반드시 오퍼레이터 패턴을 사용할 일이 생기므로 이 패턴을 잘 이해해 두어야 한다. 오퍼레이터를 직접 작성하지 않더라도 마찬가지다. 오퍼레이터는 코어 리소스와 쿠버네티스의 확장성을 활용하여 애플리케이션을 쓰기 쉽고 유지 보수하기 쉽게 만드는 한 가지 방법이라고 이해하면 된다.

사용자 정의 리소스와 오퍼레이터를 이용하여 쿠버네티스 확장하기

20.5 쿠버네티스의 기능 확장이 필요한 시점은 언제일까

지금까지 상세한 세부 사항 없이도 쿠버네티스 확장에서 많은 내용을 다루었다. 쿠버네티스 기능을 확장한다는 것은 클러스터에서 여러분 코드가 동작하게 된다는 의미다. 그리고 이 코드 역할은 여러분이 어떤 문제에 당면해 있느냐에 따라 달라진다. 그럼에도 패턴 자체는 일반적이다. 그림 20-20에 사용자 정의 리소스와 컨트롤러, web-ping 애플리케이션이 오퍼레이터와 함께 어떻게 맞물려 돌아가는지 나타냈다.

❤ 그림 20-20 오퍼레이터와 사용자 정의 컨트롤러를 함께 사용하면 복잡한 작업을 추상화시켜 애플리케이션 관리 업무를 쉽게 해준다

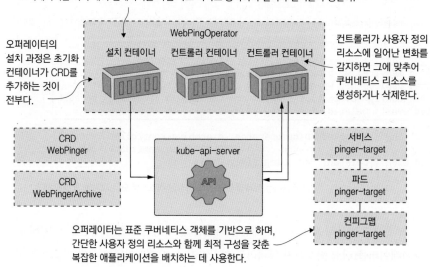

쿠버네티스 기능 확장을 고려할 때 참고할 수 있는 기준이 몇 가지 있다. 첫 번째는 정말 필요한 기능인가 하는 것이다. 디플로이먼트와 컨피그맵, 서비스 정도로도 잘 실행할 수 있는 애플리케이션인데, 고작 YAML 길이를 줄이기 위해 오퍼레이터를 만드는 것은 낭비다. 애플리케이션을 좀더 최적의 구성으로 배치하는 것이 목적이라면 어드미션 컨트롤러를 쓰면 된다. 사용자 정의 컨트롤러와 오퍼레이터를 작성하고 유지 보수하는 일은 생각보다 덩어리가 크다. 그리고 모든 워크플

로를 철저히 고려하지 않으면 애플리케이션 상태가 꼬이며 유지 보수 작업이 더 어려워질 수도 있다. 사용자 정의 컨트롤러가 관리해야 할 리소스를 직접 배치하는 작업은 그리 유쾌하지 않다.

분명한 목적을 발견했다면 사용자 경험에 초점을 맞추어 간단한 CRD와 컨트롤러를 작성한다. 사용자 정의 리소스의 목적은 복잡한 문제를 쉽게 만드는 것이다. Go 언어를 사용한다면 개발 툴킷을 사용하고 되도록 쿠버네티스 기본 리소스를 써서 쿠버네티스와 연동하는 컨트롤러를 설계한다. 두 가지 이상의 구체적 사례가 있다면 되도록 많은 사례의 요구 사항을 만족시킬 수 있는 일반적인 시스템을 만들어야 한다. 그리고 복잡한 업그레이드 워크플로를 경험해 보았거나 일반적인 컴포넌트를 약간씩 바꾸어 가며 여러 번 배치하는 일이 생겼다면 이때가 바로 오퍼레이터를 직접 만들어야 할 때다.

서드파티 오퍼레이터는 다른 사람의 경험을 이용하여 우리 애플리케이션의 신뢰성을 개선할 수 있는 좋은 방법이다. 이 중 쓸 만한 것을 찾으려면 꼼꼼한 사전 조사는 물론이고 서로 다른 옵션을 설정해 가며 실험해 보아야 한다. 서드파티 컴포넌트를 관리하는 데 오퍼레이터를 사용하는 것은 위험성이 크다. 해당 프로젝트가 중단되면 직접 오퍼레이터 코드를 뒤져 가며 파악해야 하기 때문이다. 오퍼레이터 프레임워크는 OLM과 OperatorSDK를 아우르는 엄브렐러 프로젝트로, 필자가 이 장을 집필하기 몇 주 전에 CNCF에 새로이 합류했다. 이 합류가 OperatorHub에도 새로운 활력을 주리라 생각한다.

쿠버네티스 확장 설명은 이것으로 마친다. 실습 환경을 정리하고 연습 문제를 준비하자.

실습 실습 환경에 남아 있는 리소스를 모두 정리하라.

```
kubectl delete all,crd,secret,clusterrolebinding,clusterrole,
  serviceaccount,ns -l kiamol=ch20

kubectl delete pvc -l app=mysql-operator

kubectl delete configmap mysql-operator-leader-election
```

사용자 정의 리소스와 오퍼레이터를 이용하여 쿠버네티스 확장하기

20.6 연습 문제

이번 연습 문제는 CRD를 작성하고 사용자 정의 컨트롤러를 관리하는 것이다. 걱정할 것 없다. 컨트롤러는 이미 작성된 것을 사용한다. lab 디렉터리를 보면 timecheck 애플리케이션에 쓰일 사용자 정의 리소스의 정의가 있는데, 이 리소스의 CRD가 아직 없어 리소스를 배치할 수 없다. 연습 문제는 CRD를 작성하고 사용자 정의 컨트롤러 및 리소스를 배치한 후 모든 것이 의도대로 동작하는지 확인하는 것이다. 다음은 문제 해결에 도움이 될 몇 가지 힌트다.

- 사용자 정의 컨트롤러는 timecheck-controller 디렉터리에 있는 것을 사용한다.
- CRD 이름은 사용자 정의 리소스 매니페스트와 일치해야 한다.
- 사용자 정의 컨트롤러를 배치하고 나면 컨트롤러 로그를 살펴보아야 한다. 어느 부분부터 먼저 작성하느냐에 따라 제대로 동작하지 않을 수 있다.

이번에도 필자의 해답을 준비해 두었다. 필요하다면 참고하기 바란다.

- https://github.com/sixeyed/kiamol/blob/master/ch20/lab/README.md

21^장

쿠버네티스에서 서버리스 펑션 실행하기

드디어 이 책의 실질적인 마지막 장에 도달했다. 여러분의 쿠버네티스 클러스터를 서버리스 플랫폼으로 만들어 보면서 책을 마무리하려고 한다. 클라우드 시장에는 이미 많은 수의 서버리스 플랫폼이 나와 있다. 하지만 이들은 대부분 클라우드 프로바이더와 밀접하게 결합되어 있다. 예를 들어 AWS 람다에서 구동하던 컴포넌트를 애저 펑션으로 이주하는 것은 그리 쉽지 않다. 쿠버네티스 확장성을 활용하면 여러분의 클러스터에 서버리스 런타임을 어렵지 않게 배치할 수 있다. 서버리스 런타임도 지금까지 사용했던 애플리케이션 못지않게 이식성이 좋기 때문이다. AWS 람다와 매우 비슷하게 사용할 수 있는 오픈 소스 프로젝트를 몇 가지 소개한다. 이들 프로젝트는 서버리스 플랫폼의 패키징과 배치를 상당 부분 알아서 해 주기 때문에 우리는 코드에만 집중할 수 있다. 서버리스 펑션은 파드 속 컨테이너에서 실행된다. 따라서 여느 컨테이너와 같이 다루고, 그 위로 플랫폼이 고차원적인 추상화를 보태 준다.

쿠버네티스 생태계에는 이미 몇 가지 서버리스 플랫폼이 있다. 이들은 모두 약간씩 접근법이 다른데, 그중 가장 널리 쓰이는 것이 구글에서 개발한 Knative 프로젝트다. 다만 사용 방법이 약간 부자연스러운데, 서버리스 펑션을 먼저 도커 이미지로 직접 패키징한 후 Knative가 이를 배치해서 사용하는 형태다. 필자 개인적으로는 코드를 작성하면 컨테이너에서 이를 실행해 주는 코드 우선 접근법을 훨씬 선호하기 때문에 이 장에서는 이런 접근법을 채택한 Kubeless를 사용하려고 한다. 또한 또 다른 서버리스 플랫폼인 Serverless 프로젝트를 통해 서버리스 플랫폼에서 어떤 식으로 추상화가 되는지도 함께 살펴본다.

21.1 / 서버리스 플랫폼의 동작 원리

쿠버네티스에서 말하는 서버리스란 무슨 뜻일까? 서버가 없다는 것은 사실이 아님을 확실히 알 수 있다. 우리가 사용하는 클러스터에도 이미 노드가 있기 때문이다. 코드를 작성한 후 파드에서 코드가 실행되기까지 모든 과정이 사라지는 것이 서버리스일까? 애플리케이션을 컴파일하고 컨테이너 이미지를 빌드한 후 디플로이먼트 설계와 YAML 작성까지 그 모든 과정 말이다. AWS 람다와 애저 펑션 등 플랫폼에는 명령행 인터페이스가 있어 이 인터페이스를 통해 코드를 업로드하면 클라우드 속 어디선가 코드가 실행된다. 쿠버네티스에서 구동되는 서버리스 플랫폼의 사용 방법도 비슷하다. 다만 쿠버네티스는 파드에서 코드가 실행된다는 것을 확실히 알고 있다는 점이 다르다.

Kubeless를 사용하는 워크플로는 특히 멋지다. 소스 코드 파일을 Kubeless CLI를 사용하여 펑션으로 배치하면 된다. 펑션을 수식해야 할 추가적인 아티팩트도 없고 CLI에서 소스 코드와 그 외세부 정보를 지닌 사용자 정의 리소스를 만든다. Kubeless 컨트롤러는 펑션 리소스를 관장하며 펑션의 코드를 실행할 파드를 생성한다. 펑션 실행은 CLI를 통해 직접 제어할 수도 있고, 영구 트리거를 만들어 HTTP 요청을 받아 실행하게 할 수도 있으며, 메시지 큐를 구독하게 하거나 일정을 정해서 주기적으로 실행하는 것도 가능하다. 그림 21-1은 Kubeless 펑션의 구조를 나타낸 것이다.

▼ 그림 21-1 Kubeless는 서버리스 펑션을 실행 중인 파드로 만들어 준다

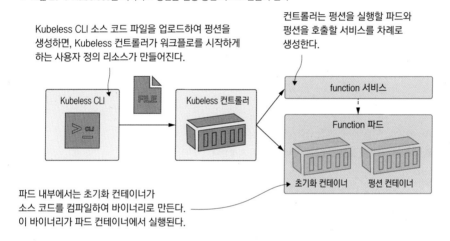

이 워크플로를 보면 먼저 소스 코드 파일을 업로드하고 실행하는 데 명령 한 번, 이를 다시 HTTP로 노출시키는 데 다시 명령 한 번을 실행했다. 웹훅이나 통합 컴포넌트, 간단한 API를 만들기 안성맞춤이다. 누클리오(Nuclio), 오픈휘스크(OpenWhisk), Fn프로젝트 등 쿠버네티스를 지원하는 다른 서버리스 플랫폼의 동작도 이와 크게 다르지 않다. 코드를 입력받고 컨테이너로 패키징한 후코드를 실행할 여러 가지 트리거를 만든다. 이들 모두 파드나 서비스 같은 표준 리소스와 인그레스 컨트롤러나 메시지 큐 같은 표준 패턴을 사용한다. 이 장에서는 이 중 Kubeless를 사용하여기존 애플리케이션에 코드 변경 없이 새로운 기능을 추가해 보겠다. 간단한 hello-kiamol 애플리케이션부터 시작하자.

실습 실습 클러스터에 Kubeless를 배치하라. 이 장 예제 코드 디렉터리에 Kubeless의 최신버전 매니페스트가 들어 있다.

```
# 이 장 예제 코드 디렉터리로 이동한다
cd ch21

# CRD와 사용자 정의 컨트롤러를 배치한다
kubectl apply -f kubeless/

# 컨트롤러가 준비될 때까지 대기한다
kubectl wait --for=condition=ContainersReady pod -l kubeless=controller -n kubeless

# CRD 목록을 확인한다
kubectl get crd
```

그림 21-2를 보면 Kubeless가 우리가 20장에서 배운 기법을 사용하고 있다. 다른 서버리스 펑션이나 HTTP 요청, 일정을 지정하여 동작하는 트리거를 정의한 CRD가 있다. 컨트롤러는 이들 리소스를 주시하며 펑션을 파드로 만들고, HTTP 트리거는 인그레스 규칙, 일정 트리거는 크론잡으로 만든다.

▼ 그림 21-2 Kubeless에는 서버리스 추상화를 위한 새로운 리소스가 추가되었다

서버리스 펑션을 정의하는 사용자 정의 리소스로 쿠버네티스를 확장한다.

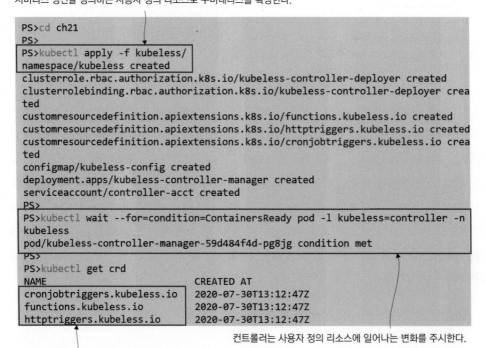

컨트롤러는 사용자 정의 리소스에 일어나는 변화를 주시한다.

CRD에는 펑션 자체의 정의와 펑션을 실행하는 트리거의 정의가 있다.

소스 코드가 형상 관리 도구 안에 있고 kubectl을 활용한 CI/CD 파이프라인을 구축해 두었다면 Kubeless 사용자 정의 리소스를 직접 만들 수 있다. Kubeless CLI는 더 사용하기 쉽다. 간단한 명령만 입력하면 리소스를 생성해 준다. Kubeless CLI는 단일 바이너리 파일 형태로 리눅스, 윈도우, macOS에서 설치할 수 있다. 더 이상 뭔가를 설치하기가 꺼려진다면, CLI가 설치되고 실습 클러스터와 연동된 kubectl이 있는 파드를 실행해서 이 파드에서 Kubeless를 사용한다.

실습 Kubeless CLI가 설치된 파드를 실행한 후 이 파드에서 실습 클러스터에 접근할 수 있는지 확인하라.

```
# Kubeless CLI가 설치된 파드를 실행한다
kubectl apply -f kubeless-cli.yaml

# 파드가 준비될 때까지 대기한다
kubectl wait --for=condition=ContainersReady pod kubeless-cli

# 파드에 접속한다
kubectl exec -it kubeless-cli -- sh

# Kubeless의 설정 내용을 확인한다
kubeless get-server-config

# 다음 실습까지 파드 접속을 유지한다
```

Kubeless는 다양한 언어를 지원한다. 그림 21-3에서 볼 수 있듯이, 자바나 .NET, 파이썬 같은 널리 쓰이는 언어부터 발레리나(Ballerina)나 버텍스(Vert.x)(버텍스는 자바나 코틀린, 그루비처럼 JVM의 여러 변종을 지원) 같은 새로운 언어도 지원한다. 이 중 여러분 기술 스택에 포함된 것이 있다면 Kubeless에 펑션을 배치할 수 있다. 런타임의 새 버전이나 전혀 새로운 언어를 시험해 보기에도 아주 좋은 방법이다.

❤ 그림 21-3 Kubeless의 서버리스 펑션은 다양한 언어로 작성할 수 있다

Kubeless CLI를 직접 설치할 수도 있지만, 이미 설치된 도커 이미지를 사용하겠다.

```
PS>kubectl apply -f kubeless-cli.yaml
serviceaccount/kubeless-cli created
pod/kubeless-cli created
clusterrolebinding.rbac.authorization.k8s.io/kubeless-cli created
PS>
PS>kubectl wait --for=condition=ContainersReady pod kubeless-cli
pod/kubeless-cli condition met
PS>
PS>kubectl exec -it kubeless-cli -- sh
#
# kubeless get-server-config
INFO[0000] Current Server Config:
INFO[0000] Supported Runtimes are: ballerina0.981.0, dotnetcore2.0, dotnetcore
2.1, dotnetcore2.2, dotnetcore3.1, go1.13, go1.14, java1.8, java11, nodejs6, n
odejs8, nodejs10, nodejs12, php7.2, php7.3, python2.7, python3.4, python3.6, p
ython3.7, ruby2.3, ruby2.4, ruby2.5, ruby2.6, jvm1.8, nodejs_distroless8, node
jsCE8, vertx1.8
```

Kubeless는 다양한 언어(와 버전)로 서버리스 펑션을 작성할 수 있다.

서버리스 펑션은 한 가지 작업만 하도록 만든 것이고, 그 소스 코드 역시 단일 파일이다. 그러나 Kubeless를 사용하면 좀 더 규모가 큰 프로젝트도 배치할 수 있다. 지원하는 런타임에서 사용되는 모든 의존성 관리 시스템을 연동할 수 있어 배치와 함께 의존 모듈을 불러온다. 새로운 서버리스 펑션을 만들 때는 전체 프로젝트 구조를 한 번에 압축한 zip 파일이나 단일 파일을 업로드하면 된다. 예제 21-1은 자바로 구현한 간단한 서버리스 펑션 hello-kiamol이다. 소스 코드를 이해하지 못하더라도 걱정할 필요 없다. 이 예제는 Kubeless 펑션을 작성하는 표준 방법을 살펴보려는 것이지 특정 언어와는 무관하다.

예제 21-1 hello-kiamol.java, 자바로 구현한 간단한 서버리스 펑션

```
# 이 코드는 평범한 자바 클래스다
public class Kiamol {

    # Kubeless에서 호출되는 메소드
    public String hello(io.kubeless.Event event, io.kubeless.Context context) {

        # 이 문자열을 반환한다
        return "Hello from chapter 21!";
    }
}
```

모든 서버리스 펑션은 두 개의 인자를 받는다. 하나는 트리거 유형, 호출 측에서 보낸 데이터 등이 포함된 이벤트의 상세 정보다. 다른 하나는 실행 시각과 완료까지 타임아웃 값 등 펑션 자체의 컨텍스트 정보가 들어 있다. 쿠버네티스 API 서버의 인증에 필요한 서비스 계정 토큰이 없으므로 서버리스 펑션은 쿠버네티스 확장보다는 일반 애플리케이션(파드에서 동작하므로 필요하다면 토큰을 파일 시스템에 자동으로 마운트할 수 있음) 기능에 가깝다.

서버리스 펑션을 호출하면 맡은 일을 다 마친 후 문자열을 반환한다. 이 문자열은 HTTP 요청을 보낸 호출 측에 응답으로 전달된다. 서버리스 펑션의 코드는 파드 컨테이너 안에서 실행되므로 표준 출력으로 로그를 출력하면 파드의 로그에서 이 내용을 볼 수 있다. 예제 21-1의 펑션을 배치한 후 파드 정의를 확인하여 Kubeless가 어떻게 동작하는지 이해해 보자.

실습 자바로 구현한 간단한 서버리스 펑션을 Kubeless CLI를 사용하여 배치한 후 쿠버네티스가 어떤 리소스를 생성하는지 확인하라.

```
# Kubeless CLI 파드에 접속한다
kubectl exec -it kubeless-cli -- sh

# 파드 안에 있는 예제 코드 디렉터리로 이동한다
cd /kiamol/ch21

# 예제 21-1의 자바로 구현한 서버리스 펑션을 배치한다
kubeless function deploy hello-kiamol --runtime java11 --handler Kiamol.hello --from-
file functions/hello-kiamol/hello-kiamol.java

# 서버리스 펑션의 목록을 확인한다
kubeless function ls

# 서버리스 펑션이 만든 파드와 컨피그맵의 목록을 확인한다
kubectl get pods -l function=hello-kiamol
kubectl get cm -l function=hello-kiamol

# 파드 정보에서 빌드 단계를 확인한다
kubectl describe pod -l function=hello-kiamol | grep INFO | tail -n 5
```

그림 21-4 끝부분에서 파드 속 초기화 컨테이너의 로그를 볼 수 있다. Kubeless는 소스 코드 빌드와 컨테이너 이미지를 빌드하고 저장소에 푸시하는 과정이 없어도 애플리케이션을 패키징할 수 있다. 모든 런타임 플랫폼에 빌드 도구(여기에서는 자바 JDK와 메이븐)가 들어 있는 초기화 컨테이너 이미지를 만들어 둔다. 이 초기화 컨테이너는 컨피그맵 볼륨에서 소스 코드를 가져와 애플리케이션을 빌드하고, 빌드된 바이너리를 공디렉터리 볼륨에 복사한다. 그리고 런타임을 포함하는 애플리케이션 컨테이너가 공유된 공디렉터리 볼륨에 있는 바이너리를 실행한다.

▼ 그림 21-4 Kubeless는 초기화 컨테이너를 잘 활용하여 이미지 빌드 절차 없이 서버리스 펑션을 컴파일할 수 있다

Kubeless에서는 명령 한 번이면 서버리스 펑션을 배치할 수 있다.
런타임 종류, 소스 코드 파일 경로, 호출에 필요한 트리거 유형만 지정하면 된다.

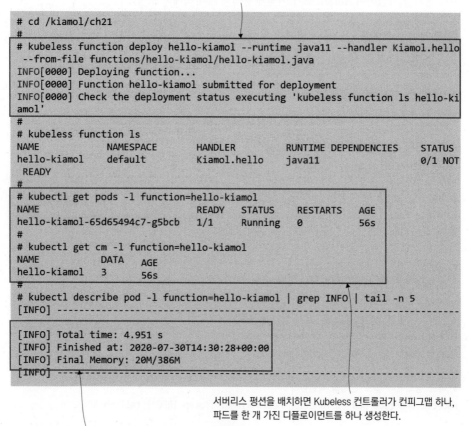

서버리스 펑션을 배치하면 Kubeless 컨트롤러가 컨피그맵 하나, 파드를 한 개 가진 디플로이먼트를 하나 생성한다.

파드 속 컨테이너는 모두 일반적인 자바 이미지로 실행되는데, 초기화 컨테이너는 JDK를 포함하고 있어 소스 코드를 컴파일한다. 출력된 내용은 자바에서 쓰이는 빌드 시스템인 메이븐의 로그다.

이런 방법은 컴파일 후 이미지 빌드 및 푸시를 거쳐 서버리스 펑션을 처리하는 방법에 비해 초기 실행 시간이 느리다. 하지만 개발자 입장에서는 많은 장애물이 사라지는 방법이다. 거기에다 클러스터에 레지스트리 등록 권한을 가진 비밀값을 둘 필요가 없다는 것도 장점이다. 이 방법으로 별도의 빌드 서버나 JDK 또는 메이븐을 설치하지 않아도 파드에서 서버리스 펑션을 실행할 수 있다.

서버리스 펑션의 파드에는 들어오는 요청을 받는 HTTP 서버가 있다. 트리거를 생성하면 이 트리거가 파드에 대응하는 서비스에 요청을 보낸다. 따라서 서버리스 펑션 파드도 애플리케이션 파드와 동일하게 스케일링(및 자동 스케일링)이 가능하며, 파드 간 로드밸런싱도 함께 이루어진다. Kubeless는 잘 다듬어진 쿠버네티스 리소스를 기반으로 애플리케이션 실행을 편리하게 도와준다. 예제의 서버리스 펑션에는 아직 트리거가 없어 클러스터 외부에서는 실행이 불가능하지만, kubectl에서 프록시를 생성하면 펑션의 서비스를 통해 직접 호출할 수 있다.

> **실습** 조금 전 배치한 서버리스 펑션을 kubectl에서 생성한 프록시를 통해 호출하라. 아니면 파드에 접속한 터미널 세션에서 Kubeless CLI를 직접 사용해도 좋다.

```
# 서버리스 펑션의 서비스를 확인한다
kubectl get svc -l function=hello-kiamol

# 클러스터 외부에서 들어오는 HTTP 요청을
# 서버리스 펑션의 서비스에 전달할 프록시를 실행한다
kubectl proxy -p 8080 &

# 프록시를 통해 HTTP 요청으로
curl http://localhost:8080/api/v1/namespaces/default/services/ hello-kiamol:http-
function-port/proxy/

# Kubeless CLI를 사용하면 더 간단하다
kubeless function call hello-kiamol

# 이제 파드에 접속한 터미널 세션을 종료한다
exit
```

서버리스 펑션을 다루기에는 Kubeless CLI를 사용하는 편이 더 간편하다(그림 21-5). 하지만 모든 서버리스 펑션의 실체는 쿠버네티스 애플리케이션이므로 kubectl 명령으로도 호출할 수 있다.

Kubeless 펑션에는 클러스터IP 서비스가 있어 HTTP 요청을 통해 펑션을 호출할 수 있다.

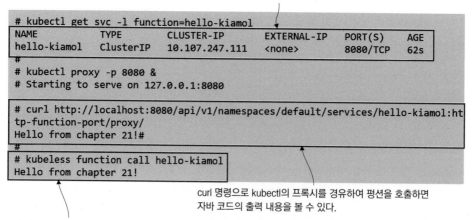

curl 명령으로 kubectl의 프록시를 경유하여 펑션을 호출하면
자바 코드의 출력 내용을 볼 수 있다.

아니면 Kubeless CLI를 사용해서 펑션을 호출할 수도 있다.

이 서버리스 펑션은 그리 큰 쓸모가 없다. 서버리스 펑션이 가장 빛을 발하는 부분은 기존 애플리
케이션에 새로운 기능을 추가할 때다. 그것도 기존 애플리케이션 배치에 아무 변경을 가하지 않
고도 가능하다. 다음 절에서는 to-do 애플리케이션에 (지금 당장은 아니더라도) 너무나도 필요한
새 기능을 서버리스 펑션을 이용하여 추가해 보겠다.

21.2 / HTTP 요청을 통해 서버리스 펑션 호출하기

KUBERNETES

우리는 앞서 15장에서 인그레스를 배웠다. 인그레스는 클러스터로 인입된 요청을 클러스터 속 애
플리케이션 중 정확한 곳에 라우팅하는 기본적인 수단이다. 인그레스 규칙은 단일 애플리케이션
을 구성하는 하위 컴포넌트를 가려 주는 역할도 한다. 따라서 같은 도메인 네임 아래의 서로 다른
경로에 대한 요청을 각기 다른 컴포넌트가 처리할 수 있다. 이 점을 활용하면 서버리스 펑션의 기
능을 주 애플리케이션의 신규 기능인 것처럼 제공할 수 있다.

이 방법으로 to-do 애플리케이션에 새로운 REST API를 추가해 보겠다. 앞서 20장에서 to-do 애플리케이션에 메시지 큐를 도입하여 웹 사이트가 메시지를 보내면 핸들러가 메시지를 받아 데이터베이스에 저장하도록 구조를 바꾸었다. 메시지 큐에 접근 권한이 있는 컴포넌트는 메시지를 보낼 수 있으므로, 서버리스 펑션을 사용하여 간단한 API를 만들어 보겠다. 먼저 to-do 애플리케이션을 다시 배치하자.

실습 NATS 메시지 큐와 데이터베이스로 구성된 to-do 애플리케이션의 디플로이먼트를 배치하라.

```
# 애플리케이션의 컴포넌트를 모두 배치한다
kubectl apply -f todo-list/config/ -f todo-list/db/ -f todo-list/msgq/ -f todo-list/
web/ -f todo-list/save-handler/

# 애플리케이션 파드가 준비될 때까지 대기한다
kubectl wait --for=condition=ContainersReady pod -l app=todo-list

# 애플리케이션의 URL을 확인한다
kubectl get svc todo-web -o jsonpath='http://{.status.loadBalancer.ingress[0].*}:8021'

# 애플리케이션에 접근하여 정상 동작하는지 확인한다
```

그림 21-6을 보면 to-do 애플리케이션이 변함없이 잘 동작 중이다. 지금은 메시지 큐와 데이터베이스를 관리하던 오퍼레이터가 없지만, 애플리케이션 아키텍처는 전과 그대로다.

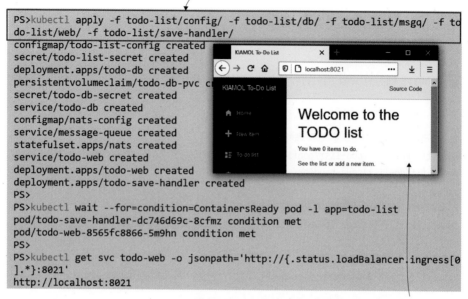

▼ 그림 21-6 아키텍처가 적절하다면 서버리스 펑션은 기존 애플리케이션과 잘 통합된다

to-do 애플리케이션의 이번 버전은 디플로이먼트 내 NATS 메시지 큐와
데이터베이스를 따로 갖고 있다. 오퍼레이터는 사용되지 않았다.

```
PS>kubectl apply -f todo-list/config/ -f todo-list/db/ -f todo-list/msgq/ -f to
do-list/web/ -f todo-list/save-handler/
configmap/todo-list-config created
secret/todo-list-secret created
deployment.apps/todo-db created
persistentvolumeclaim/todo-db-pvc c
secret/todo-db-secret created
service/todo-db created
configmap/nats-config created
service/message-queue created
statefulset.apps/nats created
service/todo-web created
deployment.apps/todo-web created
deployment.apps/todo-save-handler created
PS>
PS>kubectl wait --for=condition=ContainersReady pod -l app=todo-list
pod/todo-save-handler-dc746d69c-8cfmz condition met
pod/todo-web-8565fc8866-5m9hn condition met
PS>
PS>kubectl get svc todo-web -o jsonpath='http://{.status.loadBalancer.ingress[0
].*}:8021'
http://localhost:8021
```

애플리케이션 외관은 전과 같다. 그러나 메시지 큐를 도입한
아키텍처 덕분에 서버리스 펑션으로 쉽게 기능을 추가할 수 있다.

이 절에서는 다양한 언어로 구현한 서버리스 펑션을 작성해 볼 것이다. 동작 원리를 파악하고, 런타임 간 공통점에 주목해서 이해하기 바란다. 먼저 to-do API에는 NATS 메시지 큐에 메시지를 보낼 수 있는 몇 가지 라이브러리와 함께 Node.js를 사용할 것이다. Kubeless에서는 서버리스 펑션 파드를 시작할 때 초기화 컨테이너가 알아서 의존 모듈을 읽어 오므로 평소처럼 런타임의 표준 방식으로 의존 모듈을 지정해 주면 된다. 예제 21-2는 NATS 라이브러리를 사용하여 메시지를 보내는 API 펑션의 주요 부분을 발췌한 코드다.

예제 21-2 server.js, Node.js로 구현한 서버리스 펑션 API

```
# 이벤트와 컨텍스트 정보를 인자로 받는다
function handler(event, context) {

  # 펑션 안에서 메시지를 생성한다
  var newItemEvent = {
    Item: {
      Item: event.data,
      DateAdded: new Date().toISOString()
    }
```

```
  }

  # NATS 메시지 큐에 메시지를 보낸다
  nc.publish('events.todo.newitem', newItemEvent)
}
```

앞의 Node.js 함수는 예제 21-1에서 본 자바 함수와 구조가 같다. 호출 관련 정보가 담긴 이벤트
와 컨텍스트 객체를 인자로 받고, 이 중 데이터는 호출 측에서 보낸 새 할 일 항목의 정보다. 이 정
보로 메시지를 생성하여 메시지 큐에 발송한다. 메시지의 포맷은 웹 사이트에서 메시지 큐에 보내
는 메시지와 동일하다. 따라서 메시지 핸들러도 동일하게 할 일 항목을 데이터베이스에 저장한다.
의존 모듈의 목록이 담긴 package.json 파일을 소스 코드 파일과 함께 두면 Kubeless 펑션을 배
치할 준비가 끝난다.

실습 의존 모듈을 사용하는 서버리스 펑션도 같은 방식으로 배치한다. 펑션을 배치할 때 의존
모듈 목록 파일을 함께 지정하면 된다.

```
# Kubeless CLI 파드에 접속한다
kubectl exec -it kubeless-cli -- sh

# 이 장 예제 코드 디렉터리로 이동한다
cd /kiamol/ch21

# 의존 모듈을 사용하는 서버리스 펑션을 배치한다
kubeless function deploy todo-api --runtime nodejs12 --handler server.handler --from-
file functions/todo-api/server.js --dependencies functions/todo-api/package.json

# 서버리스 펑션의 상세 정보를 확인한다
kubeless function ls todo-api

# 파드가 준비될 때까지 대기한다
kubectl wait --for=condition=ContainersReady pod -l function=todo-api

# 서버리스 펑션을 호출한다
kubeless function call todo-api --data 'Finish KIAMOL ch21'

# 서버리스 펑션의 로그를 확인한다
kubeless function logs todo-api | grep event

# 애플리케이션 메시지 핸들러의 로그를 확인한다
kubectl logs -l component=save-handler --tail 1
```

```
# CLI 파드의 터미널 세션을 종료한 후 애플리케이션을 새로고침한다
exit
```

메시지 큐를 도입한 아키텍처에서는 간단하게 이런 새 기능을 추가할 수 있다. 메시지 핸들러는 전과 동일하게 새 메시지를 수신하여 데이터베이스에 저장하는데, 이때 메시지 출처를 따지지 않는다. 그림 21-7에서 보듯이, API 펑션은 무작위로 생성한 이벤트 ID로 메시지를 보냈고 메시지 핸들러의 로그에서 이 이벤트 ID를 볼 수 있다. 웹 브라우저에서 애플리케이션을 새로고침해 보면 할 일 항목이 추가된 것을 볼 수 있다.

❤ 그림 21-7 20줄도 안 되는 코드로 만든 서버리스 펑션을 사용하여 to-do 애플리케이션에 API를 추가했다

의존 모듈을 사용하는 펑션은 의존 모듈 파일과 함께 배치된다.
package.json 파일에 이 Node.js 애플리케이션에서 사용하는 의존 모듈 목록이 있다.

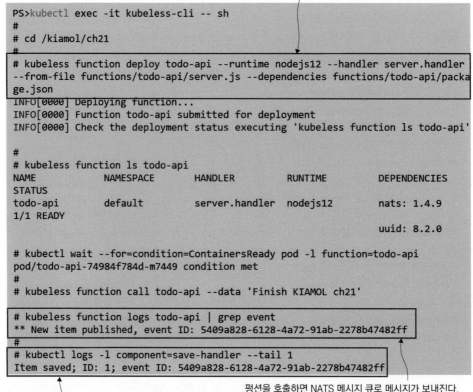

```
PS>kubectl exec -it kubeless-cli -- sh
#
# cd /kiamol/ch21

# kubeless function deploy todo-api --runtime nodejs12 --handler server.handler
--from-file functions/todo-api/server.js --dependencies functions/todo-api/packa
ge.json
INFO[0000] Deploying function...
INFO[0000] Function todo-api submitted for deployment
INFO[0000] Check the deployment status executing 'kubeless function ls todo-api'

#
# kubeless function ls todo-api
NAME                NAMESPACE        HANDLER          RUNTIME          DEPENDENCIES
STATUS
todo-api            default          server.handler   nodejs12         nats: 1.4.9
1/1 READY
                                                                       uuid: 8.2.0

# kubectl wait --for=condition=ContainersReady pod -l function=todo-api
pod/todo-api-74984f784d-m7449 condition met
#
# kubeless function call todo-api --data 'Finish KIAMOL ch21'

# kubeless function logs todo-api | grep event
** New item published, event ID: 5409a828-6128-4a72-91ab-2278b47482ff
#
# kubectl logs -l component=save-handler --tail 1
Item saved; ID: 1; event ID: 5409a828-6128-4a72-91ab-2278b47482ff
```

펑션을 호출하면 NATS 메시지 큐로 메시지가 보내진다.

to-do 애플리케이션의 메시지 핸들러가 메시지를 수신하고
데이터베이스에 할 일 항목을 저장한다.

서버리스 펑션은 다양한 이벤트를 발생시키고 처리하는 메시지 스트림에 끼워 넣기 유리하다. 그래서 이벤트 기반 아키텍처에 잘 들어맞는다. 하지만 메시징이 꼭 필요한 것은 아니다. 서버리스

펑션은 다양한 수준에서 애플리케이션과 통합될 수 있다. 메시지 큐가 없더라도 API를 데이터베이스와 통합해서 직접 데이터베이스 테이블에 할 일 항목을 저장하게 하면 된다. 물론 컴포넌트가 각자 자신만의 데이터를 가질 수 있는 고차원적인 통합이 더 낫지만, 애플리케이션의 현재 아키텍처에 맞는 자리에 서버리스 펑션을 통합하면 된다.

이제 to-do 웹 애플리케이션과 API 서버리스 펑션의 서비스를 각각 갖게 되었다. 다음 단계는 이 두 서비스를 인그레스를 통해 외부에 공개하는 것이다. 서버리스 펑션과 기존 애플리케이션이 잘 녹아들도록 URL 구조를 설계해야 한다. 여기에서는 서버리스 펑션에 서브 도메인을 부여하여 기존 애플리케이션은 todo.kiamol.local로, API 펑션은 api.todo.kiamol.local로 접근할 수 있게 한다. 이를 위해 인그레스 컨트롤러를 배치하고, hosts 파일에 도메인을 추가한다.

> **실습** 인그레스 컨트롤러를 배치하고, hosts 파일에 도메인 정보도 추가하라. 윈도우에서는 관리자 권한으로 터미널을 실행해야 하고, 리눅스나 macOS라면 sudo 명령을 사용하라.

```
# Nginx 인그레스 컨트롤러를 배치한다
kubectl apply -f ingress-nginx/

# 애플리케이션과 API에 적용될 인그레스 규칙을 배치한다
kubectl apply -f todo-list/web/ingress/ -f functions/todo-api/ingress/

# 인그레스 규칙을 확인한다
kubectl get ingress

# hosts 파일에 도메인 정보를 추가한다(윈도우)
.\add-todo-to-hosts.ps1

# hosts 파일에 도메인 정보를 추가한다(리눅스/macOS)
chmod +x ./add-todo-to-hosts.sh && ./add-todo-to-hosts.sh

# API 펑션을 통해 할 일 항목을 추가한다
curl --data 'Plan KIAMOL ch22' http://api.todo.kiamol.local/todos

# http://todo.kiamol.local/list에서 할 일 목록을 확인한다
```

이 인그레스 규칙은 애플리케이션 파드나 펑션의 파드 같은 세부 사항을 모두 가려 주고 URL만 보이게 하는데, 이 URL만 보면 서로 다른 애플리케이션이 아니라 마치 하나의 큰 애플리케이션 일부처럼 보인다. 그림 21-8의 작은 스크린샷을 보면 목록에 할 일 항목이 두 개 있는데, 이 두 항목은 모두 API 펑션을 통해 추가된 것이다. 하지만 웹 사이트에서 추가한 것과 동일하게 동작한다.

❤ 그림 21-8 인그레스 규칙은 애플리케이션 내부 구조를 가려 주어 여러 애플리케이션이 하나처럼 보이게 만들 수 있다

인그레스 규칙과 인그레스 컨트롤러를 사용하여 파드에서 실행되는
웹 애플리케이션과 서버리스 파드를 모두 외부에 노출시킨다.

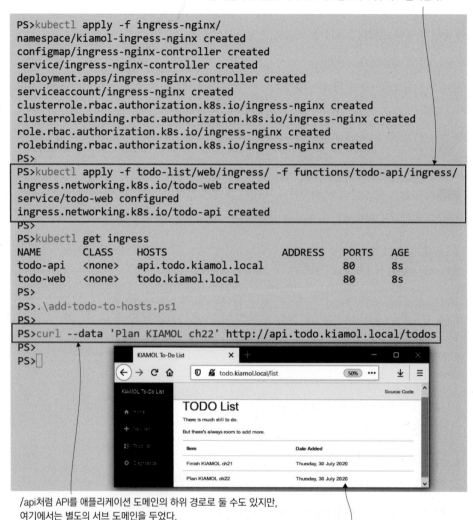

/api처럼 API를 애플리케이션 도메인의 하위 경로로 둘 수도 있지만,
여기에서는 별도의 서브 도메인을 두었다.

API를 통해 추가한 할 일 항목도 똑같이 동작한다.

펑션마다 다른 경로를 부여하는 식으로 API 전체를 서버리스 펑션으로만 만들 수도 있다. 하지만
API 규모가 크다면 컴퓨팅 자원을 소모하는 파드 수도 그만큼 늘어나게 된다. 파드의 리소스 요
청량이나 제한량에는 기본값이 없기 때문에 API를 단일 파드로 실행하는 것에 비해 노드가 메모
리 고갈 상태에 빠질 가능성이 높다. 서버리스 펑션을 많이 사용하면 19장에서 보았던 파드 축출
이 일어나기 쉽다. 펑션 하나하나가 각기 언어 런타임을 읽어 들이느라 메모리를 소모하기 때문
이다.

서버리스 펑션으로 API 전체를 만드는 것이 불가능하다는 말은 아니다. 다만 신중한 계획이 필요하다. Kubeless CLI를 사용하지 않고 YAML을 직접 작성하면 펑션의 정의에 리소스 블록을 둘 수 있다. 어떤 언어 런타임을 사용할지도 신중하게 골라야 한다. 언어 런타임 크기가 스케일링 속도에 영향을 미치기 때문이다. 또한 이미지 용량이 클수록 공격받을 여지도 많아진다. Kubeless 버전 1.0.7 현재, Go 언어의 런타임 용량은 60MB 이하로 Node.js 런타임 이미지의 용량은 이보다 열 배나 크다.

지금까지 서버리스 펑션을 활용하여 기존 애플리케이션 기능을 확장하는 방법을 알아보았다. 또한 다른 언어와 트리거 종류를 사용하여 몇 가지 기능을 더 추가해 보겠다.

21.3 서버리스 펑션 호출하기: 이벤트 트리거와 스케줄 트리거

KUBERNETES

모든 서버리스 플랫폼은 다양한 트리거로 펑션을 호출할 수 있는 구조를 취하고 있다. HTTP 요청, 메시지 큐의 메시지, 스케줄 등이 일반적인 트리거 유형이다. 펑션과 트리거를 분리하면 플랫폼이 펑션과 트리거를 알아서 엮어 주기 때문에 펑션 코드가 간단해진다. 또한 같은 펑션을 여러 가지 방법으로 호출할 수 있다. 예를 들어 to-do 애플리케이션에 새로운 할 일 항목이 추가되면 동작하는 검증 기능을 만들기 위해 메시지 큐 트리거를 사용할 수 있겠다.

이 기능은 기존 메시지 핸들러가 주시하던 새 할 일 메시지를 함께 주시한다. NATS 같은 메시지 큐 시스템은 발행-구독 패턴을 지원하므로 새 할 일 항목 메시지를 여러 컴포넌트가 함께 구독할 수 있다. Kubeless가 메시지 큐를 구독하고 메시지가 들어오면 서버리스 펑션을 호출하는 구조다. 따라서 펑션 코드에는 메시지를 처리할 별도의 코드가 필요 없다. 검증 핸들러는 메시지가 들어올 때마다 그 내용을 로그로 남긴다. 이 서버리스 펑션의 코드는 예제 21-3에서 보듯이, 단 두 줄이다.

예제 21-3 audit.py. 파이썬으로 구현된 메시지를 검증하는 서버리스 펑션

```
def handler(event, context):
    print(f"AUDIT @ {event['data']['Item']['DateAdded']}:
    {event['data']['Item']['Item']}")
```

서버리스 펑션 구조는 동일하다. 트리거 종류가 무엇이든 Kubeless는 이벤트 및 컨텍스트 정보를 인자로 펑션을 호출한다. Kubeless CLI의 call 명령도 마찬가지다. 이 펑션을 배치하면 새로 들어온 항목이 제대로 된 포맷을 갖추고 있는지 검증할 수 있다.

실습 파이썬으로 구현된 검증 펑션을 배치한 후 Kubeless CLI로 직접 펑션을 호출하여 테스트하라.

```
# 펑션을 배치한다
kubeless function deploy todo-audit --runtime python3.7 --handler audit.handler
--from-file functions/todo-audit/audit.py

# 펑션의 파드가 준비될 때까지 대기한다
kubectl wait --for=condition=ContainersReady pod -l function=todo-audit

# 펑션의 상태를 확인한다
kubeless function ls todo-audit

# Kubeless CLI 파드에 접속한다
kubectl exec -it kubeless-cli -- sh

# 새로 배치한 펑션을 호출한다
kubeless function call todo-audit --data '{"Item":{"Item":"FAKE
ITEM!","DateAdded":"2020-07-31T08:37:41"}}'

# 펑션의 로그를 확인한다
kubeless function logs todo-audit | grep AUDIT

# Kubeless CLI 파드의 터미널 세션을 종료한다
exit
```

이런 구조는 개발자 입장에서도 편리하다(그림 21-9). 펑션이 배치될 때 바로 적용되는 기본 트리거는 없다. 그러므로 펑션을 막 배치한 상태에서는 Kubeless CLI를 제외하면 펑션을 호출할 방법이 없다(펑션의 서비스에 접근하는 프록시를 실행한 경우 가능하다). 개발자는 Kubeless update 명령으로 펑션을 배치하고 테스트하는 과정을 빠르게 반복하며 개발을 진행한 후 펑션이 완성되면 그때 트리거를 연결한다.

❤ 그림 21-9 명령 한 번이면 서버리스 펑션을 배치하고 테스트할 수 있는데, 서버리스 워크플로의 진가가 여기에 있다

```
PS>kubeless function deploy todo-audit --runtime python3.7 --handler audit.handl
er --from-file functions/todo-audit/audit.py
INFO[0000] Deploying function...
INFO[0000] Function todo-audit submitted for deployment
INFO[0000] Check the deployment status executing 'kubeless function ls todo-audi
t'
PS>
PS>kubectl wait --for=condition=ContainersReady pod -l function=todo-audit
pod/todo-audit-845df677bc-djxtb condition met
PS>
PS>kubeless function ls todo-audit
NAME              NAMESPACE        HANDLER          RUNTIME          DEPENDENCIES
STATUS
todo-audit        default          audit.handler    python3.7
1/1 READY
PS>
PS>kubectl exec -it kubeless-cli -- sh
#
# kubeless function call todo-audit --data '{"Item":{"Item":"FAKE ITEM!","DateAd
ded":"2020-07-31T08:37:41"}}'

# kubeless function logs todo-audit | grep AUDIT
AUDIT @ 2020-07-31T08:37:41: FAKE ITEM!
```

Kubeless의 call 명령이면 트리거가 없는 펑션도 호출할 수 있다.
여기에서 전달되는 데이터는 펑션이 NATS 메시지에서 전달받는
JSON 페이로드와 동일한 내용이다.

펑션은 구현 언어와 상관없이 동일한 방식으로 배치된다.

Kubeless가 기본으로 지원하는 메시지 시스템은 카프카(Kafka)이지만, 플러그인 아키텍처를 채용했기 때문에 NATS용 트리거도 추가할 수 있다. 이 트리거는 Kubeless 프로젝트 자체에서 AWS 키네시스 스트림 트리거 같은 다른 플러그인과 함께 유지 보수된다. 이 트리거를 배치하면 CRD와 컨트롤러 리소스가 함께 배치된다.

실습 Kubeless의 NATS 플러그인을 배치하라. 그리고 메시지 큐에 새 할 일 항목 메시지가 발행되면 검증 펑션이 호출되도록 NATS 트리거를 추가하라.

```
# NATS 트리거를 배치한다
kubectl apply -f kubeless/nats-trigger/

# 트리거 컨트롤러가 준비될 때까지 대기한다
kubectl wait --for=condition=ContainersReady pod -l kubeless=nats-trigger-controller
-n kubeless

# Kubeless CLI 파드에 접속한다
kubectl exec -it kubeless-cli -- sh

# 트리거를 생성한다
```

```
kubeless trigger nats create todo-audit --function-selector function=todo-audit
--trigger-topic events.todo.newitem

# Kubeless CLI 세션을 종료한다
exit

# API 펑션을 호출한다
curl --data 'Promote DIAMOL serialization on YouTube' http://api.todo.kiamol.local/
todos

# 메시지 검증 로그를 확인한다
kubectl logs -l function=todo-audit
```

펑션 파드의 로그에는 컨테이너 프로에서 온 HTTP 요청에 대한 로그 등이 함께 섞여 있기 때문에 양이 꽤 많다. 그림 21-10은 필자의 환경에서 실행한 결과를 편집한 것으로, 새로운 워크플로가 잘 동작하는 것을 볼 수 있다. API 펑션이 HTTP 트리거로 호출되었고, 메시지 큐의 메시지가 다시 검증 펑션을 호출해서 로그가 발생했다.

▼ 그림 21-10 메시지 큐는 컴포넌트 간 결합을 느슨하게 하며, 검증 펑션은 API 펑션이 메시지를 발행하기만 해도 호출되고 펑션 간 직접적인 통신은 필요 없다

NATS 트리거는 별도로 설치해야 한다. 설치하면 CRD와 컨트롤러가 추가된다.

```
PS>kubectl apply -f kubeless/nats-trigger/
deployment.apps/nats-trigger-controller created
clusterrole.rbac.authorization.k8s.io/nats-controller-deployer created
clusterrolebinding.rbac.authorization.k8s.io/nats-controller-deployer created
customresourcedefinition.apiextensions.k8s.io/natstriggers.kubeless.io created
PS>
PS>kubectl wait --for=condition=ContainersReady pod -l kubeless=nats-trigger-con
troller -n kubeless
pod/nats-trigger-controller-df8995984-qt6sm condition met
PS>
PS>kubectl exec -it kubeless-cli -- sh
#
# kubeless trigger nats create todo-audit --function-selector function=todo-audi
t --trigger-topic events.todo.newitem
INFO[0000] NATS trigger todo-audit created in namespace default successfully!
#
# exit
command terminated with exit code 6
PS>
PS>curl --data 'Promote DIAMOL serialization on YouTube' http://api.todo.kiamol.
local/todos
PS>
PS>kubectl logs -l function=todo-audit

AUDIT @ 2020-07-31T08:37:41: FAKE ITEM!
AUDIT @ 2020-07-31T09:23:16.980Z: Promote DIAMOL serialization on YouTube
```

새로 추가한 펑션이 메시지 사본을 받고
간단한 검증 로그를 생산한다.

API 펑션을 통해 할 일 항목을 추가하면 메시지 큐로 메시지가 발행된다.

이 사례를 보아도 유연한 아키텍처가 새로운 기능을 빠르고 쉽게 추가하는 데 많은 도움이 된다는
것을 알 수 있다. 또한 안전하다는 것도 이에 못지않은 장점이다. 기존 애플리케이션에는 아무 변
경도 일어나지 않았기 때문이다. 금융계처럼 규제가 심한 업계에서는 법률 개정으로 기능을 추가
할 때가 많은데, 기존 워크플로에 새로운 로직만 작성하여 끼워 넣을 수 있다는 점은 서버리스 기
술을 도입하는 좋은 동기가 된다. 내부적으로는 NATS 트리거 컨트롤러가 이벤트 메시지를 구독
하고 메시지가 발행되면 펑션의 HTTP 엔드포인트를 통해 펑션을 호출한다. 펑션의 코드에서는
이 과정이 모두 추상화되어 있기 때문에 개발자가 펑션의 할 일 자체에만 집중할 수 있다.

이번에는 Kubeless CLI 대신 YAML로 펑션을 배치하고 이를 스케줄 트리거로 호출하는 새 기
능을 추가해 보겠다. Kubeless CLI는 사용자 정의 리소스 생성을 대신해 주는 래퍼일 뿐이다.
todo-mutating-handler 디렉터리를 보면 사용자 정의 리소스가 정의된 두 개의 YAML 매니페
스트가 있다. 이들은 각각 크론잡트리거와 서버리스 펑션의 정의다. 굳이 지면에 이들 정의를 싣
지는 않겠다. 정의를 직접 보면, 사용자 정의 리소스의 정의 안에 소스 코드가 포함되어 있으며
PHP로 구현된 것임을 알 수 있다. 이 방법은 CI/CD 파이프라인과 결합하기 좋다. Kubeless 명
령 대신 kubectl로 배치할 수 있기 때문이다.

> **실습** 사용자 정의 리소스의 형태로 펑션을 배치하라. 이번에는 Kubeless CLI를 사용하지 않
> 으므로 Kubeless CLI 파드에 접속할 필요가 없다.

```
# Kubeless 리소스를 생성한다
kubectl apply -f functions/todo-mutating-handler/

# 스케줄 트리거의 목록을 확인한다
kubectl get cronjobtriggers

# 크론잡의 목록을 확인한다
kubectl get cronjobs

# 잡이 실행될 때까지 대기한다
sleep 90

# 잡 파드의 로그를 확인한다
kubectl logs -l job-name --tail 2

# to-do 애플리케이션을 새로고침한다
```

앞의 실습 예제를 실행하면 모든 할 일 항목의 데이터를 정리하는 기능이 추가된다. 크론잡이 1분
에 한 번씩 펑션을 호출하면 PHP 코드가 모든 항목의 텍스트를 같은 내용으로 바꾼다. 필자의 환
경에서 실행한 결과를 그림 21-11에 실었다.

❤ 그림 21-11 모든 할 일 항목의 내용을 같은 것으로 바꾸는 기능이 별 쓸모는 없겠지만, 이 펑션으로 또 어떤 일을 할 수 있을지는 알 수 있다

Kubeless CLI 대신 YAML 매니페스트로도
Kubeless 펑션과 트리거를 생성할 수 있다.

스케줄 트리거를 생성하면 쿠버네티스 크론잡이 생성된다.
이 크론잡은 HTTP 요청을 통해 펑션을 호출한다.

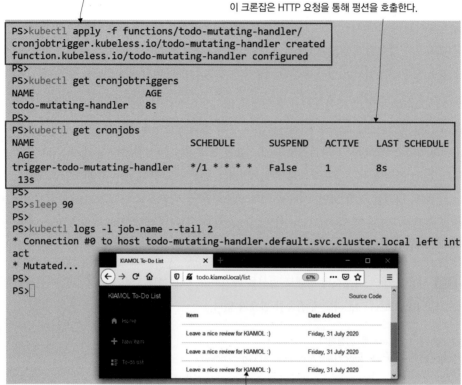

```
PS>kubectl apply -f functions/todo-mutating-handler/
cronjobtrigger.kubeless.io/todo-mutating-handler created
function.kubeless.io/todo-mutating-handler configured
PS>
PS>kubectl get cronjobtriggers
NAME                        AGE
todo-mutating-handler      8s
PS>
PS>kubectl get cronjobs
NAME                                SCHEDULE        SUSPEND    ACTIVE    LAST SCHEDULE
 AGE
trigger-todo-mutating-handler    */1 * * * *     False      1         8s
 13s
PS>
PS>sleep 90
PS>
PS>kubectl logs -l job-name --tail 2
* Connection #0 to host todo-mutating-handler.default.svc.cluster.local left int
act
* Mutated...
PS>
PS>
```

이 펑션은 모든 할 일 항목의 텍스트를
똑같은 내용으로 바꾸는 기능을 한다.

Kubeless는 서버리스 펑션 기술을 처음 경험해 보고 도입 여부를 검토하는 용도로 유용하다. 펑션 코드에 집중할 수 있다는 점은 쿠버네티스에서 사용할 수 있는 서버리스 플랫폼 중에서 Kubeless를 돋보이게 하는 장점이다. 하지만 Kubeless의 주요 기능이 거의 안정화된 탓에 최근에는 개발이 그리 활발하지 못하다. 오픈 소스 프로젝트를 도입하기로 마음먹었다면, 이렇듯 프로젝트 활력이 떨어져 문제를 발생했을 때 이를 직접 해결해야 하는 리스크를 감수해야 한다. 이번에는 더 일반적인 Serverless 프로젝트를 사용하여 서버리스 구현을 추상화하는 방법으로 이런 위험을 줄여 보려고 한다.

21.4 Serverless를 이용하여 서버리스 펑션 추상화하기

Serverless는 서버리스 펑션의 정의를 표준화하고 이를 실제 동작을 맡는 다른 서버리스 플랫폼에 통합하는 기능을 제공하는 프로젝트다. 그러므로 Kubeless 위에 Serverless를 배치할 수 있으며 Serverless 스타일로 정의한 펑션을 Kubeless에서 구동시킬 수 있다. 다시 말해 Kubeless를 떠나 Serverless가 지원하는 다른 서버리스 플랫폼, Knative나 오픈휘스크, Fn프로젝트로 이주해야 할 때의 수고를 최소화시킬 수 있다. 그림 21-12에 Serverless와 Kubeless의 아키텍처를 나타냈다.

❤ 그림 21-12 Serverless는 서버리스 펑션의 정의 규격을 제공하며, 펑션의 실제 구동은 다른 서버리스 플랫폼에 위임한다

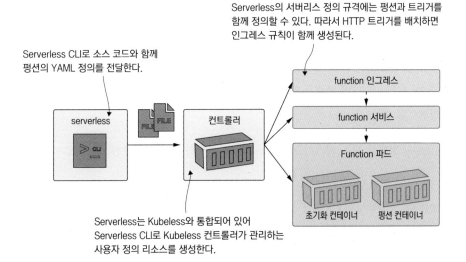

Serverless의 서버리스 정의 규격에는 펑션과 트리거를 함께 정의할 수 있다. 따라서 HTTP 트리거를 배치하면 인그레스 규칙이 함께 생성된다.

Serverless CLI로 소스 코드와 함께 펑션의 YAML 정의를 전달한다.

serverless
FILE FILE
컨트롤러

function 인그레스
function 서비스
Function 파드
초기화 컨테이너   펑션 컨테이너

Serverless는 Kubeless와 통합되어 있어 Serverless CLI로 Kubeless 컨트롤러가 관리하는 사용자 정의 리소스를 생성한다.

Serverless는 서버리스 펑션의 YAML 정의 규격이 추가로 생기기 때문에 사용 방법이 소스 코드 파일만 있으면 되는 Kubeless처럼 깔끔하지 않다. 하지만 이 YAML 규격은 장점이 분명하다. 펑션과 트리거를 한곳에서 정의할 수 있기 때문이다. 예제 21-4는 to-do API 펑션을 Serverless YAML 규격으로 작성한 것이다. 이 파일은 프로젝트 디렉터리에 소스 코드 파일과 함께 위치한다. 소스 코드 자체는 21.2절에서 본 것과 동일하다.

```
service: todo-api            # 여러 개의 펑션을 서비스 하나로 묶을 수 있다
provider:
  name: kubeless             # 펑션이 실제로 동작하는 서버리스 플랫폼이다
  runtime: nodejs12          # 프로바이더에서 지원하는 런타임을 사용해야 한다

  hostname: api.todo.kiamol.local    # 인그레스 규칙에서 사용되는 값

plugins:
  - serverless-kubeless
functions:                   # 펑션 정의
  todo-api:
    description: 'ToDo list - create item API'
    handler: server.handler
    events:                  # 마지막으로 트리거 이벤트를 지정한다
      - http:
          path: /todos
```

Serverless는 개발자 입장에서도 Kubeless만큼 간단하지 않다. Serverless의 명령행 도구는 Node.js 패키지이기 때문에 Serverless를 설치하려면 엄청나게 많은 의존 모듈이 딸려 오는 Node.js를 먼저 설치해야 한다. 필자가 Serverless 명령행 도구를 별도의 이미지로 패키징해 두었기 때문에 독자 여러분은 그럴 필요가 없다. 이 절에서는 Kubeless 펑션을 동일한 소스 코드의 Serverless 펑션으로 대체해 보자.

실습 Kubeless 펑션을 모두 제거하고 Serverless의 추상화 계층을 이용한 펑션으로 다시 배치하라.

```
# 펑션과 트리거를 제거하기 위해 사용자 정의 리소스를 삭제한다
kubectl delete cronjobtriggers,natstriggers,httptriggers,functions --all

# Serverless CLI 파드를 생성한다
kubectl apply -f serverless-cli.yaml

# 파드가 준비될 때까지 대기한다
kubectl wait --for=condition=ContainersReady pod serverless-cli

# Serverless CLI가 설치되었는지 확인한다
kubectl exec serverless-cli -- serverless --version
```

Serverless CLI에서는 추상화된 서버리스 펑션의 실제 실행을 **프로바이더**(provider)에 맡긴다. Serverless CLI와 Kubeless 프로바이더, 쿠버네티스 클라이언트 라이브러리를 사용하면 Kubeless CLI를 실질적으로 대체할 수 있다. 여기에서 쿠버네티스 클라이언트 라이브러리는 기본 쿠버네티스 리소스를 관리하는 사용자 정의 리소스를 생성하는 역할을 한다. 그림 21-13을 보면 Serverless CLI 파드가 실행 중이다. 하지만 이것 말고도 필요한 것이 있다. 프로바이더와 쿠버네티스 클라이언트 라이브러리, 그 외 100여 개의 의존 모듈도 함께 설치해야 한다.

❤ 그림 21-13 Serverless를 사용하면 Kubeless CLI를 실질적으로 대체할 수 있다

Kubeless 사용자 정의 리소스를 삭제하면 모든 관계된 파드와 서비스가 제거된다.

```
PS>kubectl delete cronjobtriggers,natstriggers,httptriggers,functions --all
cronjobtrigger.kubeless.io "todo-mutating-handler" deleted
natstrigger.kubeless.io "todo-audit" deleted
function.kubeless.io "hello-kiamol" deleted
function.kubeless.io "todo-api" deleted
function.kubeless.io "todo-audit" deleted
function.kubeless.io "todo-mutating-handler" deleted
PS>
PS>kubectl apply -f serverless-cli.yaml
serviceaccount/serverless-cli created
pod/serverless-cli created
clusterrolebinding.rbac.authorization.k8s.io/serverless-cli created
PS>
PS>kubectl wait --for=condition=ContainersReady pod serverless-cli
pod/serverless-cli condition met
PS>
PS>kubectl exec -it serverless-cli -- serverless --version
Framework Core: 1.77.1
Plugin: 3.6.18
SDK: 2.3.1
Components: 2.33.0
```

Serverless CLI를 사용하려면 Node.js 외 의존 모듈이 필요하다.
파드에서 Serverless CLI를 실행하면 이런 요소들을 설치하지 않아도 된다.

Serverless는 복잡한 프로젝트이지만 매우 널리 사용된다. Serverless는 그저 쿠버네티스에서 쓰이는 서버리스 플랫폼이 아니라, AWS 람다와 애저 펑션의 추상화 계층으로도 쓸 수 있다. Kubeless용으로 작성했던 서버리스 펑션을 그대로 애저 펑션 플랫폼에 배치할 수는 없다. 플랫폼마다 호출 수단의 파라미터가 서로 다르기 때문이다. 하지만 펑션의 핵심 코드는 동일하다. 이번에는 to-do 애플리케이션 API의 Serverless용 펑션이 어떤 형태로 배치되는지 살펴보자.

실습 to-do 애플리케이션의 API 펑션을 동일한 소스 코드의 Serverless 펑션으로 다시 배치하라.

```
# Serverless CLI 파드에 접속한다
kubectl exec -it serverless-cli -- sh

# API 소스 코드가 있는 디렉터리로 이동한다
cd /kiamol/ch21/serverless/todo-api

# 의존 모듈을 설치한다
npm install

# 펑션을 배치한다
serverless deploy

# Kubeless 펑션의 목록을 확인한다
kubectl get functions

# Kubeless 펑션의 파드가 생성되었는지 확인한다
kubectl get pods -l function=todo-api

# HTTP 트리거의 목록을 확인한다
kubectl get httptriggers
```

그림 21-14를 보면 Serverless 펑션을 배치한 최종 결과가 Kubeless CLI를 사용하거나 직접 사용자 정의 리소스의 형태로 Kubeless 펑션을 배치한 것과 같은 것을 알 수 있다. 프로젝트의 첫 설치이거나 프로바이더를 업그레이드할 때는 이와 같은 설치 단계가 항상 필요하다. Serverless는 서버리스 펑션의 배치와 관리를 도와주는 완전한 클라이언트 사이드 도구이기 때문이다.

▼ 그림 21-14 Serverless는 서버리스 플랫폼의 추상화 계층을 제공하고, 이 펑션을 배치하면 실제 배치되는 것은 Kubeless 펑션과 트리거다

Serverless는 클라이언트 사이드에서 동작하는 펑션 배치 도구다. Node.js 애플리케이션이며 Kubeless 프로바이더 라이브러리와 쿠버네티스 API 라이브러리가 필요하다. NPM은 Node.js의 패키지 관리자로, 라이브러리를 설치해 주는 도구다.

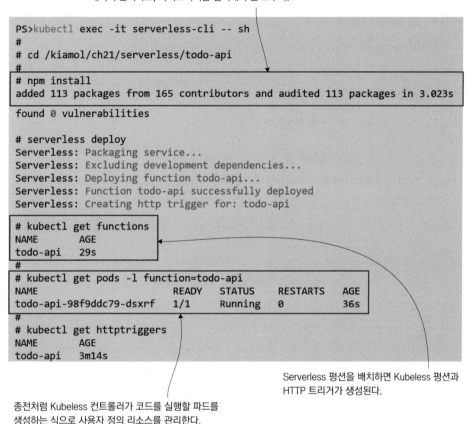

```
PS>kubectl exec -it serverless-cli -- sh
#
# cd /kiamol/ch21/serverless/todo-api
#
# npm install
added 113 packages from 165 contributors and audited 113 packages in 3.023s

found 0 vulnerabilities

# serverless deploy
Serverless: Packaging service...
Serverless: Excluding development dependencies...
Serverless: Deploying function todo-api...
Serverless: Function todo-api successfully deployed
Serverless: Creating http trigger for: todo-api

# kubectl get functions
NAME        AGE
todo-api    29s
#
# kubectl get pods -l function=todo-api
NAME                        READY   STATUS    RESTARTS   AGE
todo-api-98f9ddc79-dsxrf    1/1     Running   0          36s
#
# kubectl get httptriggers
NAME        AGE
todo-api    3m14s
```

종전처럼 Kubeless 컨트롤러가 코드를 실행할 파드를 생성하는 식으로 사용자 정의 리소스를 관리한다.

Serverless 펑션을 배치하면 Kubeless 펑션과 HTTP 트리거가 생성된다.

메시지 내용을 모두 바꾸는 펑션은 따로 실습을 진행하지 않고, 메시지 검증 펑션으로 넘어가 펑션이 원래대로 잘 동작하는지 확인해 보겠다. Serverless는 펑션을 호출하는 다양한 이벤트를 지원한다. 메시지 검증 펑션에서는 NATS 메시지 큐 트리거가 쓰였다.

실습 Serverless CLI 터미널 세션에서 메시지 검증 펑션 디렉터리로 이동한 후 메시지 큐 트리거와 함께 펑션을 배치하라.

```
# 메시지 검증 펑션 디렉터리로 이동한다
cd /kiamol/ch21/serverless/todo-audit

# Serverless에 필요한 Node.js 의존 모듈을 설치한다
```

```
npm install

# 펑션을 배치한다
serverless deploy

# 펑션이 잘 배치되었는지 확인한다
kubectl get functions

# 트리거도 확인한다
kubectl get natstriggers

# Serverless CLI 터미널 세션을 종료한다
exit
```

필자의 환경에서 실행한 결과를 그림 21-15에 실었다. 그림을 보면 Kubeless CLI나 kubectl을 통해 펑션을 배치했을 때와 동일한 결과를 얻었다. 이들 모두가 서로 다른 수준에서 서버리스 펑션을 추상화한 것이지만, 그 자체로 쿠버네티스 애플리케이션이기도 하다.

▼ 그림 21-15 여러 가지 타입의 트리거를 가진 펑션도 Serverless를 사용하면 동일한 문법의 YAML로 배치할 수 있다

각 펑션마다 따로따로 의존 모듈을 내려받아야 한다.

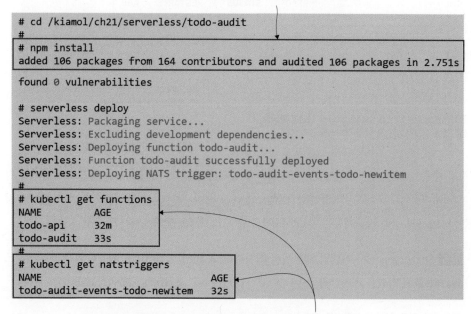

```
# cd /kiamol/ch21/serverless/todo-audit
#
# npm install
added 106 packages from 164 contributors and audited 106 packages in 2.751s

found 0 vulnerabilities

# serverless deploy
Serverless: Packaging service...
Serverless: Excluding development dependencies...
Serverless: Deploying function todo-audit...
Serverless: Function todo-audit successfully deployed
Serverless: Deploying NATS trigger: todo-audit-events-todo-newitem
#
# kubectl get functions
NAME          AGE
todo-api      32m
todo-audit    33s
#
# kubectl get natstriggers
NAME                              AGE
todo-audit-events-todo-newitem    32s
```

이 Serverless 정의에는 NATS 트리거와 파이썬 검증 펑션이 담겨 있다.
실행 결과는 Kubeless CLI를 사용했을 때와 같다.

Serverless의 한계점 중 하나는 CLI가 단일 펑션의 컨텍스트만 다룰 수 있다는 점이다. CLI에서 다른 펑션을 다루려면 해당 펑션의 정의가 있는 디렉터리로 이동해야 한다. 여러 개의 펑션을 한 디렉터리에 모으면 이들을 하나의 그룹으로 엮을 수 있지만, 이렇게 하려면 이들 펑션이 모두 같은 언어 런타임을 사용해야 한다. 이 절처럼 여러 언어가 쓰인 펑션을 다룰 때는 쓸 수 없는 방법이다. 실무에서 Serverless를 쓸 때도 완전하게 제어권을 확보하고자 Serverless CLI와 kubectl을 함께 사용한다. 일단 펑션과 트리거가 배치되고 나면 Serverless가 없어도 이들을 다룰 수 있다.

실습 API 펑션의 HTTP 트리거는 인그레스 규칙이 기존과 같고, 검증 펑션의 NATS 메시지 큐 트리거는 주시하는 메시지 큐가 기존과 같다. 따라서 최종 배치 결과를 테스트하는 방법도 동일하다.

```
# 파워셸을 사용 중이라면 grep 명령을 추가한다
.\grep.ps1

# API 펑션을 호출한다
curl --data 'Sketch out volume III of the trilogy' http://api.todo.kiamol.local/todos

# 메시지 핸들러의 최근 로그를 확인한다
kubectl logs -l component=save-handler --tail 2

# 메시지 검증 펑션의 로그를 확인한다
kubectl logs -l function=todo-audit | grep AUDIT
```

이번 실습 예제와 그림 21-16을 함께 보면, Kubeless와 Serverless의 추상화 계층이 빌드와 배치 단계 사이에 있다는 것을 알 수 있다. 그러나 실행 단계가 되면 이 추상화 계층을 쓰지 않아도 된다. 펑션은 복잡한 CI/CD 파이프라인이나 이미지 빌드조차 거치지 않고 소스 코드 파일 하나로만 출시할 수도 있다. 또한 일단 배치가 끝난 펑션의 실체는 평범한 쿠버네티스 리소스다. 추상화 계층이 없이도 관리할 수 있다. 클러스터에 중앙화된 모니터링 또는 로그 수집이 설정되어 있다면, 서버리스 펑션은 이들과도 잘 통합되어 여느 애플리케이션과 다름없이 동작할 것이다.

✔ 그림 21-16 Serverless로 배치한 펑션도 Kubeless를 이용하여 배치한 펑션과 동일하게 동작한다

Serverless 규격을 따른 API 펑션에도 동일한 인그레스 규칙과 도메인 네임이 쓰였다.

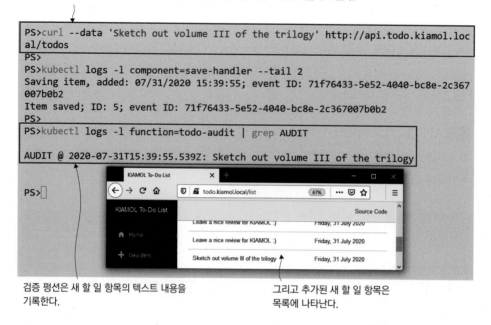

검증 펑션은 새 할 일 항목의 텍스트 내용을
기록한다.

그리고 추가된 새 할 일 항목은
목록에 나타난다.

서버리스(그리고 서버리스 펑션) 설명은 여기까지다. 서버리스 기술은 그 자체로 유용한 아키텍처
이니 쿠버네티스와 함께 사용해 보고, 코드가 파드로 전환되는 과정을 잘 이해해 두기 바란다.

21.5 서버리스 펑션의 용도 이해하기

클라우드 기반 서버리스 플랫폼에서는 코드만 있으면 운영은 신경 쓰지 않아도 된다고 홍보한다.
배치 자체도 간단하고, 우리가 개입하지 않아도 스케일링까지 알아서 해 주기 때문이다. 대부분의
경우 매력적인 조건이지만 애플리케이션에 포함된 서버리스 컴포넌트가 나머지 다른 컴포넌트와
전혀 다를 때는 큰 단점이 생긴다. 서버리스와 관련된 프로세스는 많이 작아지기는 했지만 사라지
지는 않는다. 다른 애플리케이션, 애플리케이션의 다른 컴포넌트와 배치 파이프라인이나 모니터
링 도구, 문제 해결 워크플로가 달라질 수 있다.

이때 유용한 것이 쿠버네티스에서 동작하는 서버리스 플랫폼이다. 클라우드 기반 서버리스 플랫폼에서 제안하는 운영 업무 제로 효과도 없고, 기존 애플리케이션과 클러스터의 컴퓨팅 리소스를 공유하는 만큼 스케일링이 자유롭지도 않다. 하지만 이 장에서 지금까지 체험해 보았듯이 개발 업무 워크플로에 장점이 있고, 기존 쿠버네티스 애플리케이션과 동일하게 관리할 수 있다. 이들 장점을 서버리스 기술 도입 즉시 얻을 수는 없을지 몰라도 그만큼 고려할 만한 가치가 있는 장점이다.

그럼 이제 남은 질문은 하나뿐이다. 어떤 플랫폼을 써야 할까? 이 장에서 필자가 언급한 선택지는 상업용 제품과 오픈 소스 프로젝트가 섞여 있기도 하고, 프로젝트 개발의 활동성이나 채용 건수 면에서 차이가 크다. Kubeless와 Knative는 현재 많이 쓰이고 있다. 서버리스 플랫폼은 YAML을 더 많이 작성하는 대가로 기반 플랫폼과 느슨한 결합을 얻는 것이 목적이라는 점을 염두에 둔다면, 두 가지 모두 한 번 적용을 시도해 볼 만하다. CNCF에 일찍이 서버리스 워킹 그룹이 있었지만, 이 워킹 그룹은 현재 이벤트 및 트리거 함수와 이에 딸린 데이터를 위한 서버리스 기술의 표준 규격을 작성 중인 CloudEvents라는 이름의 단체로 독립했다.

그럼 연습 문제를 위해 실습 클러스터를 정리하자.

실습 Kubeless 컴포넌트를 모두 제거하고, 남아 있는 관련 컴포넌트도 함께 제거하라.

```
kubectl delete -f kubeless/
```

```
kubectl delete ns,all,secret,configmap,pvc,ingress -l kiamol=ch21
```

21.6 / 연습 문제

KUBERNETES

이 장에서 Knative를 몇 번 언급했었다. 실제로 Knative를 사용해 볼 차례다. 이번 연습 문제의 목표는 Knative로 to-do 애플리케이션의 API 펑션을 21.4절과 동일한 URL의 트리거로 배치하는 것이다. 도커 이미지는 이미 빌드된 것이 있고, 여러분과 같은 숙련된 쿠버네티스 사용자라면 그리 많은 힌트가 필요하지 않을 것이다. Knative의 참조 문서를 읽어 보고 Kubeless와 어느 쪽이 더 마음에 드는지 판단해 볼 좋은 기회다.

- API 펑션의 이미지는 kiamol/ch21-todo-api다. Knative CLI나 CRD를 이용하여 이 이미지로 Knative 펑션을 만들어라.

- lab 디렉터리에는 to-do 애플리케이션과 Knative를 배치하는 YAML이 있다.

- Knative와 함께 컨투어(Contour)라는 CNCF 프로젝트를 인그레스 컨트롤러로 사용한다. 애플리케이션에 접근하는 IP 주소는 contour-external 네임스페이스의 envoy 서비스를 가리킨다.

- Knative의 인그레이 도메인 네임은 Knative 서비스와 쿠버네티스 네임스페이스의 이름을 조합하여 만들어진다. 펑션을 배치할 때 이 점을 주의해야 한다.

정말로 힌트가 몇 가지 되지 않는다. 직접 찾아보아야 할 것이 많을 것이다. 하지만 너무 낙담하지 말기 바란다. 여러 개의 단서를 차근차근 이어 나가야 원하는 지점에 다다를 수 있겠지만, 해답 자체는 그리 어렵지 않다. 필자의 해답을 깃헙에 준비해 두었다. 필요하다면 참고하기 바란다.

- https://github.com/sixeyed/kiamol/blob/master/ch21/lab/README.md

22장

장

끝없는 정진

마지막 장의 제목을 '끝없는 정진'으로 짓는 것이 이 시리즈의 전통이라고 한다. 언제나 더 배울 것이 남아 있다는 것을 강조하는 제목이라고 하는데, 다른 어떤 기술보다도 쿠버네티스에 더없이 들어맞는 말이 아닌가 싶다. 이 책은 애초에 필자가 계획했던 것보다 분량이 25%나 더 늘어났다. 하지만 아직도 미처 다루지 못한 주제가 있다. 이 장에서는 쿠버네티스를 정말 제대로 활용할 수 있는 실력을 기르는 데 중요한 것들을 빼놓지 않고 다루려고 한다. 지면에서는 미처 소개하지 못한 내용이지만 여러분이 혼자 학습을 진행할 수 있는 이정표를 만들어 두겠다. 쿠버네티스 플랫폼과 쿠버네티스 커뮤니티에 참여할 수 있는 조언도 덧붙이겠다.

22.1 / 장별 추가 학습 자료

가장 중요한 추가 학습 자료는 쿠버네티스 공식 사이트(https://kubernetes.io)에 있다. 이 웹 사이트에는 다양한 관련 문서와 가이드, 모든 쿠버네티스 리소스의 규격과 이에 대한 자세한 설명이 있는 API 참조 문서(https://kubernetes.io/docs/reference/generated/kubernetes-api/v1.20)가 있다. 이들 문서는 이 책에서 다루지 못한 부분을 학습하기에 좋다. 공인 쿠버네티스 자격증 시험을 준비 중이라면 거의 유일한 시험 대비 자료이기도 하다. 각 장마다 계획은 했으나 미처 포함시키지 못한 주제가 한두 가지씩 있다. 다음은 이렇게 다루지 못하고 넘어간 주제다.

- **2장**: 거의 매 장마다 사용했던 YAML 정의를 소개했다. 그러나 YAML 정의를 쉽게 작성하도록 도와주는 도구인 Kustomize를 소개하지 못했다. 기반 정의를 만들고 이를 상속받는 서로 다른 환경의 정의를 만드는 방식이다. 헬름처럼 전체 디플로이먼트를 템플릿으로 다루는 방식보다 쓰기 쉽지만 기능은 강력하다.
- **3장**: 쿠버네티스 네트워크와 서비스 리소스를 소개했다. 새로 추가된 기능으로, 파드 간 로드밸런싱을 더 세밀하게 조절할 수 있는 서비스 토폴로지를 소개하지 못했다. 네트워크 레이턴시를 줄일 수 있도록 같은 노드 또는 리전의 파드만 클라이언트가 될 수 있도록 설정할 수 있다.
- **4장**: 애플리케이션 설정을 상당히 깊이 다루었다. 프로젝티드 볼륨을 소개하지 못했다. 프로젝티드 볼륨은 여러 개의 컨피그맵과 비밀값을 컨테이너 파일 시스템의 한 디렉터리에 넣을 수 있게 해 준다. 모든 설정을 한곳에 두는 애플리케이션 설정을 여러 객체에 나누어 두려고 할 때 유용하다.

- **5장**: 운영 환경에서 빼놓을 수 없는 플랫폼 전용 볼륨 타입을 전혀 소개하지 못했다. PVC를 만들고 파드에 바인딩하는 개념 자체는 크게 다르지 않다. 하지만 기반 스토리지 시스템에 큰 차이가 있다. 예를 들어 애저 쿠버네티스 서비스는 애저 파일스 또는 애저 디스크를 사용한 볼륨을 지원한다. 애저 파일스는 노드 간 공유에 유리하고, 애저 디스크는 성능이 더 뛰어난 경향이 있다.

- **6장**: 동일한 정의의 레플리카를 같은 노드 여러 개에서 실행하는 디플로이먼트와 데몬셋의 스케일링을 다루었다. 파드를 늘리면 새로운 파드는 스케줄러가 노드를 배정해 줄 때까지 보류 상태가 된다. 19장에서 배운 어피니티와 안티어피니티 규칙을 활용하여 레플리카 배정을 제어할 수 있다.

- **7장**: 다중 컨테이너 파드를 소개했다. 디버깅에 유용한 **임시 컨테이너**(ephemeral container)를 소개하지 못했다. 임시 컨테이너는 기존 파드에서 임시로 사용할 컨테이너를 추가로 실행하는 것이다. 임시 컨테이너는 파드의 네트워크 공간과 볼륨, 프로세스를 공유하기 때문에 발생한 문제 원인을 파악하기 좋다. 특히 애플리케이션 컨테이너가 curl 같은 도구(최적화된 이미지라면 없는 것이 맞음)조차 없이 최적화된 이미지일 때 편리하다.

- **8장**: 스테이트풀셋을 이용하여 애플리케이션에 안정적인 환경을 제공하는 방법을 다루었다. 파드 실행 순서는 상관없지만 파드 이름을 일관적으로 사용해야 할 때가 종종 있는데, 이때는 파드 실행을 병렬로 진행해도 무방하다. 파드 매니지먼트 폴리시에서 이때의 동작을 지정할 수 있다.

- **9장**: 롤아웃과 롤백을 다루었다. 그러나 **파드 디스럽션 버짓**(Pod Disruption Budget, PDB)을 알아 둘 필요가 있다. PDB는 파드의 최소 개수를 유지하는 별도의 객체로, 클러스터나 애플리케이션 배치에 문제가 생겼을 때 중요한 안전장치 역할을 한다. PDB는 다른 것보다 우선순위가 높기 때문에 어떤 파드를 제거하는 것이 PDB에 위배된다면 그 노드를 드레인할 수 없다.

- **10장**: 헬름을 소개하고 주요 기능을 설명했다. 헬름의 템플릿 언어는 흐름 제어와 반복문을 지원하는데, 템플릿과 세그먼트에 이름을 붙여 차트 안에서 재사용할 수 있다. 이렇게 하면 복잡한 애플리케이션 모델을 단순하게 관리할 수 있다.

- **11장**: 쿠버네티스의 CI/CD 파이프라인 패턴을 소개했으나, **깃옵스**(GitOps)를 다루지 못했다. 깃옵스는 클러스터가 깃 리포지터리를 주시하며 애플리케이션 릴리스 여부를 확인하는 구조다. 새로운 릴리스가 나오면 클러스터가 이 릴리스를 자동으로 배치하며 권한이 있는 관리자 대신 클러스터 스스로 애플리케이션을 업데이트한다. **아르고CD**(ArgoCD)가 깃옵스를 위한 CNCF 산하의 프로젝트다.

- **12장**: 자기수복형 애플리케이션과 리소스 제한을 소개했다. 그러나 **QoS 등급**(Quality of Service class)을 다루지 못했다. QoS 등급은 리소스 정의에 매겨진 등급에 따라 서비스 보장의 우선순위를 결정하는 기능이다. 이 등급은 낮은 순서대로 Best-Effort, Burstable, Guaranteed 세 가지가 있는데, 등급에 따라 파드 축출에 어떤 영향을 미치는지 알아 두기 바란다.

- **13장**: 파드의 로그를 수집하고 전달하고 저장하는 방법을 소개했다. 파드라고 했지만, 파드 외에 파드 속에서 동작하는 API 서버, DNS 플러그인 같은 쿠버네티스 시스템 컴포넌트도 포함된다. 이외에도 kubelet이나 컨테이너 런타임의 로그를 수집해야 할 경우도 있다. 이들 로그를 수집하는 방법은 플랫폼마다 다를 수 있다. 하지만 이들 로그를 중앙화된 로그 시스템에 함께 수집하는 것도 중요하다.

- **14장**: 프로메테우스와 측정값 수집기, 클라이언트 라이브러리를 간단히 소개했다. 프로메테우스 자체는 배치하기 쉽지만, **프로메테우스 오퍼레이터**는 시간을 들여 잘 이해해야 한다. 이 오퍼레이터는 프로메테우스 및 얼럿매니저 인스턴스, 측정값 수집 대상 및 얼럿 규칙 정의에 쓰이는 CRD를 포함하며, 운영 환경에 투입할 수 있을 만큼 성숙도가 높다.

- **15장**: Nginx와 트래픽을 예제로 인그레스 컨트롤러를 다루었다. 인그레스 컨트롤러를 물색 중이라면 **컨투어**(Contour)도 선택지에 넣어 두기 바란다. 컨투어 역시 CNCF 산하 프로젝트로 Envoy를 프록시로 사용하며, 매우 속도가 빠르고 기능이 풍부한 것이 특징이다.

- **16장**: 애플리케이션 보안을 다루었으나, **파드시큐리티폴리시**(PodSecurityPolicy) 리소스를 설명하지 못했다. 파드시큐리티폴리시에는 파드가 실행되기 위해 준수해야 하는 규칙이 정의되는데, 규칙에 위배되는 파드는 어드미션 컨트롤러로 차단된다. 강력한 보안 제어 수단이지만 일부 플랫폼에서만 지원되는 신규 기능이다.

- **17장**: 파드 정의에서 유효 기간과 토큰 대상자가 지정된 사용자 정의 토큰을 요구하게 할 수 있는 **서비스 계정 프로젝션**(service account projection)을 설명하지 못했다. 초기화 컨테이너에서만 토큰이 필요하다면 초기화한 후 효력이 만료되는 토큰을 요청할 수 있다. 또한 쿠버네티스 API 서버에서 들어오는 요청을 어떻게 심사하는지 알고 싶다면 깃허브에 공개된 audit2rbac라는 도구를 사용해 보기 바란다. 심사 로그에서 RBAC 규칙을 자동으로 생성해 주는 도구다.

- **18장**: 다중 노드 클러스터를 구축하고 관리하는 방법을 알아보았다. RKE(Rancher Kubernetes Engine)는 랜처 랩스에서 만든 오픈 소스 도구로, 온프레미스 환경에서 클러스터를 구축하고 관리하는 기능을 제공한다. 하이브리드 환경을 계획하고 있다면 애저 아크 같은 클라우드 서비스에서 관리되는 온프레미스 서버를 검토해 볼 만하다.

- **19장**: 수평 스케일링과 이에 사용되는 리소스인 HPA를 소개했다. 스케일링에는 수평 스케일링 외에도 수직 스케일링과 클러스터 스케일링이 있다. 수직 스케일링 리소스인 **VPA**(VerticalPodAutoscaler)는 실제 부하에 맞추어 파드의 리소스 요청량과 제한량을 조절하는 기능을 하며, 클러스터에서 변동 현황을 확인할 수 있게 한다. 클러스터 자동 스케일링은 스케줄러를 주시하며, 컴퓨팅 리소스 부족으로 보류 상태에 있는 파드가 발생하면 클러스터에 노드를 추가하는 방식으로 동작한다. 클라우드 프로바이더에는 대개 클러스터 자동 스케일링이 적용되어 있다.

- **20장**: 쿠버네티스를 확장하는 또 다른 방법으로 **API 통합**(API aggregation)이 있다. CRD가 표준 API에 새로운 리소스 타입을 추가하는 데 비해, API 통합 계층은 API 서버에 완전히 새로운 기능을 추가할 수 있다. 그리 자주 쓰이지는 않으나, 쿠버네티스 인증을 거치지만 기존과 완전히 다른 새로운 능력을 부여하고자 할 때 사용된다.

- **21장**: 다양한 서버리스 플랫폼을 소개했다. 서버리스의 극단적인 형태는 호출이 없을 때 파드 수를 0개까지 줄이는 기법도 있는데, CNCF 산하 프로젝트인 **KEDA**(Kubernetes Event-Driven Autoscaling)에서 이런 기능을 지원한다. KEDA는 메시지 큐나 프로메테우스 측정값 등 이벤트가 발생하는 근원을 주시하다 이들의 활동성을 근거로 기존 애플리케이션의 스케일링을 수행한다. 기존 워크플로를 자동으로 관리하고 싶지만 완전한 서버리스로 이주하는 것은 망설여질 때 고려해 봄 직하다.

그리고 쿠버네티스 대시보드(dashboard)를 다루지 않았다. 쿠버네티스 대시보드는 클러스터에서 구동되는 웹 UI로, 클러스터에서 동작 중인 워크로드 및 그 건강 상태를 일목요연하게 보여 준다. 이외에도 애플리케이션을 배치하거나 기존 리소스를 수정할 수도 있으므로 대시보드에 접근 권한을 부여할 때는 주의가 필요하다.

지금까지 열거한 주제를 더 공부할지 말지는 여러분 판단에 맡긴다. 이들 기능은 쿠버네티스 사용에 있어 핵심적인 기능이 아니거나, 아직 널리 쓰이지 않는 기능이어서 이 책에서는 다루지 않았다. 하지만 여러분의 상황이나 판단에 따라 다음에 어떤 쿠버네티스 플랫폼을 채택해야 할지 공부가 필요할지도 모른다.

22.2 어떤 쿠버네티스 플랫폼을 선택해야 할까

쿠버네티스에는 쿠버네티스 분산 플랫폼과 호스팅 플랫폼에 자격 증명을 제공한다. 쿠버네티스 플랫폼을 물색하고 있다면, 먼저 이런 자격 증명을 받은 플랫폼 목록을 확인하는 것이 좋다. 이 자격 증명을 받은 플랫폼 목록은 CNCF의 landscape 웹 사이트(https://landscape.cncf.io)에서 볼 수 있다. 몇 번의 클릭만으로 프로바이더가 제공하는 다른 서비스와 잘 통합된 클러스터를 구성할 수 있는 클라우드 환경과 쿠버네티스는 특히 궁합이 좋다. 다음 기능을 최소한의 기준으로 고려하기 바란다. 이들 기능은 주요 클라우드 프로바이더라면 모두 갖추고 있는 기능이다.

- **로드밸런서 서비스의 통합**: 클러스터 노드와 공용 IP를 범위로 하는 클라우드 로드밸런서가 제공된다.
- **SMB나 SSD 등 복수의 스토리지 클래스 제공**: PVC 구성을 IO 성능과 가용성 사이에서 선택할 수 있어야 한다.
- **비밀값 스토리지 제공**: 비밀값을 클러스터 내부가 아니라 클라우드의 암호화된 영역 내에 두는 서비스다. 하지만 쿠버네티스 비밀값 API로 접근할 수도 있다.
- **클러스터 자동 스케일링 기능 제공**: 노드의 최소 수와 최대 수를 설정하고 파드의 스케일링 상황에 따라 노드를 자동으로 증감시킬 수 있다.
- **복수의 인증 시스템 제공**: 사용자는 클라우드에서 제공하는 인증 수단을 사용하지만 자동화 시스템에 접근 권한을 부여할 수도 있다.

소속 조직과 기존에 거래하던 프로바이더가 있다면 여러분이 클라우드 프로바이더를 직접 선택하기는 쉽지 않다. 애저 쿠버네티스 서비스, 아마존 일래스틱 쿠버네티스 서비스, 구글 쿠버네티스 엔진 모두 훌륭한 클라우드 서비스다. 그러나 여러분이 직접 프로바이더를 선택할 수 있는 상황이라면 쿠버네티스 새 버전이 얼마나 빨리 반영되고 매니지드 서비스의 수준, 이를테면 노드 관리 전체를 맡아 주는지 혹은 운영체제 패치를 직접 해야 하는지 등 조건을 잘 고려해야 한다.

호스팅 플랫폼을 선택했다면 그 외 클라우드 기능을 쿠버네티스에 통합시킬 방법을 시간을 들여 익혀야 한다. 이때 객체 메타데이터의 애너테이션이 표준 쿠버네티스 모델 외부의 클라우드 서비스를 위한 설정값을 전달하는 가교 역할을 톡톡히 한다. 이런 방법이 원하는 결과를 얻기에 유용하기는 하지만, 이런 류의 커스터마이징은 결국 애플리케이션 이식성을 떨어뜨린다는 점을 유념해야 한다.

온프레미스 클러스터에서는 조금 상황이 달라진다. 인증 프로세스를 직접 관장해야 하고, 바닐라 상태의 쿠버네티스 클러스터에 맞춤형 관리 기능과 지원 팀을 제공하는 다양한 제품이 있다. 쿠버네티스를 자체 도구와 모델링으로 완전히 감싸는 경우도 있다. 오픈시프트(OpenShift)는 그중에서도 극단적인 사례다. 자체 리소스 정의와 네트워크 추상화는 물론이고 아예 CLI까지 따로 만들어 쓴다. 이렇게 사내 도구로 감싼 버전에 바닐라 버전보다 더 편리한 기능이나 프로세스를 제공하기도 하는데, 이를 선택하는 것도 나쁘지 않다. 다만 이것이 순수 쿠버네티스가 아니라는 점은 의식하고 있어야 한다. 나중에 다른 플랫폼으로 이전하는 데 장애가 될 수도 있기 때문이다.

오픈 소스 쿠버네티스 클러스터를 직접 운영하는 것도 가능한 선택지다. 주로 스타트업이나 대규모 데이터 센터를 보유한 기업에서 채택한다. 직접 클러스터 운영을 고려하고 있다면, 이 선택에 어떤 책임이 따르는지 잘 알아야 한다. 먼저 운영 팀에 이 책을 한 부씩 돌리고, 스터디를 진행하며 공인 쿠버네티스 관리자 자격증을 취득하도록 하라. 그 후로도 운영 팀원들이 직접 클러스터 운영을 원한다면 그대로 진행한다. 다만 이들의 이후 업무는 쿠버네티스 운영자가 될 가능성이 높다. 쿠버네티스 운영자는 단지 클러스터를 관리하는 일 외에도 쿠버네티스에 배치된 프로젝트 자체를 관리하는 역할을 한다.

22.3 / 쿠버네티스의 개발 프로세스

쿠버네티스는 분기별로 새 버전이 릴리스된다. 따라서 3개월마다 새 기능이 추가되거나 베타 버전의 기능이 일반 버전으로 들어오고, 기존 기능이 더 이상 사용하지 않게(deprecated) 되는 일도 일어난다. 이런 업데이트는 마이너 버전 업데이트다. 버전 1.17에서 버전 1.18로 올라가는 업데이트가 이에 해당한다. 메이저 버전은 아직 1이며, 가까운 시일 내 메이저 버전 2로 올라갈 계획은 아직 없다. 프로젝트 지원 대상은 최근 세 개의 마이너 버전이다. 따라서 적어도 1년에 두 번은 클러스터를 업그레이드해야 한다. 치명적 버그나 보안 문제가 발견되면 패치가 나온다. 예를 들어 1.86.6 릴리스는 노드의 디스크 용량이 고갈되어도 파드 축출이 일어나지 않던 버그를 수정한 것이다.

모든 릴리스는 깃헙의 kubernetes/kubernetes 저장소에서 배포된다. 그리고 각 릴리스마다 상세한 변경 로그가 포함된다. 클러스터를 직접 운영하든 호스팅 플랫폼을 사용하든 간에 업그레이드 전에는 항상 어떤 변경 사항이 있는지 잘 확인해야 한다. 간혹 기존 애플리케이션이 정상 동작하지 않는 변경 사항이 있기 때문이다. 기능이 알파 단계에서 베타 단계로 넘어가면 정의에 쓰이는 API 버전이 달라지고, 나중에는 구 버전을 지원하지 않게 된다. apps/v1beta2 API 버전으로 애플리케이션을 배치하고 있었다면, 쿠버네티스 버전 1.16부터는 이 애플리케이션이 배치되지 않는다. API 버전을 apps/v1로 바꾸어야 한다.

특별관심그룹(Special Interest Group, SIG)은 쿠버네티스 프로젝트의 릴리스, 기술 주제, 프로세스(인증부터 기여자에 대한 대우, 윈도우 워크로드까지 정말 모든 것)를 나누어 담당한다. SIG는 공개된 모임으로, 주기적으로 누구나 참여할 수 있는 온라인 모임을 가지며 전용 슬랙 채널도 보유하고 있다. 그리고 SIG에서 결정된 모든 사항은 깃헙에 문서화해서 남긴다. 기술 SIG는 넓은 영역을 담당하며, 그 아래로 하위 프로젝트들이 있다. 그 각각이 쿠버네티스 컴포넌트 한 가지씩에 대한 설계 및 전달을 담당한다. 전체적으로는 조향위원회(Steering Committee)가 전체 프로젝트 향방을 결정한다. 조향위원회 멤버는 선거로 뽑으며, 임기는 2년이다.

쿠버네티스의 혁신과 품질은 개방적인 프로젝트 구조에서 나온다. 이런 의사 결정 구조는 각각의 하위 조직이 과도하게 대표되는 것을 방지하여 자기가 담당한 프로덕트에 유리하게 전체 프로젝트를 진행할 수 없게 한다. 쿠버네티스를 이끄는 최종 권한은 쿠버네티스를 알리고 브랜드 가치를 지키며 커뮤니티를 위해 봉사해 온 CNCF가 갖는다.

22.4 / 커뮤니티 참여하기

필자와 독자 여러분도 쿠버네티스 커뮤니티의 일원이다. 쿠버네티스 프로젝트가 어떻게 진화해 나가는지 알고 싶다면, 가장 좋은 방법은 쿠버네티스 슬랙(https://kubernetes.slack.com, 필자도 현재 참여 중)에 참여하는 것이다. 모든 SIG가 각자 채널을 갖고 있으므로 자신이 관심 있는 분야의 채널을 팔로우하면 된다. 일반 사용자나 초심자를 대상으로 하는 일반 채널도 있다. 전 세계에서 주기적으로 모임을 갖는 밋업 그룹이 있고 유럽, 북미, 아시아 지역마다 큐브콘(KubeCon),

클라우드네이티브콘(CloudNativeCon) 등 콘퍼런스가 개최된다. 쿠버네티스의 모든 소스 코드와 문서는 오픈 소스 라이선스이며, 깃헙에서 여러분도 기여에 참여할 수 있다.

필자가 하고 싶은 말은 여기까지다. 이 책을 읽어 주어서 감사하다. 이 책이 쿠버네티스를 자신 있게 사용하는 데 도움이 되었다면 좋겠다. 쿠버네티스는 독자 여러분의 커리어에 전환점이 될 수도 있는 기술이다. 이 책에서 배운 내용이 앞으로 여정에 도움이 되기를 바란다.